ДОБРОТОЛЮБИЕ

I

ДОБРОТОЛЮБИЕ

Том 1

Святой Антоний Великий
Святой Макарий Великий
Преподобный Авва Исайя
Святой Марк Подвижник
Авва Евагрий

© 2025, Orthodox Logos Publishing, The Netherlands

www.orthodoxlogos.com

ISBN: 978-1-80484-209-6

All rights reserved. No part of this publication may be reproduced, stored in a retrieval system, or transmitted in any form or by any means – electronic, mechanical, photocopying, recording, or otherwise – without the prior written permission of the publisher, except for brief quotations used in critical reviews or scholarly works as permitted by applicable copyright law.

ДОБРОТОЛЮБИЕ

I

ORTHODOX LOGOS PUBLISHING

СОДЕРЖАНИЕ

Предисловие 9
Вступление 11

СВЯТОЙ АНТОНИЙ ВЕЛИКИЙ 15
Несколько слов о жизни и писаниях святого Антония Великого 15
Наставления Святого Антония Великого 23
Наставления о жизни во Христе, извлеченные из слов его
в жизнеописании св. Афанасия, из его 20 посланий и 20 слов 23
О доброй нравственности и святой жизни, в 170 главах 53
Устав отшельнической жизни 74
Изречения св. Антония Великого и сказания о нем 88
Объяснение некоторых изречений св. Антония Великого,
сделанное после его смерти одним старцем 103

СВЯТОЙ МАКАРИЙ ВЕЛИКИЙ 112
Сведения о жизни и писаниях св. Макария 112
Светлое первобытное состояние 114
Мрачное состояние падшего 117
Господь устроитель спасения 124
Образование твердой решимости спасаться в господе 128
Состояние трудничества 144
Состояние приявших действенность духа 162
Высшая степень совершенства христиан 187
Будущая жизнь 193

ПРЕПОДОБНЫЙ АВВА ИСАЙЯ 198

Краткое сведение о преподобном отце нашем Исайи, авве Нитрийском и его писаниях 198

Слова преподобного аввы Исаии к своим ему ученикам

СЛОВО ПЕРВОЕ Заповеди аввы Исаии живщим с ним братиям 201

СЛОВО ВТОРОЕ О законе естественном 203

СЛОВО ТРЕТЬЕ О состоянии[14] новоначальных и келлиотов 205

СЛОВО ЧЕТВЕРТОЕ О спутешествовании живущих в кельях, и о совести[18] 210

СЛОВО ПЯТОЕ О заповедях верным, и о домостроительстве желающих в мире жить вместе друг с другом 221

СЛОВО ШЕСТОЕ О желающих безмолвствовать добрым безмолвием, — да внимают себе, чтоб отревать татей, окрадающих их, и не иждивать времени своего в пленении и работе горькой, предавая сердца свои делам, кои не приличествуют им, и забывая о грехах своих 227

СЛОВО СЕДЬМОЕ О добродетелях 229

СЛОВО ВОСЬМОЕ Изречения 233

СЛОВО ДЕВЯТОЕ Заповеди отрекшимся от мира 238

СЛОВО ДЕСЯТОЕ Другое слово (к отрекшимся же) 240

СЛОВО ОДИННАДЦАТОЕ О зерне горчичном 241

СЛОВО ДВЕНАДЦАТОЕ О вине 242

СЛОВО ТРИНАДЦАТОЕ О подвизавшихся и совершивших (подвиг) свой добре 244

СЛОВО ЧЕТЫРНАДЦАТОЕ Деяния плача 247

СЛОВО ПЯТНАДЦАТОЕ Об отречении от мира 249

СЛОВО ШЕСТНАДЦАТОЕ О радости, бывающей в душе, желающей работать Богу 251

СЛОВО СЕМНАДЦАТОЕ О помыслах при отречении от мира и странничестве 259

СЛОВО ВОСЕМНАДЦАТОЕ О незлопамятстве 264

СЛОВО ДЕВЯТНАДЦАТОЕ О страстях 267

СЛОВО ДВАДЦАТОЕ О смиренномудрии 269

СЛОВО ДВАДЦАТЬ ПЕРВОЕ. О покаянии 270

СЛОВО ДВАДЦАТЬ ВТОРОЕ О действовании нового человека 278

СЛОВО ДВАДЦАТЬ ТРЕТЬЕ О совершенстве	283
СЛОВО ДВАДЦАТЬ ЧЕТВЕРТОЕ О бесстрастии	288
СЛОВО ДВАДЦАТЬ ПЯТОЕ К авве Петру, ученику своему	289
СЛОВО ДВАДЦАТЬ ШЕСТОЕ Слова, которые передал авва Петр, ученик Исайи, сказывая, что слышал их от него	306
СЛОВО ДВАДЦАТЬ СЕДЬМОЕ О «внемли себе» (*Втор. 15, 9*)	310
СЛОВО ДВАДЦАТЬ ВОСЬМОЕ О ветвях зла	313
СЛОВО ДВАДЦАТЬ ДЕВЯТОЕ Рыдания	316
Правила и советы новоначальным инокам	322
Изречения аввы Исайи	328
О хранении ума: 27 глав	331
Главы о подвижничестве и безмолвии	336

СВЯТОЙ МАРК ПОДВИЖНИК ... 338

Сведения о жизни и писаниях святого Марка	338
Послание к Иноку Николаю Возлюбленному сыну Николаю	339
Ответ монаха Николая на писание Марка Подвижника	350
Наставления Святого Марка, извлеченные из других его слов	352
Двести глав о духовном законе	375
К тем, которые думают оправдаться делами, 226 глав	387

АВВА ЕВАГРИЙ ... 404

Сведения о жизни Аввы Евагрия	404
Главы о деятельной жизни к Анатолию	409
Евагрия монаха о деятельной жизни, сто глав Изречения святых старцев	419
Евагрия монаха изображение монашеской жизни, в коем преподается, как должно подвизаться и безмолвствовать	423
Евагрия монаха 33 главы аналогий, или уподоблений	429
Его же изречения о духовной жизни, по алфавиту	431
Его же – другие изречения	432
О восьми помыслах к Анатолию	433
Мысли его же, соединяемые со статьею о восьми помыслах	435
Наставления братиям, живущим в киновиях и странноприимницах	437
Его же – наставления девственницам	441

О различных порочных помыслах главы 444
Евагрия монаха – Изречения 457

Примечания 459

ПРЕДИСЛОВИЕ

«Добротолюбие» – это величайшее сокровище духовной литературы, в котором собраны наставления, житейские поучения и глубочайшая мудрость вековых отцов Церкви. Это произведение является результатом многовековой традиции, в ходе которой святые, отшельники и мудрецы искали ответы на самые сокровенные вопросы бытия, любви к Богу и пути к спасению души. От первых строк книги до последнего изречения читатель окунается в атмосферу искренности, подлинной духовной борьбы и любви к добру. Вступление данной книги не просто открывает перед нами страницы древних наставлений, оно переносит нас в тот мир, где каждое слово дышало верой и молитвой, где каждое изречение становилось путеводной звездой для ищущих правды.

История создания «Добротолюбия» уходит корнями в глубокую древность. С течением веков, в условиях смуты и духовного разлада, именно слова отцов Церкви становились опорой для миллионов верующих. В каждой главе, будь то наставления преподобного Антония Великого, мудрые изречения святого Макария или кроткие советы аввы Исайи, звучит не только благородный зов к внутреннему преображению, но и ясное указание на необходимость смирения, покаяния и служения Богу. Эта книга – своего рода духовный мост, соединяющий прошлое и настоящее, позволяющий каждому найти в себе зерно истинной веры и любви к добру.

В современном мире, где шум материального окружения заглушает голос души, «Добротолюбие» предстает как актуальное руководство по обретению внутренней гармонии и пути к высшему совершенству. Автор, погрузившийся в безмерные просторы монашеской жизни, с любовью и трепетом собирал воедино наставления великих святых, обогащая их собственными размышлениями и опытом. Каждая глава книги наполнена глубоким смыслом, каждое слово отзывается в сердце читателя, вызывая желание жить в свете духовной чистоты и стремиться к вечной истине.

Вступление книги обращается к читателю с призывом остановиться на мгновение в суете будней, чтобы всмотреться в глубину своей души и найти там заветы, подаренные веками. Оно рассказывает о том, как через трудности жизненного пути и испытания верой человек может обретать твердость духа, совершенствоваться и познавать самого себя.

Автор приглашает каждого, кто ищет духовного пробуждения, отправиться в путешествие по страницам книги, где слова святых становятся маяками на тернистом пути к Богу. Эти древние наставления не теряют своей силы даже спустя столетия, ибо истинная духовность вечна и не подвластна времени.

Особое внимание во вступлении уделено историко-культурному контексту. Рассказано о том, как в эпоху духовных потрясений и социальных перемен именно учения великих монахов помогали сохранить связь с божественным началом. В книге звучат голоса тех, кто прошёл через искушения, осветил тьму неверия и своими примерами показал, что дорога к спасению начинается с внутреннего очищения. Здесь нет случайных фраз – каждое слово имеет свою глубокую причину, каждое наставление выверено временем и испытано на прочность жизнью.

«Добротолюбие» учит нас тому, что высшая степень совершенства заключается не в мирских успехах, а в умении любить, прощать и следовать заветам, оставленным святыми. Оно открывает перед нами мир, в котором духовное возрождение становится возможным через постоянное самоусовершенствование, через смирение перед лицом божественной мудрости. Вступление книги – это не просто предисловие, это приглашение к личному диалогу с вечностью, где каждое слово, произнесённое с любовью, становится ключом к освобождению души.

Погружаясь в страницы «Добротолюбия», читатель незаметно переносится в иной мир – мир святости, мира молитвы и безграничной надежды на искупление. Здесь, среди древних наставлений, слышится тихий голос истины, зовущий нас к покаянию, благочестию и постоянному стремлению к свету. Именно благодаря таким произведениям духовные традиции остаются живыми и актуальными, помогая нам не сбиться с пути, указанного великими мудрецами. Это произведение становится верным спутником на жизненном пути, напоминая о том, что истинная любовь – любовь к Богу и к ближнему – является высшей целью человеческого существования.

Таким образом, «Добротолюбие» предстает как произведение, объединяющее многовековые традиции, опыт и вдохновение святых, дарующих нам возможность прикоснуться к вечной истине, найти утешение и обрести силы для духовного возрождения. Каждая строка этой книги наполнена благодатью, каждая глава – уроком веры и милосердия, позволяющим открыть в себе неисчерпаемый источник любви и добра.

ВСТУПЛЕНИЕ

Предлагая любителям духовного чтения известное всем **Добротолюбие** в русском переводе, с прибавлением к нему, долгом считаем сказать несколько слов о том, что такое есть Добротолюбие. Этим словом переведено греческое название его – **Φιλοκαλια**, которое означает: «любовь к прекрасному, возвышенному, доброму». Ближайшим образом оно содержит в себе «истолкование сокровенной в Господе Иисусе Христе жизни». Сокровенная в Господе нашем Иисусе Христе истинно христианская жизнь зачинается, раскрывается и к совершенству восходит, в своей для каждого мере, по благоволению Бога Отца, действием присущей в христианах благодати Пресвятого Духа, под водительством Самого Христа Господа, обетовавшего быть с нами во все дни неотлучно. Благодать Божия призывает всех к такой жизни; и для всех она не только возможна, но и обязательна, потому что в ней существо христианства. Причастниками же ее являются не все призванные, и действительные ее причастники не все причащаются ее в одинаковой мере. Избранники глубоко в нее входят и по степеням ее высоко восходят. Проявления ее, равно как и богатства области, в которой она раскрывается, не менее обильны и разнообразны, как и явления обычной жизни. И если бы могло быть ясно понято, и понятно изображено все, бывающее там: вражеские нападения и искушения, борьбы и одоления, падения и восстания, зарождения и укрепления разных проявлений духовной жизни, степени общего преуспеяния и свойственное каждой состояние ума и сердца, взаимодействие во всем свободы и благодати, ощущения близости и отдаления Божия, чувства промыслительного вседержительства и положения себя, – окончательное и безвозвратное, – в десницу Господню, с отложением всех своих способов действования, при непрестанном, напряженном действовании, – если бы все сие, и многое другое, неразлучное с истинной в Господе жизнью, могло быть ясно и удобопонятно изображено, то представило бы картину, сколько привлекательную, столько же и поучительную, – картину, похожую на всемирное путешествие. Путешественники пишут путевые заметки о всем, что встречают достойным внимания на пути своем. Писали свои заметки и избранники Божии, в разных направлениях проследившие все тропы духовной жизни, о всем, что встречали и испытывали в сем многотрудном шествовании своем. Но участь и назначение тех и других заметок неодинакова. Не имеющие способов путешествовать могут, и не двигаясь с места, составить себе довольно приблизительные понятия и представления о чужих странах, посредством чтения путевых заметок других путешественников, потому что формы жизни всех тварей больше или меньше походят одни на другие, в каких бы странах они ни проявлялись. Не то бывает в отношении к опытам духовной жизни. Понимать их могут только шествующие путем сей жизни. Для не вступавших на него это совершенно неведомая наука, но и вступившие на него не все вдруг понимать могут. Их понятия и представления уясняются по мере шествия и углубления в страну духа. По мере умножения собственных опытов духовной жизни, становятся ясными и понятными указания опытов, замеченных святыми отцами в писаниях. При всем том, однако же, изображение разных проявлений духовной жизни, заключающееся в святоотеческих писаниях, не есть дар напрасный и для всех вообще христиан. Оно дает всякому понять, что если он не испытал еще того, о чем говорится в сем описании, то значит что установившийся для него образ жизни, несмотря на то, что с ним мирится его христианская совесть, не есть законченное совершенство, лучше которого нечего желать, и выше которого некуда идти. Давая же это понять, оно не может не возбудить ревности к преуспеянию, не может не манить вперед, указывая там нечто лучшее, нежели чем обладает он. Для тех, которые вступили на путь к лучшему и совершеннейшему, оно дает нужные указания в сомнительных и недоуменных случаях, когда нет наличного опытного руководства, и когда и это самое встречает неразрешимости, не позволяющие давать окончательные решения, которые устраняли бы всякое колебание в шествующем. Очень важно бывает знать, как и куда ступить ногой в известном случае, чтобы не сделать ошибки. И вот здесь какое-нибудь изречение отеческое разгоняет тьму, воссияв подобно лучу молнии среди ночи. Вообще же это теплица духовная, в которую верующий, прочитывая указания о явлениях духовной жизни, входит сознанием и сердцем, и подлежа там ощутительным влияниям возбужденных созерцаний, чувствует, что он витает в сии минуты в иной некоей атмосфере, светоносной и живоносной. Это отрадные моменты, – и в продолжение их-то обычно зарождаются и зреют разные отпрыски на древе духовной жизни. И потому нет ничего дивного, что испытавший это, как только улучает свободную минуту, спешит к опытным описаниям духовной жизни, как любящий прибыль спешит к местам, прибыль обещающим, и любящий удовольствия – к местам утех. Он часто при этом желает подышать оживляющим и ободряющим воздухом духовным. И однако ж это не есть праздное любопытство. Нет, это есть дело существенной необходимости для преуспеяния и благосостояния нашего духа. Вот почему между истинными христианами всегда была и есть потребность иметь под руками святоотеческие писания о духовной жизни. Но сколько похвально чувство такой потребности, столько же обязательно удовлетворение ее от лица тех, кои имеют долг к тому и силы на то. Она и была всегда удовлетворяема, как изданиями сих писаний в полном их составе, – например: святых Макария, Исаака и *Ефрема Сирина*, Лествичника и других многих, так не менее того и сборниками из них. К числу таких сборников принадлежит и известное всем **Добротолюбие**, как наилучший из них. Понятно теперь, что есть Добротолюбие. Оно дает нам словеса и главизны священного трезвения, т.е. и полные рассуждения, и краткие изречения о внутренней духовной жизни, со всеми, свойственными ей, проявлениями и деланиями. Это книга, составленная в удовлетворение духовных потребностей в ревнителях о духовном преуспеянии. Читающие ее знают, какие сокрыты в Добротолюбии сокровища духовной мудрости: читают и услаждаются. Но услаждаясь и назидаясь чтением его, они не скрывают скорбного сожаления, что многое в книге остается непонятным, не по высоте и глубине содержания, а по устарелости перевода. Очевидна потому потребность нового перевода сей книги. Потребность эта сознана давно, и удовлетворялась в известной мере переводами, помещавшимися в «Христианском Чтении» с первых годов его издания, и изданиями отдельных статей, входящих в состав Добротолюбия, как например: св. Максима (о любви; она есть в греческом Добротолюбии), Исихия, *Петра Дамаскина*. Составитель настоящего сборника и имел сначала в виду: лишь проверить переведенное уже, доперевести не переведенное, и дать читателям Добротолюбие в русском переводе, – полное, в том составе, какой имеет оно на греческом языке. Но потом он пришел к убеждению, что для нас необходимо увеличить Добротолюбие и против того объема, какой имеет оно на греческом. Потому что, хотя греческое Добротолюбие полнее славянского, но все же оно не содержит всего, что дали нам святые отцы в руководство к духовной жизни, и чем желалось бы доставить и пользу и утешение любящим такое чтение. Отсюда – предлагаемый сборник то же Добротолюбие, только увеличенное. Наш новый сборник идет по следам прежнего Добротолюбия. Но, замечая, что у того отца, которого статья помещена в нем есть и другие статьи, обращается к ним, и если находит их сообразными с своим характером, принимает в себя и их. Также, замечая, что между отцами, у которых заимствованы статьи, были и другие отцы, оставившие нам писание о духовной жизни, обогащает себя и ими. Так у св. Антония в прежнее Добротолюбие взяты только его наставления в 170 главах; новый сборник вносит в себя и прочие писания св. Антония. Св. Макарий там опущен (из него внесены Метафрастовы перифразы наставлений в 150 главах: наши 7 слов). Здесь представлены из него наставления в некотором систематическом порядке, его собственной речью. Из Исаии отшельника там имеются только 27 глав – кратких изречений. Здесь помещаются все известные его 29 слов в новом переводе с греческого. То же сделано в отношении к Евагрию и св. *Марку подвижнику*. Так поведется дело и в последующем собрании статей. Таков образ составления нового Добротолюбия. Оно будет идти по примеру прежнего, с дополнением его, что бы не лишить любителей сего чтения ничего, что встречено будет благопотребного к руководству их к жизни по Богу. Об образе внесения статей долгом считаем предъявить, что не все писания будут вносимы сполна. Многое гораздо удобнее представить в извлечении. Это и будет делаемо иногда в каком либо систематическом порядке, а иногда без него в виде отдельных изречений. Но самые наставления отеческие всегда будут предлагаемы их собственными словами. Предлагается читателям первая книга Добротолюбия, в новом его составе. В нее входят: 1) Писания св. Антония; 2) Извлечения из бесед св. Макария; 3) Слова Исаии отшельника; 4) Наставления св. Марка подвижника; 5) Писания Евагрия монаха. В таком порядке статьи идут и в греческом Добротолюбии. В нашем св. Кассиан, стоящий там между Евагрием и св. Марком, отлагается до следующей книги. Сопровождаем наш сборник искренним желанием, чтобы любители духовного чтения находили в нем то, что желалось вложить в него для них составителем.

СВЯТОЙ АНТОНИЙ ВЕЛИКИЙ

Несколько слов о жизни и писаниях святого Антония Великого

Святой Антоний Великий, положивший начало уединеннопустынному подвижничеству, жизнью своею представляет идеал такого рода Богоугождения, и вместе путь, которым и всякая душа, если захочет, должна идти к возможному для нас на земле совершенству, подаемому христианством. Жизнь св. Антония описана св. *Афанасием Великим* (см. его творения, т. 3), и почти без сокращений помещена в наших Четь минеях под 17 января. Желающий знать ее подробно пусть обратится туда. Здесь указываются только общие черты ее. Божие избрание св. Антония на дело, им совершенное, обнаружилось в нем еще в детстве. Тихий, теплосердечный нрав, склонный к уединению, отстранял его от детских резвостей и шалостей сотоварищества и держал в доме на глазах родителей, которые блюли его, как зеницу ока. Так и вырос он, в этом отрешении от людей, выходя из дома только в *церковь*. При таком настроении и порядке жизни, благодать Божия, полученная в крещении, беспрепятственно действовала на созидание духа и без особых усилий с его стороны. Очень естественно, что он рано ощутил сладость жизни по Богу и распалился Божественным желанием, как говорит св. Афанасий. Не находя препятствий к такой жизни в доме, – ибо и родители были того же духа, – св. Антоний не обнаруживал никакого желания оставить его, пока живы были родители, и избавляли его от неизбежных житейских забот. Но когда отошли они к Богу, он, оставшись набольшим, должен был принять на себя заботы по управлению дома и пропитанию сестры. Это тотчас дало ему ощутить великую разность жизни в Боге и многопопечительной жизни житейской, и положило твердое начало его желанию – все оставить и жить только для Бога. Слышанное им в этом настроении в церкви слово Господа: «аще хощеши совершен быти, иди, продаждь имение твое, и даждь нищим, и имети имаши сокровище на небеси» (*Мф. 19, 21*) – и потом другое: «не пецытеся на утрей» (*Мф. 6, 34*), запечатлели сие желание печатью Божескою; ибо в словах тех он слышал Божий ответ на вопросы совести своей, и вместе Божие повеление и благословение на исполнение сокровенных желаний и стремлений своего сердца. – Он решился решимостью нераскаянною, и, все раздав, начал жить для единого Бога. Первые годы мироотречной жизни своей св. Антоний проводил так же, как проводили ее другие, известные тогда подвижники, от них всему научаясь. Известно, что мироотречное подвижничество, в коем, отрешившись от всех житейских забот, ревнуют единственно о том, «како угодити Господеви» (*1Кор. 7, 32*), в Церкви Божией установилось с самого ее основания, как существенная необходимость в строе ее, и от св. Апостолов получило первые основоположительные законы. Но сначала аскеты, – так назывались люди, посвящавшие себя сему роду жизни, отрешаясь от мира и житейских забот, оставались в своих домах, только уединялись где-нибудь в невидном уголке, и там предавались молитвам, Богомыслию, посту, бдениям и всем подвигам. С течением же времени, когда христианство расширилось, в пределах и числе верующих, многие подвижники стали оставлять свои семейства, и, удаляясь за город, или селение, там, в глуши, проводили уединенную жизнь, в какой-нибудь естественной пещере, в запустелом гробе, или в нарочно устроенной небольшой келье. Ко времени св. Антония подвижники, наиболее ревностные, жили преимущественно таким образом. Им подражать возревновал и св. Антоний Великий. Начало жизни подвижнической – послушничество. Его проходил св. Антоний в подражании и послушании тем подвижникам. – Существо послушничества состоит в утверждении в сердце христианских добродетелей и в усвоении порядков подвижнической жизни, под руководством опытнейших. Христианские добродетели вынес св. Антоний из воспитания; теперь ему предлежало только узнать, какие подвиги необходимы для возревновавших жить в Боге, и как их надо совершать. Для этого ходил он к известным тогда подвижникам, разузнавал, как что делать, научался тому и возвращался с сим приобретением, как с добычею, в свое уединилище. Таким образом, как замечает св. Афанасий, он, как мудрая пчела, отовсюду собирал себе духовный мед, слагая его в сердце свое, как в улей. У одного перенимал он строгость воздержания в пище, спание на голой земле, продолжительное бдение; у другого научался неутомимости в молитве, вниманию к помыслам и Богомыслию; у третьего брал пример трудолюбия, верности правилам, и терпению; и у всех заимствовал тот же дух твердой веры во Христа Господа и братской ко всему любви, в себе одном стараясь сочетать все, чем особенно отличался каждый из виденных им отцов. Без поверки своей жизни жизнью других и без стороннего руководства никто не достигал высших степеней подвижнической жизни. Означенными старцами св. Антоний поверял свою жизнь, и их руководством был направляем по неуклонному пути к совершенству. В этом послушническом воспитании провел он лет пятнадцать, живя за селением в гробнице, сначала не так далеко, а там и подальше, куда приходил к нему один искренний ему селянин, принося хлеб, – единственную пищу св. Антония, – и отбирая рукоделье: ибо св. Антоний жил трудами рук своих. Все время свое он делил между этим рукоделием, молитвою и размышлением о Божественных истинах Писания: в каких деланиях утвердил его и явившийся ему Ангел Божий, когда однажды томил его дух уныния. Как текла в это время жизнь его, приводим о том свидетельство Созомена (Цер. ист., кн. 1, гл. 13), который пишет о св. Антонии: «изведав, что добрая жизнь от привычки делается приятною, хотя на первый раз бывает и трудна, он придумывал опыты подвижничества все более и более строгие, с каждым днем становясь воздержнее, и как бы всегда только начиная, придавал новую силу рвению; телесные удовольствия обуздывал трудами, против страстей душевных вооружался богомудрою ненавистью к ним. Пищею его был хлеб с солью, питием – вода, а временем обеда – закат солнца; нередко, впрочем, дня по два и более оставался он без пищи; бодрствовал же он, можно сказать, целые ночи и в молитве встречал день, а если и вкушал сна, то на одну минуту; ложился большею частью на голой земле, и только землю имел своею постелью. Намащаться же елеем, мыться и пользоваться другими удобствами он себе не позволял, так как от этого изнеживается тело. Лености терпеть не мог, и работа не выходила у него из рук почти целый день». Таким претрудным путем шел св. Антоний. Но, как известно, такая жизнь без борьбы не проходит, как не бывает света без тени. Не будь в нас греха, и не имей мы врага, одно добро раскрывалось бы в нас и росло беспрепятственно. Но как тот и другой есть и оба предъявляют свои на нас права, то никто не обходился без борьбы с ними. – Надо обессилить их и победить, чтобы свободно идти далее. Без этого они все будут путать руки и ноги хотящему право идти, кто бы он ни был. Вот почему Божия благодать, созидавшая в духе св. Антония, вводила его в брань, чтоб искусив его, как золото в горниле, укрепить нравственные силы его и дать простор их действованию. Врагу дан был доступ, а подвижника поддерживала сокровенная помощь. Св. Афанасий пространно описывает эту борьбу. Вражеские стрелы, говорил он, были очень чувствительны; но мужественный борец отражал их, нимало не колеблясь. Сначала враг покушался поколебать его сожалением, что оставил мир, приводя на мысль с одной стороны – знатность рода, без нужды будто презренную, не малое богатство, напрасно будто рассоренное, и все удобства жизни, без пользы будто отвергнутые, – и особенно сестру, брошенную ни с чем на чужие руки, без собственной его поддержки, присмотра и утешений, – с другой – претрудность и жестокость начатой жизни безотрадной, непривычность и невыносливость тела, которому не устоять будто против таких лишений, и длительность этой жизни, – так что и конца ей будто не видится, – вдали от людей, без всяких утешений, в непрестанном самоумерщвлении. Этими внушениями враг возбуждал сильную бурю помыслов; но был не только отражен твердостью св. Антония, непоколебимо стоявшего в своем намерении и в своей решимости, но и низложен великою его верою, что все, оставленное и терпимое им, ничто в сравнении с нескончаемыми благами, уготованными мироотречным труженикам от Бога, угодить Которому удобнее свободному от всех житейских и вещественных уз, – и даже повержен в прах непрестанными его молитвами, привлекавшими в сердце его сладчайшие духовные утешения. Побежденный с этой стороны враг нападает на юного борца с другой; с которой привык уже он низлагать юность, – начинает бороть плотскою похотью, смущая ночью и тревожа днем. Борьба была столь ожесточенна и длительна, что не утаилась даже от посторонних. Враг влагал нечистые помыслы, а св. Антоний отражал их молитвою; тот приводил в разжжение члены, а этот охлаждал их постом, бдением и всяким себя претружденнием; тот принимал на себя ночью женские образы, всячески ухитряясь возбудить обольстительные влечения, а этот восторгался горе, и созерцанием тамошних красот, равно как живейшим сознанием благородства, какого сподобляется естество наше в Господе Иисусе Христе, развеивал обманчивую прелесть; окаянный вызывал чувство сласти от удовольствия, а блаженный восставлял противочувствие страшной горечи мук в огне вечном и от червей неусыпающих, – и пребывал невредимым. Докучливость и безобразие нападений образовали наконец в борющемся отвращение ко всяким нечистым движениям и гнев на них с сильным раздражением, что лишило врага возможности приближаться к нему и даже издали как-нибудь искушать и тревожить его с этой стороны. Ибо чувства отвращения и ненависти к страстным движениям суть огненные стрелы, опаляющие врага. Так побежден был и в этом вселукавый юностью, носящею страстную плоть, и отступил с посрамлением, потому что рабу Божию содействовал Сам Господь, ради нас понесший плоть и в ней сокрушивший всю силу вражью, как это исповедует всякий истинный подвижник, говоря с Апостолом: не аз, но благодать, яже со мною (*1Кор. 15, 10*). Но у человеконенавистника не все еще истощились стрелы. Видя покров Божий над юным борцом, и зная, что он осеняет только смиренных, враг замышляет лишить его сего покрова, возбудив в нем высокоумие и самомнение. Для сего является видимо в виде малого отрока – черного, и с притворным унижением говорит св. Антонию; победил ты меня, – полагая, что тот, отнесши победу к себе, возмечтает много о себе и тем прогневает Бога, ему помогающего. Но св. Антоний спросил его: ты же кто такой? Тот ответил: я дух блуда, на котором лежит возбуждать разжжение похоти и ввергать в плотской грех. Многих, давших обет целомудрия, обольстил я; многих, долгое время умерщвлявших плоть свою, довел до падения; но тобою все мои сети порваны, стрелы поломаны, – и я низложен. Тогда св. Антоний, благодаря Бога, Спасителя своего, воззвал: Господь мне помощник, – и аз воззрю на враги моя (*Пс. 117, 7*), и затем небоязненно посмотрев на врага, сказал: черным попустил тебя Бог мой явиться ко мне в показание черноты твоих злоумышлений, – и отроком в обличение твоего бессилия. Потому и достоин ты всякого презрения. От этих слов дух этот, как огнем палимый, бежал, и уже не приближался более к блаженному Антонию. Победа над страстями приближает к бесстрастию; бесстрастие же в какой мере утверждается, в такой приносит с собою и мир душевный: а мир душевный с сладостными ощущениями, подаемыми молитвою и Богомыслием, возбуждает в сердце духовную теплоту, которая, собирая к себе все силы духа, души и тела, вводит человека внутрь, где водворившись, он ощущает неотразимую потребность быть одному с единым Богом. Это неотразимое тяготение внутрь пред Бога есть вторая степень духовного преспеяния; и, к ней-то подошел теперь св. Антоний. И доселе он бывал больше один; но к нему нередко приходил искренний его из села, а сам он хаживал, то к старцам, то в сельскую церковь на Богослужение, особенно литургию. Все это было сопряжено с своего рода развлечениями, как ни отсекай их. Востяготевший внутрь дух св. Антония начал требовать решительного уединения, чтоб ничего не видеть и не слышать. К этому, как указывалось, душа приходит сама собою, прямым путем подвижничества; но ускоряют этот поворот и дают ему решительный толчок какие-нибудь сильные порывы самоотвержения. Явить такой порыв св. Антонию подало случай явное нападение на него бесов. Бесы лишаясь возможности действовать чрез помыслы на душу очистившуюся, начинают действовать со вне, являются видимо и строят подвижнику то, чем надеются повредить ему, или поколебать его добрые намерения. – Благодать же Божия попускает это в видах преспеяния подвижника, открывая ему чрез то восход на высшую степень и вместе снабжая неким правом на приятие потом власти над самими духами искусительными. Это и было со св. Антонием. Самый важный в сем обстоятельстве момент есть тот, когда св. Антоний, очнувшись в притворе церковном в селении, и едва еще дыша, сказал своему другу: неси меня опять в мое уединилище. Ибо этим он выразил предание себя на смерть ради жизни, которую в своем лице сознавал единственно угодною Богу. Это значило то же, что и делом умереть Господа ради: ибо готовность на то была полная. Готовность на смерть ради Господа и угождения Ему есть всепобедительное оружие: ибо чем еще можно искусить, или устрашить имеющего ее? Она и считается исходным началом подвижничества и крепостью во все продолжение его. Господь и Спаситель, – Подвигоположник наш, – все дни земной жизни Своей видел смерть пред Собою, но в саду Гефсиманском, во время молитвенного борения, – Он окончательно победил ее человечеством; страдания и смерть крестная делом совершили то, что там изречено. За этим следовало тридневное субботствование, пред славным воскресением. Этот путь проходят все души, пошедшие вслед Господа. Первый шаг при сем есть самоотвержение; но в каких бы малых начатках оно ни было, в нем всегда есть своя доля готовности на смерть. Затем растет самоотвержение, – растет и сия готовность, или сия готовность есть душа самоотвержения. Кто дойдет до такой степени готовности, какая была у Спасителя в саду, тому предлежит тотчас восхождение в духе на крест, и затем субботствование духовное, за которым следует и духовное воскресение во славе Господа Иисуса. – Вот это и совершилось теперь в духе св. Антония. Словами к другу несть его опять туда же, где его так умучили, он показал, что в его духе было то же, что у Спасителя, когда Он, по молитве в саду, сказал ученикам: «идем; се приближися предаяй Мя!»

– За этим тотчас следовало его удаление в дальнейшую пустыню и двадцатилетнее в ней пребывание в безмолвии, – как его распятие и субботствование – в духе. Лишь только оправился св. Антоний от страданий, причиненных бесами, как устремился в пустыню за два, или за три дня пути от жилых мест, – и там заключился в старом заброшенном капище, в котором был колодец с водою, а хлеб доставлял ему по полугодно друг его. Какие нес он здесь труды и подвиги, и что с ним было – никто не видел. Но судя по тому, каким он вышел из затвора, должно заключить, что это было время созидания его духа Духом Святым. Здесь то же происходило, что происходит с гусеницею, когда она завертывается в куколку. Никто не видит, что с ней делается в эту пору: она будто замерла. Но между тем всеоживляющая сила природы действует в ней, – и в свое время из куколки вылетает прекрасный разноцветный мотылек. Так и в св. Антонии. Никто не видел: что с ним; но Дух Божий ни для кого незримо, неведомо большею частью и для самого Антония, созидал в нем нового человека, по образу Создавшего его. Когда кончилось время созидания, ему повелено было выйти на служение верующим. И он вышел, облеченный разнообразными благодатными дарами Св. Духа. Как Христос восстал от мертвых в славе Отчей, так св. Антоний исшел теперь в обновленной духом жизни. Этим кончилось образование духа св. Антония. Вся последующая затем жизнь его была не что иное, как плодоприношение от того, что посеяно в первые два периода его жизни. Это – третий, время служения во благо Церкви, – как будто Апостольство его, – Сколь многоплодно и широко было это служение, всякий увидеть может из описания жизни его св. Афанасием. Он служил всеми дарами благодатными. А каких у него не было? – Был дар чудотворений, дар власти над бесами, над силами природы и над животными, дар прозрения мыслей, дар видения происходившего вдали, дар откровений и видений. Но из всех даров самый многоплодный и обширный по приложению был дар слова. – И им-то послужил он меньшей братии своей паче всех других даров. Св. Афанасий пишет, что Бог дал св. Антонию слово сильное, проходящее до глубин сердечных. И он умел с такою силою говорить на пользу каждому, что многие из людей знатных, – военных и гражданских, люди с большим достатком, слагали с себя тяготы житейские и делались монахами. Да и кто, приходя к нему печальным, возвращался необвеселенным? Кто, приходя к нему проливающим слезы об умерших, не оставлял тотчас своего плача? Кто, приходя гневным, не переменял гнева на кротость? Какой монах, впадавший в нераденье, побывавши у него, не делался снова ревностным и крепким в подвигах? Какой юноша, увидев св. Антония и послушав его, не отрекался от утех, и не начинал любить целомудрие? Сколько дев, имевших уже женихов, издали только повидав св. Антония, перешло в чин невест Христовых? Из этого свидетельства видно, что св. Антоний не закрывал источника своего Богодарованного ведения. Да и приходили к нему преимущественно затем, чтобы послушать, принять слово истины и найти себе должное руководство. И он всех, по Апостолу, научал, обличал, умолял. Иногда обильным потоком изливалось слово его, как то, которое сохранил в его жизнеописании св. Афанасий; иногда говорил он менее пространные речи, как его 20 кратких слов; но более ограничивался он краткими изречениями, полными смысла и силы. Эти краткие изречения в несчетном множестве переходили потом из уст в уста, составляя как бы ходящий устав подвижничества, и вошли наконец в сборники отеческих достопамятностей. Иногда св. Антоний писал и послания к детям своим духовным, инокам разных обителей, в которых то изображал общие черты жизни о Христе Иисусе, то врачевал частные немощи братий. Все, исшедшее из уст св. Антония и преданное письмени, и все им писанное доставит богатую пищу душе, ищущей назиданий. Дошли до нас, кроме пространного слова, в жизнеописании помещенного, 20 посланий к инокам, 20 кратких слов о добродетелях и пороках, 170 глав о доброй нравственности, его правило для монахов с двумя к нему прибавлениями, и множество его изречений и сказаний о нем, всегда назидательных и поучительных, разбросанных в разных отечниках. Послания и слова его в русском переводе помещены в первых годах Христианского Чтения, – главы входят в состав Добротолюбия, изречения и сказания составляют первую статью Достопамятных Сказаний. В подлиннике все это можно найти и читать в Patrologiae graecae, t.40 – Migne, откуда и переведено все, помещаемое в настоящем сборнике. Здесь предлагаются вниманию любителей такого чтения:

1. Извлечения из посланий и слов. В них 1–15 пункты взяты из жизнеописания св. Антония св. Афанасием. Наставления 16–68 извлечены из писем св. Отца. Наставления 69–82 извлечены из его 20-ти слов к монахам.

2. 170 глав о доброй нравственности.

3. Устав отшельнической жизни. В 40 т. «Patrologiae graecae» Migne, на стр. 1065, помещены Praecepta Antonii в 80 пунктах. За ними стоят еще его же: «Spiritualia documenta regulis adjuncta», и «Admonitiones et documenta varia», то и другое, очевидно, как дополнение к предыдущему правилу. Как все изречения, содержащиеся под сими заглавиями, одного суть рода, и по содержанию и по образу речи, то они сводятся здесь воедино и размещаются под особыми рубриками, следуя естественному ходу отшельнической жизни, под заглавием, устав отшельнической жизни.

4. Изречения св. Антония Великого и сказания о нем. Такие изречения и сказания в большом числе помещены в Достопам. Сказаниях; но кроме этих есть другие, которые приводятся в том же томе 40-м Patr. graec. и в нашем Алфавитном Патерике; иные еще приводятся Кассианом: есть несколько в разных статьях отеческих сборников. Вместо того, чтобы ставить их как какие пришлось где найти, здесь они размещаются в некотором порядке, подобно предыдущим правилам. Начало полагается сказаниями, относящимися к движению из мира, коим начинается подвижничество, а потом идут и все прочие изречения и сказания по порядку отшельнической жизни.

5. Вопросы учеников и ответы старца о некоторых изречениях св. Антония Великого.

НАСТАВЛЕНИЯ СВЯТОГО АНТОНИЯ ВЕЛИКОГО

1. Наставления о жизни во Христе, извлеченные из слов его в жизнеописании св. Афанасия, из его 20 посланий и 20 слов

1. Да будет общею всем такая преимущественно забота, чтоб, начавши, не ослабевать и не унывать в трудах, и не говорить: – долго уже времени пребываем мы в подвиге; но лучше, как бы начиная каждый день, будем приумножать ревность свою. Целая жизнь человеческая весьма коротка в сравнении с будущими веками, и все наше – ничто пред жизнью вечною, так что, тогда как в мире всякая вещь продается по стоимости, и всякий выменивает равное на равное, – обетование жизни вечной покупается за малость некую. Ибо написано: «дние лет наших в них же седмьдесят лет, аще же в силах осмьдесят лет и множае их труд и болезнь» (*Пс. 89,10*). Итак, если и все восемьдесят, или даже сто лет пребудем мы в подвиге, то не равное ста годам время будем царствовать, но вместо ста лет, будем царствовать во веки веков; притом, подвизавшись на земле, наследие получить не на земле, но на небесах имеем мы обетование; и еще – сложив тело тленным, – мы восприимем его нетленным. Не будем же унывать, и не будем думать, будто долго пребыли мы (в подвиге), или сделали что великое; «ибо недостойны страсти нынешняго времене, к хотящей славе явитися в нас» (*Римл. 8, 18*).

2. Так же, взирая на мир, не будем думать, будто отреклись мы от великого чего, ибо и вся эта земля очень мала пред целым небом. Поэтому, если бы и над всею землею были мы господами и отреклись от всей земли, то и в этом опять не было бы ничего, равноценного царству небесному. Ибо как тот, кто бросает одну драхму меди, чтоб приобрести сто драхм золота, так и тот, кто, будучи господином всей земли, отрекается от ней, оставляет не много, а получает во сто крат более. Если же вся земля не равноценна небесам, то оставляющий несколько десятин, как бы ничего не оставляет. Хотя бы оставил он при том и дом и много золота, и тогда не должен хвалиться, или малодушествовать. С другой стороны надо подумать, что если бы не оставили мы (что имеем) ради добродетели, всячески после, умирая, оставили бы то, как и оставляем часто даже тем, кому не хотели бы, как упомянул о сем еще Екклесиаст (Еккл, 4, 8). Почему же не оставить нам сего ради добродетели, чтоб наследовать за то царство (небесное)?

3. По сей же причине никто из нас не должен питать в себе желание приобретать. Ибо какая выгода приобретать то, чего не возьмем с собою. Почему приобретать нам лучше то, что и с собою взять можем, как-то: благоразумие, справедливость, целомудрие, мужество, рассудительность, любовь, нищелюбие, веру во Христа, безгневие, страннолюбие? Приобретши сии (добродетели), мы найдем их впереди себя там, приготовляющими нам пристанище на земле кротких.

4. Такими-то мыслями да убеждает себя каждый не малодушествовать, наипаче же, если рассудит при том, что он есть раб Господень, и обязан работать своему Владыке. Как раб не осмелится сказать: поелику работал я вчера, то ныне не стану работать, – и вычисляя протекшее время (труда) не перестает (он трудиться) в последующие дни, но каждый день, как написано в Евангелии, оказывает ту же ревность, чтоб угодить своему господину и не попасть в беду: так и мы будем каждый день с терпением пребывать в подвиге, зная, что если один день проведем в нерадении, (Господь) не простит нам того, ради (труда) в прошедшее время, но прогневается на нас за сие нерадение, Так и у Иезекииля слышали мы (18, 26): «егда совратится праведник от правды своея, и сотворит грех и умрет, – в преступлении, еже сотвори, в том умрет». Так и Иуда в одну ночь погубил труд всего протекшего времени.

5. Итак, возьмемся за подвиги, и не будем унывать. Ибо в этом имеем мы содействователем и Господа, как написано: «всякому избравшему благое, Бог содействует во благое» (*Римл. 8, 28*). Для этого же, т.е чтоб нам не малодушествовать, хорошо содержать в мысли и следующее изречение Апостола: «по вся дни умираю» (*1Кор. 15, 31*). Ибо если мы станем жить, как умирающие каждый день, то не согрешим. Изречение же сие означает вот что, – чтоб мы, каждый день пробуждаясь, думали, что не проживем до вечера, и опять, намереваясь ложиться спать, думали, что не пробудимся; потому что и по естеству не известен предел жизни нашей, не известно и то, какую меру полагает ей каждодневно Провидение. Так расположившись, и каждый день живя так, мы не будем – ни грешить, ни иметь похоти к чему-либо, ни воспламеняться гневом на кого, ни собирать себе сокровища на земле; но, как ожидающие каждый день смерти, будем нестяжательны и всем все будем прощать; похотения же жены, или другого какого нечистого удовольствия, ни на одно мгновение не будем удерживать в себе, – но тотчас будем отвращаться от него, как от чего-то мимоходящаго, пребывая всегда в (предсмертном) как бы борении и прозревая день суда. Ибо сильный страх и опасение мук уничтожает приятность удовольствия и восстановляет клонящуюся к падению душу.

6. Итак, начавши (дело спасения) и вступивши уже на путь добродетели, будем наиболее простираться в предняя, так чтобы достигнуть (*Фил. 3, 14*), И никто да не обращается вспять, подобно жене Лотовой, потому особенно, что Господь сказал: «никтоже возложь руку свою на рало, и зря вспять, управлен есть в царствие небесное» (*Лук. 9, 62*). Обратиться же вспять, не иное что значит, как раскаяться (что оставили мир), и начать опять мирская мудрствовать.

7. Не устрашайтесь слыша о добродетели и не чудитесь о имени сем. Ибо не далеко от нас, и не вне нас, а в нас есть дело сие; и оно удобно, если только захотим. Еллины отправляются в чужие края и переплывают море, чтоб изучать науки; а нам нет нужды отправляться в чужие края, царствия ради небесного, ни переплывать моря ради добродетели: ибо Господь предотвратил это, сказав: «царствие небесное внутри вас есть» (*Лук. 17, 21*). Поэтому для добродетели нужно только то, чтоб мы ее захотели, так как она в нас есть и из нас образуется. Ибо коль скоро душа разумная находится в естественном своем чине, то в то же время в нас есть и добродетель. (Душа) находится в естественном своем чине, когда пребывает такою, какою сотворена: сотворена же она весьма доброю и правою. Почему Иисус Навин, давая заповеди, и говорил народу: «исправите сердца ваша ко Господу Богу Израилеву» (*Нав. 24, 23*); а Иоанн: «правы творите стези» (*Матф. 3, 3*). Правою же душа бывает, когда разумность ея находится в естественном своем чине. Когда же она уклоняется инуды и низвращает чин, требуемый естеством, тогда это называется злом в душе. Итак, – незатруднительное это дело (добродетели); ибо если мы пребываем так, как созданы, то находимся в добродетельном состоянии; а если замышляем худое, то нас справедливо называют злыми. Если б со вне надлежало заимствовать сие дело (добродетели), то конечно оно было бы затруднительно; но если она в нас есть, то будем только хранить себя от худых помыслов, и соблюдать душу свою Господу, как принятый от Него залог, чтоб Он признал ее творением Своим, увидев, что она такова, какою Он ее создал.

8. Будем бороться (с собою), чтоб не тиранствовал над нами гнев и не властвовала похоть; ибо написано: «гнев мужа правды Божией не соделывает». И: «похоть заченши рождает грех, грех же содеян, рождает смерть» (*Иак. 1, 20, 15*). Но ведя такую жизнь, будем крепко трезвиться, и, как написано: «всяким хранением блюсти свое сердце» (*Притч. 4, 23*). – Ибо имеем страшных и вселукавых врагов, злых демонов.

9. И с ними-то у нас брань, как сказал св. Апостол: «несть наша брань к крови и плоти, но к началом и ко властем, и к миродержителем тьмы века сего, к духовом злобы поднебесным» (*Еф. 6, 12*). Великая их толпа в окружающем нас воздухе, и они не далеко от нас. Великая также есть между ними разность. Но о естестве их и различии слово было бы очень продолжительно, и при том говорить о сем более прилично тем, кои выше нас, чем нам. Нам же ныне нетерпящая отлагательства настоит нужда узнать только их против нас козни.

10. Итак, во-первых, знаем, что демоны не в таком созданы состоянии, из-за которого называются демонами. Ибо Бог не сотворил ничего злого. Добрыми созданы и они; но ниспадши от небесного мудрования, и вращаясь уже около земли, Еллинов прельстили привидениями, нам же христианам завидуя, все приводят в движение, в желании воспрепятствовать нашему восхождению на небеса, чтоб не взошли мы туда, откуда они ниспали. Посему потребно и молиться много и подвизаться, чтобы прияв от Духа дарование «рассуждения духовом» (*1Кор. 12, 10*), можно было узнать касательно их, какие из них меньше злы, и какие больше, о каком деле каждый из них имеет заботу и как каждого из них можно низлагать и изгонять. Ибо много у них козней и много изворотов их наветливости. – Блаженный Апостол и последователи его знали сие, говоря: – «не неразумеваем бо умышлений его» (*2Кор. 2, 11*). – Мы же в чем были от них искушены, в том должны взаимно друг друга предостерегать. – Вот и я, сам отчасти испытавши (их козни), говорю вам о том, как детям.

11. Они коль скоро увидят и всякого христианина, а тем паче монаха, пребывающими в труде и преуспевающими, то первее всего покушаются и пытаются положить на пути соблазны: – соблазны же их суть злые помыслы. – Но нам не должно бояться этих внушений их; потому что молитвами, постами и верою в Господа враги тотчас низлагаются. Впрочем, и будучи низложены, они не успокаиваются, но тотчас опять приступают с коварством и хитростью. Когда не возмогут обольстить сердце явно нечистыми пожеланиями, то иным опять образом нападают, именно: устраивают разные привидения, чтоб устрашить; для чего претворяются в разные виды и принимают на себя образы: жен, зверей, пресмыкающихся, великанов и множества воинов. Но и таких привидений не должно бояться; потому что они ничто – и тотчас исчезают, коль скоро кто оградит себя верою и знамением креста. – Впрочем они дерзки и крайне бесстыдны. – Почему, если и в этом бывают побеждены, то нападают иным еще образом: – принимают на себя вид прорицателей и предсказывают, что будет спустя несколько дней; также показывают себя высокими, чтоб кого не могли прельстить помыслами, уловить хотя такими привидениями. Но не будем слушать демонов, как чуждых нам; не станем слушаться их, хотя бы они возбуждали нас на молитву, хотя бы говорили о постах; а будем внимательнее смотреть на цель нашего подвижничества, – и не будем обольщены ими, делающими все с лукавством. – Бояться же их не должно, хотя бы казались они наступающими на нас, хотя бы угрожали смертию; потому что они немощны, и ничего более сделать не могут, как только угрожать.

12. Все попечение надобно прилагать более о душе, а не о теле, и телу уступать по необходимости малое время, все же остальное посвящать наипаче душе и искать ее пользы, чтоб не увлекалась она телесными сластями, но паче себе поработала тело. Сие-то значит сказанное Спасителем: «Не пецытеся душею вашею, что ясте, ни телом, во что облечетеся» (*Матф. 6, 25*). – «И вы не ищите, что ясте, или что пиете: и не возноситеся. Всех бо сих язы́цы мира сего ищут: ваш же Отец весть, яко требуете сих. Обаче ищите» прежде всего «царствия Его и сия вся приложатся вам» (*Лк.12:29–31*).

13. Веруй в Господа и люби Его; храни себя от нечистых помыслов и плотских удовольствий, и как написано в притчах – «не прельщайся насыщением чрева» (*Притч. 24, 15*); бегай тщеславия, молясь непрестанно, пой псалмы пред сном и после сна; изучай заповеди, данные тебе в Писании, содержи в памяти деяния святых, чтоб памятующая заповеди душа твоя ревность святых имела для себя образцом. Особенно старайся исполнять Апостольское наставление: «солнце да не зайдет во гневе вашем» (*Еф. 4, 26*), – и думай, что это сказано вообще относительно ко всякой заповеди, чтоб не заходило солнце не только во гневе, но и в другом грехе нашем, Ибо хорошо и необходимо, чтобы не осуждали нас, ни солнце за дневной проступок, ни луна за ночной грех и даже за худое помышление.

14. Чтоб соблюсти себя от этого, – хорошо выслушать и сохранять Апостольское слово: «себе искушайте» (*2Кор. 13, 5*). Поэтому, пусть каждый ежедневно дает себе отчет в дневных и ночных своих поступках. И если согрешил, да перестанет грешить; если не согрешил, да не хвалится тем, но да пребывает в добре, и не предается нерадению, – и ближнего не осуждая, и себя не почитая праведным, «дондеже приидет Господь» (*1Кор. 4, 5*), испытующий тайное. – Не редко и от нас самих бывает сокрыто, что делаем мы. Но хотя не ведаем сего мы; но Господь видит все. – Посему суд предоставя Господу, будем сострадательны друг к другу, станем «носить тяготы друг друга» (*Гал. 6, 2*), и истязать самих себя, и в чем мы недостаточны, постараемся то восполнять.

15. К ограждению себя от греха будем соблюдать еще следующее. Пусть каждый из вас замечает и записывает свои поступки и душевные движения как бы с намерением сообщить это друг другу; и будьте уверены, что, стыдясь известности, непременно перестанем грешить и даже содержать в мыслях что-либо худое. Ибо кто, когда грешит, желает чтоб это видели? Или кто согрешив, не пожелает лучше солгать, только бы утаить грех? Как наблюдая друг за другом, не станем творить блуда, так если будем записывать свои помыслы, с намерением сообщить их друг другу, легче соблюдем себя от нечистых помыслов, стыдясь известности. – Итак записывание да заменит для нас очи наших сподвижников, чтобы, чувствуя при записывании такой же стыд, какой чувствуем, когда смотрят на нас, и в мысли мы не держали чего-либо худого. Если так будем образовывать себя, то придем в состояние поработать тело свое, угождать Господу и попирать козни врага.

16. Думаю, что благодать Духа Божия скорее исполняет тех, кои от всего сердца вступают в подвиг, и с самого начала определяют себе стоять и ни за что не уступать места врагу, ни в какой брани, пока не победят его. Впрочем Дух Святой, призвавший их, сначала все делает для них удобным, чтоб усладить таким образом вступление в подвиг покаяния, а потом показывает им пути его во всей истине (притрудности). – Помогая им во всем, Он печатлеет в них, какие несть труды покаяния, и полагает им пределы и образ, как в отношении к телу, так и в отношении к душе, пока не приведет их к совершеннейшему обращению к Богу, Творцу своему. – Для этого, Он постоянно возбуждает их к тому, чтобы приутруждать и тело свое и душу, дабы то и другое равно освятившись, равно соделались достойными и наследия жизни вечной: (приутруждать) тело – постоянным постом, трудом и частыми бдениями, а душу – духовными упражнениями и тщанием во всех служениях (и послушаниях), совершаемых чрез тело. Об этом (чтоб ничего не делать небрежно, а все со тщанием и страхом Божиим) надобно стараться при всяком телесно совершаемом деле, если желаем, чтоб оно было плодоносно.

17. Изводя на подвиг кающегося, Дух Божий, призвавший его к покаянию, подает ему и Свои утешения и научает его не возвращаться вспять и не прилепляться ни к чему из вещей мира сего. – Для этого Он открывает очи души и дает ей узреть красоту чистоты, достигаемой трудами покаяния, и чрез то возгревает в ней рвение к совершенному очищению себя вместе с телом, так чтобы оба стали одно по чистоте. – Ибо в этом цель обучительного руководства Духа Святого, чтоб очистить их совершенно и возвести их в то первобытное состояние, в котором находились они до падения, истребив в них все, примешанное завистью диавольскою, так чтоб не оставалось в них ничего вражеского. – Тогда тело станет во всем покорствовать велениям ума, который будет властно определять его в пище и питии, и сне и во всяком другом действии, постоянно научаясь от Духа Святого, по примеру св. Апостола Павла, «умерщвлять тело свое и порабощать» (*1Кор. 9, 27*).

18. Не безызвестно, что в теле бывают троякого рода плотские движения. – Первое есть движение естественное, прирожденное ему, которое однако ж ничего не производит (греховного, совесть тяготящего), – без согласия души, а только дает ощущать, что оно есть в теле, – Другое движение в теле происходит от слишком обильного питания тела пищею и питием, когда рождающийся от этого жар крови поднимает в теле брань против души и склоняет ее к нечистым похотям. – Потому-то и говорит Апостол: «не упивайтеся вином, в немже есть блуд». Равно и Господь заповедует ученикам Своим в Евангелии: «внемлите, да не когда отягчают сердца ваша объядением и пиянством» (*Лук. 21, 34*). Те же, кои возревновали достигнуть полной меры святости и чистоты, в иноческом чине, особенно должны всегда так себя держать, чтоб можно было говорить со Апостолом: «умерщвляю тело мое и порабощаю» (*1Кор. 9, 27*). Третье движение бывает от злых духов, которые по зависти искушают этим и покушаются расслабить взыскавших чистоты (иноков уже), или уклонить с пути хотящих войти в дверь чистоты (т.е. еще только вступить в иночество).

19. Впрочем, если человек вооружится терпением и неуклонною верностью заповедям, кои от Бога, то Дух Святой научит его ум, как очистить душу и тело от таких движений. Если же он расслабнет когда чувством и попустит в себе небрежение о слышанных им заповедях и повелениях, то духи злые начнут одолевать его, насядут на весь состав тела и станут сквернить его тем движением до того, что измученная душа не будет знать куда деваться, не видя в отчаянии, откуда бы пришла к ней какая-либо помощь; и только после того, как она, отрезвившись, станет снова на сторону заповедей, и, восприявши их иго (или сознавши силу обязательства), предаст себя Духу Божию, снова исполняется она спасительным настроением. Тогда-то уразумевает она, что покоя должна она искать единственно в Боге, и что только таким образом возможен для ней мир.

20. Необходимо – согласно и равно нести труды покаяния и душой и телом, стремясь к совершенной чистоте. И когда ум сподобится такой благодати, чтоб без саможаления и поблажки вступить в борьбу со страстями, тогда ему присущи внушения, указания и подкрепления Духа, помощью которых он успешно начинает отражать от души все нечистые приражения, исходящие от похотей сердца. Дух сей, сочетавшись с умом (или духом человека), ради решимости строго исполнять узнанные заповеди, направляет его к тому, чтоб отгонять от души все страсти, как примешивающиеся к ней со стороны тела, так равно и ее собственные, кои есть в ней независимо от тела. Он научает его держать в порядке тело – все, с головы до ног: глаза, чтоб смотрели с чистотой; уши, чтоб слушали в мире (или мирное) и не услаждались наговорами, пересудами и поношениями; – язык, чтоб говорил только благое, взвешивая каждое слово, и не допуская, чтоб в речь вмешалось что-либо нечистое и страстное; руки, чтоб были приводимы прежде в движение только на воздеяние в молитвах и на дела милосердия и щедродательности; чрево, чтоб держалось в должных пределах в употреблении пищи и пития, сколько нужно только для поддержания тела, не допуская похотению и сластолюбию увлекать себя за эту меру; ноги, чтоб ступали право и ходили по воле Божией, направляясь к служению добрым делам. Таким образом тело все навыкает всякому добру, и изменяется, подчиняясь власти Св. Духа, так что наконец становится в некоторой мере причастным тех свойств духовного тела, какие имеет оно получить в воскресение праведных.

21. Душа имеет, как указано, свои собственные страсти, кои суть: гордость, ненависть, зависть, гнев, уныние и другие подобные. Когда душа предает себя Богу всею силою своею, тогда Всещедрый Бог подает ей дух истинного покаяния, и очищает ее от всех сих страстей, научая ее не следовать им, и давая силу преодолевать их и препобеждать врагов, которые не перестают полагать ей препоны, стараясь посредством искушений снова похитить ее себе. И если она пребудет твердою в своем обращении и в добром повиновении Духу Святому, научающему ее покаянию, то милосердый Творец сжалится над нею, трудов ради ее, со всякою теснотою и нуждою подъемлемых – в постах долгих, бдениях частых, в поучениях в Слове Божием, в Непрестанной молитве, в отречении от всех мирских утех, в услужении всем от чистого сердца, в смирении и нищете духом, – если пребудет твердою во всем этом, Всещедрый, милостивым призрев на нее оком, избавит ее от всех искушений и исторгнет из рук врагов милостью Своею.

22. Бог Отец, по благости Своей, «не пощадил» (*Римл. 8, 32*) Сына Своего Единородного, но предал Его для избавления нас от грехов и неправд наших. И Сын Божий, смирив Себя ради нас, исцелил нас от душевных болезней наших и устроил нам спасение от грехов наших, Прошу же вас, именем Господа нашего Иисуса Христа, – знать и в мыслях всегда содержать это великое устроение Божие, т.е. что Бог – Слово, ради нас, во всем уподобился нам, кроме греха. Прилично же тем, кои одарены разумом, знать сие разумно, возревновав о том, чтоб самым делом стать свободными (от грехов), силою пришествия Господа к нам. Те, кои воспользовались, как должно, сим устроением, суть рабы Его. Но это звание еще не есть совершенство. Совершенство вводит в сыновство, – и есть освящение, приходящее в свое время. Так, когда Господь наш Иисус Христос, увидев, что ученики Его подошли уже к сыновству, и Его Самого познали, быв научены Духом Святым, сказал им: – «Я не называю уже вас рабами, но друзьями и братьями, потому что сказал вам все, что слышал от Отца» (*Иоан. 15, 15*). И те, которые познали, чем стали они во Христе Иисусе, возвысили такие гласы, говоря: – «не приняли мы духа работы в боязнь, но Духа сыноположения о Коем вопием: Авва Отче» (*Римл. 8, 15*). Кто же не явит полной и усердной готовности восстать (от греха), тот пусть знает, что пришествие Господа Избавителя будет ему в осуждение. Почему еще вначале Симеон воспел: «се лежит Сей на падение и возстание многим во Израили, и в знамение пререкаемо» (*Лук. 2, 34*). А потом и Апостолы провозгласили: «мы есмы овем убо воня смертная в смерть, овем же воня животная в живот» (*2Кор. 2, 16*).

23. Не безызвестно вам, что враги истины непрестанно усиливаются уничтожить истину. Бог же во всякое время посещал тварь Свою, от самого начала создания мира, и тех, которые приступали к Создателю своему от всего сердца своего, научал, как должно Его почитать. Но когда, по страстности плоти и злобе врагов, борющих нас, добрые стремления души потеряли силу, и люди не могли даже постигнуть того, что свойственно им по их естеству и назначению, а не только избавить себя от грехов, чтоб возвести себя в первобытное состояние: тогда Бог сотворил с ними милость и научил их истинному Богопочтению чрез закон писанный. Когда же и это не помогло, тогда Бог, видя, что рана расширяется и требует решительного врачевства, определил послать Сына Своего Единородного, Который и есть единственный Врач наш.

24. Побеждаемый любовью к Иисусу Христу, я, смотря на наше время, испытываю то радость, то сетование и плач. Очень многие в роде нашем облеклись в одежду благочестия (иноческую). Но из них некоторые только сделали это от всего сердца и сподобились получить принесенное пришествием Господа Иисуса избавление. И это суть те, о которых я радуюсь. Иные же, презревши силу (своего обета), действуют по воле плоти и склонностям сердца своего, – чрез что пришествие Господа стало им в обличение. И это суть те, о которых я сетую. Иные, наконец, помышляя о долготе времени подвига, упали духом; почему сбросили с себя одежду благочестия, и стали как бы бессловесными. И это суть те, о которых я плачу, так как пришествие Господа нашего Иисуса Христа стало им в осуждение.

25. Я всеми силами молюсь о вас к Богу, чтобы Он вверг в сердца ваши огонь, который Господь наш Иисус Христос пришел воврещи на землю (*Лук. 12, 49*), да возможете право править вашими намерениями и чувствами и отличать добро от зла.

26. В то время, когда ветер дует ровно, всякий мореплаватель может высоко думать о себе и похвастать собою; но только при внезапной перемене ветров, открывается искусство опытных кормчих.

27. Кто боится Господа и соблюдает Его заповеди, тот есть раб Богу. Но это рабство, в котором и мы находимся, не есть рабство, но праведность, ведущая к сыновству. Господь наш избрал Апостолов и вверил им благовестие Евангелия. Данные ими заповеди установили для нас прекрасное рабство, чтоб мы господствовали над всеми страстями и совершали прекрасное служение добродетели. Но когда мы приступим ближе к благодати, Господь наш Иисус Христос скажет и нам, как сказал Апостолам Своим: «Я уже не называю вас рабами, но друзьями Моими и братьями: потому что все, что слышал от Отца Моего, сказал вам» (*Иоан. 15, 15*). Приступившие к благодати опытно познают движения Духа Святого и свое уразумевают духовное устроение; уразумевши же и познавши это, взывают, говоря: «неприяхом духа работы в боязнь, но Духа сыноположения, о Нем же вопием: Авва Отче!» (*Римл. 8, 15*).

28. Бог всех руководит действиями Своей благодати. Почему, не ленитесь и не унывайте, взывая к Богу день и ночь, чтоб умолить благость Бога Отца, ниспослать вам помощь свыше к познанию того, как вам поступать. Не давайте «сна очам вашим и веждям вашим дремания» (*Псал. 131, 4*), ревнуя принести самих себя Богу в жертву чистую, чтоб узреть Его: ибо без чистоты никто не может узреть Бога (*Евр. 12, 14*), как говорит Апостол.

29. Все святые, когда видят, что мы ленимся и нерадим, – скорбят, плачут и сетуют; когда же видят, что мы становимся исправными и возрастаем в совершенстве, – радуются, и в радости и веселии непрестанно многие изливают о нас к Создателю молитвы. И Господь тогда утешается добрыми делами нашими, равно как свидетельствами и молитвами святых, – и ущедряет нас всякими дарами.

30. Кто от всего сердца не возымеет ненависти к тому, что свойственно вещественной и земной плоти, и ко всем ее движениям и действиям, – и ума своего не восторгнет горе к Отцу всех, тот не может получить спасения. Кто же сделает это, над трудами того умилосердится Господь наш, и дарует ему невидимый и невещественный огонь, который попалит все находящиеся в нем страсти и совершенно очистит ум его. Тогда возобитает в нем Дух Господа нашего Иисуса Христа, и пребудет с ним, научая его поклонению Отцу достодолжному. Но пока мы соуслаждаемся вещественной плоти своей, дотоле врагами бываем Богу и Ангелам Его и всем святым. Умоляю же вас именем Господа нашего Иисуса Христа, не нерадите о жизни вашей и спасении вашем, и не попустите этому времени мгновенному похитить у вас вечности, которой конца нет, и этому телу плотяному лишить вас царства светов, беспредельного и неизглаголанного. Истинно смущается душа моя и дух мой цепенеет от того, что когда нам свобода дана чтоб избирать и делать дела святых, мы, опьяневши страстями, подобно пьяным от вина, не хотим умов своих воздвигнуть горе и взыскать вышней славы, не хотим подражать деяниям святых, или последовать стопам их, чтоб, сделавшись наследниками дел их, получить вместе с ними и наследие вечное.

31. Великого сподобились вы блага, получив благодать, которая в вас есть. Должно однако ж вам неленостно подвизаться о имени Того, Который есть «посетивший» вас «Восток с высоты» (*Лук. 1, 78*), да соделаетесь Ему жертвою святою и непорочною. Мы знаем, как пала природа наша с своей высоты в глубину унижения и бедности, и как посещал её милосердый Бог Своими законами чрез руки Моисея и прочих Пророков; в последнее же время сделал это чрез Единородного Сына Своего, Который есть верховный Начальник наших первосвященников, и истинный Врач наш, Единый сильный исцелить болезни наши, и Который облекся в тело наше, и предал Себя Самого за нас и за грехи наши; Его смертью мы спасены. Вникайте же и прилежно рассматривайте распоряжения Творца нашего и Его посещения нас, по внешнему и внутреннему человеку, после того, как мы, будучи разумны, сделались неразумными за свое склонение на волю врага, злодея, отца лжи.

32. Сколько мириад злых бесов, и сколь бесчисленны виды козней их! Они и после того как увидели, что мы, пришедши в познание своих страстей и своего посрамления, стараемся уже избегать злых дел, на которые они нас наводят, и уха своего не склоняем к злым советам, которые они нам внушают, – не отстали, но приступили к делу с отчаянным усилием, зная, что участь их уже окончательно решена и что наследие их есть ад, за их крайнюю злобу и отвращение (от Бога). Да откроет Господь очи сердец ваших, чтоб вы видели, сколь многочисленны козни демонов и как много зла причиняют они нам каждый день, – и да дарует вам сердце бодренное и дух рассуждения, чтоб вы могли принести самих себя Богу в жертву живую и непорочную, остерегаясь зависти демонов во всякое время и их злых советов, их скрытных козней и прикровенной злобы, их обманчивой лжи и помышлений хульных, их тонких внушений, который влагают они каждый день в сердце, гнева и клеветы, на которые подущают они нас, чтоб мы друг на друга клеветали, себя самих только оправдывая, других же осуждая, чтоб злословили друг друга, или сладким говоря языком, скрывали в сердцах наших горечь, чтоб осуждали внешность ближнего, внутри самих себя имея хищника, чтоб спорили между собою, и шли наперекор друг другу, в желании поставить на своем и показаться честнейшими. Всякий человек, который услаждается греховными помыслами, падает произвольно, когда рад бывает (сочувствует) тому, что в него влагаемо бывает от врагов и когда думает оправдать себя только видимо совершаемыми делами, будучи внутри жилищем злого духа, который научает его всякому злу. Тело такого наполнится постыдными срамотами – ибо кто таков, тем овладевают страсти демонские, которых он не отгоняет от себя. Демоны не суть видимые тела; но мы бываем для них телами, когда души наши принимают от них помышления темные; ибо, принявши сии помышления, мы принимаем самих демонов, и явными их делаем в теле.

33. Природа умная и бессмертная сокрыта в тленном теле нашем для того, чтобы в нем и чрез него, обнаруживать свои действия. Итак, сделав тело это – алтарем кадильным, приносите на него все помышления ваши и худые советы ваши, и поставив их пред лицом Господа, возноситесь к нему сердцем и умом, умоляя его, да ниспошлет Он вам свыше Свой невещественный огонь, который бы попалил все, находящееся на алтаре сем и очистил то. И убоятся противники ваши, священники вааловы, и погибнут от рук ваших, как от рук Илии Пророка (*3Цар. 18, 25* и д.). Тогда узрите вы человека, исходящего из вод Божественных, который сделает, – чтоб одождил на вас дождь духовный, то есть орошение Духа Утешителя.

34. Диавол, ниспадший из своего небесного чина за гордость, непрестанно усиливается увлечь в падение и всех тех, кои от всего сердца желают приступить к Господу, – тем же самым путем, каким и сам ниспал, т. е. гордостью и любовью к суетной славе. Этим-то борют нас демоны, этим-то и другим подобным думают они отдалить нас от Бога. Сверх того, зная, что любящий брата своего, любит и Бога, они влагают в сердца наши ненависть друг к другу, – до того, что иной видеть не может брата своего, или сказать с ним слово. Многие истинно великие подъяли труды в добродетели, но по неразумению своему сгубили себя. Этому не дивно быть и между вами, если, например, охладевши к деланию, вы будете думать, что обладаете в себе добродетелями. Ибо вот уже вы и ниспали в эту болезнь диавольскую (самомнение), думая, что близки к Богу и пребываете во свете, тогда как в самом деле находитесь во тьме. Что побудило Господа нашего Иисуса Христа сложить одежды Свои, препоясать чресла Свои лентием, и, вливши воду в умывальницу (*Иоан. 13, 4* и д.), умыть ноги тех, которые ниже Его, если не то, чтоб научить нас смирению? Да, – его Он изобразил нам примером того, что сделал тогда. И точно, все хотящие быть принятыми в первый чин, не иначе могут этого достигнуть, как смирением; так как в начале то, что свергло с неба, было движение гордости. Итак, если не будет в человеке крайнего смирения, смирения всем сердцем, всем умом, всем духом, всею душою и телом, – то он Царствия Божия не наследит.

35. Если желаем искренно приступить к Создателю нашему, то необходимо нам подвизаться об освобождении душ наших от страстей, по духовному закону. Ибо от наших злых дел, от услаждения страстями, от множества диавольских искушений ослабела наша умная сила, и замерли добрые движения душ наших; мы не можем уже познать красоту (и требования) нашей духовной природы, по причине страстей, в которые впадаем; и нет нам ни от кого спасения, кроме Господа нашего Иисуса Христа, как написано у Апостола Павла, что «как в Адаме все умирают, так во Христе все оживут» (*1Кор. 15, 22*). Господь наш Иисус Христос есть жизнь всех разумных тварей, созданных по подобию образа Его.

36. Мы названы именами святых и облечены в одежду их, которой хвалимся пред неверными; – подражать же делам их не имеем усердия. Боюсь, как бы не шло к нам сказанное Апостолом: «имущие образ благочестия, силы же его отвергшиися» (*2Тим. 3, 5*). Да даст вам Господь уразуметь, что есть воспринятая вами жизнь, чтоб действуя в духе ее, вы достойными сделались невидимое получить наследие; делать, сколько сил есть у нас, свои дела сообразно с волею Господа, – вот что должны мы! потому что это свойственно природе нашей, и кроме этого ничего большего не должно требовать от добродетели нашей. – Кто служит Богу и ищет Его от всего сердца своего, тот действует сообразно со своей природой; а кто делает какой грех, тот достоин порицания и наказания, потому что это чуждо его природе.

37. С тех пор, как Господь мой благодатью Своей пробудил ум мой от смертного усыпления, чрезмерный был у меня плач и воздыхание неутешное. Думаю я сам с собою, что дадим мы Господу за все, что Он сделал для нас? Ангелов Своих заставил Он служить нам, Пророков – пророчествовать, Апостолов – Евангелие возвестить. Но что больше всего этого, – Сына Своего Единородного послал во спасение наше. Возбуждайте же сердца ваши к страху Божию. Ведайте, что Иоанн Креститель и Предтеча крестил водою в покаяние для приготовления к крещению Господа нашего Иисуса Христа, крестящего Духом Святым и огнем, который есть огонь ревности о добрых делах. Явим же усердную готовность к очищению себя в теле и духе и, приняв крещение Господа нашего Иисуса Христа, будем ревнителями добрых дел, чтобы принести себя самих Ему в жертву приятную. Дух Утешитель, приемлемый в крещении, дает нам силу действовать свято, чтоб опять возвести нас в первое славное состояние и сделать достойными получить вечно пребывающее наследие. Ведайте, что которые во Христа крестятся, во Христа облекаются, как говорит Апостол (*Гал. 3, 27, 28*), – получая благодать Св. Духа. Притом как у раба, так и у свободного, как у мужчины, так и у женщины, как только получают они благодать сию, тотчас перестают иметь силу сии телесные отличия. И Святой Дух в то же время, как становится для них залогом наследия вечного царства небесного, научает их о том, как должно поклоняться Отцу в духе и истине (*Иоан. 4, 23*).

38. Я молился о вас, да сподобитесь и вы получить того великого огненного Духа, Которого получил я. Если хотите получить Его, так чтобы Он пребыл в вас, принесите прежде труды телесные и смирение сердца, и восторгая помышления свои на небо, день и ночь, взыщите с правотою сердца Духа сего огненного, – и Он дастся вам, Сим образом получил Его Илия Фесвитянин и Елисей с прочими Пророками. Кто возделывает себя этим возделыванием (показанными подвигами), тому дастся Дух сей навсегда и навеки. Пребудьте в молитвах с преболезненным исканием от всех сердец ваших, – и дастся вам. Ибо Дух тот обитает в правых сердцах. И он, когда принят будет, откроет вам высшие тайны; отгонит от вас страх людей и зверей, – и будет у вас небесная радость день и ночь; и будете в этом теле как те, кои уже находятся в царствии (небесном).

39. Если человек желает стяжать любовь Божию, то он должен возыметь страх Божий; страх же рождает и плач, а плач рождает мужество. Когда все сие созревает в душе, то она начнет плод приносить во всем. И Бог, узрев в душе эти прекрасные плоды, привлекает ее к Себе, как воню фимиама избранного; радуется о ней с Ангелами во всякое время, преисполняя и ее радостью, и хранит ее на всех путях ее, да безопасно достигнет она в место упокоения своего. Тогда диавол не нападает на нее, видя Высочайшего Стража, ее окружающего; даже совсем и приступить боится он к ней, по причине сей великой силы. Стяжите себе силу сию, да страшатся вас демоны, да облегчатся вам труды, вами подъемлемые, и да усладится (сладко да будет) вам Божественное. Сия сладость любви Божественной далеко слаще сота медового. Многие из монахов и девственниц, живущих братствами, ни мало не вкусивши сей сладости Божественной любви, и не получив Божественной силы, думали, что уже имеют ее; но как они никакого старания не прилагали к приобретению ее, то Бог и не даровал ее им. Кто же старается ее приобрести, тот верно достигнет сего по милости Божией; ибо у Бога нет на лица зрения. Когда человек, желая иметь в себе свет Божий и силу Его, презирает поношения мира сего, равно как и почеты его, ненавидит все мирское и покой тела, и сердце свое очищает от всех худых помышлений, непрестанно приносит Богу пост и деннонощные слезы, равно как чистые молитвы, тогда Бог ущедряет его тою силою. Такую-то силу стяжать поревнуйте, – и вы будете совершать все дела свои спокойно и легко, получите великое к Богу дерзновение, и Он будет исполнять все ваши прошения.

40. Бог слушает любящих Его и ищущих Его от всего сердца своего, и снисходит им во всех их прошениях. Прошения же тех, кои не от всего сердца своего приступают к Нему, но раздвоены сердцем, и что ни делают, выставляют то на вид для получения славы и похвалы человеческой, – не слушает, но гневается на них; так как дела их – напоказ. И исполняется над ними слово Псалма, который говорит: «Бог разсыпа кости человекоугодников» (*Пс. 52, 6*). По сей причине сила Божия не действует в них, – так как они не тверды сердцем во всех делах, к которым приступают. И не знают они Божественной сладости, ее тихости и веселья. Много в роде нашем таких, которые не получили той силы, которая доставляет душе сладость, и исполняет ее день ото дня все большей и большей радостью и весельем, и возжигает в ней Божественную теплоту. Их обольщает дух злой, за то, что они дела свои совершают напоказ пред людьми. Вы же, плоды трудов ваших принеся пред лице Господа, старайтесь удаляться от духа тщеславия, и непрестанно ведите против него брань, чтобы Господь принял ваши плоды, которые приносите вы пред лице Его и ниспослал вам силу, которая дается избранным Его. Не переставайте противиться этому духу злому; ибо когда человек приступает к добрым делам и к прекрасному подвигу, подбегает и этот дух, чтоб войти с ним в часть, или чтоб совсем отклонить его от таких начинаний. Он не терпит, чтоб кто поступал праведно, и противится всем, которые желают быть верными Господу. Многих он совсем не допускает до добродетели, а у других вмешивается между делами их и губит плоды их, научая их совершать добродетели и творить дела милосердия, примешивая к ним тщеславие. О таких люди думают, что они обогащены плодами, тогда как они совсем их не имеют, – а похожи на смоковницу, о которой думали, что на ней много сладких плодов, когда смотрели на нее издали; ближе же подошедши, ничего не нашли на ней. Бог иссушает их за то, что не находит на них никакого доброго плода, а не только лишает оной несравненной сладости Своего Божества. Но вы, вступив в подвиг, старайтесь противостоять духу тщеславия, – противьтесь ему и его преодолевайте. Придет сила Божия, принесет вам помощь и пребудет с вами, и во всякое время будет подавать вам ревность и теплоту, которой ничего нет дороже. Если кто из вас увидит, что он не одарен этою теплотою, пусть постарается взыскать ее, – и она придет к ищущему ее. Она похожа на огонь, который люди, когда желают вскипятить на нем немного елея, раздувают, пока разгорится, и который, разгоревшись, берет свою естественную силу и вскипячает, восходя вверх и паля. Равным образом, когда увидите, что души ваши охлаждаются, по нерадению и лености, поспешите возбудить их, проливая над ними слезы. Без сомнения, придет тот огонь и соединится с душами вашими, – и приобретшие его воскипят добрыми делами. Вот и Давид, – когда заметил, что душа его отяжелела и охладела, так сказал: «помянух дни древния, поучихся во всех делах Твоих, в творениих руку Твоею поучахся. Воздех к Тебе руце мои, и душа моя, яко земля безводная Тебе» (*Пс. 142, 5, 6*). Видите, – Давид, когда отяжелело сердце его, крайне был озабочен этим, пока не возгорелся опять огонь в сердце его, до того, что он воззвал: «готово сердце, Боже, готово сердце мое» (*Пс. 107, 2*). И восстановлен он был опять в свой чин, при посредстве этого нощеденственного попечения и заботы. Подобным образом поступайте и вы, да будете единодушны в уготовании сердца, при помощи Божественного света и огня.

41. Молитесь – да дарует вам Бог благодать все ясно видеть и разуметь, чтоб вы верно могли различать, что добро и что зло. Написано у

Апостола Павла, что «совершенных есть твердая пища» (*Евр. 5, 14*). Это суть те, которые долгим и тщательным подвигом обучили чувства свои и намерения относительно добра и зла, сделались сынами царствия и приписаны к Божественному усыновлению. И Бог даровал им мудрость и рассуждение во всех делах их, чтоб не прельстил их, – ни человек, ни диавол. Должно вам знать, что враг искушает верных видом добра, и многих успевает прельщать, от того, что у них нет рассуждения и мудрости. Посему блаженный Павел, когда узнал эти богатства разума, которые определены верным и которых великости нет предела, написал к Ефесеям: «да даст вам Бог духа премудрости и разума, просвещенна очеса сердца вашего, яко уведети вам, яко есть упование звания вашего и кое богатство славы достояния вашего и кое богатство славы достояния Его во святых» (*Еф. 1. 17, 18*). Это делал он по своей чрезмерной к ним любви, зная, что если они достигнут этого, то ни в чем не будет им никакого труда, и никакого не будут бояться они страха, радость же Господа будет утешать их день и ночь и труды их будут им сладки во всякое время. Многие из монахов и дев, живущих в киновиях, не достигают этой меры. И вы, если хотите достигнуть этой меры, в которой верх совершенства, отступите от всех, которые носят такие имена, т. е. монашества и девства, яснозрения же сего и рассуждения не имеют; ибо если вы вступите в общество с ними, то они не дадут вам преуспевать, а еще погасят жар ваш, потому что в них нет никакого жара, а есть хлад, вследствие того, что они ходят по своим желаниям. Итак, если они придут к вам и заведут с вами мирские речи, сообразно со своими желаниями, не соглашайтесь на это. Ибо написано у Апостола Павла: «Духа не угашайте, пророчествия не уничижайте» (*1Сол. 5. 19, 20*). Знайте, что Дух ничем так не погашается, как суетными беседами.

42. Во всякой разумной твари, – мужчина ли то, или женщина, есть орган любви, которым способны они обнимать и Божеское и человеческое. Божии (духовные) любят Божеское; плотские – любят плотское. Любящие Божеское очищают сердца свои от всех нечистот и дел мира сего преходящего, ненавидят мир и собственные свои души, и неся крест, последуют Господу, во всем действуя по воле Его. Почему в них вселяется Бог, и дарует им сладость и радость, которая питает души, насыщает и возращает. Как дерева, если не будут напояемы естественною водою, расти не могут, так и душа, если не воспримет небесной сладости, расти не может. Только души, которые восприняли Духа, и небесною напоены сладостью, возрастают.

43. Говорите, что вы грешники, и оплакивайте все, в состоянии нерадения вами наделанное. За это благоволение Господа будет с вами, и будет действовать в вас: ибо Он благ, и отпускает грехи всех, обращающихся к Нему, кто бы они не были, так что не помянет об них более. Однако же Он хочет, чтоб те (помилованные) сами помнили о прощении грехов своих, доселе соделанных, чтоб забыв о том, не допустить чего в поведении своем такого, из-за чего принуждены будут дать отчет и в тех грехах, которые были уже им прощены, – как это случилось с тем рабом, которому господин отпустил весь долг, которым он был должен ему. Ибо – когда забыв об этой милости, он неправедно поступил с сорабом своим, господин его потребовал от него весь бывший на нем долг, уже отпущенный было ему, – за то, что он не сжалился над сорабом своим и не отпустил ему ста динариев, – суммы ничтожной, сравнительно с той, которая была ему отпущена (*Мф. 18, 23* и др.). Посмотрим на Давида Пророка. Когда после того, как он согрешил с женой Урии, Пророк Нафан обличил его за это и за то, что он сделал с мужем ее, – он, выслушав обличение, тотчас раскаялся и смирился. Почему Пророк Нафан сказал ему: уже отпустил тебе Бог грехи твои (*2Цар. 12, 13*). Но Давид, получив отпущение грехов, не забывал об них, и память о них предал потомству. Это сделано в память всем родам, из рода в род. «Научу беззаконныя путем Твоим» (*Пс. 50, 15*), говорит он, чтоб все грешники научились из примера его, подобно ему каяться во грехах своих, и когда они будут прощены, не забывать о них, но всегда помнить. Подобное сказал Сам Бог, чрез Пророка Исаию: «Аз есмь заглаждаяй грехи твоя, и не помяну. Ты же помяни» (*Исаии 43, 25. 26*). Сказал он также и через Пророка Иеремию «обратися ко Мне доме Израилев,... и не утвержду лица Моего на вас, яко милостив Аз есмь, и не прогневаюся на вы во веки. Обаче виждь беззаконие твое, яко в Господа Бога твоего преступила еси и расточила еси пути твоя» (*Иер. 3, 12. 13*). Таким образом, когда Господь отпускает нам грехи наши, мы должны не отпускать их себе самим, но всегда помнить о них, через возобновление раскаяния в них.

44. Славно духовное подвижничество, но много у него противников. Кто хочет быть совершен в нем, тот не должен быть работен ни чему худому. Кто рабствует чему-либо худому, тот далеко отстоит от предела совершенства.

45. Господь наш Иисус Христос, по непостижимому смирению Своему, покрыл Божество Свое человечеством, так что все смотрели на Него, как на человека, тогда как Он не человек только был, но Бог вочеловечившийся, как написано: «и Слово плоть бысть и вселися в ны» (*Иоан. 1,14*). Однако же Господь не стал вне Своего Божества через Свое воплощение, которое было Ему необходимо для устроения нашего спасения.

46. Многие по глупости своей говорят: мы также видели Господа Иисуса Христа, как и Апостолы; между тем как они состоят в самообольщении и прелести, и очей не имеют, чтоб видеть Господа, как видели Его Апостолы, Апостол Павел видел Господа, как видели Его Апостолы, которые были с Ним и которые уверовали в Него в то время, когда Он ходил по земле, будучи окружен толпами, смотревшими на Него, как на человека. Когда кровоточивая, увидев Его очами сердца, уверовала, что Он есть Бог, и с верою прикоснулась краю одежды Его, – тотчас избавилась от болезни, Он спросил: кто прикоснулся ко Мне, – не потому, что не знал, но потому, что хотел обнаружить веру ее. Хотя Апостол Петр говорил: народ угнетает Тебя, и Ты говоришь, кто прикоснулся ко Мне? Но та сама открылась и исповедала, как исцелела. Тогда Господь сказал ей: «иди, – вера твоя спасе тя» (*Лук, 8, 45–48*). Видели Господа и Пилат, и Анна, и Каиафа, но как и прочая толпа, которая смотрела на Него без веры, а не как смотрели на Него Апостолы: почему никакой не получили пользы от того, что видели Его. Но Апостол Павел видел Его очами сердца своего и своей сильнейшей верой, как видела Его кровоточивая, коснувшаяся Его с верою и исцелевшая.

47. Когда престает в человеке царство греха, тогда является душе Бог и очищает ее вместе с телом. Если же царство греха живет в теле, то не может человек видеть Бога, ибо душа его находится в теле и не имеет места в ней свет, который есть видение Бога. Давид говорит: «во свете Твоем узрим свет» (*Пс. 35, 10*). Что же это за свет, в котором видит человек свет? Это тот свет, о коем упоминает Господь наш Иисус Христос в Евангелии, – т. е. чтоб весь человек был светел, и не было в нем ни одной части темной (*Лук. 11, 36*). Господь также сказал: «никтоже знает Отца, токмо Сын, и емуже аще волит Сын открыти» (*Мф. 11, 27*). Сын же не открывает Отца Своего сынам тьмы, но тем, кои пребывают во свете и суть сыны света, коих очи сердечные просветил Он познанием заповедей.

48. Пишется в Псалме: «пройду в место селения дивна, даже до дому Божия» (*Пс. 41, 5*). Это пройду означает дальнейшее прохождение и доказывает нам на совершенный возраст души; ибо тут она уже приблизилась к Богу, тогда как прежде путь ее был еще очень отдален от Бога. Не будем дивиться, что путь наш очень отдален, потому что мы еще находимся в духовном детстве. Видим, что и великому оному Пророку Илии было сказано: встань, ешь, пей и укрепись; ибо долог еще путь твой (*3Цар. 19, 7*), (а он шел к Боговидению). Об этой же самой долготе сказал и Давид: кто «даст ми криле, яко голубине и полещу и почию» (*Пс. 54, 7*). Почему должно путь сей проходить не с небрежением, расслаблением, и леностью, но со вниманием и рвением. Учитель вселенной – Павел советует нам, «тако тецыте, да постигнете, – и говорит притом: умерщвляю тело мое и порабощаю» (*1Кор. 9, 27*). Течем убо, пока имеем время в этом теле, да достигнем совершенства, как достиг его сам св. Павел, который говорит: «подвигом добрым подвизахся, течение скончах, веру соблюдох: прочее соблюдается мне венец правды» (*2Тим. 4, 7. 8*).

49. Как тело, пока в нем бывает душа, проходит три возраста, именно: юность, мужество и старость; так три же возраста проходит и душа, сокрытая в теле, именно: начало веры, преуспевание в ней и совершенство. В первом, когда начинает душа веровать, она рождается во Христе, как говорится в Евангелии, Св. Иоанн Апостол дал нам признаки этого новорождения, равно как среднего состояния и совершенства, когда сказал: писал я к вам, юноши; писал к вам, дети; писал к вам, отцы (*1Иоан. 2, 12–14*). Так писал не к плотским своим друзьям, но к верующим, изображая три состояния, которые проходят стремящиеся в духовную область, чтоб достигнуть совершенства и удостоиться полной благодати.

50. Возлюбивший жизнь духовную должен подражать чистоте и воздержности Иосифа; должен начать упорядочивать себя созерцанием и вооружаться против всех худых похотей, сильных поддержкой хитрого врага, говоря о нем словами Иова: «се убо крепость его на чреслех его, сила же его на пупе чрева» (Гл. 40, 11). Почему всякий подвизающийся и вооружающийся против сих плотских похотей, кои обычно возбуждаются излишней пищей и питьем, должен препоясать чресла свои строгим воздержанием, чтоб устоять в чистоте. Пишется, что Ангел, боровшийся с Иаковом, сжал крепко жилу стегна его, отчего увяла и ослабла плоть его, и он назван Израилем, т.е. видящим Бога (*Быт. 32, 25. 32*). Равным образом и нам надобно увядшим сделать тело свое для того, чтоб умертвить и погасить похоть. Ибо увядание плоти дает нам возможность дойти до совершенства в добродетели чистоты. Душа бывает крепка, когда тело измождено. Итак, утончим тела свои, чтоб иметь силу держать себя в порядке; ибо если мы поработим тело, и отдадим его в рабство души, то плотские помышления, любовь к которым есть вражда Богу, умерщвлены будут чрез умерщвление плоти. Тогда просветится душа и сделается храмом Богу. Кто старается быть чистым во всех членах своих, тот истинно духовный подвижник. И он-то есть обучивший все чувства свои, и не позволяющий им властвовать над собою, но сдерживающий их и подклоняющий под иго Господне великой чистотой. Он не позволяет очам своим видеть что-либо худое, или взирать с вожделением на жен; не позволяет ушам своим слушать пересуды, или диавольские советы и влагаемые диаволом помыслы; на уста свои налагает печать и языку своему не дает воли говорить пустые речи; руки свои простирает он к деланию прекрасных дел милосердия и вспомоществования; ноги его скоры на исполнение слов Господа: «аще кто тя поймет по силе поприще едино, иди с ним два» (Мф, 5, 41); чрево свое и перси держит он так, чтоб из-за них не пасть и не начать ползать по земле, подобно змию, ползающему на чреве и персях своих. Таков, братья, образ жизни подвижника.

51. Всякий желающий быть истинно-духовным подвижником, должен стараться держать себя вдали от шумного многолюдства и не приближаться к нему, чтоб быть и телом, и сердцем, и умом вне смятения и круговращения людского; ибо где люди, там и смятение. Господь наш показал нам образец удаления от людей и уединения, когда один особо восходил на гору для молитвы. В пустыне также победил Он и диавола, дерзнувшего вступить с Ним в борьбу. Конечно, Он не был бессилен победить его и среди многолюдства; но Он сделал так, чтобы научить нас, что в уединении и безмолвии удобнее можем мы победить врага и достигнуть совершенства. Также славы Своей Господь не показал ученикам Своим среди людей, но возвел на гору, и там показал им славу Свою. Иоанн Предтеча также был в пустыне до дня явления своего Израилю. В мире врагу удобнее теснить нас своими орудиями и внешними и внутренними; там привлекая к себе некоторых людей, как пособников и подручников, ему послушных, он при посредстве их ведет брань против верных: какая-нибудь женщина бесстыжая бывает у него очень сильным оружием, широко распростирая обольстительные сети свои. Иезекииль, когда видел четырех животных, которые имели по четыре лица, и все показывали славу Божию, не был в городе, или селении, но вне, – на поле: ибо Бог говорил ему: «изыди на поле и увидишь славу Мою» (*Иез. 3, 22*). И вообще такого рода видения и откровения не иначе показываемы были святым, как на горах и в пустынях. Пророк Иеремия также, зная как угодно Богу уединение, сказал: «благо есть мужу, егди возмет ярем в юности своей, сядет наедине и умолкнет» (Плач Иерем. 3, 27. 28). Он же опять, хорошо зная, как много вреда человеческие молвы приносят тем, кои хотят угодить Богу, не удержался, чтоб не сказать: «кто даст мне в пустыни виталище последнее, и оставлю люди моя и отыду от них?» (Иерем. 9, 2). Также и Илия Пророк сподобился получать пищу от Ангелов; а это было не среди толпы народной, не в городе, или в селе, а в пустыне. Все сие и подобное, бывшее со святыми, написано для убеждения нас подражать тем, кои любили уединение, потому что оно и нас может привести к Господу. Почему старайтесь утвердиться в нем, как должно, чтоб оно привело вас к видению Бога, которое есть самое духовное созерцание.

52. Хочу сказать вам и то, чему подобна душа, в которую вселился огонь Божий. Подобна двукрылой птице, горе возносящейся по небесному воздуху. Из всех тварей только птицам свойственны крылья, как их особенность; крылья же души, Богу повинующейся, суть устремление огня Божия, коими она может воспарять горе к небу. Если же она лишится сих крыльев, то не в силах будет возвышаться горе, как непричастная того огня, горе возносящего, и станет подобною птице, лишенной своих крыльев, которая потому летать же может. Сверх того, душа человека похожа на птицу, еще в том отношении, что теплота есть причина рождения птицы на свет: ибо если птица не будет нагревать (насиживать) яиц, то из них не выведутся живые птенцы, потому что они не могут иначе возбудиться к жизни, как посредством теплоты. Так и Бог, объемля и согревая души Ему покорные, возбуждает их к жизни духовной. Уразумевши, таким образом, что душа, к Богу прилепившаяся и Ему покорная, подобна птице, коей источник существования есть теплота, – никак не допускайте себя лишиться силы огня сего. Знайте, что за этот огонь, от Бога вам даруемый, уготованы вам от диавола многие брани, чтоб вас лишить его: ибо он хорошо знает, что пока есть в вас огонь сей, он одолеть вас никак не может.

53. Противьтесь диаволу и старайтесь распознавать его козни. Он горечь свою обычно скрывает под видом сласти, чтоб не быть открытому, и устраивает разные призрачности, красные на вид, – которые, однако ж, на деле совсем не то суть, – чтоб обольстить сердца ваши хитрым подражанием истине, которая достойно привлекательна: к этому направлено все его искусство, чтобы всеми силами противиться всякой душе, добре работающей Богу. Многие и разные влагает он страсти в душу, для погашения в ней Божественного огня, в котором вся сила; особенно же берет покоем тела и тем, что с этим соединено. Когда же увидит, наконец, что всего подобного остерегаются и ничего не принимают от него, и никакой не подают надежды, чтоб когда-нибудь послушали его, – отступает от них со стыдом. Тогда вселяется в них Дух Божий. Когда же вселится в них Дух Божий, то дает им покойными быть, или покой вкушать во всех делах их, и сладким соделывает для них несение ига Божия, как написано в Евангелии: «обрящете покой душам вашим» (*Матф. 11, 29*), хотя они взяли и несут иго Его на себе. Тогда становятся они неутомимыми, как в опытах добродетели, так и в исполнении послушания и в ночных бдениях; не гневаются при человеческих напраслинах, и не боятся никого, ни человека, ни зверя, ни духа: потому что радость Господня с ними пребывает день и ночь, оживляет их разум и питает их. Этою радостью возрастает душа, и является годной на все, или совершенною, и ею восходит на небо.

54. Видим, что дитя растет, принимая сначала молоко матери, потом другую какую пищу, наконец и всякую, какой обычно питаются все люди. Так оно крепким становится, мужает, и сердце его смело встречает врагов, если они хотят напасть на него. Но если схватит его в детстве какая-либо болезнь, то питание его и укрепление не бывает успешно; оно выходит слабым и всякий враг одолевает его и побеждает. Чтоб ему стать здоровым, и получить силу одолевать врагов, нужно попользоваться пособием и попечением опытного врача. Так и душа человеческая, если нет в ней Божией радости, бывает слаба и многие приемлет раны. Если она постарается найти себе какого-либо человека, Божия служителя, искусного в духовном врачевстве, и к нему прилепится, то он прежде исцелит ее от страстей, потом воскресит и научит ее, как при помощи Божией получить радость ту, которая есть ее пища. Тогда-то она воспротивится врагам своим, кои суть духи злые, и их одолеет, и советы их потопчет, и совершеннейшей еще возрадуется радостью.

55. Берегитесь советов злого диавола, когда придет он в виде правдоречивого, чтоб прельстить вас и ввести в обман. Хоть бы он пришел к вам в виде Ангела светлого, – не верьте ему и не слушайтесь его: ибо тех, кои верны, он обыкновенно очаровывает привлекательной видимостью Истины. Несовершенные не знают этих хитростей диавола, и того, что постоянно он влагает им; совершенные же знают, как говорит Апостол: «совершенных же есть твердая пища, имущих чувствия обученна долгим учением, в разсуждении добра же и зла» (*Евр. 5, 14*). Этих враг не может обольстить; но верных, которые себе мало внимают, удобно прельщает он своей сладкой по виду затравой, и их уловляет, подобно тому, как рыболов уловляет рыбу, прикрывая острие удочки затравой.

Рыба не знает, что этой затравой прикрыта удочка: потому подплывает, проглатывает затраву и тотчас попадается в плен. Если бы рыба знала, что этой затравой она будет поймана, без всякого сомнения, не приблизилась бы к ней и бежала бы от нее. Равным образом и несовершенных верующих, как мы сказали, уловляет враг, и по причинам совершенно сходным, как говорит Соломон: «суть путие мнящиися прави быти мужу, обаче последняя их зрят во дно адово» (*Прит. 16, 25*); писано также у Пророка Амоса: «что ты видиши, Амосе?» Он ответил: "сосуд" (тенета, сети) «птицелова» (8, 2). Птица, из страха быть пойманной на земле, летает по воздуху и строит себе гнездо, для отдыха и сна, в самых высоких местах: там она спит беззаботно, зная, что никто не может достать или поймать ее. Но известно, как ухитряется обмануть ее птицелов: приходит к тому месту, расстилает тенета, и посыпает на виду семена; этой пищей сманивает он птицу с той высоты, она слетает и попадается в лов. Подобным образом делает и диавол, уловляя несовершенных христиан своими хитростями, и низвергая их со своей высоты. Так он действовал когда прикрылся змием и сказал Еве: «не смертию умрете... в онже аще день снесте, отверзутся очи ваши и будете яко бози» (*Быт. 3,4, 5*). Услышав эти слова, Ева склонилась к нему сердцем и думала, что тут истина, потому что не рассудила о том как следует. Но когда вкусила сама, и дала вкусить Адаму, тогда случилось с ними то великое несчастие: они пали оба с своей высоты. Таким же образом поступает диавол и с несовершенными христианами, когда, не зная как различить доброе от худого, следуют они своим склонностям, довольствуясь своим суждением и мнением; когда отцов своих совершенных, умеющих верно различать добро от зла, — не спрашивают, — а следуют желаниям своего сердца, думая, что они и сами достигли уже совершенства и получили благословение отцов своих. Таковые подобны тем птицам, которые построили свои гнезда высоко, но слетели на землю, попались в сети птицелова и были пойманы. Подобное сему случается с ними, потому что в самоуверенности они действуют всегда по влечению сердца своего и исполняют свои желания, не слушая отцов своих и не советуясь с ними. Посему диавол устраивает им видения и призраки и надымает их сердце гордыней; иногда дает им сны ночью, которые исполняет для них днем, чтоб в большую погрузить их прелесть. Этого мало: он иногда показывает им свет ночью, так что светлым становится место, где они; и многое такого рода он делает, даже будто знамения. Все это он делает для того, чтоб они относительно его оставались спокойными, думая, что он Ангел, и принимали его. Как скоро они примут его в этом смысле, он низвергает их с их высоты, по причине духа гордости, который ими овладевает. Старается он держать их в убеждении, что они сделались великими и славными в духе паче многих, и не имеют нужды обращаться к своим отцам и слушать их. А они, по Писанию, суть в самом деле блестящие грозди, но незрелые и терпкие. Наставления отцов им тяжелы; потому что они уверены, что сами знают уже все.

56. Твердо знайте, что ни преуспеть, или возрасти и сделаться совершенными вы не можете, ни уметь верно различат добро от зла вы не будете, если не будете повиноваться отцам вашим. Отцы наши сами так поступали: повиновались отцам своим их наставления слушали; от того преуспели, возросли и сделались сами учителями, как написано в Премудрости сына Сирахова: «не отступай от повести старцев, ибо тии навыкоша от отцов своих: яко от них навыкнеши разуму, и во время потребно дати ответ» (*Сир. 8, 11 – 12*). Итак, вы должны подражать тем, кои покорны были отцам своим, и их во всем слушались, и которых отцы, при помощи Божией, научили всему, чему сами научились у отцов своих, и что предали сынам своим покорным. Так Исаак слушался Авраама; Иаков – Исаака; Иосиф – Иакова; Елисей – Илии; Павел – Анании; Тимофей – Павла. Сии все и подобные им слушались отцов своих, исполняли волю их, и следовали их советам; оттого познали истину, научились правде, и наконец сподобились Духа Святого, – и стали, таким образом, провозвестниками истины во всем, как написано у Иезекииля Пророка: «стража дах тя дому Израилеву, да слышиши слово от уст Моих и воспретиши им от Мене» (3, 17). Итак, если желаете преуспеть и полнее возрасти, сделаться невозмутимыми в сердце своем и ни в чем не быть посмеянными от диавола, повинуйтесь отцам своим и их во всем слушайтесь, – и не падете вовеки.

57. Укажу вам дело, которое одно делает человека твердым в добре и блюдет его таким от начала до конца, именно: любите Бога всей душой вашей, всем сердцем вашим и всем умом вашим, и Ему единому работайте. Тогда Бог даст вам силу великую и радость и все дела Божии станут для вас сладки, как мед, все труды телесные, умные занятия и бдения, и все вообще иго Божие будет для вас легко и сладко. По любви, впрочем, Своей к людям, Господь посылает иногда на них противности, чтоб не величались, но пребывали в подвиге; и они испытывают вместо мужества – отяжеление и расслабление; вместо радости – печаль; вместо покоя и тишины – волнование; вместо сладости – горечь; многое и другое подобное бывает с любящими Господа. Но борясь с этим и препобеждая, они более и более становятся крепкими. Когда же наконец совсем все это преодолеют они, тогда во всем начнет быть с ними Дух Святой, тогда не станут они более бояться ничего худого.

58. Дух Святой непрестанно веет благоуханием приятнейшим, сладчайшим и неизъяснимым для языка человеческого. Но кто знает сию приятность Духа и Его сладость, кроме тех, которые удостоились того, чтоб Он вселился в них? Дух Святой вселяется в душах кающихся не иначе, как после многих трудов. Много подобного видим мы и в мире сем: камни, например, драгоценные иначе не достаются, как с большим трудом. Взыскав сего Духа, святые обрели Его; и Он-то есть истинный бисер многоценный, о коем поминается во святом Евангелии (*Матф. 13, 45. 46*), в притче о купце, искавшем добрых бисеров, который, нашедши один многоценный бисер, пошел, продал все свое и купил его. Он же разумеется и в другой притче о сокровище, скрытом на поле, которое нашедши человек скрыл и от радости пошел продал все что имел, и купил село то (*Матф. 13,44*). Искушения ни на кого так не восстают, как на тех, кои получили Духа Святого. И Господь наш, когда по крещении сошел на Него Дух Святый в виде голубя, изведен был Духом в пустыню, искуситься от диавола, который испытал Его всеми своими искушениями, но ни в чем не успел против Него, как пишется о сем в Евангелии Луки: «и скончав все искушение, диавол отыде от Него до времене» (*Лук. 4,13*). Господь же Иисус возвратился в Галилею в силе Духа. Так и всех, приемлющих Духа, борющихся и побеждающих, Дух Святой укрепляет и подает им силу препобеждать всякое искушение.

59. Серафим, которого видел Пророк Иезекииль (*Иез. 1, 4. 9*), есть образ верных душ, кои подвизаются достигнуть совершенства. Имел он шесть крыльев, преисполненных очами; имел также четыре лица, смотрящих на четыре стороны: одно лицо подобно лицу человека, другое – лицу тельца, третье – лицу льва, четвертое – лицу орла. Первое лицо Серафимово, которое есть лицо человеческое, означает верных, кои живя в мире, исполняют заповеди на них лежащие. Если кто из них выйдет в монашество, то он подобным становится лицу тельца, потому что несет тяжелые труды в исполнении монашеских правил и совершает подвиги более телесные. Кто, усовершившись в порядках общежития, исходит в уединение и вступает в борьбу с невидимыми демонами, тот уподобляется лицу льва, царя диких зверей. Когда же победит он невидимых врагов и возобладает над страстями и подчинит их себе, тогда будет восторгнут горе Духом Святым и увидит Божественные видения; тут уподобится лицу орла: ум его будет тогда видеть все, могущее случиться с ним с шести сторон, уподобясь тем 6-ти крылам, полным очей. Так станет он вполне Серафимом духовным и наследует вечное блаженство.

60. Чистота, мир непрестанный и неизменный, милосердие полное и другие прекрасные добродетели, которые венчаются благословением, – суть заповеди Божии. Старайтесь исполнить эти веления Духа, коими оживятся души ваши и при посредстве коих восприимете вы Господа в самих себя: они суть безопасный путь. Без чистоты тела и сердца никто же может быть совершен пред Богом, почему сказано в св. Евангелии: «блажени чистии сердцем, яко тии Бога узрят» (*Матф. 5, 8*). Совершенство рождается от чистоты сердца. В сердце находится добро естественное и зло неестественное. От зла рождаются страсти душевные, каковы: осуждение, ненависть, самомнение и другие подобные. Добро же (сердца естественное) – рождает познание Бога (страх Божий) и святость или чистоту души от всех страстей (совесть). Если человек решится исправиться и начнет избегать всякого зла, вооружившись против него подвигами, – плачем, сокрушением, воздыханиями, постом, бдениями, бедностью и многими к Богу молитвами, то Господь по Своей благодати поможет ему и от всех душевных страстей избавит его. Многие, долгое время пребывая в монашестве и девстве, не научились этой науке чистоты, потому что, презрев наставления отцов своих, последовали желаниям сердца своего; по какой причине взяли над ними верх злые духи – душегубители, поражая их скрытными стрелами ночь и день и не давая им покоя ни в каком месте, так что сердца их заняты то гордостью, то тщеславием, то нечестивою завистью, то осуждением, то гневом и яростью, то сварами и другими премногими страстями. – Таковых часть будет с пятью юродивыми девами за то, что неразумно проводят все время свое, – не обуздывают языков своих, не хранят чистыми очей своих и тел от похотей, и сердец своих от нечистот, и других вещей, плача достойных, потому что они нечисты, – довольствуясь одной одеждой льняной, которая есть только образ девства: почему лишаются и елея небесного для возжжения лампад своих; и Жених никогда не отворит им дверей чертога Своего, и скажет им, как сказал в притче девам юродивым; «аминь глаголю вам: не вем вас» (*Матф. 25*). Пишу это по желанию вам спасения, чтоб вы сделались свободными и верными, – и чистой невестой Христу, Который есть Жених всех душ, как говорит Апостол Павел: «обручих вас единому мужу деву чисту, представити Христови» (*2Кор. 11, 2*).

61. Золото многократно очищается огнем, чтоб через сильнейшее очищение оно стало лучше. Равным образом Господь наш, по благости Своей, очищает человека многими искушениями, испытывает его и делает его опытным в ведении браней сердечных, так что он не возвращается более мыслями или памятью к неправдам и унижениям, каким подвергали его люди; но смиряется пред Богом и на Него возлагает все упование свое, будучи всегда готов на всякое доброе дело пред Богом, как сказал Давид Пророк: «готово сердце мое, Боже, готово сердце мое: воспою и пою во славе моей» (*Пс. 107, 2*). Содержите в мысли, что вы будете испытываемы какими-нибудь братьями, посредством поношения и неправд, или подвергнетесь унижению от сотрудников своих. Почему когда случится с вами что подобное, стойте твердо, не бойтесь, не унывайте; но благодарение воссылайте Господу за все это, потому что без Него ничего подобного не случается, а Им попускается по той причине, что испытывать брани необходимо для рабов Божиих: ибо кто не будет испытан от благости Божией искушениями, трудами, скорбями и бедствиями, пока навыкнет с терпением устаивать в добре во всех случаях, тот не получит от Него чести.

62. Терпеливо носите беды и скорби, какие с вами случаются; и благодарение воздавайте за них Господу с великим смирением, да вкусите радость от трудов ваших, -подобно блаженной Сусанне, мужественной в брани, которая преодолела похотствование тех двух беззаконных старцев и от их ложной клеветы много понесла бед и скорби, но которую Бог, за ее терпение и непоколебимость, в конце ее подвига возвысил, а врагов ее смирил, подобно Фекле, еще более мужественной духом, которая не убоялась причиненных ей родителями ран, ни огня, ни раздирания плоти, ни зверей, и которой Бог даровал наконец радость сердца и награду трудов, когда мужественная вера ее угасила огнь пламенеющий, заградила уста львов кровожадных и посрамила всех врагов ее; и подобно Иосифу, – смиренному пред Богом и Людьми, которого, – когда братья, преследовавшие его по зависти и ненависти за предпочтение, которое было оказываемо ему отцом, хотели пролить кровь его, – сохранила от смерти Божественная помощь. Одолеваемые завистью, они продали его в рабство, где жена господина его, которому он служил, очень много причинила ему бед и довела до того, что его ввергли в темницу; но Бог не оставил его. Ибо он был воздержен, кроток, чист и непорочен душою и телом, и не пал, по Божию к нему благоволению, под тяжестью всех тех несчастий, но перенес их терпеливо, возложив упование на Господа. И Бог возвеличил его наконец, сделав его главой Египта и всех его областей; и братьев его, ненавидевших его, всех покорил под ноги его. Эти помянутые лица и им подобные, никак не в начале своего подвига и борьбы получили от Бога честь, но после того, как Он испытал их, очистил бедствиями и скорбями, и научил, как следует устаивать во время брани. И тогда уже, как видел, что они мужественно переносят беды и скорби и на Господа возлагают все свое упование, – дал им честь Своей Божественной помощью, а ненавистников их посрамил и им подчинил.

63. Пребудьте в терпении и не давайте расслабляться сердцам своим во время бедствий ваших, но воздавайте за них благодарение, чтобы получить воздаяние от Господа. Да будет у всех вас – мир, истина, любовь к Богу и взаимное благорасположение, и да не будет у вас раздоров, ни клеветы, ни противоречий, ни злой зависти и ни неповиновения, ни гордости, ни обиды кому из людей, ни осмеяний, ни тщеславия, ни ненависти, ни взаимного недружелюбия. В какой обители бывают такие действия, там вселяется гнев Божий. При том знайте, что жизнь наша в мире сем очень коротка; потому подорожите ей и не иждивайте ее в нерадении, чтоб не застал вас час переселения из сей жизни, когда вы гневаетесь друг на друга, и следовательно должны быть причислены к человекоубийцам, по Писанию: «всяк, ненавидяй брата своего человекоубийца есть» (*1Иоан. 3, 15*). Щадите друг друга, да пощадит вас Господь. Ибо это внушает Он Сам, когда говорит: «отпущайте, и отпустят вам» (*Лук. 6, 37*). Если кто из вас потерпит клевету, пусть примет это с радостью, и все свое предаст Господу, Который есть праведный Судья и Мздовоздаятель... А кто вознесет клевету на ближнего, пусть спешит смирить себя пред Господом и испросит прощение у ближнего своего, да пощадит его Господь. Не попускайте солнцу заходить во гневе вашем, как учит нас Писание (*Еф. 4, 26*); но с корнем исторгайте из сердец ваших томящие вас злые помышления, какие имеете друг на друга, чтоб таким образом пресекать всякий зародыш недружелюбия, корень которого – ненависть и зависть. Эти две страсти суть самые злые, ненавистные и Богу, и людям; и ни с чем несообразно быть им в ком-либо из верующих, или рабов Божиих. Почему никто из нас да не хвалится, по крайней глупости своей, и не говорит: я взял верх над братом, и не будет ему пощады. Да ведает говорящий и помышляющий таковое, что он предал душу свою в руки смерти и наследием его будет место плача и скрежета зубов, червя неусыпающего и огня неугасимого.

64. Пробудимся от сна, пока еще находимся в теле сем, воздохнем о себе самих, и будем оплакивать себя от всего сердца нашего день и ночь, чтоб избавиться от того страшного мучения, стенания, плача и туги, которым не будет конца; поостережемся идти в просторные врата и широким путем, вводящим в пагубу, хотя очень многие идут им, но пойдем в узкие врата и тесным путем, ведущим в живот, хотя очень немногие идут им. Идущие сим последним суть истинные делатели, которые получат мзду трудов своих с радостью и наследуют царство. Кто же не совсем еще готов предстать туда, — умоляю его не нерадеть, пока не ушло время, чтоб в нужный час не оказаться не имеющим елея, притом так, что не будет никого, кто бы хотел продать его. Ибо так случилось с теми пятью девами юродивыми, которые не нашли у кого бы купить. Тогда они с плачем воззвали, говоря: «Господи, Господи отверзи нам. Он же отвещав рече им: аминь, аминь глаголю вам: не вем вас» (*Мф. 25, 11. 12*). И это случилось с ними не по другой какой причине, как по лености. Потом они хоть пробудились и начали хлопотать, но уже это ни к чему не послужило, потому что Господин дома встал и заключил двери, как написано. Приведу вам и другой, подобный сему, пример. Когда Ной вошел в ковчег, сам с сыновьями своими и женами их, и со всем прочим, что было с ним, и заключил дверь ковчега, по причине потопных вод, ниспосланных на творящих злое, то не открывал более двери ковчега, и сынам своим не попускал видеть это ужасное зрелище, которое было в казнь нечестивым тем; тем более злые сии, по заключении двери, не могли войти туда, чтоб быть вместе с праведными, но пагубою погибли все от воды потопной, за свою леность и непокорность. Ибо Ной в продолжение тех ста лет, в которые строил ковчег, непрестанно призывал их к лучшей жизни, но они не внимали ему и не послушались его, оттого и погибли.

65. Держите братство в одном месте и устрояйте его в мире, единомыслии, смирении, страхе Божием и молитвах. Тогда в совершенстве явится в вас благо дома Божия, и вы будете обладать им с радостью и весельем. Да украшают вас сверх того вера, надежда, любовь, смирение, страх, рассуждение, благоговеинство, мир, любовь к братьям. Ибо кто все сие возымеет, тот есть облеченный в брачную одежду и ходящий в заповедях Духа. Пребудьте во всяком смирении и терпении, да прейдут от вас страсти.

66. Кто ходить будет по воле Божией, которая слаще меда и исполнена всеми радостями, тому она сама будет помогать и его укреплять, и даст душе его совершать дела дивные и предуготовит пред ним все стези, Господу любезные; и не возможет тогда ни один враг противостоять ему, от того, что он ходит по воле Божией. Но кто ходит в своей воле, тому Бог ни в чем не подаст помощи, но оставит его демонам, которые будут витать в сердце его день и ночь, и не дадут ему возыметь ни в чем никакого покоя, и сделают его бессильным и немощным во всех делах, как внешних, так и внутренних, и многое другое наведут они на него пагубное и вредное. Диавол иногда вселяет в них радость и веселье; но в этом не может быть радости, а одна туга и печаль. Если и бывает что похожее на радость, то в этом нет истины, а один призрак, ибо не от Бога. Истинная радость исходит от Бога и подается только тому, кто самого себя нудит постоянно на то, чтоб свою волю отвергать, а волю Божию во всем исполнять. Воля, которая действует в сердце человеческом, бывает трояка: первая – от диавола; вторая – от человека; третья – от Бога; к двум первым не благоволит Бог, а (благоволит) только к той, которая от Него. Рассмотрите же самих себя, и отвергнув все стороннее, одну Божию волю возлюбите. Ибо немаловажно для человека постоянно уразумевать волю Божию во всем. Уверяю вас, что если не оставит человек всей воли сердца своего, и не отвергнет себя во всем, и не отбросит от себя всего богатства и имения своего, и не покорится Господу, чрез повиновение отцам своим духовным, – то ни познать не возможет воли Божией, ни исполнить ее, и лишен будет последнего благословения.

67. Господь нам не сказал, что здесь будет воздаяние; но что здесь будут искушения, тесноты, нужды и скорби, а там воздаяние. Эта жизнь есть путь подвигов и искушений.

68. Если вы будете терпеливы, послушны и покорны отцам своим, то прекрасное воздаст вам Господь воздаяние; и вот тот труд, который помянется пред лицом Господа. Кто повинуется отцам своим, тот Господу повинуется, и кто Господу повинуется, тот и отцам своим повинуется.

69. Прежде всего, да веруем в Господа нашего Иисуса Христа, да покланяемся Ему и покорствуем, и волю Его да творим во всякое время и мгновение.

70. Будем ходить в страхе Господнем, так как нам предписано – со страхом и трепетом содевать свое спасение (*Фил. 2, 12*). Страх Господень искореняет из души все лукавства и грехи. Кто же не боится Бога, тот впадает во многая злая. Страх Господень хранит человека и бережет, пока не сбросит он с себя сего тела, как написано: «страха ради твоего во чреве приях́ом, и поболехом и родихом дух спасения» (*Исаии 26, 18*).

71. Кто незлобив, тот совершен и богоподобен. Он исполнен радования и есть покоище Духа Божия. Как огонь сжигает большие леса, когда понебрежешь о нем; так злоба, если допустишь ее в сердце, погубит душу твою, и тело твое осквернит, и много принесет тебе неправых помышлений; возбудит брани, раздоры, молвы, зависть, ненависть и подобные злые страсти, отягчающие самое тело и причиняющие ему болезни. Поспешите стяжать незлобие и простосердечие святых, чтоб Господь наш Иисус Христос принял вас к Себе, и каждый из вас мог с радостью сказать: «мене же за незлобие приял, и утвердил мя еси пред Тобою во век» (*Псал. 40, 13*).

72. Бог говорит через Пророка: «на кого воззрю, токмо на кроткаго и молчаливаго и трепещущаго словес Моих» (*Исаия 66, 2*). Господь же наш так говорит в Евангелии: «научитеся от Мене, яко кроток есмь и смирен сердцем, и обрящете покой душам вашим» (*Матф. 11, 29*). Итак, стяжите себе смирение и не ходите с гордостью сердца, свойственной диаволам. Кто ходит с гордостью сердца, тот причастник диаволов. Человек высокосердный всем ненавистен, потому что дела его хвастливы: от чего и впадает он во многие грехи. Все грехи мерзки перед Богом, но всех мерзостнее гордость сердца. Кто увещевает или подает совет гордому, тот походит на льющего воду в дырявый сосуд, или на того, кто простирает речь к пролетающей птице. Гордые сердцем люди презренны перед Богом; сердца же смиренные и сокрушенные Бог не уничижит. Сама любовь Божия, нисшедши к нам от вышних, сделалась смиренной до последних степеней. Возлюбим же смирение, чтоб можно было взывать: «виждь смирение мое и труд мой, и остави вся грехи моя» (*Псал. 24, 18*).

73. Не ходите вслед похоти очес своих и не расслабляйтесь сердцем своим. Ибо злая похоть развращает сердце и омрачает ум. Дальше отходите от ней, да не прогневается на вас живущий в вас Дух Божий. Станем подвизаться за чистоту даже до смерти и всячески блюсти себя от скверных похотей: для того будем остерегаться взирать на красоту жен. Не будем рабами нечистых страстей и срамных похотей, которые ненавидит Бог. Имя Бога препишите пред очами сердец ваших, чтоб внутрь вас непрестанно взывалось: «Вы есте церкви Бога жива» (*2Кор. 6, 16*) и «место покоища Духу Святому». Кто увлечен нечистыми похотями, тот пред Богом подобен скотам, лишенным всякого смысла, по слову Псалмопевца, св. Давида Пророка (*Пс. 48, 13*). Итак, ненавистью возненавидим око оное непотребное и взыщем чистоты, поелику она есть слава Ангелов Божиих. Но если, по внушению диавола, падем, – восстанем через покаяние и приступим к Тому, Кто пришел взыскать овцу, блуждавшую во грехе (*Лук. 15, 4*).

74. Кто не может хранить уст своих и языка, пусть позаботится, по крайней мере, «не мног быти в словесех своих» (*Иов. 11, 3*). Блюдись, человек, возьми власть над языком своим, и не умножай слов, чтоб не умножить грехов. Положи перст на уста твои и узду на язык твой, потому что многоречивый человек не оставляет в себе места Духу Святому. Если кто, новичок еще, беседуя с тобою, спросит тебя о чем-либо спасительном для души его, ответь ему; если же о том, от чего нет ему пользы, будь как глухой, который не слышит, и как немой, который не говорит.

75. Понудим себя крепкую приставить стражу к устам своим, чтоб о ком-либо не сказать чего-либо худого, потому что худая речь хуже всяких ядов. Все раны залечиваются, а рана от языка не имеет врачевания. Язык неосторожного охуждателя, движимый диаволом, ядовитее языка змеиного, потому что он возбуждает свары и горькие враждования среди братий, сеет мятежи и злодейства между мирными и рассеивает многолюдные общества. Итак, бегайте осуждения других, и прилежите молчанию. Любящий молчание пребывает близ Бога и Ангелов Его, и в вышних место его. Господь говорит, что Он тогда сохранит пути твои, – когда ты сам будешь хранить уста свои (*Притч. 13, 3*).

76. Святое Писание удостоверяет, что стыд бывает двоякого рода: один, от которого рождается грех; а другой, от которого происходит слава и благодать (*Сирах. 4, 23 – 25*). Стыдение сделать грех есть истинный и спасительный стыд; стыд же, из которого рождается грех, есть стыдение препятствующее приводить в исполнение заповеди Божии. Ничего не стыдись делать, что согласно с волей Божьей, и в деле истины не таись; не бойся возвещать учение Господне, или словеса премудрости, и не стыдись грехи свои открывать духовному отцу своему.

77. Господь наш, движимый состраданием к душам нашим, говорит в св. Евангелии: горе вам, когда будут говорить о вас добрые слова и прославлять вас, и вы славы Божией не взыщете (*Лук. 6, 26*; Иоан, 5, 44). Итак, будем подвизаться даже до смерти, противясь тщеславию и его злейшие отсечем отрасли, чтоб не быть доведенными до погибели. Беги от тщеславия; ибо многие погибли от него. Оно побуждает человека на многие труды, – посты, молитвы, многократные бдения нощные, милостыни, раздаваемые пред человеками и на многое подобное; но всем этим он ничего другого не достигнет, кроме стыда и поношения. Не будем стараться выказывать в себе что-либо, особенно великое, чтоб не погибнуть по причине сего, и не запутаться в многочисленные отрасли тщеславия, потому что демонов тщеславия чрезвычайно много. Ревностнее же устремимся к стяжанию славы святых, равно как и нищеты их, чтоб получить оную сладкую похвалу Божью): «блажени нищии духом, яко тех есть царствие небесное» (*Матф. 5, 3*).

78. Господь наш Иисус Христос в Евангелии Своем сказал: «в терпении вашем стяжите души ваша» (*Лук. 21, 19*). Также: «претерпевый до конца, той спасен будет» (*Мф. 10, 22; 24, 13*). С какой потому ревностью надлежит нам истинно потрудиться и потерпеть, чтоб достигнуть того, что уготовано нам на небесах? Прежде, впрочем, чем дойдем до излияния крови, не будем хвалиться; потому что ни один художник не хвалится своим произведением прежде окончания его. Того надлежит наименовать блаженным, кто стяжал победу терпением. В свое время он прославлен будет в вышних, как Лазарь.

79. Псалмопевец Давид сказал: «сладка гортани моему словеса Твоя, паче меда устом моим» (*Пс. 118, 103*). Также: судьбы «Господни вожделенны паче камене честна многа» (*Пс. 18, 10. 11*). Истинно блажен тот, кто бодрствует и исполняет заповеди Господа нашего Иисуса Христа, пока достигнет истинного познания Его, так что может сказать: «удивися разум Твой от Мене» (*Пс. 138, 6*). Бойся быть неверным, чтоб не прогневался на тебя Создавший нас. Кто проповедует истину неверу, укоряет или учит его, тот подобен человеку, бросающему драгоценнейшие перлы в глубину моря. Напротив, как вода по наклонной земле стекает вниз и бежит туда стремительно, так слово Господне натекает в душу верующего.

80. Будем бодрствовать и постоянно возгревать благую ревность в доме ума нашего, чтоб не назвали нас нерадивыми и ленивыми. Над ревностным и бодренным страсти никогда не возьмут верха. Если ж падет он когда, по козням искусителя, ревность и бодренность тотчас восстанавливает его. А нерадивый и беспечный, не имеющий ревности о богоугождении, если падет от искушений диавола, даже не замечает совершенного им греха, потому что сердце его жестко, как камень, и он подобен мулу усмиренному и заузданному, на которого всякий садится, без сопротивления с его стороны. В такого рода людях диавол совершает все свои похоти и свое всецелое растление и куда хочет влечет каждого из них, пока исполнятся неправды его, и он умрет со стенаниями и плачем. Нерадивый походит на дом развалившийся и брошенный жильцами, – который никакой ни у кого не имеет цены, но отвратителен всем, будто проклятый, как жилище ехидн, скорпионов и зверей; никто о нем не печется, как о развалившемся и запустелом. Таково состояние нерадивого! Позаботьтесь хранить ревность и никогда не отлагайте ее, чтоб не попасть под власть врага. Когда есть в человеке эта прекрасная ревность и благопопечение, то она от всех падений и повреждений восставляет и предостерегает его, так что человек такой бывает местом упокоения Духу Святому и, счастливо совершив путь свой, удостаивается в мире внити в покой святых.

81. Слышали мы, что блаженный Павел, когда дошел до рассуждения о девстве, так о нем сказал: повеления «Господня не имам» (*1Кор. 7, 25*). Не имел он повеления потому, что не все могут понести тяжелое иго сие: почему и оставлено оно произвольному выбору тех, кои понести его в силах. Никто из девственников не хвались девством, так как оно есть благодать Самого Бога. Девство отдаляет от себя женские чувства, плотские помышления, гордость сердца и любовь ко всему тому, что диаволово; далеко от себя отгоняет оно также нетерпеливую ропотливость, ненависть к людям и славу мирскую; прилежит Богослужению, воздерживает язык и чрево наказывает постами. Когда оно украшено всем этим, то бывает жертвой без порока и скверны. Если ты, девствующая душа, будешь заботиться о многих яствах, и будешь ходить с удивлением к себе (занятая собою), то будешь постыжена во всех делах своих. Если не будешь блюсти языка своего, будешь пуста во все течение жизни твоей, и тщетно подняла ты великие труды.

82. Будем праведно ходить тем путем, коим шли святые, о коих написано: «блажени непорочнии в пути, ходящии в законе Господни» (*Пс. 118, 1*). То есть, в чистоте тела, в чистоте языка, в чистоте очей, в чистоте рук, в чистоте ушей, в чистоте ног, в правом пред Богом помышлении и в чистом сердце в отношении друг к другу, как говорим мы в молитвах: «сердце чисто созижди во мне, Боже, и дух прав обнови во утробе моей» (*Псал. 50, 12*).

2. О доброй нравственности и святой жизни, в 170 главах

1. Люди обычно именуются умными, по неправильному употреблению сего слова. Не те умны, которые изучили изречения и писания древних мудрецов, но те, у которых душа – умна, которые могут рассудить, что добро и что зло; и злого и душевредного убегают, а о добром и душеполезном разумно радеют и делают то с великим к Богу благодарением. Эти одни по истине должны именоваться умными людьми.

2. Истинно умный человек одну имеет заботу, вседушно повиноваться и угождать Богу всячески. Тому и единственно тому поучает он душу свою, как бы благоугодить Богу, благодаря Его за Его благое промышление, в каких бы ни находился случайностях по жизни. Ибо неуместно врачей и тогда, как они дают нам врачевства горькие и неприятные, не благодарить за оздоровление тела, а к Богу из-за того, что кажется нам не радостным, оставаться не благодарными, не разумея, что все бывает по Его промышлению и на пользу нам. В таком разумении, и в такой вере в Бога – спасение и покой души.

3. Воздержание, незлобие, целомудрие, твердость, терпение и подобные им великие добродетели, как бы силы (ратные) получили мы от Бога, чтобы они сопротивлялись и противостояли встречающимся с нами прискорбностям и помогали нам во время их: так что если мы будем упражнять сии силы и иметь их всегда наготове, то ничто из случающегося с нами не будет для нас тягостно, или болезненно, гибельно и несносно, ибо все то будет преодолеваемо сущими в нас добродетелями. Этого не имеют в мысли те, у коих душа не умна, ибо они не верят, что все бывает на пользу нам, чтобы просияли добродетели наши и мы увенчаны были за них от Бога.

4. Если почитая богатство и полное им наслаждение одной кратковременной призрачной суетой, и ведая, что добродетельная и богоугодная жизнь лучше богатства, ты твердо будешь стоять в сем убеждении и содержать то в памяти, то не будешь ни воздыхать, ни сетовать, ни роптать на кого-либо, но за все будешь благодарить Бога, когда увидишь, что худшие тебя прославляются за краснословие или ученость и богатство. Ненасытное желание богатства и удовольствий, славолюбие и тщеславие при неведении истины, суть самые злые страсти души.

5. Умный человек, рассматривая сам себя, познаёт, что должно и что полезно ему делать, что сродно душе его и спасительно и что чуждо ей и пагубно. И таким образом избегает того, что вредит душе, как чуждое ей.

6. Чем кто умереннейшую проводит жизнь, тем тот спокойнее бывает, потому что не печется о многом, – о рабах, земледельцах (наемных работниках) и приобретении скота. Когда же прилепляемся мы к сему, то, подвергаясь случающимся из-за того прискорбностям, доходим до того, что на Бога ропщем. Таким образом самопроизвольное наше желание (многого) наполняет нас смятением и мы блуждаем во тьме греховной жизни, не зная себя самих.

7. Не должно говорить, что невозможно человеку проводить добродетельную жизнь, но что это не легко. И точно не для всякого без различия удободостижимо это; но только те из людей приобщаются добродетельной жизни, которые благочестивы и имеют боголюбивый ум. Общий (обыкновенный) ум есть ум мирской и превратный; он дает помышления добрые и худые, изменчив и склонен к вещественному; а ум боголюбивый есть казнитель зла, которое бывает в людях от произвольной их беспечности.

8. Необразованные и простецы смешным делом считают науки и не хотят слушать их, потому что ими обличается их невежество, – и они хотят, чтобы все были подобны им: равным образом и невоздержные по жизни и нравам заботливо желают, чтоб все были хуже их, думая снискать себе обезвинение в том, что много злых. Гибнет и растлевается душа от зла греховного, которое многосложно и совмещает в себе блуд, гордость, алчность, гнев, продерзость, неистовство, убийство, ропот, зависть, лихоимство, хищничество, нетерпеливость, ложь, сластолюбие, леность, печаль, робость, ненависть, осуждение, разленение, заблуждение, невежество, обольщение, богозабвение. Этим и подобным терзаема бывает бедная душа, удаляющаяся от Бога.

9. Истинно ли подвижнически проходит кто добродетельную и прехвальную жизнь, об этом должно судить не по нраву, притворно на себя принимаемому, и не по лживому виду жития; но по тому, если кто, подобно искусным живописцам и ваятелям, показывает свою добродетельную и боголюбезную жизнь самым делом, отвращаясь от всяких сластей, как от сетей.

10. Человек богатый и благородного происхождения без душевного образования и добродетельной жизни несчастен в глазах людей здравомыслящих; напротив, бедный и раб по состоянию – счастлив, если он украшен образованием и добродетелью. Как странники заблуждаются на дорогах (и гибнут), так погибают непекущиеся о добродетельной жизни, будучи увлекаемы пожеланиями.

11. Человекотворцем должно назвать того, кто успевает умягчить нрав необразованных и заставит их полюбить науки и образование. Равным образом и тех, кои людей невоздержной жизни приводят к жизни добродетельной и Богоугодной, тоже должно считать человекотворцами, потому что они будто воссозидают людей. Кротость и воздержание суть счастье и благая надежда для душ человеческих.

12. Поистине должно людям надлежащим образом устраивать свою жизнь и нравы. Когда это будет исправлено, тогда удобно познается и Бог.

От всего сердца и со всей верой чтящий Бога промыслительно получает от Него помощь к укрощению гнева и похоти. Похоть же и гнев суть причина всех зол.

13. Человеком должно называть или того кто умен (по первому пункту), или того кто принялся исправлять себя. Неисправного не должно называть человеком; потому что это (т. е. неисправимость) есть дело не человеческое. От таковых должно бегать. Сживающиеся со злом никогда не будут в числе бессмертных (т. е. блаженным бессмертием).

14. Только самым делом, качествующая в нас умность (по первому пункту), делает нас достойными называться людьми; не имея же такой умности, мы разнимся от бессловесных одним расположением членов и даром слова. Итак, да познает разумный человек, что он бессмертен; и да возненавидит всякую срамную похоть, которая бывает для людей причиной смерти.

15. Как всякий художник показывает свое искусство тем, что обделывает в прекрасные формы взятое им надлежащее вещество, – как то: один дерево, другой мед, иной золото и серебро, так и нам должно показывать, что мы люди не тем, что так устроены телесно, но тем, что истинно умны в душе, – тем, что покорствуем закону благожития, т. е. добродетельной и богоугодной жизни. Истинно умная и боголюбивая душа знает все, чему как следует быть в жизни, и Бога любительно умилостивляет, и благодарит Его искренно, к Нему устремляясь всем желанием и всей мыслью.

16. Как кормчие осмотрительно направляют корабль вперед, чтобы не наткнуться на подводный камень, или скалу какую, так и ревнующие о добродетельной жизни пусть тщательно рассматривают, что им должно делать и чего убегать, полезным для себя почитая только то, что внушают истинные и Божественные законы, отсекая от души лукавые помышления.

17. Как кормчие и кучера, при сообразительности и старании, успевают быть исправными в своем деле, так и тем, кои ревнуют о правой добродетельной жизни, должно внимательно соображать и заботиться о том, как бы пожить достодолжно и богоугодно: ибо хотящий сего и убедившийся в возможности для него достигнуть желаемого, верою достигает нетления (чистой жизни).

18. Свободными почитай не тех, кои свободны по состоянию, но тех, кои свободны по жизни и нравам. Не должно, например, называть истинно свободными знатных и богатых, когда они злы и невоздержны, потому что такие суть рабы чувственных страстей. Свободу и блаженство души составляют настоящая чистота и презрение привременного.

19. Напоминай себе, что непрестанно должно являть себя умным, но являть доброй жизнью и самыми делами. Так и больные находят и признают врачей спасителями и благодетелями, не по словам, а по делам.

20. Чья душа действительно умна и добродетельна, – это обнаруживается во взоре, поступи, голосе, улыбке, разговорах и обращении. В ней все изменилось и приняло благообразнейший вид, Боголюбивый ум ее, как бодренный привратник, затворяет входы для злых и срамных помышлений.

21. Рассмотри окружающее тебя и знай, что начальники и владыки имеют власть над телом только, а не над душой, – и всегда содержи сие в мысли своей. Почему, когда они приказывают, например, убить, или другое что сделать неуместное, неправедное и душевредное, не должно их слушать, хотя бы они мучили тело. Бог создал душу свободной и самовластной, и она вольна поступать как хочет, – хорошо или худо.

22. Умная душа старается избавиться от беспутства, надмения, гордыни, обольщения, зависти, хищения и подобного, каковые дела суть (дела) демонов и злого произволения. Все же то, при заботливом старании и внимательном обдумывании, успевает совершить человек, у которого пожелание не устремляется к низким удовольствиям.

23. Те, кои проводят жизнь в малых и невысоких подвигах, и опасностей избавляются, и не имеют нужды в особенных предосторожностях. Побеждая же во всем пожелания, они удобно обретают путь, к Богу ведущий.

24. Умным людям не нужно слушать всякого рода беседы, но только те, кои приносят пользу, кои ведут к познанию воли Божией; ибо она есть путь, коим люди опять возвращаются к жизни и свету вечному.

25. Тем, кои стараются жить добродетельно и боголюбиво, надобно отстать от самомнения и всякой пустой и ложной славы, и стараться о добром исправлении жизни и сердца. Боголюбивый и непеременчивый ум есть руководство и путь к Богу.

26. Никакой нет пользы изучать науки, если душа не будет иметь доброй и богоугодной жизни. Причина же всех зол есть заблуждение, прелесть и неведение Бога.

27. Углубленное размышление о доброй жизни и попечение о душе производят добрых и боголюбивых мужей. Ищущий Бога обретает Его, побеждая всякое похотение непрестанной к Нему молитвой. Таковой не боится демонов.

28. Обольщающиеся земными благами и знающие все до слова, что должно делать проводящим добрую жизнь, походят на тех, кои приобрели лекарства и врачебные орудия, а пользоваться ими не умеют и даже не заботятся о том. Посему в соделанных нами грехах не будем винить ни рождения нашего, ни другого кого, а только себя самих; ибо если душа самоохотно предается разлению, то не может быть не побеждаемой.

29. Тому, кто не умеет различить, что добро и что зло, не пристало судить, кто добр и кто зол из людей. Человек знающий Бога, – добр, а когда он не добр, то значит не знает (Бога) и никогда не будет познан (от Него): ибо единственный способ к познанию Бога есть доброта.

30. Добрые и боголюбивые мужи обличают в чем-либо худом людей, когда они есть на лицо, а отсутствующих не только не укоряют сами, но и тем, кои покушаются говорить что-либо о них, не позволяют того.

31. В собеседованиях не должно быть никакой грубости; ибо умных людей обыкновенно украшают скромность и целомудрие более, чем дев. Боголюбивый ум есть свет, освещающий душу, как солнце – тело.

32. При каждой из душевных страстей, восстающих на тебя, помни, что те, которые право мудрствуют и желают постановить касающееся их (свою участь) на должном и прочном основании, считают для себя усладительным не приобретение тленного богатства, а истинную славу (на небесах). Вот что соделывает их блаженными. Богатство и окрадывается и бывает отнимаемо сильнейшими, а добродетель душевная – одна есть стяжание безопасное и некрадомое, и при том такое, которое по смерти спасает стяжателей своих. Тех, кои так рассуждают, не увлекает призрачный блеск богатства и других утех.

33. Непостоянным и необученным не следует испытывать умных мужей. Умен тот, кто Богу угождает и больше молчит, или, если говорит, то говорит немного – и только нужное и Богу угодное.

34. Стремящиеся к добродетельной и боголюбивой жизни, ревнуют о добродетелях душевных, как о таком стяжании, которое составляет неотъемлемую их собственность и вечное утешение. Привременным же пользуются они лишь столько, сколько нужно и как дает и хочет Бог, употребляя его с весельем и всяким благодарением, хотя бы то было и очень умеренно. Ибо богатый стол питает тела, как вещественные, а познание Бога, воздержание, благость, благотворение, благочестие и кротость – обожают душу.

35. Властители, которые принуждают делать неуместные и душевредные дела, не господствуют над душой, которая создана самовластной. Они вяжут тело, но не произволение, которого господином пребывает умный человек по дару Создателя своего, сильнейшего всякой власти и принуждения и всякой силы.

36. Почитающие несчастьем потерю денег, или детей, или рабов, или другого имущества, да ведают, что во-первых должно быть довольными тем, что подает Бог, а потом, когда потребуется отдавать, то (обратно) с готовностью и благодушием, не муча себя скорбью по причине лишения того, или лучше, обратного возвращения: подобно тем, кои попользовавшись не своим, опять отдают то обратно.

37. Дело человека хороших качеств не продавать свободу свою ради приобретения богатства, хотя бы достающееся ему было очень значительно. Ибо сну подобны житейские блага, и богатство имеет только призрачный блеск, неверный и маловременный.

38. Люди с истинно-человеческими достоинствами (по значению вышеизложенному) должны столько стараться о боголюбивой и добродетельной жизни, чтоб их добродетельная жизнь сияла между другими людьми, подобно тому, как малая порфира, набрасываемая поверх белых одежд в украшение им, выдается и всем заметна бывает. Ибо таким образом надежнее будет их ревность о душевных добродетелях.

39. Благоразумным людям должно осматривать свою силу (рать) и держать в строю находящиеся в душе добродетели, чтоб таким образом быть всегда готовыми воспротивиться нападающим страстям, с сущей в душе их силой (ратью добродетелей), естественно дарованною им от Бога. Таковы суть: против красоты и всякой душевредной похоти – воздержание; против нужды и бедности – терпение; против досаждения и гнева – незлобие и подобное сим.

40. Добрым и мудрым человеком вдруг сделаться нельзя; но сие достигается внимательным обсуждением, упражнением, опытом, продолжительным подвигом и (главное) сильным желанием доброго дела. Добрый и боголюбивый человек, истинно познавший Бога, покоя себе не дает, делая все без исключения угодное Богу. Но такие мужи редко встречаются.

41. Людям, не имеющим природных к добру расположений, не следует в отчаянии о себе, опустив руки, небречь о боголюбивой и добродетельной жизни, как бы она ни была недоступна и недостижима для них, но должно и им подумать и посильное приложить попечение о себе. Ибо хотя и не возмогут они достигнуть верха добродетели и совершенства, но всячески, думая о себе и заботясь, они, или сделаются лучшими, или, по крайней мере, не станут худшими – и это немалая польза для души.

42. Человек по уму соприкасается с неизреченной Божественной силой, а по телу имеет сродство с животными. Но немного таких, которые, как настоящие люди, умные, стараются обращать мысль к Богу и Спасителю и иметь с Ним сродство, и это показывают делами и добродетельной жизнью. Большая же часть людей, несмысленные душой, оставив то Божественное и бессмертное всыновление, склоняются к мертвому, бедному и маловременному сродству с телами, и, как бессловесные, мудрствуя только о плотском и похотью разжигаясь, отлучают сами себя от Бога, и душу с неба низводят в пропасть плотских мучений.

43. Муж умный, помышляя о сопребывании и общении с Божеством, никогда не прилепится ни к чему земному или низкому, но устремляет ум свой к небесному и вечному, зная, что воля Божия – сия вина всякого добра и источник вечных благ для людей, – есть та, чтоб человек спасся.

44. Когда встретишь человека, который, любя спорить, вступает с тобою в борьбу против истины и очевидности, то, прекратив спор, уклонись от него, совсем окаменевшего умом. Ибо как дрянная вода делает ни к чему негожими самые лучшие вина, так и злые беседы растлевают людей добродетельных по жизни и нраву.

45. Если мы употребляем все старание и все средства для избежания смерти телесной, то тем паче должны стараться избежать смерти душевной: ибо кто хочет спастись, тому нет к тому никакого препятствия, – разве только нерадение и разленение души.

46. О тех, которые не любят узнавать, что им полезно, и что должно почитать добром, можно сказать, что они не в добром здоровье; у тех же, кои, познав истину, бесстыдно спорят против ней, умерщвлена разумность: нрав их сделался скотским, не знают они Бога и душа их не озарена светом.

47. Разные роды животных произвел Бог словом Своим для нашей пользы: одних для употребления в пищу, других для служения. А человека создал Бог, чтобы он был зрителем и благодарным истолкователем Его дел. Об этом и надобно стараться людям, чтобы иначе не умереть им не узревши и не уразумевши Бога и дел Его, подобно животным бессловесным. Ведать надлежит человеку, что Бог все может. Тому же, кто все может, никто не может противиться. Как из несущего все, что ни восхотел, сотворил Он словом Своим, так (и ныне) все творит во спасение людей.

48. Небесные существа бессмертны, по сущей в них доброте; а земные стали смертными, по причине находящегося в них самопроизвольного зла, которое у неразумных умножается от разленения их и неведения Бога.

49. Смерть для людей, кои понимают ее, есть бессмертие; а для простецов, не понимающих ее, есть смерть. И этой смерти не следует бояться, а (бояться надобно) погибели душевной, которая есть неведение Бога. Вот что ужасно для души!

50. Грех нашел себе опору в вещественном, и тело стало седалищем его. Но умная душа, поняв сие, свергает с себя бремя вещественного, и, возникнув из-под сего бремени, познает Бога всяческих и внимательно смотрит за телом, как за врагом и противоборцем, не доверяя ему. И таким образом душа, победивши злые страсти и вещество, венчается от Бога.

51. Грех, быв понят душой, ненавидим бывает ей, как зверь зловоннейший; непонятый же он бывает и любим непонимающим его, и порабощая любителя своего, держит его в плену у себя. А он несчастный и бедный не видит, что для него спасительно, даже не думает о том; но полагая, что грех красит его, рад ему.

52. Чистая душа, будучи добротна, освящается и осиявается Богом, и тогда ум помышляет о добром и рождает боголюбивые намерения и дела. Но когда душа осквернится грехом, тогда Бог отвращается от нее, или лучше – сама душа отделяет себя от Бога, и лукавые демоны, вошедши в помысел, внушают душе неподобные дела: прелюбодеяния, убийства, хищения и подобные сим демонские злые деяния.

53. Ведающие Бога исполнены бывают всякими благими помышлениями и, вожделевая небесного, презирают житейское. Но таковые не многим нравятся; так что за это они не только бывают ненавидимы, но и подвергаются поруганию многими из несмысленных. Они готовы терпеть крайнюю бедность, зная, что кажущееся для многих злом для них есть добро. Кто помышляет о небесном, тот верует Богу и знает, что все творения суть дело воли Его, а кто не помышляет о том, тот не верит никогда, что мир есть дело Божие и сотворен для спасения человека.

54. Исполненные греха и упивающиеся невежеством не знают Бога, ибо не трезвенствуют они душой; Бог же умствен (то есть трезвенным умом только может быть познаваем). Он хотя невидим, но очень явствен в видимом, как душа в теле. Как телу нельзя жить без души, так все видимое и существующее не может стоять без Бога.

55. Для чего создан человек? Для того, чтобы, познавая творения Божии, он зрел Самого Бога и прославлял Создавшего их для человека; ум, любовью к Богу прилепленный (боголюбец и боголюбезный), есть невидимое благо, от Бога даруемое достойным за добрую жизнь.

56. Свободен тот, кто не рабствует сластям (чувственным удовольствиям), но господствует над телом посредством рассуждения и целомудрия, и с полной благодарностью довольствуется тем, что подает ему Бог, хотя бы то было очень умеренно. Когда боголюбивый ум и душа войдут в согласие между собой, тогда тело смирно и не хотя, ибо тогда душа, действием ума, погашает всякое плотское движение.

57. Не довольствующиеся тем, что есть у них для поддержания жизни, но домогающиеся большего, порабощают себя страстям, мятущим душу и влагающим в нее помыслы и мечтания все худшие и худшие, – что все нехорошо и что следовательно надо приобрести новое и лучшее. Как сверх меры длинные одежды мешают идти путешествующим, так и желание имущества сверх меры не дает душе подвизаться и спастись.

58. В чем кто находится по неволе и неохотно, то для него есть темница и казнь. Итак, будь доволен тем, что есть у тебя, иначе, перенося (это состояние свое) без благодарения (с недовольством, неохотно), ты будешь тираном для себя самого, не сознавая того. Но путь к сему один – презрение житейских благ.

59. Как зрение имеем мы от Бога для того, чтоб распознавать видимое, – что бело и что цвету черного, так и разум дарован нам от Бога для того, чтоб различать, что душе полезно (и что вредно). – Пожелание, отвергаясь от рассудка, рождает пристрастие к чувственным удовольствиям, а это не дает душе спастись, или вступить в общение с Богом.

60. Не то грех, что делается по закону естества, но то, когда по произволению делают что худое. Вкушать пищу не есть грех, но грех вкушать ее без благодарения, неблагоговейно и невоздержно; не грех просто смотреть, но грех смотреть завистливо, гордо, ненасытно; не грех слушать мирно, но грех слушать с гневом; не грех заставлять язык благодарить и молиться, но грех позволять ему клеветать и осуждать; не грех утруждать руки милостыней – подаянием, но грех позволять хищение и убийство. Так каждый член грешит, когда по нашему свободному произволению делает злое вместо доброго, в противность воле Божией.

61. Если сомневаешься, что каждое дело твое видимо бывает Богом, то рассуди, что и ты – человек и прах – за раз в одно и то же время можешь мысленно обзирать все известные тебе места и помышлять о них: не тем ли паче все видит, как зерно горчичное, Бог, все животворящий и питающий по Своему хотению.

62. Когда затворишь дверь жилища твоего и останешься один, ведай, что тебе соприсущ определенный от Бога каждому человеку Ангел, которого Эллины называют домашним духом. Он не дремлющ, и всегда будучи при тебе, все видит, Его обмануть нельзя и тьма не скрывает от него. Вместе с ним сознавай и Бога во всяком месте присущим. Ибо нет места, или вещества какого, где бы не было Бога, Который больше всех, и все содержит в руке Своей.

63. Если воины хранят верность царю ради того, что от него доставляется им пища; во сколько больше мы должны стараться, благодаря Бога немолчными устами, непрестанно угождать Ему, все создавшему для человека?

64. Благодарность Богу и добрая жизнь есть угодный Богу плод от человека. Но как плоды земные не в один час созревают, а требуют времени, дождя и ухода, так и плоды человеческие требуют подвига, рассуждения, времени пождания, воздержания, терпения, пока явятся во всем блеске своем. Впрочем, если ради их покажешься ты иногда кому-либо мужем благоговейным, не верь себе, пока находишься в теле сем и ничего своего не считай вполне угодным Богу. Ибо знай, что неудобно (трудно) человеку до конца сохранить безгрешность.

65. У людей ничего нет честнее слова. Слово столь важно, что словом и благодарением мы Бога чтим. Употребляя слова непотребные, или бесчестные, обличаем непотребство души своей. Несмысленному человеку свойственно за грехи свои винить рождение свое или другое что, когда самопроизвольно употребляет он худое слово или делает недоброе дело.

66. Если стараемся мы врачевать иные телесные болезни, ради того, чтоб не смеялись над нами те, с кем случается нам быть, то гораздо более необходимо нам со всей заботой постараться уврачевать болезни душевные, чтоб не оказаться бесчестными и осмеяния достойными – пред Богом, пред лицом Коего имеем суд принять. Ибо имея самовластие, мы можем, если захотим, не делать худых дел даже тогда, как вожделеем их; в нашей также власти есть жить благоугодно Богу и никто нас не принудит никогда сделать что-либо худое, если не хотим. Так подвизаясь, мы будем людьми Бога достойными, живя как Ангелы на небе.

67. Если хочешь, можешь быть рабом страстей, и если хочешь, можешь остаться свободным, не подклоняясь под иго страстей: ибо Бог создал тебя самовластным. Побеждающий страсти плотские венчается нетлением. Если бы не было страстей, не было бы и добродетелей, ни венцов, даруемых от Бога людям достойным.

68. Не видящие, что для них полезно и не знающие, что добро, слепотствуют душою и рассудок их ослеп. Не должно смотреть на них, чтоб тому же по необходимости не подвергнуться и нам непредвиденно, как слепым.

69. На согрешающих не должно гневаться, хотя бы совершаемые ими проступки были достойны наказания. Виновных, ради самой правды, должно обращать (на путь истинный) и наказывать, если потребуется, или самим, или через других, а гневаться на них или серчать не следует, потому что гнев действует только по страсти, а не по суду и правде. Не должно одобрять тех, кои сверх должной меры милостивы, но и наказывать злых должно, ради самого добра и правды, а не ради собственной страсти гнева.

70. Одно только душевное стяжание безопасно и некрадомо: есть же оно – добродетельная и богоугодная жизнь, ведение и творение добрых дел. Богатство есть слепой руководитель и советник несмысленный. Тот, кто употребляет богатство худо, в свое только удовольствие, губит обуморенную душу свою.

71. Людям надобно или совсем не приобретать ничего излишнего, или, имея то, быть твердо уверенными, что все житейское по естеству тленно, может быть отнято, потеряно и разрушено, и что потому, когда случится что, не должно малодушествовать.

72. Знай, что телесные болезни естественно свойственны телу, как тленному и вещественному. Итак, в случае таких болезней, душе обученной (добру) должно с благодарностью показывать мужество и терпение, и не укорять Бога, зачем создал тело.

73. Подвизающиеся на олимпийских играх увенчиваются не тогда, как победят одного, или другого, или третьего, но когда победят всех, вступающих с ними в состязание. Так и всякому, желающему быть увенчанному от Бога, надобно обучать душу свою целомудрствовать не только в отношении к телесным страстям, но и тогда, как бывает искушаем корыстолюбием, желанием похитить чужое, завистью, сластолюбием, тщеславием, укорами, опасностями смерти, и подобным сему.

74. Будем ревновать о доброй и боголюбивой жизни не ради человеческой похвалы, но изберем добродетельную жизнь ради спасения души, ибо каждодневно видится смерть перед глазами нашими, и все человеческое ненадежно.

75. В нашей власти жить целомудренно, но сделаться богатым не в нашей власти. Итак, что же? Не должно ли осуждать душу нашу за желание маловременного и призрачного блеска богатства, которого стяжать не имеем власти? О, как неразумно поступаем мы, желая все богатства! Не знаем разве, что выше всех добродетелей есть смиренномудрие, как больше всех страстей есть чревоугодие и ненасытное желание житейских благ.

76. Помнить непрестанно должно людям рассудительным, что подъемля в жизни сей небольшие и маловременные труды, после смерти получим мы величайшее утешение и блаженство вечное. – Борющийся с страстями и желающий быть увенчанным от Бога, если падет, да не малодушествует и не остается в падении сем, отчаиваясь в себе, но, восстав, опять пусть борется и заботится получить венец, до последнего издыхания восставая от случающихся падений. Телесные труды суть орудия добродетелей и спасительны для души.

77. Лишение житейских удобств людей мужественных и борцов соделывает достойными венцов от Бога. Итак, должно в жизни сей умертвить уды свои для всего житейского: ибо мертвый не будет уже заботиться ни о чем житейском.

78. Душе умной и подвизающейся не должно тотчас падать духом и устрашаться, когда случится что скорбное, чтоб не быть осмеянной за боязливость. Душа, увлекаемая житейским блеском, выходит из своего чина. Душевные добродетели делают нас достойными вечных благ, а самопроизвольные грехи человеческие суть причина вечных мучений.

79. Умный человек борим бывает страстями душевными через чувства (телесные), кои есть у разумных тварей. Телесных чувств пять: зрение, слух, обоняние, вкус и осязание. Чрез сии пять чувств подпадая четырем своим собственным страстям, бедная душа берется в плен. Эти четыре страсти душевные суть: тщеславие, жажда утех, гнев и страх. Но когда человек с мудростью и рассуждением, хорошо повоевавши, одолеет и победит страсти, тогда уже не бывает борим, но мирствует душой и увенчивается от Бога, как победитель.

80. Из останавливающихся в гостиницах, некоторые получают постели, а другие, не имея постели, на полу ложатся и засыпают так же крепко, как и те, кои спят на постелях. Дождавшись конца ночи, утром те и другие оставляют постели и равно все выходят из гостиницы, неся с собою только свое собственное. Таким же образом и все шествующие путем жизни сей, – и те, кои жили в умеренном состоянии, и те, кои пожили в славе и богатстве, – выходят из жизни сей, как из гостиницы, не беря с собой ничего из сластей житейских и богатства, а одни только собственные дела свои, соделанные ими в жизни сей, – добрые ли то, или злые.

81. Имея большую власть, не грози сразу кому-либо смертью, зная, что по естеству и ты подлежишь смерти, и что всякая душа, как последнюю одежду, скидает с себя тело свое. Разумея сие ясно, подвизайся быть кротким, делая добро, благодари всегда Бога. Кто немилостив, тот не имеет добродетели в себе.

82. Смерти избежать невозможно и нет способов. Зная сие, истинно умные люди, опытно навыкшие добродетелям и боголюбивому помыслу, встречают смерть без стенаний, страха и плача, имея в мысли, что она, с одной стороны, неизбежна, а с другой – избавляет от зол, каким подвергаемся мы в жизни сей.

83. Забывших добрую и богоугодную жизнь и мудрствующих не по правым и боголюбивым догматам не должно ненавидеть, а более жалеть, как оскудевших рассуждением и слепотствующих сердцем и разумом: ибо принимая зло за добро, они гибнут от неведения. И Бога не знают они треокаянные и несмысленные душою.

84. Не со всяким веди беседы о благочестии и добром житии. Не по зависти говорю так, но потому, что пред неразумнейшим покажешься ты, думается мне, смешным. Подобное подобному сочувствует, а для таких бесед немного слушателей, или вернее, они очень редки. Лучше потому не говорить, ибо не этого хочет Бог для спасения человека.

85. Душа состраждет телу, а тело не состраждет душе. Так, когда тело рассекают, страдает с ним и душа, и когда тело крепко и здорово, соуслуждаются тем и чувства душевные. – Но когда душа раздумывает (раскаивается), не раздумывает (не раскаивается) вместе с нею и тело, а пребывает само по себе, оставаясь позади (не двигаясь): ибо раздумывание (раскаяние) есть болезненное чувство души; равно как – неведение, гордость, неверие, любостяжание, ненависть, зависть, гнев, малодушие, тщеславие, честолюбие, несогласие, нечувствие добра, и подобное, – душою производятся.

86. Помышляя о Боге, будь благочестив, независтлив, добр, целомудрен, кроток, щедр по силе, общителен, неспорлив, и подобное: ибо всем этим угождать Богу есть некрадомое богатство души, а также не осуждать никого, или ни о ком не говорить, что он де нехорош, согрешил, но лучше разыскивать свои худые дела и свою жизнь рассматривать с самим собой, – угодна ли она Богу. Какое нам дело до того, что другой кто нехорош?

87. Истинный человек старается быть благочестивым. Благочестив тот, кто не желает чуждого ему; чуждо же человеку все сотворенное. Итак, презри все, так как ты – образ Божий. Образом Божиим бывает человек, когда живет право и богоугодно, а этому быть невозможно, если не отстанет человек от всего страстного. У кого ум боголюбив, тот искусен во всем, что спасительно для души, и во всяком благоговеинстве, требуемом от него. Боголюбивый муж не укоряет никого другого, потому что знает, что и сам согрешает, и это есть признак души спасающейся.

88. Те, кои с усилием стараются иметь временное стяжание, и, забыв о смерти и погибели души своей, любят вожделение злых дел, а о том, что спасительно для них, не заботятся, не представляют, бедные, что претерпевают люди от зла по смерти.

89. Бог не есть виновник зла. Он даровал человеку разум, способность различать добро и зло и самовластие; злые же страсти рождаются уже от нерадения и беспечности людей. Отнюдь не виновен в них Бог. По свободному выбору воли, демоны сделались злыми, равно как и большая часть людей.

90. Человек, благочестиво живущий, не попускает злу войти в душу. А когда нет в душе зла, тогда она бывает безопасна и невредима. Над таковыми ни злобный демон, ни случайности не имеют власти, Бог избавляет их от зол и живут они невредимо хранимы, как богоподобные. Похвалит ли кто такого человека, он в себе самом посмеивается над хвалящими его; обесславит ли, он сам не защищается пред поносящими его, и не негодует за то, что так говорят они о нем.

91. Зло приражается к естеству, как ржавчина к меди, и грязнота к телу. Но как не медник произвел ржавчину и не родители грязноту, так не Бог произвел зло. Он даровал человеку совесть и разум, чтоб избегал зла, зная, что оно вредно для него и готовит ему муку. Смотри же внимательно, увидев какого счастливца в силе и богатстве, ни под каким видом не ублажай его, прельщен будучи демоном. Но тотчас смерть да будет у тебя пред глазами; и никогда не возжелаешь ты ничего худого или житейского.

92. Бог наш тем, кои на небе, даровал бессмертие, а тех, кои на земле, создал подлежащими изменению; всему (прочему) даровал жизнь и движение, – и все для человека. Итак, да не увлекают тебя житейские прелести, когда диавол будет влагать злые помышления в душу твою; но тотчас вспомни о небесных благах и скажи себе самому: если захочу, в моей состоит власти победить и это восстание страсти; но я не побежду, если захочу удовлетворить моему желанию. Таким-то подвизайся подвигом, могущим спасти душу твою.

93. Жизнь есть соединение и сочетание ума (духа), души и тела; а смерть есть не погибель этих сочетанных (частей), а расторжение их союза; все это Бог хранит и по расторжении.

94. Ум не есть душа, но дар Божий, спасающий душу. Богоугодный ум течет впереди души и советует ей презреть временное, вещественное и тленное, а возлюбить блага вечные, нетленные и невещественные, так чтоб человек, живя в теле, умом представлял и созерцал небесное и Божественное. Таким образом ум боголюбивый есть благодетель и спаситель человеческой души.

95. Душа, поблажая телу, омрачается удовольствием и погибает. Боголюбивый ум действует противно сему: он причиняет скорбь телу и спасает душу, как врач, рассекающий и жгущий тела.

96. Те души, которые не обуздываются разумом и не управляются умом, который бы остепенял, удерживал и направлял (куда следует) страсти их, т. е. скорбь и удовольствие, – такие души погибают, как неразумные животные, потому что у них разум увлекаем бывает страстями, как кучер лошадьми, вышедшими у него из повиновения.

97. Величайшая болезнь души, крайняя беда и пагуба, – не знать Бога, все создавшего для человека и даровавшего ему ум и слово, коими, возносясь горе, может он вступать в общение с Богом, созерцая и прославляя Его.

98. Душа в теле, в душе – ум, в уме – слово, коими созерцаемый и прославляемый Бог обессмерчивает душу, даруя ей нетление и наслаждение вечное. Ибо Бог всему сущему даровал бытие по единой Своей благости.

99. Бог, сотворив человека самовластным, как независимый (всещедрый) и благой, доставил ему возможность, если захочет, угождать Богу. Угодно же Богу то, чтоб в человеке не было зла. Ибо, если люди хвалят хорошие дела и добродетели святой и боголюбивой души, а дела срамные и злые осуждают, не тем ли паче Бог, хотящий спасения человеку?

100. Благо получает человек от Бога, как благого; а злу подвергается человек сам от себя, от сущего в нем зла, от похоти и нечувствия.

101. Безрассудная душа, по естеству бессмертная и госпожа тела, становится рабой тела из-за чувственных удовольствий, не разумея, что услаждение тела – пагуба душе. Но впадая в нечувствие и объюродевши, заботливо печется она о сем услаждении тела.

102. Бог благ, а человек зол. На небе нет зла, а на земле нет истинного блага. Но умный человек избирает лучшее: познает Бога всяческих, благодарит и воспевает Его; телом же гнушается прежде смерти и злым его чувствованиям (требованиям, желаниям) не позволяет приходить в исполнение, зная их пагубность и злое действие.

103. Грехолюбивый человек любит многостяжание, а о правде нерадит, не помышляя о неверности, непостоянстве и маловременности жизни, и не помня о неподкупности и неизбежности смерти. Если же и в старости кто бывает так срамен и несмыслен, – то он, как древо гнилое, негож ни на какое дело.

104. Удовольствие и радость чувствуем мы после того, как испытываем скорбное: ибо несладко пьет тот, кто не томился жаждою, несладко ест, кто не голодал, несладко засыпает, кого сильно не клонила дремота, не сильно чувствует радость, кто прежде не был в скорби: – так и вечными благами не насладимся мы, если не презрим маловременные.

105. Слово есть слуга ума. Что хочет ум, то и слово выражает.

106. Ум все видит, даже то, что на небе, и ничто не помрачает его, кроме одного греха. Для чистого же ничего нет неудобопонятного, как для слова его, – неизреченного.

107. По телу человек смертен, а по уму и слову – бессмертен. Молча ты умствуешь, и, умствуя говоришь в себе: ибо в молчании ум рождает слово. Благодарное же слово, Богу приносимое, есть спасение для человека.

108. Говорящий несмысленно не имеет ума, ибо говорит, ничего не думая. Но рассмотри, что полезно тебе делать для спасения души.

109. Слово умное и душеполезное есть дар Божий; напротив, слово пустопорожнее, хотящее определять меру и расстояние неба и земли, и величину солнца и звезд, есть изобретение человека, всуе трудящегося, который по пустому самомнению ищет того, что никакой ему не приносит пользы, как бы желая решетом зачерпнуть воды, ибо этого людям нет возможности найти.

110. Неба никто не видит, и того, что на нем, познать никто не может, кроме человека, ревнующего о добродетельной жизни, который ведает и прославляет Сотворившего оное (небо) во спасение и живот человеку. Таковой боголюбивый муж несомненно знает, что без Бога нет ничего, но что Он есть везде и во всем, как Бог, ничем неограниченный.

111. Как из материнского чрева выходит человек, так из тела душа выходит голой, и бывает иная чиста и светла, иная запятнана падениями, а иная черна от многих прегрешений. Почему умная и боголюбивая душа, поминая и рассуждая о бедах и крайностях послесмертных, живет благочестиво, чтоб не быть осужденной и не подвергнуться им. А неверующие не чувствуют и грешат, презирая имеющее быть там, безумные душой.

112. Как, исшедши из чрева, не помнишь того, что было в чреве, так, изошедши из тела, не помнишь того, что было в теле.

113. Как, из чрева изошедши, стал ты лучше и больше телом, так, изошедши из тела чистым и нескверным, будешь лучшим и нетленным, пребывая на небесах.

114. Как телу, когда совершенно разовьется во чреве, необходимо родиться, так душе, когда она достигнет положенного Богом предела ее жизни в теле, необходимо выйти из тела.

115. Как ты будешь относиться к душе, пока она в теле, так и она отнесется к тебе, вышедши из тела. Хорошо послуживший здесь телу своему, доставляя ему всякие утехи, худую сам себе оказал услугу по смерти (как известно из притчи о богатом и Лазаре), ибо подверг осуждению душу свою, как безрассудный.

116. Как тело, вышедшее из материнской утробы несовершенным, не может жить, так душа, исшедшая из тела, не достигнув боговидения через доброе житие, спастись или быть в общении с Богом, не может.

117. Тело, соединяясь с душой, выходит на свет из мрака чрева; а душа, соединяясь с телом, заключается во мраке тела. Посему надобно не жалеть, а обуздывать тело, как врага и противоборца души; ибо множество яств и сласти возбуждают злые страсти в людях, воздержанное же чрево усмиряет страсти и спасает душу.

118. Орган зрения телесного – глаза, а орган зрения душевного – ум. Как тело, не имеющее очей, слепо, не видит солнца, освещающего всю землю и море, не может наслаждаться светом его, так душа, не имеющая благого ума и доброй жизни, слепа: не ведает и не славит Бога, Творца и Благодетеля всех (тварей), и войти в наслаждение Его нетлением и вечными благами не может.

119. Неведение Бога – от нечувствия и безумия души: от сего неведения рождается зло, от боговедения – же прибывает людям добро и спасает душу. Итак, если, пребывая в трезвении и боговедении, стараешься ты не исполнять свои пожелания, то ум твой обращен на добродетели; если же, опьянев неведением Бога, в удовольствие свое стараешься исполнять злые пожелания свои, то погибнешь подобно бессловесным, не помня тех бед, какие имеют встретить тебя по смерти.

120. Дело промысла есть и то, что бывает по непреложному порядку, Богом для мира определенному, как например то, что солнце восходит и заходит каждодневно и земля приносит плоды. Все же человека ради сотворено.

121. Что Бог творит, как Благой, – для человека творит, а что человек делает, то делает сам для себя, как доброе, так и злое. Чтоб не быть тебе в недоумении относительно благоденствия злых людей, знай, что как города содержат палачей не потому, чтоб хвалили их злейшее произволение, но для того, чтобы посредством их наказывать достойных того, так и Бог попускает злым преобладать в житейском для того, чтоб через них наказывать нечестивых. После же их самих предаст Он суду, потому что не Богу служа, а своей собственной злобе раболепно удовлетворяя, причиняли они людям зло.

122. Если бы почитающие идолов знали и видели сердцем, что почитают, то не совратились бы с пути благочестия, несчастные, но созерцая красоту, чин и промысел во всем сотворенном и бывающем от Бога, познали бы Сотворившего все сие для человека.

123. Человек, будучи зол и неправеден, может убить, Бог же непрестанно дарует жизнь и недостойным. Будучи независтен (ко всем щедр) и благ по естеству, восхотел Он, чтоб был мир, и он стал быть и продолжает быть для человека и спасения его.

124. (Настоящий) человек есть тот, кто понял, что такое тело, – именно, что оно тленно и маловременно. Таковой и душу понимает (как следует) – именно, что она божественна и бессмертна, и, будучи вдуновением Бога, соединена с телом для испытания и восхождения к богоподобию. Понявший же душу, как следует, живет право и богоугодно, не доверяя и не поблажая телу. Созерцая Бога умом своим, он зрит умно и вечные блага, даруемые Богом душе.

125. Бог, будучи благ и независтен (щедродателен), дал человеку свободу в отношении к добру и злу, одарив его разумом, чтоб созерцая мир и что в мире, познавал он Сотворившего всяческое для человека. Но человек неправедный может желать и не разуметь сего, может, к своему несчастию, не веровать и мыслить противно истине. Такую имеет человек свободу в отношении к добру и злу!

126. Таково Божие определение, чтоб, по мере возраста тела, душа исполнялась умом, – дабы человек из добра и зла избирал угодное уму (т. е. добро), душа же, не избирающая добра, не имеет ума. Почему хотя все тела имеют душу, но нельзя сказать, чтобы всякая душа имела ум. Ум боголюбивый бывает у целомудренных, преподобных, праведных, чистых и благих, милостивых и благочестивых. Присутствие ума бывает помощно человеку в его отношениях к Богу.

127. Одно только невозможно человеку – быть не смертну (миновать смерть). С Богом возыметь общение он может, если поймет, как сие возможно. Ибо при желании и понимании (дела) ради веры и любви, свидетельствуемой доброй жизнью, человек становится собеседником Богу.

128. Глаз видит видимое, а ум постигает невидимое. Боголюбивый ум есть свет души. У кого ум боголюбив, тот просвещен сердцем и зрит Бога умом своим.

129. Ни один добрый не срамен. Кто не добр, тот, конечно, и зол, телолюбив. Первоначальная добродетель человека есть презрение плоти. Отрешение от благ привременных, тленных и вещественных, по произволению, а не по бедности, соделывает нас наследниками благ вечных и нетленных.

130. Кто имеет ум, тот знает о самом себе, что он есть, именно, – что он есть человек тленный. Себя же познавший знает и обо всем, что оно есть творение Божие, и создано для спасения человека. Так все разуметь и право веровать состоит во власти человека. Таковой муж твердо знает, что презирающие житейские блага труд имеют очень небольшой, а утешение и покой вечные получают от Бога по смерти.

131. Как тело без души мертво, так душа без ума бездейственна (бесплодна) и Бога достоянием своим иметь не может.

132. Одного человека Бог слушает, одному человеку Бог является; ибо человеколюбив есть Бог, и где бы ни был человек, там есть и Бог; один человек есть достойный Бога поклонник; для человека Бог преображается.

133. Для человека создал Бог небо, украшаемое звездами, для человека создал Он землю, и люди возделывают ее для себя. Не чувствующие такого Божия промышления – несмысленны душою.

134. Добро невидимо, как невидимо сущее на небе, а зло видимо, как видимо сущее на земле. Добро есть нечто сравнения не имеющее, человек же, имеющий ум, избирает добрейшее. Один человек способен познавать Бога и творения Его.

135. В душе действует ум, а в теле природа. Ум обожает душу, а природа разлагает тело. В каждом теле действует природа, но не в каждой душе бывает ум, почему не всякая душа спасается.

136. Душа есть в мире, как рожденная, а ум превыше мира, как нерожденный. Душа, понимающая что есть мир и желающая спастись, имеет неотложным законом каждый час помышлять в самой себе, что вот ныне подвиг (смертный) и истязание (дел), на коем не стерпишь (взора) Судии, и что будто уж гибнет душа. Помышляя так, она хранит себя от ничтожных и срамных удовольствий.

137. На земле положены Богом рождение и смерть, а на небе полнота всего и неизменность. Все же сотворено для человека и спасения его. Не нуждающийся ни в каких благах, Бог для человека устроил небо, землю и стихии, доставляя ему через них всякое наслаждение благами.

138. Смертное подчинено бессмертному и служит ему, т. е. стихии человеку, по человеколюбию и существенной благости Создателя Бога.

139. Убогий, не имеющий сил вредить, не ставится в числе деятельно благочестивых. Но кто может причинить вред и не употребляет силы своей на зло, а щадит уничиженных, по благочестию пред Богом, тот бывает причастником воздаяний благих и по смерти.

140. По человеколюбию создавшего нас Бога, ко спасению есть весьма много путей, обращающих души и возводящих их на небеса. Души человеческие получают за добродетель награды, а за грехи – наказания.

141. Сын в Отце, Дух в Сыне, Отец в Обоих. Верой человек познает все невидимое и умопредставляемое. Вера же есть свободное убеждение души в том, что возвещается от Бога.

142. Как те, кои по каким-либо потребностям и обстоятельствам вынуждаемы бывают переплывать большие реки, если бывают трезвы, сохраняют жизнь; ибо хотя бы случилось сильное стремление вод, хотя бы даже зачерпнулась и вода лодкой, – они спасаются, ухватившись за что либо, бывающее обычно при берегах; если же бывают пьяны, то хотя бы тьмократно покушались доплыть до края, будучи одолеваемы вином, погружаются в волнах и остаются вне круга живых: таким же образом, если и душа, впадши в волны и кружение течения жизни, сама не возникнет из-под плотолюбия и не познает самой себя, – именно, что она, будучи божественной и бессмертной, соединена с вещественным телом, маловерным, многострастным и смертным только на испытание, и позволит себе увлечься плотскими страстями на пагубу себе; то как презрительница себя самой, пьяная неведением и о себе не заботящаяся, погибает и остается вне круга спасаемых. Ибо тело, подобно реке, часто увлекает нас к непотребным удовольствиям.

143. Умная душа, стоя непоколебимо в своем добром намерении, как коня обуздывает гнев и похоть – эти неразумнейшие свои страсти, и за то, что борется с ними, укрощая и преодолевая их, увенчивается и удостаивается пребывания на небесах, получая сие, как воздаяние за посев и труды от создавшего ее Бога.

144. Истинно умная душа, смотря на счастье злых и благоденствие недостойных, не возмущается, помышляя об их наслаждениях в сей жизни, как это бывает с людьми безрассудными, ибо такая душа ясно знает и непостоянство счастья, и безвестность пребывания здесь, и маловременность жизни сей, и нелицеприятность суда, и верует, что Бог не небрежет о том, что необходимо для ее пропитания.

145. Жизнь плотская и наслаждение в жизни сей большим богатством и властью бывает смертью для души; напротив труд, терпение, бедность с благодарением и умерщвление тела есть жизнь души и путь к вечному утешению.

146. Умная душа, презирая вещественное стяжание и маловременную жизнь, избирает утешение небесное и жизнь вечную, которую и получит от Бога за доброе житие.

147. Имеющие на себе замаранную одежду марают платье тех, кои прикасаются к ним. Таким же образом люди злые нравом и неисправные поведением, обращаясь с простейшими и говоря к ним неподобающие речи, как грязью оскверняют душу их через слух.

148. Начало греха есть похоть, через которую погибает умная душа. Началом же спасения и царствия небесного бывает для души любовь.

149. Как медь, брошенная в небрежении и оставленная без должного о ней попечения, повреждается ржавчиной, появляющейся на ней от долговременного лежания в связках и неупотребления в дело, и через то делается недобротной и непотребной, так и душа, в бездействии пребывающая и не заботящаяся о доброй жизни и обращении к Богу, злыми делами своими лишая себя покрова Божия, снедается злом, разрождающимся от такого нерадения в веществе тела, и через то является недобротной и негожей к спасению.

150. Бог благ и бесстрастен и неизменен. Если кто, признавая благословным и истинным то, что Бог не изменяется, недоумевает однако же, как Он (будучи таков) о добрых радуется, злых отвращается, на грешников гневается, а когда они каются, является милостив к ним, то на сие надобно сказать, что Бог не радуется и не гневается, ибо радость и гнев суть страсти. Нелепо думать, чтоб Божеству было хорошо или худо из-за дел человеческих. Бог благ и только благое творит, вредить же никому не вредит, пребывая всегда одинаковым; а мы, когда бываем добры, то вступаем в общение с Богом, по сходству с Ним, а когда становимся злыми, то отделяемся от Бога, по несходству с Ним. Живя добродетельно, мы бываем Божиими, а делаясь злыми становимся отверженными от Него, а сие не то значит, чтобы Он гнев имел на нас, но то, что грехи наши не попускают Богу воссиять в нас, с демонами же мучителями соединяют. Если потом молитвами и благотворениями снискиваем мы разрешение во грехах, то это не то значит, что Бога мы ублажили и Его переменили, но что посредством таких действий и обращения нашего к Богу, уврачевав сущее в нас зло, опять делаемся мы способными вкушать Божию благость; так что сказать: Бог отвращается от злых, есть то же, что сказать: солнце скрывается от лишенных зрения.

151. Благочестивая душа знает Бога всяческих: ибо быть благочестивым есть не что иное, как исполнять волю Божию, а это и значит знать Бога, т. е. когда старается кто быть независтливым, целомудренным, кротким, щедрым по силе, общительным, не любопритным, и делать все, что угодно воле Божией.

152. Ведение Бога и страх Божий суть врачевство против страстей плоти. Почему когда в душе есть неведение Бога, тогда страсти, оставаясь неисцеленными, портят душу. Она тогда растлевается от живущего в ней зла, как от долговременного вреда. Но Бог не виновен в этом, потому что Он даровал людям ведение и разум.

153. Бог исполнил человека ведением и разумом, стараясь очистить страсти и самопроизвольное зло и по Своей благости желая преложить смертное в бессмертие.

154. Ум, находящийся в чистой и боголюбивой душе, истинно зрит Бога – не рожденного, невидимого, неизглаголанного – Единого Чистого для чистых сердец.

155. Венец нетления, добродетель и спасение человека есть благодарно переносить несчастье. Обуздание же гнева, языка, чрева и сластолюбия весьма великой бывает помощью для души.

156. То, чем держится мир, есть промышление Божие, и нет ни одного места, которого не касалось бы сие промышление. Промышление же есть самосовершительное Слово Божие, образователь входящего в состав мира сего вещества, Устроитель и Художник всего бывающего. Никак не возможно веществу принять прекрасное устройство без рассудительной силы слова, которое есть образ, ум, мудрость и промышление Божие.

157. Возбуждаемая воспоминанием похоть есть корень страстей, родственных тьме. Находясь в сем похотном воспоминании, душа не знает о себе, что она есть вдуновение Бога и бросается на грех, не помышляя о крайней беде, в какой будет находиться по смерти, безумная.

158. Самая большая и неисцелимая болезни души и пагуба ее есть богозабвение и тщеславие. Похотение зла есть лишение блага; благо же наше состоит в том, чтобы охотно делать всякое добро, которое угодно Богу всяческих.

159. Один человек способен принимать Бога. Ибо с этой одной живой тварью беседует Бог, ночью через сновидения, а днем через ум, и всячески предсказывает и предзнаменует Он достойным Его людям будущие блага.

160. Для верующего и желающего нисколько не трудно познать Бога. Если же хочешь зреть Его, смотри на благоустройство всего и промышление о всем, что было и бывает словом Его. И все это для человека.

161. Святым называется тот, кто чист от зла и грехов. Почему величайшее совершенство души и дело весьма Богу угодное есть то, когда нет зла в человеке.

162. Имя есть означение одного из числа многих (нарицательное). Но неразумно думать, чтобы Бог, Который есть Един и единствен, имел соименных Себе: ибо слово Бог означает безначального, все сотворившего для человека.

163. Если сознаешь за собой худые дела, отсеки их от души твоей, в чаянии благ: ибо Бог праведен и человеколюбив.

164. Знает Бога и знаем бывает от Бога тот человек, который старается быть всегда неотлучным от Бога; неотлучным же от Бога бывает человек добрый во всем и воздерживающийся от всякого чувственного удовольствия, не по недостатку средств к тому, а по своей воле и свободной воздержности.

165. Благодаря тому, кто обижает тебя, и Бога будешь иметь другом. Никому не наговаривай на врага своего. Подвизайся в любви, в целомудрии, в терпении, в воздержании и подобном, ибо то и есть познание Бога, чтобы посредством смиренномудрия и подобных добродетелей последовать Богу. Но такие дела не всякому свойственны, а только душе умной.

166. Против тех, кои дерзают говорить, что растения и травы имеют душу, написал я сию главу к сведению для простейших. Растения имеют жизнь физическую, но души не имеют. Человек называется разумным животным, потому что имеет ум и способен приобретать познания. Прочие же животные – земные и воздушные, у которых есть голос, имеют дыхание и душу. Все растущее и умаляющееся можно назвать живым потому, что живет и растет, но нельзя сказать, чтоб все такое имело душу. Живых существ четыре различных вида: одни из них бессмертны и воодушевлены, каковы Ангелы, другие имеют ум, душу и дыхание, каковы люди; иные имеют дыхание и душу, – каковы животные; а иные имеют только жизнь, – каковы растения. Жизнь в растениях держится и без души, и без дыхания, и без ума и бессмертия, но и прочее все без жизни быть не может. Всякая человеческая душа есть приснодвижна.

167. Когда восприимешь мечтание о каком-либо чувственном удовольствии, поберегись, чтоб не быть тотчас увлеченным им, но несколько отстранив его, вспомни о смерти и помысли, сколько лучше сознать себя тогда победившим эту прелесть сластолюбия.

168. Бог приличнейшим образом положил преграду злу в людях тем, что даровал им ум, ведение, разум и различение добра, чтобы познавая зло, что оно вредит нам, мы убегали его. Но безумный человек идет вслед зла, и даже величается им, и как бы в сеть попавшись, бьется он, будучи опутан им внутри не имея сил возникнуть когда-либо из-под него, чтоб увидеть и познать Бога, все создавшего во спасение и обожение людей.

169. Смертные должны заботиться о себе, зная наперед, что их ожидает смерть. Ибо блаженное бессмертие бывает уделом преподобной души, когда бывает доброй, и смерть вечная сретает ее, когда она бывает злой.

170. Когда склоняешься на свое ложе, с благодарением воспоминай в себе благодеяния и Промысел Божий. Тогда, исполненный этим благим помышлением, ты полно возвеселишься духом и будет для тебя сон тела трезвением души, смежение очей твоих – истинным видением Бога, и молчание твое, будучи преисполнено чувством блага, от всей души и силы воздаст восходящую горе – сердечную славу Богу всяческих. Ибо когда нет зла в человеке, тогда благодарение и одно, паче всякой многоценной жертвы, – приятно Богу. Ему же слава во веки веков. Аминь.

3. Устав отшельнической жизни

1. Даю сии правила, как изречет их Господь устами моими, для тех, кои хотят подклониться под тяжелое иго отшельничества. Должно повиноваться сим заповедям, и кто нарушит хоть одну из них, тот «мний наречется в царствии небесном» (*Мф. 5, 19*).

А) Внешнее течение и внешние порядки такой жизни

а) *Удаление от мира и от сожительства с людьми.*

1. Кто хочет спастись (в мироотречном образе жизни), пусть не остается в доме своем и не живет в том городе, в котором грешил, также пусть не посещает родителей своих и ближних по плоти: ибо от этого бывает вред душе и гибнут плоды жизни.

2. Не возвращайся в город, в котором некогда грешил ты пред Богом.

3. Не ходи смотреть, как живут родные твои, и им не позволяй приходить смотреть, как живешь ты, и даже совсем не видайся с ними.

б) *Избрание пустынножительства.*

4. Духовные отцы наши утверждают, что пустынь есть самое пригодное место для размышления о смерти и верное убежище от увлечения вещами мирскими, покоящими плоть.

5. Кто живет в пустыни и безмолвствует, тот избавлен от трех браней: от брани через слух, от брани через язык и от брани через видение того, что может уязвлять сердце его.

6. Смотри, чтоб не обольстил тебя помысел, внушая, что пустынь есть место прохлаждения.

в) *Келейное уединение*

7. Удалясь от молвы житейской, уединись, и будешь странник. Сидеть в келье будет для тебя то же, что отправиться в чужую сторону.

8. Когда выйдешь куда, всеми мерами старайся поскорее воротиться в уединилище свое, чтобы предаться молитвам своим.

9. Когда пойдешь на жатву, не мешкай там, но скорее возвращайся в свое уединилище.

10. Когда посетишь какого брата, не медли долго в его келье.

г) *Келейные занятия и порядки.*

11. Пребывая в келье своей, держи следующие три занятия: рукоделие, чтение псалмов и молитву.

12. Пребывая в келье, вот чем занимайся: чтением писаний, молитвой к Богу и рукоделием.

13. Каждый день постись до 9-го часа, исключая субботы и дня Господня. Когда настанет 9-й час, иди в келью свою (внутреннейшую)[1], и прежде принятия пищи соверши молитву свою. По вкушении пищи, то читай, то молись попеременно.

д) Молитвословие и коленопреклонение.

14. Исполняй молитвы в установленные часы, ни одного не пропуская, чтоб не дать за это ответа.

15. Молитву свою ночью совершай, прежде чем пойдешь в церковь[2].

16. (И всегда) прежде, чем пойдешь в церковь, молись в келье своей.

17. (Вообще) прежде и после общей молитвы с братьями, всегда совершай молитву и в келье своей; и никогда не ленись этого делать.

18. Почасту преклоняй колена, и не ленись это делать, чтоб не умереть злой смертью.

19. Когда молишься, не допускай лености: ибо молитва ленивого – праздные слова.

20. Когда молишься и воспоминаешь о Боге, будь как птица, легко и высоко парящая, по обету монашества и значению одежд твоих.

е) Чтение и Богомысленное размышление

21. Прилежи чтению писаний, и они исторгнут тебя из нечистоты (или: будут разгонять нечистые помыслы).

22. Если будешь постоянно и усердно заниматься чтением писаний и исполнять заповеди, то Божье милосердие пребудет с тобой.

23. Размышляй о делах Божиих и не ленись молиться.

24. Монах, сидящий в келье своей с сомкнутыми устами и Бога не помнящий, похож на разоренный дом, находящийся вне города, который всегда полон всякими нечистотами, потому что, кто ни вздумает вынести нечистоты из дома своего, туда их относит. (То есть: молчит устами, а умом мечтает, помыслам поблажает и сердцем увлекается, – что все есть греховный сор, бесами в душу ввергаемый).

ж) Рукоделие и вообще труд.

25. Тело надобно поработать и утомлять долгим трудом.

26. Назначь себе умеренный какой-нибудь труд для келейного занятия, – и сердце твое смиренно будет.

27. Понуждай себя на труд рукоделия, и вселится в тебя страх Божий.

28. Будь прилежен в трудах рукодельнических и низойдет на тебя страх Божий.

29. Сидя в келье, налегай на труды рукоделия, но при этом имени Господа не отпускай от себя, но непрестанно вращай Его в уме твоем, поучайся Ему в сердце твоем и хвали Его языком твоим, говоря: «Господи мой, Иисусе Христе, помилуй меня»; или: «Господи Иисусе Христе, пошли мне помощь Твою»; или: «Хвалю Тебя, Господи мой, Иисусе Христе».

з) Пища.

30. Один (и тот же всегда) час установи себе (для принятия пищи, и принимай ее) для подкрепления тела своего, а не для услаждения.

31. Употребляй самую простую и дешевую пищу.

32. Хлеб твой съедай в безмолвии и с воздержанием, и смотри, чтоб сидение твое (за столом) было скромно.

33. Не ешь до сыта.

34. Не будь жаден и падок на пищу, чтоб не возобновились в тебе прежние грехи твои.

35. В среду и пятницу не разрешай поста.

36. Мяса совсем не ешь.

37. К месту, где точат вино, не подходи.

38. В собрания и угощения (общая трапеза) не спеши.

39. Если придешь в какое место, где учреждается общая трапеза[3], вкуси и воздай благодарение Богу.

40. К трем чашам вина не прибавляй четвертой, разве только по какой-либо великой болезни[4].

41. Не тотчас протягивай руку к тому, что тебе предлагается.

42. Если ты молод, не протягивай руки своей прежде других, потому что это не скромно.

и) Сон.

43. Спи мало и в меру, и Ангелы посетят тебя.

44. Когда здоров, не снимай пояса своего.

45. Когда ляжешь спать, не влагай рук твоих внутрь (м.б. за пазуху), чтоб не согрешить и не знаючи.

і) Одежда.

46. День и ночь будь в кукуле твоем, и в мантии твоей, и во всей одежде твоей, как узник и заключенник.

47. Не надевай одежды, которою мог бы ты величаться и хвалиться.

48. Одежды твои береги, чтоб в день суда не оказаться тебе нагим среди сонма других[5].

к) Все содержание, которого главная черта – нищета.

49. Больше того, сколько тебе нужно, не сберегай ничего.

50. Нищета есть не что иное, как умеренность во всем, или такое состояние, в котором довольствуются малым.

51. Люби поношение паче почета, утруждение тела паче покоя, и недостаток в вещах (потребных), паче избытка.

л) Церковное Богослужение[6].

52. Дела церкви (смотрение за церковью и Богослужением) должны быть поверяемы мужу верному и Бога боящемуся.

53. Как только ударят в било, не ленись тотчас идти в церковь.

54. Не оставляй Богослужения, да не будет тебе это в преткновение и сеть.

55. В церкви отнюдь не говори.

56. Не так будь в церкви, как в таком месте, где собирается много народа (т. е. чтоб в душе не было шума и толкотни многопомышлений).

57. В церкви не хорони мертвеца своего (т. е. не занимайся тем, как устроить свои житейские дела).

м) Соотношения:

аа) Первое и главное, – к авве, к отцу духовному, к старцам и вообще к преуспевшим.

58. Ни к какому делу, каково бы оно ни было, не приступай, не посоветовавшись с аввою монастыря⁷.

59. Пред аввою твоим и высшими себя не размножай слов.

60. То твердо держи всегда в сердце своем, чтоб слушаться отца своего, и вселится в тебя страх Божий.

61. Совершенство подвига твоего есть послушание; и добро человеку, если он несет иго Господне от юности – служит и повинуется.

62. Не будь непослушен, иначе будешь орудием и сосудом всех зол и неправд.

63. Со смирением и плачем проси отца своего, чтоб он наставил тебя в том, чего еще не знаешь, и не будешь постыжен.

64. Помни всегда того, кто напаяет тебя добрым учением, и от него старайся вызнать животворные заповеди, – и благоуспешную проведешь жизнь по воле Господа, как написано у блаженного Апостола Павла: «в сих поучайся, в сих пребывай: да преспеяние твое явлено будет во всех» (1Тим. 4, 15).

65. Если ты искренно подклонил выю свою под иго послушания, внимательно выслушивай, что говорится тебе, и потом добросовестно исполняй то по всей силе заповедания.

66. Не скрывай от отца своего греха, сделанного тобой.

67. Добрым нравам каждодневно учись у старших своих.

68. Отцов своих духовных люби больше, чем родителей плотских, потому что те заботятся о тебе ради Бога.

69. Так живи, чтоб отцы монастыря, родившие тебя духовно, порадовались славе твоей в сонме святых.

70. Всячески заботься о том, чтоб благословение старцев монастыря почивало на тебе.

71. Не всем открывай помыслы свои, а только тем, которые могут врачевать душу твою.

72. Не всем открывай помыслы свои, чтоб не быть в соблазн брату своему.

73. Ко всем имей приятельское расположение, но не всех имей советниками.

бб) Взаимное – всех ко всем.

74. Старайся достигнуть того, чтоб все люди благословляли тебя.

75. Попечалься с братом твоим, и покажи ему доброе участие.

76. Если какой брат усердно попросит тебя помочь ему, работай с ним весь тот день.

77. Друзей прежде опробуй испытанием, и не всех делай себе близкими, не всем вверяйся, потому что мир полон лукавства. Но избери себе одного брата, боящегося Господа, и с ним дружись как брат с братом. А лучше всего прилепись к Богу, как сын к отцу, ибо люди все вдались в лукавство. исключая немногих. Земля полна суеты, бед и скорбей.

вв) Старших к другим.

78. Если ты перестал работать греху, то говори во имя Господне и наставляй тех, коих ради хулится имя Господа: и как они мертвые и отсечены от живого Господа, постарайся, чтоб они отстали от своих мертвых дел, оживотворились и сподобились получить славу.

79. Обличай (и исправляй) детей своих (духовных) нещадно, потому что с тебя взыщется осуждение их (если т. е. они окажутся достойными осуждения на страшном суде).

80. Обличай не щадя, но со страхом Божиим. Не приемли ничьего лица, кто бы тот ни был, и отлучай словами истины.

81. Если какой брат придет к тебе и откроет свои помыслы, – смотри, никому их не пересказывай, но молись о себе и о нем, да спасет вас Господь обоих.

82. Не отвергай того, кто ищет веры во Христа.

83. Кто не принимает наставлений твоих, не говори их тому.

84. Ничего не предлагай кому-либо в правило, прежде чем сам исполнишь то делом.

85. Величайшее из всех безобразий безобразие есть – заповедовать другому делать то, чего сам не исполняешь, ибо никакой не получим мы пользы от чужих дел.

гг) К больным.

86. Вставая утром каждый день, заботься о больных, какие есть у вас.

87. Ходи по больным и их сосуды наполняй водой.

88. Все, что можешь, все лишнее раздавай больным монастыря.

89. Если авва твой приставит тебя служить больным, служи им от всего сердца твоего, чтоб двоякую получить награду от Бога, т. е. за послушание, с любовью исполненное.

дд) К странникам.

90. Если придет к тебе брат какой, хоть не во время, прими его с радостью, чтоб он воздал благодарение Богу и на тебя не поскорбел.

91. Если брат какой придет к тебе, смири себя во всем пред ним, покажи ему радушие ради Господа, и бойся вознестись гордостью.

92. Лицо твое всегда должно быть печально, разве когда к тебе придут братья-странники: тогда прими вид радостный.

н) Взаимное обращение.

93. Будь скромен во всех своих действиях.

94. Во всем поведении своем и взаимообращении с другими усвой себе приемы бедного нищего: не величайся, ни когда ведешь беседу, ни когда поешь гимн или хвалебную песнь Богу. И когда сойдешься с братьями, слова твои да будут безыскуственны.

95. С отроком и юношей не заводи речи, тем более не своди дружбы, и в сожительство таких не принимай чтоб не дать места диаволу.

96. С отроком совсем не говори, ибо иначе он будет тебе в преткновение.

97. Не бери за руку подле тебя стоящего брата и не касайся ланит его, старше ли он, или моложе тебя.

98. Всеми силами удаляйся от людей, чуждых разума и совета.

99. Если любишь покойную жизнь, не входи в круг тех, у коих вся забота о суетностях, и если случайно попадешь в среду их, будь таков, как бы тебя там не было.

о) Собеседование и вообще употребление языка.

100. Не возвышай (не издавай) голоса (все молчи в келье), разве только для молитв, уставом положенных.

101. Бегай брани языка (обуздывай язык).

102. Не многословь, чтобы не удалился от тебя Дух Божий.

103. Преславное дело хранить молчание, подражая Господу, Который хранил молчание, несмотря на сан Ирода.

104. Когда сойдешься вместе с подобными тебе верными, избирай лучше слушать и уразумевать, что говорено будет другими, с готовностью исполнять спасительное. Это будет гораздо лучше, чем говорить самому.

105. Когда придешь к кому, да будет страх Божий в сердце твоем, и уста свои храни, чтоб в мире возвратиться в келью свою.

106. Муж мудрый хорошо знает как себя держать, потому не спешит говорить, но взвешивает, где надо говорить и где слушать; напротив, муж ненаказанный не хранит этого, в тайне держимого, управления и обуздания языка.

107. Когда сидишь среди братий, не слишком много говори, и если будешь о чем спрашивать их, скажи то кратко со смирением.

108. Слова твои да будут со сладостью и в назидание. Помни, что от слов и слава и унижение.

109. Не говори с раздражением, но да будут слова твои с мудростью и разумом, равно как и молчание твое. Подражай премудрым отцам нашим, которых слова всегда были полны мудрости и разума, равно как и молчание их.

110. Язык твой всегда да следует разуму, потому что слова, чуждые разума, суть колючие остны и иглы.

111. Бегай лжи, иначе она отгонит от тебя страх Божий.

112. Уста твои должны говорить всегда одну истину.

113. Предметом бесед твоих да будут благодеяния Всевышнего Бога; этим ты сделаешь себя достойным получить от Него еще большие блага.

114. Не спрашивай о делах злых, но дальше от них держи внимание свое.

115. Не заводи пустых речей, и тем, которые заводят их, не подставляй уха, чтоб не почерпнула им зла душа твоя.

116. Ненавидь праздную речь о всем, что есть от мира сего.

117. Как можно воздерживайся от шуток и забавных речей.

118. Не кричи и не говори громко и скоро, ибо написано: кто умножает слова, тот не безопасен от греха (Слич. *Еккл. 10, 14*).

119. Не будь упрям и не настаивай на своем слове, чтоб не вошло в тебя зло (злость, серчание).

120. Не божись совсем, – ни в несомненном, ни тем паче в сомнительном деле.

п) На случай отлучек.

121. Если необходимость заставит идти в город, – не ходи один.

122. Когда идешь за водой, или путешествие совершаешь, читай (псалмы на память) и размышляй.

123. Когда совершаешь путешествие с братьями, отдаляйся от них немного, чтоб сохранить молчание.

124. Идя дорогой, не обращайся направо и налево, но перечитывай со вниманием псалмы свои и молись Богу умом. Потом, где бы тебе ни пришлось быть, с жителями места того не братайся.

125. В толпу людей мирских не вмешивайся, но и фарисею не подражай, который делал все напоказ.

126. Женщине не позволяй приблизиться к себе и не потерпи, чтоб она вошла в твое жилище (комнату), потому что вслед за ней идет буря помыслов.

127. С женщиной не ешь вместе, и с отроком не входи в содружество никогда.

128. Когда придется где ночевать, смотри, не покрывайся одной и той же одеждой с другим кем.

129. Не ложись на одной рогоже с тем, кто моложе тебя.

130. Двое вместе не спите на одной рогоже, разве крайняя заставит нужда. Хотя бы то был отец или брат, и это допускай с великим страхом.

131. В гостиницах монастырских не засиживайся.

Б) Строй внутренней жизни

а) Исходное начало жизни – ревность.

1. Будь ревностен о стяжании добродетелей, чтоб иначе не привлечь к себе нерадения.

2. Бойся охлаждения любви Божественной.

3. От добрых дел, к которым приступил ты, не возвращайся вспять.

4. Не возвращайся вспять с пути уединения твоего.

5. Не оставляй трудов, которые несешь ты ради добродетели, – чтоб не сделаться ленивым и нерадивым, и не погрешить в последний час; но люби Господа до самого конца, и получишь милость.

6. Как развалины вне города служат всем для смрадных нечистот, так душа того, кто лениво и вяло проходит уединенническую жизнь, бывает вместилищем всех страстей и нечистот греховных.

б) Правило жизни – воля Божья в заповедях.

7. Если ты предал себя Богу, соблюдай все Его заповеди, и что тебе повелевается, делай то тщательно, ничего не опуская, потому что, если думаешь опускать что, то не отпустятся тебе прежние грехи твои, если же твердо положишь исполнять все (до положения живота), то будь уверен, что прежние грехи твои уже прощены.

8. Мысли твои постоянно должны быть заняты Божественными заповедями, которые старайся и исполнять всеми силами, не оставляя ни одной, чтоб иначе душа твоя не сделалась вместилищем всех нечистот.

9. Если приступаешь к какому делу и не видишь на то воли Божьей, ни за что не делай того.

в) Цель – слава Божья.

10. Всевозможно старайся о том, чтоб славился (через тебя) Отец твой, Иже есть на небесах (*Мф. 5, 16*).

г) Памятования – возбудители, и поддержатели ревности.

аа) Об обете и первом жаре.

11. Ради тленных вещей не отступай от Бога, но помни, что обещал ты, когда пламенел в тебе жар стремления твоего к богоугождению.

12. Старайся не забывать значения одежды твоей, которой облечен ты был вначале, помни и о слезах покаяния твоего, кои пролиты были тобой тогда, – и поспешно отскочи от подкрадывающихся тайно помышлений (недобрых), чтоб не быть увлеченным ими и на явные дела.

13. Постоянное и искреннее приноси покаяние, – и ни на одну минуту не предашься нерадению и лености.

бб) О примерных ревнителях.

14. Не бери пример с того, кто слабее тебя, но с того, кто совершеннее тебя.

15. Да будут тебе в образец и пример те, которые возлюбили Господа от всего сердца своего и постоянно прилежат добрым делам, не стыдись просить у них себе уроков жизни, потому что они совершенны в добродетелях.

16. Не подражай тем, кои заботятся о прохлаждениях мирских, иначе ни в чем не будешь иметь успеха, но соревнуй тем, которые ради Господа скитались (и скитаются) в горах и пустынях (*Евр. 11, 38*), да приидет на тебя сила свыше.

вв) О благих обетованных.

17. Если будешь исполнять все (заповеданное), то получишь наследие, которого око не видало, о котором ухо не слыхало и сердце человеческое не помышляло (*1Кор. 2, 9*).

18. Употреби свет ведения на то, чтоб сподобиться быть в роде праведных, пока есть время.

гг) О смерти и суде.

19. Помни, что юность твоя прошла (силы истощились), а немощи возросли, и близко уже время исхода твоего, когда имеешь ты дать отчет во всех делах своих, и знай, что там ни брат не искупит брата, ни отец не избавит сына.

20. Всегда поминай об исходе из тела и не выпускай из мысли вечного осуждения; если будешь так поступать, во веки не согрешишь.

21. Думай сам в себе и говори: я не пробуду в этом мире больше нынешнего дня, – и никогда не согрешишь перед Богом.

22. Всякий день полагай сам в себе, что этот один день остался тебе в мире сем, – и сохранишь себя от грехов.

23. Келью твою преврати в темницу, содержа в мысли, что все уже для тебя кончено и вот-вот ударит час отрешения твоего от мира сего.

24. Блюди себя, чтоб не быть отверженным в будущем веке. Горе нерадивым, ибо приблизился конец их, и нет им помощника, ни надежды спасения.

д) Производители успеха – благодатная Божья помощь и свои усилия и подвиги.

аа) Помощь свыше, привлекаемая молитвой.

25. Господь наш Иисус Христос да подаст нам помощь все делать ко благоугождению Его.

26. Прежде всего молитву непрестанную изливай, и всегда благодарение воссылай Богу, за все что ни бывает с тобой.

27. Напрягайся непрестанные изливать молитвы со слезами, чтобы сжалился над тобой Бог и совлек с тебя ветхого человека.

28. Не преставай проливать слезы (молитвенные), – и Бог сжалится над тобой и облегчит все твои болезнования (все, о чем болит душа твоя).

29. Если хочешь угодить Богу, предайся Господу Иисусу Христу, и Он избавит тебя и защитит.

бб) Свои подвиги и усилия вообще.

30. Старайся проходить следующие, мной тебе предлагаемые подвиги: труд, нищету, странничество, лишения (ничего неимение) и молчание. Они сделают тебя смиренным, а смирение принесет тебе отпущение грехов. Смирение же состоит в том, чтоб человек считал себя грешником и думал, что он ничего доброго не делает перед Богом, чтоб прилежал молчанию и себя вменял ни во что, чтоб не упорствовал ни перед кем, не настаивал на своем слове, чтоб отлагал свою волю, лицо опускал долу, смерть имел перед очами, остерегался лжи, пустых не произносил слов, настоятелю не возражал, терпеливо сносил обиды и нудил себя благодушно переносить всякие притрудности и прискорбности. Постарайся, брат, соблюдать сии правила, чтоб не была бесплодной жизнь твоя.

31. Отстраним все, что доставляет покой плоти нашей, жизнь эту будем мало ценить, чтоб жить в Боге, Который в день суда потребует от нас, алкали ль мы ради Его, жаждали ль, терпели ль наготу, сокрушались ли, стенали ль из глубины сердца нашего, испытывали ль себя самих, достойны ли мы Бога. Итак, будем прилежать сокрушению и сетованию о грехах, чтоб обрести Бога, презрим плоть, чтоб спасти души наши.

32. Избери себе труд, и он, вместе с постом, молитвой и бдениями, избавит тебя от всех скверн, потому что телесный труд приносит чистоту сердца, а чистота сердца делает то, что душа приносит плод.

33. Люби милосердие, облекись в веру; не попускай сердцу своему замышлять злое, но понуждай его воздавать добром за зло, взыщи благостыню и мир и ревнуй о всех прекрасных делах.

е) Настроения души, условливающие успех.

аа) Пребывание в Боге со страхом, бодренным вниманием и отвращением от греха и мира.

34. Душа твоя да будет с Господом во всякое время, тело же твое пусть будет на земле, как изваяние и истукан.

35. Стой всегда перед лицом Господа с правотой.

36. Страх Божий всегда должен быть пред очами нашими, также память о смерти и неприязненное отвращение к миру и всему мирскому.

37. Умирай каждый день, чтобы жить, ибо кто боится Бога, тот будет жить во веки.

38. Бодрствуй непрестанно, чтоб не впасть в леность и нерадение.

39. Возненавидь все мирское и отдали его от себя; иначе оно само отдалит тебя от Бога.

40. Ненавидь все, в чем есть вред для души твоей.

бб) Терпение.

41. Что бы ты ни делал, делай то с терпением, и Бог поможет тебе во всех делах твоих, и во всем, что ни случится с тобой.

42. Смотри, не малодушествуй.

43. Будь благодушен во всем, что ни делаешь по воле Божией.

44. Не скучай из-за помыслов, которые нападают на тебя в келье, зная, что Господь никакого труда твоего (ради Его) не предаст забвению: это послужит тебе к преуспеянии и благодать Божья поможет тебе.

45. Мужество есть не что иное, как твердость в истине и сопротивление врагам: когда не уступишь им, они отступят и совсем не покажутся более.

вв) Сокрушение и плач.

46. День и ночь боли о грехах своих.

47. Возожги светильник твой елеем слез.

48. Непрестанно плачь о грехах своих, как бы ты имел мертвеца в келье своей[8].

49. Лицо твое всегда должно быть печально, чтобы вселился в тебя страх Божий.

50. Не считай себя чем-либо, но предавайся плачу о грехах своих.

гг) Смирение.

51. Возлюби смирение, и оно покроет все грехи твои.

52. Будь смирен во все дни жизни твоей и прилежи всему прекрасному.

53. Того, кто слабей тебя в добродетелях, считай равным себе; равного же себе в добродетелях почитай гораздо превосходящим тебя в совершенстве.

54. Не завидуй тому, кто идет вверх, но лучше всех людей считай высшими себя, чтоб с тобой был Сам Бог.

55. Не ходи с гордыми, но ходи со смиренными (это о подражании и содружестве).

56. Будь во всем смирен, – в осанке, в одежде, в сидении, в стоянии, в походке, в постели, в келье и во всех принадлежностях ее.

57. Если станут хвалить тебя за дела твои, не радуйся тому и не услаждайся тем: утаивай их сколько можешь, не позволяй себе кому-либо говорить об них, и всячески постарайся достигнуть того, чтоб люди не хвалили тебя.

58. Бойся сделаться известным по какому-либо из дел твоих.

59. Если кто укорит тебя безвинно в каком грехе, смири себя, и получишь венец.

60. Приучи язык свой говорить: прости мне, и придет к тебе смирение.

61. Навыкни, чтоб язык твой во всех случаях, во всякое время и всякому брату говорил: прости мне. Ибо если будешь всегда говорить: прости мне, то скоро достигнешь смирения.

62. Будь готов при всяком слове (обличительном), которое слышишь, говорить: прости мне, потому что такое смирение расстраивает все козни врага.

63. Знай, что смирение есть не иное что, как чтоб всех людей почитать лучшими себя. Твердо содержи в уме своем, что ты виновен во многих грехах, – голову свою держи поникшей долу, а язык твой пусть будет готов сказать тому, кто нанесет тебе обиду: прости мне, владыко мой! Постоянным же предметом помышления твоего да будет смерть.

64. Люби труды, всем себя подчиняй, уста свои держи заключенными, – и достигнешь смирения; смирение же привлечет отпущение всех грехов твоих.

65. Прежде всего не считай себя чем-либо, и это породит в тебе смирение, смирение же породит науку (опытность и здравомыслие), наука же родит веру, вера же родит упование, упование же родит любовь, любовь же родит повиновение, а повиновение родит неизменное постоянство (твердость в добре).

ж) Подвиги борьбы с грехом.

аа) *Прежде всего с помыслами.*

66. Далеко гони от себя злые помышления, предаваясь Богу, и Он покроет тебя десницей Своей.

67. Не всякому помыслу своему следуй.

68. Помыслов и пожеланий своих не исполняй.

69. Смотри, не попускай уму твоему увлекаться памятью прежних грехов, чтоб они не возобновились в тебе.

70. Не обращай в уме своем грехов, некогда совершенных тобой, чтоб они опять не возобновились. Будь уверен, что они прощены тебе в то время, как ты предал себя Богу и покаянию, и ни мало в том не сомневайся.

71. Об удовольствиях и утехах, которым предавался ты во время нерадения своего, не вспоминай и речей о том не заводи, говоря: я то сделал, или это нарушил, ибо это может послужить тебе в преткновение.

72. О страстях, которым работал ты в мире, совсем не поминай, чтоб опять не возбудить похотения их, и это не послужило тебе в соблазн.

бб) С разными пожеланиями порочными.

73. Апостол Иоанн в трех вещах совмещает все человеческие похоти, говоря: «все, еже в мире, есть похоть плоти, похоть очес и гордость житейская» (*1Иоан. 2, 16*). Похоть плоти есть насыщение чрева множеством разных яств, за которыми следует нечистота блудная. Похоть очес имеет предметом своим вещественные блага, при обладании коими око или возносится, или влагает в сердце нечистые виды. Гордость есть мирская любовь в шумной славе (высокое о себе мнение, самовосхваление, и жажда хвалы от других), которая заседает в умах наших по причине суетных и преходящих внешних достоинств каких-нибудь.

74. Бегай любоимания и непослушания, наипаче же многоядения, чтоб не опутаться тебе сетями похотей своих, ибо они изгоняют страх Божий из сердца и стыд с лица, предают любителя своего низким и срамным делам, и отчуждают от Бога.

75. Совлекись гневливости и облекись в кротость, отбрось око развращенное и возьми себе око простое (детское, чистое).

76. Будь далек от гнева и от похоти береги себя, равно как и от всяких греховных пожеланий.

вв) В частности, – со сластолюбием.

77. Человек сластолюбивый (только приятного ищущий) ни на какое дело негож.

78. Не будь сластолюбив, ибо сластолюбивых Бог не слушает.

79. Тело и утехи его имей в ненависти, потому что они исполнены зла.

80. Тело свое так изможди, чтоб оно было похоже на тело, лежащее на одре болезни.

гг) С гневом и порождениями его.

81. Если нападет на тебя гнев, поспешнее гони его подальше от себя и будешь радоваться во все дни жизни твоей.

82. Отнюдь ни на кого не сердись, и всем прощай.

83. Если кто неправедно укорит тебя, не разгорячайся.

84. Будь мудр, и уста тех, кои худо говорят о тебе, заграждай молчанием.

85. Не дивись, если кто-нибудь говорит о тебе худо, потому что это одна из хитростей злейших врагов наших, которой они полагают человеку препоны узнать истину.

86. Не будь скор на гнев и не держи зла на того, кто подвиг тебя на гнев.

87. Если получишь оскорбление, не имей неприязни к тому, кто нанес тебе его, но скажи: я достоин того, чтоб все братия презирали меня.

88. Не ропщи и никому не причиняй оскорбления.

89. Не воздавай злом за зло, ни оскорблением за оскорбление, ибо этим смиряет тебя Сам Господь, видя, что ты не смиряешься сам собою.

90. И младшие и старшие пусть молятся, да не попущено им будет подпасть тиранству гнева.

91. Кто подставляет другую ланиту ударившему его в одну, тот обрадован в поношении своем. Господь наш Иисус Христос никогда не оставит его, ибо Он благ и помогает душам, которые терпят ради Его, и ищут Его, подавая им силу и крепость, пока они не утвердятся в покое (от страстей). Итак, радуйся, – когда встречаются скорби и смущения, ибо за ними следуют сладкие плоды.

92. Не бойся поношения от людей.

дд) С другими порочными движениями сердца, подрывающими успех: осуждением.

93. Если увидишь, что какой-нибудь брат согрешил, не презирай его, не отвращайся от него, и не осуждай его: ибо иначе сам впадешь в руки врагов твоих.

94. Не делай никому зла и никого не осуждай.

95. Уха своего не подставляй, чтоб услышать худое (о других), но будь снисходительно жалостлив к людям, и жив будешь.

96. Не осуждай никого, ибо в этом твое падение.

97. Не укоряй брата своего, хотя бы ты видел его нарушителем всех заповедей, иначе и сам впадешь в руки врагов своих.

98. Не осуждай никого из смертных, чтоб Бог не возгнушался молитвами твоими.

99. Никому не выставляй на вид каких-либо его недостатков, ни по какой причине.

100. Никому не ставь в укор его немощей.

ее) Тщеславием и самомнением.

101. Когда творишь милостыню, не выставляй того на вид.

102. Если предаешься подвигам духовным, не хвались тем.

103. О добром деле, которое ты намерен сделать, не говори никому наперед, но сделай его.

104. Когда совершишь какие дела добродетели, не высокомудрствуй и не говори в себе: я то и то сделал, потому что если будешь так поступать, мудр не будешь.

105. Не будь славолюбив и в сердце своем не держи самовосхваления, говоря: я то и то сделал, в том и том преуспел, Такие помыслы дышат тщеславием, и кто ими набит, тот стал жилищем нечистых духов.

жж) Человекоугодием и лицемерием.

106. Не оставляй воли Божьей, чтоб исполнить волю людей.

107. Божьей заповеди не нарушай из уважения к дружбе человеческой.

108. Не будь лицемером или притворщиком, тем паче лжецом.

109. Не пред людьми только будь праведен, но сам в себе будь мудр, кроток, благодушен, терпелив, ревностен, человеколюбив.

зз) Гордостью.

110. Не возносись делами своими, каковы бы они ни были.

111. Не возносись в гордости и не хвались.

112. Гордость далеко отгони от себя, ближнего же твоего и всех людей почитай лучшими себя.

113. Нет больше нечестия, как причинить кому-либо скорбь и возноситься над другими.

114. Не считай себя мудрым, иначе гордостью вознесется душа твоя, и ты впадешь в руки врагов своих.

115. Не считай себя всезнающим и мудрым (то есть не говори: сам знаю, сам умею делать), иначе пропадет труд твой, и корабль твой напрасно бежал доселе.

Заключение

1. Кто не будет исполнять всего прописанного, тот подвигнет Бога на гнев. Я, Антоний, истину тебе говорю. Итак, преклони ухо твое к словесам моим и сокрой их в сердце своем, и знай, что этими заповедями я предаю тебя Творцу. Если ты сохранишь их, – будешь радоваться со всеми Ангелами, а всех злых духов поразишь скорбью. Ходи же в сих заповедях, и Бог будет с тобой и Ангелы Его будут сошествовать тебе, душа же твоя исполнится благоуханием святых и светом блаженных воссияет лицо твое, и станешь ты святилищем Богу, как и все святые, и сретишь наконец Господа с весельем и радостью и услышишь глас оный, говорящий: «добре, рабе благий и верный, о мале был еси верен, над многими тя поставлю; вниди в радость Господа своего» (*Мф. 25, 21*).

2. Не отступай ни от одного из сих наставлений, и Господь наш Иисус Христос даст тебе покой, и совершит в мире дело, к какому приступил ты. Совершенные отцы наши, и те, которые подражали им, от исполнения их стали совершенными.

3. Если к сказанному захочешь прибавить какое-нибудь из добрых дел, прибавь, и непрестанное воссылай благодарение Господу нашему Иисусу Христу.

4. Каждую ночь слезами своими обливай ложе свое и смачивай постель твою, и смиряй себя перед Христом Господом, да изгладит Он грехи твои и тебя паки обновит, да подаст тебе помощь к совершению дел благих, и дарует в наследие царство Свое вечное. Ему буди хвала, честь, слава и поклонение, со всеблагим Отцом и Святым Духом, ныне и присно, и во веки веков. Аминь.

4. Изречения св. Антония Великого и сказания о нем

1. ОБ ОТРЕЧЕНИИ ОТ МИРА

1. Кто хочет с успехом совершать подвиг иночества, тому надобно совсем рассчитаться с миром, и блага его все оставить и делом из него выйти и всякое пристрастие к вещам его отсечь. Эту истину впечатлительно внушил св. Антоний одному брату, который, отказавшись от мира и раздав бедным все, что имел, удержал при себе малость некую на случай нужды какой, и пришел к св. Антонию. Старец, посмотревши на него, узнал, что в нем, и сказал ему: если хочешь быть монахом, поди в такое-то селение, купи мяса, разрежь его на тонкие куски, и, скинув одеяние, развесь на плечи и на руки, – и так приди сюда. Брат сделал, как велел ему старец, и тут собаки, птицы и шершни окружили его и ранами покрыли все тело его. Когда пришел он опять к старцу, сей спросил его, сделал ли он, что ему было приказано; он, жалуясь, показал раны свои. Тогда св. Антоний сказал ему: так бывает с тем, кто, оставляя мир, хоть малость какую из имения удерживает при себе: ранами покроют его демоны, и истерзанный падет он в бранях (Дост. сказ. 20; Patr. Graec. t. 40, p. 1099).

2. Того же предмета касается и следующее сказание, сохраненное Кассианом (Coll. 24, гл. 11. 10). Пришел к св. Антонию брат, думавший, что нет никакой необходимости уходить из мира, и начал говорить: больше цены имеет тот, кто подвизается в городе или селении, исполняя все, что требуется для достижения совершенства духовного. Св. Антоний спросил его: да ты где и как живешь? Тот отвечал: живу в доме родителей, которые доставляют мне все нужное. Это избавляет меня от всех забот и попечений, и я непрестанно занят только чтением и молитвой, без всякого развлечения духа чем-либо сторонним. Св. Антоний спросил его опять: скажи мне, сын мой, скорбишь ли ты вместе с ними в горестях их, и сорадуешься ли радостям их? Тот признался, что испытывает то и другое. Тогда старец сказал ему: знай же, что и в будущем веке будешь ты разделять участь с теми, с кем в сей жизни делишь ты радость и горе. И не тем только вреден для тебя избранный тобой образ жизни, что по причине каждодневной почти перемены житейских случайностей, погружает ум твой в непрестанные помышления о земном, но и тем, что лишает тебя того плода, который получил бы ты, если бы сам, трудами рук своих, добывал себе пропитание, по примеру Ап. Павла, который и среди трудов проповедания Евангелия, руками своими добывал нужное и себе и тем, кои были с ним, – как говорил он сие Ефесеянам: «сами весте, яко требованию моему и сущих со мною послужисте руце мои сии» (*Деян. 20, 34*). Делал же это он в наше назидание, чтобы дать нам пример, как писал он к Солунянам: «не безчинствовахом у вас, ниже туне хлеб ядохом у кого, но в труде и подвизе, нощь и день делающе, да не отягчим никого же от вас, не яко не имамы власти, но да себе образ дамы вам, во еже уподобитися нам» (*2Сол. 3, 8. 9*). Вот почему и мы, имея возможность пользоваться пособием родных, предпочитаем лучше добывать себе содержание в поте лица, нежели обеспечивать себя доставкой его от родных. Охотно избрали бы мы последнее, если бы могли считать его более полезным. К тому же знай, что если будучи здоров, ты живешь на чужой счет, то поядаешь достояние бедных и немощных.

2. ОБЩИЕ ОТВЕТЫ НА ВОПРОС: ЧТО ЖЕ ДЕЛАТЬ?

Оставивший мир, вступает в совершенно новую область жизни, которая хотя, конечно, не совсем безызвестной бывает для него, много, однако ж, представляет сторон, которые невольно вызывают вопрос: что же делать и как жить должно? К св. Антонию не раз обращались с таким вопросом, и вот его ответы:

1. Спрашивал его о сем авва Памво, и он ответил ему: не уповай на свою праведность, истинно кайся о прошедших грехах, обуздывай язык, сердце и чрево (Patr. Graec. t. 40, p. 1093. Достоп. ск. 6).

2. Вот что сказал он по сему же вопросу авве Пимену: дело, славнейшее из всех дел, какие может совершать человек, есть – исповедывать грехи свои перед Богом и своими старцами, осуждать самого себя, и быть готовым встретить каждое искушение, до последнего издыхания (Patr. ib. 1084: Дост. ск. 4).

3. Иной некто спрашивал его: что мне делать, чтобы угодить Богу? Св. Антоний отвечал: куда бы ты ни пошел, всегда имей Бога перед своими очами, чтобы ты ни делал, имей на то свидетельство в Писании, и в каком бы месте ты ни жил, не скоро уходи оттуда. Соблюдай сии три заповеди, и спасешься (Дост. ск, 3; Patr. ib. 1083).

4. Еще одному ученику внушал он: отвращение возымей к чреву своему, к требованиям века сего, к похоти злой и чести людской: живи так, как бы тебя не было в мире сем, и обретешь покой (Patr. Lat. t. 73, p. 1049).

5. Вот что, как пишет св. Афанасий, говорил авва Антоний к братьям, приходившим к нему: всегда имейте страх пред очами своими, помните Того, Кто мертвит и живит (*1Цар. 2, 6*). Возненавидьте мир и все, что в нем, возненавидьте всякое плотское успокоение, отрекитесь сей жизни, дабы жить для Бога, помните то, что вы обещали Богу: ибо Он взыщет сего от вас в день суда. Алкайте, жаждайте, наготуйте, бдение совершайте, плачьте, рыдайте, воздыхайте в сердце своем, испытывайте себя, достойны ли вы Бога, презирайте плоть, чтобы спасти вам души свои (Дост. ск. 33 и в житии).

6. Подобное сему подробное указание того, что должно делать монаху, приводит св. Кассиан. Издавна, – говорит он, – ходит дивное наставление блаж. Антония, что монах, стремясь к высшему совершенству, не должен ограничиваться подражанием одному какому-либо из преуспевших отцев, потому что ни в ком нельзя найти все роды добродетелей в совершенстве. Но один украшается ведением, другой силен здравым рассуждением, третий твердъ непоколебимым терпением; иной отличается смирением, иной воздержанием, иной благодатной простотой сердца, тот превосходит других великодушием, а этот милосердием, тот бдением, а этот – молчанием, или трудолюбием. Почему монах, желающий составлять духовные соты, должен, подобно мудрой пчеле, всякую добродетель заимствовать у того, кто наиболее освоен с нею, и слагать ее в сосуде сердца своего, не обращая внимания на то, чего нет у кого, но к той добродетели присматриваясь, и ту себе усвоить ревнуя, какой кто отличается (Inst. c. V. 1. 4).

3. СИЛА, ДВИЖУЩАЯ НА ПОДВИГИ И ПОДДЕРЖИВАЮЩАЯ В НИХ

Если сделать перечень всего указанного, окажется довольно просторное поприще для подвигов. Спрашивается, какая сила движет на них труженика и поддерживает его в трудах? Сила эта есть ревность о спасении, славы ради имени Божия, готовая на все. Есть эта ревность – у инока все подвиги в ходу. Нет ее, – все стало.

1. Почему, когда однажды брат, у которого недоставало этой ревности, пришедши к св. Антонию, просил его помолиться о нем, великий старец ответил ему: ни я, ни Бог не сжалится над тобой, если ты не будешь заботиться сам о себе, и молиться Богу (Дост. ск. 16).

2. По сей же причине советовал он держать себя в постоянном внимании к Богу и в бодренности, хваля как великую добродетель, если кто во все время жизни своей работает неослабно Господу, и до последнего издыхания стоит на страже против козней искусителя (Patr. Graec. t. 40, p. 1083).

3. Потому убеждал не послаблять себе ни в чем, но с терпением хранить всегда тот же дух ревности, говоря: монах, который несколько дней подвизается, и потом послабляет себе, потом опять подвизается и опять нерадит, такой монах все равно что ничего не делает, и никогда не достигнет он совершенства жизни, за недостатком постоянства ревности и терпения (Patr. Lat. t. 73, p. 1049).

4. Почему ищущего льгот называл он непонимающим своего чина и своих целей, и весь неуспех у иноков производил от недостатка усердия к трудничеству. Потому, говорил он, мы не преуспеваем, что не знаем своего чина, и не понимаем, чего требует дело, к которому приступаем, но хотим достигнуть добродетели без труда. Оттого, коль скоро встретим искушение в своем месте, переходим на другое, думая, что есть где-нибудь место, в котором нет диавола. Но кто познал, что есть брань, тот не дает себе ослабы, но постоянно воинствует, с Божьей помощью (Patr. Gr. t. 40, p. 1093).

5. Замечательно на сей предмет слово св. Антония к тем, которые одного не хотят, другого не могут. Пришли однажды какие-то братия к св. Антонию, и говорят ему: дай нам наставление как спастись. Старец отвечал им: вы слышали Писание? И сего очень довольно для вас. Но они сказали: мы и от тебя, отец, хотим что-нибудь услышать. Тогда старец сказал им: в Евангелии сказано: «аще тя кто ударит в десную твою ланиту, обрати ему и другую» (*Мф. 5, 39*). Они говорят ему: мы не можем сего сделать. Старец сказал: если вы не можете подставить другой, по крайней мере переносите удары в одну. И этого не можем, отвечали те. Если и этого не можете, сказал старец, по крайней мере не платите ударом за удар. Братия сказали: и сего не можем. Тогда св. Антоний сказал ученику своему: приготовь им немного варева: они больны. Если вы одного не можете, а другого не хочете, то что я вам сделаю? Нужно молиться (им самим, или другим о них), чтобы пробудился в них дух ревности, – нравственная энергия (Дост. ск. 19).

4. РУКОВОДИТЕЛИ РЕВНОСТИ

Но ревность сама по себе бывает иногда слепа, и может принять направления, несообразные с целями начатой жизни. Почему должна быть ограждена руководителями. Кто же сии руководители? Св. Антоний указывает их два: свое рассуждение и совет опытных.

а) Свое рассуждение.

1. Сошлись некогда отцы к св. Антонию, чтобы расследовать, какая добродетель совершеннее всех и какая могла бы охранить монаха от всех сетей вражьих. Всякий из них сказал, что казалось ему правильным. При чем одни похвалили пост и бдение, так как они упорядочивают помыслы, тонким делают ум и облегчают человеку приближение его к Богу, другие больше одобряли нищету и презрение вещей земных, потому что через это ум становится спокойней, чище и свободней от забот мирских, а потому приближение его к Богу делается более удобным, некоторые хотели дать преимущество перед всеми добродетелями милосердию, потому что Господь скажет милосердным: «приидите благословеннии Отца Моего, наследуйте уготованное вам царствие от сложения мира» (*Мф. 25, 34*), иные говорили иное. А св. Антоний сказал: все добродетели, о которых вы поминали, очень спасительны и крайне нужны тем, кои ищут Бога, и кои пламенеют сильным желанием приблизиться к Нему. Но мы видели, что многие измождали свои тела чрезмерным пощением, бдениями, удалением в пустыню, усердно также ревновали о трудах, любили нищету, презирали мирские удобства, до того, что не оставляли себе столько, сколько нужно на один день, но все, что имели раздавали бедным, и однако ж бывало, что после всего этого они склонялись на зло и падали, и лишившись плода всех оных добродетелей, делались достойными осуждения. Причина этому не другая какая, как то, что они не имели добродетели рассуждения и благоразумия, и не могли пользоваться ее пособием. Ибо она-то и есть та добродетель, которая учит и настраивает человека идти прямым путем, не уклоняясь на распутья. Если мы будем идти царским путем, то никогда не будем увлечены наветниками нашими, – ни справа, – к чрезмерному воздержанию, – ни слева, – к нерадению, беспечности и разленению. Рассуждение есть око души и ее светильник, как глаз есть светильник тела: так что если это око светло будет, то и все тело (наших деяний) светло будет, если же око сие темно будет, то и все тело темно будет, как сказал Господь в св. Евангелии (*Мф. 6, 22. 23*). Рассуждением человек разбирает свои желания, слова и дела, и отступает от всех тех, которые удаляют его от Бога. Рассуждением он расстраивает и уничтожает все направленные против него козни врага, верно различая, что хорошо и что худо.(Patr. Gr. t. 40, p. 1096; Дост. ск. 8).

2. На этот же предмет указывает и следующее изречение: кузнец, взяв кусок железа, наперед смотрит, что ему делать: косу, меч или топор. Так и мы наперед должны рассуждать, к какой нам приступить добродетели, чтобы не напрасно трудиться (Дост. ск. 35). Ближе бы всего, конечно, руководиться своим рассуждением, если бы его всегда на все и у всех доставало. Но как этого сказать нельзя, то более верное и безопасное руководство есть:

б) Совет опытных.

3. В сем смысле говорит св. Антоний: я знаю монахов. которые после многих трудов пали и подверглись безумию, потому что понадеялись на свои дела и презрели заповедь Того, Кто сказал: «вопроси Отца твоего, и возвестит тебе» (*Втор. 32, 7*). (Дост. ск. 37).

4. И еще: Св. Писание говорит: «имже несть управления, падают аки листвие» (*Прит. 11, 14*), и заповедует ничего не делать без совета, так что не позволяет даже духовное питие, веселящее сердце человека, пить без совета, когда говорит: «без совета ничего не твори» (*Сир. 32, 21*), и: с советом пей вино. – Человек, без совета делающий дела свои, походит на город неогражденный, в который, кто ни захочет, входит и расхищает его сокровища (Patr. Gr. t. 40, p. 1098).

5. Спрашивать других св. Антоний считал столь спасительным делом, что даже сам учитель всех обращался с вопросом к ученику своему, преуспевшему однако ж, и как тот сказал, так и поступал. Ибо повествуют, что когда авва Антоний получил от императора Констанция письменное приглашение прибыть в Константинополь, то обратился к Павлу препростому с вопросом: должно ли мне идти? И когда тот сказал: если пойдешь, будешь Антоний, а если не пойдешь, то будешь авва Антоний – чем не одобрялось такое путешествие, – то он спокойно остался на месте (Достоп. сказ. 32).

6. Так и всем другим советовал он поступать, говоря: монах, если можно, должен спрашивать старцев о всяком шаге, который делает в келье своей и о всякой капле воды, какую выпивает. Я знаю некоторых монахов, которые пали потому, что думали одни, сами по себе, угодить Богу (Patr. Gr. t. 40, p. 1082; Дост. ск. 38).

7. Таким образом св. Антоний не одобрял доверие к своему суждению. Не потому ли отнесся он с похвалами и об авве Иосифе, сказавшем на один вопрос из Писания: «не знаю», что этим, кроме смирения, выражалось и недоверие к своему уму? Это было так: пришли к св. Антонию старцы, а с ними был и авва Иосиф. Старец, желая испытать их, предложил им изречение из Писания и стал спрашивать каждого, начав с младших, что значит сие изречение? Каждый говорил по своим силам, но старец каждому отвечал: нет, не узнал. После всех он говорит авве Иосифу: ты что скажешь о сем изречении? Не знаю, отвечал Иосиф. Авва Антоний говорит: авва Иосиф попал на путь, когда сказал: не знаю (Дост. ск. 17).

8. Впрочем и другим доверять советовал он не без ограничений. Надобно наперед удостовериться в правомыслии и в опытности старца, — и тогда уже доверяться его слову и беспрекословно принимать его советы. Признак, по которому это можно распознать, есть согласие слова его с Словом Божиим. Надобно смотреть, говорил он, на то, что повелевается. Если кто укажет тебе что-либо такое, что согласно с заповедями Господа нашего, — прими то с покорностью и старайся соблюдать, да исполнится и в нас слово Апостола: «повинуйтеся друг другу в страхе Божием» (*Гал. 5, 13; Еф. 5, 21*). Напротив, если кто укажет тебе что противное Божественным заповедям, то скажи дающему наставление: «аще праведно есть тебя послушать паче, нежели Бога?» (*Деян. 4, 19*). «Подобает повиноватися Богови, паче нежели человеком» (*Деян. 5, 29*). Будем помнить также слово Господа: «овцы Мои гласа Моего слушают, и к чуждему не идут, яко не знают чуждого гласа» (*Иоан. 10, 5*). Равным образом и блаженный Павел убеждает, говоря: аще мы, или Ангел с небесе благовестит вам паче, еже благовестихом вам, анафема да будет (*Гал. 1, 8*). (Patr. gr. t. 40, p. 1083). Повод к такому ограничению, вероятно, подали ариане, которые привлекали иных к себе видом благочестия и потом напояли ядом своего лжеучения. А может быть и то послужило к сему поводом, что иные брались руководить других, сами опытом не изведавши многого. На этот случай он имел обычай говорить: древние отцы уходили в пустыню, и там трудами своими многими уврачевав души свои, уразумевали как можно врачевать и других. Почему, возвратясь оттуда, становились спасительными врачами других. Из нас же если случится кому выйти в пустыню, то мы прежде чем оздоровеем сами, берем на себя заботу о других, от чего возвращается к нам прежняя немощь и бывают нам последняя горше первых. Чего ради идет к нам слово: врачу, исцелися сам прежде (*Лук. 4, 23*). (Patr. lat. t.73, p. 1053).

5. ЧЕМ ВОЗГРЕВАТЬ РЕВНОСТЬ?

В человеке ничто ровно не стоит, но то усиливается, то слабеет. Так и ревность то пламенеет, то погасает. В последнем случае надобно ее возгревать, чтобы совсем не погасла. Чем же и как? Во-первых, памятью о смерти. Неоднократно твердил св. Антоний всем напечатлеть в уме и сердце, что этот день, который мы проживаем, есть последний.

1. Во-вторых приведением на мысль того, что будет по смерти. Чтобы напечатлеть в душах своих учеников эту мысль, он рассказывал им, что открыто было ему самому, как повествует о том Афанасий Великий в его жизнеописании. Однажды, пред вкушением пищи, около девятого часа, встав помолиться, св. Антоний ощутил в себе, что он восхищен умом, и что всего удивительнее, видит сам себя будто бы он вне себя, и кто-то как бы возводит его по воздуху, в воздухе же стоят какие-то мрачные и страшные лица, которые покушались преградить ему путь к восхождению. Путеводители Антониевы сопротивлялись им, но те приступали будто с правами, требуя отчета, не подлежит ли Антоний в чем-либо их власти. Надо было уступить, и они готовились вести счет. Но когда они хотели вести счет с самого рождения св. Антония, то путеводители его воспротивились тому, говоря: что было от рождения, то изгладил Господь, когда он дал иноческий обет, ведите счет с того времени, как сделался он иноком и дал обет Богу; но в этом отношении обвинители его ни в чем не могли уличить его; посему отступили, – и путь к восхождению Антония сделался свободным и невозбранным. После сего св. Антоний стал ощущать, что он опять входит сам в себя, и потом стал совсем прежним Антонием. Но он уже забыл о пище, и весь остаток того дня и ночь всю провел в воздыханиях и молитвах, дивясь, со сколь многими врагами предстоит нам брань и с какими трудами должно будет человеку проходить по воздуху. Тогда пришли ему на память слова Апостола Павла о «князе власти воздушныя» (*Еф. 2, 2*). Ибо враг имеет в воздухе власть вступать в борьбу с проходящими по оному, стараясь преградить им путь. Почему наипаче и советовал Апостол: «приимите вся оружия Божия, да возможете противитися в день лют» (*Еф. 6, 13*) и да посрамится враг, «ничтоже имея глаголати о нас укорно» (*Тит. 2, 8*).

2. Так повествует св. Афанасий, и хоть не замечено потом нигде, чтобы св. Антоний рассказывал о том другим, но сомневаться в том не следует, потому что знать о виденном нужно было не столько для него, сколько для других. О другом, того же предмета касающемся видении, замечено, что он рассказывал его и другим. Св. Афанасий пишет: вел св. Антоний однажды разговор с пришедшими к нему братиями о состоянии души по смерти, и о том, где будет ее местопребывание. В следующую за тем ночь зовет его некто свыше, говоря: встань, выйди и посмотри; Антоний выходит (ибо знал, кто приказывал ему) и возведши взор, видит какого-то великана, безобразного и страшного, который головой касался облаков, а тут с земли поднимались какие-то пернатые, из которых одним великан преграждал путь, а другие перелетали через него, и миновав его, уже безбедно возносились горе. На последних он скрежетал зубами, а о первых радовался. Невидимый голос сказал при сем: Антоний, уразумей виденное! Тогда отверзся ум его, и уразумел, что это есть прохождение душ от земли и что великан этот есть исконный враг наш, который удерживает нерадивых и покорявшихся его внушениям и возбраняет им идти далее, а ревностных и не слушавших его задержать не может, и они проходят выше его. Такое видение св. Антоний принял как бы за напоминание себе, и стал прилагать еще большее старание о преуспеянии в подвигах противления всему вражескому. С той же целью т. е. для возбуждения большей ревности о чистоте жизни, рассказывал он о сем видении и другим. Авва Кроний говорит, что однажды св. Антоний рассказывал об этом видении перед большим собранием. При чем он дополнял, что св. Антоний, перед этим видением, целый год молился, чтобы ему открыто было, что бывает по смерти с душами праведных и грешных; что у великана руки простерты были по небу, а под ним лежало озеро величиной с море, в которое падали птицы, которых ударял он рукой (Лавсаик, гл. 24). В Латинском Отечнике, в рассказе о сем дается мысль, что пернатые тогда только ударяемы были великаном и ниспадали в озеро, когда останавливались сами в воздухе ниже его рук, не имея сил подняться выше их, а которые сильны были подняться выше его рук и головы, на тех он только скрежетал зубами, смотря как они воспаряли потом к небу и были принимаемы Ангелами (Patr. Lat. t. 73, p. 1044).

3. Каким возбудительным страхом исполнялись души, слыша о сем! Но вот и отрадное видение, сильное оживляет ревность «упованием» светлого состояния. Это видение о св. Аммоне, не столько ученике, сколько друге и собеседнике св. Антония. Пишет св. Афанасий, что св. Антоний, сидя однажды на горе, взглянул на небо, и видит что кто-то огненной полосой возносится по воздуху на небо, а свыше сходит к нему в сретение сонм радующихся Ангельских ликов. Дивясь тому, он начал молиться, чтобы Господь благоволил открыть ему, что сие значит. И был к нему глас и это душа Аммона, Нитрийского инока. Сей Аммон до старости прожил в строгом подвижничестве. Он бывал у св. Антония, и св. Антоний бывал у него. Расстояние от Нитрийских гор до горы св. Антония 13 дней пути (650 верст). Когда бывшие при нем братия спросили его, чему он так дивился, он сказал, что видел и слышал об Аммоне. Когда через 30 дней, пришли братья из Нитрид, они спросили об Аммоне, и узнали, что он точно скончался в тот самый день и час, в который старец видел, как душа его возносилась на небо.

4. Не менее сильно прогоняет разленение и возбуждает энергию и следующее видение, о котором рассказывает сам св. Антоний. Молил я Бога, говорит он, показать мне, какой покров окружает и защищает монаха! И видел я монаха. окруженного огненными лампадами, и множество Ангелов блюли его, как зеницу ока, ограждая мечами своими.

Тогда я вздохнул и сказал: вот что дано монаху! И несмотря однако на то, диавол одолевает его, и он падает. И пришел ко мне голос от милосердного Господа и сказал: никого не может низложить диавол, он не имеет более никакой силы после того, как Я, восприяв человеческое естество, сокрушил его власть. Но человек сам от себя падает, когда предается нерадению и поблажает своим похотям и страстям. Я спросил: всякому ли монаху дается такой покров? И мне было показано множество иноков, огражденных такой защитой. Тогда я воззвал: блажен род человеческий, и особенно воинство иноков, что имеет Господа, столь милосердного и столь человеколюбивого! Будем же ревновать о спасении своем и, прогнав всякое нерадение, усердно нести труды наши, да сподобимся царствия небесного, благодатью Господа нашего Иисуса Христа (Patr. Graec. t. 40, p. 1083).

5. В другой раз св. Антоний открыл своим ученикам, как от умаления ревности расслабеет монашество и померкнет слава его. Некоторые ученики его, видя бесчисленное множество иноков в пустыне, украшенных такими добродетелями, и с таким жаром ревнующих о преуспеянии в святом житии отшельническом, спросили авву Антония: Отче, долго ли пребудет этот жар ревности и эта любовь к уединению, нищете, смирению, воздержанию и всем прочим добродетелям, к которым ныне так усердно прилежит все это множество монахов? Человек Божий с воздыханием и слезами ответил им: придет время, возлюбленные дети мои, когда монахи оставят пустыни, и потекут вместо них в богатые города, где, вместо этих пустынных пещер и тесных келий, воздвигнут гордые здания, могущие спорить с палатами царей; вместо нищеты возрастет любовь к собиранию богатств, смирение заменится гордостью, многие будут гордиться знанием, но голым, чуждым добрых дел, соответствующих знанию, любовь охладеет, вместо воздержания умножится чревоугодие, и очень многие из них будут заботиться о роскошных яствах, не меньше самых мирян, от которых монахи ничем другим отличаться не будут, как одеянием и наглавником, и несмотря на то, что будут жить среди мира, будут называть себя уединенниками (монах – собственно уединенник). При том они будут величаться, говоря: «я Павлов, я Аполлосов» (*1Кор. 1, 12*), как бы вся сила их монашества состояла в достоинстве их предшественников: они будут величаться отцами своими, как Иудеи – отцом своим Авраамом. Но будут в то время и такие, которые окажутся гораздо лучше и совершеннее нас, ибо блаженнее тот, кто мог преступить, и не преступил, – и зло сотворить, и не сотворил (*Сир. 31, 11*), нежели тот, кто влеком был к добру массой стремящихся к тому ревнителей. Почему Ной, Авраам и Лот, которые вели ревностную жизнь среди злых людей, справедливо так много прославляются в Писании (Patr. Graec. t. 40, p. 1095).

6. Тем и другим напоминанием, т. е. о смерти, и о том, что будет по смерти, возгревается «страх Божий», – который есть третий возбудитель ревности. К страху Божию призывал св. Антоний, как мы видели уже, в многосодержательном изречении: всегда имейте страх Божий, бойтесь Того, Кто мертвит и живит (см. выше п. 7). В другом кратком изречении он указывает в страхе Божием источник готовности и годности на все добродетели. Страх Божий, говорит он, есть начало всех добродетелей и начало премудрости. Как свет, входя в какой-либо темный дом, разгоняет тьму его и освещает его, так страх Божий, когда войдет в сердце человеческое, то прогоняет тьму и возжигает в нем ревность ко всем добродетелям (Patr. gr. t. 40, p. 1084).

7. Потому всячески предостерегал от потери сего страха. Не выходи, говорил, из кельи, а то потеряешь страх Божий. Ибо как рыба, извлеченная из воды, умирает, так замирает страх Божий в сердце монаха, если он выходит из кельи блуждать вне (там же).

8. Но все эти поддержки ревности действуют понудительно, влекут со вне, хотя устрояются внутри. Надо стяжать внутренних возбудителей ревности, так чтобы она сама била из сердца, как ключ воды. До этого доводят сердце: 1) «ощущение сладостей» жизни по Боге. Пока не образуется это ощущение, до тех пор ревность наша ненадежна. Почему, когда один брат спросил св. Антония: отчего, когда Бог, по всему Писанию, обещает душе блага высшие, душа не бывает постоянно тверда в искании их, а уклоняется к переходящему, тленному и нечистому? – он отвечал: кто не вкусил еще сладости небесных благ, тот не прилепился еще к Богу от всего сердца своего, потому и возвращается на тленное. Но пока не достигнет кто такого совершенства, должно работать Богу из покорности св. воле Его, так чтобы таковой с Пророком говорил: скотен бых у тебе (*Пс. 72, 23*), т. е. я работал Тебе, как подъяремное животное (Patr. lat. t. 73, p. 1056).

9. Отсюда 2) "любовь" к Богу – еще сильнейший возбудитель ревности. Св. Антоний сам по себе знал, что любовь сильнее страха, и говорил: я уже не боюсь Бога, но люблю Его (т. е. не страхом побуждаюсь, как держать себя, но любовью); ибо «любы вон изгоняет страх» (*1Иоан. 4,18*). (Дост. ск. 32).

10. И других убеждал он, чтоб паче всего воспитывали в себе любовь к Богу, как силу несокрушимую и неотпадающую. Так, когда однажды спросили его братья: чем лучше можно угодить Богу? он ответил: самое угодное Богу дело есть дело любви. Его исполняет тот, кто непрестанно хвалит Бога в чистых помышлениях своих, возбуждаемых памятью о Боге, памятью об обетованных благах, и о всем, что Он для нас совершить благоволил. От памятования о всем этом рождается любовь полная, как предписывается: «возлюбиши Господа Бога твоего от всего сердца твоего, и от всея души твоея и всею силою твоею» (*Втор. 6, 5*), – и как написано: «якоже желает елень на источники водныя, тако желает душа моя к Тебе, Боже» (*Пс. 41, 2*). Вот дело, которым должны мы благоугождать Богу, да исполнятся и в нас слова Апостола: «кто ны разлучит от любве Божия? скорбь ли, или теснота, или гонения, или голод, или нагота, или беда, или меч?» Ничто же (*Римл. 8,35. 38*). (Patr. gr. t. 40. p. 1094).

11. От сей или вместе с ней приходит 3) "радость" доброделания и пребывания в порядках Божиих, которая в свою очередь становится возбудителем ревности. Сюда относится следующее изречение св. Антония. Спросили его: что есть радость о Господе? Он ответил: делом исполнить какую-либо заповедь с радостью, во славу Божию, – вот что есть радость о Господе. Ибо когда исполняем Его заповеди, нам должно радоваться; напротив, когда не исполняем их, должно нам печалиться. Почему постараемся исполнять заповеди с радостью сердца, чтобы взаимно соутешаться в Господе; только всячески при этом будем опасаться, чтоб радуясь не вознестись гордостью, но все упование свое возлагать на Господа (Patr gr. t. 40, p. 1095. Подобная мысль у Василия Вел. крат. прав. вопрос. 193).

6. ПОДВИГИ И ДОБРОДЕЛАНИЕ, В ЧАСТНОСТИ

Так руководимая и возгреваемая ревность обращается на подвиги, и телесные и душевные, и на всякое доброделание.

1. Сколько надобно «измождать плоть» свою, указал св. Антоний в общем наставлении о подвигах (см. п. 7), и в вычислении причин движения похоти (см. извлеч. п. 18), между которыми стоит и питание вдоволь плоти, – чем (как на средство против таких движений) указывается на истощание тела постом (Дост. ск. 22). Св. Антоний заповедывал быть к телу очень строгим (см. выше п. 7), и осуждал всякую поблажку. Почему не благоволительно отнесся о тех, кои ходят в баню. Отцы наши, говорил он, и лиц своих никогда не умывали, – а мы ходим в бани мирские (Алфав. патер. ст. 4).

2. После усмирения плоти большое значение придавал он «обузданию языка». Этот подвиг ставил он наряду с странничеством, говоря: странничество наше в том, чтобы держать затворенными уста свои (там же, стр. 4 об.).

3. Те же, которые говорят все, что ни приходит им в голову, походят на двор без ворот, на который всходит кто ни захочет, подходит к стойлу и отвязывает осла. Мысль эта хоть не св. Антонием высказана, но в присутствии его, и им, конечно, одобрена (Дост. ск. 18).

4. И еще большое значение давал «сидению в келье». Как рыбы, говорит он, оставшись долго на суше, умирают, так и монахи, находясь долго вне кельи, или пребывая с мирскими людьми, теряют любовь к безмолвию. Посему как рыба рвется в море, так и мы должны спешить в келью, дабы, оставаясь вне оной, не забыть о внутреннем бдении (Дост. ск. 10).

5. Вообще советовал держать себя в келье так строго, чтоб келья для инока была печью Вавилонскою, обжигающей в нем все нечистое (Patr. gr. t.40, 1086).

6. Допускал, однако ж, он и некоторое послабленье в напряжении подвигов, как видно из ответа его охотнику. Сказывают, что некто, в пустыне ловя диких зверей, увидел, что авва Антоний шутил с братиями, и соблазнился. Старец, желая уверить его, что нужно иногда давать послабление братии, говорит ему: положи стрелу на лук свой и натяни его. Он сделал так. Старец говорит ему: еще натяни. Тот еще натянул. Опять говорит: еще натяни. Охотник отвечал ему: если я сверх меры натяну лук, то он переломится. Тогда старец сказал ему: так и в деле Божием: если мы сверх меры будем напрягать силы братий, то они скоро расстроятся. Посему необходимо иногда давать хотя некоторое послабление братии. – Охотник, услышав это, пришел в умиление и пошел от старца с назиданием. А братья, укрепясь тем, возвратились в свое место (Дост. ск. 13). Более впрочем сохранились такие изречения и сказания, в которых указываются душевные подвиги, или расположения сердца, условливающие успех. Таковы:

7. *Терпение*. Оно столько нужно подвижнику, что коль скоро его нет, то и сам он никакой цены не имеет. Так, хвалили братия св. Антонию одного монаха. Когда монах сей пришел, св. Антоний захотел испытать его, перенесет ли он оскорбление, и увидев, что не переносит, сказал ему: ты похож на село, которое спереди красиво, а сзади разграблено разбойниками (Дост. ск. 15).

8. Терпение нужно потому, что искушения для нас нужны. И св. Антоний говорил: никто без искушений не может войти в царствие небесное, не будь искушений, никто бы и не спасся (Дост, ск. 5).

9. *Молитва*. Этому учил он примером, ибо все знали, как долго он молился. Мы знаем, говорили ученики его, блаженный старец иногда так углублялся в молитву, что простаивал в ней целую ночь, и когда восходящее солнце пресекало сию его пламенную в восхищении ума молитву, мы слыхали, как он говорил: зачем мешаешь ты мне, солнце? Ты для того будто и восходишь, чтобы отвлекать меня от Божественного умного света (Patr. lat. t. 73, p. 848).

10. *Слезы*. Так, когда брат спросил св. Антония: что мне делать с грехами моими? Он ответил: кто хочет освободиться от грехов, плачем и стенанием освободится от них: и кто хочет настроиться на добродетели, – слезным плачем настроится. Само псалмопение есть плач. Помни пример Езекии, царя Иудейскаго, который, как написано у Исаии Пророка (гл. 38), за плач не только получил исцеление от болезни, но и сподобился прибавления жизни на 15 лет, и на которого нашедшее вражеское войско в 185 тысяч сила Божия поразила на смерть, ради пролитых им слез. Св. Петр Апостол плачем получил прощение в том, что погрешил против Христа, отрекшись от Него. Мария, за то, что орошала слезами ноги Спасителя, сподобилась услышать, что об этом всюду будет возвещаться вместе с проповедью Евангелия (Patr. lat. t. 73, p. 1055).

11. Места же смеху не находил св. Антоний в жизни инока, и когда ученики спросили его: можно ли нам когда-нибудь смеяться? Ответил: Господь наш осуждает смеющихся, когда говорит: «Горе вам смеющимся ныне, яко возрыдаете и восплачете» (*Лук. 6, 25*). Итак, верному монаху не должно смеяться, нам должно паче плакать о тех, коими хулится имя

Божие, по той причине, что они преступают закон Его, и всю жизнь свою иждивают, погрязая во грехах. Будем рыдать и плакать, непрестанно умоляя Бога, чтоб Он не попустил им ожестеть во грехах и смерть не застала их прежде покаяния (Patr. gr. t. 40, p, 1096. Подобное у *Василия Великого* крат. прав. 31).

12. *Смирение*, привлекающее покров свыше и обезопасивающее от всех падений. Видел я, говорил св. Антоний, однажды все сети врага, распростертые по земле, и со вздохом сказал: кто же избегнет их? Но услышал глас, говорящий мне: смиренномудрие (Дост. ск. 7).

13. Почему внушал потом: если подвизаемся добрым подвигом, то должно нам крайне смиряться пред Господом, чтобы Он, ведающий немощь нашу, покрывал нас десницею Своею и хранил, ибо если вознесемся гордостью, Он отнимет покров Свой от нас, и мы погибнем (Patr. gr. t. 40, p. 1090).

14. В другой раз сказал он: как гордость и возношение ума низвергли диавола с высоты небесной в бездну, так смирение и кротость возвышают человека от земли на небо (Там же, стр. 1081).

15. Почему, чтобы подвиг, например молчанья, не привел к гордости, он советовал давать ему самоуничижительный смысл. Если кто, говорил он, берет на себя подвиг молчания, пусть не думает, что проходит какую добродетель, но пусть держит в сердце, что потому молчит, что не достоин говорить (Patr. lat. t. 73, p. 1051).

16. Внушал также св. Антоний, что Сам Господь так ведет нас внутренне, что скрывает от нас наше добро, чтобы удержать в смиренных о себе чувствах. Он говаривал: если мельник не будет закрывать глаз животного, вращающего колесо, то дело его не будет идти успешно. У сего животного кружилась бы голова, и оно падало бы, не имея возможности работать. – Так и мы, по Божию устроению, получаем прикрытие, чтоб нам не видеть добрых дел своих, дабы ублажая себя за них, мы не возгордились и не потеряли плода всех трудов своих! Это бывает, когда мы оставляемы бываем обуреваться нечистыми помыслами, в которых мы не можем не осуждать самих себя и своей мысли. А в таком положении помышление о нашей доброте не может иметь места, и следовательно, наше маленькое добро прикрывается и не видно бывает из-за этих нечистых помыслов (Перифраз, там же., стр. 1037).

17. Сколько пагубно самомнение, разительно это внушалось падением юного подвижника после совершенного им чуда. Мимо места, где подвизался сей юный, шли старцы к св. Антонию и крайне утомились. Он позвал диких ослов и повелел им донести на себе сих старцев до св. Антония. Когда старцы сказали о сем св. Антонию, он отвечал: монах этот, как мне кажется, есть корабль, полный груза, но не знаю, взойдет ли он в пристань. – И действительно, возмечтав о себе, он пал через несколько времени. Прозрев это, св. Антоний сказал ученикам: сей час пал тот юный подвижник. Пойдите, посмотрите. Они пошли и увидели его сидящим на рогоже и оплакивающим сделанный грех (Дост. ск. 94).

18. Но сколько самомнение пагубно, столь же напротив спасительно самоуничижение. Это представляет пример башмачника, о котором св. Антоний имел указание свыше. Св. Антоний молился в келье своей и услышал глас, говоривший ему: Антоний, ты еще не пришел в меру такого-то башмачника, в Александрии! Св. Антоний пошел в Александрию, нашел этого башмачника, и убедил его открыть, что есть особенного в его жизни. Он сказал: я не знаю, чтоб когда-нибудь делал какое-либо добро, почему, вставши утром с постели, прежде чем сяду за работу, говорю: все в этом городе от мала до велика войдут в царствие Божие за свои добрые дела, один я за грехи мои осужден буду на вечные муки. Это же самое со всей искренностью сердечной повторяю я и вечером прежде, чем лягу спать. Услышав это, св. Антоний сознал, что точно не дошел еще в такую меру (Patr. lat. t. 73, p. 785).

19. Не это ли послужило поводом к тому, что он потом часто повторял наставление: нам надобно всегда во всем самих себя укорять и обвинять, и делать это искренно, ибо кто сам себя укоряет, того оправдывает и прославляет Бог (Там же).

20. *Взаимное услужение и помогание.* Братья спросили св. Антония: если кто скажет: я ничего не буду брать у братий, и сам ничего не буду им давать, – для меня достаточно моего, хорошо ли это? Св. Антоний отвечал: дети мои! кто таков, тот жесток сердцем, и душа у него – душа льва. Его должно считать отчужденным от сообщества всех добрых людей (Patr. Graec. t. 40, p. 1095).

21. В другой раз спросили еще его: как должно служить братиям? Он отвечал: братия, которые хотят служить братиям, пусть служат им как слуги своим господам, и как Господь служил Петру, которому оказал Он последнее услужение, будучи Творцом его. Этим показал Господь, что если те, которые отвергают оказываемое им услужение, не безупречны, то тем паче достойны осуждения те, которые низким считают послужить братиям. Если первые не будут иметь части с Господом, как сказал Господь Петру, то что сказать о последних? (Там же).

22. И вообще говорил он: от ближнего – живот и смерть. Ибо если мы приобретаем брата, то приобретаем Бога, а если соблазняем брата, то грешим против Христа (Дост. ск. 9).

23. *Сострадание и снисхождение к падающим.* В обители аввы Илии с одним братом случилось искушение. Его выгнали оттуда, и он пошел в Гору к авве Антонию. Авва Антоний, подержав его несколько времени у себя, послал в обитель, из которой он пришел. Но братья опять прогнали его. Он снова пришел к авве Антонию и сказал ему: не захотели принять меня братия, отче! Тогда старец послал его с такими словами: буря застигла корабль на море, он потерял груз свой и с трудом сам спасся, а вы хотите потопить и то, что спаслось у берега. Братия, услышав, что брата послал к ним авва Антоний, тотчас приняли его (Дост. ск. 21).

24. В одной обители оклеветали брата в блудодеянии, и он пришел к авве Антонию. Пришли также и братия из обители, чтобы уврачевать его и опять к себе взять. Они стали обличать его, зачем он так сделал, а брат защищался, говоря, что он ничего такого не делал. Случилось тут быть и авве Пафнутию Кефалу. Он сказал им такую притчу: на берегу реки видел я человека, который увяз по колена в грязи. Некоторые пришли подать ему помощь, и погрузили его по самую шею. Авва Антоний сказал после сего: вот истинно такой человек, который может врачевать и спасать души! – Братия, тронутые словами старцев, поклонились брату, и по совету отцов, приняли его опять к себе (Дост. ск. 29).

25. Замечательна мысль св. Антония о том, кто может иметь истинное братолюбие. Он говорил: человек никогда не может быть истинно добрым, как бы ни желал того, если не вселится в него Бог, ибо никто же благ, токмо Бог един (Patr. lat. t. 73, p. 785).

7. ПОСЛЕДНЯЯ ЦЕЛЬ ВСЕГО И ВЕРХ СОВЕРШЕНСТВА

1. Это боговселенье или жизнь в Боге и есть последняя цель всех подвижнических трудов и верх совершенства. Сам Бог показал сие св. Антонию, когда он сподобился такого откровения в пустыни: есть в городе некто подобный тебе, искусством врач, который избытки свои отдает нуждающимся и ежедневно поет с Ангелами Трисвятое (т. е. при совершенстве любви к ближнему, в Боге живет и пред Богом ходит). (Дост. ск. 24).

8. СОВЕРШЕНСТВО СВ. АНТОНИЯ И СЛАВА НА НЕБЕ

1. Говорили об авве Антонии, что он был прозорливец, но избегая молвы людской, не хотел разглашать о сем; ему открываемы были и настоящие и будущие события мира (Дост. ск. 30).

2. Один старец просил у Бога, чтобы ему увидеть отцов (в славе), и увидел он их всех, кроме аввы Антония. Он спросил того, кто показывал ему: где же авва Антоний? Тот отвечал: Антоний там, где Бог! (Дост. ск. 28).

5. Объяснение некоторых изречений св. Антония Великого, сделанное после его смерти одним старцем

1. *Вопрос монахов.* Как должно понять слово святого аввы Антония, которое он сказал ученику своему Павлу, когда тот, оставив мир, просился жить при нем: если хочешь быть монахом, ступай в монастырь, где много братий, которые могут поддерживать твою слабость?

Ответ старца. Из этого научаемся, что мы должны принимать в монастырь и стариков немощных, больных, слепых и расслабленных, – и любить их, когда они с радостью и усердием посвящают себя стяжанию добродетелей, хотя по немощам своим и не могут поднимать всех трудов. Потому немалого укора достойны те настоятели монастырей, которые не принимают стариков немощных, хотя известно, что они очень добрых нравов, а принимают охотно крепких юношей для исполнения разных служб по монастырю и для посылок, хотя они дерзки и бесстыжи. Таких настоятелей блаженный истолкователь[9] строго обличает в книге о «совершенстве управления» (обителей), говоря: они позволяют ученикам своим оставаться нерадивыми в делах добродетели, а к делам телесным и мирским сильно побуждают их. Тем, которые приняли монашество, чтобы прилежать добродетелям, они не дают отдыха и покоя от мирских дел, непрестанно заставляя исполнять их, и укоряют их, бранят, осмеивают, осуждают, если когда они не с особенной поспешностью исполняют порученное им дело, по немощи ли то, или иногда по ослаблению усердия, хотя бы они очень были заботливы и усердны в делах духовных; напротив великими похвалами превозносят тех, которые весь труд и заботу обращают на мирские дела, хотя они преленивы на стяжание добродетелей. И это трудолюбие происходит у них не от добродетели послушания, а от того, что они любят заниматься мирским. Но что всего хуже, – ленивы ли они или старательны, их имеют как рабов. Авва же Пимен сказал: если из трех киновитов – один прекрасно безмолвствует, другой болен, но благодарит Бога, а третий охотно исполняет послушание, то все они в одном состоят подвиге. Этими словами показал святой сей, что в монастыре, где многие собраны киновиты, не одни крепкие телом, нужные для исправления разных послушаний, должны быть, но и немощные братия, предающие себя непрестанному безмолвию: иначе суетен весь труд их.

2. *Вопрос.* Чего ради авва Антоний сказал Павлу, ученику своему: ступай, сиди в уединении, чтобы изучить брани, бывающие от демонов?

Ответ. (Желая ему совершенства). Ибо совершенство монаха состоит в навыке его править духом всем в себе. Но такое самоправление духовное приходит вместе с чистотой сердца; чистота же сердца бывает, когда им правит ум, а умом правит непрестанная молитва. Брань же от демонов бывает через помыслы и привидения, которые в уединении и безмолвии сильнее возбуждаются.

Примечание. Сила ответа. Уединение дает непрестанные случаи к брани с самыми тонкими помыслами, всеваемыми демонами. Эта брань ведется умом молитвенно в Боге сущим и внимающим сердцу, и им правящим. Непрерывность сего подвига духовного при разнообразии опытов брани научает духовному самоуправлению и образует навык к нему, а в нем все духовное совершенство монаха и всякого христианина.

3. *Вопрос.* Что значит сказанное аввою Антонием: как извлеченные из воды рыбы умирают, так случается и с монахом, который долго промедливает вне кельи своей? Каким образом монах умирает подобно рыбе?

Ответ. Жизнь души состоит в непрестанном любительном богомыслии, которое достойно именоваться жизнью души, обнимая и соединяя в себе ум и сердце. Итак, если монах будет толкаться по городам, то, развлекаясь видением и разговорами, он лишается духовной жизни и умирает, потому что он отводится от Бога и забывает Его, и изгоняет из сердца своего любовь к Христу, которую стяжал в себе многими трудами, когда безмолвствовал в келье. Сверх того, расслабляется в нем любовь к лишениям и притрудностям, и он предается упокоению плоти и удовольствиям, — и возмущается чистота сердца его, по причине мятущегося движения образов, которые входят и выходят через чувства – зрения, слуха, осязания, вкуса и обоняния, и через слово; это же все наводит его тогда на блуд и другие страсти, кои суть истинная смерть и погибель монаха. Итак, хорошо сказал блаженный Антоний: как умирают рыбы, извлеченные на сушу, так умирает монах, который, оставив келью проводит время в городах и селениях.

4. *Вопрос.* Авва Антоний говорит: кто живет в уединении, свободен от трех браней, то есть брани от языка, зрения и слуха; остается же у него только брань сердца? Объясни нам, пожалуйста, эти слова блаженного.

Ответ. Не потому он так сказал, чтобы брань в безмолвии и уединении была меньше брани, воздвигаемой в братиях, которых ум развлекается зрением, слухом и языком, но он показывает этими словами, что живущим в уединении чужды брани со стороны чувств, которыми другие терзаемы бывают более, чем те бранями сердца, которые поднимают в них демоны. Отцы наши того ради уходили на безмолвие, чтоб брани сердца не были усиливаемы бранями со стороны зрения, языка и слуха. Ибо как легко падают братия (общежительные), которые – то выходят, то входят, то из монастыря, то в монастырь, потому что у них к брани сердечной присоединяется брань со стороны телесных чувств, так удобно падают и монахи, которые живут в безмолвии, и тревожимы бывают только бранью сердечной, если и к ним подойдет брань со стороны телесных чувств. Это довольно полно оправдано теми братьями (отшельниками), к которым, в то время когда они жили в уединении, приходили по какому-либо случаю женщины, и у которых потому к брани сердечной присоединялось видение тела и красоты лица: они тотчас были преодолеваемы усиливавшейся бранью сердца, и падали. Что подлинно у тех, кои живут в уединении, брань со стороны душевных чувств сильнее и ожесточеннее, нежели брань со стороны чувств телесных, – это можно видеть и из слов блаженного Евагрия, который говорит, что с теми монахами, которые живут в уединении, демоны ведут брань прямо сами от себя, без всякого посредства, а против тех, которые живут в обителях и ревнуют о преуспеянии в добродетелях, они возбуждают и поднимают распущенных монахов, которых жесточе, досадительнее и коварнее никого нет.

5. *Вопрос.* Что означает следующее изречение, сказанное св. аввою Антонием: келья монаха есть печь Вавилонская, место трех отроков, среди которых был Сын Божий, и есть столп огненный, из которого Бог говорил с Моисеем?

Ответ. Как огонь имеет два свойства, из коих одно есть жар больно обжигающий, а другое – освещение радующее, так и терпеливое пребывание в келье имеет два действия, из коих одно тяготит и беспокоит новичков в безмолвии, то крайним изнеможением, то бранью, а другое радует преуспеянием, делая покойными тех, кои, миновавши страсти, являются совершенными в чистоте и удостаиваются светлых видений. Смысл же сказанного им о трех отроках, что они видели Сына Божия, есть следующий: как Анания, Азария и Мисаил, будучи ввержены в Вавилоне в печь огненную, не были сожжены и даже обожжены, потому что к ним послан был Ангел Божий снять с них узы и избавить от разрушительного действия огня, так и для братий, в уединении живущих, сначала брань со страстями, поднимаемая на них демонами, бывает очень трудна, но их никогда не оставляет благодатная помощь Господа нашего Сына Божия, явно посещая их и обитая с ними, чтобы, когда с сей помощью победят они страсти и врагов, удостоить их благодати совершенной любви и светлой славы Своей.

6. *Вопрос.* Что значит следующее изречение аввы Антония: не должно воздавать злом за зло, и если монах не достиг еще сей степени, да хранит молчание и безмолвие? Как можно достигать сего (безгневия) посредством безмолвия?

Ответ. Если брат немощный, оскорбляющий брата своего языком и ненависть к нему питающий в сердце, удержит себя в келье и воздержится от разговоров с людьми, подавляя между тем злые помыслы, и постоянно прилежа молитвам и чтению Писаний, то посетит его благодать мира, – просветится сердце его и дух его возрадуется в Боге, получив свободу от страсти. Ибо человек сей, взглянув на Крест Господень, воспламенится любовью к Нему, и поцеловав его, станет рассуждать о том, как Бог, по Писанию, так возлюбил мир, что и Сына Своего Единородного предал на смерть за него (*Иоан. 3, 16*), что, конечно, любовь Свою к нам показал Бог тем, что еще «грешником нам сущим, Христос за ны умре» (*Римл. 5, 8*). – Если же Сына Своего не пощадил Бог, но за нас предал Его на смерть, и притом на такую позорную смерть креста, «како не и с Ним вся нам дарствует» (*Римл. 8, 32*), или в чем другом откажет нам? Великая же к нам милость и любовь Христова побуждают нас не только подумать, что нам никак не следует жить для своих пожеланий, а для того, Кто за нас умер (*2Кор. 5, 14, 15*), но и взирать, как на начало и образец терпения, на Иисуса, Который понес за нас крестную смерть, и потерпев такое поношение, опять воссел одесную Бога на высоких. Итак, если постраждем с Ним, с Ним прославимся (*Римл. 8, 17*), и если с Ним претерпим, с Ним и воцаримся (*2Тим. 2, 12*). Почему Апостол Павел увещевает нас, говоря: будем взирать, братие, на Крест Господа нашего (*Евр. 12, 2*). Смотри, сколько перенес Он за грешников, которые были врагами душ своих! Не унывайте же и не расслабляйтесь душами своими по той причине, что вам приходится терпеть тесноту, обиды, поношение и смерть, которые належат вам за любовь к Нему. Испрашивайте в молитвах ваших прощения тем, кои причиняют вам неудовольствия, подобно тому, как Господь молился за распинателей Своих, говоря: «Отче, отпусти им» (*Лук. 23, 34*), и как блаженный Стефан испрашивал прощения у Господа нашего тем, кои побивали его камнями, говоря: «Господи, не постави им греха сего» (*Деян. 7, 60*). Если монах тот, сидя уединенно в келье своей, будет рассуждать таким образом, то укрепится духом, возгосподствует над всеми страстями в Господе, и не только не станет кого-либо обижать, или гневаться на кого, или злом воздавать за зло кому, но будет великой радоваться радостью, и в честь себе вменять, если случится потерпеть ему поругание и обиду. Вот до какой нравственной крепости доходит монах в келье своей, по причине безмолвия, внимания к себе и терпеливого исполнения заповедей Христовых, каковы: пост, молитва, богомыслие и другие добродетели, имеющие место в безмолвии. Итак, очень хорошо сказал блаженный авва Антоний: если монах не может воздержать языка своего от нанесения оскорблений, ропота и многословия, и сердца своего не силен удержать от таких падений, пусть, по крайней мере, сколько может, прилежит безмолвию и молчанию.

7. *Вопрос.* Пришли некогда братия к авве Антонию и сказали ему: дай нам заповедь, которую мы могли бы исполнять. – Он говорит им: написано в Евангелии: если кто ударит тебя в одну ланиту, обрати к нему другую (*Мф. 5, 39*). Те отвечали ему: мы этого никак не можем исполнить. Старец сказал им: если вы не можете обращать другой ланиты, переносите терпеливо удар в одну. Они сказали: и это не можем делать. Он еще сказал им: если и этого не можете, по крайней мере не отвечайте ударами тому, кто вас ударит. Они сказали: и этого не можем делать. Тогда великий старец сказал ученику своему: приготовь братьям этим немного пищи, потому что они больны. Что значат эти слова святого отца?

Ответ. Он хотел сказать, что с такими нечего делать, как покормить их и отпустить. Но как старец в заключение сказал: для вас нужна молитва, то можно думать, что под пищей он разумел молитвы старцев, как бы так говоря: если вы не можете ни того, ни этого, то нужна молитва о вас. Ибо как для больных потребна особая пища по слабости их желудка, который не может принимать всякого рода пищу, так и для вас, у которых мысль так немощна, что не может и малой части заповедей Господа нашего исполнять, нужно целение и врачевание душ, именно молитвы отцов, которые могли бы их вам испросить.

8. *Вопрос.* Св. авва Антоний сказал: я видел сети диавола простертые по всей земле, восстенал от этого и сказал: горе роду человеческому; кто может избавиться от них? И сказали мне: смирение спасает от них, ибо они не могут спутывать его. Как видел святой сети сии – чувственно, или мысленно? И кто те, которые сказали ему: смирение спасает от них, ибо они не могут спутывать его?

Ответ. Авва *Макарий Великий*, Египетский, ученик аввы Антония, видел также во внутреннейшей пустыне скитской все козни вражеские, в то же время, как видел их авва Антоний, только в другом образе. Святой Макарий видел бесов, в подобии двух человек, из которых один был одет в дырявую одежду, на которой были разных цветов нашивки; тело же другого все покрыто было изношенной одеждой, на верху которой была сеть какая-то, обвешанная пузырьками, к ним подходил еще какой-то, который покрыт был крыльями на подобие покрова. Вот этих телесно, – телесными очами, – видел авва Макарий, а св. авва Антоний видел оком ума, как видят видение, все те сети диавола, которые он всегда строит монахам, и которыми старается их опутать, уловить и помешать им благополучно кончить шествие свое путем добродетели, как написано: «скрыша гордии сеть мне, и ужы препяша сеть ногама моима» (*Псал. 139, 5*), Итак, он видел, что сети диавольские устроены по земле таким же образом, как звероловы протягивают свои. Видя это, он удивился и ужаснулся, по причине множества тенет и сетей, в которые если бы и зверь попался какой, не мог бы высвободиться, по множеству разных силков и пут. Под таким образом представились авве Антонию виды всех страстей телесных и душевных, которыми бесы борют монахов. И видел он Ангелов святых, которые поименно означали ему сеть каждой страсти, – именно: сеть чревоугодия или объедения, сеть сребролюбия, сеть блуда, тщеславия, гордости и прочих страстей. Сверх того, они показали ему все искусства и хитрости, как враг устраивает свои сети и засады, чтоб положить братьям препону, опутать их и остановить их шествие по великому пути любви Божией. Когда пораженный ужасом при виде сетей, восстенал он и сказал: горе нам, монахам! Как избавиться нам и спастись от этих сетей, чтоб не запутаться в них? – Ангелы сказали ему: смирение спасает от всех их, и кто им обладает, тот никогда не запутается в них и не падет. – Но они не сказали, что одним смирением препобеждаются страсти и демоны: требуются еще и другие дела и подвиги вместе с смирением. Смирение одно само по себе никакой не принесет пользы, равно как и дела без смирения ничего не значат: ибо они без него – что мясо, землей, а не солью посоленное, которое легко портится и пропадает. Итак, телесные труды, внутренний подвиг ума, безмолвие и непрестанная молитва с совершенным смирением преодолевают все страсти и демонов, так что сии последние и достать не сильны монаха, обладающего ими, как Ангелы сказали авве Антонию.

9. *Вопрос.* Авва Антоний сказал: если подвизаемся подвигом добрым, должно нам крепко бояться и крайне смиряться пред Богом, чтобы Он, ведающий немощь нашу, покрывал нас десницей Своей и хранил, ибо если вознесемся гордостью, Он снимет покров Свой с нас, и мы погибнем. Какой смысл этого изречения блаженного?

Ответ. Смиряться должны мы всегда, как во время теснот, скорбей и браней, так и во время мира и покоя от браней. Во всякое время имеем мы нужду в смирении, так как оно во время брани доставляет нам помощь и придает силы к поднятию тягости терпения, а во время мира и покоя от браней защищает нас от гордости и удерживает от падений. Также по причине разленения нашего и пленяющего нас Богозабвения, должны мы смиряться, ибо очевидная здесь немощь наша сама собой поведет к смирению и заставит отгонять всякую гордость. Бог не хочет, чтобы мы всегда находились в опасностях и тревогах, но, по Своей благости и человеколюбию, покрывает нас и прекращает брани страстей и свирепость демонов. Итак, если мы во время брани и подвига прибегаем к смирению, ради опасности и затруднения, а во время спокойствия и безопасности от браней забываем Бога и возносимся гордостью, то Он, без сомнения, снимет с нас покров Свой, и мы погибнем в разорении и отчаянии. Почему нет времени, в которое не было бы нам потребно смирение, так как во всяком месте и во всех действиях мы всеконечно имеем в нем нужду.

10. *Вопрос.* Некто из старцев молил Бога показать ему всех отцов, и ему дано было видеть их всех, кроме св. аввы Антония. Тот, кто показывал ему их, сказал: где Бог, там авва Антоний. Как видел он всех отцов и почему не видел аввы Антония?

Ответ. Или ум старца был восхищен в рай, и видел там отцов, или сами отцы пришли к нему, или Ангел показал ему их, посредством видения. Авва же Антоний не был им видим по двум причинам: для показания великости славы св. аввы Антония, и для того, чтоб смирить старца того, дабы не превознесся он гордостью, что видел всех отцов. Ибо исполняя его прошение, Бог этим видением отцов обязывал его подражать им, а что не удостоен он видеть св. Антония, этим внушалось, что старец не имеет столько сил, чтоб подражать ему, чем давалось ему побуждение подавлять гордость и смиряться.

11. *Вопрос.* Пришел однажды авва Аммон девственник к авве Антонию и сказал ему: вижу, что я имею больше дел, нежели ты; каким же образом имя твое больше славится между людьми, чем мое? Святой

Антоний ответил ему: это от того, что я люблю Бога больше, нежели ты. С каким намерением это сказано?

Ответ. Ни авва Аммон не хвалился своими делами, ни авва Антоний своей любовью, но намерение слов их было таково. Как эти святые были первыми учредителями чина монашеского и начинателями пустынножительства, то они имели в виду обоюдным согласием утвердить и всем монахам показать, что внутренний строй ума превосходнее телесных подвигов. Ибо сей внутренний строй ума направляет и восторгает душу монаха к совершеннейшей любви к Богу, делающей его достойным видений и откровений славы Божией. Телесные подвиги освобождают монаха от страстей телесных, утверждают в добродетелях, силу ему подают к отгнанию похотей, и телу доставляют чистоту. А подвиг ума вооружает душу против демонов и помыслов, ими всеваемых, и доставляет чистоту сердца, которое крепость получает от любви и делается достойным того, чтоб им правил Дух. Не всякого, преуспевающего в добродетелях и любящего Господа, славе нужно распространяться между людьми: ибо вот авва Павел, начало пустынножителей и перворожденный из монахов (которого авва Антоний называл иногда Пророком Илией, иногда Иоанном Крестителем, иногда Апостолом Павлом), пока жив был, ни мало не был известен между людьми. Но, как я уже сказал, те оба отца хотели взаимно утвердить и нас научить, какой чин подвижничества превосходнее другого, – телесный или духовный, состоящий во внутренней сокровенной брани ума, в непрестанной молитве и богомыслии, которые, достигши совершенства, возвышают ум монаха в духовный строй, состоящий в духовной молитве, в удивлении Богу, в созерцании Его и в явлении славы Господа нашего Бога, Коему хвала во веки веков. Аминь.

12. *Вопрос.* Св. авва Антоний сказал, что Бог не попускает диаволу наводить сильные брани на род сей, потому что он немощен. – Как это так?

Ответ. Бог жалеет род сей, не попускает быть ему слишком теснимому от диавола, так как у нас недостаточны жар любви к Богу и ревность о добрых делах. Итак, диавол слабее нападает на нас, по причине нашей слабости и разленения.

13. *Вопрос.* Что значат следующие слова аввы Антония: если бы мельник не закрывал глаз мула, то он ничего не мог бы приобрести: ибо мул падал бы от кружения головы, и работа прекращалась. Подобно сему и мы бываем покрываемы по Божественному устроению. Ибо и мы вначале делаем добро, не видя его, чтоб не стали мы считать себя блаженными и не погибли потому труды наши, почему иногда впадаем в срамные помышления, чтобы, видя их, укоряли самих себя. Эти-то срамные помышления и суть прикрытие небольшого добра, которое делаем, так как человек, который укоряет себя, не потеряет награды своей. – Объясни нам, что есть полезного в этом изречении?

Ответ. Не все святые удостаиваются видеть видения, они не видят даже добра, которое делают, и уготованных им обетований, хотя они преисполнены благих дел и добродетелей. Не потому так, чтобы Бог не радовался их добродетелям и не утешался их добрыми делами. Чтобы Всеблагой умалил нечто от награды, уготованной добрым, – да не будет! Но это делает Он для того, чтоб добродетельные люди не вознеслись гордостью, и чтобы через то совсем не погибла цена их добродетели, чтобы не лишились они уготованных им благ, и не сделались чуждыми благодати Божией. Почему хотя за то, что они добрые суть делатели и прилежат добродетелям, Бог хранит их, попускает, однако же, иногда, что демоны посмеиваются над ними, всевают в них срамные помыслы, или наводят страх, или наносят раны, чтоб знали они немощь свою, и всегда были осторожны и опасливы: ибо пока остаются они в мире сем, жизнь их изменчива и превратна. Но как помышление о благе, которое уготовано им за добрые дела, поддерживает в них ревность к постоянному доброделанию для получения его, так сознание своих недостатков и своей немощи отклоняет их от гордости, и делает то, что они готовы бывают на всякий род смирения, и всячески опасаются, как бы не потерять своей добродетели в то время, когда имеют получить сугубую радость от Господа нашего Иисуса Христа в бесконечном царствии небесном.

14. *Вопрос.* Когда авва Елленiй из Сирии пришел к авве Антонию, авва Антоний, увидев его, сказал: добро пожаловать, денница, восходящая заутра. А авва Елленiй отвечал ему: здравствуй и ты, светлый столп, украсивший вселенную. – Кто этот Елленiй? И почему блаженный так назвал его?

Ответ. Елленiй этот жил во времена аввы Антония и был равен ему по степени совершенства и делам. Его похвалил император Константин Победитель, говоря: Благодарю Господа Иисуса Христа, что в дни мои есть три божественных светила, – блаженный авва Антоний, авва Елленiй и авва Евхин. Так сказал он потому, что они гораздо превосходили всех монахов, которые жили и были известны в то время. Назвал же его авва Антоний денницей потому, что как денница величиной и светлостью превосходит все другие звезды, так авва Елленiй светом благодати превосходил всех прочих монахов его времени. И он с своей стороны, желая показать авве Антонию, что ему не безызвестна высота его совершенства и великость света благодати, ему данной, назвал его светлым столпом, который украсил вселенную.

15. *Вопрос.* Авва Антоний сказал: потому мы не преуспеваем, что не знаем своей степени и своего чина, и не понимаем, чего требует дело, к которому приступаем, и хотим достигнуть добродетели без труда. Почему, коль скоро встретим искушение на месте, в котором живем, переходим на другое, думая, что есть где-нибудь место, в котором нет диавола. Но кто познал, что есть брань, тот постоянно (везде) воинствует с Божией помощью, потому что Господь наш сказал: «Царствие Божие внутрь вас есть» (*Лук. 17, 21*). – На что указывает Он сими словами?

Ответ. Смысл его слов таков. Переходят с одного места на другое, чая найти место, где нет диавола, но встречая искушения и там, куда перешли, удаляются в иное место. Но кто знает, что есть брань, тот борется с Божией помощью там, где живет, и не ищет другого места. Смысл же сказанного Господом нашим: Царствие «Божие внутрь вас есть», – есть тот, что мы, монахи, исшедшие из мира, взявшие крест свой, по заповеди Господа нашего, и Ему последовавшие, должны пребывать в одном месте, и заботясь единственно о спасении душ своих, переносить всякого рода встречающиеся там брани. По любви к Богу и ради исполнения воли Его, которое состоит в соблюдении Его заповедей, нам должно, где бы мы ни были, терпеливо переносить все брани и искушения, будут ли они от страстей, или от демонов, или от людей. Но эти, не искусные в брани, непривыкшие сносить никакой тяготы, спешат в другие места, ожидая найти покой от брани, и убежище от помыслов, переселяясь с одного места на другое, и из одной страны в другую. Почему будем оставаться на своих местах, и если нападет на нас брань, или искушение, станем поститься, молиться, преклонять колена, бить себя в перси перед крестом Господа нашего, со слезами и болезнью сердечной прося себе у Него помощи и спасения: так как Он всегда присущ нам и обитает в нас, как написано: «близ Господь сокрушенных сердцем, и смиренныя духом спасет» (*Псал. 33, 19*), и как Сам Господь сказал: «Царствие Божие внутрь вас есть» (*Лук. 17, 21*), т. е., Я в вас обитаю. Ибо Царствие Божие есть Христос, Который всегда в нас обитает. Блаженный Павел тоже говорит: «не знаете ли, что Христос живет в вас?» (*1Кор. 3, 16*). И не Он только живет в нас, но и мы в Нем пребываем, как Он Сам говорит: «будите во Мне и Аз в вас» (*Иоан. 15, 4*). Итак, если мы в Боге обитаем, и сами есть жилище Ему, то не будем оставлять Господа нашего, во время искушений, бед и браней, и переселяясь инуды, не будем искать себе помощи и убежища от стран и мест, но на своих пребудем местах, умоляя Господа, в нас обитающего, подать нам помощь и избавить нас. При этом будем открывать свои помыслы отцам нашим и просить их молитв в помощь нам. Терпя на своих местах, будем всегда прибегать к покрову Спасителя нашего, и Он несомненно сделает нас победителями во всех бранях наших.

СВЯТОЙ МАКАРИЙ ВЕЛИКИЙ

Сведения о жизни и писаниях св. Макария

Ближайшим преемником учительского дара св. Антония был св. *Макарий Египетский*. Сказания сохранили только два случая посещения св. Макарием св. Антония, но надо полагать что это были не единственные случаи. Вероятно, св. Макарию не раз приходилось прослушивать пространные беседы св. Антония, который, исходя из своего уединения, вел он иногда чрез всю ночь к собравшимся для назидания от него и ожидавшим его в монастыре братьям, как уверяет Кроний (Лавс. гл. 23). Оттого в беседах св. Макария слышатся почти слово в слово некоторые наставления св. Антония. Читающий те и другие подряд может заметить это тотчас же. И нельзя не признать что этот светильник – св. Макарий – зажжен от того большого светила – св. Антония. Сказания о жизни св. Макария не дошли до нас во всей целости. Все, что можно было узнать о нем, собрано в его жизнеописании, помещаемом при издании его бесед. Замечательнейший в нем случай – это напраслина, претерпенная им, когда он жил еще недалеко от селения. Какое тут смирение, какое самоотвержение, какая преданность в волю Божью! Эти черты потом характеризовали и всю жизнь св. Макария. Гласно признался и сатана, что в конец побежден смирением св. Макария. Оно же было лестницею и к тем высоким степеням духовного совершенства и даров благодати, какие видим наконец у св. Макария. Из писаний св. Макария имеем 50 бесед и послание. Они давно издаются в русском переводе, и нет нужды помещать их в нашем сборнике, как есть. Сделаем выбор из них, который представлял бы в некотором порядке наставления св. Макария. Ибо они представляют нечто целое и замечательны тем, что подробно выясняют главное дело христианства – освящение падшей души действием благодати Святого Духа. Это главный пункт, куда направляются у него все почти уроки. Так делает и Греческое Добротолюбие. Из св. Макария помещает оно у себя не беседы его, а 150 глав, извлеченных *Симеоном Метафрастом* из его бесед, которые у нас составляют семь слов. Но что делает Метафраст, то может делать и всякий. То делаем и мы. Св. Макарий не касается частностей в подвижничестве. Те, к кому обращал он свои беседы, и без того были усердные труженики. Потому он преимущественно заботился только о том, чтобы дать должное направление сим трудам, указывая им последнюю цель, к которой должно стремиться, подъемля такие труды и поты. Это, как уже помянуто, освящение души благодатью Святого Духа. Одуховление есть душа души. Без него нет жизни. Оно залог и будущего светлого состояния. Св. Макарий имеет дело с падшею душою и научает ее, как из этого состояния тьмы, растления, мертвенности выйти на свет, уврачеваться, ожить. Потому наставления его важны не для одних мироотречников, но для всех вообще христиан: ибо в том и христианство, чтоб восстать от падения. Затем и Господь приходил, и все спасительные Его учреждения в Церкви к тому же направлены. Хотя всюду поставляет он условием успеха в этом деле мироотречную жизнь, но своего рода мироотречность обязательна и для мирян. Ибо любы мира вражда Богу есть. А при этом какое спасение? В выборе наставлений будем держаться того порядка, который сам собою строится в голове, когда читаем беседы св. Макария. Св. Макарий часто возводит мысли к самому началу нашему и изображает, в каком светлом состоянии находился первый человек, и это для того, чтобы тем мрачнее казался и без того мрачный вид падшего, живописуемый им в самых непривлекательных образах. То и другое делает он для того, чтобы тем очевидней представлялась беспредельная милость Божья, явленная нам в спасении нас чрез воплощение Единородного Сына Божья, и благодать Пресвятого Духа. Все же не три предмета выставляет он с той целью, чтобы возбудить у всех желание совершать свое спасение и воодушевить мужеством к терпеливому прохождению и совершению всего пути его. Путь сей начинается образованием твердой, до положения живота, решимости последовать Господу, идет чрез трудничество в подвигах самопринуждения и самопротивления, но доведши чрез это до ощутимого действия благодати, или, как он говорит, до того, чтоб наконец благодать Духа Святого открылась в сердце в силе и действенности, проводит до возможного на земле совершенства во Христе Иисусе Господе нашем и заканчивается двояким состоянием души в будущей жизни. Таким образом, все мысли св. Макария Великого мы соберем под следующими заглавиями:

1. Светлое состояние первого человека.

2. Мрачное состояние падшего.

3. Единственное спасение наше – Господь Иисус Христос.

4. Образование твердой решимости последовать Господу.

5. Состояние трудничества.

6. Состояние принявших ощущение благодати.

7. Возможное христианское совершенство на земле.

8. Будущее состояние по смерти и воскресении. Везде приводятся речи св. Макария слово в слово. От себя собиратель делает только заглавия. В цитатах первая цифра означает беседу, а вторая главу или параграф беседы. Надо заметить, что есть параграфы, в которых содержится не одна мысль, потому и цитируются они иногда не раз.

Наставления святого Макария Великого
о христианской жизни, выбранные из его бесед

1. Светлое первобытное состояние

а) Последняя цель и верховное благо человека в Богообщении. Бог благоволит почивать в нем и человек нигде не находит покоя, как только в Боге. В таком сродстве состоит человек с Богом по первоначальному назначению в творении.

1. Нет иной такой близости и взаимности, какая есть у души с Богом и у Бога с душой. Бог сотворил разных тварей, сотворил небо и землю, солнце, луну, воду, деревья плодоносные, всяких животных. Но ни в одной из этих тварей не почивает Господь. Всякая тварь во власти Его, однако же не утвердил Он в них престола, не установил с ними общения, благоволил же о едином человеке, с ним вступил в общение и в нем почивает. Видишь ли в этом сродство Бога с человеком и человека с Богом? (45, 5).

2. Как небо и землю сотворил Бог для обитания человеку, так тело и душу человека создал Он в жилище Себе, чтобы вселяться и упокаиваться в теле его, как в доме Своем, имея прекрасною невестою возлюбленную душу, сотворенную по образу Его. Почему Апостол говорит: «Егоже дом мы есмы» (*Евр. 3, 6*). (49, 5).

3. Высоко достоинство человека. Смотри, каковы небо, земля, солнце и луна: и не в них благоволил упокоиться Господь, а только в человеке. Поэтому человек драгоценней всех тварей, даже, осмелюсь сказать, не только видимых, но и невидимых, т. е. служебных духов. Ибо об Архангелах Михаиле и Гаврииле не сказал Бог: «сотворим по образу и подобию Нашему» (*Быт. 1, 26*), но сказал об умной человеческой сущности, разумею бессмертную душу. Написано: Ангельские ополчения «окрест боящихся Его» (*Псал. 33, 8*). (15, 20. 41).

4. Посему душа смысленная и благоразумная, обошедши все создания, нигде не находит себе упокоения, как только в Едином Господе. И Господь ни к кому не благоволит, как только к единому человеку (45, 5).

5. Как богатая девица, сговоренная замуж, какие бы ни получала подарки до брака, не успокаивается тем, пока не совершится брачный союз, так и душа ничем не успокаивается, пока не достигнет совершенного общения с Господом. Или как младенец, когда голоден, ни во что вменяет и жемчуг, и дорогие одежды, все же внимание обращает на питательные сосцы, чтобы вкусить молока, так рассуждай и о душе (то есть, что, все минуя, ищет она вкусить Бога – и тогда только покойною становится). (45, 7).

б) Имея такое назначение, человек был приспособлен к нему в самом сотворении. В творении он был поставлен у цели.

6. Душа – дело великое и чудное. При её создании такой сотворил ее Бог, что и в естество ее не было вложено порока, напротив того, сотворил ее по образу добродетели Духа, вложил в нее законы добродетелей, рассудительность, ведение, благоразумие, веру, любовь и прочие добродетели, по образу Духа (46, 5).

7. Он вложил в нее разумение, волю, владычественный ум, воцарил в ней и иную великую утонченность, сделал ее удободвижной, легкокрылой, неутомимой, даровал ей приходить и уходить в одно мгновение и мыслью служить Ему, когда хочет Дух. Одним словом, создал ее такой, чтоб сделаться ей невестой и сообщницей Его, чтоб и Ему быть в единении с ней, и ей быть с Ним в единый дух, как сказано: «прилепляяйся Господеви един дух есть с Господом» (*1Кор. 6, 17*) (46, 6).

8. Как муж тщательно собирает в дом свой всякие блага, так и Господь в доме Своем – душе и теле – собирает и полагает небесное богатство Духа (49, 4).

в) Вследствие этого первозданные были в Боге и обладали великими преимуществами и благами.

9. До преступления они были облечены Божьей славой... Адам, пока держался заповеди, был другом Божьим – и с Богом пребывал в раю (12, 8).

10. В Адаме пребывало Слово, и имел он в себе Духа Божья (12, 6).

11. Ум первоначально чистый, пребывая в чине своем, созерцал Владыку своего, и Адам, пребывая в чистоте, царствовал над своими помыслами и блаженствовал, покрываемый божественной славой (45, 1, 15, 23, 1.2, 6).

12. Само пребывавшее в нем Слово было для него всем: и ведением, и ощущением (блаженства), и наследием, и учением. И со вне пребывала на первозданных слава, так что они не видели наготы своей (12, 7. 10).

13. Человек был в чести и чистоте, был владыкой всего, начиная от неба, умел различать страсти, чужд был демонам, чист от греха или от порока – Божьим был подобием (26, 1).

г) Но это обилие благодати не имело ничего приневоливающего. Человек был свободен быть с Богом и благодатью или отделиться от них. Он отделился и пал, как пали и духи.

14. Все разумные сущности, разумею Ангелов, души и демонов, Создатель сотворил чистыми и весьма простыми. А что некоторые из них совратились в зло, это произошло с ними от самопроизвола: потому что по собственной своей воле уклонились они от достодолжного помысла (16, 1).

15. Видимые твари связаны каким-то неподвижным естеством, не могут они выйти из того состояния, в каком созданы, и не имеют воли.

А ты создан по образу и подобию Божью. Как Бог свободен и творит что хочет, так свободен и ты. По природе ты удобоизменчив (15, 20. 21).

16. Природа наша удобоприемлема и для добра, и для зла, и для Божьей благодати, и для противоположной силы. Она не может быть приневоливаема (15, 23).

17. Так и Адам по собственной своей воле преступил заповедь и послушал лукавого (12, 8).

18. Великое богатство и великое наследие было ему уготовано. Но как скоро возымел худые помыслы и мысли, погиб он для Бога (12, 1).

2. Мрачное состояние падшего

а) Послушав лукавого, Адам продал себя ему, а тот, завладев им, наполнил его всяким злом.

1. Адам, преступив заповедь Божью и послушав лукавого змия, продал и уступил себя в собственность дьяволу, и в душу – эту прекрасную тварь – облекся лукавый. Душа называется телом лукавой тьмы, пока в ней пребывает духовная тьма, потому что там живет и содержится она в продолжение лукавого века тьмы, как и Апостол, упоминая о теле греховном и о теле смерти, говорит: «да упразднится тело греховное» (*Рим. 6, 6*), и еще: «кто мя избавит от тела смерти сея»? (*Рим. 7, 24*). Душа – не от Божьего естества и не от естества лукавой тьмы, но есть тварь умная, исполненная лепоты, великая и чудная, прекрасное подобие и образ Божий, и лукавство темных страстей вошло на нее вследствие преступления (1, 7).

2. Лукавый князь – царство тьмы, вначале пленив человека, так обложил и облек душу властью тьмы, как облекают человека, чтобы сделать его царем и дать ему все царские одеяния, и чтобы от головы до ногтей носил он на себе все царское. Так лукавый князь облек душу грехом, все естество ее и всю ее осквернил, всю пленил в царство свое, не оставил в ней свободным от своей власти ни одного ее члена, ни помыслов, ни ума, ни тела, но облек ее в порфиру тьмы. Как в теле (при болезни) страждет не один его член, но все оно всецело подвержено страданиям, так и душа вся пострадала от немощи порока и греха. Лукавый всю душу, эту необходимую часть человека, этот необходимый член его, облек на злобу свою, то есть в грех, и таким образом тело сделалось страждущим и тленным (2, 1).

3. Когда Апостол говорит: «совлекитесь ветхого человека» (*Кол. 3, 9*), то разумеет человека совершенного, у которого соответствуют очам свои очи, голове – своя голова, ушам свои уши, рукам свои руки и ногам свои ноги. Ибо лукавый осквернил и увлек к себе всего человека ветхого, оскверненного, нечистого, богоборного, непокорного Божьему закону, в самый грех, чтоб не смотрел уже, как желательно человеку, но и видел лукаво, и слышал лукаво, и ноги его поспешали на злодеяние, и руки его делали беззаконие, и сердце помышляло лукавое (2, 2).

4. Ветхий человек совлек с себя человека совершенного и носит одежду царства тьмы, одежду хулы, неверия, небоязненности, тщеславия, гордыни, сребролюбия, похоти, и другие одеяния царства тьмы, нечистые и скверные рубища (2, 4).

5. Того и домогался враг, чтобы Адамовым преступлением уязвить и омрачить внутреннего человека, владычественный ум, зрящий Бога. И очи его, когда недоступны им стали небесные блага, прозрели уже для пороков и страстей (20,4).

6. Оковами тьмы связывают (падшую) душу духи злобы, почему не может она ни, сколько желает, любить Господа, ни, сколько желает, веровать, ни, сколько желает, молиться, потому что со времени преступления первого человека, противление и явно и тайно во всем овладело нами (21, 2).

б) Видя такое пагубное состояние, Бог и Ангелы сожалели о падшем.

7. В тот день, когда пал Адам, пришел Бог и, ходя в раю и увидев Адама, пожалел, так сказать, и изрек: «При таких благах, какое избрал ты зло! После такой славы какой несешь на себе стыд! Почему теперь так омрачен ты, так обезображен, так бренен? После такого света какая тьма покрыла тебя!» Когда пал Адам и умер для Бога, сожалел о нем Творец, Ангелы, все силы, небеса, земля, все твари оплакивали смерть и падение его. Ибо твари видели, что данный им в цари стал рабом сопротивной и лукавой тьмы. Итак, тьмой, тьмой горькой и лукавой, облек он душу свою, потому что воцарился над ним князь тьмы. Он-то (Адам) и был тот, изъязвленный разбойниками и ставший полумертвым, когда проходил из Иерусалима в Иерихон (30, 7).

в) Правда, однако же, подвергла его праведному наказанию, и он оставлен, как запустелый дом.

8. Адам, преступив заповедь, изгнан из рая, и навлек на себя гнев Божий. Как прогневавшись некогда на иудеев, Бог предал Иерусалим на позор врагам, и ненавидящие их стали господствовать над ними, и не было уже там ни праздника, ни приношения, так, прогневавшись и на душу за преступление заповеди, предал ее врагам, демонам и страстям, и они, обольстив ее, совершенно уничижили, и не стало уже там ни праздника, ни фимиама, ни приношения, предлагаемого душой Богу, потому что пути к достопримечательному в ней наполнились дикими зверями и возгнездились в ней пресмыкающиеся – лукавые духи. И как дом, если не живет в нем владетель, облекается во тьму, в бесславие, в поругание, наполняется нечистотой и гноем, так и душа, если Владыка ее не ликует в ней с Ангелами, наполняется греховной тьмой, постыдными страстями и всяким бесславием (12, 10, 28, 1).

9. Поскольку человек в преслушании принял клятву на клятву: «терние и волчцы возрастит тебе земля» (*Быт. 3, 18*), и еще: возделывай землю, и не приложит дать тебе плодов своих, то на земле сердца его возродились и возросли терния и волчцы. Враги обманом восхитили славу его и облекли его стыдом. Похищен свет его, и облечен он во тьму. Убили душу его, рассыпали и разделили помыслы его, совлекли ум его с высоты, и человек Израиля стал рабом истинного Фараона, и он поставил над человеком приставников дел и досмотрщиков – лукавых духом, которые понуждают человека волей и неволей делать лукавые дела его, составлять брение и плинфы. Удалившие человека от небесного образа мыслей, низвели его к делам лукавым – вещественным, земным, бренным, к словам, помышлениям и рассуждениям суетным, потому что душа, ниспав с высоты своей, встретила человеконенавистное царство и жестоких князей, которые понуждают ее созидать им греховные грады порока (47, 6).

г) Вследствие падения вся тварь и весь род человеческий подвергся тиранству врага и страстей.

10. Представь себе царя, у которого есть достояние, и подвластные ему служители готовы к услугам, и случилось, что взяли и отвели его в плен враги. Как скоро он взят и уведен, необходимо служителям и приставникам его следовать за ним же. Так и Адам чистым создан от Бога на служение Ему, и в услугу Адаму даны твари эти, потому что поставлен он господином и царем всех тварей. Но как скоро нашло к нему доступ и побеседовало с ним лукавое слово, Адам сначала принял его внешним слухом, потом проникло оно в сердце его и объяло все его существо. А таким образом, по его пленении, пленена уже с ним вместе служащая и покорствующая ему тварь, потому что чрез него воцарилась смерть над всякой душой, и вследствие его ослушания так изгладила весь Адамов образ, что люди изменились и дошли до поклонения демонам. Ибо вот и плоды земные, прекрасно созданные Богом, приносятся демонам. На алтари их возлагают хлеб, вино, елей и животных. Даже сынов и дочерей своих приносили в жертву демонам (11, 5).

11. Со времени Адамова преступления душевные помыслы, отторгшись от любви Божьей, рассеялись в веке сем и смешались с помыслами вещественными и земными. Но как преступивший заповедь Адам принял в себя закваску зловредных страстей, так и родившиеся от него и весь род Адамов по преемству стали причастниками этой закваски, а при постепенном преспеянии и возрастании до того уже умножились в людях греховные страсти, что простерлись до прелюбодеяния, непотребств, идолослужений, убийств и других нелепых дел, пока все человечество не вскисло пороками. Зло до того возросло в людях, что помыслили, будто бы нет Бога, стали же покланяться неодушевленным камням, вовсе не могли даже составить себе понятия о Боге. До такой степени закваска зловредных страстей заквасила род ветхого Адама (24, 2).

12. После того, как человек уклонился от заповеди и подвергся осуждению гнева, грех взял его в свое подданство и сам, как некая бездна горечи и тонкая, и глубокая, вошедши внутрь, овладел пажитями души до глубочайших ее тайников. Таким образом и душу, и примешавшийся к ней грех уподобляем великому дереву, у которого много ветвей, а корни в земных глубинах. Так и вошедший в душу грех овладел ее пажитями до глубочайших тайников, обратился в привычку и предубеждение, с младенчества в каждом возрастает, воспитывается и учит его худому (41,1).

13. Лазарь, которого воскресил Господь, этот Лазарь, исполненный великого зловония, так что никто не мог приблизиться к гробу его, был образом Адама, принявшего в душу свою великое зловоние и наполнившегося чернотой и тьмою. Но ты, когда слышишь об Адаме, об изъязвленном разбойниками и о Лазаре, не дозволяй как бы по горам блуждать уму твоему, но заключись внутри души своей, потому что и ты носишь те же язвы, то же зловоние, ту же тьму. Все мы сыны этого омраченного рода, все причастны того же зловония. Какой немощью пострадал Адам, той же пострадали и все мы, происходящие от Адамова семени. Ибо такая же немощь, как говорит Исайя, постигла и нас: «ни струп, ни язва, ни рана палящаяся, несть пластыря приложити, ниже елея, ниже обязания сотворити» (*Ис.1, 6*). Такой неисцелимой язвой уязвлены мы (30, 8).

14. Как в Египте, в продолжение трехдневной тьмы, сын не видел отца, брат брата, друг искреннего друга, потому что покрывала их тьма, так и после того, как Адам преступил заповедь, ниспал из прежней славы и подчинился духу мира, и покрывало тьмы снизошло на душу его, от него и до последнего Адама, Господа, не видел человек истинного Небесного Отца, благосердой и доброй матери – благодати Духа, сладчайшего и вожделенного брата – Господа, друзей и искренних своих святых Ангелов, с которыми некогда радостно ликовал и праздновал. И не только до последнего Адама, даже и ныне, для кого не воссияло солнце правды – Христос, у кого не отверзлись душевные очи, просвещенные истинным светом, – все те покрыты той же тьмой греха, имеют в себе то же действие сластолюбия, подлежат тому же наказанию, и нет у них очей, которыми бы могли видеть Отца (28, 4).

д) Осязательнейшее следствие падения – всюду в мире царствующее смятение.

15. Чада века этого уподобляются пшенице, всыпанной в решето земли этой, и просеиваются среди непостоянных помыслов мира сего, при непрестанном волнении земных дел, пожеланий и многосплетенных вещественных понятий. Сатана сотрясает души и решетом, то есть земными делами, просевает весь грешный род человеческий. Со времени падения, как преступил Адам заповедь и подчинился лукавому князю, взявшему над ним власть, непрестанными обольстительными и мятущимися помыслами всех сынов века сего просевает и приводит он в столкновение в решете земли (5, 1).

16. Как пшеница в решете у просевающего бьется и, взбрасываемая непрестанно, в нем переворачивается, так князь лукавства земными делами занимает всех людей, колеблет, приводит в смятение и тревогу, заставляет предаваться суетным помыслам, гнусным пожеланиям, земным и мирским связям, непрестанно пленяя, смущая, уловляя весь грешный род Адамов. И Господь предсказал Апостолам будущее на них восстание лукавого: «сатана просит вас, дабы сеял, яко пшеницу, Аз же молихся» Отцу Моему, да не оскудеет вера ваша» (*Лук. 22, 31.*

32). Ибо это слово и определение, изреченное Создателем Каину явно: «стеня и трясыйся», в тревоге, «будеши» на земле (*Быт. 4, 12*), служит втайне образом и подобием для всех грешников, потому что род Адамов, преступив заповедь и сделавшись грешным, принял на себя втайне это подобие. Люди приводятся в колебание непостоянными помыслами боязни, страха, всякого смущения, пожеланиями, многообразными всякого рода удовольствиями. Князь мира сего волнует всякую душу, не рожденную от Бога, и, подобно пшенице, непрестанно вращающейся в решете, разнообразно волнует человеческие помыслы, всех приводя в колебание и уловляя мирскими обольщеньями, плотскими удовольствиями, страхованиями, смущениями (5, 2).

17. И Господь, показывая, что, последующие обольщениям и хотениям лукавого, носят на себе подобие Каинова лукавства, и, обличая их, сказал: «вы похоти отца вашего хощете творити, он человекоубийца бе искони, и во истине не стоит» (*Иоан. 8, 44*). Посему весь грешный род Адамов втайне несет на себе это осуждение: стеня и трясясь, будете тревожимы в решете земли сеющим вас сатаною. Как от одного Адама распространился по земле весь род человеческий, так одна какая-то страстная порча проникла во весь грешный род человеческий, и князь злобы один в состоянии сеять всех непостоянными, вещественными, суетными, мятежными помыслами. И как один ветер может приводить в колебание и движение все растения и семена, и как одна ночная тьма простирается над целой вселенной, так князь лукавства, будучи некой мысленной тьмой греха и смерти, каким-то сокровенным и жестоким ветром обуревает и кружит весь на земле человеческий род, непостоянными помыслами и мирскими пожеланиями уловляя человеческие сердца, тьмой неведения, ослепления и забвения наполняет всякую душу, не рожденную свыше и мыслью и умом не переселившуюся в иной век, по сказанному: «наше житие на небесах есть» (*Фил. 3, 20*). (5, 3).

е) Все испытывали это, но никто не знал, что это за зло и откуда оно, почитая такое состояние естественным.

18. Видимый мир, от царей и до нищих, весь в смятении, в нестроении, в борьбе, и никто из них не знает тому причины, то есть этого явного зла, произошедшего вследствие Адамова преступления, этого жала смерти, потому что пришедший грех, как разумная некая сила и сущность сатаны, посеял всякое зло: он тайно действует на внутреннего человека и на ум и борется с ним помыслами, люди же не знают, что делают эти побуждаемые чуждой некой силой, напротив того, думают, что это естественно и что делают сие по собственному своему рассуждению. Но в самом уме имеющие мир Христов и озарение Христово знают, откуда воздвигается все это (15, 47).

19. Сколько появлялось царей из Адамова рода, которые овладевали всей землей и много думали о царском своем владычестве! И ни один при таком довольстве не мог познать того повреждения, какое преступлением первого человека произведено в душе и омрачило ее, почему не познает она происшедшей в ней перемены, а именно, что ум теперь за падение свое облечен стыдом, и по ослеплении очей сердечных, не видит той славы, какую до преступления видел отец наш Адам (45, 1).

20. Были праздные мудрецы в мире: одни из них показали свое превосходство в любомудрии, другие удивляли упражнением в софистике, иные показали силу в витийстве, иные были грамматиками и стихотворцами и писали по принятым правилам истории. Были и разные художники, упражнявшиеся в мирских искусствах... И все сии, обладаемые поселившимся внутри их змием и не сознавая живущего в них греха, сделались пленниками и рабами лукавой силы и никакой не получили пользы от своего знания и искусства (45,2).

ж) Как ни велико зло от падения, оно не совсем умертвило человека. Остались в нем проявления духовной жизни.

21. Не говорим, что человек всецело утратился, уничтожился, умер: он умер для Бога, живет же собственным своим естеством (12, 2).

22. Человек погиб за преступление, стал язвен, сатана омрачил его ум. И в ином человек действительно мертв, а в ином живет, рассуждает, имеет волю (26. 1).

23. И по преступлении осталось ведение. (Осязательно это видно в действиях совести). Когда разбойника берут в суд и начинают судить, князь спрашивает его: когда делал ты зло, ужели не знал, что будешь пойман и предан смерти? И разбойник не осмелится сказать, что не знал, потому что было ему это известно. И блудник не знает разве, что делает худо? И тать не знает разве, что грешит? – Так люди и без Писания, по естественному смыслу, не знают разве, что есть Бог? Невозможно будет им в этот день сказать, не знали мы, что есть Бог. Ибо в громах и молниях с неба вещается им: не знаете разве, что есть Бог, управляющий тварью? (12, 8. 9).

24. Несправедливо иные, введенные в обман лжеучением, утверждают, что человек решительно умер и вовсе не может делать ничего доброго (46, 3).

25. Осталась в человеке свобода, какую Бог дал ему вначале. Как совершенный не привязан к добру какой-либо необходимостью, так не привязан и ко злу погрязший в грехе и делающий себя сосудом дьявола (15, 38).

26. Ты свободен, и если хочешь погибнуть, то природа твоя удобоизменяема. Кто хочет, тот и покорствует Богу и идет путем правды, и владеет пожеланиями, потому что ум сей есть противоборник и твердым помыслом может победить порочные стремления и гнусные пожелания (15,21).

27. Напрасно, однако ж, думают собственной своей свободой устранить от себя поводы ко греху. Свобода, возможная для человека, простирается на то, чтобы противиться доводу, а не на то, чтобы при сей возможности непременно иметь и власть над страстями. Ибо сказано:

«аще не Господь созиждет дом и сохранит град, всуе бде стрегий» и трудится зиждущий (*Псал. 126, 1*). (25, 1).

28. В нас действует зло со всей силой и ощутительностью, внушая все нечистые пожелания, однако ж срастворено с нами не так, как иные говорят сие о смешении вина с водой, но как на одном поле растут и пшеница сама по себе, и плевелы сами по себе, или как в одном доме находятся особо разбойник и особо владетель дома (16, 1).

29. Когда светит солнце и дует ветер, то у солнца – свое тело и своя природа, и у ветра – своя же природа и свое тело. Так и грех примешался в душе, но и у греха, и у души своя особая природа (2, 2).

30. Источник изливает чистую воду, но на дне его лежит тина. Если возмутит кто тину, весь источник делается мутным. Так и душа, когда бывает возмущена, срастворяется с пороком. И сатана чем-то одним делается с душою, оба духа во время блуда или убийства составляют что-то одно. Посему-то «прилепляяйся сквернодейце едино тело есть с любодейцею» (*1Кор. 6, 16*). В иное же время самостоятельная душа действует сама по себе и раскаивается в своих поступках, плачет, молится и приводит себе на память Бога. А если бы душа всегда погрязала во зле, то как могла бы делать это? Потому что сатана, будучи жестокосерд, никак не хочет, чтобы люди обращались к покаянью (16, 2).

3. Господь устроитель спасения

а) Падшим одно спасение – Господь. Умилосердился Господь и пришел воплощением для спасения нашего. Кровью Своей Он омыл грехи наши, благодатью Святого Духа обновил обветшавшее естество наше и сделал нас таким образом гожими для царства Своего небесного.

1. Мир уподобляется человеку богатому, который владеет великолепными и огромными домами, изобилует серебром и золотом, различными стяжаниями и всякой прислугой, но внезапно объят болезнями и немощами, все родство стоит пред ним и, при всем богатстве, не может избавить его от болезни. Так никакая житейская рачительность, ни богатство, ни другое что душу, погруженную в грех, не избавит от греха, и одно только пришествие Христово может очистить душу и тело (45, 3).

2. Поскольку род человеческий, в беззакониях зачавшись и в грехах родившись, от материнской утробы делался отчужденным и от материнского чрева пребывал в заблуждении после того, как от Адама стал царствовать грех, то, умилосердившись пришел Агнец Божий, чтобы собственной Своей силой взять грехи мира, связав прежде крепкого и потом расхитив собранные им в добычу сосуды, по сказанному: «пленил еси плен» (*Псал. 67, 19*). (Посл. стр. 433).

3. Сатана и князи тьмы со времени преступления заповеди воссели в сердце, в уме и теле Адамовом, как на собственном своем престоле. Почему пришел наконец Господь и принял на Себя тело от Девы, потому что, если бы угодно Ему было прийти непокровенным Божеством, кто мог бы вынести сие? Напротив того, посредством сего орудия – тела, обратился Он к людям. И наконец, лукавых духов, восседающих в теле, низложил Господь с престолов, то есть понятий и помыслов, которыми они правили, и очистил совесть и престолом Себе Самому сделал ум, и помыслы, и тело (6, 5).

4. Бог повелел Моисею сделать медного змия, вознести и пригвоздить его наверху дерева, и все, уязвленные змиями, взирая на медного змия, получали исцеление. Мертвый змий побеждал змиев живых, потому что был образом Господня тела. Ибо Господь тело Свое, принятое им от Марии, вознес на крест, простер на древе и пригвоздил к нему, и мертвое тело победило и умертвило змия, живущего и пресмыкающегося в сердце. Великое здесь чудо (11, 8. 9).

5. Душу, вначале уязвленную неисцелимой язвой вредоносных страстей, никто не мог исцелить ни из праведных, ни из отцов, ни из пророков, ни из патриархов. Приходил Моисей, но не мог подать совершенного исцеления. Были священники, дары, десятины, субботствования, новомесячия, омовения, жертвы, всесожжения и всякая прочая правда совершалась по закону, а душа не могла исцелиться и очиститься от нечистого течения злых помыслов, и вся правда ее не в состоянии была уврачевать человека, пока не пришел Спаситель, истинный Врач, туне врачующий и Себя дающий в искупительную цену за род человеческий. Он один совершил великое и спасительное искупление и уврачевание души, Он освободил ее от рабства и извел ее из тьмы (20, 5. 6).

6. Собственные, от земли взятые врачевства, то есть свои только дела правды, не могли уврачевать и исцелить душу от такой невидимой язвы, только силой небесного и Божеского естества, даром Духа Святого – сим одним врачевством мог человек получить исцеление и достигнуть жизни по очищении сердца Духом Святым (20, 7).

7. Как земледелец, когда идет обрабатывать землю, должен взять приличные для возделывания орудия и одежды, так и Христос, Царь Небесный и истинный Делатель, когда пришел к запустевшему от пороков человечеству, облекшись в тело и вместо орудия понеси крест, возделал запустевшую душу, изъял из нее терны и волчцы, исторг плевелы греха и все былие грехов ее пожег огнем. И таким образом, возделав ее древом креста, насадил в ней прекраснейший духовный сад, который всякого рода сладкие и вожделенные плоды приносит Богу, как Владыке (28, 3).

8. Христос Господь Новый Завет обновил, крестом и смертью сокрушив врата ада и греха, изведя верные души, подав им внутрь утешителя и введя их в царство Свое (38, 3).

9. В Законе предписано было жрецу взять двух голубей: одного заклать, а живого окропить его кровью и пустить летать на свободе. Сие действие было образом и сенью истины. Ибо Христос заклан, и кровь Его, окропившая нас, сделала окрыленными, потому что дала нам крыла Святого Духа невозбранно воспарять в воздухе Божества (47, 2).

10. Господь наш Иисус Христос для того и пришел, чтобы изменить, преобразить и обновить естество, и эту душу, вследствие преступления низложенную страстями, создать, вновь растворив ее Божественным Духом. Он пришел верующих в Него сделать новым умом, новой душой, новыми очами, новым слухом, новым языком духовным, одним словом – новыми людьми (44, 1).

11. Как враг, взяв подчинившегося ему человека, сделал его новым для себя, обложив вредоносными страстями, помазав духом греха, влив в него вино всякого беззакония, так и Господь, избавив человека от греха, сделал его новым, помазав Духом Святым (44, 2).

12. Как в видимом мире никто не может сам собою переплыть и перейти море, если нет у него легкого и удободвижимого корабля, который, будучи устроен из дерева, может носиться по водам, потому что потонет и погибнет, кто пойдет по морю, так и душе невозможно самой собой перейти, преодолеть и переплыть горькое море греха, непроходимую бездну лукавых сил и темных страстей, если не примет в себя удободвижного, небесного, легкокрылого Духа Святого, попирающего и преходящего всякое лукавство (44, 6).

б) Устроив спасение, Господь хочет, чтобы желающие спастись спасались, но никого не принуждает.

13. Господь наш Иисус Христос, восприняв на Себя попечение о спасении человека, совершил все домостроительство и с самого начала прилагал рачение чрез Отцов, Патриархов, чрез Закон и Пророков, а напоследок, пришедши Сам и пренебрегши крестный позор, претерпел смерть. И весь труд, все рачение Его были для того, чтобы от Себя, от естества Своего, породить чад Духом, благоволив, чтоб рождались они свыше от Божества Его. И как земные отцы печалятся, если не рождают, так и Господь, возлюбив род человеческий, как собственный Свой образ, восхотел породить их от Своего Божественного семени. И если иные не хотят принять таковое рождение и быть рожденными от чресл Духа Божия, то великая печаль Христу, за них страдавшему и терпевшему, чтобы спасти их (30, 2).

14. Господь хочет, чтобы все люди сподобились сего рождения, потому что за всех умер и всех призвал к жизни. А жизнь есть рождение от Бога свыше. Ибо без сего рождения душе невозможно жить, как говорит Господь: «аще кто не родится свыше, не может видети и царствия Божия» (*Иоан. 3, 3*). А посему все те, которые уверовали в Господа и, приступив, сподобились сего рождения, радость и великое веселье на небесах доставляют родившим их родителям, и Все Ангелы и святые силы радуются о душе, рожденной от Духа и сделавшейся духом (30, 3).

15. Земледелец всюду бросает семена и желает, чтобы все они принесли плод, а потом приходит с серпом и печалится, если не находит плода. Так и Господь хочет, чтобы слово Его посеяно было в сердцах человеческих. Но как земледелец печалится о скудной ниве, так и Господь скорбит о скудном и не приносящем плода сердце (32, 11).

16. Как если бы царь, нашедши человека скудного и недужного, не постыдился его, но врачебными составами стал врачевать его раны и перенес его в свои чертоги, и облек в порфиру и диадиму, и сделал сообщником своей трапезы, так и небесный Царь Христос, пришедши к недужному человеку, исцелил его и приобщил к царской Своей трапезе, и притом не делая принуждения воле его, но действуя на него увещаниями, возвел его в такую честь (15, 28).

17. В Евангелии написано, что Господь послал рабов призвать желающих и объявить им: «се обед Мой уготован» (*Матф. 22, 4*), но сами званные отказывались и говорили: один – «супруг волов купих», другой – "жену поях" (*Лук. 14, 19. 20*). Видишь ли – звавший готов, отреклись званные и, конечно, сами для себя были виною. Видишь, Господь уготовал им царство, зовет их, чтобы вошли, но они не хотят (15, 29).

18. Господь непрестанно ударяет в двери сердец наших, чтобы отверзли мы Ему, и Он вошел и почил в душах наших, и сотворил обитель у нас. Ибо говорит: «се стою при дверях и толку: аще кто услышит глас Мой, и отверзет двери, вниду к нему» (*Апок. 3, 20*). Для того Он благоволил много пострадать, предав тело Свое на смерть и искупив нас от рабства, чтобы пришедши к душе нашей, сотворить в ней обитель. Ибо и пища, и питие, и одежда, и покров, и упокоение Его – в душах наших. Посему непрестанно ударяет в дверь, желая войти к нам. Примем же Его и введем внутрь себя, потому что и для нас Он есть и пища, и питие, и жизнь вечная. И всякая душа, которая не приняла Его в себя и не упокоила Его в себе ныне, или лучше сказать, сама не упокоилась в Нем, не имеет наследия со Святыми в царстве небесном и не может войти в небесный град. Ты Сам, Господи Иисусе Христе, введи нас в оный! (30,9).

4. Образование твердой решимости спасаться в господе

Движение души к спасению начинается образованием желания спасения и твердой решимости сделать это в Господе. Господь совершил спасение наше, все приготовил для него и желает, чтобы каждый спасался. Ожидается только, чтоб приступил человек и начал спасение.

а) Ожидается наше желание, как необходимое условие.

1. Человек по природе имеет предначинание, и его-то взыскует Бог. И поэтому повелевает, чтобы человек сперва понял, поняв – возлюбил и предначал волей. А чтобы мысль привести в действие, или перенести труд, или совершить дело – это благодать Господня дает возжелавшему и уверовавшему. Посему воля человеческая есть как бы существенное условие. Если нет воли, Сам Бог ничего не делает, хотя и может по свободе Своей. Посему совершение дела Духом зависит от воли человека. Опять, если даем мы полную свою волю, то нам все дело приписывает чудный во всем и совершенно немыслимый Бог (37, 10).

2. Как кровоточивая жена, хотя не могла исцелиться и оставалась язвенной, однако же имела ноги, чтоб прийти к Господу и, пришедши, получить исцеление, подобным образом и тот слепой, хотя не мог прийти и приступить к Господу, потому что не видел, однако же послал глас, потекший быстрее вестников: «Сыне Давидов, помилуй мя» (*Мар. 10, 47*), – и таким образом, уверовав, получил исцеление, когда Господь пришел к нему и дал ему прозрение, так и душа, хотя изъязвлена язвами постыдных страстей, хотя ослеплена греховной тьмой, однако же имеет волю возопить к Иисусу и призывать Его, чтобы пришел Он и сотворил душе вечное избавление (20, 7).

3. Как тот слепой, если бы не возопил, и та кровоточивая, если бы не пришла к Господу, не получили бы исцеления, так, если кто не приступит к Господу по собственной воле и от всего произволения и не будет умолять Его с несомненностью веры, то не получит он исцеления. Ибо почему они тотчас были исцелены, а мы еще не уврачевались от тайных страстей? За неверие наше, за разномыслие наше, за то, что не любим Его от всего сердца и не веруем в Него искренне, еще не получили мы духовного исцеления и спасения. Посему уверуем в Него и истинно приступим к Нему, чтобы Он вскоре совершил в нас истинное исцеление. Ибо обетовал дать «Духа Святого просящим у Него» (*Лук. 11, 13*), распахнуть дверь ударяющим в нее и обрестись ищущими Его (*Матф. 7, 7*). И не ложен, «Иже обетова» (*Тит. 1, 2*). (20, 8, подоб. 45, 2).

4. Хотя младенец ничего не в силах делать или не может на своих ногах идти к матери, однако же он, ища мать, движется, кричит, плачет. И мать сжаливается над ним, она рада, что дитя с усилием и воплем ищет ее. И поскольку младенец не может идти к ней, то сама мать, преодолеваемая любовью к младенцу за долгое его искание, подходит к нему и с великой нежностью берет, ласкает и кормит его. То же делает и человеколюбивый Бог с душой, которая приходит и взыскует Его. Но гораздо еще более побуждаемый свойственной Ему любовью и собственной Своей благостью, прилепляется Он к разумной душе и, по Апостольскому слову, делается с ней "един дух" (*1Кор. 6,17*).(46, 3).

5. Господь милосердует и долготерпит, ожидая нашего обращения, и если грешим, переносит это в чаянии нашего покаяния, и если падем, не стыдится принимать нас снова, как сказал Пророк: «еда падаяй не востает? Или отвращайся, не обратится?» (*Иер.8:4*). Мы только отрезвимся, приобретя благую мысль, скорей и правым образом к Нему обратимся взыскать Его помощи, а Он готов спасти нас, потому что ожидает горячего по мере сил наших устремления к Нему воли нашей, благой от произволения веры и усердия, всякое же преспеяние производит в нас Сам. Почему, совлекшись всякого предубеждения, нерадения и лени, постараемся сделаться мужественными и готовыми идти в след Его, не будем откладывать сего день за день, увлекаемые к тому пороком, ибо не знаем, когда будет исшествие наше из плоти (4, 17).

б) Как образуется желание.

аа) Пробуждение от Бога. Господь вразумляет душу невидимо, иногда обращает несчастьями, иногда непосредственным воздействием Своим, как на апостола Павла, но повсеместный глашатай к обращению есть слово Божье.

6. (Человека, в грехе находящегося) Богу угодно снова ввести в жизнь и Он увещевает его, чтобы заплакал и покаялся. И если человек продолжает это делать (оплакивать себя), то кающегося в давних своих прегрешениях Бог убеждает снова плакать и приносить покаяние (чтоб всю жизнь в подробностях оплакивать). (15, 15).

7. Когда по домостроительству Божью бываешь в скорбях, в страданиях, в язвах, тогда что считаешь для себя противным, то это самое служит пользе души твоей. Если сретают тебя несчастья, то начинаешь рассуждать сам с собою: несчастлив я в мире, пойду отрекусь от мира, буду служить Богу. Случится, что дошедши до этой мысли, слышишь заповедь: «продаждь имение твое» (*Матф. 19, 21*), возненавидь плотское общение и служи Богу. Тогда начинаешь благодарить за свое несчастье в мире, за то, что по сему поводу оказываешься послушным Христовой заповеди. Наконец, если изменил ты мысль свою отчасти в отношении к видимому и удалился от мира и от плотского общения, то надлежит тебе также измениться и в уме, плотское мудрование переменить в мудрование небесное. Тогда начинаешь рассуждать о той же слышанной тобой заповеди и не имеешь еще покоя, а приемлешь только на себя попечение и труд приобрести то, о чем слышал (32, 7).

8. Как был уловлен Богом св. Павел? Как мятежник, захватив кого-нибудь в плен, уводит к себе, а потом сам уловляется истинным царем, так и Павел, когда действовал в нем мятежнический дух греха, гнал и расхищал Церковь, но поскольку делал это по неведенью, не из противления Богу, но как бы подвизаясь за истину, то и не презрел, но уловил его Господь. Небесный и истинный Царь, неизреченно облистав его, сподобил слышать Свой глас и, ударив в лице, как раба, даровал ему свободу. Видишь Владычную благость и то, как души, прилепившиеся к пороку и ожесточенные, Господь может в одно мгновение времени изменить и сообщить им Свою благость и мир (18, 8).

9. Как царь, написав послания к тем, кому хочет дать грамоты и дары свои, дает всем знать: «Старайтесь скорее прийти ко мне и получить от меня царские дары», – и если не придут и не получат, то не принесет им пользы чтение посланий, скорее же сделаются они повинными смерти за то, что не захотели прийти и из царских рук сподобиться чести, так и Божественные Писания Царь Бог, как послания, предложил людям, объявляя им, чтобы взывавшие к Богу и уверовавшие просили и получили небесный дар от Ипостаси Божества Его. Ибо написано: «да будем Божественнаго причастницы естества» (*2Петр. 1, 4*). Если же человек не приходит, не просит, не приемлет, то не будет ему пользы от чтения Писаний, а напротив того, сделается он повинным смерти за то, что не захотел от Небесного Царя принять дар жизни, без которого невозможно получить бессмертную жизнь (39).

бб) Борьба с собой для склонения воли на призывание.

10. Человек не тотчас, как услышит Божье слово, делается уже достойным благой чести. Утверждая противное, отнимаешь у человека волю и отрицаешь бытие сопротивной силы, противоборствующей уму. Мы же говорим, что слушающий слово приходит в сокрушение, и потом начинает он упражняться и поучаться в брани, борется и подвизается против сатаны и после долгого состязания и борения одерживает победу и делается христианином (решается, то есть, быть строгим последователем Христовым). (27, 20).

вв) Представления и убеждения, действующие на склонение воли. В этой борьбе с собой ум собирает разные побудительные и понудительные представления истины и убеждения, способные возбуждать и воодушевлять. На первом месте у св. Макария здесь ставятся представления того, что Бог сделал для нашего спасения, и какими обетованиями окружил Он дело сие. К этому он очень часто обращается в разных оборотах речи.

11. Вникни в умную сущность души, и вникни не слегка. Бессмертная душа есть драгоценный некий сосуд. Смотри, как велико небо и земля, и не о них благоволит Бог, а только о тебе. Воззри на свое благородство и достоинство, потому что не Ангелов послал, но Сам Господь пришел ходатаем за тебя, чтобы воззвать погибшего, изъязвленного, возвратить тебе первоначальный образ чистого Адама. Сам Бог пришел вступиться за тебя и избавить тебя от смерти. Стань же твердо, представ себе, какое о тебе промышление (26, 115. 28).

12. Представь себе, что царь, нашедши какую-нибудь бедную отроковицу, одетую в рубища, не постыдился, но снял с нее нечистые одежды, омыл ее черноту, украсил ее светлыми ризами, сделал царской сообщницей и участницей в трапезе и пиршестве царском. Так и Господь обрел душу, уязвленную и сокрушенную, дал ей врачевство, совлек с нее очерненные одежды и срамоту порока, облек ее в ризы царские, небесные, Божественные, светоносные и славные, возложил на нее венец и приобщил ее к царской трапезе на радость и веселье (27, 3).

13. Поэтому христианство не есть что-нибудь маловажное, оно великая тайна. Познай же свое благородство, а именно, что призван ты в царское достоинство, что ты «род избран и язык свят» (*1Петр. 2, 9*). Тайна христианства необычайна для мира сего. Видимая слава и богатство царя суть нечто земное, тленное, преходящее, а то царство и то богатство Божественны, небесны, славны, никогда не преходят, никогда не прекращаются. Ибо в небесной Церкви соцарствуют с небесным Царем, и как Сам Он перворожден из мертвых (*Кол. 1, 18*), так и соцарствующие с Ним перворождены (27, 4).

14. Велики и неизреченны обетования христианам и в такой мере велики, что с верой и богатством одной души не идут даже в сравнение вся слава и лепота неба и земли, и прочее их украшение и разнообразие, и богатство, и красота, и наслаждение видимым. Итак, при стольких побуждениях и обетованиях Господних, как же не пожелать нам всецело приступить к Господу, Ему посвятить себя самих, сверх всего прочего по Евангелию отрекшись, и души своей, возлюбить Его Единого, не любя притом ничего иного? Вот все сие даровано нам и какая еще слава! Сколько Господних о нас смотрений со времени Отцов и Пророков! Сколько возвещено обетований! Сколько побуждений! Какое благосердие Владыки было к нам от начала! Напоследок же в пришествие Свое неизреченную к нам благость доказал Он распятием, чтобы нас обратившихся ввести в жизнь. А мы не расстаемся еще с своими изволениями, с любовью к миру, с худыми побуждениями и навыками, и чрез это оказываемся маловерными или неверными! Однако же вот и при всем этом Господь пребывает к нам милостивым, невидимо охраняя и упокоивая нас, до конца не предавая нас по грехам нашим пороку и обольщениям мира, по великой благости и долготерпенью не попуская нам погибнуть, имея еще в виду, что обратимся к Нему когда-нибудь (4. 17. 18).

15. Что значат слова: «ихже око не виде, и ухо не слыша, и на сердце человеку не взыдоша, яже уготова Бог любящим Его» (*1Кор.2:9*)? В то время великие праведники, цари и пророки знали, что придет Избавитель, но не знали и не слыхали, и на сердце им не всходило, что Он пострадает и будет распят, что прольется кровь на кресте, что будет крещение огнем и Святым Духом, что в церкви будут приносимы хлеб и вино, образ Его плоти и крови, что причащающиеся видимого хлеба будут духовно вкушать плоть Господню, что Апостолы и христиане примут Утешителя и облекутся силой свыше, сподобятся единения с Духом Святым. Этого не знали пророки и цари, это и на сердце им не всходило (27, 17).

16. Поскольку же так уготованы нам блага, такие даны обетования и такое было к нам благоволение Господа, то невознерадим и не укосним поспешить к жизни вечной, и всецело посвятить себя на благоугождение Господу (49, 5).

17. Слыша о достоинстве души и о том, как драгоценна эта умная сущность, понимаешь ли, что небо и земля мимо идут, а ты призван к сыноположению, к братству, в невесты Христу? В видимом мире все женихово принадлежит и невесте, так все Господне вверяется тебе. Ибо для ходатайства о тебе Сам Он пришел, чтобы воззвать тебя. А ты ничего себе не представляешь и не разумеешь своего благородства, поэтому справедливо духовный муж оплакивает падение твое, говоря: «человек в чести сый не разуме, приложися скотом несмысленным, и уподобися им» (*Псал. 48, 21*). (16, 13). *За этим* следуют у него и другие побуждения, что цель наша – быть со сродным себе, т. е. с Господом, и особенно, что тогда только и хорошо нам, когда последуем Господу, и что нет хуже состояния, когда не последуем Ему.

18. Возведешь ли очи к солнцу, найдешь, что круг солнечный на небе, свет же и лучи его нисходят на землю, и вся сила света и блистательность его стремится к земле. Так и Господь сидит одесную Отца, превыше всякого начала и власти, но око Его устремлено на сердца людей, пребывающих на земле, чтобы ожидающих от Него помощи вознести туда, где Сам пребывает. Ибо говорит: «идеже есмь Аз, ту и слуга Мой будет» (*Иоан. 12, 26*). Но бессловесные животные многосмысленнее нас, потому что каждое из них соединяется с собственной своей породой: дикие с дикими, и овцы также со своим родом. А ты не возвращаешься к небесному своему родству, то есть к Господу, но помыслами своими соглашаешься и склоняешься на помыслы злобы, делаясь помощником греху, заодно с ним воюя против себя и таким образом предавая себя в снедь врагу, подобно тому, как пожирается птица, пойманная орлом, или овца волком, или как умирает дитя, протянувшее руку свою к змее и уязвленное ею (45, 6).

19. Душа тому принадлежит, с кем в общении и единении она своими хотениями. Поэтому или, имея в себе Божий свет и в нем живя и украшаясь всякими добродетелями, причастна она свету упокоения, или, имея в себе греховную тьму, подлежит осуждению. Душа, желающая жить у Бога в вечном упокоении и свете, должна умереть для прежней лукавой тьмы, преставиться же в иную жизнь для Божественного воспитания. Слыша это, обрати внимание на себя самого, произошло ли это в тебе. И если нет, то должно тебе скорбеть, плакать и болезновать непрестанно. Как мертвый еще для царства, взывай к Господу и проси с верой, чтобы тебе сподобиться истинной жизни. Бог, сотворив тело сие, не из своего естества, не из тела дал ему заимствовать себе жизнь, пищу, питье, одеяние, обувь, а напротив того, сотворив тело само по себе нагим, устроил, что все необходимое для жизни заимствует оно извне, и невозможно телу жить без того, что вне его существует, то есть без пищи, без питья, без одежд. Если же ограничивается оно тем, что в естестве его, не заимствуя ничего извне, то разрушается и гибнет. Таким же образом и душа, не имеющая в себе Божьего света, сотворенная же по образу Божью (ибо так домостроительствовал и благоволил Бог, чтоб имела она вечную жизнь), не из собственного своего естества, но от Божества Его, от собственного Духа Его, от собственного света Его восприемлет духовную пищу и духовное питие, и небесные одеяния, что и составляет истинную жизнь души (1, 8. 10).

20. Как в теле, по сказанному пред этим, жизнь не от него самого, но от того, что вне его, то есть от земли, и без существующего вне его невозможно ему жить, так, если душа еще ныне не возродится в ту землю живых, и не будете там духовно питаться и духовно возрастать, преспевая пред Господом, и не облечете ее Божество в неизреченные ризы небесной лепоты, то без оной пищи невозможно ей самой собой жить в усладжении и упокоении. Ибо естество Божье имеет и хлеб жизни, Того, Кто сказал: «Аз есмь хлеб животный» (*Иоан. 6, 35*), «и воду живу» (*Иоан. 4, 10*), «и вино, веселящее сердце человека» (*Псал. 103,15*), и «елей радости» (*Псал. 44, 8*), и многообразную пищу небесного Духа, и светоносные небесные одежды, даруемые Богом. В этом и состоит небесная жизнь души. Горе телу, когда оно останавливается на своей природе, потому что разрушается и умирает. Горе и душе, если останавливается на своей только природе, не имея общения с Божественным Духом, потому что умирает, не сподобившись вечной Божественной жизни. Как отчаиваются в больных, когда тело их не может уже принимать пищи, и плачут о них все близкие, друзья, родные и любимые ими, так Бог и святые Ангелы достойными слез признают те души, которые не вкушают небесной пищи Духа и не живут в нетлении (1, 11).

21. Итак, если внутренний твой человек опытно и несомненно изведал все сие, то вот живешь ты подлинно вечной жизнью, и душа твоя даже ныне упокоевается с Господом, вот действительно приобрел и принял ты сие от Господа, чтобы жить тебе истинной жизнью. Если же не сознаешь в себе ничего такого, то плачь, скорби и сетуй, потому что доныне не приобрел еще ты вечного и духовного богатства, доныне не принял еще истинной жизни. Поэтому сокрушайся о нищете своей, день и ночь умоляя Господа, потому что находишься в страшном греховном обнищании. И о, если бы приобрел кто хотя бы скорбь сию о нищете своей! О, если бы не проводили мы времени в беспечности, как пресыщенные! Кто скорбит и ищет, и неотступно просит Господа, тот скорее получит избавление и небесное богатство, как сказал Господь, заключая слово о неправедном судье и о вдовице: «кольми паче Бог сотворил отмщение вопиющих к Нему день и нощь? Ей глаголю: сотворит отмщение их вскоре» (*Лук. 18, 7.8*). (1,12).

22. Все пришествие Господне было для человека, лежащего мертвым во гробе тьмы, греха, нечистого духа и лукавых сил, чтобы Господу ныне в веке этом воскресить и оживотворить сего человека, очистить его от всякой черноты, просветить светом Своим, и облечь в Свои небесные ризы Божества. В воскресение же тел, которых души предварительно воскресли и прославились, прославятся и тела сии, и просветятся душой, ныне еще просвещенной и прославленной, облекутся в жилище нерукотворенное, небесное, в славу Божественного света. Видишь, как славы Божьи невыразимы и непостижимы! Невозможно выразить или описать неизмеримое, беспредельное и непостижимое богатство христиан. Посему со всяким тщанием должно приступить к христианскому подвигу и принять то богатство, потому что наследие и часть христиан есть Сам Бог. Ибо сказано: «Господь часть достояния моего и чаши моея» (*Псал. 15, 5*). (34, 2. 3).

23. Как мясо без соли загнивает, наполняется великим зловонием, и по причине несносного смрада все отвращаются от него, и в загнившем мясе пресмыкаются черви, находят там себе пищу, поедают его и гнездятся в нем, но коль скоро посыпана соль – питавшиеся мясом черви истребляются и гибнут, зловонный запах прекращается, потому что соли свойственно истреблять червей и уничтожать зловоние, таким же образом и всякая душа, не осоленная Св. Духом, непричастная небесной соли, то есть Божьей силы, загнивает и наполняется великим зловонием лукавых помыслов, почему лицо Божье отвращается от страшного смрада суетных помыслов, тьмы и страстей, живущих в такой душе, движутся в ней злые и страшные черви, то есть лукавые духи и темные силы, питаются, гнездятся, пресмыкаются там, поедают и растлевают ее. Ибо сказано: «возсмердеша и согниша раны моя» (*Псал. 37, 6*). Но как скоро душа прибегает к Богу, уверует и испросит себе соль жизни, благого и человеколюбивого Духа, снисшедшая небесная соль истребляет в ней страшных червей, уничтожает вредное зловоние и очищает душу действием силы своей. А таким образом, когда истинная соль сделает ее здравой и невредимою, снова вводится она в употребление и служение небесному Владыке. Поэтому и в законе в означение сего Бог повелел всякую жертву осолять солью (*Лев. 2, 13*). (1, 5).

24. Как в видимом мире, кто обнажен, тот терпит великий стыд и бесчестие, и друзья отвращаются от друзей, и родные от своих, если они обнажены, и дети, увидя отца обнаженным, отвратили взоры свои, чтобы не смотреть на обнаженное тело отца, подошли, «вспять зряще», и покрыли его, отвращая взоры свои (*Быт. 9, 23*), так и Бог отвращается от душ, которые не облечены с полным удостоверением в ризу Духа, в силе и истине не облеклись в Господа Иисуса Христа (20, 1).

25. Самый первый человек, увидев себя нагим, устыдился. Столько бесчестия в наготе! Если же и телесная нагота подвергает такому стыду, то тем паче большим покрывается стыдом и бесчестием страстей та душа, которая обнажена от Божественной силы, не имеет на себе и не облечена по всей истине в неизреченную, нетленную и духовную ризу Самого Господа Иисуса Христа. И всякий, кто обнажён от оной Божественной славы, столько же должен стыдиться себя самого и сознавать бесчестие своё, сколько устыдился Адам, будучи наг телесно: и хотя сделал себе одеяние из смоковных листьев, однако же носил стыд, сознавая свою нищету и наготу. Посему такая душа да просит у Христа, дающего ризу и облекающего славой в неизречённом свете, и да не делает себе одеяния из суетных помыслов, и да не думает, обольщаясь собственной праведностью, что есть у неё риза спасения (20, 2).

26. Как дом, в котором присутствует сам владетель, бывает полон всякого убранства, красоты и благолепия, так и душа, которая у себя имеет Владыку своего и к которой пребывает Он, исполняется всякой красоты и благолепия, потому что Господь с духовными Его сокровищами есть обитатель ее и браздодержец. Но горе тому дому, владетель которого в отсутствии и в котором нет господина, потому что, разрушаясь, запустевает и делается он полным всякой нечистоты и неустройства, там, по слову Пророка, поселятся «сирини и бесы» (*Ис. 13, 21*), потому что в опустевшем доме находят себе место дикие кошки, собаки и всякая нечистота. Горе душе, которая не восстает от тяжкого своего падения и внутри себя имеет убеждающих и понуждающих ее пребывать во вражде с Женихом своим и намеревающихся растлить мысли её, отвратив от Христа (33, 3).

гг) Предложенными представлениями готова душа склониться на призвание последовать Господу, но приходят мысли, что еще успеем это сделать и подсекают желание. Святой Макарий отвращает их сильными представлениями опасности отлагать дело спасения. Может истощиться долготерпение Божье – и тогда погибель неизбежна.

27. Боюсь, чтобы на нас, которые живем, всем пренебрегая, и водимся предрассудками, не исполнилось со временем Апостольское изречение, а именно: «или о богатства благости Его и кротости, и долготерпении не радиши, не ведый, яко благость Божия на покаяние тя ведет» (*Рим. 2, 4*)? Если же, при долготерпении, благости и кротости Его, приумножим еще число грехов и своим нерадением и пренебрежением уготовим себе тягчайшее осуждение, то исполнится на нас Апостольское слово: «по жестокости же своей и нераскаянному сердцу, собираеши себе гнев в день гнева и откровения праведнаго суда Божия» (*Рим. 2, 5*). Ибо велика и неисповедима благость Божья, невыразимо Божье долготерпение к человеческому роду, если только пожелаем мы отрезвиться и постараемся всецело обратиться к Богу, чтобы возможно нам было улучить спасение (4, 19).

28. А если угодно познать тебе Божье долготерпение и великую благость Божью, то можем научиться сему из богодуховных Писаний. Посмотри на Израильтян, от которых отцы, которым определены были обетования, «от нихже Христос по плоти, ихже служения и завет» (*Рим. 9, 4. 5*), как много они грешили? Сколько раз совращались. И Бог не оставлял их вконец, но на короткое время, к их же пользе, предавал их наказаниям, скорбью желая смягчить их жестокосердие, обращал, побуждал их, посылал к ним Пророков и сколько времени был долготерпелив к ним, когда они согрешали и оскорбляли Его? Обращающихся принимал с радостью, и когда снова совращались, не оставлял, но чрез Пророков призывал к обращению, и хотя многократно уклонялись от Него и обращались к Нему, всякий раз сретал благоволительно, принимал человеколюбиво, пока не впали напоследок в великий грех, возложив руки на собственного своего Владыку, которого, по преданию отцов и святых Пророков, ожидали себе Искупителем, Спасителем, Царем и Пророком. Ибо, когда пришел, не приняли Его, но даже еще, подвергли великому поруганию, напоследок предали на кресте смертной казни. И сим великим оскорблением и чрезмерным преступлением преумножившиеся грехи их дошли до полноты, потому вконец уже оставлены они, по удалении от них Святого Духа, когда раздралась церковная завеса. Посему и храм их, преданный язычникам, разрушен и приведен в запустение, по определению Господа, «что не имать остати зде камень на камни, иже не разорится» (*Матф. 24, 2*). И таким образом, решительно преданы они язычникам и по всей земле рассеяны пленившими их тогда царями, и повелено им уже не возвращаться в страну свою (4,20).

29. Так и ныне милостивый и благой к каждому из нас Бог являет Свое долготерпение, хотя многократные видит от каждого оскорбления, но безмолвствует, ожидая, не отрезвится ли человек со временем, и не переменится ли, чтобы больше уже не оскорблять Его, и с великой любовью и радостью приемлет обращающегося от греха. Ибо так говорит: «радость бывает о едином грешнице кающимся» (*Лук.15:10*), и еще: «несть воля пред Отцем Моим, да погибнет един от малых сих» (*Матф. 18, 14*), наименьших. Но если кто при великом к нему милосердии и долготерпении Божьем, когда Бог не подвергает его наказаниям за каждое греховное преткновение, тайное или явное, но видя оное безмолвствует, как бы ожидая покаяния, сам дошедши до великого небрежения, начинает прилагать грехи ко грехам, присовокупляя беспечность к беспечности, на одном прегрешении созидать другое и пополнит меру грехов, то впадает уже наконец в такой грех, из которого не может изникнуть, но сокрушается и, предавшись лукавому, погибает вконец (4. 21).

30. Так было с Содомлянами. Много греша и не обращаясь, напоследок злым умышлением против Ангелов в такой впали грех, что не стало уже места и покаянию, но отвержены они вконец, потому что исполнили и даже превзошли меру грехов. И потому по Божью суду попалены огнем. Так было и при Ное, многократно падая и не принося в том покаяния, простерлись до таких грехов, что растлили наконец всю землю. Так и к Египтянам, которые много оскорбляли Бога и согрешали против народа Его, Бог был еще милостив, не налагал на них таких казней, чтобы вконец истребить их, а только в поучение, чтобы побудить к обращению и покаянию, наносил им легкие удары, являя Свое долготерпение и ожидая их покаяния. Но они, во многом согрешив пред Божьим народом, то обращаясь, то опять в том раскаиваясь и утвердившись в древнем неверии злого произволения, обременив народ Божий работами, напоследок, когда Бог через Моисея при множестве чудес извел народ из Египта, учинили великий грех, погнавшись вслед за народом Божьим. Почему Божественный суд наконец истребил и погубил, и потопил их в водах, признав недостойными видимой жизни (4, 22).

31. Распространились же мы об этом, возлюбленные, из Писания почерпнутыми мыслями подтверждая, что как можно скорее должно нам обратиться и поспешить к Господу, Который милостив к нам и ожидает, чтобы совершенно удалились мы от всякого лукавства и худого предубеждения, обращающихся же приемлет с великой радостью – распространились, говорю об этом для того более, чтобы со дня на день не возрастало пренебрежение наше и не умножились в нас грехопадения наши, и чрез сие не навлекали мы на себя Божьего гнева. Посему постараемся, обратившись с искренним сердцем, приступить к Богу, и, поскольку отчаяние есть внушение злобы и коварства, не отчаиваться во спасении при воспоминании предшествовавших грехов, которые для того и приводят человека к отчаянию, недеятельности, нерадению и беспечности, чтобы, обратившись и пришедши к Господу, по великой Господней милости к человеческому роду не получил он спасения (4, 24).

дд) Между тем, как душа подходит таким образом к решимости начать дело спасения, враг устремляет на нее последние свои разожженные стрелы отчаяния и нечаяния.

32. Случается, что сатана ведет разговор с тобой в сердце: «Смотри, сколько худого сделал ты, смотри, какого неистовства исполнена душа твоя, столько обременен ты грехами, что не можешь уже спастись». Сие же делает, чтобы ввергнуть тебя в отчаяние, потому что неприятно ему покаяние твое. Ибо, как скоро чрез преступление вошел грех, ежечасно беседует он с душой, как человек с человеком. Отвечай ему и ты: «Имей в Писании Господнем свидетельства: не смерти хочу грешника, но покаяния, чтобы обратился он от пути лукавого и был жив (*Иез. 33:11*). Ибо для того сошел Он, чтобы спасти грешных, воскресить мертвых, оживотворить умерщвленных, просветить находящихся во тьме». И действительно, пришедши, призвал Он нас в сыноположение, в град святой, умиротворенный, в жизнь никогда не умирающую, в славу нетленную, только бы мы началу нашему дали добрый конец, пребывали в нищете, странничестве, злострадании, не преставали просить Бога, с неотступностью ударяя в дверь. Как тело близко к душе, так и Господь близок и готов прийти и отверзть заключенные двери сердца, и даровать нам небесное богатство. Он благ и человеколюбив, и обетования Его не ложны, если только с терпением взыщем Его до конца (11, 15). 99.

33. Представь себе стан персидский и стан римский, и вот вышли из них два окрыленные мужеством и равносильные юноши и ведут борьбу. Так сопротивные сила и ум равномощны между собой и равную имеют силу, как сатана преклоняет и лестью вовлекает душу в волю свою, так опять и душа прекословит и ни в чем не повинуется ему, потому что обе силы могут только побуждать, а не принуждать к злу и добру. Таковому-то произволению дается Божья помощь, и оно может борьбой приобрести оружие с неба, им победит и искоренит грех, потому что душа может противиться греху, но не может без Бога победить или искоренить зло. А утверждающие, что грех подобен сильному исполину, душа же подобна отроку, говорят худо. Ибо, если бы таково было несходство, и грех уподоблялся исполину, а душа отроку, то несправедлив был бы Законоположник, Который дал человеку закон вести брань с сатаной (27, 22).

34. Если же кажется нам как бы неудобоисполнимым и невозможным – обратиться от множества превозобладавших нами грехов, (а такая мысль, как сказали уже мы, есть внушение злобы и служит препятствием к нашему спасению), то приведем себе на память и не оставим без внимания, как Господь, пришедши к нам по благости Своей, давал прозрение слепым, врачевал расслабленных, целил всякую болезнь, воскрешал мертвых, которых коснулось уже тление и разрушение, отверзал слух глухим, из одного человека изгнал легион бесов и дошедшему до такого беснования возвратил здравый ум. Тем же паче душу, которая к Нему обращается, у Него ищет милости, Его требует помощи, и обратит Он, и приведет в целомудрие бесстрастия, благоустройство всякой добродетели и обновление ума, дарует ей здравие, прозрение разумное, мир помыслов, от слепоты, глухоты и мертвости неверия, неведения и небоязненности возведет к целомудрию, добродетели и чистоте сердца. Ибо Кто создал тело, Тот сотворил и душу. И как, пребывая на земле, по благости Своей, всем приходящим к Нему и ищущим у Него помощи и исцеления, как благой и единый Врач, в чем имел кто нужду, подавал то щедро, так щедр Он и в духовном (4, 25).

35. А всем этим убеждал Он нас к тому, чтобы неотступно, непрестанно, неутомимо просили мы у Него благодатного заступления, потому что пришел Он ради грешников, чтобы обратились к Нему, и уврачевать Ему верующих в Него. Мы только отступимся от худых предубеждений, сколько будет на то наших сил, возненавидим дурные свои занятия и мирские обольщения, отвратимся от лукавых и суетных помыслов, будем же всегда, по мере сил своих, к Нему прилепляться, а Он готов оказать нам помощь Свою, потому что Он весьма милосерд, животворит, врачует неисцелимые страсти, творит избавление тел, которые призывают Его, к Нему обращаются, по собственной воле и непринужденно удаляются по мере сил от всякой мирской любви, отвлекают ум от земли и к Нему устремлены своим желанием и исканием (4, 27).

ее) Когда все противные мысли отстранены, борьба с собой для склонения воли кончается и образуется решимость работать Господу для совершения своего спасения, решимость крепкая, как смерть. Выражение её: хоть умереть, а не стану более поблажать греху.

36. Святой Макарий говорит о душе, в которой есть истинная решимость, что бы ни было ей нанесено, среди тысячи искушений, все претерпевая, она говорит: если и умру, не оставлю Его (то есть Господа, в угоду греху и врагу). (26,8).

жж) Но чаще выражает он сию решимость закланием души, как закалали животных в жертву: ибо решимость точно есть самопожрение Господу во всесожжение.

37. Если человек плотский решается приступить к изменению себя самого, сперва он умирает и делается бесплодным для той прежней лукавой жизни (46, 2).

38. (Относительно жертв узаконено было), чтобы сперва заклал ее иерей, и она умерла, а потом чтобы рассеченная на части, была осолена и, наконец, возложена на огонь. Ибо если иерей предварительно не предаст овцу закланию и смерти, то не осоляется и не приносится она во всеплодие Владыке. Так и душа наша, приступая к истинному Архиерею Христу, должна быть от Него закланной и умрет для своего мудрования и для худой жизни, какой жила, то есть для греха, и как жизнь оставляет жертву, должно оставить ее лукавство страстей. Как тело, когда из него выйдет душа, умирает и не живет уже той жизнью, какой жило, не слышит, не ходит, так, когда небесный Архиерей Христос благодатью силы Своей предаст закланию и умертвит в душе жизнь для мира, умирает она для той лукавой жизни, какой жила, и уже не слышит, не говорит, не живет в греховной тьме, потому что лукавство страстей, как душа ее, по благодати выходит из нее. И Апостол взывает, говоря: «мне мир распялся, и аз миру» (*Галат. 6, 14*). (1, 6).

зз) Чтоб сильнее запечатлеть эту истину во внимании, св. Макарий пространно изображает, что все неуспехи в духовной жизни, все падения и отпадения и все нравственные настроения происходят от недостатка самоотверженной решимости работать Господу с отрешением от всего.

39. Очень немногого таких, которые с добрым началом соединили добрый конец, непреткновенно дошли до цели, имеют единую любовь к Единому Богу и от всего отрешились. Многие приходят в умиление, многие делаются причастниками небесной благодати, уязвляются небесной любовью, но, не выдержав встретившихся на пути различных борений, подвигов, трудов и искушений от лукавого, поскольку у каждого есть желание любить что-либо в мире сем и не вовсе отрешаться от любви своей, возвратившись к разнообразным мирским пожеланиям, по слабости и недеятельности или по боязливости собственной своей воли, или по любви к чему-либо земному, остались в мире и погрязли в глубине его. А те, которые действительно намерены до конца проходить доброе житие, должны при той небесной любви не принимать на себя добровольно и не примешивать никакой другой любви и приверженности, чтобы не положить тем препятствия духовному, не возвратиться вспять и, наконец, не лишиться жизни. Как обетования Божьи велики, неизглаголанны и неисповедимы, так потребны нам вера и надежда, и труды, и великие подвиги, и долговременное испытание. Немаловажны те блага, какие уповает получить человек, вожделевающий небесного царства. С Христом желает он царствовать бесконечные веки, ужели же не решится с усердием, в продолжение краткого времени жизни сей, до самой смерти, терпеть борения, труды и искушения? Господь взывает: «аще кто хощет по Мне ити, да отвержется себе, и возмет крест свой, повседневно радуясь, и по Мне грядет» (*Матф. 16, 24*). И еще: «аще кто не возненавидит отца, матерь, жену, чад, братию и сестер, еще же и душу свою, не может Мой быти ученик» (*Лук. 14, 26*). Но весьма многие из людей, хотя намереваются получить царствие и желают наследовать вечную жизнь, однако же не отказываются жить по собственным своим хотениям и следовать сим хотениям, лучше же сказать следовать посевающему в них суетное и, не отрекшись от себя, хотят они наследовать вечную жизнь, что невозможно (5, 7).

40. Истинно слово Господне. Те непреткновенно шествуют, которые, по Господней заповеди, всецело отреклись от себя, возгнушались всеми мирскими пожеланиями, связями, развлечениями, удовольствиями и занятиями, имеют пред очами Единого Господа, и вожделевают творить Его заповеди. Посему собственной своей волей совращается каждый, если действительно не захотел он отречься от себя и при той любви любит еще что-нибудь, услаждается какими-нибудь удовольствиями или пожеланиями века сего и не имеет к Господу всецелой любви, сколько возможно сие для произволения и хотения (5, 8).

41. Иногда хорошие, по-видимому, начинания приводятся в неисполнение ради славы и людской похвалы, а это пред Богом равно неправде и татьбе, и другим грехам. Ибо сказано: «Бог разсыпа кости человекоугодников» (*Псал. 52, 6*). И в добрых, по-видимому, делах лукавый видит себе услугу, он весьма разнообразен и обманчив в мирских пожеланиях. Для какой-нибудь земной и плотской любви, которой человек связывает себя по собственной воле, уловляет его грех, делается для человека оковами, узами, тяжким бременем, которое потопляет и подавляет его в веке лукавом, не давая ему собраться с силами и возвратиться к Богу. Что возлюбил человек в мире, то и обременяет ум его, овладевает им и не позволяет собраться с силами. От этого зависит и равновесие, и склонение, и перевес порока, этим испытывается весь род человеческий, испытываются все христиане, живущие в городах, или в горах, или в обителях, или в полях, или в местах пустынных, потому что человек, уловляемый собственной своей волей, начинает любить что-нибудь, любовь его связывается чем-нибудь и не всецело уже устремлена к Богу. Например, иной возлюбил имение, а иной золото и серебро, иной же — многоученую мирскую мудрость для славы человеческой, иной возлюбил начальство, иной – славу, иной любит безвременные сходбища, иной весь день проводит в рассеянии и удовольствиях, иной обольщается праздными помыслами, иной для человеческой славы любит быть как бы законоучителем, иной услаждается недеятельностью и нерадением, другой привязан к одеждам, иной предается земным попечениям, иной любит сон, или шутки, или сквернословие. Чем привязан кто к миру, малым ли или великим, то и удерживает его и не позволяет ему собраться с силами. С какой страстью человек не борется мужественно, ту любит он, и она обладает им и обременяет его, и делается для него оковами и препятствием уму его обратиться к Богу, благоугодить Ему и, послужив Ему Единому, сделаться благопотребным для царствия и улучить вечную жизнь (5, 9).

42. А душа, действительно стремящаяся к Господу, вся и всецело к Нему простирает любовь свою и, сколько есть сил, к Нему Единому привязуется своим произволением и в этом приобретает помощь благодати, отрицает сама себя и не следует хотениям ума своего, потому что по причине неотлучного с нами и обольщающего нас зла, ходит он лукаво. Таким образом, как скоро душа возлюбила Господа, исхищается из сетей собственной своей верой и великой рачительностью, а вместе и помощью свыше сподобляется вечного царства и, действительно возлюбив оное, по собственной своей воле и при помощи Господней не лишится уже вечной жизни (5, 10).

43. Чтобы яснее доказать нам самым делом, как многие гибнут по собственной своей воле, тонут в море, похищаются в плен, представь себе, что горит какой-нибудь дом: один, вознамерившись спасти себя, как скоро узнал о пожаре, бежит вон и, оставив все, решившись же позаботиться только о душе своей, он спасается, другой, вознамерившись взять с собой некоторые домашние утвари или иное что, вошел в дом, чтобы забрать это и, пока забирал, огонь взял силу над домом и его захватил в доме и сжег. Видишь ли, что этот человек погиб в огне по собственной своей воле из любви, и именно – возлюбив на время нечто кроме себя? Подобно также сему плывут иные морем и застигнуты сильным волнением, один, раздевшись донага, бросается в воду с намерением спасти только себя, и вот он, гонимый волнами и ничем не связанный, кроме заботливости о душе своей, плавая поверх волн, нашел возможность выйти из горького моря, а другой, вознамерившись спасти нечто из одежд своих, подумал, что и с ними, если возьмет их с собой, можно плыть и выйти из моря, но взятые им одежды обременили его и потопили в глубине морской, и вот, ради малой корысти не позаботившись о душе своей, погиб он. Примечаешь ли, что по собственной воле своей стал он жертвой смерти? Представь еще, что прошел слух об иноплеменниках, один, как скоро услышал это, тотчас предается бегству, нимало не медлит и пускается в путь ни с чем, другой же, не доверяя, что идут враги, или желая некоторые из вещей своих взять с собою и решившись на сие, замедлил побегом, и вот неприятели пришли, взяли его, отвели пленником в иноплеменную землю и принудили жить там в рабстве. Видишь ли, что и этот по собственной своей воле, по причине своей недеятельности, по недостатку в мужестве и по любви к некоторым вещам, отведен в плен (5, 11).

44. Подобны им и те, которые не последуют заповедям Господним, не отреклись от себя самих, и не возлюбили единого Господа, но добровольно связали себя земными узами. Если угодно правоту совершенной любви к Господу узнать из святых Богодухновенных Писаний, то смотри, как Иов совлекся, так сказать, всего, что имел у себя – детей, имения, скота, рабов и прочего достояния. Его почитали стяжавшим многое, но, по испытанию его Господом, оказалось, что Иов ничего не стяжал, кроме единого Бога. Подобно и Авраам, когда было повелено ему Господом «изыти отъ земли, и от рода и от дому отца его» (*Быт. 12, 1*), тотчас совлекся, так сказать, всего: отечества, земли, родных, родителей – и последовал слову Господню. Потом, среди многих бывших ему испытаний и искушений, то, когда взята была у него жена, то, когда жил и терпел обиду на чужой стороне – во всех сих случаях доказал, что Единого Бога любит паче всего. Наконец, когда по обетованию, по прошествии многих лет имел уже у себя единородного, столь много вожделенного сына, и Бог потребовал у него, чтобы сына сего с готовностью сам он принес в жертву, совлекся Авраам и истинно отрекся себя самого. Ибо сим приношением единородного доказал, что не любил ничего иного кроме Бога. Если же с такой готовностью отдавал он сына, то тем паче, когда повелено бы ему было оставить прочее свое имущество, или в один раз разделить бедным, и это сделал бы со всей готовностью и со всем усердием. Видишь ли теперь правоту совершенной и произвольной любви к Господу? (5, 12).

45. Так и желающие стать сонаследниками сих праведников, не должны любить ничего, кроме Бога, чтобы когда будут подвергнуты испытанию, оказаться им благопотребными и благоискусными, в совершенстве сохраняющими любовь свою к Господу. Те только в состоянии будут пройти подвиг до конца, которые всегда по собственной воле своей любили Единого Бога и отрешились от всякой мирской любви. Но весьма немного оказывается людей, которые бы восприняли такую любовь, отвращались от всех мирских удовольствий и пожеланий и великодушно претерпевали восстание и искушение лукавого. Весьма многие из людей хотят удостоиться царствия без трудов, без подвигов, без пролития пота, но это невозможно (5, 13).

46. Как в мире иные приходят к какому-нибудь богатому человеку поработать у него во время жатвы или во время другого дела, чтобы получить, в чем сами имеют нужду для своего пропитания, и некоторые из них бывают люди ленивые и праздные, не трудятся, как другие, не работают, как должно, но не трудясь и не изнуряя себя в доме богатого, хотят, как сделавшие уже все дело, взять плату наравне с теми, которые трудятся терпеливо и скоро, и из всех своих сил, таким же образом и мы, когда читаем Писания, или о каком праведнике, как благоугодил он Богу, как стал другом и собеседником Божьим, или и о всех отцах, как сделались они друзьями и наследниками Божьими, сколько претерпели скорбей, сколько страдали ради Бога, сколько совершали доблестных дел и подвигов, тогда ублажаем их, и хотим сподобиться равных с ними даров и достоинств, охотно желаем получить славные те дарования, отложив только в сторону их труды, подвиги, скорби и страдания, и стяжать те почести и достоинства, какие приняли они от Бога, желаем усердно, а их изнурений, трудов и подвигов на себя не приемлем. Но сказываю тебе, что всего этого желает и вожделевает всякий человек: и блудники, и мытари, и неправедные люди хотели бы получить царствие так легко, без трудов и подвигов. Для того-то и лежат на пути искушения, многие испытания, скорби, борение и пролитие пота, чтобы явными сделались те, которые действительно от всего произволения и всеми силами даже до смерти любили Единого Господа и при такой любви к Нему не имели уже ничего иного для себя вожделенного. Посему-то, по правде входят они в Небесное Царство, отрекшись от себя самих, по Господнему слову, и паче дыхания своего возлюбив Единого Господа, почему за высокую любовь свою и будут вознаграждены высокими небесными дарами (5, 14).

5. Состояние трудничества

а) Решимость есть исходная точка. Надо назначить ей цель, чтоб труды её были не бесплодны. В чем же цель? В том, чтоб достигнуть обновления естества благодатью Святого Духа. Решившийся туда и должен устремлять все свои усилия, чтоб Дух Святой осенил его в силе и действенности и, как огонь, начал опалять все нечистое. Когда сие совершается, тогда как бы душа входит в душу, человек оживает духовно, или тут только становится человеком. Это – главная мысль св. Макария, около которой группируются все прочие.

1. Кто приходит к Богу, и действительно желает быть последователем Христовым, тот должен приходить с той целью, чтобы перемениться, показать себя лучшим и новым человеком, не удержавшим в себе ничего из свойственного ветхому человеку. Ибо сказано: «аще кто во Христе, нова тварь» (*2Кор. 5, 17*). (44. 1).

2. Душе, истинно во Христа верующей, должно из нынешнего порочного состояния перейти в состояние иное, доброе, и нынешнее уничиженное естество изменить в естество иное, божественное, и сделаться естеством новым при содействующей силе Св. Духа, и тогда может она стать благопотребной для небесного царства. Достигнуть же сего возможно только нам, которые веруем, истинно любим Его и исполняем все святые заповеди Его. Если при Елисее дерево, по природе на воде легкое, будучи брошено в воду, вынесло на себе железо, по природе тяжелое, то тем паче Господь сюда еще пошлет легкого, подвижного, благого и небесного Духа Своего, и Им душу, погрязшую в водах лукавства, облегчит, окрылит, вынесет в небесные высоты, претворит и применит собственное её естество (44, 5).

3. Как тело без души мертво и не может ничего делать, так без небесной души, без Духа Божья и душа мертва для царства и без Духа не может делать того, что Божье (30, 3).

4. Посему кто старается уверовать и прийти к Господу, тому надлежит молиться, чтобы здесь еще приять ему Духа Божья, потому что Он есть жизнь души, и для того было пришествие Господа, чтобы здесь еще дать душе жизнь – Духа Святого (30, 6).

5. Бог столько благоволил к тебе, что сошел с святых небес и принял на Себя разумную твою природу и земную плоть, растворив Божественным Своим Духом, чтобы и ты, перстный, принял в себя небесную душу. И когда душа твоя будет в общении с Духом, и небесная душа войдет в душу твою, тогда совершенный ты человек в Боге и наследник, и сын (32, 6).

6. Посему надлежит нам возлюбить Господа, всемерно стараться преуспевать во всех добродетелях, неутомимо и непрестанно просить, чтобы всецело и совершенно принять нам обетование Духа Его, да оживотворятся души наши, пока еще мы во плоти. Ибо если душа в сем еще веке не примет в себя святыни Духа за многую веру и за молитвы и не сделается причастной Божеского естества, срастворясь благодатью, при содействии которой можете непорочно и чисто исполнять всякую заповедь, то она непригодна для небесного царства (44. 9). 119.

7. Вследствие ослушания первого человека, приняли мы в себя странное для естества нашего — вредные страсти, и привычкой, долговременным усвоением обратили их для себя как бы в природу, и опять необычайным же даром Духа надлежит изгнать из нас это странное и восстановить нас в первоначальную чистоту. И если ныне со многим молением, прошением, с верой, молитвой, с отвращением от мира не примем в себя той небесной любви Духа, и естество наше, оскверненное пороком, не прилепится к любви, то есть к Господу, и не будет освящено той любовью Духа, и мы до конца не пребудем непреткновенными, во всей точности живя по заповедям Господним, то не сможем получить Небесное Царство (4, 8).

б) Кто в покаянии обратился к Господу, тому, по принятии таинства, присуща уже благодать. Но она не во всех одинаково обнаруживается. Иных тотчас осеняет, а других подвергает долгим испытаниям и тогда уже являет свою действенность.

8. Беспредельная и непостижимая премудрость Божья непостижимым и неисследимым образом многоразлично совершает раздаяние благодати человеческому роду для испытания свободной воли, чтобы обнаружились любящие Бога всем сердцем и ради Него переносящие всякую опасность и всякий труд. Ибо иные, как скоро приступают с верой и молитвою, пока еще живут в мире, без их трудов, потов и изнурений, предваряют дарование и дары Святого Духа. При сем Бог дает благодать не без причины, не безвременно и не как случилось, но по неизреченной и непостижимой некоей премудрости, чтобы оказались благоискусными произволение и свободная воля тех, которые скоро получают Божью благодать, а именно в том, что чувствуют они благодеяние, оказанную им милость и сладость Божью по мере сообщенной им без собственных трудов их благодати, которой сподобившись, обязаны они показать рачительность, неутомимость, усилие и плод любви от своей воли и от своего произволения и воздать за дарования, то есть всецело передать себя, посвятив любви Господней и исполняя Господню только волю, совершенно же удаляясь от всякого плотского пожелания (29, 1).

9. А иным, хотя удалились они из мира, отреклись по Евангелию от века сего и с великим терпением преуспевают в молитве, в посте, в рачительности и в других добродетелях, Бог не скоро дает благодать, и упокоение, и духовное дарование, но медлит и удерживает дар. И это не без причины, не безвременно и не как случилось, но по неизреченной некоей премудрости, для испытания свободной воли, чтобы видеть, точно ли верным и истинным почитают Бога, обетовавшего давать просящим и отверзать дверь жизни ударяющим в нее, чтобы видеть, по истине ли уверовали в слово Его, пребудут ли до конца в несомненной вере и станут ли со всей рачительностью просить и искать, не отвратятся ли от Бога в злостраданиях и в боязни, не предадутся ли лености, впав в неверие и безнадежность и не претерпев до конца, по причине замедления времени и испытания их воли и произволения (29, 2).

10. Ибо кто не скоро приемлет, тот, когда Бог отлагает и медлит, еще более возгорается и сильнее вожделеет небесных благ, и ежедневно прилагает большее желание, рачение, неутомимость, усилие, совокупность всех добродетелей, алчбу и жажду, только бы получить благо, а не ослабевает от порочных помыслов, пребывающих в душе, не впадет в леность, нетерпеливость и отчаяние, или, под предлогом замедления, не предается расслаблению, водясь таким помыслом: «Когда-то получу благодать Божию?» – и чрез это вовлекаясь лукавым в нерадение. Напротив того, в какой мере Сам Господь отлагает и медлит, испытывая веру и любовь воли его, в такой и он, тем стремительнее и тщательнее, не ослабно и неутомимо, должен искать дара Божьего, единожды уверовав и убедившись, что не ложен и истинен Бог, обетовавший подавать благодать Свою тем, которые просят ее с верой и со всяким до конца терпением (29, 3).

11. Души верные почитают Бога верным и истинным, и по истинному слову, утвердились, «яко истинен есть» (*Иоан. 3, 33*). А сообразно с этим, по сказанному выше понятию веры, испытывают сами себя, в чем, сколько от них зависит, имеют они недостаток, в труде ли, или в усилии, или в рачительности, или в вере, или в любви, или в прочих добродетелях, и испытав себя со всей утонченной точностью, сколько есть сил, принуждают и приневоливают себя угождать Господу, единожды уверовав, что Бог, как истинный, не лишит их духовного дара, если до конца со всей рачительностью пребудут пред Ним в служении и в терпении, и что пребывая еще во плоти, сподобятся они небесной благодати и улучат вечную жизнь (29, 4).

12. Таким образом, все любовь свою устремляют к Господу, отрекшись от всего, Его Единого ожидая с сильным вожделением, с алчбой и жаждою, всегда чая себе упокоение и утешение благодати, не утешаясь же и не упокоеваясь ничем в мире этом, добровольно связывая себя, непрестанно же сопротивляясь вещественным помыслам, ожидают только Божьей помощи и Божьего заступничества, ожидают, когда в таковых душах, воспринявших произволение, рачительность и терпение, Сам Господь уже тайно будет присутствовать, помогать им, охранять и поддерживать в них всякий плод добродетели. Ибо есть пределы, мера и вес свободному произволению и свободной любви, и посильному расположению к всем святым Его заповедям. И таким образом души, исполняющие меру любви и долга своего, сподобляются царствия и вечной жизни (29, 5).

в) Что общий у благодати закон – не вдруг вперять себя, это объясняет святой Макарий многими примерами из Божественного Писания, с приложением урока, к чему это обязывает каждого верующего.

13. Духовное действие Божьей благодати в душе совершается великим долготерпением, премудростью и таинственным смотрением ума, когда и человек с великим терпением подвизается в продолжение времени и целых лет. И дело благодати тогда уже оказывается в нем совершенным, когда свободное произволение его, по многократном испытании, окажется благоугодным Духу и с течением времени покажет опытность и терпение. Ясные образцы сего порядка представим из Богодухновенных Писаний (9, 1).

14. Утверждаемое мной подобно тому, что было с Иосифом. Чрез сколько времени и чрез сколько лет совершилось определение Божьей о нем воли, исполнились видения! А прежде в скольких трудах, скорбях и теснотах испытан был Иосиф! И когда все претерпел мужественно, во всем оказался благоискусным и верным Богу рабом, тогда уже стал царем Египта и препитал род свой, и исполнились и пророчества о невидимом и та воля Божья, о которой задолго по великому смотренью было предречено (9, 2).

15. Подобное сему было и с Давидом. Бог чрез Пророка Самуила помазал его в цари. И когда был он помазан, тогда гонимый Саулом должен был спасаться от смерти бегством. И где Божье помазание? Где скорое исполнение обетования? Ибо как скоро помазан, стал терпеть жестокие скорби, удаляясь в пустыни, не имея даже насущного хлеба и спасаясь бегством у язычников от Саулова против него злоумышления. И в таких скорбях пребывал тот, кого Бог помазал в цари! Потом, когда многие годы был испытываем и искушаем, терпел скорби и переносил их великодушно, решительно вверился Богу и себя самого удостоверил: «Что сотворил со мной Бог пророческим помазанием, и о чем сказал, то несомненно должно исполниться», – тогда уже за многое долготерпение совершилась, напоследок, воля Божья, и после многих испытаний воцарился Давид, и явственным тогда стало Божье слово, и помазание, совершенное Пророком, оказалось твердым и истинным (9,3). Подобное сему было с Моисеем, с Авраамом и с Ноем (9, 4. 5. 6).

16. Примеры же эти привели мы из Писаний в доказательство, что действие Божьей благодати открывается в человеке и приемлет он дарование Святого Духа, какого сподоблена бывает душа верная только после долговременного борения, после опытов великого терпения и великодушия, после искушений и испытаний, когда свободное произволение испытано будет всякими скорбями. Когда ни в чем не оскорбит оно Духа, но по благодати будет во всем согласно с заповедями, тогда бывает оно сподоблено достигнуть свободы от страстей, принять полноту духовного усыновления, изрекаемого в таинстве, также духовного богатства и такого разумения, которое не от мира сего, и которого деляются причастными одни истинные христиане. Почему таковые люди во всем отличны от всех людей благоразумных, сведущих и мудрых, имеющих в себе дух мира (9, 7).

17. Посему уготовимся от всего произволения и со всей охотой идти к Господу и стать Христовыми последователями для исполнения воли Христовой и для памятования и соблюдения всех Христовых заповедей, совершенно устранившись от любви к миру, предадим души свои Единому Христу, то будем иметь в уме, чтобы Им одним заниматься, о Нем одном иметь попечение, Его Единого искать. Если же, по причине тела, не употребим должного радения об исполнении заповедей и о послушании Богу, то, по крайней мере, ум наш да не устраняется от любви к Господу, от того, чтобы искать Его и стремиться к Нему. А подвизаясь с таким умом, с правым образом мыслей, шествуя путем правды и всегда пребывая внимательными к себе, да улучим обетование Духа Его, и по благодати да избавимся от гибели во тьме страстей, какими одержима душа, а чрез сие сделаемся достойными вечного царствия, и сподобимся блаженствовать с Христом целые веки, прославляя Отца и Сына и Святого Духа во веки. Аминь (9, 13).

г) Вследствие сего, всякому решающемуся работать Господу, предлежит на первых порах трудничество – состояние, когда он только силой разумной воли своей понуждает себя на всякое дело доброе и сдерживает себя от всего не одобряемого совестью, несмотря на то, что этому нет сочувствия в сердце. Итак, решился? Начинай нудить себя на всякое добро и противиться себе во всем худом.

18. Кто хочет приступить к Господу, сподобиться вечной жизни, сделаться обителью Христовою, исполниться Духа Святого, чтобы прийти в состояние приносить плоды Духа, чисто и неукоризненно исполнять заповеди Христовы, тот должен начать тем, чтобы прежде всего крепко уверовать в Господа, и всецело предать себя вещаниям заповедей Его, во всем отречься от мира, чтобы весь ум не был занят ни чем видимым. И ему надлежит непрестанно пребывать в молитве, с верою, в чаянии Господа, всегда ожидая Его посещения и помощи, сие одно всякую минуту имея целью ума своего. Потом, по причине живущего в нем греха, надлежит ему понуждать себя на всякое доброе дело, к исполнению всех заповедей Господних. Так например: надлежит понуждать себя к смиренномудрию перед всяким человеком, почитать себя низшим и худшим всякого, ни от кого из людей не ища себе чести, или похвалы, или славы, как написано в Евангелии, но имея всегда пред очами Единого Господа и заповеди Его, Ему Единому желая угодить в кротости сердца, как говорит Господь: «научитеся от Мене, яко кроток есмь и смирен сердцем и обрящете покой душам вашим» (*Матф. 11, 29*). (19, 1).

19. Подобно сему да приучает себя, сколько можно, быть милостивым, добрым, милосердым, благим, как говорит Господь: будите добры и благи, «якоже и Отец ваш небесный милосерд есть» (Лук, 6, 36). Паче всего в незабвенной памяти, как образец, да содержит смирение

Господа и жизнь Его, и кротость, и обращение с людьми, да пребывает в молитвах, всегда веруя и прося, чтобы Господь пришел и вселился в него, усовершал и укреплял его в исполнении всех заповедей Своих, и чтобы Сам Господь сделался обителью души его. И таким образом, что делает теперь с принуждением непроизволящего сердца, то будет некогда делать произвольно, постоянно приучая себя к добру и всегда памятуя Господа и непрестанно ожидая Его с великой любовью. Тогда Господь, видя такое его произволение и доброе рачение, видя, как принуждает себя к памятованию Господа, и как сердце свое, даже против воли его, ведет непрестанно к добру, к смиренномудрию, к кротости, к любви, и ведет, сколько есть у него возможности, со всем усилием, тогда, говорю, Господь творит с ним милость Свою, избавляет его от врагов его и от живущего в нем греха, исполняя его Духом Святым. Тогда уже без усилий и труда во всей истине творит он все заповеди Господни, лучше же сказать, Сам Господь творит в нем заповеди Свои, и он чисто плодоприносит тогда плоды Духа (19, 2).

20. Но приступающему к Господу надлежит, таким образом, принуждать себя ко всякому добру, принуждать себя к любви, если кто не имеет любви, принуждать себя к кротости, если не имеет кротости, принуждать себя к тому, чтобы милосердым быть и иметь милостивое сердце, принуждать себя к тому, чтобы терпеть пренебрежение, и когда пренебрегают, быть великодушным, когда унижают, или бесчестят, не приходить в негодование, по сказанному: «не себе отмщающе возлюбленнии» (*Рим. 12, 19*), надлежит принуждать себя к молитве, если не имеет кто духовной молитвы. В таком случае, Бог видя, что человек столько подвизается и против воли сердца с усилием обуздывает себя, дает ему истинную духовную молитву, дает истинную любовь, истинную кротость, «утробы щедрот», истинную доброту, и, одним словом, исполнит его духовного плода (19, 3).

21. Если же кто, не имея молитвы, принуждает себя к одной только молитве, чтобы иметь ему молитвенную благодать, но не принуждает себя к кротости, к смиренномудрию, к любви, к исполненью прочих заповедей Господних и не заботится, не прилагает труда и усилие преуспеть в них, то, по мере его произволения и свободной воли, согласно с прошением его, дается ему иногда отчасти благодать молитвенная, но по нравам остается он таким же, каким был и прежде. Не имеет он кротости, потому что не взыскал труда и не приготовил себя сделаться кротким, не имеет смиренномудрия, потому что не просил и не принуждал себя к тому, не имеет любви ко всем, потому что прося молитвы, о сем не позаботился и не показал усилия (19, 4).

22. Но кто не имеет сих добродетелей, не приучил и не приготовил себя к ним, тот, если и приемлет благодать молитвенную, то утрачивает оную по принятии, и падает от высокоумия, или не преуспевает и не возрастает в благодати, дарованной ему, потому что не предает себя от всего произволения исполнению заповедей Господних. Ибо обителью и упокоением Духу служат: смиренномудрие, любовь, кротость и прочие Господни заповеди (19, 6).

23. Посему кто хочет истинно благоугождать Богу, принять от Него небесную благодать Духа, возрастать и усовершаться о Духе Святом, тот должен принуждать себя к исполнению всех заповедей Божьих и покорять сердце, даже против воли его, по сказанному: «сего ради к всем заповедем Твоим направляхся, всяк путь неправды возненавидех» (*Псал. 118, 128*). (19, 7).

д) Нудить себя на добро есть одна сторона трудничества. Другая есть – противиться себе в худом. Эта последняя есть брань духовная. О ней так учит святой Макарий.

24. Кто хочет истинно благоугождать Богу и поистине возненавидеть противную сторону злобы, тому должно нести брань в подвигах и борениях двоякого рода, именно: в видимых делах мира сего удаляться от земных развлечений, от любви к мирским связям и от греховных навыков, а в делах сокровенных бороться с самими духами злобы, о которых сказал Апостол: «несть наша брань к крови и плоти, но к началом, к властем, к миродержителем тьмы века сего, к духовом злобы поднебесным» (*Ефес. 6, 12*). (21, 1).

25. Человек, преступив заповедь и будучи изгнан из рая, связан двояким образом и двоякого рода узами: в мире – делами житейскими, любовью к миру, т. е. к плотским удовольствиям и страстям, к богатству и славе, к имению, к жене, к детям, к родным, к отечеству, к месту и одеждам, одним словом, к всему видимому, от чего слово Божье повелевает отрешиться по собственному произволенью (потому что каждый к всему видимому и привязывается по доброй воле), чтобы, отрешась и освободив себя от всего этого, мог он стать совершенным исполнителем заповеди, втайне же опутывают, окапывают, остеняют и оковами тьмы связывают душу духи злобы (21, 2).

26. Посему, когда, услышав кто Божье слово, вступит в подвиг, отринет от себя дела житейские и мирские связи, отречется от всех плотских удовольствий и отрешится от них, тогда с постоянством устремляя мысль к Господу, может он дознать, что в сердце есть иная борьба, иное тайное противление, иная брань помыслов от лукавых духов, и что предлежит ему иной подвиг. И таким образом, с несомненной верой и великим терпением непрестанно призывая Господа, ожидая от Него помощи, можно здесь еще получить внутреннее освобождение от уз, тенет, преград и тьмы лукавых духов, то есть от действия тайных страстей (21, 3).

27. Сия же брань может быть прекращена благодатью и силой Божьей, потому что человек сам собой не в состоянии избавить себя от противления, от скитания помыслов, от невидимых страстей и козней лукавого. Если же кто привязан к видимым вещам в мире сем, опутывает себя много различными земными узами и увлекается зловредными страстями, то не познает он, что внутри у него есть иная борьба, и битва, и брань. И, о, если бы человеку, когда с усилием исхитит и освободит он себя от сих видимых мирских уз и вещественных забот, и плотских удовольствий, и начнет постоянно прилепляться к Господу, устраняя себя от мира сего, хотя после сего прийти в состояние познать внутри водворяющуюся борьбу страстей, и внутреннюю брань, и лукавые помыслы! А если, как сказали мы прежде, не отречется с усилием от мира, не отрешится всем сердцем от земных пожеланий, и не пожелает всецело прилепиться к Господу, то не познает обмана сокровенных духов злобы и тайных зловредных страстей, но остается чуждым себе самому, потому что неизвестны ему язвы его, и имея в себе тайные страсти, не сознает их, но еще добровольно привязывается к видимому и прилепляется к мирским попечениям (21, 4).

28. А. кто истинно отрекся от мира, подвизается, сверг с себя земное бремя, освободил себя от суетных пожеланий, от плотских удовольствий, от славы, начальствования и человеческих почестей и всем сердцем удаляется от сего, тот, когда Господь в сем явном подвиге помогает ему тайно, по мере отречения воли от мира, и когда сам он всецело, то есть, телом и душой утвердился и постоянно пребывает в служении Господу, находит в себе противление, тайные страсти, невидимые узы, сокровенную брань, тайное борение и тайный подвиг. И таким образом, испросив у Господа, приняв с неба духовные оружия, какие исчислил блаженный Апостол: броню правды, шлем спасения, щит веры и меч духовный (*Ефес. 6,14–17*), — и вооружившись ими, сможет противостоять тайным козням дьявола в составляемых им лукавствах, приобретши себе сие оружие молитвой, терпением, прошением, постом, а паче верой, в состоянии будет подвизаться во брани с началами, властями и миродержителями, а таким образом победив сопротивные силы при содействии Духа и при собственной рачительности во всех добродетелях, сделается достойным вечной жизни, прославляя Отца и Сына и Святого Духа. Ему слава и держава во веки! Аминь (21, 5).

29. Некоторые говорят, что Господь требует от людей одних явных плодов, а тайное совершает Сам Бог. Но не так бывает на деле, напротив того, сколько ограждает кто себя по внешнему человеку, столько же он должен бороться и вести брань с помыслами, потому что Господь требует от тебя, чтобы сам на себя был ты гневен, вел брань с умом своим, не соглашался на порочные помыслы и не услаждался ими (3, 3).

30. Душа должна сопротивляться, противоборствовать и отражать. Произволение твое, противоборствуя, пребывая в труде и скорби, начинает наконец одерживать верх, оно и падает и восстает, грех снова низлагает его, в десяти и в двадцати борениях побеждает и низлагает душу, но и душа со временем в одном чем-нибудь побеждает грех. И опять, если душа стоит твердо и ни в чем не ослабевает, то начинает брать преимущество, решать дело и одерживать над грехом победы. Так-то люди преодолевают и делаются его победителями (3, 4. 5).

31. Конь, пока с дикими животными пасется в лесах, не покорен бывает людям. А когда он пойман, тогда для укрощения его налагают на него тяжелую узду, пока не научится ходить чинно и прямо. Потом опытный седок упражняет его, чтобы сделать способным к брани. Тогда надевают на него вооружение, разумей нагрудник и забрала, а прежнюю узду вешают и приводят в сотрясение пред глазами его, чтобы он привык и не пугался. И обучаемый так всадником, если не приучится, не может быть на войне, а как скоро приучится и приобыкнет к брани, едва почует и услышит бранный звук, сам с готовностью идет на врагов, почему, самым ржанием своим наводит страх на неприятелей (23, 2).

32. Подобно сему и душа, одичав и став непокорной со времени преступления, в пустыне мира сближается со зверями – лукавыми духами, продолжая служение греху. Когда же услышит слово Божье и уверует, тогда обуздываемая Духом, отлагает дикий нрав и плотское мудрование, управляемая всадником Христом. Потом приходит в скорбь, в усмирение, в тесноту, что нужно для ее испытания, чтобы постепенно укрощал ее Дух, при постепенном же оскудении и истреблении в ней греха. И таким образом душа, облеченная в броню правды, в шлем спасения, в щит веры, и приняв меч духовный, научается вести брань со своими врагами, и вооруженная Духом Господним, борется с духами злобы, и угашает разожженные стрелы лукавого. А без духовного оружия не вступает в ополчение, как же скоро имеет оружие Господне, едва услышит и ощутит сильные брани, исходит «со сканием и ржанием», как сказано у Иова (*Иов. 39, 25*), потому что от самого гласа моления ее падают враги. Совершив же такой подвиг и с помощью Духа одержав во брани победу, с великим дерзновением примет победные венцы, и будет упокоеваться вместе с Небесным Царем (23, 3).

33. Как скоро удалишься от мира и начнешь искать Бога и рассуждать о Нем, должен уже будешь бороться со своею природой, с прежними нравами и с тем навыком, который тебе прирожден. А во время борьбы с сим навыком найдешь противящиеся тебе помыслы и борющиеся с умом твоим, и помыслы сии повлекут тебя и станут кружить тебя в видимом, от чего ты бежал. Тогда-то начнешь борение и брань, восставляя помыслы против помыслов, ум против ума, душу против души, дух против духа (32, 9).

34. Ибо открывается какая-то сокровенная и тонкая сила тьмы, пребывающая в сердце. И Господь бывает близ души и тела твоего, и смотря на борьбу твою, влагает в тебя сокровенные, небесные помыслы, и втайне начинает упокоевать тебя. Но пока оставляет еще тебя под обучением, и в самых скорбях промышляет о тебе благодать. И когда придешь в упокоение, даст тебе познать Себя, и покажет тебе, что для твоей же пользы попускал быть тебе в борении. Как сыну богатого человека, у которого есть пестун, пока наставник наказывает его, и учение, и раны, и удары кажутся тяжкими, и это бывает пока не сделается мужем, и тогда начинает уже благодарить пестуна: так и благодать промыслительно обучает, пока не придешь в совершенного мужа (33. 10).

е) **Поскольку такой надлежит труд решившемуся работать Господу, то кроме безжалостного к себе определения себя на всякое трудничество, ему необходимо еще иметь рассудительность, внимание и осмотрительность.**

35. Кто хочет христианскую жизнь с великой точностью вести в совершенстве, тот обязан всеми силами позаботиться прежде всего о смысле и о рассудке души, чтобы, приобретши способность в точности различать доброе и худое, и во всяком случае распознавая, что в чистую природу привзошло несвойственного ей, жить нам правильно и непреткновенно, и чтобы, пользуясь рассудком, как глазом, быть нам в состоянии не сдружаться и не входить в согласие с внушениями порока, а чрез это, сподобившись божественного дара, сделаться достойными Господа (4, 1).

36. Тело имеет своим путеводителем глаз, и он видит, и все тело ведет надлежащим путем. Представь же, что идет кто-нибудь местами лесистыми, заросшими тернием и тинистыми, где и огонь загрождает путь и мечи вонзены, есть там и стремнины и множество вод. Если путник оборотлив, осторожен и неустрашим, то, имея путеводителем глаз, с великой внимательностью проходит трудные эти места, и руками и ногами всячески сдерживает хитон свой, чтобы не изорвать между деревьями и в терниях, не замарать грязью, не изрезать мечами, и глаз, служа светом для целого тела, указывает ему путь, чтобы не сокрушилось оно на стремнинах, или не потонуло в водах, или не потерпело вреда в каком-нибудь затруднительном месте. Так оборотливый и смышленый путник, со всей осторожностью подобрав хитон свой, идя прямо по указанью глаза, и себя сохраняет невредимым, и надетый хитон сберегает несожженным и неразодранным. Если же подобными местами проходит человек нерадивый, ленивый, беспечный, неповоротливый, недеятельный, то хитон его, развеваясь туда и сюда, потому что у путника недостает твердости всячески подбирать свою одежду, рвется об сучки и тернии, или загорается от огня, или изрезывается вонзенными мечами, или грязнится в тине, одним словом, прекрасный и новый хитон его в скором времени портится от его невнимательности, недеятельности и лености. А если путник не будет обращать полного и должного внимания на указание глаза, то и сам упадет в ров или потонет в водах (4, 2).

37. Подобным образом и душа, нося на себе как бы прекрасный хитон, одежду тела, и имея у себя рассудок, который дает направление всей душе с телом, когда проходит она по лесистым и тернистым стезям жизни, среди тины, огня, стремнин, то есть, вожделений и удовольствий и прочих несообразностей века сего, должна с трезвением, мужеством, рачительностью и внимательностью везде сдерживать и оберегать себя. А чтобы телесный хитон на лесистых и тернистых стезях мира сего не разодрался где-либо от забот, недосугов и земных развлечений, и не сгорел от огня вожделения, то облеченная в оный душа отвращает око, чтобы не видеть лукавства, а также отвращает слух, чтобы не слышать пересудов, удерживает язык от суетных разговоров, руки и ноги от худых занятий, потому что душе дана воля отвращать телесные члены и не допускать их до худых зрелищ, до слышания чего-либо лукавого и срамного, до непристойных слов, до занятий мирских и лукавых (4,3).

38. Господь, как скоро увидит, что мужественно отвращается кто-нибудь от житейских удовольствий, от вещественных развлечений и забот, от земных уз и от кружения суетных помыслов, подает таковому благодатную Свою помощь и непреткновенной соблюдает эту душу, которая прекрасно совершает течение свое в настоящем лукавом веке. И таким образом, душа от Бога и от Ангелов удостаивается небесных похвал за то, что прекрасно охранила и себя и хитон тела своего, сколько возможно ей было, отвращаясь от всякого мирского вожделения, и вспомоществуемая Богом, прекрасно совершила течение свое на поприще мира сего (4, 4).

39. Если же кто по недеятельности и беспечности невнимательно ходит в жизни сей и по собственной воле своей не отвращается от всякого мирского вожделения, и не взыскует со всем желанием Единого Господа, то хитон тела его рвется от терний и дерев мира сего, опаляется огнем вожделения, оскверняется грязью удовольствий, и потому душа в день суда оказывается не имеющею дерзновения, потому что не смогла одеяние свое соблюсти неоскверненным, но растлила оное среди обольщений века сего. За это извергается она из царства. Ибо, что сотворит Бог с тем, кто по собственной воле своей предает себя миру, обольщается его удовольствиями или блуждает, кружась в вещественном? Помощь Свою подает Он тому, кто отвращается от вещественных удовольствий и от прежних навыков, с усилием устремляет всегда мысль свою к Господу, отрекается от себя самого, взыскует же Единого Господа. Того и Бог блюдет, кто в дебри мира сего при всяком случае остерегается сетей и тенет, кто со страхом и трепетом свое спасение соделывает (*Фил. 2, 12*), со всею внимательностью обходит сети, тенета и похоти века сего, взыскует же Господней помощи и по милости Господней надеется спастись благодатью (4, 5).

ж) Воодушевление в трудах почерпать должен труженик в надежде и непоколебимой уверенности, что Господь увидит, сколь усерден труд, удостоверится в верности души, и даст ей Духа Святого и Сам сочетается с нею. Этого предмета очень часто касается святой Макарий и всякий почти урок о трудничестве сводит на внушение сей надежды.

40. Всякое видимое в мире дело делается в надежде получить пользу от трудов. И если кто не вполне уверен, что насладится трудами, то не полезны ему и труды. И земледелец сеет в надежде собрать плоды и, в чаянии их, переносит труды, сказано, «о надежде должен есить оряй орати» (*1Кор. 9, 10*). И кто берет жену, берет в надежде иметь наследников, и купец ради прибыли пускается в море, отдает себя на готовую смерть. Так и в царстве небесном человек, в надежде, что просветятся сердечные очи, отдает сам себя на то, чтобы устраниться от дел житейских, проводить время в молитвах и прошениях, ожидая Господа, когда придет и явит ему Себя, и очистит его от живущего в нем греха (14, 1).

41. Должно христианину иметь упование, радость и чаяние будущего царства и избавления, и говорить: «Если не избавлен я сегодня, буду избавлен на утро». Насаждающий у себя виноградник, прежде нежели приступит к труду, имеет в себе радость и надежду, и когда вина еще нет, живо представляет в уме точило, вычисляет доходы и в таких мыслях принимается за труд, надежда и ожидание заставляют его трудиться усердно, и делает он пока большие издержки в доме. А подобным образом домостроитель и земледелец сперва расточают много своей собственности в надежде на будущую прибыль. Так и здесь, если не будет у человека пред очами радости и надежды, что примет избавление и жизнь, то не сможет стерпеть скорбей и принять на себя бремя и шествие тесным путем. А сопровождающие его надежда и радость позволяют ему трудится, терпеть скорби, и принимать на себя бремя, и идти тесным путем (26,11).

42. Верующему должно просить о себе Бога, чтобы пременилось произволение его преложением сердца. К Нему должен ты возводить ум и помыслы, и не содержать в мысли ничего иного, кроме чаяния узреть Его. И поэтому, как резвых детей, душа да соберет и усмирит рассеянные грехом помыслы, пусть введет их в дом тела своего, непрестанно в посте и с любовью ожидая Господа, когда Он придет и действительно соберет ее воедино. Поелику же будущее неизвестно, то еще более да надеется, прекрасно возлагая надежду свою на Кормчего. Сказано, не бойся, «Аз пред тобою пойду, и горы уравню, врата медяная сокрушу и вереи железныя сломлю» (*Ис. 45, 2*). И еще сказано, «внемли себе, да не будет слово тайно в сердце твоем беззакония» (*Втор.15:9*), не говори в сердце своем, «язык сей мног и крепок» (*Втор.2:21*). (31,1. 2).

43. Если не обленимся и не дадим у себя пажитей бесчинным порочным помыслам, но волей своей привлечем ум, понуждая помыслы устремиться к Господу, то, без сомнения, Господь Своею волею придет к нам, и действительно соберет нас к Себе, потому что все благоугождение и служение зависит от помышлений. Поэтому старайся угождать Господу, всегда ожидая Его внутренне, ища Его в помышлениях, побуждая и принуждая волю свою и произволение свое к Нему непрестанно устремляться. Ибо в какой мере собираешь ты ум свой к исканию Его, в такой и еще в большей мере понуждается Он собственным Своим благоутробием и благостью Своей прийти к тебе и упокоить тебя. Стоит Он и рассматривает твой ум, помышления и движения мыслей, взирает, как ищешь Его, от всей ли души твоей, не с леностию ли, не с нерадением ли (31, 3).

44. И когда увидит рачительность твою в искании Его, тогда явится и откроется тебе, подаст помощь Свою и уготовит тебе победу, избавляя тебя от врагов твоих. Поэтому вознесем тело это, соорудим жертвенник, возложим на него всякое наше помышление, и будем умолять Господа, чтобы послал с неба невидимый и великий огонь, да поглотит он и жертвенник, и все, что на нем. И падут все священники Вааловы, то есть, сопротивные силы, и тогда увидим небесный дождь, подобно следу человеческому (*3Цар. 18, 44*), сходящий в душу, почему исполнится на нас Божье обетование, как сказано у Пророка, возставлю и возгражду скинию Давидову падшую, и раскопанная ея возгражду» (*Амос. 9, 11*). (31, 4. 5).

з) Частностей труженических подвигов не касается святой Макарий, потому что они все были в практике у тех, к кому обращал он беседы свои. При случае он только перечисляет их, как то: пост, бдение, уединение, телесный труд, послушание, взаимовспомоществование, терпение. Только об одной молитве говорит он подробнее, потому что она хороводица всех добродетелей и подвигов, и особенно потому, что она есть преемница наития Духа Святого.

45. О внешнем подвижничестве и о том, какой образ жизни есть высший и первый, знайте, возлюбленные, следующее, все добродетели между собою связаны, как звенья духовной цепи, одна от другой зависят, молитва от любви, любовь от радости, радость от кротости, кротость от смирения, смирение от служения, служение от надежды, надежда от веры, вера от послушания, послушание от простоты. Так и с противной стороны худые дела зависят одно от другого, ненависть от раздражительности, раздражительность от гордости, гордость от тщеславия, тщеславие от неверия, неверие от жестокосердия, жестокосердие от нерадения, нерадение от лени, лень от уныния, уныние от нетерпеливости, нетерпеливость от сластолюбия, прочие части порока также между собой связаны, как на доброй стороне связаны между собою и одни от других зависят добродетели (40, 1).

46. Главное же во всяком добром рачении и верх заслуг – прилежное пребывание в молитве. Ею, испрашивая у Бога, ежедневно можем приобретать и прочие добродетели. Отсюда в сподобившихся происходит общение в Божьей святости, в духовной действенности, и союз умного расположения как бы в неизреченной любви к Господу. Ибо кто ежедневно принуждает себя пребывать в молитве, тот духовной любовью к Богу воспламеняется к божественной приверженности и пламенному желанию, и приемлет благодать духовного освящающего совершенства (40, 2).

47. Не по телесному навыку, не по привычке вопиять, молчать, преклонять колена должно нам молиться, но, трезво внимая умом, ожидать, когда Бог придет и посетит душу на всех исходах и стезях ее и во всех чувствах. Таким образом, иногда надобно молчать, иногда же надобно взывать и молиться с воплем, только бы ум утвержден был в Боге. Ибо как тело, когда что-нибудь работает, прилежа к делу, всецело бывает занято, и все члены его один другому помогают, так и душа всецело да посвятит себя молитве и любви Господней, не развлекаясь и не кружась в помыслах, но все чаяние возложив на Христа. И в таком случае, Господь Сам просветит ее, научая истинному прошению, подавая молитву чистую, духовную, достойную Бога и поклонение духом и истиною (33, 1. 2).

48. Приступающие к Господу должны совершать молитвы в безмолвии, мире и великом покое, и внимать Господу не с воплями непристойными и смешанными, но с томлением сердца и трезвыми помыслами. Рабу Божьему надлежит пребывать не в неустройстве, но во всякой кротости и мудрости, как сказал Пророк, «на кого воззрю? токмо на кроткого и молчаливаго, и трепещущаго словес Моих» (*Ис. 66, 2*). Находим также, что при Моисее и Илие, когда являлся им Бог, пред величием Владычным во множестве служили и трубы, и силы, но пришествие Господне отличалось и обнаруживалось тем, что исчислено выше, то есть миром, безмолвием и покоем. Ибо сказано, «се глас хлада тонка, и тамо Господь» (*3Цар. 19, 12*). А сим показывается, что покой Господень состоит в мире и в благоустройстве (6, 1. 2).

49. Истинное основание молитвы таково: быть внимательным к помыслам и совершать молитву в великом безмолвии и мире. Человеку молящемуся надобно все усилие свое обращать на помыслы, и что служит пищею лукавым помыслам, то отсекать, а устремляться мыслию к Богу и хотения помыслов не исполнять, но кружащиеся помыслы собирать отовсюду воедино, различая естественные помыслы от лукавых. Душа под грехом уподобляется как бы большому лесу на горе, или тростнику на реке, или какой-нибудь чаще терний и дерев, поэтому намеревающиеся проходить этим местом, должны протягивать вперед руки и с усилием и с трудом раздвигать пред собою ветви. Так и душу окружает целый лес помыслов, внушаемых сопротивною силою, поэтому потребны великая рачительность и внимательность, чтобы человеку отличать чуждые помыслы, внушаемые сопротивною силою. Внимательные к помыслам весь подвиг в молитвах совершают внутренне. Таковые своим разумением и рассудительностью могут преуспевать, отражать восстающие помыслы и ходить в воле Господней (6, 3. 4).

и) Из предосторожностей, какие надобно иметь труженику, больше всего внушает св. Макарий ту, чтоб не остановиться на одной внешней исправности. Трудничество с внешней стороны имеет задачей приучение всем подвигам и всем добродетелям, но не с тем, чтобы на этом и стоять, но это самое обращать к развитию внутренней жизни и стяжанию действенности Духа. Но иные на этом одном и останавливаются, доходят до исправного поведения и только, а на сердце не обращают внимания и Духа благодати не ищут. От того и труд несут, а плода не имеют. Этого остерегаться паче всего и убеждает святой Макарий.

50. Многие, строго наблюдая за внешним, упражняясь в науках и заботясь о жизни правильной, думают, что такой человек совершенен, не вникая в сердце, не примечая там пороков, какие владеют душой. Между тем в членах есть корень порока, соразмерный внутренней порочной мысли, и в доме кроется разбойник, то есть сила сопротивная, и потому противоборная и вместе мысленная. И если кто не борется с грехом, то внутренний порок, разливаясь постепенно, с приумножением своим увлекает человека в явные грехи, доводит до совершения их самым делом, потому что зло, как отверстие источника, всегда источает из себя струю. Поэтому старайся удерживать потоки порока, чтобы не впасть в тысячи зол (15, 46).

51. Мир страждет недугом порока и не знает того. Есть нечистый огнь, который воспламеняет сердце, пробегает по всем членам и побуждает людей к непотребству и к тысячам злых дел. И те, которые раздражаются и соуслаждаются, внутренне, в сердце, совершают блуд, а когда зло таким образом найдет себе пищу, впадают и в явный блуд. То же разумей и о сребролюбии, о тщеславии, о надменности, о ревности, о раздражительности. Как если позван кто на обед и предложено ему множество снедей, так и грех внушает отведать всего, и тогда услаждающаяся душа обременяется (15, 48).

52. Может ли кто бы то ни было сказать: «Я пощусь, веду странническую жизнь, расточаю имение свое, следовательно уже свят?» Ибо воздержание от худого не есть еще само совершенство, разве вошел уже ты в уничиженный ум и убил змея, который таится под самым умом, во глубине помыслов, гнездится и умерщвляет тебя в так называемых тайниках и хранилищах души, потому что сердце есть бездна, итак, разве его ты умертвил и изринул из себя всякую, бывшую в тебе, нечистоту. Все любомудрствующие, и закон и Апостолы, и пришествие Христово имеют целью очищение. Всякий человек, и иудей и эллин, любит чистоту, но не может сделаться чистым. Поэтому надобно доискаться, как и какими средствами можно достигнуть сердечной чистоты. Не иначе возможно это, как с помощью Распятого за нас. Он есть путь, жизнь, истина, дверь, жемчужина, живой и небесный хлеб. Без этой истины никому невозможно познать истину и спастись. Поэтому как в рассуждении внешнего человека и вещей видимых отрекся ты от всего и роздал имение свое, так если имеешь знание и силу слова и в мирской мудрости должен все от себя отринуть, все вменить ни во что, тогда только будешь в состоянии назидать себя в буйстве проповеди, которая есть истинная мудрость, состоящая не в красоте слов, но в силе, действующей святым крестом (17,15).

53. Самое главное оружие для борца и подвижника состоит в том, чтобы, вошедши в сердце, сотворил он брань с сатаною, возненавидел себя самого, отрекся от души своей, гневался на нее, укорял ее, противился привычным своим пожеланиям, препирался с помыслами, боролся с самим собою (26, 12).

54. А если видимо соблюдаешь тело свое от растления и блуда, внутренне же ты любодействовал и творил блуд в помыслах своих, то прелюбодей ты пред Богом, и не принесет тебе пользы девственное тело твое. Как если юноша, хитростью обольстив девицу, растлит ее, то мерзкою она делается жениху своему за любодейство, так и бесплотная душа, вступающая в общение с живущим внутри змием, лукавым духом, блудодействует пред Богом. И написано, «всяк, иже воззрит на жену, ко еже вожделети, уже любодействова в сердце своем» (*Матф. 5, 28*). Ибо есть блуд, совершаемый телесно, и есть блуд души, вступающий в общение с сатаною. Одна и та же душа бывает сообщницею и сестрою или демонов, или Бога и Ангелов, и прелюбодействуя с дьяволом, делается уже неблагопотребною для небесного Жениха (26, 13).

55. Неоднократно приводили мы притчу о земледельце, который, потрудившись и вложив семена в землю, должен еще ждать свыше дождя. А если не явится облаков и не подуют ветры, труд земледельца не принесет ему никакой пользы, и семя будет лежать без всего. Примени это и к духовному. Если человек ограничится только собственным своим и не примет необычайного для своей природы, то не может принести достойных плодов Господу. В чем же состоит делание самого человека? В том, чтобы отречься, удалиться от мира, пребывать в молитвах, в бдении, любить Бога и братьев, пребывать во всем этом есть собственное его дело. Но если ограничится он своим деланием и не будет надеяться принять нечто иное, и не повеют на душу ветры Духа Святого, не явится небесное облако, не упадёт с неба дождь, и не оросит душу, то человек не может принести достойных плодов Господу (26, 19).

i) Особенно из числа таких внешне исправных выделяет святой Макарий книжников, которые из книг и разговоров узнали в чем дело и толкуют о нем, но за самое дело не берутся, посему отстают в духовном ведении даже от невежд и самое толкование их бывает неистово.

56. Кто ведет речь о духовном, не вкусив того сам, тот уподобляется человеку, который при наступлении дневного зноя идет пустым полем и, томясь жаждою, описывает источник, струящийся водою, изображая себя пьющим, тогда как засохли у него уста и язык от палящей их жажды, или человеку, который говорит о меде, что он сладок, но не вкушал его сам и не знает силы его сладости. Так, если ведут речь о совершенстве, о радовании, или о бесстрастии не ощущавшие в себе их действенности и удостоверения в них, то на деле не все бывает так, как они говорят. Ибо когда такой человек сподобится со временем, хоть отчасти приступить к делу, тогда рассудит он сам с собою: «Не так оказалось, как предполагал я. Иначе рассуждал я, а иначе действует Дух» (17, 12).

57. Иное дело – рассуждать о хлебе и о трапезе, а иное дело – есть и принимать в себя хлебную питательность и укрепляться всеми членами. Иное дело – на словах поговорить о самом сладком питии, а иное пойти и почерпнуть из самого источника и насытиться вкушением сладкого пития. Иное дело – рассуждать о войне, о мужественных борцах и воинах, а иное – идти человеку в воинский строй и вступить в сражение с врагами, наступать и отступать, принимать на себя и наносить удары, и одерживать победу. Так и в духовном, иное дело – одним ведением и умом объяснять себе сказанное, а иное дело – существенно, на самом деле, с несомненностью, во внутреннем человеке и уме иметь сокровище, благодать, внушение и действие Святого Духа. Произносящие одни только слова, мечтают и надмеваются своим умом (27,12).

58. Как в мире, когда объявлена война, люди умные и вельможи не отправляются туда, но, боясь смерти, остаются дома, вызываются же на войну вновь произникшие, бедные, простолюдины, и случается, что они одерживают победу над неприятелями, прогоняют их от пределов и за это получают от царя награды и венцы, достигают почестей и достоинств, а те великие люди остаются позади них, так бывает и в духовном. Невежды, слыша в первый раз слово, с правдолюбивым помыслом исполняют оное на деле и приемлют от Бога духовную благодать, а мудрые и до тонкости углубляющиеся в слово избегают брани и не преуспевают, но остаются позади участвовавших в брани и победивших (43, 8).

к) Итак, всячески надо озаботиться стяжать Духа благодати. Ибо если Его нет в тебе, все жертвы и труды твои ничто, и в час исхода схватят тебя бесы и увлекут в свою бездну. У кого же Дух, тот опалит их.

59. Если кто ради Господа, оставив своих, отрекшись от мира сего, отказавшись от мирских наслаждений, от имения, от отца и матери, распяв себя самого, сделается странником, нищим и ничего не имеющим, вместо же мирского спокойствия не обретет в себе Божественного упокоения, не ощутит в душе своей усаждения духовного, вместо тленных одежд не облечется в ризу Божественного света, по внутреннему человеку, вместо сего прежнего и плотского общения не познает с несомненностью в душе своей общения с небесным, вместо видимой радости мира сего не будет иметь внутри себя радости духа и утешения небесной благодати и не примет в душу, по написанному, Божественного насыщения, «внегда явитися ему славе Господней» (*Псал. 16, 15*), одним словом, вместо сего временного наслаждения не приобретет ныне еще в душе своей вожделенного, нетленного усаждения, то стал он солью обуявшею, он жалок паче всех людей, и здешнего лишен, и Божественным не насладился, не познал по действию Духа во внутреннем своем человеке Божественных тайн (49, 1).

60. А что душа делает, по-видимому, сама собою, что предприемлет и прилагает старание совершить, опираясь на собственную только силу и думая, что сама собою без содействия Духа может привести дело в совершенство, в том много погрешает, потому что неблагопотребна для небесных обителей, неблагопотребна для царствия та душа, которая думает сама собой и своими только силами без Духа преуспеть в совершенной чистоте. Если человек, находящийся под влиянием страстей, не приступит к Богу, отрекшись от мира, с упованием и терпением не уверует, что примет некое необычайное для собственного его естества благо, то есть, силу Духа Святого, и не уканет от Господа свыше в душу жизнь Божественная, то не ощутит он истинной жизни, не отрезвится от вещественного упоения, озарение Духа не возблистает в омраченной душе, не воссияет в ней святой день, и не пробудится она от самого глубокого сна неведения, чтобы истинно познать ей Бога Божьей силой и действием благодати (24,5),

61. Поэтому, кто старается уверовать и прийти к Господу, тому надлежит молиться, чтобы здесь еще принять ему Духа Божья, потому что Он есть жизнь души, и для того было пришествие Господа, чтобы здесь еще дать душе жизнь – Духа Святого. Ибо сказано, «дондеже свет имате, веруйте во свет» (*Иоан. 12, 36*), «приидет нощь, егда не можете делати» (*Иоан. 9, 4*). Поэтому, если кто здесь не искал и не приял жизни душе, то есть Божественного света Духа, то он во время исшествия из тела отлучается уже на шуюю страну тьмы, не входя в Небесное Царство, и в геенне имея конец с дьяволом и с ангелами его. Или, как золото или серебро, когда ввержено оно в огонь, делается чище и добротнее, и ничто, ни дерево, ни трава не могут изменить его, потому что само бывает как огонь и поглощает все приближающееся к нему, так и душа, пребывая в духовном огне и в Божественном свете, не потерпит никакого зла ни от одного из лукавых духов, а если и приблизится что к ней, то потребляется небесным огнем Духа. Или, как птица, когда летает в высоте, не имеет забот, не боится ни ловцов, ни хитрых зверей, и паря высоко над всем, посмеивается, так и душа, приняв крыла Духа и воспаряя в небесные высоты всего выше, над всем посмеивается (30, 6).

62. А если кто не имеет еще насажденной и утвержденной в себе Божьей благодати, то день и ночь, как к чему-то естественному, да прилепляется душою к тому, что по временам руководствует им, побуждает его и направляет к добру. Пусть, по крайней мере, как нечто естественное и неизменное, будут в нем, попечение, страх, болезнование и всегда утвержденное в нем сокрушение сердца (16, 6).

6. Состояние приявших действенность духа

а) Кто добросовестно, без самопожаления ведет труды подвижничества, у того наконец открывается сила и действенность благодати. Обнаруживается она особою духовною теплотою в сердце, умирением помыслов, отъятием вкуса к всему тварному и умалением цены всему, что считается на земле ценным. Это и есть семя собственно духовной жизни. Отсюда начинается одуховление души, очищение ее от страстей, заживление ран, страстями причиненных.

1. Марии подражай, не имея в виду ничего иного, а взирая только на Того, Кто сказал: «огня приидох воврещи на землю, и что хощу, аще уже возгореся» (*Лук. 12, 49*)? Ибо возгорение духа оживляет сердца. Невещественный и Божественный огонь освящает души и искушает их, как неподдельное золото в горниле, а порок опаляет, как терния и солому, потому что «Бог наш огнь поядаяй есть» (*Евр. 12, 29*). Действенности сего огня взыскуя, блаженный Давид сказал, «искуси мя, Господи, и испытай мя, разжзи утробы моя и сердце мое» (*Псал. 25, 2*). (25, 9).

2. Сей огнь согревал сердце Клеопы и спутника его, когда говорил с ними Спаситель по воскресении. И Ангелы и служебные духи причащаются светлости сего огня, по сказанному: «творяй Ангелы Своя духи, и слуги Своя огнь палящ» (*Евр. 1, 7*). Сей огнь, сжигая соринку во внутреннем оке, делает чистым ум, чтобы возвратив себе естественную прозорливость, непрестанно видел он чудеса Божии, подобно тому, кто говорит, «открый очи мои и уразумею чудеса от закона Твоего» (*Псал. 118, 18*). Поэтому, огнь сей прогоняет бесов и истребляет грех (25, 10).

3. Как железо, или свинец, или золото, или серебро, вложенные в огонь, теряют свойство жесткости, переменяясь в вещества мягкие, и пока бывают в огне, по силе огненной теплоты, расплавляются и изменяют естественную жесткость, таким же образом и душа, отрекшись от мира и возлюбив Единого Господа, с великим сердечным исканием, в труде, в подвиге, непрестанно ожидает Его с упованием и верою, и прияв в себя оный небесный огонь Божества и любви Духа, действительно уже отрешается тогда от всякой мирской любви, освобождается от всякого вреда страстей, все отметает от себя, переменяет естественное свое качество и греховную свою жесткость, все почитает излишним в едином небесном Женихе, которого приняла к себе, упокоеваясь горячею и несказанною любовью к Нему (4, 14).

4. Сказываю же тебе, что и самых любимых братий, которых имеет у себя пред очами, если останавливают в оной любви, душа, так сказать, отвращается, потому что жизнь и покой ее – таинственное и неизреченное общение с небесным Царем. Ибо и любовь к плотскому общению разлучает с отцом, с матерью, с братьями, и все, касающееся до них, делается в уме сторонним. И ежели человек любит их, то любит как сторонний, все же расположение имеет к сожительнице своей. Ибо сказано, «сего ради оставит человек отца своего и матерь и прилепится к жене, и будета два в плоть едину» (*Ефес. 5, 31*). А поэтому, если плотская любовь так отрешает от всякой любви, то тем паче те, которые действительно сподобились вступить в общение с небесным и вожделенным Святым Духом, отрешатся от всякой любви к миру, и все будет казаться для них излишним, потому что препобеждены они небесным желанием, и в тесной от него зависимости, там желания, там помышления их, там они живут, там ходят их помыслы, там имеет всегда пребывание свое ум, препобежденный Божественной и небесной любовью и духовным желанием (4, 15).

5. Люди, на которых упала та роса Духа Божественной жизни, и уязвила сердце Божественною любовью к небесному Царю Христу, привязываются к той красоте, к неописуемой славе, к нетленному благолепию, к немыслимому богатству истинного и вечного Царя Христа. Они отдаются в плен вожделению и любви, всецело устремляясь к Христу, и вожделевают улучить те неописуемые блага, какие созерцают духом, и ради этого ни во что вменяют всякую на земле красоту, и славу, и благолепие, и честь, и богатство царей и князей, потому что уязвились они Божественной красотой, и в души их попала жизнь небесного бессмертия. Поэтому и желают единой любви небесного Царя, с великим вожделением Его Единого имея пред очами, ради Него отрешаются от всякой мирской любви и удаляются от всяких земных уз, чтобы возможно им было это одно желание иметь всегда в сердцах и не примешивать к нему ничего иного (5, 6).

6. Те христиане, которые действительно вкусили благодати, одни могут разуметь, что весь земной мир и царские сокровища, и богатство, и слава, и словеса мудрости, все это – какая-то иллюзия, что-то не имеющее твердого основания, но преходящее, и если есть что под небом, то для них достойно это всякого пренебрежения. Почему же это? Потому что чудно и дивно то, что превыше небес, чего нет ни в сокровищах царских, ни в словах мудрости, ни в славе мирской. И достоинство, или богатство, какое приобрели они – во внутреннейшем человеке имеющие Господа и Творца всяческих – есть стяжание не преходящее, но вечно пребывающее (15, 40. 41).

7. Ум и разумение христиан по общению и причастию Святого Духа достигают постоянства, твердости, безмятежности и покоя, не рассеиваются и не волнуются уже непостоянными и суетными помыслами, но пребывают в мире Христовом и в любви Духа, как и Господь, рассуждая о таковых, сказал, что прошли они «от смерти в живот» (*Иоан. 5, 24*). Обновлением ума, умирением помыслов, любовью и небесною приверженностью к Господу от всех людей в мире отличается новая тварь – христианин. Для того было и пришествие Господне, чтобы истинно уверовавшие в Господа сподобились этих духовных благ (5, 4. 5).

8. Как кровоточивая жена, истинно уверовав и прикоснувшись воскрылию ризы Господней, тотчас получила исцеление, и иссох поток нечистого источника кровей, так всякая душа, имея неисцелимую язву греха, источник нечистых и лукавых помыслов, если придет к Христу и, истинно веруя, будет просить, то получит спасительное исцеление от тока страстей, и силою Единого Иисуса иссякнет, оскудев, тот источник, источающий нечистые помыслы, но никому другому невозможно исцелить эту язву (20, 4).

9. Как, если солнце взойдет над землею, то все лучи его на земле, а когда бывает оно на западе, тогда, отходя в дом свой, назад собирает оно все лучи свои, так душа, не возрожденная свыше Духом, вся на земле своими помыслами, и мысли ее простираются до пределов земли, но как скоро бывает сподоблена получить небесное рождение и общение от Духа, воедино собрав все свои помыслы и удерживая их при себе, входит к Господу, в нерукотворную обитель на небеса, и все ее помыслы, вступая в Божественный воздух, делаются небесными, чистыми и святыми, потому что душа, освободившись из узилища лукавого князя – духа мира, обретает помыслы чистые и Божественные, так как Бог благоволил сотворить человека причастником Божественного естества (49, 3).

б) Это проявляется с первых пор воздействия благодати, но очень опасно думать, что тут уже есть какое совершенство. Это только начало. Благодать, дав себя ощутить, овладевает сердцем мало-помалу, пока не исполнит все и все внутреннее преобразит.

10. Когда действие Божественной благодати осеняет душу по мере веры каждого, и душа приемлет помощь свыше, тогда благодать осеняет ее только отчасти. И не думай, чтобы в ком-нибудь озарялась вся душа, внутри ее остается еще великая пажить пороку, и человеку потребны великий труд и усилие, соглашенные с действующею в нем благодатью. Поэтому-то Божественная благодать, которая в одно мгновение может человека очистить и сделать совершенным, начинает посещать душу постепенно, чтобы испытать человеческое произволение, сохраняет ли оно всецелую любовь к Богу, ни в чем не сдружаясь с лукавым, но всецело предавая себя благодати. Таким образом душа, в продолжение времени и многих лет оказывающаяся благоискусною, ничем не преогорчевающая и не оскорбляющая благодать, в самой постепенности находит для себя помощь. И сама благодать овладевает пажитью в душе, и по мере того, как душа многие годы оказывается благоискусною и согласною с благодатью, до глубочайших ее составов и помышлений пускает корни, пока вся душа не будет объята небесною благодатью, царствующею уже в этом сосуде (41, 2).

11. Так многие вводимы были в заблуждение самим действием в них благодати, они подумали, что достигли совершенства, и сказали: «Довольно с нас, не имеем ни в чем нужды». Но Господь бесконечен и непостижим. И христиане не смеют сказать, что постигли, но смиряются день и ночь. У души много членов, и глубина ее велика, и привзошедший в нее грех овладел всеми ее пажитями и составами сердца. Потом, когда человек взыщет благодати, она приходит к нему и овладевает двумя, может быть, составами души. А неопытный, утешаемый благодатью, думает, что пришедшая благодать овладела всеми составами души, и грех искоренен. Но большая часть души во власти греха, одна же часть под благодатью. И человек обманывается и не знает этого (26, 17, 50, 5).

12. И у того, кто одержим недугом, некоторые члены бывают здоровы, например, орудие зрения – глаз, или другой какой член, между тем, как прочие члены повреждены. То же бывает и в рассуждении духовного. Иному можно иметь здравыми три духовные члена, но поэтому человек не есть еще совершенен. Видишь, сколько духовных степеней и мер, и как по частям, а не вдруг очищается и изгоняется зло (15, 7).

13. Как зародыш в материнской утробе не вдруг делается человеком, но постепенно принимает человеческий образ и рождается, впрочем, несовершенного еще возраста человеком, но сперва многие годы растет, и потом становится мужем, а также и семена ячменя, или пшеницы, не тотчас, как только брошены в землю, пускают корень, но когда пройдут холода и ветры, тогда уже в должное время дают от себя стебли, и кто садит грушу, не тотчас собирает с нее плоды, так и в духовном, где столько мудрости и тонкости, постепенно возрастает человек и приходит «в мужа совершенна, в меру возраста» (*Ефес. 4, 13*), а не как утверждают другие, будто бы сие то же, что раздеться и одеться(15, 39).

14. Но как пчела тайно выделывает сот в улье, так и благодать тайно производит в сердцах любовь свою, и горечь превращает в сладость, а жестокосердие – в мягкосердие. И как серебренник и резчик, производя резьбу на блюде по частям, покрывает разных животных, каких на нем вырезывает, а когда кончит работу, тогда показывает блюдо в полном блеске, так и истинный Художник (Христос) Господь украшает резьбою сердца наши и обновляет таинственно, пока не переселимся из тела, и тогда сделается видной красота души (16, 7).

в) Оттого вкусившие благодати непрестанно больше и больше жаждут вкушать ее.

15. Души правдолюбивые и благолюбивые, с великой надеждой и верой желающие совершенно облечься во Христа, не столько имеют нужду в напоминании других и не терпят в себе даже какого-либо умаления в небесном желании и любви к Господу, но, всецело пригвоздившись к кресту Христову, ежедневно сознают в себе ощущение духовного преспеяния в привязанности к духовному Жениху, уязвившись же небесным желанием и жаждая правды добродетелей, сильно и ненасытимо желают духовного озарения. А если за веру свою сподобятся принять познание Божественных тайн, или делаются причастными веселья небесной благодати, то не полагаются сами на себя, почитая себя чем-либо, но в какой мере сподобляются духовных дарований, в такой же, по ненасытимости небесного желания, с большим еще напряжением взыскуют оных, чем более ощущают в себе духовного преспеяния, тем более алчут и жаждут причастия и приумножения благодати, чем более обогащаются духовно, тем более как бы обнищевают в собственном о себе мнении, по причине ненасытимости духовного желания стремиться к небесному Жениху, как говорит Писание, «ядущии Мя еще взалчут и пиющии Мя еще вжаждутся» (*Сир. 24, 23*). (10, 1).

16. Душа истинно боголюбивая и христолюбивая, хотя бы совершила тысячи праведных дел, по ненасытимому стремлению своему к Господу думает о себе, будто бы ничего еще она не сделала, хотя бы изнурила тело свое постами и бдениями, при таких остается чувствованиях, будто бы не начинала еще трудиться для добродетелей, хотя бы сподобилась достигнуть различных духовных дарований, или откровений и небесных тайн, по безмерной и ненасытимой любви своей к Господу, сама в себе находит, будто бы ничего еще не приобрела, а напротив того ежедневно алча и жаждая, с верой и любовью пребывая в молитве, не может насытиться благодатными тайнами и благоустроением себя во всякой добродетели. Она уязвлена любовью небесного Духа, при помощи благодати непрестанно возбуждает в себе пламенное стремление к небесному Жениху, желает совершенно сподобиться таинственного и неизреченного общения с Ним в святыне Духа, с откровенным ликом души, взирает на небесного Жениха лицом к лицу, в духовном и неизглаголанном свете, со всею несомненностью входит в единение с Ним, сообразуется смерти Его, с великим желанием непрестанно ожидает смерти за Христа, несомненно верует, что чрез Духа примет совершенное избавление от греха и тьмы страстей, и, очистившись Духом, освятившись душевно и телесно, сподобится стать чистым сосудом для принятия в себе небесного мира и обителью небесного и истинного Царя Христа. И тогда-то делается она достойной небесной жизни, став еще здесь чистым жилищем Святого Духа (10, 4).

17. Но прийти в такую меру возможно душе не вдруг и не без испытаний. Напротив того, многими трудами и подвигами, с продолжением времени, при рачительности, после испытаний и различных искушений, приемлет она духовное возрастание и преспеяние даже до совершенной меры бесстрастия, и тогда уже с готовностью и мужественно выдержав «всякое искушение от греха, сподобится великих почестей, духовных дарований небесного богатства, и таким образом станет наследницей небесного царства о Христе Иисусе Господе нашем (10, 5).

18. Христианство есть пища и питье. И чем больше кто вкусит его, тем более возбуждается сладостью ум, делаясь неудержимым и ненасытным, более и более требующим и вкушающим. Или как если кто в жажде, и подано ему сладкое питье, то, отведав его, еще сильнее распаляется жаждой, и ближе придвигается к питью, так и вкушение Духа производит неутолимую почти жажду, которая справедливо уподобляется жажде такого человека. И это не одни слова, но действие Святого Духа, таинственно споспешествующее уму (17, 13).

19. Представь себе источник, и пусть там какой-нибудь жаждущий начинает пить, потом, когда он пьет, отвлекает его кто-то и не дает напиться, сколько ему хочется, тогда, вкусив воды, еще более возгорается он жаждою и усиленнее ищет питья. Так бывает и в духовном, иной уже вкушает и причащается небесной пищи, и вдруг в это самое время его останавливают, и никто не дает ему насытиться (27, 7).

20. Господь знает немощь человеческую, что человек скоро превозносится, потому останавливает его и попускает ему быть в непрестанном упражнении и волнении. Ибо если когда и малое приемлешь, для всех делаешься несносным и надмеваешься, то тем паче сделаешься нестерпимым, если дадут тебе один раз насытиться. Но Бог, зная твою немощь, по смотрению Своему посылает тебе скорби, чтобы стал ты смиренным и ревностнее взыскал Бога (27,8).

г) Жаждая все больше и больше Господа, такие чувствуют себя скудными, недостаточными во всем, от того смирение есть укорененное в них чувство. Оно же – условие и всякого дальнейшего преспеяния.

21. Как можно человеку быть нищим по духу, особливо когда сам в себе чувствует, что он переменился, преуспел, дошел до ведения и разумения, какого прежде не имел? Пока человек не приобрел сего и не преуспел, он не нищий еще духом, но высоко о себе думает. Когда же приходит в сие разумение и преуспеяние, тогда сама благодать учит его быть нищим по духу, и хотя он праведник и Божий избранник, но почитать себя за что-либо, но признавать душу свою малоценною и уничиженною, как будто ничего он не знает и не имеет, хотя и знает и имеет. И такая мысль делается как бы прирожденной и укорененной в уме человеческом. Не видишь ли, что праотец наш Авраам, будучи Божьим избранником, называл себя землею и пеплом (*Быт. 18, 27*). И Давид, помазанный в цари, имел пред собой Бога, и что говорит, «аз есмь червь, а не человек, поношение человеков и уничижение людей» (*Псал. 21,7*). Поэтому, желающие быть сонаследниками их, согражданами в небесном граде и прославиться с ними, должны иметь то же смиренномудрие и не думать о себе, будто они что-нибудь, но иметь сокрушенное сердце (12, 3 – 4).

22. Принявший благодать почитает себя уничиженным более всех грешников, и такой помысел насажден в нем, как естественный, и чем глубже входит он в Познание Бога, тем больше почитает себя невеждою, чем более учится, тем более признает себя ничего не знающим. Сие же споспешествующая благодать производит в душе, как нечто естественное (16, 12).

23. Благоискусные пред Богом сами себя признают весьма малыми и крайне неблагоискусными, и для них стало естественным и непременным делом почитать себя низкими, или даже ничем. Ужели таковые не знают, что им придано, чего не имели, и приобрели нечто необычайное для естества своего? Сказываю тебе, что не признают они себя благоискусными и преуспевшими, не знают, что приобрели, чего не имели. Нисходящая же на таковых благодать сама учит их, чтобы и преуспевая, не почитали души своей драгоценною, естественно же признавали себя ничего не стоящими. И будучи драгоценными пред Богом, не таковы они сами для себя, при своем преспеянии и ведении Бога, признают себя как бы ничего не знающими, и богатые пред Богом сами для себя кажутся бедными (27, 4. 5).

24. Если же увидишь, что кто-нибудь превозносится и гордится тем, что он причастник благодати, то хотя бы и знамения творил он, и мертвых воскрешал, но если не признает души своей бесчестною и уничиженною, и себя нищим по духу и мерзким, обкрадывается он злобой и сам не знает того. Если и знамения творит он, не надлежит ему верить, потому что признак христианства – и тому, кто благоискусен пред Богом, стараться таить это от людей, и если имеет у себя все сокровища царя, скрывать их и говорить всегда: «Не мое это сокровище, другой положил его у меня, а я – нищий, когда положивший захочет, возьмет у меня». Если же кто говорит: «Богат я, довольно с меня и того, что приобрел, больше не нужно», – то такой не христианин, а сосуд прелести и дьявола. Ибо наслаждение Богом ненасытимо, и в какой мере вкушает и причащается кто, в такой делается более алчущим. Такие люди имеют горячность и неудержимую любовь к Богу, чем более стараются они преуспевать и приобретать, тем более признают себя нищими, как во всем скудных, и ничего не приобретших. Они говорят: «Недостоин я, чтобы это солнце озаряло меня». Это признак христианства, это смирение (15, 35).

25. Если кто не соблюдет великого смиренномудрия, то предается он сатане, и обнажается от данной ему Божественной благодати, и тогда обнаруживается его самомнение, потому что он наг и беден. Поэтому обогащающийся Божьей благодатью должен пребывать в великом смиренномудрии и сердечном сокрушении, почитать себя нищим и ничего не имеющим, думать: «Что имею у себя, все то чужое, другой мне дал, и когда захочет, возьмет у меня». Кто так смиряет себя пред Богом и людьми, тот может сохранить данную ему благодать, как сказано, «смиряяйся, вознесется» (*Матф. 23,12*). Будучи Божьим избранником, да осуждает он сам себя, и будучи верным, да почитает себя недостойным. Такие души благоугождают Богу и животворятся Христом (41, 3).

д) Несмотря на то, однако же им дается предостережение больше всего опасаться самомнения, превозношения, осуждения, ибо за них отступает благодать, а без благодати – тотчас падение.

26. Если царь положит свое сокровище у какого-нибудь нищего, то принявший на сохранение не считает это сокровище своей собственностью, но везде признается в своей нищете, не смея расточать чужого сокровища, потому что всегда рассуждает сам с собой: «Это сокровище не только у меня чужое, но еще положено ко мне сильным царем, и он, когда захочет, возьмет его у меня». И имеющие благодать Божью должны то же о себе думать, быть смиренномудрыми, исповедывать нищету свою. Если нищий, приняв от царя вверенное ему сокровище и понадеявшись на это чужое сокровище, начинает превозноситься им как собственным своим богатством, и сердце его исполняется хвастовства, то царь берет у него свое сокровище, и имевший его на сохранении остается таким же нищим, каким был прежде. Так, если и имеющие благодать превознесутся, и загордятся сердца их, то Господь отымает у них благодать Свою, и остаются они такими же, какими были до принятия благодати от Господа (15, 25).

27. Поскольку, приняв благодать Духа и находя для себя благодатное утешение в упокоении, желании и в духовной сладости, и положившись на это, превозносятся они, предаются беспечности, не сокрушаясь сердцем, не смиряясь в мыслях и не достигнув совершенной меры бесстрастия, не получив того, чтобы со всею рачительностью и верой совершенно исполниться благодати, удовлетворились они тем, и успокоились, и остановились при малом благодатном утешении, то подобные этим души, преуспев более в превозношении, нежели в смирении, если и сподобились какого дарования, лишаются оного за беспечное небрежение и за суетную хвастливость их самомнения (10, 3).

28. Сказываю же тебе, что видел я людей, имевших все дарования и ставших причастниками Духа, и не достигнув совершенной любви, они падали. Некто, человек благородный, отрекшись от мира, продал имение свое, дал свободу рабам, и как благоразумный и смысленный, прославился уже честной жизнью и между тем, предавшись самомнению и надменности, впал, наконец, в распутство и в тысячи зол (27, 14).

29. Другой, во время гонения, предал тело свое, и, быв исповедником, впоследствии, по наступлении мира, освобожден и был в уважении, у него повреждены были веки от того, что его томили в сильном дыму. И он прославляемый, будучи позван на молитву, взяв хлеб, дал оный отроку своему, и ум его пришел в такое состояние, как будто бы никогда не слышал он Божьего слова (27, 15).

30. А другой, некто подвижник, живя со мною в одном доме и молясь вместе со мною, так богат был благодатью, что, молясь подле меня, приходил в умиление, потому что кипела в нем благодать. Ему дано было дарование исцелений и не только изгонял бесов, но и связанных по рукам и ногам, имевших жестокие болезни, исцелял возложением рук. Потом, вознерадев, прославляемый миром и услаждаясь сам собою, возгордился он и впал в самую глубину греха. Смотри же, и имеющий дар исцелений пал. Видишь ли, как падают не пришедшие в меру любви? А кто достиг любви, связан и упоен ею, тот погружен и отведен пленником в иной мир, как бы не чувствуя собственной своей природы (27, 16).

31. Душа верная и истиннолюбивая, взирая на уготованные праведным вечные блага, и на неизреченное благодеяние имеющей снизойти

Божьей благодати, и себя и свое рачение, и свой труд и подвиг признает недостойными неизреченных обетований Духа. Таков нищий духом, которого ублажает Господь. Таков алчущий и жаждущий правды. Таков сокрушенный сердцем. Воспринявшие такое произволение, и рачение, и труд, и любовь к добродетели и до конца пребывшие таковыми, по истине смогут получить жизнь и вечное царство. Поэтому никто из братий да не превозносится пред братом, и обольщаемый лукавым, да не преуспевает в самомнении, говоря: «вот имею уже духовное дарование». Ибо недостойно христиан думать так. Неизвестно тебе, что сделает с братом завтрашний день, не знаешь, каков будет твой и его конец. Напротив того, пусть всякий, будучи внимателен к себе, непрестанно разбирает совесть свою, и испытывает дело сердца своего, с каким рачением и усилием ум стремится к Богу, и имея в виду совершенную цель – свободу, бесстрастие и духовное упокоение, непрерывно и старательно да течет, не полагаясь несомненно ни на какое дарование или оправдание (29, 7).

32. Каким образом падают и те, в которых воздействовала Божья благодать? Самые чистые по своей природе помыслы бывают поползновенны и падают. Человек начинает превозноситься, осуждать другого и говорить: «Ты грешник», – а себя самого признавать праведным. Разве не знаешь, что говорит Павел? «Дадеся ми пакостник плоти, аггел сатанин, да ми пакости деет, да не превозношуся» (2 Еор. 12,7). И в чистой природе есть возможность превозношения (7, 4).

33. Поэтому христиане сами должны употреблять все старание вовсе никого не осуждать, ни явную блудницу, ни грешников, или людей бесчинных, взирать же на всех с простодушным произволением, чистым оком, чтобы обратилось человеку как бы в нечто естественное и непременное, никого не уничижать, не осуждать, никем не гнушаться и не делать различия между людьми (15, 8).

34. Человек может ли пасть, имея благодатное дарование? Если вознерадит, то падает, потому что враги никогда не остаются в бездействии и ведут брань, не предаваясь лености. Тем паче не должен ты прекращать искания своего пред Богом. Ибо много бывает тебе вреда, если предаешься нерадению, хотя бы, по-видимому, испытан ты был в самом таинстве благодати (15, 14).

35. Велико достоинство христиан, оно ни с чем не сравнимо. А если кто доведен до рассеяния и обкраден злобою, то уподобляется он городу, у которого нет стен, и беспрепятственно входят в него разбойники откуда хотят, и опустошают и сжигают его. Так, если и ты нерадив и невнимателен к себе самому, то приходят лукавые духи, в ничто обращают и опустошают ум, рассеивая помыслы в веке сем (15, 45).

е) Оттого они сколько радуются, сознавая, какое сокровище получили, столько же страшатся, как бы не потерять его, и стараются совершать свое духовное служение так, чтоб не оскорбить Духа благодати, и Он не отошел.

36. Не надеется труженик на труды свои и на житие, пока не получит желаемого, пока не придет Господь и не будет обитать в нем во всяком ощущении и действии Духа. А когда вкусит он благодати Господней, насладится плодами духовными, снято будет покрывало тьмы, и свет Христов воссияет и воздействует в неописуемой радости, тогда удостоверится в великой любви, имея с собою Господа. Как купец, получивший прибыль, он радуется, но вместе сокрушается и боится бед от разбойников и лукавых духов, чтобы, ослабев, не погубить как-либо труда, пока не сподобится войти в Небесное Царствие, в горний Иерусалим (14, 2).

37. Как плывущие морем купцы, хотя найдут и попутный ветер и тихое море, но пока не войдут в пристань, находятся всегда под страхом, что вдруг восстанет противный ветер, взволнуется море, и корабль подвергнется опасности, так и христиане, хотя и ощущают в себе, что дышит благоприятный ветер Святого Духа, однако же находятся еще под страхом, чтобы не нашел и не подул ветер встречной силы, и не воздвиг в душах их какого мятежа и волнения. Поэтому потребна великая рачительность, чтобы войти в пристань упокоения, в совершенный мир, в вечную жизнь и вечное наслаждение, во град святых – в небесный Иерусалим, в Церковь первородных (*Евр. 12, 23*). А кто не прошел еще этих степеней, для того много причин к страху, чтобы лукавая сила во время сего прохождения не устроила ему какого-либо падения (43, 4).

38. Какой-нибудь богатый человек, весьма славный царь, обратит свое благоволение на бедную женщину, у которой нет ничего, кроме собственного ее тела, сделается ее любителем и вознамерится ввести ее к себе, как невесту и сожительницу. И если она покажет, наконец, благорасположение свое к мужу, то, храня любовь к нему, эта бедная, нищая, ничего у себя не имевшая женщина, делается госпожою всего имения, какое есть у мужа. А если сделает что против обязанности и долга и в доме мужа своего поведет себя неприлично, то изгоняется тогда с бесчестием и поруганием, и идет, положив обе руки на главу, как и в законе Моисеевом дается сие разуметь о жене непокорной и неугодной мужу своему (*Втор. 24:1*), и тогда уже она мучится и горько плачет, рассуждая, какое утратила богатство, какой лишилась славы, подвергшись бесчестью за свое неблагоразумие (15, 2).

39. Так и душа, которую обручит себе в невесту небесный Жених Христос для таинственного и Божественного с Ним общения, и которая вкусит небесного богатства, должна с великим рачением искренно благоугождать обручившемуся с нею Христу, вверенное ей духовное служение выполнять должным и приличным образом, чтобы во всем благоугождать Богу, ничем не оскорблять Духа, надлежащим образом хранить совершенное целомудрие и любовь к Христу, хорошо вести себя в доме небесного Царя, со всею преданностью дарованной благодати. И вот, такая-то душа ставится госпожою над всеми Господними благами, самое тело ее приемлет прославление от Божества Христова. Но если погрешит она в чем, и в служении своем будет поступать противно долгу, не сделает угодного Христу, и не последует воле Его, не будет содействовать присущей в ней благодати Духа, то с поруганием подвергается постыдному бесчестию и отлучается от жизни, как ставшая неблагопотребною и неспособною к общению с Небесным Царем. И о сей душе бывает уже печаль, скорбь и плач у всех святых и умных духов, Ангелы, Силы, Апостолы, Пророки, Мученики сетуют о ней (15, 2).

40. Поэтому должно нам подвизаться и со всем благоразумием вести себя осторожно, чтобы, по написанному, со страхом совершать свое спасение (*Филип. 2, 12*). Поэтому все вы, ставшие причастниками Духа Христова, ни в чем, ни в малом, ни в великом, не поступайте с пренебрежением и не оскорбляйте благодати Духа, чтобы не лишиться вам той жизни, которой стали уже причастными (15, 4),

41. И еще представляю то же в другом лице. Если раб входит в царские чертоги, служит при царе, подавая, что поручено ему, то берет это из царского достояния и, сам входя ни с чем, царскими утварями услуживает царю. Но здесь уже нужно много благоразумия и рассудительности, чтобы при служении не сделать чего недолжного, на царский стол не подать одну снедь вместо другой, но все яства, от первого до последнего, предлагать по порядку. И если по незнанию и по нерассудительности будет он служить царю не как следует, то подвергнется опасности и смерти (15, 5).

42. Так и душа, посвятив себя служению Богу по благодати и по духу, имеет нужду в великой рассудительности и в ведении, чтобы не погрешить в чем-нибудь в рассуждении Божьих сосудов, то есть, в рассуждении духовного служения, имея собственное свое произволение, несогласное с благодатью. Ибо душа может служить Господу духовным служением, которое втайне совершается внутренним человеком, и своими собственными сосудами, то есть духом внутреннего человека, а без сосудов Его, то есть без благодати, никто не может служить Богу, то есть благоугождать, исполняя во всем волю Божью (15, 5).

43. И когда душа примет благодать, тогда потребно ей много благоразумия и рассудительности. Все же сие Сам Бог дает душе, просящей у Него, чтобы могла благоугодно послужить Ему Духом, какой приемлет, ни в чем не побеждаться пороком и не погрешать, совратившись с пути, по неведению, небоязненности и нерадению, и против долга преступив Владычную волю, потому что таковой душе будут наказанием смерть и плач, о чем говорит и Божественный Апостол, «да не како иным проповедуя, сам неключим буду» (*1Кор. 9, 27*). Видишь, какой имел страх, будучи Божьим Апостолом? Поэтому будем молить Бога, чтобы всем нам, принявшим благодать Божью, по преимуществу проходить духовное служение согласно с волею Его, и не свыкаться с пренебрегающею всем мыслью, а таким образом, пожив благоугодно пред Богом и, согласно с волею Его, послужив Ему духовным служением, наследовать вечную жизнь (15, 6).

44. Как входящие в чертоги к Царю, комиты, или начальники областей, в великом бывают страхе, как дать им ответ и не подвергнуться нареканию и наказанию, погрешив в ответе, а поселяне и простолюдины, никогда не видавшие князя, ведут себя беззаботно, так и весь этот поднебесный мир, все, от царей и до нищих, не познавая славы Христовой, имеют попечение о делах житейских, и нескоро кто вспомнит о дне суда, входящие же помыслом в судилище Христово, где престол Христов, и всегда предстоящие Христу, пребывают в непрестанном страхе и трепете, чтобы не погрешить в чем против святых Его заповедей (15, 17).

45. Как раб, если он близ господина своего, во все то время, пока близ его – бывает под страхом и без него ничего не делает, так и мы должны повергать и обнаруживать помыслы свои пред Владыкою и Сердцеведцем Христом, и на него иметь надежду и упование, потому что Он – слава моя, Он – отец мой, Он – богатство мое. Поэтому всегда должен ты иметь в совести попечение и страх (16, 6).

46. Как те, которым поручено главное управление областью, или царское сокровище, во всякое время бывают озабочены, чтобы не оскорбить чем царя, так и те, которым вверено духовное дело, всегда озабочены, и имея покой, как будто не имеют его, потому что изгоняют еще из души царство тьмы, вторгшееся в город, то есть в душу, и варваров, овладевших ее пажитями (16, 12).

ж) Для сей же цели, они всячески напрягаются не отступать умом от Господа, и внутреннее свое держать в таком строе, как кормчий своих корабельников, или возница коней.

47. Бог неописуем и необъемлем, являет Себя всюду – и на горах, и в море, и внизу бездны, не переходя с одного места на другое, подобно как Ангелы сходят с неба на землю, Он и на небе, Он и здесь. Если ищешь Господа в глубине, то найдешь, что Он творит там знамения. Если ищешь Его во рве, то найдешь, что там среди двух львов охраняет Он праведного Даниила. Если ищешь Его в огне, то найдешь, что там помогает Он рабам Своим. Если ищешь Его на горе, то найдешь что там Он – с Илиею и Моисеем. Господь – повсюду, и под землею, и превыше небес, и в нас, и везде (16, 5. 12).

48. Христианин обязан всегда иметь памятование о Боге, ибо написано, «возлюбиши Господа Бога твоего от всего сердца твоего» (*Втор.6:5*), то есть не только когда входишь в молитвенный дом, люби Господа, но и находясь в пути, и беседуя, и вкушая пищу, имей памятование о Боге, и любовь и приверженность к Нему. Ибо говорит Он, где ум твой, там и сокровище твое (*Матф. 6, 21*). К чему привязано сердце человека, и к чему влечет его пожелание, то и бывает для него богом. Если сердце всегда ищет Бога, то Бог есть Господь сердца его. Как хворост, брошенный в огонь, не может противиться силе огня, но тотчас сгорает, так и демоны, когда хотят напасть на человека, сподобившегося даров Духа, опаляются и истребляются Божественною огненною силою, только бы сам человек был всегда прилеплен к Господу, и на Него возлагал упование и надежду. И если демоны крепки, как твердые горы, то поджигаются молитвою, как воск огнем (43, 3).

49. И Святым Господним случается сидеть на позорище мира и смотреть на его обольщения, но по внутреннему человеку беседуют они с Богом, тогда как по внешнему человеку представляются взорами смотрящими на то, что происходит в мире. Мирские люди подлежат иному влиянию духа лести, по которому мудрствуют земное, а у христиан иное произволение, иной ум, они – люди иного века, иного града, потому что Дух Божий пребывает в общении с душами их (15, 8. 9).

50. Апостол говорит: «хощу, да молитвы мужие творят без гнева и размышлений лукавых» (*1Тим. 2, 8*), потому что, по Евангелию, помыслы от сердца исходят (*Матф. 15, 19*). Поэтому приступай к молитве и обращай внимание на сердце свое и на ум, желая, чтобы чистая молитва слалась тобою к Богу, преимущественно же смотри при этом, нет ли чего препятствующего молитве, чиста ли молитва, занят ли ум твой Господом так же, как у земледельца – земледелием, у мужа – женою, у купца – торговлею, и когда преклоняешь колена свои на молитву, не расхищают ли помыслов твоих другие (15, 12).

51. Написано, «возлюбиши Господа Бога твоего от всего сердца твоего» (*Втор.6:5*). И ты говоришь, я люблю, и имею Духа Святого. Но точно ли есть в тебе памятование о Господе, любовь и горячность к Нему? Привязан ли ты к Господу день и ночь? Если имеешь таковую любовь, то ты чист. А если не имеешь, то когда приходят земные заботы, скверные и лукавые помыслы, разыщи, действительно ли непреклонен ты к сему, всегда ли душа твоя влечется к любви Божьей и привержена к Богу? Ибо мирские помыслы развлекают ум земным и тленным, не позволяют возлюбить Бога или памятовать о Господе. Нередко и человек несведущий приступает к молитве, преклоняет колено и ум его входит в покой, и в какой мере противостоящую стену злобы подкапывает он и углубляется под нее, в такой разрушается она, человек доходит до видения и мудрости, до чего не достигают сильные, или мудрые, или витии, и они не могут постигнуть или познать тонкость ума его, потому что занят он Божественными тайнами (15, 13).

52. Когда есть огонь вне медного сосуда, и станешь потом подкладывать дрова, сосуд разогревается, и что внутри его, то варится и кипит от огня, разведенного вне сосуда. А если кто поленится и не подложит дров, то жар начнет убывать и как бы потухать. Так и благодать есть небесный внутри тебя огонь. Если будешь молиться, помыслы свои предашь любви к Христу, то как будто подложил дров, и помыслы твои сделаются огнем, и погрузятся в любовь Божью. Хотя и удаляется Дух, и бывает как бы вне тебя, однако же Он и внутри тебя пребывает, и является вне тебя. Если же кто вознерадит, хотя мало предавшись или мирским делам, или рассеянности, то опять приходит грех, и облекается в душу, и начинает угнетать человека. Душа воспоминает о прежнем покое, и начинает скорбеть и чаще страдать (40, 7).

53. Снова ум обращается к Богу, снова начинает приближаться к нему прежнее упокоение, снова начинает он сильнее искать Бога, и говорить:

«Умоляю Тебя, Господи!» Постепенно прибавляется огонь, воспламеняющий и упокоевающий душу, подобно тому, как уда понемногу извлекает рыбу из глубины. А если бы не было сего, и не вкусила бы душа горечи и смерти, то как могла бы отличить горькое от сладкого, смерть от жизни и возблагодарить Животворящего Отца и Сына и Святого Духа во веки! (40, 8).

54. Как на корабле, если он вполне оснащен, всеми распоряжается и управляет кормчий, одним делает выговоры, другим указывает, что делать, так и сердце имеет кормчего – ум, и обличающую совесть, и помыслы осуждающие и оправдывающие, ибо Апостол говорит: «Между собою помыслом осуждающим или отвещающим» (*Рим. 2, 15*). (15. 31).

55. Если колесница, бразды, животные и все к тому нужное в руках у одного возничего, то уже, когда хочет он, носится на колеснице со всею быстротою, а когда хочет сдерживает колесницу, и опять, куда хочет поворотить ее, там она и проходит, вся колесница во власти у возничего. Так и сердце имеет много естественных помыслов, которые тесно с ним связаны, а ум и совесть дают вразумления и направления сердцу и усыпляют естественные помыслы, возникающие в сердце, потому что у души много составов, хотя она и одна (15, 32).

56. Люди, запрягши коней, правят колесницами и устремляются друг против друга, каждый старается низринуть и победить противника. Так сердце подвижников представляет из себя зрелище, там лукавые духи борются с душою, а Бог и Ангелы взирают на подвиг. Сверх того, ежечасно многие новые помыслы и душою производятся, а также влагаются и злобою. Ибо душа имеет много сокровенных помыслов, и в этот час производит и рождает их, и у злобы много помыслов и предначинаний, и ежечасно порождает она новые помыслы против души, потому что ум есть всадник, он впрягает колесницу души, сдерживая бразды помыслов и устремляется против сатанинской колесницы, так как и сатана уготовил ее против души (40, 5).

з) Из этого видно, что брань и здесь не прекращается от греха и от врага, отсюда непрекращаемая борьба с помыслами и движениями сердца. Здесь она более утончена.

57. Многие, хотя и присуща им благодать, не знают, что обкрадены они грехом. Как если в каком-нибудь доме живут молодая женщина, а также и молодой мужчина, и женщина, обольщаемая мужчиною, наконец входит с ним в согласие, прелюбодействует и делается презренною, так и страшный змий греха пребывает с душою, соблазняет и убеждает ее, и если соглашается она, то бесплотная душа входит в общение с бесплотною злобою духа, то есть дух входит в общение с духом, и прелюбодействует в сердце своем тот, кто приемлет в себя помысел лукавого и соглашается на оный. Поэтому мера подвига твоего заключается в том, чтобы тебе не прелюбодействовать в мыслях, но противостоять умом и внутренне вести брань, бороться с пороком и не слушаться его, не соуслаждаться им в помыслах. И если Господь обретет в тебе готовность сию, то в последний день примет тебя в Царство Свое (15, 26).

58. Человек имеет такую природу, что и тот, кто во глубине порока и работает греху, может обратиться к добру, и тот, кто связан Духом Святым и упоен небесным, имеет власть обратиться к злу. И те самые, которые вкусили Божьей благодати и стали уже причастниками Духа, если не будут осторожны, угасают и делаются хуже того, какими были, живя в миру. И сие бывает не потому что Бог изменяем и немощен, или дух угасает, но потому, что сами люди не согласуются с благодатью, почему и совращаются и впадают в тысячи зол (15, 34).

59. Иные, вкусив уже сладости Божьей, подлежат еще действию в них противника, и по неопытности дивятся, что и после Божья посещения помыслы оказывают свое действие и во время христианских таинств. Но состарившиеся в этом состоянии не дивятся сему, как и опытные земледельцы по долговременному навыку, когда бывает плодородие, не остаются совершенно беспечными, но ожидают и голода и скудости, и наоборот, когда постигает их голод, или скудость, не теряют совершенно надежды, зная, что времена переменяются. Так и в духовном, когда душа подпадает различным искушениям, не дивится она и не отчаивается, ибо знает, что по Божью попущению дозволяется злобе испытывать и наказывать ее, и наоборот, при великом своем богатстве и покое, не делается беспечною, но ожидает перемены (16, 3).

60. Когда человек в глубине благодати и обогащен ею, и тогда есть еще в нем зелье порока, но есть у него и заступник, который помогает ему. Если источник течет, то и окружающие его места бывают сыры и влажны. А как скоро настает зной, высыхают и источник и близлежащие места. Так и в рабах Божьих, в которых преизбыточествует благодать, иссушает она и возбуждаемое лукавым, а равно и естественное пожелание, потому что ныне Божьи люди стали выше первого Адама (16, 4).

61. Иные в такой мере упокоеваются в Божьей благодати, что бывают мужественнее пребывающего в них порока, и имея молитву и великое упокоение пред Богом, в иной час подпадают действию лукавых помыслов и обкрадываются грехом, хотя и пребывают еще в благодати Божьей. Но люди легкомысленные и несведущие, когда отчасти действует в них благодать, думают, что нет уже греха в них, а умеющие рассудить и благоразумные не осмелятся отречься, чтобы имея в себе благодать Божью, не подлежали они действию срамных и нечистых помыслов (17, 5).

62. Нередко находим в братьях, что иные великую приобретали радость и благодать, и в продолжении пяти или шести лет, говорили о себе: «Увяла в нас похоть», – и после этого, когда почитали себя совершенно освободившимися от похоти, таившийся в них порок приходил в движение, и возгорались они похотью, отчего сами в себе дивились и говорили: «Откуда это после столь долгого времени восстал в нас такой порок?» Поэтому ни один рассуждающий здраво не осмелится сказать: «Так как пребывает благодать во мне, то совершенно свободен я от греха». Напротив того, на ум действуют два лица. Неопытные в деле, как скоро, хотя несколько, воздействовала на них благодать, думают, что победители уже они и стали совершенными христианами. А по-моему, дело бывает так, когда на небе при чистом воздухе сияет солнце, и найдут на него облака, и закроют его и сгустят воздух, солнце, будучи за облаками, не терпит никакого ущерба ни в свете, ни в существе своем. Так бывает и в тех, которые не достигли совершенной чистоты. И в благодати Божьей пребывая, и в глубине души одержимые еще грехом, они имеют в себе и естественные движения и помыслы, укрепляющие их в стремлении к Богу, хотя и не всецело утверждены в добре (17, 6).

63. Так, наоборот, и те, которые во глубине души держатся доброй стороны, то есть преобладаются благодатью, остаются еще рабами и пленниками лукавых помыслов и бывают на стороне порока. Поэтому много потребно рассудительности, чтобы человеку опытно дознать, как бывает в нас дело. Сказываю же тебе, что и Апостолы, имея в себе Утешителя, не были совершенно беззаботны. В них при радости и веселье был также страх и трепет по действию самой благодати, а не со стороны порока, сама благодать остерегала их, чтобы они не совратились, даже и в чем малом. Как бросивший осколком камня в стену ни мало не повредит, или не сдвинет с места стены, или, пустивший стрелу в носящего броню не сделает вреда ни железу, ни телу, потому что броня отражает стрелу, так если и к Апостолам приближалась часть порока, то не вредила им, потому что были они облечены совершенною силою Христовою, и сами они, будучи совершенными, имели свободу творить дела праведные. Поскольку некоторые утверждают, что при благодати душе уже не о чем заботиться, то Бог и в совершенных требует душевной воли на служение Духу, чтобы действовали согласно с благодатью. Ибо Апостол говорит: «Духа не угашайте» (*1Сол. 5, 19*). (17, 7. 8).

64. В видимом мире земля сама собою всего чаще приносит терния, земледелец вскапывает землю, прилежно обрабатывает и засевает, однако же тернии и непосеянные растут и умножаются, потому что Адаму, по преступлении, сказано: «Терния и волчцы возрастит тебе земля» (*Быт. 3, 18*). Земледелец снова трудится, выкапывает тернии, они еще более умножаются. Понимай это духовно, по преступлении земля износит из сердца тернии и волчцы, человек возделывает землю, трудится, а терния лукавых духов все еще родятся. Потом, Сам Дух Святой помогает человеческой немощи, и Господь в сию землю сердца влагает небесное семя и возделывает ее. И когда падет Господне семя, все еще родятся тернии и волчцы. Сам Господь и человек снова возделывают землю души, и все еще изникают и отраждаются там семь лукавых духов и тернии, пока не наступит лето, не умножится благодать, и не посохнут тернии от солнечного зноя (26, 21).

65. Хотя порок пребывает в самом естестве, однако же преобладает там только, где находит себе пажить. Нежные стебли пшеницы могут быть заглушены плевелами. Но когда с наступлением лета растения сделаются сухи, тогда плевелы ни мало не вредят пшенице. Пусть будет тридцать мер чистой пшеницы, но есть в ней примесь и плевел, например, окажется их несколько горстей – плевелы незаметны будут во множестве пшеницы. Так и в благодати, когда дар Божий и благодать приумножаются в человеке, и богатеет он в Господа, тогда порок, хотя отчасти и остается в человеке, не может вредить ему и не имеет никакой над ним силы, или никакой в нем доли. Ибо для того и пришествие и промышление Господне, чтобы нас, порабощенных, повинных и подчинившихся пороку, освободить и сделать победителями смерти и греха (26, 22).

66. Апостолы могли ли согрешить, если бы захотели, или благодать была сильнее и самой воли? Согрешить они не могли, потому что, пребывая во свете, и при такой благодати не превозносились. Впрочем, не говорим, что благодать была в них немощна, утверждаем же, что благодать попускает и совершенным духовным мужам иметь свои изволения и возможность делать что хотят, и преклоняться на что им угодно. И самая природа человеческая, будучи немощна, имеет возможность уклоняться от пребывающего с нею добра. Как облеченные в полное вооружение, в броню и прочие оружия, внутренне приведены уже в безопасность, и враги не нападают на них или и нападают, но в их уже воле – употребить в дело оружия, воспротивиться врагам, вступить с ними в борьбу и одержать победу, или, имея у себя оружие, не воевать с врагами, но веселиться вместе с ними и быть в мире, так и христиане, будучи облечены в совершенную силу и имея у себя небесное оружие, если захотят, соуслаждаются вместе с сатаною и пребывают в мире с ним, а не воюют, потому что природа удобоизменяема, и человек, по причине остающегося у него произвола, если захочет, делается сыном Божьим, или также и сыном погибели (27, 11).

67. Предстоит ли совершенным скорбь, или брань? Или они вполне беззаботны? Нет человека, на которого враг перестал бы нападать. Сатана немилосерден и человеконенавистен, поэтому не ленится нападать на всякого человека, но по-видимому не на всех наступает он с одинаковым усилием. Иные терпят сильную брань и терзания от греха, но укрепляются и умудряются во бранях, пренебрегая сопротивную силу, и нет им опасности в этом отношении, потому что непоколебимы и уверены в своем спасении, так как часто упражнялись и приобрели опытность во брани с злобою, и Сам Бог с ними, Богом путеводятся они и упокоеваются. Иные же, не упражнявшись еще, если в одну только впадут скорбь и воздвигнется на них брань, тотчас ввергаются в беду и гибель (15, 16. 17).

68. Некоторые, оградив себя и при сильном действии в них благодати Божьей, находили свои члены столько освященными, что заключали о себе, будто бы в христианстве нет места уже похоти, но приобретается ум целомудренный и чистый, и что внутренний человек парит уже в Божественном и небесном. Поэтому такой человек думает, что несомненно достиг он в совершенную меру, и когда почитает себя вступившим в безопасную пристань, – восстают на него волны, и опять видит он себя среди моря, увлеченным туда, где только вода и небо, и готовая смерть. Так вошедший в нас грех производит всякую злую похоть. Но снова сподобившись таковые некоей благодати, и как бы, так сказать, из целой морской глубины прияв малую некую каплю, в этом самом находят ежечасно и ежедневно совершающееся чудо, почему подвергшийся такому необычайному новому и Божественному действию, дивится и изумляется, как он обманулся. Наконец, благодать, как Божественная и небесная, просвещает, руководит, умиряет его, все устрояет во благое (38, 4).

69. Делай правду, совершаемую во внутреннем человеке, где поставлен Христов алтарь вместе с нескверным святилищем, да свидетельство совести твоей нахвалится крестом Христа, очищающего совесть твою от мертвых дел, и послужишь Богу духом своим, узнаешь, Кому поклоняешься, по сказанному: «Мы покланяемся, егоже вемы» (*Иоан. 4, 22*). Вверься ведущему тебя Богу, душа твоя да вступит в общение с Богом, как невеста с женихом. Ибо сказано: «Тайна сия велика есть, аз же глаголю во Христа» (*Ефес. 5, 32*) и в непорочную душу (38, 5).

70. Представь себе сад, в котором есть плодоносные деревья и другие благоухающие растения, сад весь прекрасно устроен и украшен и для сохранности, вместо загородки, обнесен малой стеной, по случаю же протекает тут и быстрая река. Если вода, хотя слегка, ударяет в стену, то будет вредить ее основанию, найдет себе проход, понемногу совершенно размоет основание и, вошедши в сад, поломает и искоренит все растения, уничтожит все труды, и сделает сад бесплодным. Так бывает и с сердцем человеческим. Есть в нем прекрасные помыслы, но непрестанно приближаются к сердцу и потоки греха, готовые его низринуть и увлечь на свою сторону. И если ум, хотя несколько легкомыслен и предается нечистым помыслам, то вот уже духи лести нашли себе там пажить, ворвались и ниспровергли все красоты, в ничто обратили добрые помыслы, и душу привели в запустение (43, 6).

и) Кроме сей брани подходит другая – внешняя. Вместе с тем, как начинает обнаруживаться благодать Божья в сердце труженика, начинаются неприязненные нападения на него других людей. Враг, изгнанный изнутри, вооружается со вне. Это стало неизбежным условием для христианина к совершенству в духе.

71. Божьи люди должны приуготовлять себя к борьбе и подвигу. Как мужественный юноша выдерживает борьбу и на удары, ему наносимые, отвечает ударами, так и христиане должны переносить скорби, и внешние и внутренние брани, чтобы принимая на себя удары, побеждать терпением. Таков путь христианства. Где Дух Святой, там как тень следует гонение и брань. Видишь, как Пророки, хотя в них действовал Дух, всегда гонимы были единоплеменниками? Видишь, как Господь, Который есть путь и истина, гоним был не иным народом, но своими. Свое племя – Израильтяне и гнали, и распяли Его. А подобное этому было и с Апостолами, потому что со времени Креста пришел Дух Утешитель и переселился в христиан, никто из Иудеев не был уже гоним, но одни христиане были мучениками. Поэтому не должны они изумляться этому, истине необходимо быть гонимой (15,11).

72. Не просто и то, что написано об Иове, как просил его себе сатана, потому что ничего не мог сделать сам собою без попущения. Что же говорит дьявол Господу? Отдай его мне в руки, «аще не в лице Тя благословить» (*Иов. 1,11*)? Так и ныне и Иов тот же, и Бог Тот же, и дьявол тот же. В то самое время, когда Иов видел себе помощь Божью, был ревностен и горяч по благодати, просит его себе сатана и говорит Господу: «Поелику помогаешь ему и защищаешь его, служит Тебе. Оставь его и предай мне, «аще не в лице Тя благословит»?» Наконец, как бы по тому самому, что душа утешается, благодать отступает от нее, и душа предается искушениям. Поэтому приходит дьявол, наносит ей тысячи бедствий и безнадежность, отчаянье, лукавые помышления и сокрушает душу, чтобы расслабить ее и сделать далекой от упования на Бога. Душа же благоразумная и в бедствиях, и в скорби не теряет надежды, но владеет, чем обладала, и что ни было бы ей нанесено, среди тысячей искушений, все претерпевая, говорит: «Если и умру, не оставлю Его» (26, 7. 8).

73. Все же праведники, идя тесным и узким путем, до конца благоугождали Богу. Авраам богат был по Богу, а в отношении к миру называл себя землею и пеплом (*Быт. 18, 27*), и Давид говорит о себе: «Поношение человеков и уничижение людей, червь, а не человек» (*Псал. 21, 7*). Подобно все Апостолы и Пророки злострадали, были укоряемы. Сам Господь, Который есть путь и Бог, пришедши не для Себя, а ради тебя, чтобы сделаться для тебя образом всего доброго, смотри, в каком пришел уничижении, вид раба принял Бог, Сын Божий, Царь и Сын Царев, Он подает целительные врачевства и врачует язвленных, а по внешности является как бы одним из язвленных (26, 25).

74. Но не пренебрегай Божьим величием, когда видишь Его по внешности уничиженным и как бы подобным единому из нас: ради нас, а не ради Себя, явился Он таким. Рассуди, не более ли всех уничижен был Он в тот час, когда вопили: «Распни, распни Его!», – и стекался народ! Как в мире, если над каким злодеем произнесен приговор князем, то весь народ гнушается им и уничижает его, так и Господь во время распятия, как человек осужденный умереть, ни во что вменяем был фарисеями. И когда также плевали на лицо Его, возлагали на Него терновый венец, били Его по ланитам, не превзошло ли сие меру всякого уничижения? Ибо написано: «Плещи Мои вдах на раны, лица же Моего не отвратих от студа заплеваний и ланит Моих от заушений» (*Ис. 50, 6*). Если же Бог принял столько поруганий, страданий и уничижения, то сколько бы ни смирял себя ты – по природе тина и смертный естеством, не сделаешь ничего подобного Владыке твоему. Ради тебя Бог смирил Себя, а ты и ради себя не смиряешься, но превозносишься и кичишься. Он пришел на Себя взять скорби и тяготы, тебе же дать покой Свой, а ты не хочешь понести трудов и пострадать, чтобы чрез это могли исцелить твои язвы. Слава страданию и долготерпению Его во веки (26, 26).

75. Если Бог на земле шествовал таким путем, то и ты должен стать Его подражателем. Так шествовали и Апостолы, и Пророки. И мы, если желаем быть назданными на основании Господа и Апостолов, должны стать их подражателями. Ибо Апостол Духом Святым говорит: «Подобни мне бывайте, якоже аз Христу» (*1Кор. 4,16*). Если же любишь ты человеческую славу, хочешь, чтобы кланялись тебе, ищешь себе покоя, то совратился ты с пути. Тебе надобно сораспяться с Распятым, пострадать с Пострадавшим, чтобы после этого и прославиться с Прославившимся (*Рим. 8, 17*). Ибо невесте необходимо пострадать с Женихом и чрез это сделаться сообщницей и сонаследницей Христовой. И никому не дозволено без страданий, не путем негладким, тесным и узким войти в град святых, упокоеваться и царствовать с Царем нескончаемые веки (12, 5).

76. До известной ли меры попускается сатане, или сколько хочет нападать на нас? Стремление его не только на христиан, но и на идолослужителей и на целый мир. Поэтому если бы дозволено ему было нападать сколько хочет, то истребил бы всех. Почему же? Потому что его это дело и такова его воля. Но как гончар, когда кладет сосуды в огонь, в меру разжигает печь и не слишком много, чтобы обжигаемые долее надлежащего времени сосуды не дали трещин, и не слишком мало, чтобы, оставшись непрожженными, они не пропали даром, а также делающий серебряные и золотые вещи подкладывает огонь в меру, а если усилит огонь, то золото и серебро расплавляются, делаются жидкими и пропадают, и ум человеческий умеет соразмерять тяжести с видами вьючного скота, или верблюда, или другого какого животного, какую именно тяжесть понести может, то тем паче Бог, Который знает крепость сосудов человеческих, в разных мерах попускает действовать сопротивной силе (26, 3).

і) Выдерживая все это терпеливо и не уступая ни в чем врагу, душа все больше очищается и дает простор сильнейшим воздействиям благодати Святого Духа, которая и проявляется наконец в озарениях ума, в особых отрадных состояниях нравственных, в видениях, руководствах. Видно становится, что душа подходит к совершенству.

77. Если кто любит Бога, то и Бог сообщает ему любовь Свою, кто однажды уверовал в Бога, тому прилагает небесную веру, и человек делается сугубым. Поэтому как ты от членов своих принесешь Ему дар, так и Он, подобно сему, от собственных Своих членов уделит душе твоей, чтобы все тебе делать, и любить и молиться чисто (15, 20).

78. Мария оставила все, села при ногах Господних, и весь день благословляет Бога. Видишь ли сидение при ногу, превосходящее любовь? Но чтобы яснее воссияло Божье слово, слушай еще. Если кто любит Иисуса и внемлет Ему, как должно, и не просто внемлет, но пребывает в любви, то и Бог хочет уже воздать чем-либо душе той за любовь эту, хотя человек не знает, что он примет, или в какой мере Бог одарит душу.

Ибо и Марии, возлюбившей Его и сидевшей при ногах Его, не просто дана награда, но от сущности Своей даровал Он некую сокровенную силу. Сами слова, какие Бог с миром сказал Марии, были дух и некая сила. Слова эти вошли в сердце, стали душою в душе, духом в духе, и Божественная сила наполнила сердце ее, потому что где привитает оная сила, по необходимости делается она там пребывающею, как неотъемлемое стяжание. Поэтому и Господь, зная что даровал ей, сказал: «Мария благую часть избра» (*Лук. 10, 42*). Но со временем и то, что делала Марфа из усердия услужить, привело ее к тому же дарованию, потому что и она приняла Божественную силу в душу свою (12, 16).

79. И что удивительного, если приходящие к Господу и прилепленные к Нему телесно принимали силу? Иногда Апостолы произносили слово, и Дух Святой нападал на верующих (*Деян. 10, 44*). Корнилий от слова, какое услышал, принял силу. Тем паче, когда Господь изрекал слово Марии, или Закхею, или грешнице, которая, распустив волосы, отирала ноги Господни, или самарянке, или разбойнику – тогда являлась сила, и Дух Святой входил в единение с душами их. И ныне, любящие Господа, оставившие все и постоянно пребывающие в молитве, втайне научаются тому, чего не ведали. Сама Истина по их произволению открывается им и учит их: «Аз есмь Истина» (*Иоан. 14, 6*). Сами Апостолы, до креста пребывая с Господом, видели великие знамения, как очищались прокаженные и воскресали мертвые, но не знали, как Божественная сила и пребывает и действует в сердце, не знали, что сами они возродятся духовно, вступят в единение с небесной душой и сделаются новой тварью. Они любили Господа ради совершаемых Им знамений. Наконец Господь сказал им: «Что дивитесь знамениям? Я даю вам великое наследие, какого не имеет целый мир» (12, 17).

80. Странны были для них еще слова Господа, пока не воскрес Он из мертвых и ради нас не вознес тела на небо. И тогда сошел на них Дух Утешитель и вступил в единение с душами их. Сама Истина являет Себя в душах верных, и небесный человек приходит к человеку твоему, и бывает между ними единое общение. По сему тех, которые пребывают в служении и усердно все делают из ревности по вере, из любви к Богу, со временем это приводит к ведению самой Истины, потому что Господь открывается душам их и учит их сопребыванию Духа Святого (12, 18).

81. Сказано: «Вкусите и видите, як благ Господь» (*Псал. 33, 9*), вкушение же сие есть в несомненности действенная сила Духа, совершающая служение в сердце. Ибо те, которые суть сыны света и служения Новому Завету в Духе Святом, ничему не научаются у людей, как научаемые Богом. Сама благодать пишет на сердцах их законы Духа. Поэтому не в Писаниях только, начертанных чернилами, должны они находить для себя удостоверение, но и на скрижалях сердца благодать Божья пишет законы Духа и небесные тайны, потому что сердце владычественно и царственно в целом телесном сочленении. И когда благодать овладеет пажитями сердца, тогда царствует она над всеми членами и помыслами, ибо там ум и все помыслы, и чаяние души. Почему благодать и проникает во все члены тела (15, 18).

82. Такой, по написанному (*1Кор. 2, 14*), востязует всякого человека. О каждом знает он, из какого источника берет слово, где остановился и на какой находится степени, о нем же самом никто из людей, имеющих в себе духа мира, не может знать и судить. Кто только имеет в себе подобный небесный Божий Дух, тот и знает подобного ему, как говорит Апостол: «Духовная духовными срасуждающе» (9, 8).

83. Сподобившиеся стать чадами Божьими и родиться свыше от Духа Святого, имея в себе просвещающего и упокоивающего их Христа, многообразными и различными способами бывают путеводимы Духом, и благодать невидимо действует в их сердце при духовном упокоении. Но от видимых наслаждений в мире займем образы, чтобы этими подобиями отчасти показать, как благодать действует в душах таковых. Иногда бывают они веселы, как бы на царской вечери, и радуются радостью и весельем неописуемым. В иной час бывает, как невеста, Божественным покоем упокоеваемая в сообществе с женихом своим. Иногда же, как бесплотные Ангелы, находясь еще в теле, чувствуют в себе такую же легкость и окрыленность. Иногда же бывают как бы в упоении питием, возвеселяемые и упоеваемые Духом, в упоении Божественными духовными тайнами (18, 7).

84. Но иногда как бы плачут и сетуют о роде человеческом и, молясь за целого Адама, проливают слезы и плачут, воспламеняемые духовной любовью к человечеству. Иногда такою радостью и любовью разжигает их Дух, что, если бы можно было, вместили бы всякого человека в сердце своем, не отличая злого от доброго. Иногда в смиренномудрии духа столько унижают себя пред всяким человеком, что почитают себя самыми последними и меньшими из всех. Иногда Дух постоянно содержит их в неописуемой радости. Иногда уподобляются сильному воителю, который, облекшись в царское всеоружие, выходит на брань с врагами и крепко подвизается, чтобы победить их. Ибо подобно этому и духовный облекается в небесные оружия Духа, наступает на врагов и ведет с ними брань, чтобы покорить их под ноги свои (18, 8).

85. Иногда душа упокоивается в некоем великом безмолвии, тишине и мире, пребывая в одном духовном удовольствии, в неизреченном упокоении и благоденствии. Иногда умудряется благодатью в уразумении чего-либо, в неизреченной мудрости, в ведении неиспытуемого Духа, чего невозможно сказать языком и устами. Иногда человек делается как один из обыкновенных. Так разнообразно действует в людях благодать и многими способами путеводствует душу, упокоевая ее по воле Божьей, и различно упражняет ее, чтобы совершенной, безукоризненной и чистой представить небесному Отцу (18, 9).

86. Эти же перечисленные нами действия Духа достигают большей меры в близких к совершенству. Ибо исчисленные разнообразные упокоения благодати различно выражаются словом и в людях совершаются непрерывно, так что одно действие следует за другим. Когда душа взойдет к совершенству Духа, совершенно очистившись от всех страстей, и в неизреченном общении пришедши в единение и сорастворение с Духом Утешителем и, сорастворяемая Духом, сама сподобится стать духом, тогда делается она вся светом, вся оком, вся духом, вся радостью, вся упокоением, вся радованием, вся любовью, вся милосердием, вся благостью и добротою. Как в морской бездне камень отовсюду окружен водой, так и люди эти, всячески сорастворяемые Духом Святым, уподобляются Христу, непреложно имея в себе добродетели духовной силы, внутренне пребывая безукоризненными, непорочными и чистыми. Ибо обновленные Духом как могут производить наружно плод порока? Напротив того, всегда и во всем сияют в них плоды Духа (18, 10).

87. Иной входит преклонить колено – и сердце его исполняется Божественной действенности, душа веселится с Господом, как невеста с женихом, по слову Пророка Исайи, который говорит: «Якоже радуется жених о невесте, тако возрадуется Господь о тебе» (*Ис.62, 5*). И иногда во весь день чем-нибудь занятый, на один час посвящает себя молитве – и внутренний его человек с великим услаждением восхищается в молитвенное состояние, в бесконечную глубину оного века, так что всецело устраняется туда парящий и восхищаемый ум. На это время происходит в помыслах забвение о земном мудровании, потому что помыслы насыщены и пленены Божественным, небесным, беспредельным, непостижимым и чем-то чудным, чего человеческим устам изречь невозможно. В этот час человек молится и говорит: «О если бы душа моя отошла вместе с молитвою» (8, 1).

88. Всегда ли человек входит в это состояние? Правда, что благодать непрестанно пребывает, укореняется и действует как закваска в человеке, с юного возраста, и это пребывающее в человеке делается чем-то как бы естественным и неотделимым, как бы единой с ним сущностью, однако же, как ей угодно, различно видоизменяет она свои действия в человеке к его пользе. Иногда огонь этот возгорается и воспламеняется сильнее, а иногда как бы слабее и тише, в иные времена свет сей загорается и сияет более, иногда же уменьшается и меркнет, и светильник сей, всегда горя и светя, иногда делается яснее, более загорается от упоения Божьей любовью, а в другое время издает сияние свое бережливо, и присущий человеку свет бывает слабее (8, 2).

89. Сверх того, иным во свете являлось знамение креста и пригвождалось во внутреннем человеке. Иногда также человек во время молитвы приходил как бы в исступление, казалось, что стоит он в церкви пред жертвенником, и предложены ему три хлеба, как бы вскиснувшие с елеем, и в какой мере вкушал их, в такой хлебы возрастали и поднимались. Иногда также являлось как бы светоносное некое одеяние, какого нет на земле в веке сем и какого не могут приготовить руки человеческие. Ибо как Господь с Иоанном и Петром, поднявшись на гору, преобразил ризы Свои и сделал их молниевидными, так бывало и с таким одеянием, и облаченный в такое человек удивлялся и изумлялся. В иное же время свет сей, явившись в сердце, отверзал внутреннейший, глубочайший и сокровенный свет, почему человек, всецело поглощенный такой сладостью и таким созерцанием, не владел уже собой, но был для мира сего как бы буим и варваром, по причине изобилующей любви и сладости и по причине сокровенных тайн, так что человек, получив в это время свободу, достигает совершенной меры, бывает чистым и свободным от греха. Но после этого благодать умалялась и нисходило покрывало сопротивной силы, благодать же бывала видима как бы отчасти, и на какой-то низшей степени совершенства (8, 3).

90. Человеку надобно пройти, так сказать, двенадцать ступеней и потом достигнуть совершенства. В иное время действительно достигает он этой меры и приходит в совершенство. Потом благодать снова начинает действовать слабее, и человек нисходит на одну ступень и стоит уже на одиннадцатой. А иной, богатый благодатью, всегда день и ночь стоит на высшей мере, будучи свободен и чист, всегда пленен и выспрен. И теперь человек, которому показаны те чудеса и который изведал их опытно, если бы так было с ним всегда, не мог бы уже принять на себя домостроительства слова, или иного какого бремени, не согласился бы ни слышать, ни позаботиться, по обыкновению, о себе и об утрешнем дне, но только стал бы сидеть в одном углу, в восхищении и в упоении. Поэтому то совершенная мера не дана ему, чтобы мог он заниматься попечением о братии и служением слову, если не разорено уже средостение ограды, и смерть побеждена (8, 4).

91. На деле же бывает так: подобно сгущенному воздуху, какая-то как бы примрачная сила лежит на человеке и слегка прикрывает его. Светильник непрестанно горит и светит, однако же как бы покрывало лежит на свете, и посему человек признается, что он еще несовершенен и не вовсе свободен от греха, поэтому можно сказать, что средостение ограды уже разорено и сокрушено, и опять в ином чем-нибудь разорено не вовсе и не навсегда. Ибо бывает время, когда благодать сильнее воспламеняет, утешает и упокоивает человека, и бывает время, когда она умаляется и меркнет, как сама она домостроительствует это на пользу человеку. Кто же хотя бы на время приходил в совершенную меру, вкушал и опытно изведывал оный век? Доныне не знаю ни одного человека-христианина совершенного или свободного. Напротив того, если и упокоевается кто в благодати, доходит до тайн и до откровений, до ощущения великой благодатной сладости, то и грех пребывает еще внутри его. Такие люди, по изобилию в них благодати и света, почитают себя свободными и совершенными, но погрешают в этом, по неопытности вводимые в обман тем самым, что действует в них благодать. А я доныне не видал ни одного свободного человека, и, поскольку в иные времена сам отчасти доходил до той меры, то доведался и знаю, почему нет совершенного человека (8, 5).

92. Скажи нам, на какой ты степени? – Ныне, после крестного знамения, благодать так действует и умиряет все члены и сердце, что душа от великой радости уподобляется незлобивому младенцу, и человек не осуждает уже ни Эллина, ни Иудея, ни грешника, ни мирянина, но на всех чистым оком взирает внутренний человек и радуется о целом мире, и всемерно желает почтить и полюбить Эллинов и Иудеев. В иной час он, сын царев, так твердо уповает на Сына Божья, как на отца. Отверзаются пред ним двери, и входит он внутрь многих обителей, и по мере того, как входит, снова отверзаются пред ним двери в соразмерном числе, например, из ста обителей – в другие сто обителей, и обогащается он, и в какой мере обогащается, в такой же показываются ему новые чудеса. Ему, как сыну и наследнику, вверяется то, что не может быть изречено естеством человеческим, или выговорено устами и языком (8, 6).

7. Высшая степень совершенства христиан

1. Пророк Иезекиль поведал то Божественное и славное явление и видение, которое узрел он, и описал его как явление, исполненное неизглаголанных тайн. Видел же он на поле херувимскую колесницу, четырех духовных животных. У каждого животного было четыре лица: одно лицо львиное, другое лицо орлиное, еще лицо телячье и лицо человеческое. И у каждого лица были крыла, так что ни у одного невозможно было различить, где передняя, или задняя сторона. «Плещи их исполнены» были "очес", и перси также полны очей, и не было места, неисполненного очей. При каждом лице было по три колеса, как бы колесо в колесе, и в колесах был дух. И Пророк видел как бы подобие человека, и подножие у него – как бы сапфирное. Колесница эта (то есть – Херувимы и животные) носила на себе сидящего Владыку. Куда ни угодно было ему шествовать – животные всюду обращены были лицом. И Пророк видел под крыльями Херувимов как бы «руку человечу», которая их поддерживала и носила (*Иез. 1, 5–28* и гл. 10). (1, 1).

2. Истинно и несомненно было то, что видел Пророк в восхищении, но оно указывало на иное, прообразовало нечто таинственное и Божественное, тайну подлинно сокровенную от родов, явленную же в последняя времена, в пришествие Христово. Пророк созерцал тайну души, имеющей принять Господа своего и сделаться престолом славы Его. Ибо душа, которую Дух, уготовавший ее в седалище и обитель Себе, сподобил приобщиться света Его и осиял красотою неизреченной славы Своей, делается вся – светом, вся – ликом, вся – оком, нет у нее ни одной части, неисполненной духовных очей света, то есть, нет в ней ничего омраченного, но вся она всецело сделана светом и духом, вся исполнена очей и не имеет никакой последней, или задней, стороны, но отовсюду представляется ликом, потому что снизошла на нее и восседает на ней неизреченная красота славы Света Христа. И как солнце везде себе подобно, нет у него ни одной последней или недостаточной части, но, состоя из частей одинаковых, все оно всецело блистает светом, и все есть свет, или как огнь, т. е. самый свет огня, весь сам себе подобен и не имеет в себе первого или последнего, или большего или меньшего, так и душа, совершенно осиянная неизреченною красотою славы света от лица Христова и совершенно вступившая в общение с Духом Святым и сподобившаяся стать жилищем и престолом Божьим, делается вся оком, вся светом, вся ликом, вся славою, вся духом, как уготовал, благоустроил и украсил ее духовной лепотою Христос, Который и носит, и водит, и поддерживает, и подъемлет ее. Ибо сказано, что «рука человеча» была под Херувимами (*Иез. 1, 8*). Сам Христос и носим бывает душою, и водит ее (1, 2).

3. Четыре животные, носящие колесницу, представляли собою образ владычественных умственных сил души. Как орел царствует над птицами, лев над дикими зверями, вол над кроткими животными, а человек над всеми тварями, так и в душе есть более царственные силы умственные, то есть воля, совесть, ум и сила любви. Ими управляется душевная колесница, в них почивает Бог. А по иному способу объяснения, разумеется это о небесной Церкви Святых. И как там Пророк говорит о животных, что высота их была чрезмерна, что они исполнены очей и что никому невозможно было объять число очей, или высоту, потому что не дано ведения об этом, как звезды на небе всякому человеку дано видеть и дивиться им, узнать же число их ни одному невозможно, таким же образом в небесную Церковь Святых войти и наслаждаться в ней дано всем желающим подвизаться, но узнать и объять число Святых – сие принадлежит Единому Богу. Сидящий на колеснице и на престоле упомянутых животных, или в каждой душе, сделавшейся престолом и седалищем Его, ставшей оком и светом, шествует и носится, восседая на ней, правя браздами духа, и направляя ее, как Сам знает. Как духовные животные шествовали не куда сами хотели идти, но куда знал и хотел Сидящий на них и направляющий их, так и здесь Сам правит и водит, указывая путь Духом Своим. Таким образом, не по своей воле, когда хотят, возносятся души на небеса, но Бог направляет душу, свергнув тело, стремиться мыслью на небеса, и опять, когда угодно Ему, ходит она во плоти и в помыслах, а по Его же воле переходит к пределам земли, и Он показывает ей откровения тайн. О подлинно превосходный, благой, единый и истинный Браздодержец! Так, если душа предпрославлена ныне и вступила в единение с Духом, то и тела сподобятся части в воскресении (1, 3).

4. А что души праведных становятся светом небесным, о том Сам Господь сказал Апостолам: «Вы есте свет мира» (*Матф. 5, 14*). Сам, сделав их светом, повелел, чтобы чрез них просвещался мир, и говорит: «Ниже вжигают светильника и поставляют под спудом, но на свещнице, и светить всем, иже в храмине (суть). Тако да просветится свет ваш пред человеки» (*Матф. 5, 15. 16*). А сие значит, не скрывайте дара, какой приняли от Меня, но сообщайте всем желающим. И еще: «Светильник телу есть око: аще убо будет око твое светло, все тело твое просветится, аще же око твое лукаво, все тело твое темно будет. Аще убо свет, иже в тебе, тма есть, то тма кольми» (*Матф. 6, 22. 23*)? Как очи суть свет для тела, и когда они здоровы – все тело освещено, и когда попадет что в очи и они омрачатся, тогда все тело бывает во тьме, так Апостолы поставлены очами и светом для целого мира. Поэтому Господь, заповедуя им, сказал: «Если вы, будучи светом для мира, устоите и не совратитесь, то просвещено будет все тело мира. А если вы, свет мира – омрачитесь, то тьма, то есть, мир, кольми?» Итак, Апостолы, став светом, послужили светом для веровавших, просветив сердца их тем небесным светом Духа, которым просвещены были сами (1, 4).

5. Которые совлекли с себя человека ветхого и земного и с которых Иисус совлек одежды царства тьмы, те облеклись в нового и небесного человека Иисуса Христа. И Господь облек их в одеяния царства неизреченного света, в одеяния веры, надежды, любви, радости, мира, милосердия, благости, а подобно и во все прочие Божественные, животворные одеяния света, жизни, неизглаголанного упокоения, чтобы, как Бог есть любовь, радость, мир, благость, милосердие, так и новый человек сделался сим по благодати (2, 4. 5).

6. Совершенные христиане, сподобившиеся войти в меру совершенства и сделаться приближенными Царю, всегда посвящают себя в дар кресту Христову. Как при Пророках всего досточестнее было помазание, потому что помазуемы были Цари и Пророки, так и ныне люди духовные, помазуемые небесным помазанием, делаются христианами по благодати, чтобы им быть царями и пророками небесных тайн. Они суть и сыны, и господа, и боги, связуемые, отводимые в плен, низвергаемые, распинаемые, посвящаемые в дар. Если помазание елеем, какой получаем от земного растения, от видимого дерева, имело такую силу, что помазанные беспрекословно получали сан (ибо всеми признавалось, что они поставлены в цари, и помазанный Давид тотчас подвергся гонениям и скорбям, а чрез семь лет стал царем), то тем паче те, у которых ум и внутренний человек помазуются освещающим и радость творящим небесным и духовным елеем радования, приемлют печать того нетленного царствия и вечной силы, залог Духа, – Самого Духа Святого и Утешителя (разумей же, что Утешитель и утешает, и исполняет радости сущих в скорбях). (17, 1).

7. Эти помазуемые елеем небесного насаждения, древа жизни – Иисуса Христа, бывают сподоблены войти в меру совершенства, то есть царствия и усыновления, так как находясь еще в этом мире, они уже разделяющие тайны небесного Царя, имеют дерзновение пред Вседержителем, входят в чертог Его, где Ангелы и духи Святых. Ибо и не получив еще совершенного наследия, уготованного им в оном веке, тем залогом, какой прияли ныне, обезопасили себя как уже венчанные и царствующие, и при обилии и дерзновении Духа не находят они для себя удивительным, что будут царствовать с Христом. Почему же? Потому что, будучи еще во плоти, имели уже в себе то ощущение сладости и то действие силы (17, 2).

8. Как при скончании мира, когда этой тверди не станет, праведники будут уже жить в царстве, во свете и в славе, не видя ничего иного, кроме того, как Христос пребывает всегда во славе одесную Отца, так и сии, ныне еще восхищенные и отведенные пленниками в тот век, созерцают все тамошние лепоты и чудеса. Ибо мы, будучи еще на земле, имеем жительство на небесах, как обитатели и граждане того мира по уму и по внутреннему человеку. Как видимое око, будучи чистым, чисто всегда видит солнце, так и ум, совершенно очистившись, всегда видит славу света Христа и с Господом пребывает день и ночь, подобно тому, как тело Господне, соединившись с Божеством, всегда пребывает с Духом Святым. Но сию меру не вдруг достигают люди, и то разве трудами, скорбью, великим подвигом (17, 4).

9. Как Господь, отложив всякое начальство и власть, облекся в тело, так и христиане облекаются Духом Святым и пребывают в упокоении. Если и наступает брань извне, делает приражения сатана, то внутренне ограждены они Господней силой и не тревожатся при нападениях сатаны. Когда Господа искушал он в пустыне сорок дней, повредил ли Ему сколько-нибудь тем, что извне приступал к телу Его. В сем теле был Бог. Так и христиане, если и искушаются извне, то внутренне исполнены силы Божества и не терпят никакой обиды. Но если достиг кто в такую меру, то пришел он в совершенную любовь Христову и исполнение Божества. А кто не таков, тот и внутренне ведет еще брань. В иной час упокоевается в молитве, а в другой час бывает в скорби и во брани. Ибо так угодно Господу, поскольку человек еще младенец, управляет его Господь во бранях. И внутри появляются как бы два лица, свет и тьма, упокоение и скорбь, в иной час в упокоении молятся, а в иной час бывают в смятении (26, 15).

10. Не слышишь ли, что говорит Павел? Если имею все дарования, «аще предам тело мое, во еже сжещи е, аще языки ангельскими глаголю, любве же не имам, ничтоже есмь» (*1Кор. 13, 1–3*). Ибо дарования сии руководствуют только к совершенству, и достигшие их, хотя и во свете, однако же еще младенцы. Многие из братий восходили на эту степень и имели дарования исцелений, откровение и пророчество, но поскольку не пришли еще в совершенную любовь, в которой «союз совершенства» (*Кол. 3, 14*), то восстала в них брань, и они, вознерадев, пали. Но кто достигает совершенной любви, тот делается уже узником и пленником благодати. А кто приближается постепенно к совершенной мере любви, но не дошел еще до того, чтоб стать узником любви, тот находится еще под страхом, ему угрожают брань и падение, и если не оградит он себя, то низлагает его сатана (26, 16).

11. Всякий должен знать, что есть очи, которые внутреннее сих очей, и есть слух, который внутреннее сего слуха. И как эти очи чувственно видят, и распознают лица друга или любимого, так очи души достойной и верной, просвещенные Божественным светом, духовно видят и распознают истинного друга, сладчайшего и многовожделенного Жениха Господа, как скоро душа озарена достопоклоняемым Духом. И таким образом, душа, мысленно созерцая вожделенную и единую неизглаголанную лепоту, уязвляется Божественною любовью, настраивается ко всем духовным добродетелям и вследствие сего приобретает беспредельную и неистощимую любовь к вожделенному для нее Господу (28, 5).

12. В сени закона, данного чрез Моисея, Бог повелел, чтобы в субботу каждый упокоевался и ничего не делал. А это было образом и сенью истинной субботы, даруемой душе Господом. Ибо душа, сподобившаяся избавиться от срамных и нечистых помыслов, субботствует истинную субботу и покоится истинным покоем, пребывая праздной и свободной от всех темных дел. Ибо там в прообразовательной субботе, хотя упокоевались телесно, но души связаны были лукавством и пороками, а сия истинная суббота есть истинное успокоение души, пребывающей праздною и очистившейся от сатанинских помыслов, покоющейся в вечном Господнем покое и в радости (35, 1).

13. Ибо Господь призывает человека к покою, говоря: «Приидите ко Мне вси труждающиися и обременении и Аз упокою вы» (*Матф. 11, 28*). И те души, которые покоряются и приходят, Он упокоевает от сих тяжких, обременительных и нечистых помыслов, делаются они праздными от всякого беззакония, субботствуют субботу истинную, приятную и святую, празднуют духовный праздник неизглаголанной радости и веселья, совершают от чистого сердца служение чистое и благоугодное Богу. И это есть истинная и светлая суббота. Поэтому будем и мы умолять Бога, чтобы и нам войти в покой сей, упраздниться от срамных, лукавых и суетных помышлений, а таким образом прийти в возможность служить Богу от чистого сердца и праздновать праздник Духа Святого. И блажен, кто войдет в сей покой (35, 1. 3).

14. Когда душа прилепляется к Господу, и Господь, милуя и любя ее, приходит и прилепляется к ней, и разумение ее непрестанно уже пребывает в благодати Господней, тогда душа и Господь делаются единый дух, единое срастворение, единый ум. Тело души остается поверженным на земле, а ум ее всецело жительствует в небесном Иерусалиме, восходя до третьего неба, прилепляясь к Господу, и там служа Ему (46, 3).

15. И Сам Сидящий в небесном граде на престоле величества на высоких, весь пребывает с душою в теле ее, потому что образ ее положил Он горе в небесном граде Святых – Иерусалиме, а собственный Образ неизреченного света Божества Своего положил в теле ее, Он служит ей в граде тела, и она служит Ему во граде небесном. Душа сделалась наследницей Его в небесах, а Он принял ее в наследие на земле. Ибо Господь делается наследием души, и душа наследием Господа. Мысль и ум даже омраченных грешников могут быть весьма далек от тела, имеют силу в мгновение времени пробегать большие пространства, переходить в отдаленные страны, и нередко тело повержено на земле, а мысль в другой стороне пребывает с возлюбленным, или с возлюбленною, и видит себя как бы живущей там. А если душа грешника так тонка и быстрокрыла и уму ее нет препятствия быть в отдаленных местах, тем паче душа, с которой покрывало тьмы снято силой Духа Святого, когда умные очи ее просвещены небесным светом, и совершенно избавлена от страстей бесчестия, сделалась чистою по благодати – всецело на небесах служит Господу духом, и всецело служит Ему телом, и столь расширяется мыслью, что бывает повсюду и, где хочет и когда хочет, служит Христу (46, 4).

16. Это говорит Апостол: «Да возможете разумети со всеми святыми, что широта и долгота, и высота и глубина, разумети же преспеющую разум любовь Христову, да исполнитеся во всяко исполнение Божие» (*Ефес 3, 18. 19*). Рассматривай неизреченные тайны души, с которой Господь съемлет лежащую на ней тьму и открывает ее, и Сам ей открывается. Как расширяет и распространяет мысли ума ее и в широту, и в долготу, и в глубину, и в высоту всей видимой и невидимой твари (46, 5).

8. Будущая жизнь

1. Когда душа человеческая выйдет из тела, тогда совершится при сем великое некое таинство. Ибо если повинна она во грехах, то приходят толпы демонов и недобрые ангелы, и темные силы поемлют душу ту и берут в собственную свою область. И никто не должен удивляться тому, потому что если душа в этой жизни, находясь в веке этом, им подчинялась и повиновалась и была их рабой, то тем паче удерживается ими и в их остается власти, когда отходит из мира. А что касается до части благой, то должен ты представлять себе, что дело бывает так. При святых рабах Божьих еще ныне пребывают Ангелы, и святые духи их окружают и охраняют. И когда отходят от тела, тогда лики Ангелов приемлют души их в собственную свою область, в чистый век, и таким образом приводят их к Господу (22).

2. Истинная смерть внутри – в сердце, и она сокровенна, ею умирает внутренний человек. Поэтому если кто перешел от смерти к жизни сокровенной, то он истинно во веки живет и не умирает. Даже если тела таковых и разрушаются на время, то снова будут воскрешены во славе, потому что освящены. Поэтому смерть христиан называем сном и успением (15, 37).

3. Как купец, возвращаясь издали, во много крат увеличив свою куплю, посылает к домашним, чтобы приобрели ему дома, сады и необходимые одежды, когда же приходит на родину, приносит с собой великое богатство, с великой радостью принимают его домашние и родные, так бывает и в духовном. Если иные искупают себе небесное богатство, то узнают о сем сограждане, то есть духи святых Ангелов, и дивятся, говоря: «Великое приобрели богатство братия наши, которые на земле». Таковые при отшествии своем, имея с собою Господа, с великой радостью восходят к горним, и сущие с Господом принимают их, уготовав для них там обители, сады, всесветлые и многоценные одежды (16, 8).

4. Если человек, находясь еще во брани, когда в душе его действенны и грех и благодать, преставится из мира сего, то куда поступает сей одержимый тем и другим? Поступает туда, где ум имеет свою цель и любимое место. Тебе, если постигают тебя скорбь, или брань, должно только воспротивиться и возненавидеть. Ибо чтобы наступила брань, не твое это дело, а ненавидеть – твое дело. И тогда Господь, видя ум твой, потому что подвизаешься и любишь Господа от всей души, в единый час удаляет смерть от души твоей (это нетрудно Ему) и приемлет тебя в лоно Свое и во свет, в единое мгновение времени исхищает тебя из челюстей тьмы и немедленно преставляет в царство Свое. Богу легко все совершить в одно мгновение, только ты имел бы любовь к Нему. Бог требует от человека его делания, потому что душа удостоена быть в общении с Божеством (26, 18).

5. Зачавшая во чреве жена внутри себя носит младенца своего во тьме, так сказать, и в нечистом месте. И если случится наконец младенцу выйти из чрева в надлежащее время, видит она для неба, земли и солнца новую тварь, какой никогда не видала, и тотчас друзья и родные с веселым лицом берут младенца в объятия. А если от какого-либо беспорядка случится младенцу умереть во чреве, то необходимо уже определенным на то врачам прибегнуть к острым орудиям, и тогда младенец переходит от смерти к смерти, из тьмы во тьму. То же примени и к духовному. Приявшие в себя семя Божества имеют оное в себе невидимо, и по причине живущего в них греха, таят в местах темных и страшных. Посему, если оградят себя и соблюдут семя, то в надлежащее время породят оное явно и наконец по разрешении их с телом Ангелы и все горние лики с веселыми лицами примут их. А если подъявший на себя оружие Христово, чтобы сражаться мужественно, расслабится, то скоро предается он врагам и, по разрешении с телом, из тьмы, содержащей его ныне, пойдет в другую более страшную тьму и в погибель (43, 5).

6. Как сборщики податей, сидя в тесных проходах, останавливают и истязают проходящих, так и демоны наблюдают и задерживают души, и если души не совершенно очистились, то при исшествии своем из тела не получают дозволения войти в небесные обители и предстать Владыке своему, но уносятся вниз воздушными демонами. Но пребывающие во плоти, при трудах и при великом усилии, могут еще приобрести благодать свыше от Господа, и они вместе с достигшими упокоения за добродетельное житие, отойдут ко Господу, как Сам Он дал обетование: «Идеже есмь Аз, ту и слуга Мой будет» (*Иоан. 12, 26*), – и бесконечные веки будут царствовать с Отцом и Сыном и Святым Духом, ныне и всегда, и во веки веков! (43, 9).

7. Каждый должен подвизаться и стараться преспеянием во всех добродетелях приобрести оную храмину и веровать, что приобретается она здесь. Ибо если разорится телесная наша храмина, нет у нас иной храмины, в которой бы обитала душа наша, "аще точию", как сказано, «и облекшеся, не нази обрящемся» (*2Кор. 5, 3*), то есть не будем лишены общения и единения со Святым Духом, в Котором только и может упокоеваться верная душа. Поэтому те, которые во всей действительности и силе суть христиане, твердо надеются и радуются, исходя из этой плоти, что имеют оную «храмину нерукотворену», храмина же сия есть обитающая в них сила Духа. И если разорится телесная храмина, не страшатся они того, потому что имеют небесную духовную храмину и ту нетленную славу, которая в день воскресения созиждет и прославит и храмину тела; как говорит Апостол: «Воздвигий Христа из мертвых оживотворит и мертвенная телеса наша, живущим Духом Его в нас», и еще: «да и живот Иисусов явится в мертвенной плоти нашей» (*2Кор. 4,*

11), и, «да пожерто будет», как сказано, «мертвенное животом» (*2Кор. 5, 4*). (15, 16).

8. Поэтому постараемся верой и добродетельной жизнью здесь еще приобрести себе такое одеяние, чтобы нам, облеченным в тело, не оказаться нагими, и тогда в день тот ничто не прославит плоть нашу. Ибо в какой мере сподобился каждый за веру и рачительность стать причастником Святого Духа, в такой же мере прославлено будет в тот день и тело его. Что ныне собрала душа во внутреннюю свою сокровищницу, то и тогда откроется и явится вне тела, как и дерева, когда, по прошествии зимы, согреет их невидимая сила солнца и ветров, подобно одеянию производят и откидывают из себя наружу листья, цветы и плоды, а также в это время выходят из внутренних недр земли и полевые цветы, и ими покрываются и облекаются земля и трава, подобно кринам, о которых сказал Господь: «ни Соломон во всей славе своей облечеся, яко един от сих» (*Матф. 6, 29*). Ибо все сие служит примером, образом и подобием христианина в день воскресения (5, 17).

9. Так для всех боголюбивых душ, то есть для истинных христиан, есть первый месяц Ксантик, называемый еще Апрелем, и это есть день воскресения. В оный то силою Солнца правды изведется изнутри слава Святого Духа, покрывающая и облекающая собою тела Святых, та самая слава, какую имели они сокровенной в душах. Ибо, что имеет теперь душа в себе, то обнаружится тогда в теле. Этот месяц есть первый в месяцах лета (*Исх. 12, 2*), он приносит радость всей твари, он, разверзая землю, облекает одеждой обнаженные дерева, он приносит радость всем животным, он распространяет между всеми веселье, он для христиан есть первый месяц Ксантик, то есть, время воскресения, в которое прославлены будут тела их неизреченным светом, еще ныне в них сокровенным, то есть, силою Духа, Который будет тогда их одеяние, пища, питие, радование, веселье, мир, облачение, вечная жизнь. Ибо всей лепотой светлости и красоты небесной сделается тогда для них Дух Божества, которого еще ныне сподобились они принять в себя (5, 18).

10. Поэтому каждый из нас должен подвизаться и трудиться, тщательно упражняться во всех добродетелях, веровать и просить у Господа, чтобы внутренний человек еще ныне сделался причастником такой славы, и душа возымела общение в такой святости Духа, и чтобы, очистившись от скверны порока, и в воскресение иметь нам во что облечь воскресшие наши нагие тела, чем прикрыть срамоту их, чем оживотворить и на веки упокоить их в небесном царстве, потому что, по Святым Писаниям, Христос придет с небес и воскресит все племена Адамовы, всех почивших от века, и разделит их на две части, и которые имеют собственное Его знамение, то есть печать Духа, тех, оглашая как Своих, поставит одесную Себя. Ибо говорит: «овцы Моя гласа Моего слушают» (*Иоан. 10, 27*), «и знаю Моя, и знают Мя Моя» (*Иоан. 10, 14*). Тогда-то тела их за добрые дела облекутся Божественной славой, а сами они будут исполнены той духовной славы, какую еще ныне имели в душах. И таким образом прославленные Божественным светом и восхищенные на небеса «в сретение Господне на воздусе», по написанному, «всегда с Господем будем» (*1Сол. 4, 17*), с Ним царствуя беспредельные веки веков! Постараемся же предварительно иметь на себе знак и печать Господню, потому что во время суда, когда Бог будет производить разделение и собраны будут все колена земные – целый Адам, когда Пастырь созовет стадо Свое, тогда все, имеющие на себе знак, узнают своего Пастыря, и Пастырь узнает имеющих на себе собственную Его печать и соберет их из всех народов, услышат глас Его свои, и пойдут во след Его. На две части разделится мир, одна часть будет темное стадо, отходящее в огнь вечный, а другая – света исполненная паства, возводимая к небесному жребию. Что ныне приобрели мы в душах, то самое воссияет и обнаружится тогда, и облечет славою тела (5, 21, 12, 13).

11. В воскресение все ли члены будут воскрешены? Богу все не трудно. Таково и обетование Его. По человеческой немощи и человеческому рассудку кажется это как бы невозможным. Как Бог, взяв прах и землю, устроил как бы иное какое-то естество, именно естество телесное, неподобное земле, и сотворил многие роды естеств, как-то: волосы, кожу, кости и жилы – и каким образом игла, брошенная в огонь, переменяет цвет и превращается в огонь, между тем как естество железа не уничтожается, но остается тем же, так и в воскресение все члены будут воскрешены и, по написанному, «влас не погибнет» (*Лук. 21, 18*), и все сделается световидным, все погрузится и преложится в свет и в огонь, но не разрушится и не сделается огнем, так чтобы не стало уже прежнего естества, как утверждают некоторые. Ибо Петр остается Петром, и Павел – Павлом, и Филипп – Филиппом, каждый, исполнившись Духа, пребывает в собственном своем естестве и существе. А если утверждаешь, что естество разрушилось, то нет уже Петра или Павла, но во всем и повсюду – Бог, и отходящие в геенну не чувствуют наказания, а идущие в царство – благодеяния (15, 10).

12. Представь себе сад, в котором всякого рода плодоносные деревья, были там груша, яблоня и виноград с плодами и листьями, но и сад, и все дерева и листья изменились и обратились в иное естество, и все прежнее сделалось световидным. Так и люди изменятся в воскресение, и члены их сделаются святыми и световидными (15, 11).

13. Как тело Господа, когда взошел Он на гору, прославилось и преобразовалось в Божественную славу и в бесконечный свет, так и тела Святых прославляются и делаются блистающими. Ибо как внутренняя слава Христова в такой мере распростерта была и воссияла на теле Христовом, так, подобно сему, и во Святых внутри сущая сила Христова в оный день будет изливаться вовне – на тела их, потому что еще ныне они умом своим причащаются Христовой сущности и Христова естества. Ибо написано: «Святяй и освящаемии от единого» (*Евр. 2, 11*), и: «славу юже дал еси Мне, дах им» (*Иоан. 17, 22*). Как одним огнем зажигаются многие светильники, так необходимо и телам Святых – сим членам Христовым – сделаться одним и тем же с Самим Христом (15, 36).

14. И совершенные, пока пребывают во плоти, не избавлены от забот по причине свободы и состоят под страхом, почему и попускаются на них искушения. Когда же душа войдет в оный град Святых, тогда только возможет пребыть без скорбей и искушений, потому что нет там заботы, или скорби, или труда, или старости, или сатаны, или брани, а есть там покой, радость, мир и спасение. Там посреди их Господь, Который именуется Спасителем, потому что спасает плененных, именуется Врачом, потому что подает небесное и Божественное врачевство и исцеляет душевные страсти, в некоторой мере господствующие над человеком. Словом сказать, Иисус есть Царь и Бог, а сатана – мучитель и злой князь (26, 23).

15. Поскольку некоторые продают имение, отпускают на свободу рабов, исполняют заповеди, но не стараются в мире этом приять Духа, то ужели, живя таким образом, не войдут они в Небесное Царство? Это предмет тонкий для рассуждения. Ибо некоторые утверждают, что и царство одно, и геенна одна, мы же говорим, что много степеней, различий и мер в одном и том же царстве и в одной и той же геенне. Как во всех членах одна душа, и вверху действует она в мозгу, а внизу она же приводит в движение ноги, так и Божество объемлет все твари, и небесные, и те, которые ниже бездны, и повсюду всецело пребывает в твари, хотя по своей неизмеримости и необъятности оно и вне тварей. Поэтому само Божество внемлет людям, и во всем домостроительствует премудро. И поскольку некоторые молятся, не зная, чего просят, другие постятся, иные пребывают в служении, то Бог, праведный Судья, каждого награждает по мере веры. Ибо что делают они, делают по страху Божью, но не все они – сыны, цари, наследники (40, 3).

16. Одни в мире убийцы, другие любодеи, иные хищники, а некоторые также раздают имение свое нищим. Господь взирает на тех и на других, и делающим добро дает упокоение и награду, есть меры избыточествующие и есть меры малые, в самом свете и в самой славе есть разность. В самой геенне и в наказании есть отравители, и разбойники, и другие, прегрешившие в малом. А которые утверждают, что одно царство, одна геенна и степеней нет, те говорят худо. Сколько ныне мирских людей, которые преданы зрелищам и прочим бесчинствам? И сколько еще таких, которые молятся и боятся Бога? Бог взирает на тех и на других, и как праведный Судья уготовляет одним упокоение, другим – наказание (40, 4).

ПРЕПОДОБНЫЙ АВВА ИСАЙЯ

Краткое сведение о преподобном отце нашем Исайи, авве Нитрийском и его писаниях

Преподобный отец наш Исайя отшельник жил во второй половине четвертого столетия от Р.Х. (ум. 370), – современно с Аввою Макарием Великим. Местом подвигов его был нижний Египет, – а в нем пустыня Скеф (*Skethos*), обычно называемая нами – Скит (*Skete*), недалеко отстоящий от Александрии, где монашествующие проводили жизнь созерцательную в глубоком безмолвии (*sige*). В каком возрасте избрал он поприще монашеской жизни, неизвестно, знаем только, что он был сыном бедных и незначительных родителей, как это видно из плача его и из поношений, какими поносил его ученик его Елисей, во время искушения своего называвший его человеком низкого происхождения. Преподобный Исайя пользовался вниманием современных ему монахов, из которых многие руководствовались советами его и охотно оказывали ему совершенное послушание. Был он знаем и тогдашнему патриарху Александрийскому, который, когда преподобного злословил его Елисей, сказал: немы да будут устны льстивые, глаголющие на праведного беззаконие, гордынею и уничижением (*Пс. 30, 19*). Преподобный Исайя был крайне смирен и имел благодать глубокого плача, как это видно из кроткого ответа его ученику Елисею во время искушения поносившему его и злословившему, и из 14 слова его – практика плача, внимательное чтение которого может умягчить и привести в сокрушение даже каменное сердце. По обычаю отцов, безмолвствовавших в Ските, преподобный Исайя имел двух учеников – Петра и Елисея. Для первого написал он преназидательное слово (26-е), а о последнем есть в Герондике[10] душеспасительное сказание. Кроме этих двух учеников, его советами и наставлениями руководствовались и многие другие монахи, с которыми он вел беседы не лично только, но и письменно. День и ночь поучаясь в Божественных Писаниях, и обильные почерпнув струи духовной мудрости из спасительных сих источников, он соделался творцом многих прекраснейших словес, которые обнимают разные душеспасительные предметы и составляют целую книгу. Преподобный Исайя назван отшельником по причине любви его к глубокому уединению и подвижнического отдаления его от всех, так что в последние годы его жизни с ним не жили даже ближайшие его ученики, а только по временам навещали его, как видно из 27-го слова. О писаниях Преподобного упоминают: Епископ Аммон в послании своем к Феофилу патриарху Александрийскому, Никифор монах в слове своем о хранении сердца. Варсанофий Великий, *Иоанн Дамаскин*, *Григорий Синаит* и др. Память Преподобного отца нашего Исайи совершается православной Церковью в субботу сырной седмицы. В дошедшем до нас сборнике слов аввы Исайи содержится их 29, но очень вероятно, что здесь помещены не все слова аввы Исайи. Ибо в извлечениях из его слов есть такие наставления, которых нет в сих словах. Кроме этих слов, есть еще от сего аввы правила для новоначальных монахов, сохраненные аввою Венедиктом Анианским (нач. 9-го века), в его сборнике монашеских уставов[11]. Об этих правилах в означенном сборнике замечается, что они извлечены из слов аввы. Но в словах не все их можно найти. Потому надо допустить, что многие и из них или взяты из несохранившихся слов аввы, или были преподаны им отдельно от слов разным лицам, в разное время, – и потом переходили из уст в уста и кем-нибудь собраны воедино, не в порядке течения мыслей, а как были слышаны, так и прилагались в общее собрание их. Они одного духа и содержания с правилами св. Антония Великого. Некоторые слово в слово одинаковы с ними. Надо полагать, что авва Исайя был ближайшим преемником учительного дара аввы Антония Великого, вместе с аввою Макарием Великим. В Добротолюбии помещена статья аввы Исайи о блюдении ума, в 27-ми главах. О ней говорится там в предисловии, что она есть извлечение из слов сего аввы, и содержит краткое наставление о том, как отражать прилоги помыслов, сохранять совесть незазорной, держать сокровенное поучение в сердце, и разумно блюсти во всяком безмятежии троечастность души. В томе 40 Patrol. graec., после слов, напечатана подобная же статья под заглавием: о подвижничестве и безмолвии, в 19-ти главах с греческим текстом. И эти главы суть тоже извлечения из слов, что и указывается в самом издании цитатами, откуда взята какая глава. Некоторые из них слово в слово одинаковы с теми, кои находятся в статье Добротолюбия. Но как в числе этих 19-ти, так и в числе 27-ми Добротолюбия, есть наставления, которых нет в словах. Это, между прочим, и служило побуждением к тому, чтобы в настоящем издании писаний аввы Исайи поместить обе эти статьи. Чтобы ничего не пропустить, что исходило от сего аввы, помещаем здесь и изречения его, кроме приводимых в Достопамятных Сказаниях, те, кои содержатся в нашем Алфавитном Патерике, в переводе впрочем только со славянского, ибо подобного патерика на греческом нет. Это есть труд наших ревнителей подвижничества. Всякий и сам увидит, что и между сими изречениями есть немало таких, каких нет в словах. Таким образом, здесь предлагаются:

1. Слова аввы Исайи. О словах сих сообщается к сведению, что в первом издании они предложены в переводе с латинского, на котором одном они и существуют в печати. Но потом, когда старцы Афонские нашли на Афоне греческий текст сих слов и список с них доставили в Москву, сделан новый их перевод с сего текста, в каковом переводе они и предлагаются теперь любителям чтения таких книг. – При сем переводе принимаем был во внимание перевод сих слов Нямецкого старца Паисия, каковым переводом обязательно одолжили старцы Оптиной пустыни. В нужных местах на него указывается в сносках.

2. Его правила для новоначальных монахов.
3. Изречения его.
4. Статья из Добротолюбия, о хранении ума, в 27-ми главах.
5. Главы о подвижничестве и безмолвии.

1. Слова преподобного аввы Исаии к своим ему ученикам.

СЛОВО ПЕРВОЕ Заповеди аввы Исаии живщим с ним братиям

1. Если желаете пребывать со мной, послушайте ради Иисуса.

2. Сиди каждый в келье своей в страхе Господнем, и не небрегите о рукоделии вашем по заповеди Божией.

3. Не нерадите о поучении вашем и о непрестанной молитве, и храните сердце свое от чуждых помыслов, чтобы ничего не помышлять – ни о человеке каком, ни о чем либо из вещей века сего, но всегда исследуйте, в чем претыкаетесь, и старайтесь исправиться, умоляя Бога в болезновании сердца, слезах и злострадании (измождении плоти), да простит Он вам, и прочее да сохранит вас от впадения в то же.

4. Каждодневно имейте пред очами смерть и заботливо помышляйте о том, как имеете выйти из тела, миновать власти тьмы, встречающие нас в воздухе, и беспретыкновенно предстать пред Бога, простирая взор и ко страшному дню последнего суда Его и воздаяния каждому за дела, слова и помышления. Ибо «вся нага и объявлена пред очами» Того, Кому нам предлежит давать слово ответное (*Евр. 4, 13*).

5. Без великой нужды не говорите ничего ни в трапезе, ни в церкви, и не поправляйте кого поющего, если он сам не спросит вас о чем.

6. По одной неделе служите в поварне со страхом Божиим, не погубляя поучения своего.

7. Отнюдь не входи никто в келью брата своего, и не желайте прежде времени видеть друг друга.

8. Не подмечайте за рукодельем друг друга, – брат ли больше тебя сработал, или ты больше его.

9. Исходя на поделие, не празднословьте и не позволяйте себе вольничать, но каждый в страхе Божием да внимает себе и духу своему, также поучению и молитве, в тайне (в клети сердца).

10. Когда кончится церковное собрание, или когда встанете по вкушении пищи, не садитесь поговорить друг с другом, ни даже о словесах Божиих, но иди каждый в келью свою и плачь о грехах своих.

11. Если же будет нужда переговорить с кем, говорите сколько можно меньше, со смирением и благоговением, потому что Бог всегда внимает вам.

12. Не спорьте друг с другом ни о чем, и никого не оглаголуйте, не судите никого и не уничижайте ни устами, ни в сердце, и ни на кого отнюдь не ропщите, да не изыдет ложь из уст ваших и не желайте сказать или услышать что, не полезное вам.

13. Не оставляйте в сердце своем ни злобы, ни ненависти, ни зависти к ближнему, и да не будет у вас иное в устах, и иное в сердце, ибо «Бог поругаем не бывает» (*Гал. 6, 7*), но все видит – и тайное и явное.

14. Всякий помысел и всякую скорбь, и всякое желание ваше и всякое подозревание не укрывайте в себе, открывайте свободно авве своему, и что услышите от него, то с верой старайтесь делать.

15. Смотрите, не вознерадите блюсти заповеди мои, потому что – простите мне – в таком случае я не оставлю вас пребывать со мною. Если будете соблюдать их, я дам за вас слово пред Богом, а если не будете соблюдать, Он с вас потребует слова – и о вашем нерадении, и о моем бесплодии. Кто будет соблюдать мои заповеди, и тайно и явно, того Господь Бог сохранит от всякого зла и покроет его во всяком искушении грядущем – тайном ли или явном.

16. Молю вас, братия мои, помните, чего ради вышли вы из мира, и заботьтесь о спасении своем, чтоб не всуе было ваше от него отречение, и не постыдиться вам перед Богом и перед отрекшимися ради Его от мира и добре подвизавшимися святыми.

17. Нелюбопрительность, злострадание (подвиги и лишения во измождение плоти), смирение и то, чтобы с разумом отсекать волю свою во всем, и не верить в свою праведность, но всегда иметь пред очами своими грехи свои, – народят тебе добродетелей. Сие же ведай (всяк), что покой (плоти), широкость (*platysmos* – широкий путь, нестеснение себя ничем, своя воля) и тщеславие губят всякий плод монаха.

СЛОВО ВТОРОЕ О законе естественном

1. Не хочу, чтоб вы не ведали, братие, что в начале, когда создал Бог человека, то вселил его в раю, и он имел тогда чувства здравые, стоящие в естественном своем чине, но когда послушал прельстившего его, превратились все чувства его в неестественность[12], и извержен он был тогда из славы своей. Господь же наш сотворил милость Свою с родом человеческим, по великой Своей благости, «Слово плоть быв» (*Иоан. 1, 14*), – т. е. совершенным человеком во всем нашенском сделался Он по всему, кроме греха, чтоб пременить неестественность нашу в естественность[13] через Святое тело Свое. Сотворив такую милость с человеком, Он возвращает его опять в рай, – тем, что восстановляет (падшего) через последование стопам Его и заповедям Его, какие дал Он нам, чтоб мы могли побеждать извергших нас из славы нашей, – и тем, что показал нам служение (*latreian*) святое и закон чистый, чтоб человек стал в естественном чине своем, в каком создал его Бог.

2. Итак, кто желает придти в естественное свое состояние, тот пусть отсекает все пожелания свои плотские, чтобы поставить себя в состояние по естеству ума (духовное). Есть в нас по естеству вожделение (к Богу), – и без сего вожделения к Богу нет и любви: ради сего Даниил назван «мужем желаний» (*Дан. 9, 23*), но враг изменил его (вожделение по естеству) в срамное похотение, чтобы похотствовать всякой нечистоты. В уме по естеству есть ревность по Богу, – и без ревности по Богу нет и преспеяния, как написано в Апостоле: «ревнуйте о дарованиях больших» (*1Кор. 12, 31*); но эта ревность по Богу изменилась в нас в ревность неестественную, – чтоб ревновать друг против друга, завидовать и лгать друг другу. В уме есть гнев по естеству, – и без гнева не бывает у человека и чистоты, если не будет он гневаться на все, всеваемое в него врагом, как Финеес, сын Елеазаров, разгневавшись, заклал мужа и жену, и престал гнев Господа на народ Свой (*Числ. 25, 7 – 9*), но в нас изменился такой гнев в другой, чтоб гневаться на ближнего из-за всяких вещей, ненужных и бесполезных. Есть в уме ненависть по естеству, так: когда нашла она на Илию, он заклал мерзких пророков (*3Цар. 18, 40*), равно и Самуил по ней поступил с Агагом царем Амаликским (*1Цар. 15, 33*), – и без ненависти к врагам честь (цена и достоинство) души не обнаруживается, но эта ненависть (естественная) изменилась в нас в неестественную, чтоб ненавидеть ближнего и с отвращением гнушаться им, – и сия-то ненависть изгоняет из нас все добродетели. – Уму свойственно высокомудрие по естеству перед врагами его, так: когда нашло оно на Иова, то он поношением покрыл врагов своих, говоря им: «безчестнии и похуленнии, скудни всякаго блага, ихже не вменях достойными быти псов моих стад» (*Иов. 30, 1. 4*), но это высокомудрие перед врагами изменилось в нас: смирились мы перед врагами и возвысокомудрствовали друг перед другом, уязвляя себя взаимно, и праведными себя считая паче ближних, – а за такое высокомудрие Бог бывает враг человекам. Вот что создано было с человеком (вложено в него при сотворении), и что, когда вкусил он от преслушания, изменилось в нем в такие страшные страсти.

3. Постараемся же, возлюбленные, попещись о том, чтобы оставить их (страсти), и стяжем то, что показал нам Господь наш Иисус Христос в Святом теле Своем: ибо Он «Свят и во святых почивает». Попечемся о себе самих, чтобы угодить Богу, по силе нашей, упражняя деятельные силы свои и установляя (как на весах) все члены свои, пока станут они в своем по естеству чине, да обрящем милость в час искушения, «имеющаго приити на всю вселенную» (*Лук. 21, 26*), – умоляя непрестанно благость Его, да соизыдет помощь Его со смирением нашим во спасение нас от врагов наших, ибо Его сила, и помощь, и держава, во веки веков. Аминь.

СЛОВО ТРЕТЬЕ О состоянии[14] новоначальных и келлиотов

1. Первее всего потребно нам смиренномудрие, чтоб при всяком слове, какое слышим, или деле, были мы готовы говорить: прости, ибо смирением расстраиваются все козни врага.

2. Не меряй себя ни в каком деле своем, чтобы быть безмятежным в помыслах своих.

3. Имей лицо, носящее печать сетования и сокрушения (когда ты один), но с людьми странными (являй его) радушно-приятным, да вселится в тебя страх Божий.

4. Когда пойдешь куда в дорогу с братиями, отдаляйся немножко, чтобы молчать, и идя, не смотри туда и сюда, но поучайся в помысле своем, или молись Богу в сердце своем. В каком месте сделаешь привал, не вольничай, но будь скромностыдлив во всем. К тому, что будет предложено тебе, руку свою протягивай неохотно, будто принуждаемый есть. Юнейшим будучи, не дерзай простереть руку свою, чтобы вложить[15] (какой кусок) в уста другого. В каком месте придется на ночлеге лечь соснуть, не покрывайся одним с другим кем покровом, но прежде чем ляжешь, много сотвори молитв в сердце своем. Если утомился ты от дороги, и желаешь елеем немного натереться труда ради путного, одни ноги свои дай натереть, стыдясь при том открывать их, тела же своего (всего) не позволяй себе натереть елеем кроме крайней нужды, или болезни.

5. Если, когда сидишь в келье своей, придет к тебе брат странный, сделай и ты для него то же, – натри ноги его и скажи ему: сотвори любовь, возьми немного елея и помажь прочее тело. Если он не захочет принять охотно, не утруждай его, но, если это – старец-деятель, понудь его, пока не намастишь всего его.

6. Когда сидишь за трапезой с братиями, которых ты моложе, не скажи себе[16]: ешь, но вспомни о грехах своих, чтобы не есть с услаждением. Руку свою протягивай только к тому, что перед тобой, к тому же, что перед другими, не протягивай руки своей. Одежда твоя пусть покрывает ноги твои и колена твои, да будут тесно соединены одно с другим. Если будут странники в числе ядущих, подай им потребное с радушным взором, а когда перестанут есть, скажи им дважды или трижды: сотворите любовь, покушайте еще немного. Когда ешь, не поднимай лица своего на того, кто подле тебя, не смотри туда и сюда, не говори слова суетного, не протягивай руки своей к тому, что тебе желательно, не сказавши: благослови, а когда пьешь воду, не давай горлу своему издавать гурчание, как (делают) миряне простые.

7. Если, когда сидишь с братьями, подступит мокрота, не извергай ее пред лицом их, а встань и извергни ее вне; не тянись телом своим на виду других: если позывает на зевоту, не открывай уст своих, и она отбежит от тебя; не открывай уст своих для смеха отнюдь, потому что это есть бесстрашие.

8. Не пожелай чего либо братнего, увидев то: одежды ли, или пояса, или кукуля (наглавника), и не исполняй желания своего сделать и себе подобные им.

9. Если приобретешь себе книгу, не украшай уборки (или отделки) ее, ибо это – страсть.

10. Если погрешишь в чем, не лги, стыдясь (признаться), но положи поклон, говоря: прости мне, – и грех твой прейдет.

11. Если кто скажет тебе жесткое слово, не воздымай на него сердца своего, но поспеши положить ему поклон, прежде чем родится в сердце твоем неудовольствие на него (или чувство обиды), потому что вслед за этим быстро приходит гнев.

12. Если кем напрасно укорен будешь в каком-либо деле, не вооружайся против него, но положи поклон, говоря: прости мне, не буду вперед так делать, знаешь ли ты то дело, или не знаешь, ибо все такое есть преспеяние для новоначалия.

13. Когда будешь[17] справлять рукоделие свое, не небрежничай, но постарайся о нем в страхе Божием, чтобы не погрешить в неведении.

14. Когда учишься какому рукоделию, говори учащему тебя, и не стыдись часто говорить ему: сотвори любовь, посмотри, хорошо ли это у меня, или нет.

15. Если позовет тебя брат твой, когда ты находишься за рукоделием своим, поспеши узнать, чего он хочет, и сделай то с ним, оставив свое.

16. По окончании трапезы, войди в келью свою и соверши молитвы (*lietorgias*) свои, а не садись поговорить с теми, от которых не чаешь пользы себе. Но если это – старцы, говорящие слово Божие, то скажи авве своему: сесть ли мне послушать, или идти в келью свою? И что он тебе скажет, то и сделай.

17. Если он (авва) пошлет тебя на сторону за каким делом, скажи ему: где прикажешь мне остановиться? И то, в чем имеешь нужду, и, что он скажет, сделай то, – не прибавляй и не убавляй.

18. Если услышишь какие слова вне, не тащи их с собой и, пришедши, не пересказывай другому. Если охранишь уши свои, не погрешит язык твой.

19. Когда ты желаешь быть чему, а тот, с кем живешь, не желает тому быть, откажись для него от желания своего, чтобы не произошло прения, и тот не опечалился.

20. Когда поступишь (в какую келью) жить с братом, как присельник, не давай ему приказаний ни в каком деле, и не желай быть главой над ним.

21. Если будешь жить с другими братиями, не желай равняться с ними и ты в славе их. Если они прикажут тебе что, чего ты не желаешь, поборись с волею своею и сделай то, чтоб не опечалить их и не нарушить бездерзновенности (несмелости говорить, скромности, обязательной для тебя) и мирного с ними сожительства.

22. Если будешь жить с братом, и он скажет тебе: свари мне что-нибудь, спроси его: что хочешь, чтоб я тебе приготовил? и, если он оставит это в твоей власти, говоря: что хочешь, – приготовь, что найдется, со страхом Божиим.

23. Если живете обще друг с другом (во взаимности или общежительно), и есть какое поделие, делай его и ты, приобщитесь ему все, и не щади ты тела своего, совести ради всех.

24. Каждый день, утром, как встанешь, прежде чем возьмешься за рукоделие, поучись в словесах Божиих; если же нужно что-либо привести в порядок: рогожу ли, или сосуд какой, или другое что, сделай то поскорее без лености.

25. Когда есть какое дело с мздовоздаянием, пусть приобщится к нему с тобою и брат твой, – и не завиствуйся пред ним; если же есть какое дело малое и скажет один другому; поди делай свое дело, брате, а это я один сделаю, послушайся его: кто слушается, тот и велик.

26. Если зайдет к тебе брат-странник, имей радушное к нему лицо, приветствуя его, и ношу, какую он несет, сам понеси, – что опять сделай и когда он пойдет от тебя. Приветствие же твое ему да будет благопристойно и со страхом Божиим, чтоб не потерпел он вреда. Поостерегись спросить его о чем-либо, что для тебя не полезно, но попроси его помолиться. Когда сядет он, скажи ему: каково тебе? и остановись на этом слове; затем дай ему книгу, – и пусть читает поучаясь; если же он пришел преутрудившись, дай ему отдохнуть, омой ему ноги. Если он привнесет в беседу с тобой неподобающие слова, попроси его с любовью: прости мне, – я слаб, и не могу сего понести. Если он немоществует, и одеяния его загрязнены, вымой их. Если он прост, и одежды его рубищные разодраны, почини их. Если он из праздно обходящих, а у тебя будут некоторые верные, не вводи его к ним, но сотвори ему милость в любви Божией. Если же это брат, проходящий ради Бога и зашел к тебе отдохнуть, не отврати лица своего от него, но прими его с радостью вместе с верными, прибывшими к тебе. Если он беден, не отпускай его ни с чем, но дай ему из благословения, каким благословил тебя Бог, ведая, что то, что имеешь, не твое есть, а есть даяние от Бога.

27. Если брат положит что у тебя, не открывай того без него, чтоб узнать, что там; если же это полагаемое у тебя будет что слишком ценное, скажи ему: дай мне это в руки мои.

28. Если пойдешь на сторону в дом к кому, и тот, вышедши, оставит тебя одного, не поднимай вверх лица своего, чтобы посмотреть, какие у него в доме вещи, и не открывай ничего, ни дверцы какой, ни сосуда, ни книги, а скажи ему, когда будет выходить: дай мне что-нибудь делать, пока придешь, – и что он даст тебе, делай то, не ленясь.

29. Не хвали, чего не видел, а что слышал, о том не говори, как видевший.

30. Никого не презирай из-за одежды его (*shema*).

31. Стоишь ли для воды, или и необходимой ради нужды сидишь, не небрежничай, но помни, что на тебя смотрит Бог.

32. Когда в келье своей встанешь, чтобы сотворить молитву свою, не небрежничай в нерадении, и вместо воздаяния чести Богу, не окажись прогневляющим Его, но стой в страхе Божием; не прислоняйся к стене, и ног своих не распускай, стоя на одной и поджимая другую, как (делают) неразумные; сердцу же своему противостой, чтобы оно не кружилось в желаниях твоих, да приимет Бог жертву твою.

33. Когда поете несколько вас вместе, каждый пусть сотворит молитвы свои (свою часть, поочередно); если будет у вас странник, попросите и его с любовью сотворить молитву. Скажите ему об этом дважды или трижды, без любопрения.

34. В час приношения (бескровной жертвы) противостой помыслам, установив чувства свои в страхе Божием, да достойно сподобишься (причастия) Св. Тайн и исцелит тебя Господь.

35. Смотри, не оставляй тела своего в грязноте неряшливым, да не окрадет тебя тщеславие; а новоначальный пусть оставляет себя во всякой неряшливости в отношении к телу своему, потому что это полезно для него.

36. Новоначальный пусть никогда не носит хорошей одежды, пока не достигнет в возраст мужа: это – врачевство для него. Относительно вина пусть положит себе законом, – до трех чаш в нужде. В смехе отнюдь да не обнажает зубов своих; лице же свое пусть склоняет долу в благоговейном стыдении. Ложась спать, пусть остается опоясанным поясом своим, и всячески подвизается не влагать рук своих внутрь (под одежду), ибо у тела много страстей, с коими слагается и сердце. Когда нужда бывает идти ему на сторону, пусть надевает сандалии; пока же он в келье, пусть поподвизается не носить сандалий. Когда идет, руки свои пусть задевает за пояс (или держит прижато к поясу), а не махает ими, как миряне.

37. Когда идешь со старшими тебя, не упреждай их отнюдь. Когда старший останавливается поговорить с кем, не презорствуй и не садись, а стой, пока тот не даст тебе знака, что сделать.

38. Когда ходишь в город или село, очи твои пусть будут поникшими долу, чтоб не поднять против себя браней (когда будешь) в келье своей.

39. На стороне не оставайся на ночь в чьем-либо доме, где сердце твое боится впасть в грех.

40. Когда, имея где-либо вкусить пищи, узнаешь, что там должна вкушать и женщина, ни за что не садись; лучше тебе опечалить позвавшего тебя, нежели соблюдить тайно в сердце своем. Если можешь, не взгляни даже на одеяние жен. Если, когда идешь в дороге, женщина скажет тебе: мир ти, ответь ей в сердце своем, долу зря очами своими.

41. Когда идешь в дорогу с старцем каким, ношу, какую имеете с собой, никак не позволяй нести ему; если же вы оба новоначальные, то несите попеременно; но несущий пусть идет впереди.

СЛОВО ЧЕТВЕРТОЕ О спутешествовании живущих в кельях, и о совести[18]

1. Когда путь совершаете в дороге, и кто-нибудь из вас немощен, оставьте его идти впереди вас, чтобы он, если захочет сесть, садился.

2. Если вы из новоначальных, и будете на стороне, – наперед, однажды навсегда, установите себе порядки, как поступать, к умывальнице ли подходите, или садитесь за стол, чтоб, когда настанет такой час, вам не мешаться, но если один ныне пойдет первым, в другой раз пусть пойдет другой.

3. Когда спрашиваешь старца о помысле, обнажи пред ним со свободой помысел сей, если знаешь, что старец верен и сохранит слово твое.

4. Когда услышишь о грехе брата твоего, не рассказывай того при ком-нибудь, ибо это смерть для тебя.

5. Когда некие будут говорить о помыслах, борющих тебя, не желай слушать их, чтобы не было это тебе поводом к брани.

6. Понуждай себя творить много молитв, ибо свет для души твоей есть молитва.

7. Каждый день рассуждай, в чем погрешил, и если помолишься о том, Бог простит тебе.

8. Если какой брат настойчиво станет оговаривать перед тобой брата своего, не постыдись (остановить его) и не поверь ему, чтобы не согрешить пред Богом, но скажи ему со смирением: прости мне, брате, окаянен я, – то что ты говоришь, за мной водится, – и я не могу того понести.

9. Если брат сделает тебе зло, и кто-нибудь станет говорить на него пред тобою, охрани сердце свое, чтоб не возобновилась в тебе злоба, но вспомни о грехах своих пред Богом, – и если желаешь, чтобы Он простил тебе их, – не воздавай ближнему твоему.

10. Если пойдешь на сторону с братиями, которых ты не знаешь, и окажется, что они – меньшие пред тобою, – отдавай им честь первенства во всем. Если случится тебе зайти к другу своему, пускай их впереди себя во всем, к умывальнице ли (подходите) или садитесь за стол, и не делай вида, будто они приняты ради тебя, но им отдавай эту честь, говоря: это ради вас он сотворил со мною милость.

11. Если идешь в дороге с братом и уклонишься к какому другу своему, сказать ему слово по нужде своей, сказав брату: посиди здесь, – а друг твой удержит тебя вкусить хлеба, ничто да не внидет в уста твои, прежде чем позовешь брата, чтобы и он утешился вместе с тобою.

12. Если идешь в дороге с многими братиями, и стыдишься взять их к другу своему, так как их много, смотри не презри их, и, тайком отшедши, не вкуси хлеба один, оставив их, но вместе с ними рассмотри, чему быть подобает, – и что они скажут тебе, послушай их со смирением; идя же дорогою с ними, не присваивай себе большей меры и не бегай от послушнических послужений.

13. Если пойдешь на сторону и захочешь зайти к брату, а он не пожелает принять тебя, то когда увидишь его потом в дороге, или он зайдет к тебе не с ведома, окажи ему наибольшее благорасположение.

14. Если услышишь, что кто-нибудь сказал про тебя слово недоброе, то, когда встретишься с ним в каком месте, или он зайдет к тебе, яви к нему лицо свое радостно-радушным и благорасположенным по силе твоей, ничего не говоря ему про то, что слышал: зачем ты сказал это? ибо написано в Притчах: кто помнит зло, тот законопреступен.

15. Если вы, братия, зайдете к брату бедному, не печальте его ни какою потребою, но купите себе все потребное для подкрепления себя пищею, так чтобы избытки остались для него, – (от него же) довольно с вас крова, какой нашли.

16. Если зайдешь к каким старцам, знаемым тебе, и будут с тобою другие, незнаемые старцам, – не выказывай при них особого дерзновения к старцам, но пришедшим с тобою уступи место говорить о своих помыслах.

17. Когда будут жить с тобою братья, попекись о них со строгостью, если будут слушать тебя, зная, что дашь за них отчет Богу.

18. Если отойдешь куда, как странник Бога ради, не желай входить в связи с теми, кои в том месте, и словом своим не вяжись с ними, потому что (в таком случае) более для тебя полезно быть со сродниками по плоти.

19. Если пойдешь на гору побывать у братий в монастырях, то к кому зайдешь (сначала), у того и будь, и к другому не переходи, не спросивши у этого: пойти ли мне или нет? Если он недоволен будет этим, не опечаливай его, пока не выйдешь оттуда.

20. Если (на чужбине) возьмешь келью, чтобы жить в ней, не попускай себе (иметь) многих друзей, – довольно с тебя одного, на случай немощи, и не погубишь силы (значения, веса) странничества своего.

21. Когда сделаешь благодеяние бедному (брату), не призывай его на поделие свое, чтобы не погубить благодеяния, какое сделал ты ему.

22. Если войдешь в монастырь (пустынное обиталище), которого не знаешь, то где позволит тебе жить (обитатель его), там и живи, и в другую келью не входи, пока он сам не позовет тебя.

23. Если безмолвствуешь в келье своей, и брат попросит у тебя какой-либо вещи на потребу свою, то не оставляй для себя этой вещи, потому что иначе нарушишь заповедь относительно брата твоего. Но если ты имеешь вещи только потребные тебе, а не излишние, то не расточай их на смущение свое: ибо полезнее погубить один из членов своих, а не всему телу твоему ввержену быть в геенну.

24. Если удалился ты от сродников по плоти, чтобы быть странником Бога ради, то не попускай сластному сочувствию к ним (чувству приятности от сопребывания с ними) войти в тебя, и, сидя в келье, не тревожься сожалением об отце или матери, или воспоминанием о брате или сестре, или сердоболием к детям, или желанием жены в сердце своем, – что все оставил ты, но вспоминай об исходе своем в нужде смертной. Так как никто из них не поможет тебе тогда, то почему не оставить тебе (их) ради добродетели?

25. Когда, безмолвствуя в келье своей, вспомнишь о ком, сделавшем тебе зло, встань и помолись Богу от всего сердца своего, чтоб Он простил ему, – и помысел отмщения отойдет от тебя.

26. Когда пойдешь причаститься Тайн приношения, охраняй всячески помысел свой (или блюдись от всякого стороннего помысла), да не причастишься в суд себе.

27. Если искушен будешь срамным мечтанием ночью, храни сердце свое не помышлять о том днем, какие лица были в мечтании, чтобы не оскверниться сластью их и не навести на себя лютого гнева, но припадай к Богу всем сердцем своим, – и Он поможет тебе, ибо Он милосерд к немощи человеческой.

28. Если держишь строгое подвижничество, да не понадеется на него сердце твое, помышляя в себе, будто оно хранит тебя, но скажи помыслу своему, что, ради измождения тела, Бог внимает (молитве) окаянства моего (и хранит меня).

29. Если кто поносить будет тебя, не противоречь ему, пока замолчит, потом, если, испытав себя, найдешь в себе то, что слышал от него, покайся, что ты согрешил, – и благодать Божия примет вас опять.

30. Когда путешествуешь с братиями, и будет между ними такой, к которому ты имеешь любовь Бога ради, не показывай особой к нему близости, на виду тех; не нашелся бы между ними немощный и не умер бы от ревности, – и ты понесешь грех его, потому что подал ему повод согрешить.

31. Когда пойдешь к неким, не ожидай, что они рады будут тебе очень, чтоб, когда примут тебя, возблагодарил ты Бога.

32. Если схватит тебя немощь, когда безмолвствуешь в келье, не малодушествуй, но возблагодари Бога; если увидишь, что душа твоя мятется от того, скажи ей: не лучше ли для тебя эта немощь, чем геенна, в которую имеешь пойти? – и она успокоится в тебе.

33. Если придешь к братиям, и один из них скажет тебе: не нахожу здесь покоя, но хочу жить с тобою, не давай ему места, чтобы не дать претыкания прочим. Если же он скажет тебе: умирает душа моя, по причине некоей скрытной вещи, дай ему способ бежать, но с собою все же не позволяй жить.

34. Сидя же на безмолвии в келье своей, положи себе относительно пищи правилом – давать потребное телу своему, чтобы оно носило тебя и давало совершать службы твои молитвенные, и чтобы тебе не хотелось ходить к другим; ничего не ешь в сласть, в удовлетворение похоти вкуса, добрая ли то снедь, или не из добрых; если будет нужда посетить, – брата ли какого, или киновию, никакой сладкой снеди, какая найдется там, не давай телу своему вдоволь, чтобы захотелось ему поскорее идти в келью, и не сделалось оно предателем себя самого.

35. Если демоны станут склонять сердце твое на подвиги выше сил твоих, не слушай их, ибо они обычно разгорячают человека на всякое дело, для которого он не силен, чтоб он попал в руки их, и они порадовались над ним. Ешь однажды в день и давай телу своему потребное столько, чтоб вставать, когда еще хотелось бы (поесть). Бдение свое совершай благочестно, и не лишай тела своего потребного ему, но с разумом и мерностью твори молитвы свои, чтоб иначе от слишком большого бдения не помрачилась душа твоя, и не сбежала с поприща. Половины ночи довольно тебе для молитв твоих, и половины – для покоя телу; прежде отхода ко сну проведи два часа в молитве и псалмопении и ляж почить, а когда Господь восставит тебя, твори опять молитвы свои с усердием. Если увидишь, что тело твое ленится, скажи ему: или хочешь покоя в это краткое время, а там – быть вверженным во тьму кромешную? И если понемногу будешь так восставлять себя, придет к тебе сила (к бодренности).

36. Не держи дружбы с людьми, которых совесть твоя боится увидеть другими (нежели как кажется, и нежели как тебе желательно, – или боится, что через них с другими спознаешься), да не дашь преткновения в ведении.

37. Если ты – в монастыре, и, имея раба, держишь его при себе, то подвергаешь поношению иноческий чин; если же подаришь его брату, согрешишь пред Богом. Но или отпусти его, и пусть идет, или сделай его свободным. Если он захочет быть монахом, сам узрит (или как знает). Ты же не оставляй его с собою, ибо это не полезно для души твоей.

38. Если ты, живя в городе, измождаешь тело свое Бога ради, и человечество тамошнее, в ревности, станет чтить тебя за это, оставь его и устройся в другом месте – чтобы труд твой не сделался бесплодным; но если ты победил уже тщеславие, не внимай человечеству, зная, что Бог вместе с тобою соблаговолит тому, что ты творишь.

39. Если отрекся ты от мира, то совершенно ничего не оставляй при себе, и если увидишь в себе желание походить, то поболее потруди тело свое рукоделием, чтобы безмолвствовать в келье своей, мирно вкушая хлеб свой.

40. Если пойдешь в город продавать рукоделие свое, не спорь из-за цены его, как миряне, но отдай его, как случится, чтобы не погубить силы (значения) келье своей.

41. Когда покупаешь что-нибудь, в чем имеешь нужду, не спорь, что больше того-то не дам за это, но если желаешь ту вещь, понудь себя немного (заплатить требуемое); если же не имеешь цены ее, оставь ее молча. Когда начнут потом мучить тебя помыслы, где же возьмешь, скажи им: се я стал теперь, как все святые, которых Бог искушал бедностью, пока не узнавал, что произволение их верно, и тогда уже выводил их на широту (довольства).

42. Если брат положит у тебя какую вещь, и ты поимеешь нужду в ней, не касайся ее без него, если не сказал ему (об этом прежде).

43. Если брат, отходя на сторону, скажет тебе: купи у меня такую-то вещь, то, если можешь купить то, купи у него. Впрочем, если ты живешь с другими, не делай этого без их ведома и мнения, иначе оскорбишь ты сожительствующих с тобою.

44. Если будет тебе нужда побывать в селе своем за каким-либо делом, поостерегись позволять себе особую вольность в обращении с сродниками по плоти, и не вмешивайся в разговоры их.

45. Если возьмешь что на временное пользование у брата своего, не неради, но постарайся отдать ему то поскорее. Если же это будет какое либо рабочее орудие, то отдай его тотчас, как кончишь дело свое. Если оно сломается у тебя, почини, или новое сделай: не понеради о сем.

46. Если ссудишь что либо брату бедному в нужде его и видишь, что он не может отдать, не докучай ему и не тесни его, что бы там ни было, деньги ли или одежда, – что бы ты ни дал ему по силе своей.

47. Если пришедши в какое место жить, возьмешь келью, и, устрояя все в ней потребное, истратишься на нее, а по времени оставишь ее, и в ней станет жить какой-либо брат, ты же потом опять воротишься туда, – не вытесняй его, но поищи себе другую келью, чтоб не согрешить перед Богом. Но если тот по собственному произволению удалится из нее, ты чист будешь от всякой вины. Если оставил ты какие вещи в келье, а он истратил их, не взыскивай их с него.

48. Когда удаляешься из кельи, смотри не бери с собой нужных в ней вещей, а оставь их в ней для брата бедного, и Бог благоустроит тебя там, куда отойдешь.

49. Всякий помысел, борющий тебя, не стыдись сказывать набольшему своему, и будешь облегчаться от него: ибо духи ни в ком так не имеют места, как в человеке, умалчивающем о своих помыслах, хорошие ли они, или худые.

50. Блюдись, приступая к причащению, иметь зло на брата своего, ибо в таком случае ты сам себя обольщаешь.

51. Если (откроется тебе в словах Писания какой-либо переносный (аллегорический) смысл, – толкуй их аллегорически, но не разоряй и буквы (или буквального смысла), чтобы не верить своему разуму более, чем Святому Писанию, ибо это – знак гордости.

52. Если брат твой, прельстившись словами еретиков, уклонится от веры по неведению, а потом опять обратится, не презирай его, ибо это было у него дело неведения.

53. Блюдись разговаривать с еретиками, желая отстоять веру, чтобы яд скверных слов их как-нибудь не уязвил тебя (самого).

54. Если встретишь книгу, которая слывет еретической, не желай прочитать ее, чтобы не наполнить сердца своего ядом смертоносным, но содержи то, в чем просвещен, ничего не прибавляя к тому, и ничего не убавляя от того.

55. Блюди себя от лжеименного разума, противящегося здравому учению, как сказал Апостол (*1Тим. 6, 20; 1, 10*).

56. Если ты юн и не поработил еще тела, то слыша о высоких добродетелях отцов и устремясь к ним, не возмечтай достигнуть их предаваясь покою: не придут они к тебе, если не будешь притрудно возделывать их, а если будешь, они сами собой придут к тебе.

57. Храни себя от уныния, ибо оно уничтожает плод монаха.

58. Когда подвизаешься против какой страсти, не малодушествуй, но поверги себя пред Богом, говоря от всего сердца своего: не могу я против этого, помоги мне бедному, – и успокоишься.

59. Если срамота насеется в сердце твое, когда сидишь в келье своей, смотри, воспротивься душе твоей, чтоб она не взяла верха над тобой, поспеши вспомнить о Боге, что Он внимательно смотрит на тебя, и что все, о чем помышляешь ты в сердце своем, открыто перед лицом Его, и скажи душе своей: если ты боишься подобных себе грешников, чтобы они не видели грехов твоих, сколь более (должна ты бояться) Бога, внимательно на всех смотрящего? Из такого внушения душе откроется в ней страх Божий, – и если ты пребудешь с ним, то будешь недвижим на страсти, как написано: «надеющийся на Господа, яко Гора Сион: не подвижится в век живый во Иерусалиме» (*Пс. 124, 1*).

60. Если ты в подвиге, противостоишь вражьей силе, и увидишь, что она подалась пред тобою в изнеможении и бежит вспять, – да не радуется тому сердце твое, потому что злой ков, устрояемый тебе духами сими, находится позади их, и они уготовляют тебе брань, злейшую первой. Они оставляют особую бранную рать в засаде, – позади города, и приказывают ей не двигаться. Когда потом ты, вступив против них, воспротивишься им, они бегут пред лицом твоим будто в изнеможении, но когда вознесется сердце твое тем, что ты прогнал их, – и ты оставишь город, тогда из них одни сзади воздвигнутся против тебя, другие станут против спереди, ставя бедную душу посреди себя, так что ей не будет уже убежища. – Город этот есть – повергать себя от всего сердца, пред Богом, спасающим тебя от всех браней вражьих.

61. Если молишься Богу о брани, чтоб Он взял ее от тебя, и Он не услышивает тебя, не малодушествуй, ибо Он лучше тебя знает, что полезно тебе. Но когда молишь Бога о всяком прошении твоем во время брани, не говори: возьми от меня то-то, и дай то-то, а молись, говоря так: Господи, Иисусе Христе, помоги мне, и не попусти мне согрешить против Тебя, ибо я заблудился, не попусти мне последовать воле своей, не попусти мне погибнуть во грехах моих, ущедри Твое создание, не презри меня, яко немощен есмь; не остави меня, яко к Тебе прибегох; исцели душу мою, яко согреших Тебе; предо мною все стужающие мне, – и нет мне прибежища, разве к Тебе, Господи; Господи, спаси меня ради щедрот Твоих; да постыдятся все, восстающие на меня, ищущие душу мою – истребить ее; ибо Ты, Господи, силен во всем, и чрез Тебя есть слава Богу и Отцу, и Духу Святому, во веки, Аминь. – Тогда совесть втайне скажет сердцу твоему, ради какого дела не внемлет тебе Бог, твое же дело будет потом не пренебречь того, но что ни скажет она тебе сделать, сделай. Нельзя тому быть, чтоб Бог не услышал человека, когда человек не преслушает Бога. Он недалеко от человека, но пожелания наши не попускают Ему услышать нас. Никто да не прельстит тебя: как земля не может плода приносить сама по себе, без осеменения и орошения, так невозможно человеку приносить плоды (добра) без злострадания (самоозлобления, самоумерщвления) и смиренномудрия.

62. Будем же стоять, возлюбленные, в страхе Божием, сохраняя и соблюдая делание добродетелей (*to praktikon"* – практику – «*ton areton*), не причиняя претыкания совести нашей, но внимая себе в страхе Божием, пока и она освободит себя вместе с нами, чтобы было между нами и ею единение. Тогда прочее она будет для нас стражем, показывая нам все, в отношении к чему надлежит отсекать[19] (волю свою). Если же мы не станем слушать ее, то она отступит от нас и оставит нас, и мы впадем в руки врагов наших, от которых не будет уже нам никакой милости, как научил нас Владыка наш, говоря: «буди увещаваяся с соперником твоим скоро, Дóндеже еси на пути с ним: да не предаст тебе соперник судии, и судия тя предаст слузе, и в темницу ввержен будеши. Аминь глаголю тебе: не изыдеши оттуду, Дóндеже воздаси последний кодрант» (*Мф. 5, 25. 26*). – Говорят, что совесть есть соперник, потому что она противится человеку, когда он желает сотворить волю плоти своей, и если человек не послушает ее, то предает его врагам его. Почему Осия, оплакивая Ефрема, говорил: «соодоле Ефрем соперника своего, попра суд» (*Осии 5,11*): Египта взыскал, и к Ассирианам взят невольно (*Осии 7,11*). Египет означает то, что сердце взыскало собственных хотений плоти, а «к Ассирианам взят невольно» то означает, что хотя и нехотя работает врагам.

63. Позаботимся же о себе, возлюбленные, чтоб не впасть нам в руки воли своей плотской, – и она не отдала нас против воли Ассирианам. Прослушаем (следующее) горькое слово: пришел царь ассирийский в землю Израилеву, и переселил Ефрема и Израиля к Ассирианам, и поселил их на Елее и Аморе, реках Хузанских, и суть они там до сего дня. Тогда послал царь ассирийский (некоторых) из народа своего и повелел им жить в земле Израильской, и каждый из них сделал себе истукан, и поклонялся ему. И се там суть они до днесь (*4Цар. 17, 6. 24. 25. 29*). Случилось же это с Ефремом за то, что он «соодоле соперника своего и попра суд».

64. Познали ли вы теперь, братие, участь последующих волям своим злым и попирающих совесть свою, – что постигло их? – Не будем же ревновать им, возлюбленные, но поревнуем святым, не послушавшим греха даже до смерти, а слушавшимся святой совести своей, и наследовавшим царство небесное. Каждый из них скончался в непорочности в роде своем, но имена их соделались неизгладимыми во все роды. – Возьмем в пример возлюбленного Иакова, слушавшегося во всем родителей своих по Богу, который, приняв (от них) благословение, восхотел пойти в Месопотамию, чтобы там стяжать себе детей, ибо не хотел иметь их от дщерей Хананейских, которые непокорны были родителям своим. Тогда взяв жезл свой и сосуд елея, пришел он на место Вефиль, – что толкуется – дом Божий, и почил там, – и видел в откровении ночью образ лестницы, простирающейся от неба до земли, и Ангелов Божиих восходящих по ней. – Господь же утверждался на ней. Это есть знамение грядущему работать Богу, – что хотя в начале открывается ему лик добродетелей, но если не сотворит он труда ради их, то не достигнет Бога. Встал Иаков и положил Завет с Богом, что будет рабом Его, – и укрепил его Бог, говоря: «буду с тобою и сохраню тебя» (*Быт. 28, 1–15*). Так пришел он в Месопотамию, чтобы взять себе жену на месте том, и увидев Рахиль, дочь брата матери своей, полюбил ее, и работал за нее семь лет, но ее не дали ему, пока не взял прежде Лию. И остается бесплодной Рахиль, пока не проработал он за нее других семь лет. Вот что означает слово (сказание) сие.

65. Называется (страна та) Месопотамией, потому что находится между двух рек: первой имя Тигр, а второй – Евфрат; первая течет насупротив Ассириан, вторая не имеет врага (препон), но называется текущей на просторе. Тигр, толкуется, – рассуждение, а Евфрат – смиренномудрие. Лия берется во образ телесных трудов, а Рахиль представляет образ истинного созерцания. Сбывается же это на человеке, сущем в Месопотамии, который, с рассуждением совершая телесные труды, противостоит враждебности Ассириан, а посредством смирения восходит к истинному созерцанию. – Но Рахиль не рождала ему, пока Лия не породила всех чад своих, и он не проработал за Рахиль других семь лет. Это вот что означает, – что если человек не совершит всего деятельного поприща, истинное созерцание не получает в нем свободы (или свободного проявления). Жены хотя обе были его, но он любил Рахиль более Лии, потому что у этой «очи были болезненны. – Рахиль же бе красна взором зело» (*Быт. 29, 17*). Вот что означает сказанное, что первая жена болезненные имела очи, – т. е. что пока человек пребывает в телесных (трудах), дотоле еще не видит он славы истинного созерцания, ибо враг по обычаю примешивает к делу его человекоугодие, но ему не следует внимать сему. – Когда Лия перестала на время рождать, то дала мужу своему Зелфу, рабыню свою, и потом приложила еще родить и нарекла имя рожденному Ассир, что толкуется – богатство. Когда Лия перестала рождать, тогда Бог воспомянул о Рахили (*Быт. 30, 22*). Это означает, что, когда телесные труды стяжут (очистят) чувства, и они освободятся от страстей, тогда истинное созерцание открывает уму свои славы (или – открывает себя уму в полной славе). – Хотя сыны Лии были в помощь Иакову, но он любил Иосифа паче всех. Это означает, что хотя и телесные труды охраняют человека от врага, но с Богом сочетавает его истинное созерцание. – Почему, как только увидел Иаков Иосифа, тут же восхотел возвратиться к родителям своим (*Быт. 30, 25*), так как увидел, что родился ему Царь над братьями. Когда, далее, перевел Иаков все ополчение (стан, караван) свое через поток Иамох (слав. и русс. – Иавок), и остался на другой стороне один, тогда приял радость благословения от Бога, сказавшего ему: «не прозовется к тому имя твое Иаков, но Израиль» (*Быт. 32, 28*), Иаковом назван он потому, что запял врага, – (и назывался так), пока не удостоился такого благословения и не спас (от плена) чувств своих, бывших в руке врага. Когда же освободились они у него, тогда переименован он Израилем, т. е. умом, зрящим Бога. Ибо, когда ум достигнет того, чтоб увидеть славу Божества, тогда боится его враждебная неприязнь. Почему, хотя Исав выходит на встречу ему в горечи, но смиренномудрие Иакова погашает злобу его, и не он уже сам (Иаков) поборает его (Исава), но его повержение себя пред лицом Бога. Хотя враг будет завидовать человеку, видя великую славу, какой он достиг, но не может насиловать его, потому что Бог есть помогаяй ему, как написано: «возвратись в землю рождения твоего, и Я буду с тобою» (*Быт. 31, 3*). – Наконец, пришел он в Салим, и купил там поле, и устроил на нем жертвенник Господу, услышавшему его в день скорби (*Быт. 33, 19. 20*). Имя Салим есть мир, т. е.: когда пройдет человек брань, в которой покровительствует ему Бог, тогда достигает состояния мира. И поставил Иаков жертвенник из двенадцати камней, и принес на нем в земле обетования (жертву Богу) от трудов работы, какую совершил в Месопотамии.

66. Таков был и возлюбленный Моисей, который, когда извел народ из Египта, спас его от руки Фараона, перевел его через Красное море и увидел смерть всех врагов его, послал Иисуса истребить Амалика, а сам пребыл стоящим на вершине горы (в молитве), и руки его были поддерживаемы Аароном и Ором, чтоб они не отступали от знамения креста. Когда потом Иисус, истребив Амалика, с радостью возвратился, тогда Моисей построил жертвенник под горой из двенадцати камней, и дал месту тому имя: «Господь мое прибежище» (*Исх. 17, 15*), потому что с Амаликом воюет Бог невидимою рукою. – Имя Амалик означает уныние. Ибо, когда начнет человек убегать от пожеланий своих, и оставит грехи свои, и прибегнет к Богу, тогда уныние, – первое, – воюет против него, желая опять возвратить его на грехи его. Прогоняется сие уныние прилежным к Богу приседением, приседению сему благоприятствует воздержание, воздержание сохраняется телесными трудами, и через них-то освобождается Израиль. Тогда воздает человек благодарение Богу, говоря: немощен я, но Ты мне помощник от рода родов.

67. Таков был и пророк великий Илия. Не мог он истребить всех скверных пророков, противопоставленных ему, прежде чем воздвиг жертвенник из двенадцати камней, и наклал на него поленьев дров, и возложил на них святую жертву, и облил все водой, и Бог был для него огнем, поядающим жертвенник и что на нем. Тогда уже, в час оный воздерзновенствовал он против врагов своих (*3Цар. 18, 40* и д.). – Когда же истребил он их, так что ни одного не осталось, тогда воздал благодарение Богу, говоря: Ты – во всем сем, ибо написано, что он положил лице свое между коленами своими (*3Цар. 18, 42*). Так, если ум тщательно будет стоять над чувствами своими, то приобретает бессмертие (или присноживотную жизнь), и бессмертие (присноживотная жизнь) приводит его к словам сим, которые открывает ему Бог. Когда, потом, "отрочищ" Илии "воззрит" и не увидит ни одной из семи страстей возбуждаемою, тогда узревает «облак мал, аки след нот мужеския, возносящий воду из моря»: что есть упокоение (43.44) Святого Утешителя. – Бессмертие вот что есть – иметь труды здравыми (целыми и сохранными), и не возвращаться на то, о прощении чего молишься. Ибо, когда Бог приимет труды человека, и то, что он делает целым, сохранится от вражьей силы, тогда не возмогут стоять против него враги его; когда увидят они, что нет хотения ихнего в нем, тогда сами собою исчезают, как написано: «да призовете имена богов ваших, и аз призову имя Господа Бога моего, и будет Бог, иже аще послушает огнем, той ест Бог» (*3Цар. 18, 24*). («Призываху... и не бе гласа, ни послушания» – 26). Так бывает со всем, что вражьею силою всевается в человека: в нехотящем не могут враги совершить хотения своего; они всю силу напрягают (чтоб преклонить на свою сторону), но человек Божий не слушает их, потому что не хочет того сердце его, сущее в воле Божией, – как написано: призовите имя Бога вашего, и я призову имя Господа Бога моего, но как воля их не была в Нем, то Он ни в чем не услышал их.

68. Все такое бывает со всеми, последующими воле Божией и хранящими заповеди Его. Для тогдашних мужей это были прообразы, написано же в назидание нам, решившимся шествовать по стопам их, подвизавшихся стяжать бессмертие, которое сохранило их от всех стрел врага. Они приверглии себя под кров Бога, молясь о помощи Его, потому что не полагались ни на какой труд свой, и покров Божий был для них градом ограждения. Они веровали, что без помощи Божией ничего не могут, и во смирении говорили с Псалмопевцем: «аще не Господь созиждет дом, всуе трудишася зиждущии: аще не Господь сохранит град, всуе бде стрегий» (*Пс. 126, 1*). Бог же, когда видит, что ум покорился Ему всею силою, и не имеет поглощи в другом ком, кроме Его, исполняет его силою, говоря: «не бойся Иакове, малый Израилю» (*Ис. 41, 14*), – и опять: «не бойся, яко избавих тя, (и) прозвах тя именем твоим: Мой еси ты. И аще преходиши сквозе воду, с тобою есмь, и реки не покрыют тебе: и аще сквозе огнь пройдеши, не сожжешися, и пламень не опалит тебе. Яко Аз Господь Бог твой, Святый Израилев, спасаяй тя» (*Ис. 43, 1–3*). Когда ум услышит такое воодушевительное слово, то смело восстает против вражьей силы, говоря: «кто пряйся со мною?... да приближится ко мне. Се Господь, Господь поможет ми: Кто озлобит мя? Се вси вы, яко риза обетшаете, и яко молие изъяст вы» (*Ис. 50, 8. 9*). Но силен Бог (сделать), чтоб и мы обрелись в числе тех, кои имея смирение, были сохранены им, так как оно было для них шлемом и охранило их от всех стрел врага, – благодатью Бога, Коего сила и слава и держава, во веки веков. Аминь.

СЛОВО ПЯТОЕ О заповедях верным, и о домостроительстве желающих в мире жить вместе друг с другом

1. Когда идете вместе дорогою, внимайте во всем помыслу слабейшего между вами, поимеет ли он нужду отдохнуть немного, или принять пищи несколько прежде времени.

2. Когда выйдете вместе на какое дело, каждый из вас себе да внимает, а не брату своему: ни учить его пусть не учит, ни приказывать что пусть не приказывает.

3. Когда делаете какое поделие в келье, или устрояете что, – очаг, например, или другое что, делающего свое дело оставляйте делать, как он хочет. Но если он скажет: сотворите любовь, научите меня, потому что я не умею (как сделать то и то), а между вами есть умеющий (то делать), да не слукавит он и не скажет: сам не умею, – такое смирение не по Богу.

4. Если брат твой делает какое дело (не как должно) и ты видишь это, – не скажи ему: ты это испортил. Но если он скажет: сотвори любовь, научи меня, ты же не научишь, а промолчишь, то нет в тебе любви Божией, потому что держишь (в сердце) лукавство.

5. Если брат твой сварит варево, и будет оно не так хорошо, не скажи ему: худо ты сварил, ибо в этом смерть для души твоей. Но подумай лучше, как было бы тебе прискорбно, если бы пришлось самому услышать это от другого, – и успокоишься.

6. Когда поете вместе, и кто-нибудь ошибется в слове, не сказывайте ему об этом и не смущайте его; если и пропустит слово, – пусть пропущено (остается). Но если он (наперед) скажет: сотворите любовь, сказывайте мне (если ошибусь, или пропущу), сказывайте ему.

7. Когда вкушаете что за трапезой, и кому-либо из вас не желательна такая пища, пусть не говорит он: этого я не могу есть, но ради Бога даже до смерти пусть понудит себя (или смолчать, или есть, как другие), – и Бог успокоит его.

8. Когда вместе делаете какое дело, и кто-нибудь из вас, по малодушию, перестанет (работать), не упрекайте его, но паче соблаговолите ему, или поблажьте.

9. Когда зайдут к вам братия, отнюдь не расспрашивайте их ни о чем, что может во вред послужить вам, чтобы не осталось вам от них в келье пленение (смущение, рана в сердце). Но если зашедший, немогши удержаться, скажет кому-либо из вас нечто такое, что, как замечено, может во вред послужить вам, то услышавший, пусть никому из братий не пересказывает того, а промолчит, – чтобы пленение то (как пришло, так и) прошло у него одного, – и не наполнил он сердец их ядом смертоносным.

10. Когда пойдешь на сторону, по какой-либо нужде, никого не спрашивай ни о чем неподобающем тебе, чтобы целым (неповрежденным) войти тебе опять в келью свою. Если же что услышишь не хотя, того пришедши не пересказывай братиям своим.

11. Когда бываете на стороне, ни в чем не позволяйте себе вольности, куда ни войдете, чтобы (видящие) благообразие (вашего поведения) пользу получили от вас; особенно (не послабляйте себе) в тайном и видимо являемом молчании: ибо все те страсти (промахи в поведении от вольности) оказываются в ином немощном (брате), по причине бездействия (или опустения) сердца его, – что не видит он грехов своих. (Ведайте, что) помощь Божия, упование, тихонравие, совестность, оставление воли своей, и нуждение себя во всем – имеют место в сердце смиренномудром, а высокоумие, любопрение, почитание себя знающим более брата своего, попирание совести, невнимание к тому, что брат твой скорбит на тебя, со словом: какое мне до того дело – имеют место в сердце жестоком.

12. Когда сидишь за рукоделием своим, и войдет в келью твою брат твой, отнюдь не гадай, ты ли наработал более его, или он более тебя.

13. Если работаешь с немощным, не любопрись в сердце своем желая наделать более его.

14. Если брат твой, делая какое-либо дело, испортит его, ничего не говори ему об этом, если он сам не скажет тебе: сотвори любовь, брате, поучи меня, и если ты, зная (как сделать), промолчишь, то в этом смерть тебе.

15. Когда творите рукоделие ваше, какое бы оно ни было, употребите усилие, не разузнавать, что ты наработал в поделю и что брат твой, ибо это знак необученности.

16. Когда пойдешь на работу с братиями своими, не желай, чтобы они узнали, что ты более наработал, чем они. – Вот что требует Бог от человека: чтобы всякое дело, делаемое им, делал он втайне.

17. Если брат твой по малодушию ответит тебе словом (недовольного), потерпи его с радостью, ибо если рассмотришь (случившееся) судом Божеским (праведным, нелицеприятным), то найдешь, что ты погрешил (а не брат).

18. Если живешь с братиями, и помысел твой захочет стеснить тебя (более обыкновенного) в употреблении пищи, скажи помыслу своему: (брат) немощный, здесь живущий, есть владыка мой. Если решительно желаешь увеличить воздержание, возьми себе малую келью особую, а брата своего немощного не смущай.

19. Если зайдет к вам брат-странник, о котором прежде слышали вы, что он любит показность (*filoshematikos esti*) любит рисоваться, представлять себя многознающим, подвижником и проч.), не пытайте его об этом на словах, пока сам собой не обнаружится этот недостаток его, но (и после) поостерегитесь сделать что-либо, сообразно с тем, что узнали, потому что если поймет это брат, то оскорбится.

20. Если желаешь что взять, имея в том нужду, не ропщи на брата своего (говоря в себе): почему не догадался он дать мне то сам от себя, но скажи ему дерзновенно в простоте: сотвори любовь, дай мне то-то, потому что имею в том нужду. Это и есть святая чистота (или прямота) сердечная. Если же ты не скажешь, а между тем будешь роптать и укорять (брата) в сердце своем, то ты не прав.

21. Если зайдет у вас речь о каком-либо слове Писания, знающий его и понимающий, по силе своей, пусть волю свою несет (или держит) позади брата своего (уступает ему), – и упокоит брата своего в радости. – Слово, которого паче всего искать должно, есть сие: смирять себя пред братом своим.

22. Кто держит во внимании страшный суд, на который имеет предстать, тот всячески усиливается достигнуть, да не заградятся уста его, не находя что сказать в оправдание, в страшный час тот.

23. Не разведывайте о делах века сего, чтоб не стать подобными тем местам, которые всякий идет отлагать испражнения чрева своего, и в которых потому большое бывает зловоние. Но будьте паче жертвенником Богу чистым, устрояя внутрь себя иерея (духовного), который всегда утром и вечером возлагал бы фимиам (на сей жертвенник). Не оставляйте никогда сего жертвенника без фимиама, но понуждайте себя непрестанно (возноситься) пред лице Господа со всяким молением, да дарует Он вам простоту и детскую невинность и возьмет от вас противное тому, именно: вселукавство, бесовскую мудрость, любопытство (блуждание всюду, чтоб то видеть, другое слышать), самолюбие и злосердечие, ибо все такое истребляет труды тех, кои так действуют. Конец же всего этого: если человек разумно боится Бога и внимает с покорностью совести своей по Богу, то о всем сказанном научит он сам себя втайне. Когда же там (внутри) не будет домовладыки оного (страха Божия), тогда у такого человека бедного дом (внутреннее) брошен бывает на произвол, и всякий желающий говорит в нем, что хочет, потому что сердце его не под его состоит властью, а под властью врагов.

24. Если предлежит вам выйти на какую небольшую работу, никто да не презирает другого, и не выходит один, оставив брата своего мучиться совестью в келье, но пусть скажет ему с любовью: хочешь идти? Пойдем. – И если увидит, что брат не имеет покоя (не спокоен духом) в тот час, или немоществует телом, пусть не спорит, настаивая ныне идти непременно, но пусть отложит на несколько, и идет в келью свою в сострадательной (к брату) любви. Блюдитесь в чем-либо противиться брату, чтоб не оскорбить его.

25. Кто живет с отцом или братом своим, пусть не совещается ни о чем с кем-либо из посторонних, но о всем – с тем, кто живет с ним: в этом мир и послушание.

26. Если живешь с отцом своим, или братом, смотри не окажись имеющим с кем-либо дружбу втайне, или пишущим к кому-либо письма тайком, не желая, чтоб знали о сем те, кои с тобою: этим ты и себя губить будешь, и их.

27. Если живешь с тем, кто больше тебя, смотри, не спросивши его, не делай для бедного какого-либо благотворительного дела – не делай этого тайком.

28. Спрашивая о помыслах, спрашивай не после того, как исполнишь их, но сказывай о том, что борет тебя в настоящее время. О перемене ли места жительства, или научении рукоделью, и о перемене рукоделья, о вступлении ли в сожительство с кем, или об оставлении такого сожительства с кем, – о всем спрашивай свободно, но прежде, чем сделаешь что делом. Также о немощах душевных и о страстях телесных (спрашивай), когда (помыслы) еще подущают тебя на это – и спрашивая не то говори, что ты еще не сделал ничего по сим внушениям, но спрашивай о ране, говоря, что ты уже уранен, чтоб получить врачевство против раны.

29. Когда спрашиваешь о помыслах своих, не будь лицемером, и не говори одного вместо другого, или (не давай такого оборота речи) будто другой некто так и так поступил, но говори истину, и уготовь себя сделать, что тебе ни скажут. (Действуя) иначе, сам над собой посмеваешься, а не над старцами, которых спрашиваешь.

30. Когда спрашиваешь старцев о брани, не слушай тех, которые внутри говорят тебе больше старцев, но прежде помолись Богу, говоря: сотвори со мною милость, и что благоугодно Тебе о мне, внуши отцам моим сказать то мне; и потом, что ни скажут тебе отцы, сделай то с верой, и Бог успокоит тебя.

31. Когда живешь с братиями и не находишь упокоения по каким-либо причинам: или по причине рукоделья, или по причине связности (и тесноты жизни), или по причине покойности жизни, или по причине невозможности терпеть (встречаемые неприятности), или по причине уныния, или потому что желаешь убезмолвиться, или потому что не можешь нести ига (подчинения), или потому что не имеешь возможности делать что желательно тебе, или потому что не имеешь всего потребного тебе или потому, что желаешь утеснить себя большими лишениями, или потому, что немощен и не можешь нести труда (что у них), – или вообще, какая бы ни была причина, побуждающая сердце твое отойти от них, – смотри, не соглашайся отойти, не сбрасывай ига и не уходи с печалью, – или не убегай скрытно в чувстве оскорбления (на них), или в то время, когда внутри тебя (в силе) пребывает укор им и осуждение их, не вспомнив, по причине покрывшего тебя озлобления на них, о братстве твоем с ними, – но паче поищи для сего времени мира, чтоб сердце твое покойно было, куда бы ты ни отошел, охуждение же их на себя взвали, ни в чем не осуждая братий, с коими жил; не слушайся врагов твоих, (если они будут внушать тебе) преложить благодеяния их (братий) в злодеяния, чтоб избежать укора самому себе и укором брата твоего прикрыть свой собственный; за это падешь ты от руки врагов своих, там где оснуешься на жительство.

32. Пришедши в какое-либо место на жительство, не бери себе келье для житья прежде, чем узнаешь порядки жизни тамошней, – нет ли там тебе преткновения какого-нибудь, или по причине многопопечительности (что надо много забот иметь), или потому что видеть будешь некиих (не на пользу себе), или по причине славы (тебе или тому месту), или по причине покойности (слишком покойно и утешно жить), или по причине преткновений со стороны друзей твоих. Если будешь мудр, все узнаешь в несколько дней, смерть ли (там) тебе, или жизнь.

33. Если дашь брату келью свою, чтобы он побыл в ней несколько дней, не относись к нему так, как бы он состоял у тебя под властью.

34. Если возьмешь у кого келью на прожитие в ней несколько времени, ничего не разоряй, и не устрояй в ней, не спросивши прежде у того, кто тебе ее дал, угодно ли ему то, или неугодно, иначе – не по совести будет.

35. Когда живя с кем, или временно проживая у кого, получишь от него какую заповедь, поостерегись ради Бога презреть, и явно или тайно нарушить сию заповедь.

36. Если, живя одиноко в келье своей, положишь себе принимать пищу в такой-то час, или не есть варева, или другое что, потом выйдешь на сторону, поостерегись, сидя за трапезой (где-либо) сказать кому: прости мне, я этого не вкушаю, потому что через это весь труд твой попадет в руки врагов твоих попусту. Владыка твой Спаситель сказал: делай в тайне, чтоб Отец твой воздал тебе явно. Кто любит труды свои, тот блюдет их, чтоб они не пропали даром.

37. Когда живете вместе с кем, то, какую бы работу ни вели вы вместе, внутри или вне кельи, когда брат твой позовет тебя на нее, смотри не скажи: потерпи немного, дай кончить вот эту малость, – но тотчас послушайся его.

38. Когда работаете вместе друг с другом, то, если ты мудр, какую бы погрешность ни увидел ты вне у других, не носи ее (в памяти), чтоб не сорвалось как-либо с языка сказать о том братиям (с тобою живущим), ибо в этом смерть души твоей.

39. Если живут с тобой братия, и случится им иной раз протрудиться весь день, утешь их, дав им вкусить пищи прежде определенного часа. Не о себе только помышляй, но внимай суду Божию. Бога имей пред очами во всяком деле, какое бы ты ни делал.

40. Если придешь в какое место, чтобы жить там, – одному ли, или с теми, кои прежде тебя (там устроились), – и увидишь что вредное для души, или немонашеское, искусство ли какое, или дела, не открывай уст своих на обличение того; но если не по душе тебе там остаться, иди в другое место, язык же свой соблюди, чтоб не обличить их: ибо в этом смерть тебе.

41. Если ты немоществуешь страстями, остерегись позволять кому либо открывать тебе страстные помыслы свои, как верному, ибо такое дело – пагуба для души твоей.

42. Если прорвется между вами какое смехотворное слово, остерегитесь позволять гласу (смеха) вашему возвыситься до услышания: ибо это знак необученности и бесстрашия Божия, потому что нет стражи внутри вас.

43. Так как во дни наши гнев Божий постиг всю вселенную, то не смущайтесь, что бы ни услышали, но так говорите в сердцах своих: что это сравнительно с тем местом (адом), в кое имеем мы попасть за грехи наши?

44. Сотворите любовь ради Бога, прочитывайте (написанное здесь), чтоб и соблюдать то, потому что для верного не мало – почитать это делом малым (неважным). – Если соблюдете сие в простоте и с разумом, то отыдете в покой Сына Божия в радости, а если не соблюдете, то и здесь труд понесете, и когда изыдете из тела, отведены будете во ад по Писаниям. Для сказанного пред сим пришел Владыка наш Христос (т. е., чтоб покой устроить соблюдающим заповеди Его), но жестокосердие наше ослепляет нас пожеланиями сердца нашего, потому что мы любим их более Бога, и не любим Его так, как любим страсти.

45. Вот я понудил себя написать вам и это, так как прежнего не довольно было для вас. Сотворите же любовь, и отныне вступите в подвиг, не оставайтесь с необрезанным сердцем вашим и помогите себе (потрудитесь во спасение свое), в немногие дни ваши. Если соблюдете сие, т. е., смирение, мир, терпение, отсечение воли своей и любовь (то во благо себе проведете жизнь свою), а если не соблюдете, напротив же, будут у вас: зависть и рвение, любопрение и высокосердие, ропот и непослушание, то зле иждивете время ваше, и по истине пойдете в ад, когда изыдете из тела. Любите же братий своих любовью святой и блюдите язык свой, чтоб не выпустить слова неподобающего, которое могло бы уязвить брата. Силен же есть Владыка наш Бог дать нам «делати и хранити», да благодатью Его обрящем милость, со всеми, угодившими Ему святыми. Ему слава, честь и поклонение, ныне и присно, и во веки веков. Аминь.

СЛОВО ШЕСТОЕ О желающих безмолвствовать добрым безмолвием, – да внимают себе, чтоб отревать татей, окрадающих их, и не иждивать времени своего в пленении и работе горькой, предавая сердца свои делам, кои не приличествуют им, и забывая о грехах своих

1. Любовь к пытанию Писания рождает споры и вражды, плач же о грехах своих приносит мир. Грех монаху, сидящему в келье своей, если он, оставляя грехи свои, вдается в пытание Писания. Кто предает сердце свое (пытанию), – почему Писание сказало так и так, – прежде, чем стяжет себя самого (стяжет внимание в себе, или власть над собой, или высвободит себя из страстей), тот имеет сердце пытливое и пленение крайнее, а кто бодренно блюдет, чтоб не быть чем либо пленену, тот любит повергать себя пред лицом Бога.

2. Кто изыскивает, чему бы уподобить Бога, тот хулит Бога, а кто ищет, как бы (совершеннее) почтить Его, тот любит чистоту в страхе Божием.

3. Кто соблюдает словеса Божии, тот познал Бога (*1Иоан. 2, 3*), – и таковой исполняет их, как должник (в чувстве неотложного долга).

4. Не ищи высших (даров) Божиих, пока молишься Ему о помощи, да придет и спасет тебя от греха. Божие само собою приходит, когда будет (для него уготовано) место нескверное и чистое.

5. Кто утверждается на собственном своем разуме и держит свою волю, тот привлекает к себе толпы бесов[20] и не может быть от Духа (Божия), приносящего сердцу печаль (или сокрушение).

6. Кто, видя словеса Писания, творит их по собственному своему разуму, и на нем утверждает себя, что так есть (на нем утверждаясь, полагает, что так должно понимать слова те), – таковой не знает славы Божией и богатства Его; а кто видя, говорит: не знаю, – человек есмь, и воздает славу Богу, – в таковом обитает богатство Божие, по силе его и по помыслу его.

7. Не будь охоч открывать помысел свой всем, а только отцам своим, чтоб не навлечь себе печали в сердце свое.

8. Храни уста свои, да честным будет пред тобою ближний твой (уважение к ближнему да остерегает уста от осуждения его).

9. Приучи язык свой к словесам Божиим с разумом, и ложь убежит от тебя.

10. Любовь к славе человеческой рождает ложь, а уничижение себя, в смирении еще большем, соделывает страх Божий в сердце твоем.

11. Не желай быть другом славных мира сего, чтоб слава его (чувство зловредности славы его) не притупилась у тебя.

12. Если кто наговорит пред тобою на брата своего, уничижит его и покажет злобу (на него), не склоняйся против него, чтоб не постигло тебя то, чего не желаешь.

13. Простота и не мерение себя (вменение себя ни во что) очищают сердце от лукавства. Кто лукаво ходит с братом своим (обходится с ним), того не минует печаль сердечная. Кто говорит одно, а в сердце своем имеет другое в лукавстве, все служение (*leitorgia* – молитвы) такового тщетно. Не прилепись к кому-либо из таковых, чтоб не оскверниться ядом его оскверненным. Ходи с незлобивыми, да общником будешь славы их и чистоты.

14. Не имей злобы на человека, чтоб не сделать бесплодными трудов своих. Со всеми будь чистосердечен, да узришь в себе мир Божий. Как когда ужален бывает кто скорпионом, яд сего (последнего) проходит по всему телу и самое сердце повреждает, такова и злоба на ближнего в сердце: яд ее уязвляет душу и в беде бывает она от зла сего. Итак кто желает пощадить труды свои, чтоб они не пропали даром, пусть поспешит извергнуть из себя сего скорпиона, т. е. лукавство и злобу.

СЛОВО СЕДЬМОЕ О добродетелях

1. Три есть добродетели, которые всегда промыслительно блюдут ум, и в которых он имеет нужду: естественное (ему) стремление, мужество и безленостность.

2. Три есть добродетели, которые если ум увидит в себе, верует, что достиг бессмертия (обновления, или совершенства небожителей бессмертных): рассуждение, верно отличающее одно от другого, провидение всего прежде времени, и не сочувствие ничему чуждому.

3. Три есть добродетели, которые всегда свет подают уму: не видение лукавства ни в каком человеке, благотворение злотворящим тебе и перенесение всего находящего без смущения. Эти три добродетели рождают другие три, большие их: не видение лукавства в человеке рождает любовь; благотворение злотворящим тебе стяжевает мир; перенесение находящего без смущения приносит кротость.

4. Четыре есть добродетели, которые чистой делают душу: молчание, соблюдение заповедей, теснота (стеснение себя во всем, чтоб был тесный путь), и смиренномудрие.

5. В четырех следующих добродетелях ум всегда имеет нужду: молиться Богу, припадая (к Нему) непрестанно, повергаться пред лицом Бога, не беспокоиться на счет всякого человека (что и как он, – то же, что не пытать), чтоб не судить его, быть глуху к тому, что говорят ему страсти.

6. Четыре добродетели как стеною ограждают душу, и дают ей покойно вздохнуть от тревог со стороны врагов: милость, безгневие, долготерпение, и извержение всякого находящего семени греха; противостояние же забвению сохраняет их все.

7. Четыре добродетели по Боге помогают юности (новоначалию): поучение на всяк час, безленостность, бдение и не мерение себя (ни во что себя вменение).

8. Четыре вещи причиняют осквернение душе: блуждание по городу без хранения очей, дружба с женщиной, дружба со славными мира, и любление бесед с родственниками по плоти.

9. Четырьмя вещами множится блудная страсть в теле: спанием вдоволь, ястием до сытости, смехотворным празднословием, и наряжанием тела.

10. Четырьмя вещами помрачается душа: ненавидением ближнего, уничижением его, завидованием ему, и ропотом на него.

11. Четырьмя вещами душа делается пустою (Эсзмпт): переходами с места на место, любовью к развлечениям, вещелюбием и скупостью.

12. Четырьмя вещами множится гнев: даянием и приятием (сделками), держанием воли своей, желанием учить, почитанием себя разумным (человеком).

13. Три есть вещи, которые человеку трудно приобрести, – а ими хранятся все добродетели: сокрушение, плач о грехах своих, и имение смерти пред очами своими.

14. Три есть вещи, которые проявляют власть над душой, пока она не достигнет в великую меру, – и они-то не дают добродетелям сожительствовать с умом: пленение (пристрастие к чему-либо, кроме Бога), леность и забвение. Забвение воюет с человеком до последнего издыхания, повергая его в бесплодие; оно сильнее всех помыслов, и есть родительница всего худого, и разорительница того, что каждый час созидает в себе человек.

15. Се дела нового, и дела ветхого человека! Любящий душу свою и не желающий погубить ее, соблюдает дела нового человека, а любящий покой (плоти) в краткое время сие, творит дела ветхого человека и губит душу свою. – И Господь наш Иисус Христос, являя нового человека в Своем теле, говорил: «любяй душу свою, погубит ю» (*Иоан. 12, 25*): «а иже погубит душу свою Мене ради, обрящет ю» (*Мф. 10, 39*). Он есть Владыка мира, Им разрушено средостение вражды (*Еф. 2, 14*), говорил также: «не приидох воврещи мир, но мечь» (*Мф. 10, 34*), и еще: «огня приидох воврещи на землю, и что хощу, аще уже возгореся» (*Лк. 12, 49*). То есть, что в тех, кои последовали Его учениям святым, был (присущ осязательно) огнь Божества Его, вследствие чего, они имели в себе меч духовный, коим отсекали все пожелания плоти своей. И Господь дал им радость, говоря: «мир оставляю вам, мир Мой даю вам» (*Иоан. 14, 27*).

16. Вот как попекшиеся погубить душу свою в веке сем, и отсекшие пожелания свои соделались святыми овцами Его в жертву Ему. И когда явится Он во славе Божества Своего, тогда позовет их одесную Себя, говоря: «приидите благословении Отца Моего, наследуйте уготованное вам царствие от сложения мира. Взалкахся бо, и дасте Ми ясти»... и проч. (*Мф. 25, 34 и 35*). Вот как губящие душу свою, в краткое время сие, обретут ее во время нужды, получая воздаяние гораздо большее, нежели какое ожидали получить. Исполняющие же воли свои, сберегают конечно душу свою, в грешном веке сем, но, как они, прельщаясь суетностью богатства его, не соблюдают заповедей Божиих, чая без конца пребывать в веке сем, то в час суда обнаружена будет срамность ослепления их, они явятся козлищами проклятыми и услышат страшный приговор Судии, Который изречет: «(от) идите от Мене проклятии во огнь вечный, уготованный диаволу и аггелом его. Взалкахся бо, и не дасте Ми ясти.»... и проч. (41 и 42). Уста же их заградятся – и не найдут они, что сказать, вспомнив о своей немилостивости, (прежней и настоящей) бедноте. Правда, они скажут тогда: «Господи, когда Тя видехом алчуща... и не послужихом Тебе?» (44). Но Он заградит им уста, говоря: сделавший добро одному из сих, верующих в Меня, Мне сотворил его.

17. Испытаем же себя, возлюбленные, исполняет ли каждый из нас заповеди Господни, по силе своей, или нет: ибо все мы долг имеем исполнять их, по силе нашей, – малый по малости своей, великий, по великости своей. Вметавшие дары свои в сокровище-хранительницу богаты были, но Господь обрадован был паче бедною вдовою, ради двух лепт ее, потому что Бог смотрит на произволение наше. Не дадим же места в сердце своем унынию (что не многое можем сделать), чтоб завидование (другим) не отлучило нас от Бога, но будем исполнять послужения свои по бедноте своей. Ибо Господь, как сотворил милость со дщерью архисинагога, воскресив ее, как помиловал кровоточивую, иждившую вся своя на врачей, прежде чем познала она Христа, как исцелил раба сотника, потому что сей веровал, – так помиловал и хананеянку, исцелив дщерь ее, и как воскресил Он Лазаря возлюбленного Своего, так возбудил единородного сына бедной вдовы, ради слез ее, и как не презрел Марии, мазавшей ноги Его миром, так не оттолкнул жены грешницы, мазавшей ноги Его миром, со слезами, и как позвал Он Петра и Иоанна с лодки их, говоря: «грядите в след Мене» (*Мф. 4, 19*), так позвал и Матфея, сидевшего в мытнице; и как умыл ноги (прочих) учеников, так умыл (ноги) и Иуды, не делая различия; и как на Апостолов послал он Духа Утешителя, так ниспослал Его и на Корнилия с дерзновением; и как понудил Ананию в Дамаске Павла ради, говоря, что сей «сосуд избран ми есть» (*Деян. 9, 15*), так понудил Филиппа в Самарии евнуха ради эфиопского. Ибо у Него нет лицеприятия ни к малому ни к великому, ни к богатому ни к бедному, но произволения (доброго) ищет Он, и веры в Него, и исполнения заповедей Его, и любви ко всем. Вот что будет служить печатью для души (знаком отличия ее), когда изыдет она из тела, как и заповедал Он ученикам Своим, говоря: «о сем разумеют вси, яко Мои есте ученицы, аще любовь имате между собою» (*Иоан. 13, 35*).

18. О ком это говорит Он, что уразумеют вас, если не о силах десных и шуиих? (И будет, что), когда супостаты увидят знамение любви шествующим с душой, то отступят от нее со страхом, все же святые силы возрадуются с ней. Поподвизаемся же, возлюбленные, по силе своей, стяжать такую печать, чтоб не схватили нас враги наши. Господь сказал: «не может град укрытися верху горы стоя» (*Мф. 5, 14*). О какой горе говорит Он, если не о святом Своем слове? Употребим же, возлюбленные, труд свой с усердием и разумом, на исполнение слова Его, которое говорит: «любяй Мя, заповеди Моя соблюдет» (*Иоан. 14, 23*), да будут для нас такие труды градом неповредимым и огражденным, сохраняющим нас словом Господа, от руки всех врагов наших, пока сретим Его (предстанем пред лице Его). Ибо, если обретем дерзновение, то рассеются все враги наши, силою Святого слова Его, которое есть гора оная, от коей отторгся камень без рук и стер образ златой, четырехсоставный, бывший из серебра, меди, железа и глины, – как сказал Апостол: «облецытеся во вся оружия Божия, яко возмощи вам стати противу кознем диавольским: яко несть наша брань к крови и плоти, но к началом, и ко властем, и к миродержителем тмы века сего, к духовом злобы поднебесным» (*Еф. 6, 11. 12*). Четыре сии начала суть четырехсоставный образ оный, который есть вражда (вражья сила). Их (начала) истнило святое слово Божие, как написано, что камень тот, сокрушивший образ, бысть в гору великую, и наполнил всю землю (*Дан. 2, 34. 35*).

19. Убежим же, братие, под кров Его (Господа), – да будет Он для нас убежищем и спасет нас от четырех сих властей злобных, чтоб и нам услышать радость (или вкусить, или услышать обрадывающее слово Его) со всеми Святыми Его, когда соберутся они пред лице Его от четырех концов земли, и каждый из них услышит собственное блаженство (присуждение блаженства, или какое блаженство присуждено именно ему) по делам своим. – Сильно же есть имя Его святое – пребывать с нами и укрепить нас, – и не попустить сердцу нашему прельститься по причине забвения вражия (врагом наводимого), но сохранит нас (и даст нам) по силе нашей перенести все, находящее на нас, ради Святого имени Его, да обрящем милость со всеми сподобившимися улучить блаженство Его. Ему подобает слава, честь и поклонение, – Отцу и Сыну и Святому Духу, ныне и присно, и во веки веков. Аминь.

СЛОВО ВОСЬМОЕ Изречения

1. Авва Исайя сказал: я иногда вижу себя похожим на коня, блуждающего без хозяина-владельца, – на которого садится всякий, кто ни нападет на него, – и когда пустит его один, ловит его другой и садится на него.

2. Сказал опять: я похож на кого-нибудь такого, которого враги, схватив, связали и бросили в ров тинный, и если он возопит ко Господу своему, они всего иссекают его ударами, чтоб молчал.

3. Опять сказал: я похож на птицу, за ногу привязанную малым отроком: когда (отрок) ослабит (нить, птица) тотчас воспаряет горе, думая, что отвязалась, но когда отрок потянет ее за нить, опять низвлекает ее долу. Таким я вижу и себя, и вот что хочу сказать этим: что не должно никому предаваться беспечности, до последнего издыхания.

4. Сказал опять: если, давши кому что взаймы, простишь ему, то будешь подражатель природе Иисуса, а если взыщешь, то – природе Адама; если же возьмешь рост, то (это будет) не по естеству даже и Адама (разумеется – ниже или против него).

5. Когда кто обвинит тебя по какому либо делу, которое ты сделал, или не сделал, то, если ты смолчишь, это будет по природе Иисуса, если скажешь в ответ: что я сделал? то это будет не по Его природе, – если же противоречишь слово за слово, то это будет против природы Его.

6. Если, совершая службы свои (*leitorgias* – молитвенные последования), совершаешь их в смиренномудрии, как недостойный, то они приятны Богу; если же при сем взойдет на сердце твое и помянешь, как другой (в эту пору) спит, или нерадит (о сем деле), то труд твой бесплоден.

7. Опять сказал о смиренномудрии, что оно не имеет языка, чтоб сказать о ком-либо, что он нерадив, или о другом, что он презритель есть; ни очей не имеет, чтоб усматривать недостатки других; ни ушей не имеет, чтоб слушать неполезное для души своей и ни до чего ему дела нет, кроме грехов своих, но ко всем людям оно мирно, по заповеди Божией, а не по дружбе какой. Кто и по шесть дней будет поститься и вдаст себя в великие труды и заповеди (подвиги), помимо пути сего, – все труды его тщетны.

8. Сказал опять: если кто приобретает вещь какую для своей нужды, а во время нужды не найдет ее, то напрасно он приобрел ее. Таков тот, кто говорит: боюсь Бога, а когда поставлен бывает в обстоятельства, где нужен бы был сей страх, – когда, например, находится в необходимости говорить с кем, и в это время чувствует или припадки гнева и дерзкой несдержанности, или позыв учить другого тому, до чего сам не достиг, или движение человекоугодия, или желание сделаться именитым среди людей, и прочих страстей проявление, – когда в это время не найдет он в себе страха Божия, то напрасны все труды его.

9. Если б Господь наш Иисус Христос не уврачевал прежде всех болезней человека, для которого пришел на землю, то, может быть, не дошел бы и до креста. Прежде пришествия Господа во плоти, человек был и слеп, и нем, и расслаблен, и глух, и прокажен, и хром, и умерщвлен всеми противоестественностями. Когда же Он сотворил милость и пришел к нам, то воскресил мертвого и сделал хромого ходящим, слепого зрящим, немого говорящим, глухого слышащим, – и восставил человека нового, свободного от всякой немощи. И тогда уже взошел на крест. И повесили с ним двух разбойников, из коих бывший по правую сторону прославлял Его и молил Его, говоря: «помяни мя Господи во царствии Твоем» (*Лук. 23, 42*), а бывший по левую сторону злословил Его. – Это вот что означает. Прежде возникновения от нерадения, ум бывает за одно с вражескими силами. Когда же Господь наш Иисус Христос восставит его от нерадения его, и даст ему прозреть и все ясно различить, – и он возможет таким образом взойти на крест, тогда вражья сила начинает злословить его тяжкими словами, в чаянии, что, может быть, ум, расслабнув чрез это, отступит от трудов и возвратится опять к прежнему нерадению. Таково значение двух разбойников, которых Господь наш Иисус Христос разлучил от содружества друг с другом, и из которых один злословил Его, в чаянии, что, может быть, отторгнет Его от надежды Его, а другой не переставал умолять Его, пока не услышал: «днесь со Мною будеши в раи» (*Лк. 23, 43*). Этот явился похитителем и рая, и вкушает теперь от древа жизни.

10. Опять сказал о святом причащении, что его называют соединением с Богом. Но если мы побеждаемся страстями, – гневом ли, или завистью, или человекоугодием, или тщеславием, или ненавистью, или другою какою страстью, то далеки мы от Бога. Где же (у нас) соединение с Богом?

11. Когда вы совершаете свои службы (молитвенные последования) и, по совершении их, в сердце вашем подвигается какая-либо из сих (помянутых страстей), то всуе все труды ваши: Бог не приемлет их.

12. Некто из старцев сказал ему: почему же они не толкают (*оу kroyoysi*), Отче[21]? Старец сказал: когда дождь ниспадет на землю засеянную, тогда она дает произрастение, а когда она не засеяна, то как даст произрастение? Если кто потрудится извергнуть из сердца своего неестественности (т. е. страсти), то они уже не движутся в нем. Бог хочет, чтоб человек был во всем Ему подобен. Для того пришел Он на землю и пострадал, чтоб изменить естество наше ожестевшее, и отсечь желания наши, и наше ложное знание, возобладавшее душой нашей. Бессловесные животные сохранили свою природу, а человек природу свою изменил. Теперь, как подчиняется скот человеку, так должен всякий человек подчиняться ближнему ради Бога: ибо на сие пришел Господь. Смотри же, сколько скот превышает тебя, опирающегося на мнимое знание свое.

Посему, если я пожелаю придти в естественное состояние, то как скот не имеет ни воли своей, ни знания, так должен и я делать, не только в отношении к тому, кто со мною есть, но и к тому, кто идет против меня: ибо такова воля Божия. Кто хочет вступить на покой келейный и не быть олихоимствовану враждеством (вражьей силой, не быть ее добычей), тот отстраняется от людей во всем (беззабочивает себя относительно их, не входит в их дела), чтоб не порицать кого, не хвалить, не оправдывать, не ублажать, не высказывать его правоту, не опечалить его чем, не внимать его недостаткам, не оставлять в сердце своем остна враждебного против него помышления, и не губить (не тратить) ведения своего на неразумевающего, и воли своей на неразумного. Тогда познаешь самого себя, и поймешь, что вредно для тебя. Надеющийся на праведность свою и воли своей держащийся не может избежать враждества (козней вражеских), ни покой найти, ни увидеть, чего у него не достает. И когда изыдет он из тела, трудно ему найти милость. Конец же всего – Богу приседеть (о Нем помышлять, к Нему прилепляться, и об угождении Ему заботиться) всем сердцем и всей силой, иметь ко всем милосердие, плакать и молить Бога о помощи и милости Его.

13. Опять сказал относительно учения ближнего заповедям Божиим: почему знаю я, что принял меня Бог, чтоб сказать другому: сделай это или то, когда я сам под покаянием нахожусь по причине грехов моих? – Ибо человек когда-нибудь падший находится под покаянием. И не можешь ты иметь твердого удостоверения (об участи своей), пока не познаешь, что совершилось в тебе отпущение грехов твоих. Признаком же сего служит то, если ничто из того, в чем согрешил ты, не движется в сердце твоем, – или, если, когда говорит кто тебе о том, а ты и не узнаешь даже, чтобы такое было, то явно, что совершилась на тебе милость. Если же это живет еще в тебе, подавляй то, и плачь о том: ибо страх и трепет и мука смертная – беззаботну быть о сем, пока предстанешь престолу Божию. – Если кто попросит тебя поучить его чему, и ты, предав душу свою на смерть, скажешь ему, как может он освободиться (от того, что гнетет его), а он опять придет к тебе, то же говоря, и нисколько не успев в том, что ты сказал ему, то явно, что он не исполнял того делом. Посему, отстань от него, ибо он умерщвляет душу твою. То велико для человека, чтоб он оставил свою правду, о коей думает, что она по Богу есть, и соблюл слово того, кто учит его по Богу. Вот и человек Божий, авва Нистерой, который видел славу Божию, – имея живущими с собою сыновей сестры своей, никаких не давал им приказаний, но каждого оставил на свою ему волю, не заботясь о них, хороши ли они были, или худы. Также о Каине и Авеле говорили: кто научил их делать то или это, когда не было еще ни Закона, ни Писания? (Конечно Бог), потому что, если Бог не научит человека, всуе трудится он.

14. Сказал опять: когда кто начнет говорить тебе слова неполезные, не слушай их, чтоб не сгубил он души твоей. Не стыдись лица его, и, боясь опечалить его, не потерпи, чтоб тебе говорилось то, думая: ведь я сердцем не принимаю того. Нет, не говори так. Ты не выше первозданного, которого Бог сотворил рукою Своею, – а ему не в пользу была злая беседа. Беги же и не слушай. Но, смотри, убегая телом, не пожелай знать (держать в памяти) сказанное, ибо хотя бы ты услышал малость некую, демоны не оставят (втуне) сказанного и тобою услышанного, но убьют (тем) душу твою. Бегая, беги в конец.

15. Опять сказал: из того, что вижу, (заключаю, что) выгоды, честь и покой борют человека до смерти.

16. Сказал опять: учить ближнего есть испадение души (из своего чина), – и желать возвести его в доброе состояние есть великое разорение души. Почему, всякий раз, как учишь ближнего своего: сделай это или то, – так помышляй о себе и думай, – что ты, взяв лом, разоряешь свой дом, желая устроить дом его.

17. Опять сказал: горе душе, согрешившей после святого крещения! Такой человек не может в беззаботности быть о себе, находясь под покаянием, – пал ли он телом (в телесные грехи), или украл, или в какой из прочих грехов поскользнулся, или о ком на тело взглянул страстно, или съел что тайно, осматриваясь, чтоб не увидел кто, или когда другой положил свой милотарий[22], ты полюбопытствовал, что есть в нем, – ибо поступающий так поносит Иисуса.

18. Тогда некто спросил его: неужели так важно это дело, отче? – И он сказал: как прокопавший стену, и взявший деньги, прельщен врагом, так (им же прельщен) и этот: ибо кто того победил, тот же победил и этого, – и в малых вещах побеждаемый побеждается и в великих.

19. Если человек сотворит силы великие и исцеления, и возымеет все знание, пусть и мертвых воскресит, но коль скоро впал он в грех, не может быть в беззаботности о себе, потому что состоит под покаянием. Также, если он много несет (покаянных) трудов, но увидев кого-либо во грехе, или в нерадении пребывающим, уничижит его, – всуе все покаяние его, так как он отринул член Христов, осудив его, а не оставив суда Судие Богу.

20. Опять сказал: все мы как во врачебнице находимся, – один болит глазами, другой – рукою, у того – веред, или другая какая из немощей. Бывает, что иные раны уже залечены, но если съешь что из вредного, они опять раскрываются. Так бывает и с состоящим в покаянии: когда он осуждает или уничижает кого, то опять разоряет свое покаяние. – Из тех, которые лежат во врачебнице в разных болезнях, если один кричит по причине своей боли, другой кто скажет ли: что кричишь? Не всякий ли о своей болезни помышляет? Так и если бы боль грехов моих была у меня пред глазами, не стал бы я смотреть на другого грешащего: подобно как из лежащих во врачебнице у врача, каждый остерегается съесть что могущее развередить рану его.

21. Горе душе, не хотящей[23] избегать всякого греха! Много ей скорбей от (врагов) завидующих ей и идущих против нее. Почему она имеет нужду в великом долготерпении и благодарении за все. Так, когда народ

(Израильский) был в Египте, все пили и ели вдоволь, работая однако ж Фараону, как рабы. Но когда Господь послал им помощь, т. е. Моисея, чтобы он освободил их от Фараона, тогда подпали они тяжелым трудам и чувствительным прискорбностям, и Моисей при всех язвах, какие Бог навел на Фараона, все еще не дерзал с уверенностью говорить об избавлении их от пагубы, пока не пришло время, и Бог не сказал ему: еще одну язву наведу на Фараона, и ты скажешь ему: отпусти народ, иначе я поражу первенца твоего. Тогда наконец восприял дерзновение Моисей. И сказал ему Бог: «глаголи убо отай во уши людем, и да испросит кийждо у соседа, и жена у соседы своея, сосуды сребряны и златы, и ризы: и возложите на выи чад ваших, – и оберите Египтян» (*Исх. 11, 1. 2*). Некоторые из сих вещей употреблены потом на сооружение скинии.

22. (После сего авва) сказал: вот что говорят о сем старцы. Сосуды серебряные, золотые, и ризы суть чувства, работающие врагу: означает же сказанное то, что если человек не исторгнет их от врага, чтоб они плод приносили Богу, покров упокоения Божия не низойдет на него, если же исторгнет их от врага и принесет ими плод Богу, то покров Божий приидет на него. И облак не осенил скинии, пока она в чем-либо недостаточествовала, но когда кончена была совершенно, тогда осенил. Так было и на храме, устроявшемся после того: пока чего-либо не доставало в нем, не осенил его облак, когда же был он совсем кончен, и были внесены в него кров и тук всесожжений и Бог обонял воню их, тогда облак осенил сей дом. То есть, пока не возлюбит человек Бога всею силою своею и всем помышлением своим, и не прилепится к Нему всем сердцем своим, покров упокоения Божия не придет на него.

23. Сказал опять: если ум, прежде чем чувства престанут немоществовать (работать страстям), захочет взойти на крест, то гнев Божий приходит на него за то, что начал дело выше меры своей, не уврачевав чувств своих.

24. Если миазмы (зловоние страстей) действуют в тебе, и ты сочувствуешь им, и содействуешь тому, что порождает их, а не печалишься об этом в болезни сердечной, то это ниже естества Адама.

25. Если сердце твое победило грех, и отвратилось от того, что порождает его, и ты положил муку адскую пред собою, и, желая иметь всегда сопребывающим тебе (единого) Помощника своего, ни чем не оскорбляешь Его, но плача пред Ним, говоришь: дело Твоей милости есть избавить меня, Господи, – сам же я бессилен избежать из рук врага, без Твоей помощи; а при этом внимаешь и сердцу своему, чтоб не опечалить научающего тебя по Богу: то это будет по естеству, Иисуса – и Он сохранит тебя от всякого зла. Аминь.

СЛОВО ДЕВЯТОЕ Заповеди отрекшимся от мира

1. Если ты отрекся от мира и предал себя Богу на покаяние, не попускай помыслу своему смущать тебя скорбью относительно прежних грехов твоих, якобы они не прощаются тебе при сем, но опять не неради и о заповедях Господа, потому что иначе Он не простит тебе и прежних грехов твоих.

2. Вот что соблюдай даже до смерти, и не понебреги о сем: не есть вместе с женщиной, не иметь дружбы с юнейшими, не ложиться, когда ты юн, с кем-либо на одной рогоже, кроме брата своего и аввы, – и это со страхом, а не с небрежением; не небрежничай очами своими и когда облекаешься в одежды свои.

3. Если будет нужда, вина принимай до трех чаш, и не нарушай сей заповеди ради дружбы.

4. Не живи в том месте, где ты нагрешил пред Богом, и не неради о службах своих (молитвах), чтоб не впасть в руки врага своего.

5. Понуждай себя поучаться в Псалмах, – и это сохранит тебя от пленения миазмами (страстей). Возлюби всякое озлобление плоти, – и смирятся страсти твои.

6. Попекись не мерить себя в каком бы то ни было деле, – и получишь свободу плакать о грехах своих.

7. Сохраняй себя от лжи: иначе она отгонит страх Божий от тебя.

8. Не открывай пред всеми помыслов своих, чтоб не дать преткновения ближнему своему, но открывай помыслы свои отцам твоим, чтоб благодать Божия покрыла тебя.

9. Понуждай себя к рукоделию своему, – и страх Божий будет жить с тобою.

10. Если увидишь преткновение брата своего не к смерти (*Иоан. 5, 16*), не уничижай его, чтоб не впасть в руки врагов своих.

11. Сохрани себя от пленения тем, чем грешил, чтоб не возобновились в тебе (грехи твои).

12. Возлюби смирение, – и оно покроет тебя от грехов твоих.

13. Не будь любоприятелен, чтоб не вселилось в тебя вселукавство.

14. Предай сердце свое в послушание отцам своим, и благодать Божия будет обитать в тебе.

15. Не будь мудр о себе, чтоб не впасть в руки врагов своих.

16. Приучи язык свой говорить: прости, – и смирение низойдет на тебя.

17. Сидя в келье своей о следующих трех вещах попечение имей всегда: о рукоделии, поучении (чтении и Богомыслии) и о молитве.

18. Помышляй каждодневно: только нынешний день имею я провести в этом мире, – и не согрешишь пред Богом.

19. Не будь чревоугодлив в ястии, чтоб не возобновились в тебе прежние грехи твои.

20. Не унывай (не скучай) ни при каком труде, чтоб не вторглись в тебя воздействия врага.

21. Понуждай себя на поучение (чтение и Богомыслие), и покой Божий придет к тебе вскоре: ибо, как развалившийся дом вне города бывает местом зловония, – так душа ленивого новоначального бывает вместилищем всякой бесчестной страсти.

22. Понуждай себя на многие молитвы со слезами: может быть, Господь помилует тебя и совлечет с тебя ветхого человека грешащего.

23. Содружись со следующими (делами): трудом, бедностью, странничеством, озлоблением плоти и молчанием, ибо от них рождается смирение, а смирение приносит прощение всякого греха.

24. Силен же есть Благий Владыка наш Бог даровать нам силу и познать (должное), и сотворить, да обрящем милость со святыми, соблюдшими заповеди Его. Аминь.

СЛОВО ДЕСЯТОЕ Другое слово (к отрекшимся же)

1. Святому Петру Апостолу показал Бог, что не должно ни одного человека почитать скверным, или нечистым (*Деян. 10, 15*). Поелику освятилось сердце его, то свят стал пред ним всякий человек. А у кого сердце в страстях, пред тем никто не свят, но по страстям, кои в сердце его, думает он, что и всякий человек – таков же. Даже когда скажет ему кто, что такой-то – добрый человек, он тотчас разгневывается на это в сердце своем. Остерегайтесь же уничижать кого не только устами, но и в сердце своем.

2. Пока нерадит человек о себе самом, дотоле думает в сердце своем, что он друг Божий. Когда же освободится от страстей, стыдится возвести очи свои на небо пред Бога, видя себя крайне отдаленным от Бога.

3. Человек некий имел двух рабов и послал их на поле свое жать пшеницу, приказав, чтоб каждый из них нажал в день по семи ставок (в роде крестцов, или куч). Один из них всю силу употреблял, чтоб исполнить повеленное ему господином его, но исполнить не успел, потому что дело то превышало силу его, а другой, отчаявшись в успехе, в унынии сказал себе: кто может сделать такое дело в день? и презрев (повеление господина), не заботился о деле, но лег спать, – и то зевал, то спал, то поворачивался с боку на бок, как дверь вертится на пяте своей, – и так весь день потратил попусту. Когда настал вечер, пришли они к господину своему. И он, рассуждая обоих, признал дело старательного слуги (достойным одобрения), хотя он не успел вполне исполнить повеленного, а ленивого нерадивца изгнал из дома своего. Так и нам следует, не падать духом ни в каком труде, и ни при какой скорби, но употреблять силу свою, работая от всей души. И верую, что Бог приимет нас наравне со святыми Своими.

4. Надлежит же всякому человеку многие творить молитвы пред Богом, в великом смирении сердца и тела, не считать себя сделавшим что доброе, ни в каком деле своем не верить похвалам, не оскорбляться укорами, помнить о грехах своих, мирным держать сердце свое со врагами своими и не позволять горькому слову изойти из уст своих, чтоб сказать его им, и укорить их, даже пред любезными (друзьями) своими.

5. Конец всего, – долженствует монах заключить все двери души своей и хранить все чувства свои, чтоб она не пала чрез них, и оберегать себя от тех, которые приносят к нему мирские речи. Блажен, кто довольствуется своими грехами (т. е. сознанием их и оплакиванием, не любопытствуя о чужих).

СЛОВО ОДИННАДЦАТОЕ О зерне горчичном

(Есть) таинство (в слове) о зерне горчичном, как сказали отцы, чтоб (возбудить нас) исследовать значение его судя по тому, что (о нем) написано: «подобно есть царствие небесное зерну горушичну, еже взем человек всея на селе своем, еже малейше убо есть от всех семен: егда же возрастет, более всех зелий есть, и бывает древо: яко приити птицам небесным и витати на ветвех его» (*Мф. 13, 31. 32*). Таково зерно горчичное, таковы добрые свойства его! (И Господь, выставляя их) желает, чтоб человек подражал ему во всем его (во всем, что сказал о нем). Сказав, что оно «малейше есть от всех семен», Он внушает нам смиренномудрие, – чтоб мы ставили себя ниже всякого человека, (говоря), что оно стало совершенно (возросло), напоминает о кротости и долготерпении; что оно огненного цвета, – напоминает о чистоте, чтоб не иметь никакой скверны во плоти; что внутреннее его горько, – внушает ненависть к страстям, ибо горько тем, кои желают мира; что приятное действие его на вкус не обнаруживается, если не разжевать его и не растереть, это говорит о злострадании (озлоблении плоти лишениями); когда кто растирает его, оно кусает глаза, – это напоминает о прискорбности деланий (или подвижнических трудов); употребляют его на то, чтоб намазывать им (горчицею из него) омертвелые члены, чтобы они не попортились. Уразумеем же значение его, и будем последовать свойствам его, – и члены свои повредившиеся намажем им, чтоб не попортились и не закишели червями. Ибо это и есть вочеловечивать, воображать в себе Господа Иисуса, чтоб заботиться по силе нашей настроить себя для Него по нему (по свойству горчичного зерна), испытывая себя самих, от зерна ли оного есмы мы, или нет, – от устроения ли его и смиренносердия его, – от стертости ли его (в порошок), от горькости ли его, от вкуса ли его. – Милости же Божией есть дело исполнить нас силою на сие, по воле Его. Его слава – Отца и Сына и Святого Духа, во веки. Аминь.

СЛОВО ДВЕНАДЦАТОЕ О вине

1. *Таинство вина.* (Оно есть образ) человеческого естества (или человека), желающего сретить Бога (угодить Богу), и для того в чистоте соблюдающего дело свое целым, чтоб Бог принял его (дело) с радостью.

2. Сосуд (для вина) бывает осмолен надлежащим образом. Это есть образ непорочности тела, во всяком члене своем здравого (и чистого) от срамных страстей, ибо невозможно работать Богу тому, кто работает какой-либо из (плотских) сластей.

3. Как невозможно влить вино в сосуд, который не весь засмолен, или имеет какую-либо трещину, так невозможно нам угодить Богу, имея в себе ненависть и вражду. Испытаем же себя (нет ли их в нас), ибо они мешают человеку в деле покаяния.

4. Вино в начале образования своего перебраживает. Это образ новоначалия, которое мятется, пока не возмужает и не остепенится.

5. Вино не делается (настоящим вином), если не положить в него гипса, равно как и закваски в меру. Так и новоначалию невозможно преуспеть (оставаясь) на своей воле, если оно не примет от отцов своих по Богу закваски, и они не укажут ему пути (и не поведут по нему), пока не дарует ему Бог самому видеть его.

6. (Вино) оставляют в доме (на месте, где его делают), пока оно не отстоится. Так и без безмолвия, злострадания и всякого по Богу труда невозможно новоначалию придти в состояние (прочно благонастроенное).

7. Если оставить вино с зернами, или ветками, то оно будет кислое, Так и новоначалие, если будет вращаться среди сродников по плоти, или среди других людей, не сущих одного с ними делания и подвижничества, теряет тот нрав, какой приняло от отцов своих по Богу.

8. Налагают на вино землю, чтоб не выветрилось и не пропало. Так и новоначалие, если не стяжет смирения во всем, все труды его всуе.

9. Если часто отведывают вино, оно выветривается и теряет свой вкус. То же самое часто бывает с человеком, который выставляет на вид дело свое, ибо в таком случае тщеславие сгубляет все дело его.

10. Если оставят сосуд с вином открытым, ненавистные комары губят вино. Так многословие, шутки и суесловие (губят благонастроение юных иноков).

11. Если оставят вино на ветре, то это губит его вид и вкус. Так гордость губит всякий плод человека.

12. Прячут вино в подвалах и покрывают крепко-накрепко. Так (прячет и укрывает труженника Божия) безмолвие и нивочто-себя-вменение во всяком деле. И невозможно человеку сохранить труда своего без сего безмолвия и нивочто-себя-вменения.

13. Все такое делают с вином, пока не окажется оно угодным делателю своему, – и он порадуется плоду своему. – Все такое должен делать человек, пока благоугодным не явится дело его пред Богом.

14. И как невозможно поверить на слово, каково вино, если не открыть его и не отведать: так невозможно человеку дерзновение возыметь в сердце своем и не бояться за себя, пока не предстанет он пред Бога, и Бог не признает дела его совершенным.

15. И как если сосуд начнет просачиваться, вино вытечет наземь, прежде чем узнает о том хозяин его, если он нерадив: так малое и ничтожное какое-либо дело (недолжное) губит плод человека, если он нерадив.

16. Употребим же силу свою, братие мои, чтоб соблюдать себя от всего вредоносного для нас, – и милость Господа и благодать дадут нам дерзновение в день он сказать: по немощи нашей мы употребили труд соблюсти, что внушала нам совесть, но сила (на то) Твоя есть, и милость, и помощь, и покров, и прощение, и терпение. Ибо кто есмь аз? Доселе был я в руке злых, от коих Ты спас меня, и ничего не имею дать Тебе. Грешен я и недостоин даров Твоих, но Ты сохранил меня от руки врагов моих. Ты – Господь мой и Бог мой. И Твоя есть слава, и милость, и покров, и помощь, и держава, во веки веков. Аминь.

СЛОВО ТРИНАДЦАТОЕ О подвизавшихся и совершивших (подвиг) свой добре

1. Вот знамения, какие сотворил Господь Иисус, прежде чем взошел на крест. «Шедша, говорит, возвестита Иоанну, яже видеста и слышаста: яко слепии прозирают, хромии ходят, прокаженнии очищаются, глусии слышат, мертвии востают, нищии благовествуют: и блажен есть, иже аще не соблазнится о Мне» (*Лк. 7, 22. 23*)[24].

2. Итак много знамений, какие сотворил Господь Иисус. (Но нам надлежит ведать, что каждое из них, кроме буквального, имеет иносказательный смысл). Что «слепии прозирают», вот что значит: внимающий надежде мира сего, слеп есть; если же он, оставя ее, вперит взор в ожидаемую надежду, то он прозрел, равным образом: «хромии ходят», значит вот что: желающий Бога и любящий плотские мудрования сердца, хром есть; но если он оставит эти последние, и возлюбит Бога от всего сердца своего, то он начнет ходить право. Таким же образом опять: «глусии слышат», вот что есть: находящийся в состоянии рассеяния (в развлечениях живущий) глух есть, по причине пленения (его внимания внешними вещами) и забвения (должного); если же он упразднится от всего, то станет слышать. И это: «прокаженнии очищаются», вот что есть: в законе Моисеевом написано: да не внидет в дом Господа нечистый, т. е. имеющий вражду к ближнему, или ненависть, или зависть, или осуждение; если же кто оставит это, то он станет и чист.

3. Итак, когда прозрит слепой, станет ходить хромой, слышать – глухой, очистится прокаженный, тогда человек, бывший мертвым чрез сие (чрез означаемое тем нравственное повреждение) во время нерадения, восставляется и обновляется, и потом благовествует чувствами своими, которые скудны были святыми добродетелями, что он прозрел, стал ходить и слышать, и очистился. Оправдание такое представить ты должен крестившему тебя.

4. Вот что есть крещение: злострадание (озлобление плоти) со смирением и безмолвие. Ибо об Иоанне написано, – что одежда его была из верблюжьих волос, и пояс ременный опоясывал чресла его, – и был он в пустыне (*Мф. 3, 4*). Это есть знак злострадания. Оно первое очищает человека, и если кто потрудится, приобретает его, а когда приобретет его себе, тогда открывает себе путь взойти на крест (Крест есть знамение будущего бессмертия), заключив прежде уста фарисеям и саддукеям (саддукеи представляют образ неверия, а фарисеи – вселукавства, лицемерия и тщеславия), как написано: «ниже смеяше кто от того дне вопросити Его к тому» (*Мф. 22, 46*).

5. Наконец послал Господь Петра и Иоанна уготовать пасху. Это образ того, что, когда ум увидит себя ничем не обладаемым, то приготовляется к бессмертию, собирая чувства свои воедино, и делая их единым телом, чрез питание их причащением от Господа.

6. Опять, что Иисус молился, говоря: «аще возможно есть, да мимоидет от Мене чаша сия в час сей» (*Мф. 26, 39*), – это о нас слово. Ибо когда ум восхощет взойти на крест, то имеет нужду во многой молитве и многих слезах, и во всецелом предании себя Богу, прося помощи у благости Его, да будет она укрепительницей и хранительницей его, пока не восставит его во святом и неоскудевающем обновлении, потому что великая бывает опасность в час креста. Моляся же имеет он нужду, чтоб с ним были Петр, Иоанн и Иаков, кои суть: вера здравая, мужественное от упования сердце, и любовь к Богу.

7. Вот значение и того, что нас ради было с Самим Владыкою, возлюбленным Господом Богом нашим Иисусом, Который был для нас образом во всем, как сказал Апостол: «Яко разумети Его, и силу воскресения Его, и сообщение страстей Его, сообразуяся смерти Его, аще како достигну в воскресение мертвых» (*Фил. 3, 10. 11*): – Желчь, которой вкусил Он за нас, внушает нам истреблять в себе всякую похоть злую, (и заключать уста свои), а не давать никакой из них выходить из тела и делом совершаться; "оцет", который вкусил Он за нас, внушает нам погашать всякое самоволие и всякую мятежность суетную; «заплевание», которым оплевали Его за нас, внушает нам подавлять всякое человекоугодие, и всякое желание славы мира сего; «терновый венец», который сплели и возложили на главу Его, внушает нам переносить порицания, даже повсечасные, и без смущения претерпевать всякие укоризны; "трость", коею били по главе Его за нас, внушает нам, всегда имея на главе шлем смиренномудрия, погашать всякую гордыню вражескую; предание Господа Иисуса на «бичевание» пред распятием внушает нам ни во что вменять всякое человеческое поношение и позор; «разделение риз Его», с бросанием жребия, причем Сам Он пребыл несмущенным, – внушает нам презирать все мирское прежде, чем взыдем на крест, по слову Апостола: «разграбление имений ваших с радостию приясте, ведяще имети себе имение лучшее на небесех» (*Евр. 10, 34*).

8. Все сие должен сделать человек, чтоб возмочь взойти на крест. И если ты не сделаешь того, что сделал Он, по силе твоей, как человек, то не возможешь взойти на крест. Что был час шестой, когда жестокосердые распяли Его нашего ради спасения, это пример нам, чтоб с силою вооружились против всякого уныния и малодушия, пока умрет грех, по написанному, что Он крестом убил вражду. Что, когда был час девятый, возопил гласом велиим Иисус: «Елои, Елои, лима савахфани» (*Мф. 27, 46*), – нам пример, чтоб, по терпеливом подъятии скорбных подвигов против страстей, пока погаснут, восприимали мы наконец дерзновение в смиренномудрии вопиять к Богу. Что после померкнутия солнца предал Он дух Свой, – указание нам есть, что, если ум освободится от всякой надежды мира сего видимого, то это служит признаком того, что грех умер в тебе. Что церковная завеса разодралась на двое с верхнего края до нижнего, – это образ есть того, что если ум освободится (от страстей), то средостение между им и Богом отходит. Что камни распались и гробы отверзлись, – это нам образ того, что, когда совершится в нас оная смерть (греху), когда всякая тяжесть и слепота, и все сопротивное душе, расторгнется, и чувства, умершие и плод приносившие смерти, начинают здравствовать, восстав непобедимыми. Что Он был повит плащаницею чистою с ароматами, – это нам образ того, что после оной смерти (греху), святость бывает повита и нетление упокоивает ее. Что положили Его во гроб новый, в коем никто еще полагаем не был, и привалили камень великий ко входу в него, – это нам образ того, что когда ум освободится от всего и воссубботствует, то бывает уже в другом веке новом, новая мудрствует, внимает тому, в чем нет ничего тленного, и о нетленном помышляет. – Прочее, – «идеже тело» (труп), «тамо соберутся и орли» (*Лк. 17, 37*). – Что Он воскрес во славе Отца Своего, и что восшел на небеса и сел «одесную величествия на высоких» (*Евр. 1, 3*), – нам пример, по слову Апостола: «аще убо воскреснусте со Христом, вышних ищите, идеже есть Христос одесную Бога седя. Горняя мудрствуйте», (а) «не земная, умросте бо» (*Кол. 3, 1 – 3*).

9. Имя же Его честное, творящее милость, бывшее для святых образом во всем, сильно (есть) заступиться за немощь нашу, и, по нищете нашей, простит нам грехи наши, чтоб и мы обрели милость со всеми достойными ее. Аминь.

СЛОВО ЧЕТЫРНАДЦАТОЕ Деяния плача

1. Увы мне, увы мне. – что еще не освободился я от геенны! Влекущие меня в нее еще приносят плоды свои во мне, и все дела ее движутся в сердце моем; погружающие меня в огнь еще действуют во плоти моей, желая приносить плоды ее; еще не познал я, от-зде куда отойду; еще не уготовился мне путь правый; еще не освободился от воздействий, сущих в воздухе (сил темных), имеющих преградить мне путь, по причине сущих во мне злых дел их; еще не увидел я Избавителя, пришедшего спасти меня от них, потому что злоба их все еще приносит во мне плоды; еще не увидел я дерзновенного заступления между мною и Судиею; еще не дано свидетельство о мне, что я недостоин смерти; еще не отстал я от злотворцев.

2. Не радуется злодей, будучи заключен в темнице, не может творить волю свою связанный железом, не учит другого заключенный в колоду, не помнит покоя сущий в болезненных трудах, не ест сласть связанный по выи своей, и не загадывает сделать еще что злое, потому что всевозможно нагрешил, но с раздирающимся сердцем оплакивает все злые дела свои, и все муки, какие готовятся ему, говоря о них: да, я их достоин.

3. Помышляющий всегда о том, каковы будут последняя его, и видящий муки, (каких достоин) по грехам своим, не нуждается в большом усилии, чтоб не осудить кого в сердце своем; болезнование об (ожидаемых) мучениях съедает сердце его; горькое – увы! есть всегдашний предмет сокровенного поучения его; не воодушевляет он других не унывать; забота о пище не входит в круг попечений его; признает милость творящих с ним милость, но от печали вкуса не видит в ней, потому что всячески нагрешил[25]; тем, которые поносят его, не отвечает он гневно, и терпеливо несет болезненные труды, говоря: я достоин их; смех зубов (*Сирах.* 19, 27) отступил от него; помавает он главою своею в стенании, воспоминая о престоле суда, пред которым имеет предстать; когда слышит речи (других), не говорит: хорошо, или – худо; хороши ли они или худы, не приемлет их слух его; вежди его источают потоки слез по причине болезней, снемлющих его. Если он от благородных родителей, то еще более печалится, приводя на ум стыд пред теми, которые имеют увидеть его осуждаемым на суде. Содержа в мысли уготовляемый для него суд, не обращает он внимания на людей, хороши ли они или худы. Если есть другие, связанные с ним, и на них не обращает он внимания, и не рассматривает с ними, что предлежит делать; ибо всякий свое несет бремя, влекомый на смерть. Лицо его мрачно. Ни один человек не берется говорить в защиту его, по причине страха мучений. Сам он исповедует, что наделал, и что достойно подлежит суду за то, в чем согрешил.

4. Доколе же быть мне в опьянении без вина? Доколе беспечничать, имея впереди себя таковое? Ожестение сердца моего иссушило очи мои, – а опьянение от суетной многозаботливости иссушило голову мою, и увлечения сердца моего навели на меня забвение до омрачения. Нужда телесная связала меня и пагуба (отчаяние) докучает мне оставить путь (жизни). Не приобрел я друга, который бы поговорил о мне, и не имею дара, чтоб послать его гражданам. Весть о худых делах моих не попускает им признать меня. Если прошу их, они не обращают внимания на меня, ибо видят, что я не отстал еще от болестей своих (нравственных), и не прошу их распространенным сердцем (*2Кор. 6, 11*).

5. Остен грехов моих не стал еще непрестанно уязвлять сердце мое (т. е. не пришло еще болезненное сокрушение о грехах). Бремя грехов моих еще не отяготело надо мною (не подавляет меня тяготой своей, не чувствую тяготы грехов). Не познал еще я вполне, как следует, силы огня, иначе, подвизался бы не впасть в него. Глас слышится в ушах моих, что ад предлежит мне, так как по истине не очистил еще я сердца своего. Раны на теле моем сделались опасными, но еще не воссмердели, чтоб искать врачевства. Я прикрываю от людей раны от стрел, и не могу терпеть, чтоб касался их врач. Он предложил мне наложить примочки (или припарки) на раны, но я не крепок сердцем, чтоб стерпеть едкость их. Врач добр, и не требует с меня вознаграждения, но леность моя не дозволяет мне сходить к нему. Приходит он сам ко мне поврачевать меня, и находит меня ядущим то, что растравляет раны. Он упрашивает меня перестать отныне (принимать такие яства), но сласть вкушения их обольщает сердце мое. Когда поем, раскаиваюсь, но раскаяние мое не истинно. Присылает мне (врач свое) ястие (говоря): – поешь, чтоб оздороветь, но злой навык не дает мне принять его. – Конец всего этого, – не знаю, что мне делать?

6. Восплачьте же со мною все братия, знающие меня, да придет ко мне помощь паче силы моей и возобладает мною, чтоб я сделался достойным быть учеником Его (Господа моего): ибо Его сила во веки веков. Аминь.

СЛОВО ПЯТНАДЦАТОЕ Об отречении от мира

1. Возлюбленные! Попечемся о себе, «яко время сокращено есть прочее» (*1Кор. 7, 29*). Нельзя пещись о душе, коль скоро кто печется о теле. Как нельзя одним глазом смотреть на небо, а другим – на землю: так и уму нельзя пещись и о Божием и о мирском. Что не будет помощно тебе, когда выйдешь из тела, о том стыдно тебе пещись.

2. Имей в уме, что Бог внимает тебе при всяком деле, какое делаешь. Имей в уме, что Бог видит тебя при всяком помысле твоем.

3. Что стыдишься делать пред людьми, о том стыдись помышлять тайно (в сердце). Как древо познается по плоду, так ум по созерцанию своему (по тому, на что устремлено око его) познает помыслы свои и душа разумная по созерцанию своему (по тому, чему умно внимает) познает саму себя.

4. Не считай себя бесстрастным, пока влечет тебя грех. Кому дарована свобода (от страстей), тому уже не думается о том, что делал он не по естеству. Не считай же себя свободным, коль скоро оскорбляешь Господа своего, ибо свобода не приходит, пока сердце твое похотствует что-либо мирское.

5. Пекись о своем теле, как о храме Божием, – пекись, как имеющий воскреснуть и дать ответ Богу; бойся Бога, как имеющий дать Ему отчет по всем, что наделал; как, когда тело твое получит рану, заботишься ты уврачевать ее, так попекись, чтоб оно явилось бесстрастным в воскресении.

6. Рассматривай в себе каждодневно, какую страсть победил ты, прежде чем вознесешь к Богу прошения свои.

7. Как земля не может принести плода без семени и воды, так человек не может покаяться без смиренномудрия и труда телесного.

8. При благорастворении воздухов расцветают семена; так и человек расцветает через заповеди, когда ум его (на то обращен), чтоб соблюдать заповеди. То и вера в Бога и страх Божий, чтоб не оскорблять своей совести.

9. Если всеется в тебя сласть блудная, когда сидишь в келье своей, смотри, противостой помыслу своему, чтоб он не увлек тебя. Постарайся восставить память о том, что Бог внимает тебе, и что пред Ним открыто все, о чем ни помышляешь ты в сердце своем. Скажи убо душе своей: если стыдишься ты подобных тебе грешников (и стараешься), чтоб они не видели тебя грешащим, кольми паче (должно страшиться) грешить) пред Богом, внемлющим сокровенностям сердца твоего. Чрез такое рассуждение в помысле твоем страх Божий восстановится в душе твоей, – и если ты последуешь страху Божию, то будешь неподвижен (на страстное) и не можешь уже более быть насилуемым от страстей, как написано: «надеющиися на Господа, яко гора Сион: не подвижится в век живый во Иерусалиме» (*Ис. 124, 1*).

10. Верующий, что есть суд, когда изыдет из тела, не может судить ближнего ни в каком деле, как имеющий дать ответ Богу о всех делах своих, как написано, что нам должно предстать «пред судищем Христовым, да приимет кийждо, яже с телом содела, или блага, или зла» (*2Кор. 5, 10*).

11. Верующий, что для святых есть царство, печется соблюсти себя (непорочным) даже в малых и ничтожных вещах, чтоб быть сосудом избранным, ибо написано: «подобно есть царствие небесное неводу ввержену в море, и от всякаго рода собравшу. иже егда исполнися, извлекоша и на край, и седше избраша добрыя в сосуды, а злыя извергоша вон» (*Мф. 13, 47–48*).

12. Верующий, что тело его имеет восстать в своем естестве в день воскресения, должен попещись о нем и очистить его от всякой скверны; ибо написано: «Иже преобразит тело смирения нашего, яко быти ему сообразну телу славы Его, по действу еже возмогати Ему» (*Фил. 3. 21*).

13. В ком вселилась любовь к Богу, того ничто мирское не может уже отлучить от Бога, как написано: «кто ны разлучит от любве Божия; скорбь ли, или теснота, или гонение, или глад, или нагота, или беда, или меч» (*Рим. 8, 35*).

14. Силен же есть Бог (сделать), чтоб и мы обрелись в числе тех, кои ни из-за чего мирского не разлучили себя от любви Христовой, чтоб вместе с ними обрести милость силою Господа нашего, Иисуса Христа, Ибо Ему слава, со безначальным Отцом и животворящим Духом, ныне и присно, и во веки веков. Аминь.

СЛОВО ШЕСТНАДЦАТОЕ[26] О радости, бывающей в душе, желающей работать Богу

1. Во-первых, приветствую тебя в страхе Божием, и умоляю: будь совершен, как благоугодно сие Богу, чтоб не был бесплоден труд твой, и чтобы целым принял его Бог в радости от тебя. Торгующий, если получит прибыль, радуется, ни во что ставя подъятые труды, потому что узнал (как они полезными оказались); взявший жену, если она покоит его и блюдет добре, радуется о ней сердцем своим, во всем полагаясь на нее; вступивший в военную службу, если, с презрением смерти своей повоевав за царя, получит венец, (радуется), что такой имеет успех. Се таковы дела мира сего погибающего, и творящие их радуются, когда получают в них успех. Какая же, думаешь, радость будет душе того, кто, начав работать Богу, успешно окончит это дело свое? При исходе его из мира сего, такое дело его сделает ему то, что с ним будут радоваться Ангелы, увидев, что он освободился от властей тьмы. Ибо когда изыдет душа из тела, ей сшествуют Ангелы; на встречу же ей выходят все силы тьмы, желая схватить ее, и изыскивая, нет ли в ней чего ихнего. Тогда не Ангелы борются с ними, а дела, содеянные душой, ограждают ее, как стеной, и охраняют ее от них, чтоб не касались ее. Когда дела ее одержат победу, тогда Ангелы (идя) впереди ее поют, пока не предстанет она Богу в радовании. В час тот забывает она о всяком деле мира сего и о всем труде своем.

2. Употребим же силу свою, чтоб добре поработать в краткое время сие, (сохраняя) дело свое чистым от всякого зла, да возможем спастись от рук князей (тьмы), имеющих сретить нас, ибо они злы и немилостивы. Блажен, в ком не найдется ничего ихнего: радости того и веселию, упокоению и венцу – меры нет. Мирское же все превратно, торговлею ли кто занимается, или брачным делом, или другим чем, о чем сказал я впереди. Брате возлюбленне! Сотворим силу нашу в слезах пред Богом; может быть смилуется над нами благостыня Его и пошлет нам мощь, на препобеждение тем, что сделаем (доброго), начальников злобы, имеющих сретить нас (по исходе из тела).

3. Попечемся о себе с крепким сердцем (без сожаления) и стяжем себе вожделение к Богу, которое спасет нас от рук злобы, когда она там изыдет в сретение нам. Возлюбим любить бедных, чтоб это спасло нас от (духа) сребролюбия, когда оно изыдет в сретение нам. Возлюбим мир со всеми, малыми и великими, потому что он сохранит нас от (духа) ненависти, когда изыдет она в сретение нам. Возлюбим всех, как братьев наших, ни малой неприязни не держа в сердце своем ни против кого, и никому не воздавая злом за зло; это избавит нас от завистования, когда оно изыдет в сретение нам. Возлюбим смиренномудрие во всем, перенося слово ближнего, если он побранит нас или обнесет: это сохранит нас от гордости, когда изыдет она в сретение нам. Взыщем чести ближнего, не допуская умалиться ему во мнении нашем, когда его поносят, кто бы он ни был: это сохранит нас от оклеветания, когда оно изыдет во сретение нам. Презрим выгоды мира и честь его, чтоб избавиться от зависти, когда изыдет она в сретение нам. Приучим язык свой к Божию поучению, правде и молитве, чтоб это сохранило нас от лжи, когда изыдет она в сретение нам. Очистим сердце свое и тело от похоти, да избавимся от нечистоты, когда изыдет она в сретение нам. – Все сие покушается схватить душу, когда изыдет она из тела, а добродетели вспомоществуют ей, если она стяжала их.

4. Кто же из мудрых не восхощет предать душу свою на смерть, чтоб избавиться от всего сего? Итак, сотворим по силе нашей, и сила Господа нашего Иисуса Христа велика чтоб помочь смирению нашему. Знает Он, что человек бедная есть тварь, и дал ему покаяние, пока он в теле, до последнего издыхания. Да будет же один у тебя помысл – к Богу, чтоб Он сохранил тебя. – Не внимай благам мира, как бы можно было на них понадеяться, – дабы возмог ты спастись. Все, что есть от мира сего, оставишь и отойдешь; что же сделаешь для Бога, в том обретешь благую надежду в час нужды.

5. Возненавидь словеса мира, да узрит Бога сердце твое. Люби часто молиться, да просветится сердце твое. Не люби лености, чтоб не пожалеть, когда достигнешь в воскресение праведных. Храни язык свой, да просветится сердце твое. Не люби лености, и страх Божий вселится в тебя. Дай ныне нуждающемуся, богатым оком, да не посрамишься пред святыми и благими делами их. Возненавидь похотение яств, чтоб Амалик не преградил тебе пути. Не спеши в отправлении служб своих (молитвенных правил), чтоб не пожрали тебя звери. Не люби вина до опьянения, чтоб не быть лишену обрадования Божия. Возлюби верных, чтоб чрез них получить милость. Возлюби святых, да ревность их снест тебя.

6. Помни о царствии небесном, чтоб вожделение его мало-помалу увлекло тебя. Помышляй о геенне, чтоб возненавидеть дела ее. Просыпаясь утром каждый день, вспоминай, что дашь отчет Богу о всяком деле, и не согрешишь пред Ним, и страх Его вселится в тебя. Приготовляй себя к сретению Его, и совершишь волю Его. Обсуждай себя здесь каждый день, в чем недостаточествуешь, и не будешь в затруднении в час нужды смертной. Да видят братия твои дела твои, и ревность твоя снест их. Испытывай каждый день самого себя, какую страсть победил, – и однако же не думай много о себе, потому что то милость и сила Божия есть. – Не почитай себя верным до последнего издыхания. – Не высокомудрствуй, будто ты добр, ибо не можешь вверить себя врагам своим. – Не полагайся на себя, пока ты в жизни сей, – и пока не минуешь всех властей тьмы.

7. Бодрствуй, брате, против духа, приносящего человеку печаль, ибо много у него ловлений, пока не сделает тебе обессиленным. Печаль по Богу радостотворна, когда видишь себя стоящим в воле Божией. Кто же говорит тебе: куда тебе бежать? Нет тебе покаяния; тот от вражьей стороны (и говорит так), чтоб склонить человека оставить намерение вести прочее воздержную жизнь. А печаль по Богу не налегает на человека (подавляющею тяготою), но говорит ему: не бойся, приди опять (к Богу), ибо знает Он, что человек немощен, и подает ему силу.

8. Рассудительное имей сердце; при помыслах (находящих), – и они пооблегчатся у тебя. Кто боится их, того расслабляют они тяжестью своей. Боящийся воздействий (вражеских) обнаруживает, что не имеет веры в Бога.

9. Немерение себя и почитание себя невеждой показывают человека, который не поблажает страстям, чтоб творить волю их, а творит волю Божью. А желающий сказать слово свое при многих обнаруживает, что страха Божия нет в нем. Страх Божий есть страж и помощник для души, охранитель внутреннего владычественного (ума), в деле истребления всех врагов его.

10. Ищущий чести Божией старается отогнать от себя нечистоту. Разумное о себе попечение отсекает страсти, ибо написано: попечение найдет на мужа мудрого (*Притч. 17,12.* «Впадет попечение мужу смысленну. безумнии же размышляют злая). Заболевший познает цену здравия. Венчаемый венчается за то, что победил врагов царя. Есть страсти, есть и добродетели. Но если мы унывливы (ленивы), то явно, что мы, как предатели. Мужество сердца есть помощь для души, после Бога; как уныние (разленение) есть помощь злу. Сила желающих стяжать добродетели вот в чем, – чтоб если падут, не малодушествовать, но опять воспринимать попечение (о спасении). Орудия добродетелей суть телесные труды с разумом. Порождения страстей бывают от нерадения. Не осуждение ближнего есть стена (ограждения) для разумно ведущих брань, осуждение же его разоряет сию стену в неразумии. Попечение о языке явным делает, что человек такой из деятельных, а необуздание языка означает, что он не имеет внутри себя добродетели. Милостыня, с разумом творимая, рождает презрение (имущества) и руководит к любви, а немилостивость означает, что нет в человеке добродетели. Благостность рождает чистоту; а развлечение (трата на развлечения и удовольствия) рождает страсти, и жестокосердие рождает гнев. Ненавидеть развлечение есть подвиг душевный, а скудость есть (подвиг) телесный. Любовь к развлечению есть падение души, а безмолвие с разумом есть исправление ее. Насыщение сном есть растревожение страстей в теле, а бдение в меру есть спасение сердца. Многоспание утучняет сердце, бдение же в меру утончает его. Лучше спать в молчании с разумом, чем бодрствовать в суесловиях. Плач изгоняет все худости (*kakias*) без тревог. Щадение (небиение, неуязвление) совести ближнего рождает смиренномудрие. Слава человеческая мало по малу рождает гордость.

Любовь к простору (нестеснению себя лишениями) изгоняет ведение, а воздержание чрева смиряет страсти. Похотение яств возбуждает их без труда. Украшение тела есть разорение души, попечение же о нем в страхе Божием хорошо.

11. Внимание к суду Божию рождает страх в душе, а попрание совести исторгает добродетели из сердца. Любовь к Богу прогоняет нерадение, а бесстрашие возбуждает его. Хранение уст восторгает ум к Богу, если молчать с разумом, а многословие рождает уныние (разленение) и умоиступление (*manian*). Уступление своей воли ближнему означает, что ум имеет в виду добродетели, а удерживание своей воли (в сношении) с ближним показывает невежество. Поучение в страхе (Божием) сохраняет душу от страстей, а говорение словес мирских омрачает душу, (удаляя ее) от добродетелей. Вещелюбие возмущает ум и душу, а отречение от всего обновляет их. Молчание, если молчишь, чтоб не высказать помыслов, показывает, что ты ищешь чести мира и славы его срамной, а кто с дерзновением (не жалея себя) высказывает свои помыслы пред отцами своими, тот отгоняет их от себя.

12. Что дом, не имеющий дверей и окон, в который, какое ни захочет пресмыкающееся, входит свободно: то человек трудящийся и не хранящий труда своего. Как ржа снедает железо, так честь человеческая — сердце, если оно сочувствует ей. Как плющ сплетшись с виноградом уничтожает плод его, так тщеславие уничтожает труд монаха, если он увлекается им. Впереди всех добродетелей (стоит) смиренномудрие, а впереди всех страстей — чревоугодие. Конец добродетелей — любовь, а конец страстей — самооправдание. Как червь, истачивая дерево, уничтожает его, так злоба в сердце омрачает душу.

13. Повержение души пред Богом (предание себя в волю Божию) рождает несмущенное перенесение поношений, и слезы ее бывают (тогда) сохранены от всего человеческого. Неукорение себя причиняет и то, что не претерпевают (не укрощают) гнева. Смешивание слова своего с мирянами (беседа с мирянами по-мирски) встревоживает сердце, и постыждает его на молитве, потому что оно после того не имеет дерзновения. Любовь к выгодам мирским делает душу омраченною, а презрение к ним во всем приносит ведение. Любовь к труду есть ненависть к страстям, а леность порождает их без труда.

14. Не связывайся с жителями города, — и помысел твой безмолвствовать будет в тебе. Не надейся на силу свою, — и помощь Божия будет сшествовать тебе. Не имей вражды к человеку, иначе не будет принята молитва твоя. Будь мирен со всеми, чтоб иметь дерзновение в молитве. Храни очи свои, — и сердце твое не узрит зла. Смотрящий на кого-либо сластолюбно совершает любодеяние. Не желай слышать о вреде, понесенном оскорбившим тебя, чтоб не воздать ему в сердце (злом за зло). Храни слух твой, чтоб не набрать им себе браней. Трудись в рукоделии своем, чтоб бедный нашел (у тебя) хлеб, ибо бездействие есть смерть и падение души.

15. Прилежная молитва разрешает пленение (пристрастие к чему-либо), а нерадение о ней, хотя малое, есть матерь забвения. Ожидающий близкой смерти не грешит много, а ожидающий ее чрез много лет во многие вплетется грехи. Кто готовится дать отчет Богу во всех делах своих, того весь путь печется Бог очистить от всякого греха, а кто нерадит о том, говоря: когда-то еще я достигну туда, тот сосед лукавым. – Прежде чем сделать какое-либо дело, каждый день, поминай, где ты и куда имеешь пойти, исшедши из тела, – и ни одного дня не понеради о душе своей. Помышляй о чести, какую прияли святые, и соревнование им мало по малу повлечет тебя (в след их); помышляй опять и о посрамлениях, какие испытали грешники, – и это всегда будет охранять тебя от зла.

16. Всегда следуй совету отцов своих, и все время жизни своей проведешь в спокойствии. Внимай себе, – и если помысел твой крушит тебя из-за того, что брат твой скорбит на тебя, не презирай его (помысла), но (поди) поклонись брату с умоляющим гласом, (и не отступай), пока не убедишь его (примириться). Смотри, не будь жестокосерд к брату, (помня, что) мы бываем насилуемы от врага. Когда жить будешь с братиями, не приказывай им одним что-либо делать, но трудись вместе с ними, чтоб не погубить мзды своей. Когда станут смущать тебя демоны относительно пищи, одежды или большой бедноты (всем), подлагая тебе, как за это поносят тебя, не отвечай им против этого ничего, но предай себя Богу от всего сердца своего, – и Он успокоит тебя. Смотри, не небреги об исправлении служб (молитвословий) своих, ибо они приносят просвещение душе.

17. Если сделал ты что доброе, не хвались тем, (но и с другой стороны, если наделал много зла, да не опечаливается тем чрез меру сердце твое, но стань над сердцем, чтоб не попускать ему более сослагаться с тем) – и соблюдешься от гордыни, если ты мудр. Если терпишь нападки от блуда, держи тело свое непрестанно под прискорбностью в смирении пред Богом, не давая сердцу своему увериться, что прощены тебе грехи твои, – и успокоишься. Если станет крушить тебя завистование, вспомни, что мы все члены есмы Христовы, и что честь и поношение ближнего есть (честь и поношение) всех нас, – и успокоишься. Если войну против тебя подняло чревоугодие похотением яств, то вспомни о зловонии их, – и успокоишься. Если беспокоит тебя позыв осудить брата своего, то вспомни, что он имеет опечалиться, если услышит, – и тебе стыдно будет повстречаться с ним после того, – и успокоишься. Если станет одолевать тебя гордыня, то вспомни, что она губит весь твой труд, и что нет покаяния сосложившимся с нею, – и успокоишься. Если борет сердце твое желание уничижить ближнего, то вспомни, что за это Бог предаст тебя в руки врагов твоих, – и успокоишься. Если красота телесная влечет сердце твое, вспомни о зловонии ее, – и успокоишься. Если сласть жен сластнейша есть для тебя, вспомни о (женах), умерших уже, куда они отошли, – и успокоишься.

18. Все такое собирая и обсуждая, рассуждение уничтожает (брани). Но рассуждения достигнуть невозможно тебе, если в возделание его не употребишь сначала безмолвия (удаления от шума мирского). Безмолвие рождает подвижничество, подвижничество рождает плач, плач рождает страх Божий, страх (Божий) рождает смирение, смирение рождает прозрение, прозрение рождает любовь, любовь делает душу безболезненной и бесстрастной. Тогда познает человек, как далек он от Бога.

19. После всего сего, желающий достигнуть всех сих всехвальных добродетелей, да будет в беспопечении о всяком человеке, и пусть готовит себя к смерти. И будет, что на всякой молитве своей начнет он уразумевать, что такое отделяет его от Бога, и станет уничтожать то, возненавидев всякое житие такое (т. е. отделяющее от Бога), и благость Божия вскоре дарует ему их (означенные добродетели).

20. Сие же ведай, что всякий человек, ядущий и пиющий безразлично и любящий что-либо от мира сего, не дойдет до них (добродетелей), и не достигнет их, но обольщает себя. Молю убо всякого человека, желающего принести покаяние Богу, блюсти себя от многовиния, ибо оно поновляет все страсти, и изгоняет страх Божий из души. Напротив всеми силами постарайся умолить Бога, послать тебе страх Свой, чтоб он с помощью твоего сильного желания Бога (Богообщения) истребил в тебе все страсти, противоборствующие бедной душе, и хотящие отлучить ее от Бога, чтоб сделать наследием своим. На это и враги употребляют всякое усилие, противоборствуя человеку.

21. Итак не обращай внимания, брате, на покой (от брани), пока ты в теле сем, и не верь себе, если увидишь себя на время покойным от страстей, потому что они иногда приутихают на время в лукавом чаянии, что может быть человек распустит сердце свое, полагая, что совсем избавился от них; и потом внезапно наскакивают на бедную душу и похищают ее, как малую птицу какую; и если окажутся мощнее ее во всяком грехе, то смиряют ее без милосердия, ввергая в грехи, пагубнейшие прежних, о прощении которых она молилась уже.

22. Будем же стоять в страхе Божием, и хранить его, совершая дела свои, и соблюдая все добродетели, которые возбраняют злобе врагов. Труды и поты краткого времени сего не только сохраняют нас от всякого зла, но (они же опять) приготовляют венцы душе, прежде исхода ее из тела.

23. Учитель наш Святый, Господь Иисус, зная великую немилостивость врагов наших, и жалея род человеческий, заповедал в крепости сердца, говоря: будьте готовы на всякий час, потому что не знаете, в какой час тать придет, чтобы он, внезапно пришедши, не застал вас спящими (*Мф. 24, 43, 44*), И в другой раз уча Своих, заповедал Он, говоря: «внемлите себе да не когда отягчают сердца ваша объядением и пиянством и печальми житейскими, и найдет на вы внезапу день той» (*Лк. 21, 34*). Зная же, что лукавые (духи) много превосходят нас и показывая Своим, что мочь (противостоят им) есть Его дело, и что потому им нечего бояться, сказал им: «се посылаю вас яко овцы посреде волков» (*Мф. 10,16*), но притом заповедал им, ничего не брать в путь (*Лк. 9, 3*), ибо поколику они ничего не имели из принадлежащего тем волкам, то они (волки) не могли их поглотить. Когда же возратились они здравыми и соблюдшими заповедь, то Он возрадовался с ними, благодаря Бога и Отца за них, и укрепляя сердце их сказал им: «видех сатану яко молнию с небесе спадша. Се даю вам власть наступати на змию и на скорпию, и на всю силу вражию: и ничесоже вас вредит» (*Лк. 10, 18. 19*). Итак послание Его (было) со страхом и опасливостью: но когда они исполнили Его заповедь, Он дал им власть с силой.

24. Эти слова не к ним только относятся, но и ко всем исполняющим заповеди. Возлюбив их совершенной любовью, Он сказал им: «не бойся, малое стадо: яко благоизволи Отец ваш дати вам царство. Продайте имения ваша, и дадите милостыню; сотворите себе влагалища неветшающа, сокровище неоскудеемо на небесех» (*Лк. 12, 32. 33*). Когда же они исполнили и это слово, сказал им: «мир оставляю вам, мир Мой даю вам» (*Иоан. 14, 27*). Удостоверяя их в сем, Он говорил: «аще кто любит Мя, слово Мое соблюдет: и Отец Мой возлюбит его, и к нему приидем, и обитель у него сотворим» (*Иоан. 14, 23*). Воодушевляя их не страшиться мира, Он сказал им: «в мире скорбни будете, но дерзайте, яко аз победих мир» (*Иоан. 16, 33*). Укрепляя их не падать духом в скорбях, сказал им, вливая радость в сердца их: «Вы есте пребывше со Мною в напастех Моих: и Аз завещаваю вам, якоже завеща Мне Отец Мой, царство, да ясте и пиете на трапезе Моей во царствии Моем» (*Лк. 22, 28 – 30*).

25. Это же сказал Он – не всем, а потерпевшим Его в искушениях. Но кто такие, потерпевшие Иисуса в искушениях, если не стоящие против неестественностей (страстей), пока не отсекут их? Сказал это Он им, идя на крест. Почему, желающий есть и пить на трапезе Его да сшествует Ему на сей крест: ибо крест Иисуса есть обуздание всякой страсти, пока не отсекут их все. Се и возлюбленный Апостол, отсекший их, дерзнул сказать: «Христови сораспяхся. Живу же не к тому аз, но живет во мне Христос» (*Гал. 2, 19. 20*). Итак в тех, кои истребили страсти, живет Христос. Почему, уча чад своих, сей же Апостол сказал: «иже Христовы суть, плоть распяша со страстми и похотми» (*Гал. 5, 24*). И Тимофею, чаду своему, пиша, говорил Он: «аще с Ним умрохом, то с Ним и оживем: аще терпим, с Ним и воцаримся: аще отвержемся, и Той отвержется нас» (*2Тим. 2, 11. 12*).

26. Кто же такие эти, отвергающие Его, если не те, кои творят воли свои плотские, и посрамляют тем Святое Крещение? О имени Его дается нам оставление грехов, но враг по зависти опять порабощает нас чрез грех. Почему Господь наш Иисус Христос, зная из начала злобу его, что она велика, приложил нам покаяние, до последнего издыхания. Если бы не было покаяния, едва ли бы кто спасся. И Апостол, зная, что есть грешащие и после крещения, сказал: «крадый ктому да не крадет» (*Еф. 4, 28*).

27. Итак, имея на себе печать Святого Крещения, постараемся оставить грехи свои, да обрящем милость в день он. Ибо приблизился и грядет Господь, сидя на престоле славы Своей. И соберутся пред Ним все племена. Тогда каждый явен будет (что он такое) по собственному светильнику, держимому в руке своей. У кого не будет елея, у того светильник погаснет, и он будет ввержен во тьму: а у кого светильник будет светел, тот внидет вместе с Господом в царствие.

28. Постараемся же возлюбленные, наполнить сосуды наши елеем, пока еще мы в теле, чтоб сиял светильник наш и мы вошли в царствие Господа. Сосуд есть покаяние, находящийся в нем елей суть дела (практика) всех добродетелей, светлый же светильник есть святая душа. Итак, какая душа сделается светоносною посредством дел своих, та войдет в царствие вместе с Господом, а какая душа омрачена собственною своею злобою, та пойдет во тьму.

29. Подвизайтеся же, братия, ибо время наше близ есть. Блажен, кто имеет заботу о сем. Плод созрел и время жатвы настало. Блажен, кто сохранил плод свой, потому что Ангелы соберут его в вечную житницу. Горе же тем, кои суть плевелы, потому что их наследует огнь.

30. Наследие мира сего – золото и серебро, домы и одеяния. Они только в грехи нас вводят; отходя же отсюда, мы оставляем их. А Божие наследие – безмерно, каковаго ни глаз не видал, ни ухо не слыхало, ни на сердце человеку не восходило. И его-то даровал Господь слушающимся Его в краткое время сие, и получающим его за хлеб, воду и одежду, какие доставляли они нуждающимся, – за человеколюбие и чистоту тела, за неделание зла ближнему, за незлобивое сердце, и за исполнение прочих заповедей.

31. Соблюдающие сие, – и в сем веке имеют покой и пользуются почетом от людей, – и когда изыдут из тела, радость вечную получат. А которые творят хотения свои в грехе и не каются, но в сластолюбных развлечениях и самопрельщении удовлетворяют худым влечениям своим, словоохотству и болтливости, бранчивости и спорливости, немилостивости к бедным при безбоязненности суда Божия, и прочим грехам, – таковых лица будут исполнены посрамления в сем веке и люди будут презирать их, и когда изыдут из тела, срам и стыд будет сопровождать их в геенну.

32. Силен же есть Бог сподобить нас преуспеть в делах Его, с соблюдением себя от всякого дела лукавого, да возможем спастись в годину искушения, имеющую прийти на весь мир. Ибо не коснит Господь наш Иисус, но придет, имея с Собою воздаяние, и нечестивых пошлет в огнь вечный, и Своим даст награду. И внидут они вместе с Ним в царство Его, – и упокоятся в Нем, во веки веков. Аминь.

СЛОВО СЕМНАДЦАТОЕ[27] О помыслах при отречении от мира и странничестве

1. Первый пред всеми подвиг есть странничество, особенно когда, удалившись на уединение, оставишь своя-си (свое место, семью, родину. – Ред.), и в другое место пойдешь, неся веру совершенную, и надежду, и крепкое сердце против своих пожеланий. Ибо обступят тебя тогда кругом (враги) во многих кругах, и начнут устрашать тебя искушениями, жестокой бедностью и болезнями, внушая, что если впадешь в них, то что будешь делать, не имея никого, кто бы попекся о тебе, или знал тебя. Это благость Божия испытывает тебя, чтоб обнаружилась ревность твоя и любовь к Богу.

2. Если ты наконец решительно установишься жить уединенно в келье, то (враги) начнут всевать в тебя еще более тяжелые помыслы страшливости, говоря: не одно странничество спасает человека, но исполнение заповедей; приведут при этом тебе на память некоторых близких (к родным твоим) по плоти, и скажут: что ж? Эти вот не рабы ли суть Божии? Будут влагать притом в сердце твое помыслы о неблагорастворенности воздуха (в том месте) и тягостности для тела, пока не изнеможет сердце твое от малодушия. Но если в сердце твоем пребудут неразлучно любовь и упование, то злоба тех (внушителей) ничего не сделает тебе. Так обнаружится рачение твое пред Богом и то, что ты Его любишь более, чем покой плоти своей.

3. Тех, которые претерпевают прискорбность странничества (жизни на чужой стороне), скорбь приводит к упованию, и упование сохраняет их от тех (искушений), кои по плоти. Ибо ты не просто удалился на чужую сторону, но чтоб уготовить себя поднять труд борьбы со врагами и научиться каждого из них отражать в свое время, пока, достигши покоя бесстрастия, не освободишься (от них), победив каждого в борьбе в свое им время.

4. Велико, думаю, и честно есть победить тщеславие, и преуспеть в познании Бога. Впадший в срамоту сей лукавой страсти тщеславия чужд бывает мира, и жестеет сердцем ко святым, в конце же зол своих впадет в гордость злую и в заботу лгать (словом, а более лицемерством). Ты же, верный рабе, имей труды свои скрытными, и с сердечным болезнованием при обуздании языка пекись о том, чтоб язык не похитил их и не предал врагам твоим. Кто делатель есть (труженик в деле Божием), отложивший страсти плотские и все прегрешения свои через покаяние, тот душу свою соделывает честной пред Богом, уготовав ее Ему, как непорочное приношение, да сподобится быть храмом Его. А кто любит славу человеческую, тому нельзя быть бесстрастным, но ревнивость и зависть обитают в нем. Таковой предал душу свою многим искушениям, и сердце его закалается демонами, по той причине, что не часто находит он возможность удовлетворить желаниям своим. Конец же его – пагуба.

5. Кто стяжал смиренномудрие, тому Бог открывает грехи его, чтоб он признал их (признался в них и раскаялся). Если затем присоединится к сему плач и пребудут в нем оба сии (признание грехов и плач), то они изгоняют из души его демонов и напитают ее своею честью и своими святыми добродетелями (самими собою и порождаемыми от них добродетелями). Таковому нет заботы о поношении человеческом. Собственные грехи (непрестанно) помнимые, бывают для него всеоружием, охраняющим его от гнева и отмщения, и он терпеливо переносит все находящее. Ибо какое поношение может коснуться его (сердца болезненно), когда так срамным себя имеет он пред Богом, держа пред лицом своим грехи свои?

6. Если ты не сможешь снести слова ближнего твоего и отомстишь ему, то брани воздвигнутся в сердце твоем, болезнь сердцу твоему причиняя тем, что слышал ты, и о том печалиться заставляя, что сам сказал. И станет гнести тебя пленение (этою страстию), заставляя тебя ублажать безмолвствующих в уединении, и ожесточая сердце твое к ближним, как не имеющим любви. Но восприими подвиг стяжать долготерпение, и оно победит гнев, а любовь уврачует оскорбление, молитва же к Богу сохранит в тебе сии (добродетели). Любовь и долготерпение уничтожают естественный гнев, и если они пребудут в тебе, то вместо того, чтоб гневаться на ближнего, ты станешь гневаться на демонов, и ближнему же мирен будешь, имея в себе плач и смиренномудрие.

7. Могущий сносить жестокое слово (человека) грубого и неразумного, ради Бога и ради мира помыслов, – сей наречется сыном мира. Таковой силен хранить всегда мир души, тела и духа. В ком сии три вступят в согласие между собою, в ком престанут (помыслы), вооружающиеся против закона ума, и упразднится пленение плоти, тот наречется сыном мира, – и вселится в него Дух Святой: ибо его Он соделался, и не отступит от него.

8. Блаженны те, коих труды разумно установлены, ибо они таким образом избавили себя от всякого отягощения и миновали вселукавство демонов, особенно (демонов) боязливости, устрояющих человеку препоны во всяком деле благом, на которое он налегает, ввергая ум в леность, когда он предается неусыпному вниманию к Богу, чтоб как-нибудь отклонить его от сего пути трудов ради. Но думаю, что если будут в нас любовь, терпение и воздержание, то они (враги) ни мало не успеют в этом, особенно если ум, сознав, что лень все низвращает, – презирает ее.

9. Если ты оставил все видимое вещество, то блюдись от демона печали, чтоб по причине скудости (во всем) и прискорбности (жизни), не лишиться тебе возможности преуспеть в великих добродетелях, кои суть: немерение себя (ниочто-себя-вменение), перенесение поношений и нежелание именитости ни в каком мирском отношении. Если потрудишься стяжать такие (расположения), то они уготовят венцы душе твоей. Не те только нищи, кои, отрекшись от всего, обнищали в видимом, но те, кои обнищали всяким злом, и всегда алчут памяти Божией. И не те стяжевают бесстрастие, кои имеют видимую скорбь, но те, кои пекутся о внутреннем человеке и отсекают свои пожелания: сии приимут венец добродетелей.

10. Стой же над сердцем своим, внимая чувствам своим. И если мирно будет мирствовать в тебе память, то ты будешь узревать воров, покушающихся окрасть его. Строго внимающий помыслам, узнает хотящих войти и осквернить его.

11. Если печешься о заповедях с горячим сердцем, то поймешь, в каких видах возмущают тебя производящие мятеж (в помыслах твоих), внося малодушие избрать другое место, не представляющее в себе ничего, (почему бы избрать его следовало), и (на случай неудачности выбора) внушая: если раскаемся, опять (здесь) сядем. Они возмущают ум, чтоб он мечтал (носясь туда и сюда, как метеор) и оставался праздным. Познавшие же их злокозненность пребывают невозмутимыми, благодарение воссылая Господу за то место, в котором дал Он им в терпении проводить дни свои. Ибо терпение, мужество и любовь за труды и поты благодарны бывают, а леность, малодушие и любовь к покою ищут места, в коем прославиться могут. И бывает с ними, что, по причине славы от многих, немощными делаются чувства их, в следствие чего плен страстей угнетает их и они теряют сокровенное (поучение) по причине рассеяния ума и довольства (всем).

12. Сказал еще святый: если ум, прежде чем чувства успокоятся от немощи (от болезни страстями), восхощет взойти на крест, то гнев Божий грядет на него за то, что начал дело выше силы своей, – не уврачевав прежде чувств своих.

13. Если сердце твое влается, и ты не знаешь, как укротить его, то (знай, что) делание твое таково, что, хочешь ты или не хочешь, увлекает его (сердце) влаяться. Это есть неестественность Адамова.

14. Если сердце твое всем существом своим возненавидело грех и отстало от того, что порождает его, и ты, положив пред собою мучение (вечное) с разумом, отстранился от всего, что влечет к нему (греху), и молишься с разумом Создателю своему, да сопребывает Он с тобою, ни чем Его не опечаливая, но плача пред Ним и говоря: «Дело Твоей милости есть избавить меня, я же, без помощи Твоей, не имею сил избежать от рук их (врагов моих),» – и (при этом) внимаешь сердцем своим, чтоб не опечалить и того, кто учит тебя по Богу, то это есть по естеству Иисуса. Ибо если человек и все сотворит, послушания же, смирения и терпения не стяжет, то уклоняется в то, что не по естеству. Но предай все сердце свое в послушание Богу, молясь Ему во истине и говоря: «Господи! Пред Тобою есмь, удостой меня (познания) воли Твоей, ибо сам я не знаю, что мне полезно. Ты побори (врагов моих), ибо я не уразумеваю злокозненности их». И если ты будешь делать то, что по естеству Иисуса, то Он не попустит тебе заблудиться ни в чем. Но если ты одну какую заповедь сотворишь, а не предашь Ему себя всецело в послушание, то Он ни мало не попечется о тебе.

15. Как поле не противоречит возделывателю своему, когда он очищает его от плевел и сеет на нем семена по естеству (настоящие): (таков будь и ты в отношении к Господу). И как не могут естественные семена возрастать вместе с неестественными, будучи заглушаемы ими, ибо плевелы бесстыжее их, так если не очистишь ты себя от плотских пожеланий, то не можешь сохранить себя от греха.

16. (Не можешь ты сохранить себя от греха), если прежде не сохранишь себя от того, что порождает его. А это вот что есть: малодушие есть злая матерь греха; уныние (разленение) рождает волю (свою); своя воля и ширение (то, что ограничений и стеснений не терпит, любит шириться) рождают презрение (ко всему должному, – вот, стану я это делать); господствовать желающее (широту возлюбившее) сердце порождает любовь к мирским беседам, порождает желание искать неподобающего тебе и неполезного, порождает отдавание слуха своего осуждающему (брата), порождает навык слушать слова (одного) и передавать их другому, порождает искание того, что есть от мира сего, порождает желание учить, когда не спрашивают, порождает желание уколоть ближнего, порождает много и других зол. Итак кто преуспел или желает преуспеть, да блюдет себя с разумом от всего того, что порождает грехи, и грехи сами собой ослабеют.

17. Подвизающийся видит их (грехи) и горечь их, а небрегущий (о спасении) готовит себе ад. Боящийся изнеможения тела (от подвига) не достигнет состояния, которое есть по естеству, но если он припадает к Богу во всяком труде своем, то Бог силен успокоить его. Если бы Гедеон не сокрушил водоносов (*Суд. 7, 19*), то не увидел бы света лампад: так, если человек не презрит тела своего, то не увидит света Божества. Так и Иаиль, жена Хавера Кинеева, если бы не выдернула кола кущного, то не сокрушила бы гордыни Сисара (*Суд. 4, 21*).

18. Когда ум возьмет силу и уготовит себя следовать любви, погашающей все страсти плоти и тела (так как она долготерпит, милосердствует, ненавидит завидование и гордость, не мыслит в сердце своем ничего, что ниже естества, не допускает завладеть умом ничему противоестественному), тогда он такою силою ее противоборствует неестественности, пока совсем не отторгнет ее от того, что по естеству. Когда же таким образом ум восприимет господство, тогда бывает он главою души, (и научает ее) не принимать ничего, что не по естеству, поведая ей все несправедливости, какие наделало ей то, что не по естеству во все время, как оно было смешано с естественным.

19. Владыка наш Иисус, когда сотворил милость Святым Своим (совершил домостроительство спасения), разделил на кресте разбойников. Их было распято два, и Он посреди их. Тот, что был по левую сторону, возмущался, видя, что разорвется нечистая дружба его с тем, что был по правую сторону. Бывший же по правую сторону обратился к Иисусу и, со смирением и страхом, сказал: «помяни мя, егда приидеши во царствии си» (*Лук. 23, 42*).

20. Из сего явно, что они уже не суть други, и сущий ошуюю не может склонить на свою сторону сущего одесную лукавыми своими внушениями. Не достигшие же еще сего термина пути падают и восстают, пока придет на них милость Божия, и не могут они спастись, если не придет на них милость сия. Итак, позаботиться надобно со страхом и смирением придти в сознание, подобно тому, который одесную. Смиренномудрие даст силу переносить уничижение.

21. Когда кто отделит себя от шуяго, тогда познает верно и все грехи свои, какие наделал пред Богом: ибо не видит он грехов своих, если не отделится от них отделением горьким (с болезнованием сердца). Постигшие же в сию меру, – эти обрели плач и молитву, и то, чтоб стыдиться пред Богом, воспоминая о лукавом своем содружестве со страстями. Силен же есть Бог укрепить сокровенно трудящихся в смирении. Ему честь и слава, во веки веков. Аминь.

СЛОВО ВОСЕМНАДЦАТОЕ О незлопамятстве

1. Святейший Апостол заповедал чадам своим: «Господь близ. Ни о чемже пецытеся, но во всем молитвою и молением со благодарением приношения ваша да сказуются к Богу» (*Фил. 4, 5. 6*); «и мир Божий да водворяется в сердцах ваших» (*Кол. 3, 15*). И (Господь) в Евангелии от Марка говорит ученикам Своим: отпущайте все грехи должникам вашим, чтоб и вам Отец ваш отпустил грехи ваши (*Марк. 11, 25, Мф. 6, 14*). Страшно сие слово Господа: (по нему) если видишь, что сердце твое не ко всем чисто, то и не проси ничего у Бога, потому что оскорбление Ему приносишь, когда, будучи грешен и имея печаль на подобного тебе человека, говоришь Испытующему сердца: оставь мне грехи мои (как и я оставляю). Таковой не молится умом, но одними устами в неведении. Ибо, желающий во истину умом молиться Богу, в Духе Святом, с чистым сердцем, испытывает сердце свое прежде, чем станет молиться, беспечально ли оно в отношении ко всякому человеку или нет. И если оно не (беспечально), то он сам себя обманывает (молясь), ибо нет слышащего его (молитву). Тогда ум твой не молится, а по обычаю исправляются установленные часы.

2. Итак, желая чисто совершать делание (молитвы), испытывай прежде ум свой, что в нем, чтоб когда говоришь: помилуй мя, и сам ты миловал просящего тебя, – когда говоришь: прости мне, и сам ты, бедный, прощал, – когда говоришь: не помяни прегрешений моих, и сам ты не помнил грехов ближнего твоего, – когда говоришь: не помяни зол, волею и неволею мною содеянных, и сам ты не помнил (их со стороны ближнего). Если так нужно, то и помышлять ты ничего не должен ни на какого человека. Если ты не дошел до того, чтоб так делать, то всуе молитва твоя: Бог не услышит тебя, по всем Писаниям, – прости мне.

3. Сказал еще Господь в Евангелии от Матфея, в молитве: «и остави нам долги наша, яко и мы оставляем должником нашим» (*Мф. 6, 12*). А в Евангелии от Луки сказал: «аще отпущаете человеком согрешения их, отпустит и вам Отец ваш небесный (согрешения ваша)» (*Мф. 6, 14*. У св. Лк. так: «отпущайте, и отпустят вам», – *Лк. 6, 37*). (Как бы так): Я всю любовь отдал тебе, чтобы ты, чего желаешь себе от Бога, сделал то прежде сам (ближнему твоему), и тогда освобожден будешь (от грехов) в той мере, в какой успел ты сделать то же в отношении к людям. Если ты очистил сердце свое в отношении ко всякому творению (Божию разумному), чтоб не злопамятствовал ни на кого, то должен блюсти сие: ибо Бог есть истина, а не слова только языка. Итак, всякий человек сам себя вяжет в геенну, и сам себя разрешает от нее. Ничего нет жесточае воли, к смерти ли она устремится, или к жизни.

4. Блаженны те, кои возлюбили живот вечный, когда они не претыкаются. Итак, подвизаться надлежит в труде и поте, сокровенно в сердце, против томящего тебя помысла (чувства оскорбления), чтоб не попустить стреле его уязвить сердце твое. Но трудно тебе будет уврачевать его, если не будешь ты всегда иметь пред очами своими грехов своих. Когда услышишь, что кем-нибудь учинено тебе зло некое, противопоставь сему доброе желание свое – не воздать ему в сердце своем, не поносить его, не осуждать и не оглашать, предав его в уста всех, и думай после сего: во мне нет ничего худого. Если в тебе есть страх геенны, то он препобедит в тебе злые (помыслы), внушающие тебе воздать ближнему твоему, говоря тебе: несчастный! молишься ты о грехах своих и Бог терпит тебя до днесь, не обнаруживая их (пред всеми); ты же, гневаясь на ближнего, бросаешь его в уста всех. Не явно ли, что ты не раскаян во грехах своих, когда никакого не имеешь в сердце своем снисхождения (к ближнему)?

5. Итак, если умягчится сердце твое, и ты сохранишь себя от всякой злобы (на брата), то будет тебе милость от Бога. Если же сердце твое лукавое жестоким пребудет к ближнему твоему, то (знай, что) не пришла еще память твоя пред лице Бога (не помнишь Бога). Прости мне, я нищ и уничижен грехами, и пиша сие, стыдом покрываю лицо мое в сердце своем.

6. Если не достигнет человек состояния по естеству Сына Божия, всуе все труды его. Земледелец, сея семена свои, чает собрать их в большем гораздо количестве, но если случится тлетворный ветер, то непрестанная печаль бывает в сердце его, что и семена и труды над обрабатыванием земли пропали даром. Св. Петр Апостол, распятый в Риме, просил, чтоб его повесили вниз головой, показывая тем таинство неестественности, овладевшей всяким человеком. Он (через это) сказал (как бы), что всякий крестившийся обязуется распять злые неестественности, постигшие Адама и низвергшие его со славы его в злое поношение и срам вечный. Почему, надлежит уму мужественно подвизаться и возненавидеть все, видимое человеком (как неестественное ему), и враждовать против того горчайшею ненавистью до конца.

7. Вот главные (страсти, неестественные человеку), овладевшие всеми сынами Адама: прибыль, честь, покой, величание тем, что оставишь (наконец), украшение тела, чтоб оно было чисто и благообразно, и взыскание добрых одежд.

8. Все сие питает похотную сласть, которую змий вложил в уста Евы, из чего и мы познаем, что есмы сыны Адама, – из этих злых помыслов, сделавших нас врагами Божиими.

9. Итак, блажен распявшийся, умерший, погребенный, и воскресший в обновлении, когда увидит он себя сущим по естеству Иисуса и последующим святым стопам Его, коими шествовал Он, быв человеком (на земле), для работников Своих Святых. Его черты суть: смиренномудрие, бедность, нищета, нестяжательность, прощение, мир, перенесение поношения, беспопечение о теле, и небоязнь наветов злобствующих, самое же великое есть – знание всего прежде событий и долготерпение к людям в кротости. Достигший сего и отребивший в себе неестественность явно показывает, что он есть из Христа, Сына Божия и есть брат Иисуса, Коему подобает слава и поклонение, во веки веков. Аминь.

СЛОВО ДЕВЯТНАДЦАТОЕ О страстях

1. Желательно и мне сказать с Пророком Исайей: «терпех, яко раждающая» (дондеже) «изсушу и истреблю» (их) "вкупе" (*Ис. 42, 14*). Если сознаешь, что бьет в тебе источник Святого Духа, то это есть знамение, что они иссохли и погибли (кто? страсти), как сказал Спаситель наш, что «несть царствие Божие зде или онде», но есть «внутрь вас» (*Лк. 17, 21*). Есть некоторые, говорящие о делах царствия, но не творящие их; есть и другие, творящие дела царствия, но не с сторожением (вниманием) и разумом; в коих же совершилось слово Спасителя, – что оно «внутрь вас есть», – таких немного: они редки и трудно находимы. На таковых нисшел Дух Святый Божий, и исполнилось на них слово Евангелиста Иоанна, – «что верующим во имя Его даде Он область чадом Божиим быти: иже не от крове, ни от похоти плотския, ни от похоти мужеския, но от Бога родишася» (*Иоан. 1, 12. 13*). Сии избавились от печали, постигшей Еву: «в болезнех родиши чада» (*Быт. 3, 16*). Сии избавились от горького определения, исшедшего на Адама: «проклята земля в делех твоих» (*Быт. 3, 17*). Сии суть приявшие радость, какую прияла Мария: «Дух Святый найдет на тя» (*Лк. 1, 35*). Как печаль постигла Еву и (постигает) все семя ее даже до ныне, так опять радость объяла Марию и (объемлет) семя ее даже до ныне. И так как были мы некогда сынами Евы и познавали проклятие ее (сущим) и на нас, чрез помыслы наши бесчестные, так опять должны мы познавать себя, что мы рождены от Бога, чрез помыслы Духа Святого и чрез страдания Христовы, если они в самом деле есть в теле нашем, ибо написано в Апостоле: «испытайте себя, есть ли Христос в вас, разве точию чим неискусни есте» (*2Кор. 13, 5*).

2. Итак, когда носили мы образ перстного, мы познавали, что мы сыны его из бесчестной материи помыслов его, живущих в нас, кои суть страсти. Облекшиеся же во образ Небесного познают себя, что сыны Его суть, чрез Духа Святого, в них живущего. Так Исайя взывал, говоря: «страха ради Твоего, Господи, во чреве прияхом, и поболехом, и родихом дух спасения, которым очревателы на земле» (*Ис. 26, 1–8*); опять написано и в Екклесиасте: «якоже кости во чреве раждающия, тако путь Духа» (*Екк. 11, 5*). Ибо как Св. Дева чревоносила Его во плоти, так приявшие благодать Святого Духа носят Его в сердце своем, по слову Апостола, который говорит: «да даст вам Отец небесный утвердитися Духом Его во внутреннем человеце, вселитися Христу верою в сердца ваша, в любви вкоренени и основани, да возможет представить себя со всеми святыми»

(*Еф. 3, 16 – 18*); и опять: «имамы сокровище сие в скудельных сосудех, да премножество силы будет Божия, а не от нас» (2 Кор, 4, 7),

3. Итак, если достиг ты до того, что говорит следующее слово: «в тойже образ преобразуемся от славы в славу» (*2Кор. 3, 18*), и исполнилось на тебе слово Апостола, которое говорит: «мир Божий да водворяется в сердцах ваших» (*Кол. 3, 15*), – и: «аще Христос в вас»[28], «плоть убо мертва греха ради» (*Рим. 8, 10*); если достиг ты до того, что говорит еще и следующее слово: «из тмы возсиял в сердцах ваших свет познания Бога» (*2Кор. 4, 6*), – и исполнилось на тебе слово: «да будут чресла ваша препоясана, и светильницы горящии: и вы подобни человеком, чающим господина своего, когда возвратится от брака» (*Лк. 12, 35. 36*), чтоб не заградились уста твои, не имея, что сказать в оправдание себя, посреди святых; если знаешь, что в сосуде твоем есть елей, как у мудрых дев, чтоб войти в брачный чертог и не быть оставленным вне; если ощутил ты, что дух твой, душа и тело соединились безукоризненно, и восстанут в день Господа нашего Иисуса Христа незапятнанными, если ты сделался необличаемым и незазираемым совестью, если стал ты дитя, по слову Спасителя, Который говорят: оставите детей приходити ко Мне: «таковых бо есть царствие небесное» (*Мф. 19, 14*): то истинно сделался ты Ему невестою, и Дух Святой ввел тебя в наследие, когда ты еще в теле. Если же не так, то ожидай печали и стенания горького, то стыд и посрамление предыдут тебе пред Святыми.

4. Сие же ведай, что как дева, вставая утром каждодневно, никакого другого дела не касается, прежде чем украсить себя для жениха своего, часто глядясь в зеркало, – нет ли на лице ее какого пятнышка, и оно не понравится жениху ее, так великая есть забота у Святых день и ночь испытывать действование свое и свой помысел, чтоб знать, под игом ли они Бога и Святого Духа, или нет.

5. Итак, усердно подвизайся, брате, в болезновании сердца и тела, с разумом, стяжать вечную оную радость, потому что редки удостоившиеся ее, кои стяжали меч духовный и освободили душу свою и чувства от всякой скверны страстей, как сказал Апостол (*2Кор. 7, 1; Еф. 6,17*). Силен же есть Бог вспомоществовать немощи нашей, да сподобимся достигнуть (того, чтоб быть) со Святыми Его. Аминь.

СЛОВО ДВАДЦАТОЕ О смиренномудрии

Что есть смирение? Смирение есть – думать о себе, что ты грешник и ничего доброго не делаешь пред Богом. Дела же смирения суть: молчание, немерение себя ни в чем, нелюбопритeльность, повиновение, смотрение в землю, имение смерти пред очами, блюдение себя от лжи, непозволение себе в беседах суесловий, противоречия старшему и настояния на своем слове, перенесение положения, ненавидение покоя, нуждение себя на труд и никого не огорчение. Попекися же, брате, в точности исполнить сие, чтоб душа твоя не стала жилищем всякой страсти, и ты не кончил жизни своей бесплодно на веки. Аминь.

СЛОВО ДВАДЦАТЬ ПЕРВОЕ. О покаянии

1. Спросили Авву Исайю: что есть покаяние, или что есть убежание от греха? И он ответил, говоря: путей – два: один путь – жизни, а другой путь – смерти. Идущий по одному, не ступает по другому. Ступающий же по обоим не зачислен еще ни на одном, – ни на том, что в царство (ведет), ни на том, что в ад (низводит). Впрочем, если скончается таковой, то суд (над ним) есть дело Бога, имеющего и милость.

2. Но желающий внити в царствие соблюдает дела его: царствие есть истребление всякого греха. Сеют конечно враги, но помыслы их не произрастают. Ибо если ум достигнет до созерцания сладости Божества, то стрелы их уже не входят в него, так как он облечен (тогда бывает) во всеоружие добродетелей, которое хранит его, печется о нем заботливо и не допускает его до возмятения (помыслами или страстями), но занимает его своим созерцанием, чтоб знал и различал два пути, и одного бегал, а другой любил.

3. Итак, кто познал славу Божию, тот познал горечь вражью; кто познал царствие, тот познал геенну; кто познал любовь, тот познал, что есть ненависть; кто познал вожделение к Богу, тот познал ненависть, которая (обращается) к миру; кто познал, что есть чистота, тот познал нечистоту зловоний (страстей похотных); кто познал плод добродетелей, тот познал, что есть плод зла; кому сорадуются Ангелы в делах его, тот познал, как сорадовались ему демоны, когда он делал дела их. Ибо если не убежишь[29] от них, то не познаешь горечи их. Как познает кто, что такое есть сребролюбие, если не отречется от всего и не пребудет в великой нищете Бога ради? Как узнать горечь завистности, если не стяжешь кротости? Как узнать мятежность гнева, если не стяжешь себе долготерпения во всем? Как познать бесстыдство гордыни, если не стяжешь тихости смиренномудрия? Как познать зловоние блуда, если не познаешь сладкого благоухания чистейшей невинности? Как познать срамность осуждения, если не познаешь своих недостатков? Как познать невежество смехотворства, если не познаешь плача о грехах? Как познать смущение уныния, если не устроятся чувства твои и не познаешь света Божия?

4. Всем сим (злым страстям) глава – одна, которая называется злобою вражьей силы; добродетелям же всем одна мать, которая называется страхом Божиим, который в стяжавшем его, в чистоте рождает добродетели, и отсекает ветви зла, как я сказал прежде. Стяжи же его себе, возлюбленный и проведешь все время (жизни) своей в спокойствии. Ибо страх Божий есть матерь всех добродетелей. Доколе кто не прошел сего, дотоле он еще не (сын) царствия небесного; но подвизаться надлежит ему мало по малу, пока не отсечет каждой из сказанных страстей. Если кто заботится узнать, трудится ли он (над этим) или нет, то вот что служит признаком того: пока левая сторона проявляет свои воздействия, дотоле не умер еще в нем грех, и добродетели правой стороны не мирствуют с ним. Ибо написано: «не весте ли, яко емуже представляете себе рабы в послушание, раби есте, егоже послушаете, или греха в смерть, или послушания в правду» (*Рим. 6, 16*)? И опять: «или не знаете себе, яко Иисус Христос в вас есть; разве точию чим неискусни есте» (*2Кор. 13, 5*)? И опять Иаков говорит: «аще кто мнится верен быти в вас, и не обуздавает языка своего... сего суетна есть вера» (*Иак. 1, 26*).

5. Всему сему учит нас Дух Святой, показывая нам, как отстать от неестественности и охранять себя от нее. Ибо покаяние в том состоит, чтоб отвращаться от греха. Но грех не один, а весь ветхий человек называется грехом. Почему Апостол говорит: «не весте ли, яко текущии в позорищи, вси убо текут, един же приемлет почесть» (1 Кор, 9, 24)? Кто же это, если не тот, кто стоит и доблестно борется (со всеми)? Ибо сказал и еще (далее тот же Апостол), – что «подвизаяйся от всех воздержится» (там же ст. 25). Позаботимся же, братие, о себе. Но какая это настоящая забота, если не та, чтоб повергать себя пред благостью Господа нашего Иисуса Христа (умоляя Его о заступлении от врагов). И Он силен есть против них, чтоб пресекать злые их на нас устремления, человек же плоть и кровь есть.

6. Спросили опять (сего Авву): что есть – безмолвствовать в келье? И он ответил, говоря: безмолвствовать в келье есть – повергаться пред Богом, и всю силу свою напрягать на то, чтоб противостоять всякому лукавому помыслу, от врага (всеваемому): ибо это и есть убежание от мира. Спросили его и еще: а что есть мир? и он ответил, говоря: мир есть простор греха; мир есть детелище (мастерская) неестественностей; мир есть исполнение пожеланий своих плотских; мир есть думание, что всегда будешь пребывать в веке сем; мир есть попечение о теле паче, чем о душе; мир есть похвальба тем, что оставишь (наконец). Не от себя говорю я это, но Апостол Иоанн говорит так: «не любите мира, ни яже в мире: аще кто любит мир, несть любве Отчи в нем: яко все, еже в мире, похоть плотская, и похоть очес, и гордость житейская, несть от Отца, но от мира сего есть. И мир преходит, и похоть его: а творяй волю Божию, пребывает во веки» (*1Иоан. 2, 15–17*). «Чадца, никтоже да льстит вас: творяй правду, праведник есть; творяй грех от диавола есть: яко исперва диавол согрешает» (*1Иоан. 3, 7. 8*). «Любы мира сего вражда Богу есть» (*Иак. 4, 4*). Опять и Петр Апостол, желая сделать чад своих чуждыми греха мира, говорил: «молю вас, братие, яко пришельцев и странников, огребатися от плотских похотей, яже воюют на душу» (*1Петр. 2, 11*). И возлюбленный Господь наш Иисус, зная, что мир греховный есть томительная тягота, пока не оставит его человек, воодушевил своих Ему, говоря: «грядет сего мира князь, и во Мне не имать ничесоже» (*Иоан. 14, 30*); и опять: «мир весь во зле лежит» (*1Иоан. 5, 19*). Сказал Он и о Своих Ему, что взял их из мира (*Иоан. 15, 19*). Из какого мира взял Он их, если не от всего разлияния греха?

7. Итак, кто хочет быть учеником Иисуса, да бежит от страстей. Ибо, если он не отсечет их, то не может быть жилищем Бога. Не увидит он и сладости Божества Его, если не отстанет от них, ибо Он Сам сказал: «светильник телу есть око: аще убо будет око твое просто, все тело твое светло будет: аще ли око твое лукаво будет, все тело твое темно будет» (*Мф. 6, 22. 23*). Итак смотри, что если ум не будет здрав от зла, то не может узревать света Божества, ибо зло бывает тогда для ума мрачною стеною и душу делает пустою, как написано в Евангелии: «никтоже светильника вжег, покрывает его сосудом, или под одр подлагает, но на свещник возлагает, да входящии видят свет» (*Лк. 8, 16*). Говорят, что одр здесь есть неправда мира. Итак, пока ум наш находится в неестественности, дотоле не может быть внутри его светильник Божества. Когда же ум сделается высоким светильником, тогда бывает на нем свет Божества, и он познает находящихся в доме, и кого должен выбросить, выбрасывает, а с кем должен мирствовать, оставляет. Почему Господь поучал тех, у которых и ум просветился заповедями Божества Его, говоря: «вам глаголю слышащим: любите враги ваша, добро творите ненавидящим вас, благословите кленущия вы, и молитеся за творящих вам обиду. Биющему тя в ланиту, подаждь и другую, и от взимающаго ти ризу, и срачицу не возбрани. Всякому же, просящему у тебе, дай, и хотящаго от тебе заяти, не отврати, и от взимающаго твоя, не истязуй» (*Лук. 6. 27 – 30. Слич, Мф. 5,42*).

8. Сие сказал Он убегшим от мира, так как они оставили все и уготовали себя последовать Ему, Спасителю своему. Почему, возлюбив их совершенною любовью, Он говорил им: «востаните, идем отсюду» (Иоан, 14, 31). Куда же это Он берет их, говоря: «востаните, идем отсюду»? Это Он берет ум их от дел века сего и упокоевает в царствии Своем. Почему воодушевляя их, Он говорил: «Аз есмь лоза, вы же рождие. Будите во Мне, и Аз в вас. Якоже розга не может плода сотворите о себе, аще не будет на лозе: тако и вы, аще во Мне не пребудете» (Иоан, 15, 4. 5). Сие говорит Он оставившим мир, потому что есть в них Дух и живет в сердцах их. «Не оставлю», говорит, «вас сиры: прииду к вам» (*Иоан. 14, 18*). Итак, кто возлюбил Бога и желает, чтоб Он обитал в нем, а не (желает) остаться сирым, да попечется прежде соблюсти то, что заповедал ему Иисус, и Он будет обитать в нем, потому что Он недалеко от нас, и между нами и Им ничего нет, кроме страстей.

9. Если убо, брате, ты называешь себя отрекшимся от мира, а окажешься делающим дела мира, то ты не отрекся, а обольщаешь себя. Отрекшимся от мира Господь дал такой признак, сказав: «любяй душу свою, погубит ю: а иже погубит душу свою Мене ради, той спасет ю» (*Мф. 10, 39*). Как же погубляет кто душу, если не чрез отсечение всех пожеланий ее плотских? И еще: «иже не носит креста своего, и в след Мене грядет, не может Мой быти ученик» (*Лк. 14, 27*). Какой это крест, говорит Он, чтоб мы носили, если не тот, чтоб всегда бодрствовал ум, и стоял в добродетелях, дабы не сойти со креста? То есть, воздержание от страстей, пока не отсечены будут они, – и ум не восстанет наконец непобедимым. Ибо тем, которые возбудились, дал Он знамение, говоря: «аще зерно пшенично пад на землю не умрет, то едино пребывает: аще же умрет, мног плод сотворит» (*Иоан. 12, 24*). В утешение же умершим подобно зерну, говорил Он: «аще кто Мне служит, почтит его Отец Мой: и идеже есмь Аз, ту и слуга Мой будет» (*Иоан. 12, 26*). Как же служат Иисусу, если не тем, что возненавидели мир страстный, исполняя заповеди Его? Соблюдши их, они возымели дерзновение говорить пред Ним: «се мы оставихом вся, и в след Тебе идохом: что убо будет нам» (*Мф. 19, 27*)? И Он показал им, что будет им, говоря: «вы, шедшии по Мне, в пакибытие, егда сядет Сын Человеческий на престоле славы Своея, сядете и вы на двоюнадесяте престолу, судяще обеманадесяте коленома Израилевома. И всяк, иже оставит дом, или братию, или сестры, или отца, или матерь, или жену, или чада, или села, имене Моего ради, сторицею приимет, и живот вечный наследит» (*Мф. 19, 28 – 29*).

10. Господь наш, сладчайший Иисус, зная, что если человек не стяжет беспопечения относительно всего, то ум его не может взойти на крест, заповедал оставить все, с чем свыкновение и встреча низводит ум со креста. Почему, когда некто подошел к Нему и сказал: «иду по Тебе, Господи», но прежде позволь мне сходить распорядиться тем, «яже суть в дому моем» (*Лк. 9, 61*), – возлюбленный наш Иисус, зная, что если он увидит то, опять склонится сердце его к тому, и разные там случайности как бы по праву удержат его, возбранил ему сходить, сказав: «никтоже возложь руку свою на рало, и зря вспять, управлен есть» в царствие небесное (*Лк. 9, 62*). (После же притчи о браке сына царева, в коей сказывал Он) как (царь) сотворил вечерю для сына своего, и посылал рабов своих звать званных, а те по любви, какую имел каждый к миру, не могли придти, сказал Он с печалью: «аще кто грядет ко Мне, и не возненавидит отца своего, и матерь, и жену, и чад, и братию, и сестр, еще же и душу свою, не может Мой быти ученик» (*Лк. 14, 16 – 26*). Сие говорит Он, научая нас, что желающий войти в царствие Его, если прежде не положит в себе ненавидеть все, влекущее сердце к миру, не может войти в царствие, которого возжелал. А внушая нам не полагаться на одну веру без действования по ней, Господь сказал, что царь, вошедши «видети возлежащих, виде ту человека не оболчена во одеяние брачное» и повелел бросить его во тьму кромешную (*Мф. 22, 11 – 13*). Входят по имени христианскому, а извергаются вон по неимению дел (христианских). Так и Апостол, зная, что никто не может любить вместе и то, что Божие есть, и то, что от мира сего есть, писал к Тимофею, чаду своему, говоря: «никтоже воин бывая обязуется куплями житейскими, да воеводе угоден будет. Аще же и постраждет кто, не венчается, аще незаконно мучен будет» (2 Тим, 2, 4. 5). Воодушевляя же его надеяться, что не погибнут труды его, говорил он ему: «труждающемуся делателю прежде подобает от плода вкусити» (*2Тим. 2, 6*). А пиша к другим некиим, говорил он: «не оженивыйся печется о Господних, како угодити Господеви, а оженивыйся печется о мирских, како угодити жене» (*1Кор. 7, 32. 33*). Таковой пекущийся услышит страшный глас, глаголющий: "ввержите" (его) «во тму кромешную: ту будет плач и скрежет зубом» (*Мф. 22, 13*).

11. Употребим же, братие, силу нашу на то, чтоб облекшись во одежду добродетелей, дабы не быть изверженными вон, ибо никакого лицеприятия не будет в день тот. Почему Апостол сказал чадам своим, «яко таковая творящии царствия Божия наследити не могут» (*Гал. 5, 21*). Зная же, что сподобившиеся возбудиться от мертвых страстей, уже не имеют соперника, он показал им плод Духа, который есть – «любы, радость, мир, долготерпение, благость, милосердие, вера, кротость, воздержание, терпение: на таковых, говорит, несть закона» (*Гал. 5, 22. 23*). А возлюбленный наш Господь Иисус, показывая нам, что в тот день имеет обнаружиться плод делания нашего, сказал: «мнози взыщут внити, и не возмогут». Ибо Домовладыка, после того, как «востанет и затворит двери», скажет стучащимся: «не вем вас» (*Лк. 13, 24. 25*). Ужели можем мы сказать о Боге, что Он не знает чего-либо? Никак. Но как эти стучащиеся и говорящие: «Господи, Господи, отверзи нам», не знали добродетелей, то и Он говорит им: не вем вас. И еще показал Он нам об (участи) имеющих веру, дел же не имеющих, говоря: «Аз есмь лоза, вы же рождие, и иже будет во Мне, и Аз в нем, той сотворит плод мног. Аще кто во Мне не пребудет, извержется вон, яко розга, и изсышет; и собирают ю и во огнь влагают, и сгарает» (*Иоан. 15, 5. 6*). (Ветви же), приносящие добрый плод, очищает (Отец), да «множайший плод сотворят» (*Иоан. 15, 2*). Опять, показывая нам, что не любит действующих по своим пожеланиям плотским, говорил Он в молитве: «не о всем мире молю, но о тех, ихже дал еси Мне, яко Твои суть» (*Иоан. 17, 9*). И Я взял их из мира (*Иоан. 15, 19*): ибо мир свое любит. Наконец говорит: «Отче, соблюди их от неприязни, яко от мира не суть» (*Иоан. 17, 15. 16*).

12. Исследуем же себя, братие, от мира ли мы, или нет. Если не от мира, то Он хранит нас от зла, ибо так сказал: «не о сих же молю токмо, но и о верующих словесе их ради в Мя: да вси едино будут, якоже и Мы едино есмы». И опять: «Да идеже есмь Аз, и тии будут со Мною» (*Иоан. 17, 20 – 24*). Смотри же теперь, какою любовью возлюбил Он нас, когда люди, подвизавшиеся в мире сем и ненавидевшие пожелания свои плотские, царствовать будут с Ним в бесконечные веки? И Иоанн Апостол, созерцая великую оную славу, сказал: «вемы, яко егда явится, подобни Ему будем» (*1Иоан. 3, 2*), если соблюдем заповеди Его, и угодное пред Ним сотворим. И опять он же (говорит): «не чудитеся», возлюбленные, «аще ненавидит вас мир. Мы вемы, яко преидохом от смерти в живот, яко любим братию» (*1Иоан. 3, 13. 14*). И еще: «всяк не творяй правды, несть от Бога, и нелюбяй брата своего» (там же, ст. 11). Еще: «творяй правду от Бога родися» (*1Иоан. 2, 29*), «а творяй грех от диавола есть» (*1Иоан. 3,8*). И опять: «рожденный от Бога греха не творит, яко семя Его в нем пребывает: и не может согрешати, яко от Бога рожден есть» (*1Иоан. 3, 9*).

13. Сотворим же по силе нашей, братие, имея утешение в таких свидетельствах. Может быть смилуется над нами благость Господа нашего, и Он пошлет нам силу сбросить с себя тяготу нечистого мира сего. Ибо враг наш не дремлет, но повсечасно охотится за нами, желая похитить души наши. Господь же наш Иисус с нами есть, и возбраняет ему силою Святых словес Своих, если мы будем соблюдать их. Ибо, кто воспрепятствует врагу, или кто силен против него, если не словеса, которые сказал против него Бог? Они противостоят ему и сокрушают его силою своею, когда человек и не знает о том.

14. Апостол Петр, научая нас и показывая нам, что дела спасают человека, говорил: «подадите в вере вашей добродетель, в добродетели же разум, в разуме же воздержание, в воздержании же терпение, в терпении же благочестие, во благочестии же братолюбие, в братолюбии же любовь. Сия бо сущая в вас и множащаяся, не праздных ниже безплодных сотворят вы в Господа нашего Иисуса Христа познание. Емуже бо несть сих, слеп есть, мжай, забвение прием очищения древних своих грехов» (*2Петр. 1, 5 – 9*). Опять Иоанн Креститель говорит: «сотворите убо плоды достойны покаяния. Уже бо и секира при корени древа лежит: всяко убо древо, не творящее плода добра, посекается и во огнь вметается» (*Лк. 3, 8. 9*). И Господь наш Иисус говорит: «от плода древо познано будет» (*Мф. 12, 33*). «Еда объемлют от терния грозды, или от репия смоквы» (*Мф. 7, 16*). И опять: «не всяк, глаголяй Ми: Господи, Господи, внидет во царствие небесное: но творяй волю Отца Моего, Иже есть на небесех» (*Мф. 7, 21*). Опять Иаков говорит: «вера без дел мертва есть. И беси веруют и трепещут. Якоже бо тело без духа мертво есть, тако вера без дел мертва есть» (*Иак. 2, 20. 19, 26*). Также (Павел) Апостол, утверждая чад своих в том, что вера имеет нужду в делах, строго заповедовал им, говоря: «блуд же и всяка нечистота ниже да именуется в вас, якоже подобает святым: но паче благодарение. Сие бо да весте, яко всяк блудник, или нечист, или лихоимец, иже есть идолослужитель, не имать достояния в царствии Христа и Бога» (*Еф. 5, 3 – 5*). И опять еще более подтверждая сие слово, говорил им: «никтоже вас да льстит суетными словесы: сих бо ради грядет гнев Божий на сыны непокоривыя. Не бывайте убо сопричастницы сим. Бесте бо иногда тма, ныне же свет о Господе. Якоже чада света ходите: плод бо духовный есть во всякой благостыни и правде и истине» (*Еф. 5, 6 – 9*). И опять: «всяка горесть, и гнев, и ярость, и клич, и хула, да возмется от вас, со всякою злобою» (*Еф. 4, 31*). «Подражатели мне бывайте, говорил он еще, якоже аз Христу» (*1Кор. 11, 1*). «Елицы бо во Христа крестистеся, во Христа облекостеся» (*Гал. 3, 27*).

15. Исследуем же себя, братие, облеклись мы во Христа или нет. Познается же Христос по чистоте, ибо Он чист и в чистых обитает. А чистыми как делаются? Не иначе, как перестав делать зло, которое делали. Ибо такова благость Божия, что в какой час обратится человек от грехов своих, Он приемлет его с радостью, не считая прежних грехов его, как написано в Евангелии о младшем сыне, который, расточив блудно свою часть, напоследок пас свиней и желал насытиться пищею свинскою, наконец же раскаявшись в том, что наделал, уразумел, что нет сытости в грехах, но чем больше кто делает их, тем более разжигается на них. Итак, когда покаяние коснулось сердца его (буквально: постучалось к нему), он не отлагал, но (тотчас) возвратился ко отцу своему со смирением, оставив все пожелания свои плотские. Ибо веровал отцу своему, что он милосерд и не вменит ему содеянного. Почему и отец его тотчас велел дать ему одежду чистоты и залог сыноположения (перстень) (*Лк. 15, 11 – 32*). Сие говорил Господь наш Иисус Христос, (желая внушить), что если обратимся к Нему, то долженствуем прежде оставить пищу свиней, и тогда Он примет нас, ставших чистыми. Сказал Он сие для того, чтоб не унывала душа, говоря: когда же Бог услышит меня? Ибо Он знает время, когда достоин бывает просящий услышания, и тогда Он услышит его скоро.

16. Обратимся же к Нему всем сердцем и не будем, умоляя Его, «стужати-си» (*Лк. 18, 1*), и Он вскоре услышит нас. Ибо Сам сказал: «просите, и дастся вам: ищите, и обрящете: толцыте, и отверзется вам» (*Мф. 7, 7*). Итак, братие, если будем просить, или искать, или толкать, то получим что ищем, или что просим у Него. Так пришедший к другу своему в полночь, понуждал, его, говоря: «даждь ми взаим три хлебы, понеже друг прииде с пути ко мне» (*Лк. 11, 5*), – и, как не переставал стучать, то тот дал ему, что он просил у него. Отбросим же, братие от себя, леность и уготовим себя к такому бесстудию: и Бог, видя терпение наше, подаст нам просимое нами. Ибо Он милостив, и желает обращения к Нему человека, как написано: «истинно говорю вам, радость бывает на небеси о едином грешнице кающемся» (*Лк. 15, 7*). .

17. Итак, братие, имея такую милость Его и такое богатство щедрот Его, поболезнуем пред Ним всем сердцем, пока еще находимся в теле сем: ибо скоротечно время жизни нашей. Если поподвизаемся, то наследуем радость вечную и неизглаголанную, а если возвратимся вспять, то будем подобны юноше, вопрошавшему Господа Иисуса, как спастись. Он ответил ему: «вся, елика имаши, продаждь, и раздай нищим, и», взяв крест свой, «гряди в след Мене», показывая нам, что отсекать волю свою и есть – спасаться. Но тот услышав сие, опечалился очень и отошел прочь (*Лк. 18, 22, 23*). Ибо знал, что раздать свое бедным не так трудно, как нести крест. Раздаяние своего бедным есть одна добродетель, и человек совершает ее для того, чтоб (удобнее) нести крест, а крест есть истребление всякого греха, – и рождает любовь; без любви нет и креста. Почему Апостол, зная, что есть и мнимые добродетели, в которых нет любви, ни совершенства добродетелей, сказал: «аще языки человеческими глаголю и ангельскими, любве же не имам, бых (яко) медь звенящи, или кимвал звяцаяй. И аще раздам вся имения моя, и аще предам тело мое, во еже сжещи е, любве же не имам, никая польза ми есть. Любы долготерпит, милосердствует: любы не завидит: любы не превозносится, не гордится, не бесчинствует, не ищет своих си, не раздражается, не мыслит зла» (*1Кор. 13, 1 – 5*).

18. Итак желающий вступить на путь любви пусть беззаботит себя в отношении ко всем людям, хороши ли они, или худы. Тогда наконец (одно) вожделение, еже к Богу, останется в сердце его, а это вожделение родит ему свойственный естеству гнев, гнев же станет противостоять всему, всеваемому от врага. Тогда "закон"[30] Божий обретает в нем пастбище себе, и чрез страх обнаруживается любовь в нем. Тогда говорит такой человек с дерзновением, как Апостол: «аз не точию связан быти хочу, но и умрети готов есмь за имя Господа Иисуса Христа» (*Деян. 21, 13*). Блаженна душа, достигшая такой любви: ибо она бывает тогда бесстрастной.

19. Вышли мы, братие, из мира, знаем, в каком чине находимся, и что милосерд есть Господь Иисус, чтоб упокоить каждого из нас по делам его, и малого по малости его, как сказал: «много обителей у Отца Моего» (*Иоан. 14, 2*). Ибо хотя царствие одно, но каждый обретает в нем свое место и свое ему дело. Будем же подвизаться, братие, против лености, сбросим с себя сударь тьмы, т. е. забвение, и узрим свет покаяния. Стяжем себе Марфу и Марию, кои суть злострадание и плач, – которые плачут пред Спасителем, да воскресит Лазаря, т. е. ум обвязанный многими повязками своих пожеланий. Он же, хотя творит милость и возбуждает им его, но далее уже их дело есть развязать и оставить его (идти). Когда же освободится Лазарь, тогда появляется тщание Марии и Марфы. После сего вот что видится: Лазарь беспопечительно возлежит со Иисусом, Марфа с усердием и радостью совершает свое услужение, а Мария, принесши алавастр мѵра, помазывает ноги Господа.

20. Станем же, братие, подвизаться по силе нашей, и Бог посодействует нам, по множеству милости Своей. Если не сохранили мы сердец наших, как отцы наши, употребим усилие наше сохранит хоть тела, как требует Бог, безгрешными; и веруем, что Он во время глада, постигшего нас, сотворит и с нами милость, как и со всеми святыми Его. Ибо хотя ина слава солнцу, и ина слава луне, и звезда от звезды разнствует во славе, однако они на одной находятся тверди, и слава их и честь их – Его есть, от ныне и до века. Аминь.

СЛОВО ДВАДЦАТЬ ВТОРОЕ
О действовании нового человека

1. Возлюбленные братие мои! Еврей познается по трем делам: по обрезанию, пасхе и субботе. Ибо так написано в книге Бытия: «младенец осми дней обрежется вам домочадец и купленый. Необрезаный же погубится от рода своего: яко не сохрани Завета Моего» (*Быт. 17, 12, 14*). Авраам обрезался первый, что есть знамение что умерла его шуяя (сторона), – есть, данный в сем древним, прообраз нового человека, которого проявил во святом теле Своем Господь Иисус, чтоб древнее (растление), покрывающее мужеский пол, обрезать и отделить. Об этом и Апостол сказал: «о Немже и обрезани бысте обрезанием нерукотворенным, в совлечении тела греховнаго плоти, во обрезании Христове: спогребшеся Ему крещением: о Немже и совостасте верою действия Бога» (*Кол. 2, 11. 12*). И опять: «отложити вам, по первому житию, ветхаго человека тлеющаго в похотех прелестных: обновлятися же духом ума вашего, и облещися в новаго человека, созданаго по Богу в правде и в преподобии истины» (*Еф. 4, 22 – 24*). И еще: да умрете греху, поживете же правдою (1 Петр, 2, 24). – Это (о первом деле Еврея) об обрезании. Кто не имеет сего, тот необрезан, и не Еврей, потому что не сохранил завета, который положил (Бог) Господь Иисус Святою Своею кровью.

2. О святой же Пасхе много предлежит сказать. (Первое – обрезание, второе – Пасха, третье – суббота). Ибо Моисей говорит: «сей закон Пасхи: всяк иноплеменник да не яст от нея: И всякаго раба или купленаго обрежеши его, и тогда да яст от нея. Всяк же необрезанный да не яст от нея. В дому едином да снестся» (*Исх. 12, 43. 46*). «Чресла ваша препоясана, и сапози на ногах ваших, и жезлы ваши в руках ваших» (*Исх. 12, 11*). "Пасхи" – сего печения испеченного огнем – нельзя вкушать иначе, как с опресноками и горькими травами. Не сказал: опоясавшись по чреслам вашим, чтоб не сказал кто, что он говорит здесь о поясе, но: препоясавши чресла ваши, чтоб показать, что говорит о чистоте, здравой от всякой страсти, сущей под действием совокупления в нечистоте. "Сапози", – о готовности говорить, и бегстве от всякого уязвления, повреждающего совесть и препятствующего уму видеть свое созерцание в чистоте. "Жезл" есть мужественная надежда, чтоб шествовать небоязненно путем, и внити в землю обетования: сии суть усубботившиеся. "Кровь" есть знамение крови Господа нашего Иисуса Христа, и того, что когда придет Он в собственном Своем пришествии и введет сынов Израиля в наследие Свое, тогда явны будут уготовившиеся и помазанные знамением Его в душах их явно. Взять «пук иссопа» – это есть злострадание, ибо говорит: снедайте (пасху) с горькими травами. Исследуй же себя, брат, обрезан ли ты, помазал ли двери дома своего кровью агнца Непорочного, упразднил ли себя от всякого помысла земного, приготовил ли себя шествовать без страха и внити в землю обетованную?

3. И о субботе многое предлежит сказать, – и это есть дело тех, кои сподобились истинного обрезания, вкушают Святую Пасху, освободились от Египтян, узрели всех их потонувшими в Чермном море, и воссубботствовали от горького рабства им. Ибо говорит (Бог) Моисею: «шесть дней делай, в день же седмый суббота Господеви Богу твоему» (*Исх. 20, 9. 10*). «Всяк, иже сотворит в ню дело, потребится душа та» (*Исх. 31, 14*). Господь же наш Иисус Сам воссубботствовал истинною субботою, и научил Своих, как должно субботствовать, восшедши (на крест) в пятницу, после того, как сделал всякое приготовление к тому, прежде восхождения на него, – т. е. поношения, каким подвергся и какие потерпел за нас, пригвоздив Себя ко кресту, и не соизволив ни разрешиться ни послабить Себя в чем, пока имел дыхание. Когда воззвал Он: "жажду", поднесли Ему губу с оцтом, и Он, вкусив, сказал: «все совершилось, и преклонь главу, предаде дух» (*Иоан. 19, 28 – 30*). Потом сняли Его (со креста) наземь, уже не имевшего движения и воистину субботствовавшего. Так наконец почил Господь Иисус в день седьмый и благословил его, потому что в него почил Он от всех дел, коими упразднил человеческие страсти, как сказал и Апостол: «вшедый в покой Его, и той почи от дел Своих, якоже от Своих Бог» (*Евр. 4, 10*). Это и есть истинная суббота! Итак, несубботствующий не есть Иудей. Почему Иеремия, плача о народе своем, говорил ему: не носите бремен в день субботный и не исходите во врата Иерусалима, нося бремена в день субботный (*Иер. 17, 21*).

4. Увы мне бедному, преступившему такие святые заповеди, и носящему тяжелые бремена в день субботный, хотя я умер с Ним (Христом), спогребся Ему и воссубботствовал! Что же это за тяжелые бремена, носимые мною? (Это страсти), по которым действую: гнев тяжелое есть бремя, рвение, ненависть, тщеславие, осуждение, уязвление и оскорбление, высокомудрие, почитание себя праведным, командование, спорливость, самолюбие, зависть. Это душевные (страсти), телесные же – чревоугодие, телолюбие, страсть наряжаться, сластолюбие, похоть, оскудение сердца (м. б. бессердечие). Все сии и сим подобные страсти упразднил Господь Иисус в теле святых и убил во святом теле Своем, по слову Апостола, что Он «крестом убил вражду, и закон заповедей ученьми упразднил» (*Еф. 2, 16. 15*), – что и есть святая суббота. Итак, кто носит эти тяжелые бремена (страстей) и действует (по ним), удовлетворяя им в день субботный, как может сказать: я – истинный Иудей? Таковой себя обольщает, потому что имя только такое лежит на нем. Ничего убо не получит он от Господа Иисуса, ибо отрицается от Него делами своими, когда то, что Господь убил, он опять воскресил, и что Он похоронил, опять восставил. Явно, что такой не есть истинный Еврей, а ложный, – и не обрезан он, и не воссубботствовал. Потому, когда придет Господь Иисус во славе Своей, то введет в царство Свое вечное одних истинных сынов Израиля, всех обрезанных в Нем, которых собрал Он из всех народов, как и Апостол говорит, – что «ослепление отчасти Израилеви бысть, пока внидут все языки» (*Рим. 11, 25*), – и еще: «елицы правилом сим жительствуют, мир на них и милость, и на Израили Божии» (*Гал. 6, 16*). Видишь ли, кто суть Израильтяне Божии? – Это те, кои имеют обрезание сердца, и субботство, и упразднение греха. Опять говорит (тот же Апостол): «не иже яве, Иудей есть, ни еже во плоти, обрезание; но иже в тайне Иудей, и обрезание сердца духом, а не писанием» (*Рим. 2, 28. 29*).

5. Будем же внимать себе, братие! Доколе будем мы творить труд и губить его чрез нерадение, не зная, что есть в нас враг наш, льстящий нам и непрестанно отвлекающий нас (от должного), не дающий очам нашим узреть нечто от света Божества? Исследуй же себя, бедный, во Христа и в смерть Его крестившийся. Что это за смерть, коею Он умер? Если ты последуешь стопам Его, то покажи мне это нравом своим. Он безгрешен, и являя Себя тебе образцом во всем, жил в нищете, ты же не сносишь нищеты. Он «не имел, где главы подклонити» (*Мф. 8, 20*), а ты не сносишь странничества (быть странником всюду) с радостью. Он переносил всякого рода поношения, а ты и одного поношения не сносишь. Он не воздавал (за зло), а ты не сносишь не воздать зла. Он не гневался страдая, а ты, и сам служа другим в тягость, гневаешься. Он пребыл безмятежен поносим будучи, а ты и не будучи поносим мятешься. Он был смирен и грешников к Себе призывал, а ты и любящих тебя уязвляешь словом. Он с радостью сносил все причиняемое Ему, а ты, и малое слыша оскорбление, мятешься. Он был кроток ко впадшим в грехи, а ты высокомудрствуешь и над гораздо большими тебя. Он предал Себя за согрешивших пред Ним, чтоб искупить их, а ты и за любящих тебя не можешь дать себя. Вот что Он дал тебе, ты же что воздал Ему? Познай Его из дел Его, и себя самого из дел твоих. Если ты умер с Ним, то кто творит (в тебе) такие грехи?

6. Возлюбленные! Право да внимаем Святым Его заповедям, отсечем волю свою, и узрим свет заповедей. Если мы любим только того, кто чтит нас, что делаем более язычника? Если ты молишься за благодетельствующих тебе то и мытарь то же творит. Если радуешься с хвалящим тебя, то и Иудей то же делает. Что же лишнее творишь ты, умерший греху и оживший во Христе Иисусе? Если ты любишь только того, кто тебя слушается, что творишь более грешника. Это и он делает. Если ты ненавидишь того, кто причиняет тебе неприятность, не слушается тебя и ссорится с тобою, то и ты, как язычник. Но молиться надлежит о таком, да прощено ему будет (то, в чем он согрешил тебе). Если ты скорбишь на злословящего о тебе, то и мытарь то же делает.

7. Рассмотри же себя и ты, крестившийся во имя Господа, таковы ли твои дела, в каких Он явил Себя? Или как имеешь ты явиться в день Славы Его и увенчаться, если не имеешь венца победы над страстями, побежденными тобою, которые уже победил Царь твой, образец тебе показывая в Себе? Ибо, когда явится во славе Он, Царь царствующих и Господь господствующих, то явится зримым для всякого языка в великой славе Своей, имея знамение того, что пострадал за нас; ты же имеешь явиться, ничего не имея из страстей Его в теле своем, Он и скажет тебе: не знаю тебя. Там имеешь ты увидеть всех святых, умерших за имя Его, имеющими знамение Его, и устыдишься явиться пред лицом их. Рассмотри жизнь всех святых, и найдешь, что они потерпели зло, но не воздали за него: (только) кровь всех их вопияла (к Богу): взыщи за нас с живущих на земле. Я же, возлюбивший покой, что имею сказать в день оный, увидев там Пророков, Апостолов, мучеников и прочих Святых, которые, будучи озлобляемы, долготерпели, не воздавая за то, и даже не гневаясь, ибо знали, что тут не воля человеческая, а неправда диаволова, понуждающая их делать им это; будучи умерщвляемы, или камением побиваемы, или сожигаемы, или потопляемы, они не гневались на них, но молились за них, да прощено будет им то, зная, кто понуждает их делать это им.

8. Рассмотри же, возлюбленный брате, себя самого, что делаешь и ты, – уразумей помысел свой, – каково то, что имеешь ты, пред лицом Бога. Ибо в тот час ничего не возможешь ты укрыть, не в воле человека будет иное сказать (а иное нет), но когда совершится воскресение, тогда всякий восстанет одеянным делами своими, как одеждою, – грехами ли, или правдою. Дела сии будут говорить, и всякий сам узнает, где место его. Блажен подвизавшийся и совлекший с себя то, что имеет повлещи его в геенну, и облекшийся в то, что имеет повлещи его в царствие, Апостол говорит: «вемы, яко аще земная наша храмина тела разорится, создание от Бога имамы, храмину нерукотворену, вечну на небесех» (*2Кор. 5, 1*). Время жизни нашей ничтожно, и мы прельщаем себя (думая иначе), пока постигнет нас час (наш) – и опечалимся в плаче вечном.

9. Не будем же послаблять сердцу своему, но сделаем все по силе нашей, печась о нем и храня его, и умоляя всякий час благость Божию, помочь нам. Не будем гневаться на ближних за слова, говоримые ими в неразумии, не по воле своей, но по воздействию отъинуды, служа же орудиями врага, они чужды Бога, пока не будут воззваны и не убегут с поприща сего (недоброго). Позаботьтесь, возлюбленные, о смиренномудрии во всем, сносите поношение и все, что приходится терпеть, и повсечасно упражняйтесь в отсечении воли своей, потому что держание воли своей губит все добродетели. Кто имеет помыслы правопростертыми (благонастроенными), тот отсекает волю свою кротостью, боясь любопрения как змия, потому что оно низвращает все домоустройство (души – внутреннее), и делает душу омраченною, так что она не видит ничего из света добродетелей. Присмотрите же позаботливее за сею страстью проклятого, примешивающейся к добродетелям, чтоб сгубить их. Так и Господь наш Иисус Христос не прежде восшел на крест, как извергши Иуду из среды учеников Своих. И всякий человек, если не отсечет сей бесчестной страсти, не может преуспеть по Богу: потому что за нею следует все злое: нетерпение – от нее, тщеславие – от нее; все, что ненавидит Бог, живет в душе любопрительного и высокомудрого, – и все, относительно чего убеждают они сердце свое, что то есть Божие, ложно по всем Писаниям.

10. Осуждение первее самого себя приносит смиренномудрие, а оставление воли своей для ближнего с разумом, есть смирение. Чистота есть – молиться Богу[31]. Не осуждать есть – любовь. Долготерпение есть – не помышлять ничего против ближнего. Боголюбивое сердце есть – не воздавать (за зло). Безмолвие есть – не допытываться до того, что тебя не касается. Нищета есть – незлобивое сердце. Владеть своими чувствами есть – мир. Переносить (все) есть – кротость. Милостыня есть – прощать. Порождает же все сие отсечение воли своей. Оно умиротворяет добродетели между собою. Оно соделывает владычественное (ум) безмятежным.

11. Конец же всего этого: ничего другого, как вижу я во всех Писаниях, не желает Бог от человека, как чтоб он смирял себя пред ближним во всем, отсекал волю свою в отношении ко всему, молился Ему всегда о подаянии руки помощи человеку, и о хранении очей его от сна забвения и от прелести пленения, потому что естество человеческое лукаво и превратно. Его (Божие) есть дело сохранить (нас). Его есть сила – доставить нам (силу) сохранить (себя). Его есть покров – оградить нищету нашу. Он есть обращение – обратить нас к Себе. Его есть благодарение – даровать нам его. Его есть даровать нам благодать благодарить Его. Его есть покров – сохранить нас от руки врагов наших. Его есть честь и слава во веки веков. Аминь.

12. Впрочем, вот от чего порождается любопрение, и что немилостиво низвращает душу: многословие, пустословие, перенесение слов (перетолкование) на что каждому угодно, несдержанность, двоязычие, настояние на слове своем. Кто имеет сие, того душа бесплодна для добродетелей. После всего этого, если душа не попотеет над каждою добродетелью, то не возможет достигнуть до покоя Сына Божия. Не нерадите же о жизни своей, братие, и ум ваш да не изобретает всяких предлогов к злой лености, чтоб не истощилось время ваше все, прежде чем достигнете в покой Сына Божия: это есть смирение во всем, незлобие, неимение ненависти ни к какому человеку, неприлепление ни к какой вещи, не сущей Божиею, имение грехов своих пред собою, умертвие для всякого дела злого. И не "ложен Бог" (*Тит. 1, 2*), – чтоб вспомоществовать немощи нашей, по щедротам Своим. Аминь.

СЛОВО ДВАДЦАТЬ ТРЕТЬЕ О совершенстве

1. Некто из Отцов сказал, что если не стяжет человек веры в Бога, непрестанного вожделения Бога, незлобия, невоздаяния злом за зло, злострадания, смирения, чистоты, человеколюбия, отречения от всего, кротости, долготерпения, непрестанной с болезнованием сердца молитвы к Богу, истинной любви, чтоб не озираться вспять, несмотрения ни на что находящее, ненадеяния на свое доброделание, или служение (молитвенный труд, – *leitorgia*), испрашивания помощи Божией против всего, каждодневно находящего на него, – то он не может спастись.

2. Враги твои, человече, не дремлют. Не неради же, не небреги о своей совести, и отнюдь не верь себе, будто ты достиг до чего-то, достойного Бога, зря себя (находищимся еще) во стране врагов своих. Злострадание (подвижнические лишения телесные) с разумом восполняет бывшее пред тем нерадение, плач чувств врачует раны внутренних супостатов, совершенная к Богу любовь по воле Его противостоит невидимым воителям, побеждающая невидимых врагов сокровенная чистота уготовляет к покою Сына Божия, а видимая чистота сохраняет добродетели.

3. Если ведение есть родитель (всего сказанного), то оно же есть и хранитель (того). Обретение (в сердце) благодарности во время искушения обращает вспять находящие искушения. Неверование, что угоден Богу труд твой, уготовляет помощь Божию на охранение тебя. Предавший сердце свое на благочестивое взыскание Бога по истине, не может иметь мысли, что угодил Богу. Ибо, пока совесть обличает его в чем-либо из неестественного, дотоле он чужд свободы. Потому что, пока есть обличающий, есть и осуждающий, а пока есть осуждение, дотоле нет свободы. Если наконец увидишь, во время молитвы, что совершенно никакое зло не обличает тебя, тогда ты истинно свободен, и вшел на святый Его покой, по воле Его.

4. Если увидишь, что добрый плод укрепился в тебе, и плевелы врага уже не подавляют его, если борители, – так как ты не борешься уже с чувствами своими, – отступили не сами по себе уступая в коварстве, если облако осенило скинию твою, и ни солнце не стало жечь тебя днем, ни луна ночью (*Пс. 120, 6*), если есть в тебе все уготовление (все принадлежности) скинии, чтоб поставить и хранить ее, по воле Божией, то (знай, что) совершилась в тебе победа Богом, и отселе Он уже будет осенять скинию (твою), потому что она Его есть, Он будет шествовать пред нею, и предуказывать стан для нее (отдохновение, покой). Ибо, если Он прежде не остановится, в каком желает месте, то и она, как говорит Писание, не может делать остановки (иметь покой) (*Числ. 9, 16 – 23*).

5. Великая есть опасность, пока человек не помнит себя и не увидит ясно, что в нем нет уже ничего от (части врагов), силящихся расстраивать делание монашеское, научая неестественностям. Нужду имеем мы потому, чтобы страх пред благостью Его (Божиею, или пред Благим Богом) начальствовал над нами, чтоб память (о смерти и суде) непрестанно поражала нас, и святое смирение господствовало над сердцем нашим всякий час, по милости Божией, (а для этого имеем нужду) не нерадеть о том, что уготовляет и хранит все то (те святые чувства и расположения), но пребывать в том умом даже до конца, – видеть непрестанно грехи свои, и ни в чем не верить себе, пока находимся в злом рабстве.

6. Когда кто осуждает ближнего, укоряет и уничижает брата в сердце, поносит его, как только находит случай, учит с гневом, оклеветывает пред кем-либо, то это делает его чуждым милости, какую улучают святые, и честных добродетелей. Ибо это губит поднимаемые человеком труды, уничтожая добрые плоды их. Кто говорит: я оплакиваю грехи свои, и делает нечто из сказанного, тот несмыслен. Кто говорит: я плачу о грехах своих, и имеет нечто из того, тот обольщает себя.

7. Ищущий безмолвия, и не заботящийся вместе с ним отсечь страсти, слеп в деле наздания добродетелей. Оставивший свои грехи (в небрежении), и пекущийся об исправлении другого, чужд молитвы от всего сердца, и разумного к Богу прошения. Вот настоящее мужество – когда человек противоборствует прежним грехам, о прощении коих и просит, умоляя всегда о том, чтоб опять не впасть в них, ни в сердце своем, ни в действовании, ни в чувствах.

8. Если память о грехах не будет непрестанно господствовать над сердцем его, и не отвратит его от всего, что есть в мире, так чтоб это не одолевало его, то не может он остановить грехи свои, и, довольствуясь (попечением) о них одних, отстать от осуждения творения Божия. Блажен, кто сподобился сего во истине, а не притворно и с лукавством. Впрочем это есть дело истинный имеющих плач, чрез сие видимое, ум с чувствами (напрягающих) на то, чтоб не осуждать ближнего. Ибо, если удовольствует тебя попечение о грехах своих, то это отчуждит тебя (заставит забыть) от грехов ближнего.

9. Воздавать за зло – далеко от плача. Приноровляться к чему-либо мирскому по тщеславию, тоже далеко от него, даже в помышлении. Скорбеть о том, что не приняли твоего мнения о сем приноровлении, – далеко от него. Творить волю свою, далеко от него. Сказать о ком-либо, что он хорош, или худ, стыд ему есть, потому что он твердо знает, что сам сквернее его. Желать узнать о деле, которое не его, стыд для него есть, и невежество, и пленение злое, не дающее ему видеть грехи свои.

10. Если кто обнесет тебя, и ты возболезнуешь о том, то по истине нет тут плача. Если будут у тебя какие-либо житейские сделки, и ты, потерпев ущерб, восскорбишь о том, то нет тут страха Божия. Если скажут о тебе что-либо, о чем даже не знаешь, и ты возмятешься, то нет тут (страха Божия). Если кто прославляет тебя, и ты приемлешь то, то нет (страха Божия) тут. Если побранит тебя кто, и ты возболезнуешь о том, то нет (страха Божия) тут. Если обтекаешь славных мира, желая дружества их, то нет (страха Божия) тут. Если кто, разговаривая с тобою, заспорит, и ты захочешь настоять на своем слове, то нет (страха Божия) тут. Если презрят слова твои, и ты заскорбишь о том, то нет (страха Божия) тут. Все это обнаруживает ветхого человека, что он жив еще и являет власть свою, потому что нет там (внутри) того, кто противоборствовал бы ему, (нет страха Божия), нет и истинного плача.

11. У действующего по Богу, должны быть умные очи, чтоб познать себя (и сознать), что он враг Божий бывает, (когда поблажает) воле своей. Если ты, будучи хранителем заповедей Божиих и всякое дело свое делая с разумом для Бога, будешь держать на сердце, что не можешь угодить Богу соответственно славе Его, и поставишь пред очами своими грехи свои, то найдешь их сопротивляющимися лукавому (духу), хотящему низложить тебя мнением о своей праведности, – и они сохранят здание, которое устроил тебе плач. Тогда узнаешь, что ты познал себя и то, где обитаешь (в каком находишься состоянии), и не поверишь сердцу своему, что одержана тобою победа. Ибо, пока человек не предстанет на суд, и не услышит (окончательного) о себе определения, и не узнает, какое место его, дотоле не может верить этому, так как все остается страх, угодил ли он Богу. Печаль по Богу, снедающая сердце, может сдерживать чувства, и сопротивление (помыслам) с трезвением здравыми сохраняет чувствилища ума. Но человек недоволен (к сим), и не может верить себе, почему постоянно должен быть в труде, пока находится в теле.

12. Блаженны, не надеющиеся дерзновенно на дело свое, якобы угодное Господу, и стыдящиеся сретить Бога, по причине такого ненадеяния на дело свое, уразумевшие славу Его, и старающиеся первее всего творить волю Его, по хотению Его, познавшие немощь свою и удовольствовавшиеся печалью о себе, чтоб оплакивать себя, не заботясь о (прочем) создании Божием, которое Сам Он имеет судить. Победа работающего (по Богу) откроется, когда он, всецело соединившись с Богом, скончается по воле Его. Вписану же быть ему в книгу живых есть, – когда Ангелы небесные засвидетельствуют, что он миновал властителей шуиих[32]. Оттогда память его будет с небесными (жителями). Но пока идет брань, человек находится под страхом и трепетом, ныне победит, а завтра побежденным быть, – или ныне побежденным быть, а завтра победит.

13. Борение сжимает сердце, а бесстрастие неборимо. Оно получило уже венец и не беспокоится об участи трех (наших) раздельных (частей), когда достигнут они умиротворения друг с другом в Боге. Три эти части суть: душа, тело и дух, по Апостолу, который говорит (о них) негде в послании (*1Сол. 5, 23*). Итак, когда три сии сделаются едино действием Святого Духа, то они уже не могут отделиться (друг от друга). Так Христос, умерши и воскресши, «ктому уже не умирает: смерть Им ктому не обладает» (*Рим. 6,9*). Смерть Его была нам спасением, так как смертью Своею Он умертвил грех, и воскресение Его было жизнью всем, крепко верующим в Него. (Тем и другим) Он уврачевал (Своих Ему) от страстей, чтоб жить им в Боге и давать плод правды.

14. Не почитай себя умершим (греху), пока терпишь нуждения (греховные возбуждения) от врагов своих, во время ли бодрствования, или во сне: ибо, пока бедный человек находится на поприще, дотоле не имеет он дерзновения, и, смотря издали (на конец), не верит делам своим. Только неразумный, хотя каждодневно падает, думает о себе, что побеждает, потому что нет борьбы на поприще.

15. Посему-то Господь сказал ученикам Своим, посылая их на проповедь: «никогоже на пути целуйте»; целуйте же сущих в доме. И «аще убо будет ту сын мира», у него «пребывайте» (*Лк. 10, 4* и д.). И там почиет мир ваш. Опять и Елиссей сказал Гиезию, посылая его: «аще обрящеши мужа, да не благословиши его», и ты да не благословишися от некоего (*4Цар. 4, 29*). Ибо ведал, что им не оживотворится отрок, и что он не имел силы воздвигнуть его. Когда же вошел человек Божий, то, увидев отрока лежащим на одре, затворил дверь за собою, и каждым чувством совершил подвиг и действия, восходя на одр к отроку и нисходя, и прохаживаясь до седьми раз. Когда согрелись чувствилища, по волению Духа Божия, тогда отверзлись очи отрока.

16. Что же имеем сказать мы, бедные, любящие славу мира сего, паче славы Божией, незнающие как вести брань, а спешащие войти в покой, не ведающие долготерпения Божия, что Он оставляет плевелы вместе с добрым плодом, и пока не достигнет (в меру) добрый плод, и не совершится, не посылает собирать плевел? И Гиезий совершил течение пути, но не успел воздвигнуть отрока, потому что возлюбил славу человеческую, паче славы Божией.

17. Блаженны очи, с разумом стыдящиеся простертися к Богу, и старающиеся язвы свои уврачевать с разумом, сознающие грехи свои и молящиеся об отпущении их. Горе же тем, кои губят время свое, думая, что безгрешны, кои попирают совесть свою, не желая быть приводимы ею в сокрушение, и не признавая, что не мало есть быть малейшим.

18. Как земледелец, посеявший семена, если они не принесут плода, почитает их даром пропавшими и тужит о труде своем, по причине сего непринесения плода, так и человек, хотя бы ведал все тайны и всякие имел познания, творил силы многие и исцеления, пребывал в разных злостраданиях, и наготствовал даже до лишения одеяния, все еще под страхом есть, не полагаясь на совесть свою, и будучи еще окружен врагами ловцами, и наветниками, пока не услышит слова сего: «любы николиже отпадает, но всему веру емлет, вся уповает, и вся терпит» (*1Кор. 13, 8, 7*).

19. О, сколь труден путь Божий, как сказал Он, что «узкая врата и тесный путь вводяй в живот, и мало их есть, иже обретают его» (*Мф. 7, 14*)!

И мы, бездельные и любострастные, успокоением себе имеем то, что не можем (будто) нести ига, о коем Он сказал: «возьмите иго Мое на себе, и научитеся от Мене, яко кроток есмь и смирен сердцем: и обрящете покой душам вашим. Иго Мое благо, и бремя Мое легко есть» (*Мф. 11, 29. 30*). И кто есть в числе мудрых по Богу, и (Бога) боящихся, который не подвизается всею силою поднять злострадание во всяком труде и удалении (от мира), в безмолвии, хранении (сердца) и попечении (о спасении)? Но и Он найдет себя все же недостойным изрещи устами своими имя Бога. Страстей ради, действующих в нас, Владыка, Господь Иисус пришел (к нам на землю), чтобы в нас, «не по плоти ходящих, но по духу» (*Рим. 8, 1–4*), умертвить их, показав нам всю волю Отца. Уча учеников Своих, Он говорил им: «егда сотворите вся повеленная вам, глаголите, яко раби неключими есмы: яко, еже должни бехом сотворити, сотворихом» (*Лк. 17, 10. 11*). Это говорил Он тем, кои подъяли труд и хранили его, потому что знали, что есть грабители, готовые украсть труд их. Всякий, увидев что-либо ядовитое, бежит от того со страхом, – змею ли (увидит), или ехидну, или скорпиона, или другое что обладающее смертоносным ядом. А бесстыжая душа наша бедная принимает все умервщляющее ее, не бежит от того, и даже не отступает, но услаждается тем и слагается с тем сердцем, почему всуе иждивает время свое, пребывая нерождающею и бесплодною.

СЛОВО ДВАДЦАТЬ ЧЕТВЕРТОЕ О бесстрастии

1. На пути добродетелей есть падения, ибо есть враги, есть преложение, есть изменение, есть обилие, есть мерность, есть оскудение, есть печаль, есть радость, есть болезнование сердца, есть скорбь, есть покой сердца, есть преспеяние, есть нуждение: ибо это есть путешествие, чтоб достигнуть упования.

2. Бесстрастие же далеко от всего этого и не имеет ни в чем нужды: ибо оно в Боге есть и Бог в нем. Врагов оно не имеет, падения не имеет уже, ни неверия, ни труда хранения, ни страха от страсти, ни похотения какой-либо вещи, ни беспокойства о чем-либо вражеском.

3. Велики и неисчетны славные достоинства его. Пока есть в ком страх какой-либо страсти, дотоле он далек от него (бесстрастия); доколе у кого из сердца исходит осуждение, дотоле он чужд его (бесстрастия).

4. Это есть тело, которое воспринял Господь Иисус. Оно есть любовь, какую делом являть с радостию научил Он Своих.

5. Многие невежды подумали, что они достигли его, когда страсти жили еще в душе их, и тело их не совсем было очищено, – и уклонились от должного. Простите мне, ради Бога.

СЛОВО ДВАДЦАТЬ ПЯТОЕ К авве Петру, ученику своему

1. Что ты написал ко мне: хочу принести покаяние Богу о грехах моих, если Господь избавит меня от горькой, какую имею, заботы мирской, то хорошо сказал: если избавлюсь от дел века сего, поелику невозможно уму пещись о том и другом, как и Господь сказал: «не можете Богу работати и мамоне» (*Мф. 6, 24*). Мамона означает всякое делание мира сего. Итак, если не оставит его человек, то не может служить Богу.

2. Служение же Богу какое другое есть, как не то, чтоб не иметь в уме ничего, чуждого (Бога), когда благословляем Его, ни похотения, когда молимся Ему, ни злобы, когда поем Ему, ни ненависти, когда поклоняемся Ему, ни злой ревнивости, полагающей нам препоны, когда приседим Ему, ни срамной сласти в членах наших, когда воспоминаем о Нем: ибо все сие мрачные стены суть, объемлющие бедную душу, и не может она чисто служить Богу, имея в себе это. Препоны полагает это ей в воздухе, и не дает ей сретить Бога, и в сокровенности благословить Его, и помолиться Ему в сладости любви, в приятности сердца и в желании святом, чтобы просветиться от Него.

3. От того ум помрачается всегда, и не может преуспеть по Богу, что не заботится разумно отсечь сие. Невозможно же ему озаботиться отсечь сие, если не станет он беспопечительным о делах века сего[33]. Одна (забота обращена во) вне, – и промышляет о (вещах) века сего, в упокоение тела, другая же – внутрь, (об удовлетворении) страстей, и строит препоны добродетелям. Но душа не видит сей внутренней, страстной, если не освободится от внешней. Посему Господь Иисус сказал, что всякий, не отрекшийся от всей воли своей, не может быть Моим учеником (*Лк. 14, 26*).

4. Внешняя попечительность – от произволения, а внутренняя – от внешнего действования. Господь наш Иисус, зная, что над тою или другою царит воля, повелел отсечь ее. Поелику ум мертвится, пока душа заботится о внешнем, то внутренние страсти проявляют тогда свои воздействия уже без раздумывания (без удержки). Итак, если душа послушается слова Иисуса – отсечь все хотения свои, то начинает ненавидеть всякое делание мира сего. И тогда возбуждается ум и стоит, пока не извергнет их из дома своего, внимая непрестанно душе и охраняя ее, чтоб не возвратилась вспять к тому, что причиняло ей напасть.

5. Душа подобна замужней молодой женщине, которая, когда муж ее отойдет на сторону, без страха и стыда не заботится с усердием (как бы следовало) о том, что в доме. Когда же придет муж ее в дом свой, она тотчас в страхе отстает от того, что делано было ею, и начинает хлопотать о всем по воле мужа. И он, пришедши, хлопочет о домашних вещах по всему, в чем имеется нужда. Таков и ум. Когда возбудится он, то печется о душе и хранит ее непрестанно, пока она родит с ним, и он воспитывает чад ее. И наконец они бывают одно сердце, душа покоряется уму, и покоряется она ему, как написано в Апостоле: «глава же жене муж». И еще: «муж не должен есть покрывати главу, образ и слава Божия сый: жена же слава мужу есть. Несть бо муж от жены, но жена от мужа: ибо не создан бысть муж жены ради, но жена мужа ради. Сего ради должна есть жена власть имети на главе, Ангел ради. Обаче ни муж без жены, ни жена без мужа, о Господе. Якоже бо жена от мужа, сице и муж женою: вся же от Бога» (*1Кор. 11,3, 7–12*).

6. Слово сие относится к тем, кои сподобились соделаться едино с Господом, и не имеют уже (прежнего) образа. Сии суть молящиеся Богу в чистоте. Сии суть благословляющие Бога в сердце святом. Сии суть просветившиеся от Бога. Сии суть истинные поклонники, каких ищет Бог. Сии суть, о коих сказал Он: «вселюся в них, и похожду» (*2Кор. 6, 16*). К ним относится сказанное Им, что если двое согласятся (между собою), то о чем бы они ни просили во имя Его, все будет им (*Мф. 18, 19*). Итак, Он хочет, чтобы Свои Ему были чисты от всего вещественного, и видимо, и сокровенно в душе, и от всего, что упразднил Он в теле Своем, чрез воплощение Свое, как сказал: «будите во Мне, и Аз в вас» (*Иоан. 15, 4*). Видишь, брате, что прежде желает Он, чтобы мы были в Нем делами, тогда и Он будет в нас, ради чистоты по силе нашей.

7. Но скажет кто: я стал быть в Нем чрез крещение, жизнь же сделать (соответственною тому) не могу. Послушай, возлюбленне! Всеконечно, приемлющий крещение приемлет его в упразднение греха, как сказал Апостол: «спогребохомся убо Ему крещением в смерть, да упразднится тело греховное, яко к тому не работати нам греху» (*Рим. 6, 4, 6*). Ибо невозможно Христу пребывать со грехом вместе. Посему, если вселился в тебя Христос, то грех умер, «дух же живет правды ради», как сказал еще Апостол (*Рим. 8, 10*). Ибо «мужатая жена живу мужу привязана есть законом: аще ли же умрет муж ея, разрешится от закона мужескаго. Тем же убо живу сущу мужу прелюбодейца бывает, аще будет мужеви иному: аще ли умрет муж ея, свободна есть от закона, не быти ей прелюбодейце, бывшей мужу иному» (*Рим. 7, 2. 3*).

8. Итак, желающий узнать, вселился ли в нем Христос, познает сие из своих помыслов. Доколе грех влечет сердце, дотоле Бог не вселялся еще в него, и Дух Его не нашел еще себе в нем покоя. Ибо Богу подобает вселяться в человеке тогда, когда он сделает (соответственные тому) дела, и человеку быть в Боге, когда душа его свободится (от страстей), как сказал Апостол: «прилепляяйся сквернодейце, едино тело есть (с блудодейцею); прилепляяйся же Господеви един дух есть с Господом» (*1Кор. 6,16. 17*). Ибо всякая неестественность именуется блудницею.

9. Итак, когда душа освободится и минует все, преграждающее ей путь в воздухе (т.е. в восхождении к Богу), тогда начинает она быть в Боге и приемлет от Духа Его, – по сказанному, что «прилепляяйся Господеви, един дух есть с Господем», – и Он научает ее, как молиться, – ее, поклоняющуюся Ему непрестанно, и прилепляющуюся к Нему. И Он пребывает в ней, руководя ее и упокоевая непрестанно, открывая ей почести и дарования Свои неизреченные. Ибо она возрождается от Него чрез крещение и чрез вдуновение Духа Его, как написано: «рожденный от Бога не согрешает, и лукавый не прикасается ему» (*1Иоан. 5, 18*), «яко от Бога рожден есть» (*1Иоан. 3, 9*). Как сказал Он в Евангелии: «аще не обратитеся, и будете, яко дети, не внидете в царство небесное» (*Мф. 18, 3*). И опять: «Будьте, как новорожденные младенцы, словесное млеко вожделевающие, да о нем возрастете» (*1Петр. 2, 2*).

10. Какие же дела свойственны дитяти? Дитя, если его побьют, плачет, и с радующимися с ним радуется; если побранят его, не гневается, и если похвалят, не возносится; если почтут дружку его паче его, не ревнует; если возьмут что из принадлежащего ему, не мятется; если оставят ему мало в наследство, не осведомляется, не входит в тяжбу ни с кем, не любопрится из-за своего ему, не ненавидит никакого человека; если беден, не печалится, если богат, не высокомудрствует; если видит женщину, не вожделевает ее; сласть похотная или многозаботливость не господствуют над ним; никого он не осуждает, ни над кем не властительствует; никому не завидует; не говорит с самохвальством о том, чего не знает; не смеется над ближним из-за внешнего вида его; ни с кем не имеет вражды; не притворяется; не ищет почести мира сего; не ищет собрания богатства; не сребролюбствует; не бывает дерзок; не любопрится; не учительствует со страстию, ни о ком не беспокоится; если разденут его, не печалится; не держит своей воли; не боится голода, ни злодеев; не боится зверя, ни брани; когда бывают гонения, не мятется.

11. Таков тот, о ком Господь наш Иисус сказал (кого в пример ставит): «аще не обратитеся, и будете, яко дети не внидете в царство небесное». Когда же немного возрастет дитя, и начнет жить в нем зло, укоряет его Апостол, говоря: «да не бываем ктому младенцы, влающеся и скитающеся всяким ветром учения, во лжи человечестей, в коварстве козней лщения: Истинствующе же в любви да возрастим в Него всяческая» (*Еф. 4, 14. 15*). И опять говорит: «как младенцев, млеком вы напоих, а не брашном: ибо не у можасте, но ниже еще можете ныне» (*1Кор. 3, 2. 3*). И еще говорит: «в елико время наследник млад есть, ничимже лучший есть раба, господь сый всех. Но под повелители и приставники есть, даже до нарока отча. Такоже и мы, егда бехом млади, под стихиами бехом мира порабощени» (*Гал, 4, 1–3*). И опять: «похотей юных бегай» (*2Тим. 2, 22*). Научая убо нас отвергать такое младенчество, сказал: «братие, не дети бывайте умы: но злобою младенствуйте, умы же совершенни бывайте» (*1Кор. 14, 20*). Итак, дело (истинных) младенцев о Христе в чем состоит? Вот в чем, по слову Апостола Петра: «отложите убо всяку злобу, и всяку лесть и лицемерие и зависть, и вся клеветы, яко новорождени младенцы» (*1Петр. 2, 1*). Видишь ли, брате, что значит слово, сказанное Господом нашим Иисусом: «аминь, аминь глаголю вам, аще не обратитеся, и будете яко дети, не внидете в царство небесное» (*Мф. 18, 3*)? Полно страха слово сие, потому что Господь наш сказал его с клятвою: «аминь, аминь глаголю вам»: Он Сам есть Аминь. Почему Апостол сказал: поелику нет другого кого больше Бога, то «Он клятся Собою, глаголя: воистину» (аминь) «благословя благословлю тя» (*Евр. 6, 13. 14*).

12. Уразумеем же точно слово сие и будем всячески стараться со страхом и трепетом исполнять его всякий час, как только случай к тому будет. Когда враг уязвит нас стрелою неприязни на ближнего, или за то, что оскорбит кто нас, или что обесчестит, или что оклевещет, или что заспорит с нами ближний, чтоб сделать ему уступку, или огорчение нечистое начнет щемить нас, приводя в движение злое воспоминание о том, что сделал нам ближний, чтоб омрачить душу нашу гневом и ненавистью, когда что-нибудь такое приблизится к душе нашей, поспешим тогда вспомнить слово Господа нашего, которое Он изрек с клятвою, говоря: «аминь, аминь глаголю вам: аще не обратитеся, и будете яко дети, не внидете в царство небесное». Кто не устрашится слыша слово сие? Или кто из мудрых, желающих спасти душу свою, не выбросит из сердца своего всякое неудовольствие, какое имеет на ближнего? Или кто из боящихся попасть в геенну не исторгнет из сердца своего всякую ненависть, чтоб не быть извержену вне царствия? Ибо Господь наш сказал решительным словом: аще «не обратитеся, и будете яко дети, не внидете в царство небесное». Тяжко слово сие для держащих волю свою, любящих мир и не познавших (не приявших) дара Святого Духа, потому что на кого низойдет Он, тому подает забвение всякого зла, и научает его Своему, – вместо гнева – кротости, вместо вражды – миру, вместо любопрения – смиренномудрию, вместо ненависти – любви, вместо малодушия – долготерпению. Таковы сподобившиеся возрождения.

13. Постараемся же отсечь от сердца своего сказанное нам великим Апостолом, и оставим то, чтобы придти в меру дитяти. Позаботившиеся о том (Апостолы) и отсекшие то от душ своих (чтоб стать младенцами о Христе), пришли потом опять во святой великий возраст и совершенство. Ибо Господь, после того, как дунул в лицо их, говорит: «приимите Дух Свят» (*Иоан. 20, 22*); явившись же им на море Галилейском, сказал: дети, имате ли что снедно (*Лук. 24, 41*)? напоминая им, что чрез вдуновение Духа, Он сделал их детьми, – тогда как по плоти они не были детьми. Опять написано: «се Аз, и дети, яже Ми дал есть Бог. Понеже убо дети приобщишася плоти и крови, и Той приискренне приобщися техже, да смертию упразднит имущаго державу смерти, сиречь диавола, и избавит сих» (*Евр. 2, 14. 15*). Чьей же плоти и крови сделался Он приискренним, если не тех, кои оставили всякое лукавство и достигли в меру святого детства. И они же опять стали совершенными, по слову Апостола: «Дондеже достигнем вси в соединение веры и познания Сына

Божия, в мужа совершенна, в меру возраста исполнения Христова» (*Еф. 4, 13*). И опять «возращение тела творит в создание самаго себе любовию» (ст. 16). Таковым пишет Апостол Иоанн, говоря: «Пишу вам, дети, яко познасте отца... Писах вам, юноши, яко победисте лукаваго» (*1Иоан. 2, 13. 14*). Узнал ты теперь, что возмладенчествовавшие злобою, они самые стали борцами против врага, потому что обнажены от его всеорудия, которое есть злоба, и они же потом стали отцами и достигли в меру совершенства, так что вверяются им откровения и тайны, пока достигнут мудрости, единения, благости, кротости и чистоты, так как таковы принадлежности кротости. Они-то и суть прославившие Христа в теле своем.

14. Восподвизаемся же, возлюбленный брате, по соделавшемуся на земле великому гладу (кажется, духовному), ни в чем не малодушествовать, но непрестанно умолять благость Божию, да не попустит Он нам обольститься прелестью врага и завистника, творящего зло немилостиво, и бесстыдно настаивающего и говорящего, что если не ныне, то завтра, но не уступлю, пока[34] не пересилю его. Почему будем молиться неотступно, говоря, как святый Давид: «призри, услыши мя Господи Боже мой, просвети очи мои, да не когда усну в смерть: да не когда речет враг мой: укрепихся на него. Стужающии ми возрадуются, аще подвижуся» (*Пс. 12, 4–6*). Если враги начнут одолевать нас, воззовем, говоря: «Боже, кто уподобится Тебе? не премолчи, ниже укроти Боже» (не будь кроток ко врагам). «Яко се врази Твои, Боже, возшумеша» (воскричали... возгласили), «и ненавидящии Тя воздвигоша главу. На люди Твоя лукавноваша волею», говоря: не оставим памяти об Израиле (*Пс. 82, 2–5*). Преуспевший же Святым Духом говорил: «Боже, положи я яко коло, яко трость пред лицем ветра. Исполни лица их безчестия, и да познают, яко Ты един Вышний по всей земли» (*Пс. 82, 14. 17. 19*). Так подвизающиеся верою своею укрепляют сердце свое против врагов, и прежде чем те станут бороть их, водружают себя на святом камне, который есть Христос, говоря в крепости сердца: «обыдоша мя, яко пчелы сот, и разгорешася яко огнь в тернии: и именем Господним противляхся им» (*Пс. 117, 12*).

15. Когда увидим, что враги окружили нас своим вселукавством, которое есть уныние (разленение), или расслабляют душу сластию похотною, или не дают перенести гнева на ближнего, когда он сделает что недолжное, или отягощают очи наши к вожделению телес, или хотят увлечь нас ко вкушению сладких яств, или слова ближнего делают для нас ядом, или нас побуждают уничижить слово другого, или внушают различие полагать между братиями, говоря: этот хорош, а тот худ, – так, когда окружит нас таковое, да не возмалодушествуем, но паче да воззовем в крепости сердца, как Давид, говоря: «Господь защититель живота моего! Аще ополчится на мя полк, не убоится сердце мое; аще востанет на мя брань, на Него аз уповаю. Единою просих от Господа, то взыщу: еже жити ми в дому Господни вся дни живота моего, зрети ми красоту Господню, и посещати храм святый Его. Яко скры мя... и вознесе мя: И ныне се вознесе главу мою на враги моя» (*Пс. 26, 1. 3–6*). Сие свойственно воздвигшим ум свой от мертвых дел, которые Апостол называет ночью, говоря: «несмы нощи, ниже тмы» (*1Сол. 5, 5*). Обличая же нерадящих о себе, говорил Он: «спящии бо в нощи спят; и упивающиися в нощи упиваются» (- ст. 7). И еще: «день Господень, яко тать в нощи, тако приидет; и не имут избежати» (- ст. 2. 3), потому что они в нощи суть. А к тем, которые воздвигли ум свой от страстей, кои суть ночь, он говорил: «сынове суще дне, да трезвимся, оболкшеся в броню веры и любве, и шлем упования спасения» (ст. 8).

16. Сотворим убо все, трезвенствуя умом от мертвых дел, и внимая душою всякий час, чтоб не делать ничего, кроме естественного, потому что естество наше изменчиво по слову Исаии Пророка, который сказал: «милостив к тебе Господь, смиренная и колеблемая, не имела еси утешения» (*Ис. 54, 10. 11*). Ибо душа похожа на железо, которое, если будет оставлено в небрежении, ржавеет, а когда разожгут его огнем, то огонь очищает его, и пока оно в огне, подобно бывает огню и никто не может взять его (в руки), потому что оно огонь. Такова и душа: пока пребывает она с Богом и приседит Ему, дотоле бывает огнем и попаляет всех врагов своих, доведших ее до заржавления во время нерадения ее, и (сей огонь) делает ее чистою в обновлении, как железо, и она уже не услаждается ничем мирским, но упокоевается в естестве своем, которого сподобилась, так как оно было первоначально ее собственностью. Когда же она оставит свое естество, то умирает. Ибо как животное умирает, если погрузить его в воду, потому что оно из земной сущности есть, опять и рыбы, если попадут на землю, умирают, потому что они из водной сущности суть, равно и пернатые, будучи на воздухе, в покое пребывают, а когда спустятся на землю, боятся, как бы не поймали их: так и совершенная душа, пребывающая в естестве своем, когда оставит естество свое, тотчас умирает.

17. Почему, сделавшиеся достойными и сподобившиеся даров оных, смотрят на мир, как на темницу для них, и не хотят смешиваться с ним, чтоб не умереть. Такая душа не может уже возлюбить мир, хотя бы и пожелала, помня о прежнем своем состоянии, в каком находилась прежде, чем стала пребывать в Боге, о том, что наделал ей мир и как сделал ее пустою. Ибо как, когда в город войдет враг царя, и мужи (града) из страха дадут ему руки, он тотчас спешит, по злобности своей, изображения царя уничтожить, и законы его отменить; затем вводит другие законы тяжкие и ставит свое там изображение, а наконец все множество народа заставляет работать себе. Когда же граждане тайно дадут знать истинному царю, говоря: приди, помоги нам, и он, разгневавшись на врага своего, придет со своим войском, тогда граждане, услышав о том, с радостию отворяют ему ворота, и он входит и убивает врага своего, изображение, поставленное им насильственно, уничтожает, и законы отменяет; город радуется, и истинный царь, восстановив свое изображение и свои законы, живет в нем, укрепляет его, чтоб никто уже не завладевал им, и живущих в нем научает воевать, чтоб они без страха были пред всяким врагом своим. Такова и душа, которою, после святого крещения, опять насильственно завладел враг, смирил ее всякими срамными своими кознями, образ Царя низложил и поставил свой и свои законы, заставил ее пещись о делах мира сего, научил действовать нерадиво и нечестиво, и вообще сделал ее такою, какою хотел, но которой наконец благость святого и великого Царя Иисуса послала покаяние, – и возрадовалась душа. Покаяние отверзло вход, и великий Царь Христос, вошедши в нее, врага ее истребил, образ его и нечестивые законы его изгладил, и, сделав ее свободною, поставил в ней святый образ Свой, и предал ей Свои законы, и все чувства ее научил воевать, и наконец почивает в душе оной, потому что она стала Его. Так бывает с душою по милости Божией!

18. Итак, невозможно душе войти в покой Сына Божия, если не имеет она образа Царева. Как монеты никто из купцов не принимает и не дает, если она не имеет изображения царева, не взвешивает ее весовщик, и царь не допускает ее в свою сокровищницу: так, если и душа не имеет образа Великого Царя Иисуса, то не допускают ее (войти) Ангелы, и Сам Царь отревает ее, говоря: как ты вошла сюда, не имея образа Моего? Знамение же образа сего есть любовь. Ибо Он Сам сказал: «о сем разумеют вси, яко Мои ученицы есте, аще любовь имате между собою» (*Иоан. 13, 35*). Но любви Его невозможно быть в нас, когда душа разделена, и Бога ищет и мирское любит. Как птица не может полететь одним крылом, или имея что навешенное на себя, так и душа не может преуспеть по Богу, будучи связана чем либо из мирского. Как корабль, не имея чего-либо необходимого в нем, не может плавать: так и душе невозможно переплыть волны страстей, если она не имеет какой-либо добродетели. Как матросы не носят хороших одежд, или перчаток, или сапог, и (в случае нужды) не могут плыть, если не будут наги: так и душа не может переплыть волны сопротивных духов злобы, если не будет обнажена от всего мирского. Как воин, исходя на брань против врагов царя, не может устоять против них, если не имеет чего-либо из всеоружия: так невозможно монаху противостоять страстям, не имея какой-либо из добродетелей. Как когда в городе, огражденном стеною, малая часть стены будет разрушена, то враги, желая войти в него, все внимание свое обращают на эту разоренную часть, чтоб войти чрез нее, и хотя стражи есть при вратах, но они не могут устоять против врагов, если не воссозиждется разоренное: так подвижник монах, когда им обладает какая-либо страсть, не может устоять против врагов и достигнуть в меру совершенства.

19. Не я сие говорю, но и Божественное Писание говорит. Так в книге Бытия написано: «и рече Бог к Ною: тя» единаго «видех праведна в роде сем» и совершенна (*Быт. 7, 1*). Опять и Аврааму сказал Он: «буди непорочен предо Мною и положу с тобою завет... в завет вечен» (*Быт. 17, 1. 7*). Исаак же, благословляя сына своего Иакова, сказал ему: «Бог мой да укрепит тебя, чтобы ты возмог исполнить всю волю Его» (*Быт. 28, 1 –*). Опять в книге Чисел написано: «всякий кто имеет обет на себе, да воздержится от пития вина, и оцта винна, и сикера, и от всего исходящаго» (от винограда) «даже до кости» (*Числ. 6, 1 – 4*). И во Второзаконии: «аще изыдеши ополчитися на враги твоя, сохрани себя от всякаго слова зла, доколе предан будет в руки твои враг твой» (*Втор. 23, 9 –*). «Из седми же народов сих, не оставляй никого из них имеющим дыхание: да не научат тебя согрешить предо Мною» (*Втор. 20, 16. 18*). Научая не малодушествовать тех из нас, которые говорят: скоро ли истребишь их, когда их столько, сказал: «невозможеши погубити их в один год, да не будет земля пуста, и умножатся зверие дивии на тя; но мало по малу, пока умножишься и возрастешь... и умножит Бог пределы твои» (*Втор. 7, 22*). Много раз также заповедывал им Бог, говоря: «внимай, да не когда положишь Завет с Хананеями, которых Я намерен истребить от лица твоего» (– ст. 2).

20. Также, когда Иисус Навин пошел и окружил Иерихон и разрушил его, Бог сказал: «прокляни его, и все что его» (*Иис. Нав. 6, 16*). Еще, когда Иисус хотел сразиться с (жителями) Гая, то Израиль побежал от лица их не могли противостоять врагам, по причине малого нечего, находившегося под клятвою, что украл Ахар. Тогда Иисус, падши на лице, восплакал пред Богом, говоря: «отврати Израиль выю свою пред враги своими» (*Иис. 7, 8*), и «Я что сотворю?» И сказал ему Архистратиг силы Господней: «так как на тебе клята, Израиль, то не можешь ты устоять против врагов своих» (– 13). И (Иисус) не вышел уже на брань, пока не истребил Ахара. Видим также, что Бог отъял царство у Саула, по причине клятвы, какой подвергся он из-за Амалика. И еще за то, что Ионафан омочил «жезл свой (в соте медвене) и обратил во уста свои, Бог не услышал Израиля в день той» (*1Цар. 14, 27. 37*). Опять Екклезиаст, научая нас, что и малейшая страсть уничтожает силу добродетелей, говорит: «мухи умершии сгноят елея сладость» (*10, 1*). Иезекииль также говорит: в какой день «совратится праведник от» пути «правды своея и сотворит неправду, дам болезнь на лице его, и правды его не помяну» (*Иез. 18, 24*). Опять Апостол говорит: «мал квас все смешение квасит» (*Гал. 5, 9*). Анания же и Сапфира, жена его, когда, взявши (себе) из цены села, солгали, тотчас пали у ног Апостолов и испустили дух, за малое дело сие. Опять Иаков говорит: «иже весь закон соблюдет, согрешит же во едином, бысть всем повинен» (*Иак. 2, 10*).

21. Воодушевляя же нас обратиться к Нему, Бог говорит у Иезекииля: «в какой день обратится беззаконник от пути своего беззаконнаго, и сотворит суд и правду, беззаконий его не помяну, но жизнию поживет» (*18, 21*); «яко не хощу смерти грешника, но еже обратитися и живу быти ему: обращением обратитеся: и Вскую умираете, доме Израилев» (*33, 11*). Опять и Иеремия говорит: «обратися ко Мне, доме Израилев, и милостив буду вам, глаголет Господь» (*Иер. 3, 12; 36, 3*). И еще: «еда падаяй не востает; или отвращаяйся не обратится? Вскую отвратишася людие

Мои сии во Иерусалиме отвращением безстудным, и укрепишася в произволении своем, и не восхотеша обратитися, глаголет Господь» (*Иер. 8, 4. 5*)? «Обратитеся ко Мне, и обращуся к вам» (*Малах. 3, 7*). И Господь Иисус сказал: «аще отпущаете человеком согрешения их, отпустит и вам Отец ваш небесный. Аще ли не отпущаете, ни Отец ваш отпустит вам» (*Мф. 6, 14. 15*). Так же Апостол говорит: «аще кто из вас впадет в некое прегрешение, вы духовнии исправляйте таковаго духом кротости» (*Гал. 6, 1*). Опять Иаков говорит: «братие, аще кто в вас заблудит от пути истины, и обратит кто его, да весть, яко обративый грешника от заблуждения пути его, спасет душу от смерти, и покрыет множество грехов» (*Иак. 5, 19. 20*).

22. Вот все сии свидетельства Писаний побуждают нас испытать самих себя, не имеем ли, трудясь (в делании должного), злобы на ближнего, или не держим ли гнева на него, не прощая ему (чего либо), чтоб это не сгубило труда нашего. В таком случае и Господь наш Иисус Христос не поможет нам в тот час, когда будут обижать нас враги наши. Ибо Он Сам строго укорил неких таковых, говоря: «рабе лукавый, весь долг он отпустих тебе, понеже умолил мя еси. Не подобаше ли и тебе помиловати клеврета твоего? И прогневався... предаде его мучителем, Дóндеже воздаст весь долг свой. Тако и Отец Мой небесный сотворит вам, аще не отпустите кийждо брату своему от сердец ваших прегрешения их» (*Мф. 18, 32 – 35*). Рассматривай же себя, брате, каждодневно, если желаешь узнать сердце свое, что есть в нем пред Богом, – не осуждение ли (там брата), или ненависть (к нему), или зависть, или презорство? Если насеется в сердце твоем такой яд, поминай (тогда) Слово Господа Иисуса, сказанное Им: «тако Отец ваш небесный сотворит вам, аще не отпустите кийждо брату своему от сердец ваших прегрешения их». Кто убо страшится попасть в геенну, да извергнет из сердца своего всякую злобу, чтоб оное страшное определение не пало на него. Внимай же сердцу своему, брате, и бодрствуй над врагами, ибо они вселукавы в злотворстве своем. Убедись в сердце своем в истине такого слова, что невозможно человеку делать добро, когда делает зло, но можно человеку делать зло под видом добра.

23. Посему Спаситель наш научил нас бодрствовать над ними (врагами), говоря: «что узкая врата и тесный путь, вводяй в живот, и мало их есть, иже обретают его. Пространная (же) врата и широкий путь, вводяй в пагубу, и мнози суть входящии им. Внемлите же,» говорит, «от лживых пророк, иже приходят к вам во одеждах овчих, внутрь же суть волцы хищницы. От плод их познаете их» (*Мф. 7, 14, 13. 15. 16*). Какие же это плоды их, если не всякая неестественность, с которою они налегают на нас, желая склонять на нее сердце наше? Но любящих Бога от всего сердца лжепророки не могут убедить ни в чем своем, по слову Апостола: «кто ны разлучит от любве Божия? Скорбь ли, или теснота, или гонение, или глад, или нагота, или беда, или меч? Известихся бо, яко ни смерть, ни живот, ни Ангели, ни начала, ни силы, ни настоящая, ни грядущая, ни высота, ни глубина, ни иная кая тварь возможет нас разлучити от любве Божия?» Видишь, брате мой, каковы любящие Бога от всего сердца, что ничто мирское не может отлучить их от любви Его?

24. Внимай же себе, чтоб что-нибудь пагубное не отдалило тебя от любви Божией, – или золото, или серебро, или жилища, или сласть удовольствия, или ненависть, или поношение, или уязвление сердца словом, или всякий другой яд, вливаемый змием в сердце наше. Не мятись, (увидев в себе что такое), но паче поспешим устремить взор свой на медного змия, которого сделал Моисей по слову Господа. Он возложил его на древо, на вершине горы, чтобы всякий, уязвленный змием, тотчас мог воззреть на него, и исцелиться. Господь наш Иисус Христос уподобился сему змию медному. (Змий) враг есть, коего послушав Адам сделался врагом Божиим. Господь наш Иисус сделался совершенным человеком, по всему, кроме греха, подобным Адаму, ради нас; а змий медный, хотя подобен (по виду) тому, кто был врагом Божиим, – помысла злого не имеет, ни яда, ни злобы, не пресмыкается и не шипит, и дыхания вражия не имеет. Прообраз сей исполнил Господь наш Иисус, чтоб погасить яд, которого вкусил Адам из уст змия. И возвратилось естество, соделавшееся неестественностью, в естественность. Подобное сему говорит (Бог) Моисею: «что сие есть в руце твоей? он же рече: жезл. И рече (ему): поверзи его на землю. И верже и на землю, и бысть змий: и отбеже Моисей от него. И рече Господь к Моисею: простри руку, и ими (его) за хвост: простер убо руку, взя (его) за хвост, и бысть жезл в руце его» (*Исх. 4, 2–4*). После сего говорил ему Бог в разное время, то: возьми жезл (обращавшийся в змия) и ударь им по реке Египетской пред лицом фараона, и вода ее превратится в кровь; то: ударь им Чермное море, и оно высохнет, то: возьми жезл, который имеешь в руке своей, которым ты ударял море, ударь в камень, и он даст из себя воду (*Исх. 7, 19; 14, 16; Числ. 20, 8*).

25. Видишь, как идущий по стопам Господа нашего Иисуса Христа, после того, как был врагом и змием, превращается в жезл, и никто из врагов не противостоит ему? Таинство сие велико есть. Почему, если змий посеет яд свой в нас, поспешим воззреть на восшедшего на крест. Все сие (страдания, крест, смерть) сделали Ему ради нас. И Он все претерпел, не изменившись, не оскорбившись на озлобивших Его, не сказав жесткого слова, но пребыл неподвижен, подобно медному змию. Итак, если будем внимать Ему и последовать стопам Его, то здравы будем от угрызений скрытных змий. Сила и помощь Его есть, сказавшего: «якоже Моисей вознесе змию в пустыни, тако подобает вознестися Сыну Человеческому: да всяк веруяй в он не погибнет, но имать живот вечный» (*Иоан. 3, 14. 15*). Сие и есть следовать по стопам Его, – чтобы быть здравыми чрез Него. Как же бываем мы здравы? Если веруем, что Он силен есть (к тому). Ибо к угрызенным в пустыне, не сам змий медный приходил врачевать их, но угрызенный змием, с верою воззревал на него и становился здравым. Там много было умерших от змий, потому что не поверили Слову Божию, как сказал Апостол: «ни да искушаим Христа, якоже они искусиша, и от змий погибоша» (*1Кор. 10, 9*).

26. Знаешь ли, брате, что даже до ныне есть змий в душе, желающий искушать Иисуса? Искушать же Его что другое есть, если не вопрошать о заповедях Его, и не исполнять их, как написано: «и вопроси един от них законоучитель, искушая Его, и глаголя: Учителю, кая заповедь больши есть в законе; Иисус же рече ему: возлюбиши Господа Бога твоего всем сердцем твоим, и всею душею твоею, и всею мыслию твоею, и искренняго твоего, яко сам себе. В сию обою заповедию весь закон и пророцы висят» (*Мф. 22, 35–40*). Видишь ли, что вопрошающие и неделающие называются искусителями? Потому что не хотят уверовать в медного змия, могущего спасти их от яда змия невидимого. Удерживай же сердце свое и не унывай, говоря: как могу я соблюсти добродетели, будучи человеком грешным? Ибо когда оставит человек грехи свои и обратится к Богу, то покаяние возрождает его, как говорит Апостол: «якоже облекохомся во образ перстнаго, (тако) да облечемся и во образ небеснаго» (*1Кор. 15, 49*). Видишь ли, что (Бог) дал человеку изменяться чрез покаяние и совершенно новым соделываться чрез него?

27. Пока младенец находится на лоне матери, дотоле она охраняет его каждочасно от всякого зла. Если он заплачет, она дает ему сосец свой, и слегка ударяет его по ланите, устрашая его, чтоб брал молоко ее со страхом, и не имел сердца дерзкого. Если он от этого заплачет, она сжаливается над ним, как над плодом чрева своего, утешает его, целует и лелеет, пока он не возьмет сосец ее. Если показать младенцу золото, или серебро, или маргариты, и всякую другую вещь мира, он хоть взглядывает на то, но, находясь на лоне матери, все презирает, чтоб наслаждаться сосцом ее. Отец не бранится с ним, почему не работает, или почему не идет на войну против врагов его, потому что он мал еще и не может: ноги имеет, но не может стоять на них, руки имеет, но не может держать оружия. Так терпит его благодушно мать, пока он мало по малу вырастет. Когда вырастет он немного, и схватится бороться с другим кем, и тот повергнет его наземь, то отец не гневается на него за это, зная, что он еще дитя. Когда же сделается он мужем, тогда обнаруживается расположение его, – враг ли он врагам отца своего. Тогда отец вверяет ему дела свои, так как он сын его. Если же после всех трудов, какими родители потрудились над ним, он, выросши, сделается для них чумою, возненавидит родителей, не станет слушаться их благородия и сдружится с врагами их, тогда они, лишив его своего к нему благорасположения, изгоняют его из дома своего, (положив) не дать ему и наследства.

28. И мы, брате, попечемся о себе, (понуждая себя) пребыть под кровом покаяния; будем принимать млеко из сосцов его, чтоб оно питало нас. Презрим все видимое, чтоб усладилось в устах наших млеко его. Будем нести иго его обучения, чтоб оно (усерднее) попеклось о нас. Если схватимся бороться с врагами нашими, и они повергнут нас долу, как малышей, восплачемся пред ним, чтоб оно умолило Отца нашего, отмстить за нас обидевшим нас. Отсечем всякое желание сердца нашего, и возлюбим быть странниками, чтоб оно спасло нас, как Авраама. Покоримся под руки его, как Иаков, да приимем благословение от Отца нашего. Возненавидим хотения сердца нашего, как Моисей возненавидел и, сохранен быв под кровом его, восстал на хотевших убить его (покаяние), как свободный от всякой сласти похотной. Не презрим его, чтоб оно не возненавидело нас, как Исава. Сохраним чистоту его, чтоб оно возвысило нас в земле врагов наших. Будем всегда иметь его добрым кровом, как Иисус, сын Навин, "Слуга" говорит, «Иисус, сын Навин, юноша не исхождаше из скинии» (Исх, 33. 11). Не дадим места унынию в сердце нашем, чтоб оно не сделало нас безнаследными в земле обетования. Возлюбим во всем смирение, и возревнуем войти в землю, текущую медом и млеком, как Халев. Не будем вожделевать ничего пагубного, чтоб не быть истребленными, подобно Ахару. Возлюбим совесть его (покаянную), чтоб она сокрушала нас каждый час и спасала в час искушения, как Раав. Не будем любить услаждения гортани чем-нибудь из яств, чтоб оно не истребило нас, как сынов Илия. Предохраним себя от всякой неправды, как Самуил, незазренный совестью, чтобы сделал что-либо злое ближнему. Не будем любить злого завистования другим, чтоб оно (покаяние) не отвергло нас, как Саула. Возлюбим не воздавать зло ближнему, чтоб оно (покаяние) сохранило нас от зла, как Давида. Не будем любить велехваления и тщеславия, чтоб оно не отреяло нас от лица Отца нашего, как Авессалома. Но возлюбим смиренномудрие и честность, чтоб оно возымело нас отмстителями всем врагам Отца нашего, как Соломона. Возлюбим полное от всего отречение, обуздывая члены свои от всякого дела мертвого, чтобы восприять мужественное сердце против врагов наших, подобно Илии Фесвитянину. Не будем сластолюбцами и похотниками, чтоб оно (покаяние) не истребило нас как Ахаава. Будем подвизаться до смерти, чтоб не потерять святого наследия его, подобно Навуфею Израильтянину. Будем во всем послушны Отцам нашим по Богу, отсекая всякую волю свою, чтоб, за совершенную покорность им, пребыло на нас благословение их, как на Елиссее. Не будем сребролюбцами и лживыми человекоугодниками, чтоб не постигла нас кара, как Гиезия. Возлюбим верных во всем (мужей), паче себя самих, чтоб оно (покаяние) благословило нас, как Сонамитянину. Не будем страстными любителями срамных дел, чтоб оно не истребило нас от лица своего, как Ахию и Седекию, жженных во огне царем Вавилонским. Возненавидим грех, ради души нашей, даже до смерти, чтоб оно помогло нам в час нужды, как Сусанне. Не будем вожделевать различных снедей, чтоб оно не оставило нас, как (не оставило) получавших пищу с трапезы Навуходоносора. Возлюбим злострадание во всем, чтоб оно порадовалось о нас, как о тех, кои были с Азарием. Не будем вселукавы, как Вавилоняне, роптавшие на верных. Будем исполнять службы наши (молитвенные), не поблажая лености тела, подобно Даниилу, который лучше желал умереть, нежели оставить молитвы, которые совершал каждодневно. Ибо

Бог силен сохранить любящих Его от искушений, а злых истребить. Так вера, яже к Богу, праведного (Даниила) сделала зверей агнцами овними. Благословен Бог покаяния, и благословен у Него возлюбивший его (покаяние), и подклонивший выю свою под иго воли его (покаяния), доколе возродится свыше волею Божиею.

29. Итак, брате, нужду имеет человек в великой рассудительности, в отсечении всякого хотения плотского, в трезвении на всех путях своих со вниманием, чтоб не заблудиться и не впасть в руки врагов его (покаяния). Так уклонение к самоправедности закалает его, осуждение грешников отгоняет его, уничижение нерадивых пресекает его. О нем написано в Притчах: «тесны стези дому ея: брашна же леностнаго не яде. Сугуба одеяния сотвори мужу своему. Бысть яко корабль куплю деющий издалеча: собирает себе богатство» (*Прит. 31, 27. 22. 14*). Постараемся же понять его из слова сего. Купец, нагружая корабль, полагает в него не один род (товаров), но все, от чего, как знает, получит прибыль. Когда видит кого несущим убыток, то не соревнует ему, но соревнует обогатившимся и (в покое) пребывающим в домах своих. От всякой вещи убыточной отвращается он, а всякую прибыльную заимствует, пока купит себе собственную. Неизменным правилом ему служит вот что: чтоб, от чего получил прибыль, опять озабочиваться закупать того же, и (о прочем) спрашивать не завидующих ему, обогатившихся и покоящихся в домах своих и поскольку продавать мне это, за сколько купить то. Такова и душа, желающая сретить Бога непреткновенно. Недовольно ей одного дела, но о всяком деле выгодном (для спасения) она промышляет; если же узнает о каком деле, что оно убыточно, то бежит от него, чтобы не изубыточиться.

30. Теперь, брате мой, назвал ты себя купцом Иисуса? Позаботься же быть им. Торговля Царя оного далека от всякой убыточной вещи. Вот предметы, убыточные для него: слава человеческая, гордость, самоправедность, презорство, огорчительные речи, любоимание, похвальба, любовь к развлечениям. Все это убыточно для купцов Иисуса, и невозможно им угодить Ему, если они имеют то в лавке своей. Рассмотри же себя, брате, что в тебе находится? Пусть ум твой обследует чувства твои, какие из них плод приносят Богу, и какие из них влекутся к греху. Не увлекаются ли очи твои сластию удовольствия? Язык твой не бывает ли побеждаем продерзостью? Не видишь ли сердца своего услаждающимся человеческим почетом? Не радует ли ушей твоих клевета? Все это убыточно для ума. В книге Левит написано: так скажи Аарону: «да не принесеши на жертвенник Мой из чистых животных имеющее порок; да не умреши» (*Лев, 22, 18. 20*). Аарон есть образ ума. Поелику враг (обычно) свое зло примешивает к начинаниям праведным, то и заповедал (Бог) прежде принесения их Ему обследовать, чтоб не умереть. Умереть же значит низойти из созерцания и войти в соглашение с желающими осквернить чувства его.

31. Таковы слова возлюбивших Иисуса и возуповавших на Него! И стала душа их невестою украшенною всякою добродетелью, имеющею святое свое зерцало, по слову Апостола: «мы же вси откровенным лицем славу Господню взирающе, в той же образ преобразуемся от славы в славу, якоже от Господня Духа» (*2Кор. 3, 18*). Ибо «ныне видим в зерцале и гадании, тогда же узрим Его лицем к лицу» (*1Кор. 13, 12*). Итак те, которые сделались невестами Ему по чистоте, смотрятся в самих себя, как в зеркало, нет ли какого порока в лице их, и оно не понравится Жениху их. Ибо Он ищет девственниц, душ чистых, не имеющих порока, как написано о Ревекке, что она была очень доброзрачна и не познала мужа (*Быт. 24, 16*). И Пророк говорит: «приведутся царю девы в след ея, искренния ея приведутся Тебе» (*Пс. 44, 15*). «Приведутся» показывает на святое Его человечество, а «искренния ея» – на прилепление к Нему. Поелику возрождение во святом крещении обновило их от всякой ветхости, а покаяние очищает их и делает святыми девами, забывшими о всякой ветхости и уже не помнящими о ней, как сказал им (Пророк): «слыши дщи, и виждь, и приклони ухо твое, и забуди люди твоя, и дом отца твоего. И возжелает царь доброты твоея» (*Пс. 44, 11. 12*). И удивятся ей все силы небесные, по причине чистоты, какою очистило ее покаяние, и сделало ее едино тело с Господом, и скажут: «кто сия восходящая убелена, и утверждаема о брате своем» (*Песнь песн. 8, 5*)?

32. Употребим же всю силу нашу со слезами на то, чтоб подвизаться мало помалу, пока совлечемся деяний ветхого человека, и сохранять себя от всякого дела пагубного, пока придет любовь Его к нам и, отняв от нас образ перстного, поставит в сердце нашем святой образ Его, небесного, да будем достойны Его, чисты от всякого порока, как сказал Апостол: «якоже облекохомся во образ перстнаго, да облечемся во образ небеснаго» (*1 Кор, 15, 49*). Поелику знал Апостол, что нет человека без греха, с тех пор, как учинено преступление, и что покаяние может опять возвратить человека к безгрешному обновлению; то и сказал, чтоб мы оставили деяния преступившего Заповедь, и делали деяния, т.е. святые Заповеди Господа нашего Иисуса Христа, сотворившего милость и понесшего рабство человека, чтоб ввести его в сокровенный рай, и даровать ему все святые Свои добродетели, дав ему вкусить от древа жизни, которое есть чистота, явленная Им в Себе, и умирив Херувимов с пламенным их оружием, обращающимся хранить путь древа жизни, который есть ведение святых словес Его, охраняющее их (верных) всегда, и заграждающее слух их от всякого слова змия, напоминая о горьком рабстве, в которое впали прежде, чтоб опять не возвратились к нему, и научая их непрестанно благодарить Искупившего их честною кровью Своею. Он изгладив рукописание рабства их Крестом (*Кол. 2, 14*) и сделав их братиями и другами (*Иоан. 15, 14; 20, 17*), излив Духа Своего на них по благодати и успокоив сердца их, сказал: «восхожду ко Отцу Моему и Отцу вашему, и Богу Моему и Богу вашему» (*Иоан. 20, 17*). Еще: «Отче, хощу, да идеже есмь Аз и тии будут со Мною, потому что Я возлюбил их, как Ты Меня возлюбил» (*Иоан. 17, 24. 23*). Показал Он нам также, что не о всех сказал это, но о тех, кои, оставив воли свои, последовали Его святой воле, и отсекли от себя всякое желание мира сего. Ибо говорил: «Аз избрах их от мира: сего ради ненавидит их мир, яко от мира не суть» (*Иоан. 15, 19; 17, 9. 14*). Видишь, что оставившие мирское, – они-то и удостоились быть невестами Господа Иисуса? Они пребывают в единении с Ним, как сказал Апостол: «сего ради оставит человек отца своего и матерь, и прилепится к жене своей, и будета два в плоть едину. Тайна сия велика есть: аз же глаголю во Христа и во Церковь» (*Еф. 5, 31. 32*). И опять он же сказал: «яко быти языком снаследником и стелесником и спричастником обетования Его о Христе Иисусе, благовествованием» (*Еф. 3, 6*). Видишь, что в тех, кои удостоились соделаться едино тело с Господом, обитает и Дух Его Святый? И Он вспомоществует им, Он и печется о них, как сказал Господь: «не вы бо будете глаголющии, но Дух Отца вашего, глаголяй в вас» (*Мф. 10. 20*). Также и Апостол: «нам же Бог открыл есть Духом Своим: Дух бо вся испытует, и глубины Божия» (*1Кор. 2, 10*). "Мы же", говорит он еще, «ум Христов имамы» (ст. 16). Како же возможно уму Христову помышлять о каком-либо грехе?

33. Приникни, брате, сердцем своим в сие таинство, – что всякий род на земле рождает с однородным ему, а не с инородным, скот ли то, или зверь, или пресмыкающееся, или пернатое. Почему Бог привел всех (их) к Адаму, – видеть, есть ли подобное ему? И не нашлось, потому что они не были из его естества. Тогда Бог, взяв одно из ребер Адама, сотворил его женою, так как взял его из мужа ее. Сие таинство великое бывает и в тех, кои соделываются невестами Христу, так как они из сущности Его суть чрез возрождение, и из святого тела Его, как говорит Апостол: «все мы едино тело есмы о Христе, а по единому друг другу уди» (*Рим. 12, 5*). И опять: «зане уди есмы тела Его, от плоти Его, и от костей Его» (*Еф. 5, 30*). Видишь ли, чего Он хочет? Чтобы человек был во всем подобен Ему, как Ева из Адама есть и во всем подобна ему. Почему, если мы имеем нечто от неразумия скотов, или жадность зверей, или непостоянство пернатых, или яд пресмыкающихся, то такие души не могут быть девами-невестами Ему, потому что они не суть по деяниям Его. Видишь ли, брате, как Он желает, чтоб человек был по Нему, здрав от всякой неестественности, дабы удостоиться быть невестою Ему? Душа познаёт помыслы свои из своих деяний. Если она творит деяния (Духа), то (явно, что) Дух Святой обитает в ней, так как деяния (Духа) возрождают душу бесстрастной. И невозможно Духу Святому не обитать в такой душе, как сказал Господь: «аще любите Мя, заповеди Моя соблюдите. И Аз умолю Отца, и иного Утешителя даст вам – Духа истины» (*Иоан. 14, 15–17*). И Апостол также говорит: «или не знаете себе, яко Иисус Христос в вас есть, разве точию чим неискусни есте» (*2Кор. 13, 5*).

34. Видишь ли, что если кто не стяжет деяний Иисуса, то он неискусен и не невеста Ему? Все девы приготовили светильники свои, но не имевшие деяний остались за дверью. Невод, брошенный в море, собрал (всякого рода рыбы), но в царствие приняты (только добрые). Плевелы выросли вместе с пшеницею, но когда настала жатва, связаны в снопы и брошены в огонь. Розги все оставались в лозе виноградной, но не принесшие плода ввергнуты в огонь. Овцы паслись вместе с козлищами, но только одних овец Он ввел с Собою, а козлища брошены вне. Сеятель равно сеял все семена свои, но порадован только теми, кои возрасли на доброй земле. Дававший серебро (таланты, мнасы) давал их без лицеприятия, но только удвоивший его принес ему радость. Все званы были на брак, но не имевшего одеяния брачного (царь) велел бросить во тьму вечную. Эти слова нас касаются, потому что все мы говорим, что веруем, но не имеющих деяний Божества Его, бросит Он вне, как сказал: «мнози бо суть звани, мало же избранных» (*Мф. 22, 14*).

35. Исследуем себя, братие, и рассмотрим деяния свои, прежде чем сретим Господа. Не будем смотреть на тех, кои творят плотские хотения сердца своего, чтоб не погубить толикого богатства, какое имеем обрести в час нужды. Восподвизаемся приобрести его, а то, какое имеем оставить, презрим, как врага. Помыслим о тех, кои весь свой труд иждили на хлопоты о гибнущих (благах), что они оставили их и отошли, и за них наследовали геенну, потому что не хотели следовать по стопам Господа, чтоб удостоиться быть Ему невестами. Будем же подвизаться со слезами пред Богом, с болезнованием сердечным и стенанием сокровенным, да (не попустит Он нам) впасть в такое их посрамление. Ибо, когда бывает на море волнение, и многие корабли погибнут, а другие остаются еще целыми, то не говорят: погрязнем и мы в пучине, как они, но воодушевляют друг друга не унывать и умоляют Бога помочь им. Поистине великое стоит волнение на земле. Будем же себя всячески понуждать к трудам, и вопиять к Господу, да не погибнем: так, когда и на море бывает буря, начальник корабля всегда находит и в числе матросов и в числе пассажиров таких, которые воодушевляют его. (Да ведаем что) если человек не обнажится от всякой вещи погибельной, то не может спастись из этого моря многоволненного. И Моисей не мог воспеть песнь Господу, пока не перешел моря и не увидел смерти хотевших удержать род его в Египте, чтоб были они там рабами. И когда уже перевел их, когда совсем стали они свободны, тогда лишь воззвал он: «поим Господеви, славно бо прославися: коня и всадника вверже в море» (*Исх. 15, 1*).

36. Так, когда ум спасет чувства души от пожеланий плоти и минует их, тогда столп созерцания его отделит душу от пожеланий плоти. Затем, если Бог увидит бесстыдство страстей, что они устремляются на душу, желая удержать чувства ее во грехе, между тем, как ум в сокровенности приседит непрестанно Богу, то посылает ему помощь Свою и все их за раз истребляет, как написано: «рече Господь к Моисею: что вопиеши ко Мне? Заповедуй сыном Израиля и да уготовят себя. И ты возми жезл, который в руке твоей, и низведи его на воду моря, – и изсохнет» (*Исх. 14, 15. 16*). Верен Бог дать руку (помощи) и ныне Моисею, чтоб спасти Израиля (ум) из рук Египтян, кои суть пожелания, какие мы исполняли, – да и мы сподобимся воспеть Ему новую песнь, говоря: «поим Господеви, славно бо прославися». Но как можем мы сказать: «славно бо прославися», если льнем к врагам нашим и обращаемся к Египту волею нашею, вожделевая яств тамошних, и понуждая Аарона: «сотвори нам боги», которые повели бы нас в Египет (*Исх. 32, 1*), – и если мы так смирены малодушием, что хулим духовную пищу. Силен же Бог возвратить к нам Моисея с горы для истребления тельца бодающего, коим мы прогневали Бога. Силен Бог, даровавший нам покаяние, опять возвратит нас к Себе, и укрепит Моисея помолиться о нас, говоря: «аще оставиши им грехи, остави: аще же ни, изглади мя из книги живых» (*Исх. 32, 32*), и облечь силою, вовремя, Иисуса на истребление седьми народов, обративших в свое достояние землю обетованную завистливым лукавством своим, – да примет Израиль наследие свое, живя в нем независтно во веки веков. Аминь. Его есть сила, Его помощь, Его покров, Его мудрость, Его охрана. Он в нас есть Господи Иисус Христос, в славу и честь Бога Отца и Святого Духа, прежде века, и ныне и во веки веков. Аминь. Когда прочитаешь это, брате, потрудись попещись и об исполнении того, да покроет тебя Господь в час искушения. Аминь.

СЛОВО ДВАДЦАТЬ ШЕСТОЕ Слова, которые передал авва Петр, ученик Исайи, сказывая, что слышал их от него

1. Сказал отец мой: мужайся восстановить то, что должно исправить. Чистота молится Богу. Страх Божий и утеснение (себя во всем) оставляют грехи. Если человек имеет злобу отмщения в сердце своем, то тщетна молитва его. Не желай спрашивать совета или слова (о делах) времени сего, и сам не давай его вопрошающим тебя. Непрестанно имей уши свои (внимающими) тем, кои говорят в тебе, и моли Бога дать тебе дар узнавать, чьему из них слову послушаться. Сотвори силу свою – не говорить одно устами, другое имея в сердце своем.

2. Опять сказал, что повержение себя пред Богом с разумом, и повиновение заповедям со смирением приносят любовь, а любовь – бесстрастие.

3. Еще сказал, что безмолвствующему должно испытывать себя каждый час, миновал ли он тех, кои имеют удерживать его в воздухе, и освободился ли от них, еще здесь пребывая. Ибо доколе подлежит он рабству их, дотоле не освободился еще (от них). Почему труд предлежит ему, пока не будет милость с ним.

4. Сказал опять: человек, имеющий осуждение в сердце своем, далек от милости Божией. Когда же я спросил его об этом, он сказал: если хочешь последовать Господу нашему, Иисусу Христу, соблюдай слово Его; если хочешь сораспять с Ним ветхого человека, то должен ты отсечь тех, кои сводят тебя со креста, приготовить себя к перенесению уничижения, упокоевать сердце озлобляющих тебя, смирять себя, властвовать над хотениями своими, иметь молчание уст, и не осуждать никого в сердце.

5. Сказал еще, что находящийся в безмолвии, должен иметь страх сретения Бога такой, чтоб он упреждал дыхание его, ибо доколе грех влечет к себе его сердце, дотоле еще не совершился в нем страх, и далека еще от него милость.

6. Опять сказал: вот что жалко, что бесстрастие имеем мы в устах, а беззаконие и зло имеем в сердце.

7. Сказал еще, что если человек не восподвизается даже до смерти сделать тело свое таким, какое носил возлюбленный Иисус, то не сретит Его с радостью, и не освобожден еще бывает от горького рабства.

8. И вот что еще говорил: помилуй! помилуй! помилуй! До чего дошла душа! В какой чистоте сотворена была она, и под какою властью состоит теперь, и какою суетностью связана!

9. Сказал также: пока ты в теле сем, не послабляй, прошу тебя, сердцу своему, ибо, как человек не может веру яти никакому плоду, пока он всходит только на поле его, потому что не знает, что случится с ним, прежде чем заперт он будет в житницах его: так не может человек послабить и сердцу своему «пока есть дыхание в ноздрех его» (*Иов. 27, 3*), и как не знает человек, какая страсть сретит его, до последнего издыхания, так нельзя человеку послабить сердцу своему, пока имеет он дыхание, но вопиять должно ему всегда к Богу о помощи Его и милости.

10. Спросил я его, говоря: отче, что есть смиренномудрие, и что порождает его? И он сказал мне: послушание, отсечение своей воли в смирении без труда, чистота, перенесение оскорблений, стерпевание слова ближнего без тяготы, – вот что есть смиренномудрие.

11. Опять сказал: блажен стяжавший нового человека, прежде сретения Христа. Это и Апостол сказал, что «плоть и кровь царствия Божия наследити не могут» (*1Кор. 15, 50*), И еще сказал: «идеже в вас зависти и рвения и распри, не плотстии ли есте, и по человеку ходите» (*1Кор. 3, 3*)?

12. Опять сказал: от того в таких трудах находимся мы от врагов наших, что не познали надлежащим образом грехов своих и плача не испытали с разумом, ибо если бы открылся в нас плач, то он обнаружил бы пред нами грехи наши. Когда же дано будет нам увидеть грехи свои во истине, тогда стыдиться имеем мы даже воззреть на лицо предстоящих, или даже жен бесстыжих, потому что они честнее нас, ибо они с такой дерзостью делают грехи свои потому, что не знают Бога, наши же сердца слагаются с грехами, тогда как мы – верные.

13. Сказал опять: перенесение поношения и уступление воли своей ближнему по Богу, чтоб не дать войти посреде врагу, обнаруживает человека-деятеля, ибо, если кто бодренный имеет ум и с разумом есть под ногами Господа Иисуса, то он станет заботиться отсечь свою волю для того уже, чтоб не быть отлученным от возлюбленного своего Господа. Свою же удерживающий во всем волю даже с верными не мирен бывает, потому что малодушие, гнев и огорчение на брата всюду сопровождают сердце его. Говорящий: ничего мне не будет, если поговорю, или послушаю, подобен слепому, который, и когда вводят его и когда выводят, не видит света. Уразумейте это из того, что бывает с солнцем, что его светлость и теплоту покрывает и малое набежавшее облако. Но это не для всех явно, а только для тех, кои имеют ведение.

14. Опять сказал: человек, всегда смотрящий на грехи свои, не имеет языка, чтоб поговорить с каким-либо человеком.

15. Опять сказал: возненавидь все, что в мире, и телесный покой, потому что они делают тебя врагом Богу. Как человек, имеющий врага, ведет с ним брань, так мы должны вести брань с телом своим, чтоб не давать ему покоя.

16. Сказал опять: делатель, любящий Бога, должен внимать всякому помыслу своему, и совещаться с ними и рассуждать их, суть ли они от тела его, или нет. Ибо, поскольку неестественности имеют силу в каком-либо из членов его, постольку не почитается еще он девственником.

17. Спросил я его: что значит слово молитвы Евангельской: «да святится имя Твое»? И он сказал: это относится к совершенным, потому что невозможно святиться имени Божию в нас, обладаемых страстями.

18. Сказал опять: древние отцы наши сказали, что удаление (от мира) есть бегство от тела (непоблажание телу), и помышление о смерти.

19. Опять сказал о мире с ближними, что где нет мира, там и Бог не обитает. Видящий же грехи свои, видит и мир. Ибо не место жительства оставляет грехи, но смиренномудрие. Давид, говорит, впадши в грех с Урииною, не нашел ничего, чтобы принести в жертву Богу о грехах своих, кроме следующих слов: «жертва Богу дух сокрушен: сердце сокрушенно и смиренно Бог не уничижит» (*Пс. 50, 19*).

20. Сказал опять, что малодушие и порицание кого-либо мятежом исполняют ум, и не дают ему видеть свет Божий.

21. Сказал опять: сотвори силу твою избежать от следующих трех страстей, низвращающих душу: корыстолюбия, честолюбия и покоелюбия, потому что они, возобладав душою, не дают ей преуспеть.

22. Опять сказал: если, когда сидишь в келье, придет тебе (помысел) посудить ближнего, то суди его, от своих грехов (исходя), заключая, что твоих грехов больше, чем у ближнего. Также, если подумается тебе, что ты делаешь дела праведные, то не полагай, что они угодны Богу. Всякий крепкий член тела ходит за больным и печется о нем, говоря: у меня есть нечто (общее) с ним, и состраждет ему, пока оздоровеет. Жестокосердый говорит в сердце своем: я никогда не погрешал, а стяжавший смиренномудрие на себя переносит порицание ближнего, говоря: это я погрешил. Презирающий его (смирение) держит на сердце своем, что он мудр, и никогда не уязвлял никого, а имеющий страх Божий печется о добродетелях, не погибла бы как-нибудь хоть одна из них.

23. Опять сказал: если, сидя в келье, совершаешь ты в молчании службу (*leitorgian*) Богу, и сердце твое преклоняется к чему-либо, что не есть Божие, ты же думаешь, что это не грех, что это помыслы, а не грех, то (знай, что) служба, совершаемая тобою в молчании, не есть истинная. Если ты говоришь: «Бог приемлет службу сердечную, которую совершил я в молчании», то (должен согласиться, что) и, когда сердце твое слагается со злом в молчании, молчание вменяется тебе в грех пред Богом.

24. Спросил я его и он мне сказал, что не находящий помощи во время брани и миру верить не может.

25. Опять сказал об учительстве, что (сему делу) страх присущ, как бы не погрешить против того, чему учишь: ибо коль скоро погрешишь, не можешь научить.

26. Сказал опять о причащении: Горе мне! Горе мне! Ибо если я общусь с врагами Бога, то какое же мне общение с Ним? Итак в суд себе и осуждение причащаюсь я. Ибо вот какое слово говорим мы: святая святым, т.е. святым (подобает принимать) сии святые (тайны). Но если я свят, то кто же суть эти действующие во мне?

27. Спросил я его, говоря: что есть страх Божий? И он сказал мне, что человек, склоняющийся на что-либо, что не есть Божие, не имеет страха Божия.

28. Спросил я его еще: что есть раб Божий? И он сказал мне, что доколе кто работает страстям, дотоле не может почитаться рабом Божиим, но того он есть раб, кем обладается.

29. Сказал опять: Горе мне! Горе мне! что не подвизался очистить себя, чтоб получить милость. Горе мне. Горе мне! что не подвизался восторжествовать над врагами моими в брани, чтоб царствовать со Христом, ибо как возможет рабствующий другим приблизиться к Царю своему? Горе мне! Горе мне! что лежит на мне имя Твое, Господи, а работаю я врагам Твоим. Горе мне! Горе мне! что вкушаю снеди, коими гнушается Бог мой, и за это Он не исцеляет меня.

30. Посетил я его, когда он был болен, и нашел его сильно страдающим. Увидев печаль сердца моего по причине страданий его, он сказал мне: только подвергаясь таким немощам, едва могу вспомнуть о горьком часе оном; здоровье же плоти неполезно (для таких занятий). Она ищет крепкого здравия, чтоб вражествовать против Бога, а древо, напаяемое каждодневно, не иссыхает, и не перестает приносить плоды (по роду своему).

31. Опять сказал: человеку потребно сердце мужественное и великое, чтоб пещись о хранении заповедей Божиих.

32. Опять сказал: Горе мне! Горе мне! что имею пред собою обвинителей, которых знаю, и которых не знаю, и не могу отрещися. Горе мне! Горе мне! что имею обвинителей, и как могу сретить Господа моего и святых Его, когда враги не оставили ни одного члена моего здравым пред лицом Его?!

33. Спросил я его: что потребно делать безмолвствующему? И он сказал мне: безмолвнику потребны три следующие (добродетели): страх непрестанный, всегдашняя молитва и непрерывное непослабление сердцу своему.

34. Опять сказал, что человек безмолвствующий должен хранить себя, чтоб ни одного слова не услышать неполезного ему, потому что это губит труд его.

35. Опять сказал об авве Серапионе, что когда один старец спросил его: сотвори любовь, скажи мне, каким ты себя видишь, и он ответил: я похож на того, кто находясь на башне, и смотря во вне, помавает проходящим, чтоб они не приближались к нему. А вопрошавший его старец сказал ему: я же вижу себя, что я как бы сделал ограду вокруг и запер ее железными запорами, так что, когда кто постучится, я не узнаю, кто там, или откуда пришел, или чего хочет, или каков он, и не отворяю ему, пока не уйдет.

36. Сказал опять: кто ищет Господа с болезнованием сердечным, того услышивает Он, если просит о том с разумом, и заботливо ищет того с болезнованием сердца, и не связан ничем мирским, но печется о душе со страхом, чтоб поставить ее на судилище Божием непреткновенною по силе своей.

СЛОВО ДВАДЦАТЬ СЕДЬМОЕ О «внемли себе»
(*Втор. 15, 9*)

1. Внемли себе тщательно, дерзая и веруя, что Господь наш Иисус Христос, Бог сый, и неизреченную имея славу и величие, сделался для нас образцом, «да последуем стопам Его» (*1Петр. 2, 21*), ради нас смирил Себя превеликим и всякую меру превосходящим смирением, зрак раба прияв, обнищал, ни во что вменил посрамление, претерпел многие и срамные оскорбления, и как написано, «яко овча на заколение ведеся, и яко агнец пред стригущим его безгласен, тако не отверзает уст Своих. Во смирении суд Его взятся» (*Исайи 53, 7. 8*), -(наконец) и смерти с великими поношениями подвергся за нас: чтоб и мы, по заповеди Его и по собственным грехам нашим, охотно переносили, если кто праведно или неправедно будет поносить нас, или клеветать на нас, и – что говорить – если даже до смерти (будет доводить нас), яко овча на заколение да ведемся, и будем, как неразумный скот, отнюдь не противореча, но паче, если сможем, моляся, или по крайней мере молча, с великим смирением.

2. Внемли себе тщательно, веруя, что многополезно и спасительно для души, (подвергаться) оскорблениям и бесчестиям ради Бога, и переносить их охотно и безмятежно, помышляя, что по грехам моим я достоин и больше пострадать, и что всячески удостаиваюсь пострадать и понести нечто за Господа, того ради, что, может быть, чрез многие страдания и бесчестия, хоть малою некою черточкою, подражателем сделаюсь страдания Бога моего. И всякий раз, как вспомнишь об оскорбивших тебя, от души и искренно молись о них, как о доставивших тебе великие блага, отнюдь не ропща на них.

3. Внемли себе тщательно, чтоб, как смерть великую, как пагубу души своей и вечную муку, так презирать и всецело ненавидеть любоначалие и славолюбие – желание славы, или чести, или похвал человеческих, – и то, чтоб думать о себе, что ты нечто, или что справил какую добродетель, или что ты лучше кого-либо; и всякое срамное похотение и сласть плотскую до малейшей отсекай; так же знакомиться с кем-либо без нужды, или касаться тела другого, и поесть чего хоть немного не вовремя себе не позволяй, дабы, соблюдая себя таким образом и ограждая в малом, не впасть тебе в тяжкие (грехи), и, презирая малое, мало помалу не погрешить в большем.

4. Внемли себе тщательно, чтоб от души и во истину почитать себя малейшим и грешнейшим всякого христианина и всегда иметь душу плачущею, смиряющеюся и стенящею; и, как недостойный и идиот, всегда молчи, да и вообще не говори без нужды.

5. Внемли себе, всегда помнить и пред очами иметь огнь вечный и вечные муки и осужденных туда, и почитай себя паче за одного из тамошних, чем из живых.

6. Внемли себе тщательно, зная, что Господь наш за нас умер и воскрес, чтоб и ты не себе уже жил, но Господу, за нас «умершему и воскресшему» (*2Кор. 5, 15*), дерзая и веруя, что ты всегда находишься пред лицом Его, и Он видит сердце твое.

7. Внемли себе тщательно, всегда быть готовым повиноваться воле Божией, на смерть ли, или на живот, или на какую-либо скорбь, со всем желанием, и верою, и всегда ожидать великих и страшных искушений, грядущих на тебя, скорбей, мучений и самой горькой смерти.

8. Внемли себе тщательно, чтоб, как пред лицом Бога сущему, ничего без воли Его не делать, даже до малейшего чего. Что бы ни захотел, сказать ли, или сделать, или сходить к кому, или поесть, или напиться, или лечь спать, или другое что захотел бы ты сделать, дознай прежде, по Богу ли то, и исповедуй причину, почему хочешь того, и тогда делай то, как подобает пред Богом. Так во всех делах и словах исповедуйся Богу, чтоб стяжать большее свыкновение с Ним и большее к Нему дерзновение.

9. Внемли себе тщательно, чтоб, если кто чем-либо оскорбит тебя, и будет в тебе печаль или гнев, молчать и ничего не говорить, кроме подобающего, пока прежде молитвою не укротишь сердца своего, и тогда наконец переговори с братом. Если будет тебе нужно (обличить) брата, и видишь себя в гневе и нестроении, то отнюдь ничего не говори ему, чтоб не придти в большее расстройство. Но когда увидишь и себя и его в добром расположении и кротости, тогда и поговори ему, не как обличающий, а как напоминающий, со всяким смиренномудрием.

10. Внемли себе тщательно, чтоб каждодневно ожидать грядущего на тебя искушения, на смерть ли, или на скорби и беды великие, и (когда придет) переноси его охотно и без смущения, помышляя, что «многими скорбьми подобает нам внити в царствие Божие» (*Деян. 14, 22*).

11. Внемли себе тщательно, во всем, что бы ни предлежало тебе, в слове ли, или в деле и помышлении, отнюдь не искать своей воли и своего покоя, но волю Божию дознавать тщательно, и ее исполнять в совершенстве, и хотя трудным что покажется, переносить то и делать, царствия ради небесного, веруя от всего сердца, что то полезно тебе, паче всякой мудрости человеческой: ибо заповедь Его живот вечный есть, и «взыскающии Господа не лишатся всякаго блага» (Пс, 33, 11).

12. Внемли себе тщательно, как всегда сущий пред лицом Бога, чтоб ни от кого ничего не чаять, но все от Него Единого, с верою. И в чем бы ни имел ты нужды, моли Бога, да будет тебе нужное то по воле Его. За все, что находится у тебя, благодари всегда Бога, как все то даровавшего тебе. Если лишишься чего, отнюдь не надейся на человека, равно не скорби и не ропщи ни на кого, но переноси то благодушно и без смятения, помышляя в себе: еще больших скорбей достоин я по грехам моим, впрочем, если хочет Бог помиловать меня, может. Если будешь так располагаться, то Он исполнит всякую твою нужду.

13. Внемли себе тщательно, отнюдь не соглашаться принять что, если не удостоверишься, что Бог посылает тебе то от праведных трудов, и тогда прими то со всяким миром. Когда же видишь, что то от неправды, или брани, или лукавства и лицемерия, отвергни и отбрось то, помышляя что «лучше частица малая со страхом Господним, нежели сокровища велия без боязни» (*Притч. 15, 16*).

14. Внемли себе тщательно, и понуждай себя хранить молчание, чтобы Бог даровал тебе силу бороться и подвизаться. Если же кому будет нужда говорить с тобою, и ты дознаешь прежде сам по себе, что нужда та благословна, и что по Богу в сем случае лучше говорить, чем молчать: тогда наконец открой уста твои со страхом Божиим и трепетом, имея лицо долу (обращенное) и слово почтительное и подобающее. Когда говоришь с кем, говори не много любви ради, и поскорее замолчи. Если спрошен будешь о чем, послушайся (сказать) только нужное, и больше того ничего не говори.

15. Внемли себе тщательно, чтобы, как воздерживаешься от блуда, так воздерживаться и от похоти очес, и слуха, и языка, и осязания; чтоб очи свои всегда иметь только тебе внимающими и рукоделию твоему, и не обращать их на другого человека, разве только когда видишь, что есть благословная в том нужда. На женщину же, или на мужчину доброзрачного, отнюдь не смотри, без нужды. Ушам своим не позволяй слушать что против кого-либо, ни бесед бесполезных. Уста твои да молчат, и отнюдь не говорят без нужды.

16. Когда будешь читать это, возлюбленный, сотвори силу твою попещись об (исполнении) того, да покроет тебя Бог в час искушения. Аминь.

СЛОВО ДВАДЦАТЬ ВОСЬМОЕ О ветвях зла

1. Необходимо сказать о ветвях зла, чтоб знал человек, что есть страсть, и что отлучает его от Бога, и молил благость Его по поводу каждой из них, – да изыдет помощь Его с человеком и да даст Он ему силу (бороться с ними), пока возможет он совсем совлечься их. Ибо они суть раны в душе и отлучают ее от Бога.

2. Блажен совлекшийся их, потому что он будет разумною овцой, благоприятной на жертвенник Божий, и услышит радостный глас Господа: «добре, рабе благий и верный, о мале был еси верен, над многими тя поставлю: вниди в радость Господа Твоего» (*Мф. 25, 21*). Те же, которые хотят творить свои хотения по плоти, и не хотят уврачевать себя святым врачевством покаяния, чтоб сделаться чистыми, – в час нужды окажутся нагими, не имеющими одеяния добродетелей, и ввержены будут во тьму кромешную, где пребывает диавол, одетый в одежду страстей, кои суть: блуд, похотение, сребролюбие, оглаголание, гнев, завиствование, тщеславие, гордость. Они-то и суть ветви (зла), и многие им подобные, как-то: невоздержание, украшение тела, развлечения, леность, смехотворные речи, бесстыжие взгляды, страсть шириться, бессовестность, невнимание к суду Божию, зависть к ближнему, ложь на брата, человекоугодие, лжесвидетельство, ложное знание, желание учить, любовь к обычаям мира, малодушие, нетерпение, ненависть к ближнему, непорицание себя (несознательность и самодовольство), любовь к славе человеческой, паче славы Божией, выказывание своего делания, чтоб прославлену быть людьми, любовь к яствам изысканным, совершение страстей телесных в сердце, почитание соблазном немерения себя (или самоуничижения), хвастание своим знанием, спорливость, настояние на своей воле, почитание себя разумным и мудрым, почитание брата неразумным, и уничижение его.

3. Все сие действуется в бедной душе, доколе не отлучит ее от Бога. Это суть тяжкие бремена, кои взял на себя Адам, когда вкусил от древа. О них-то и говорится: «Той немощи наши взял и болезни понес» (сл. *Ис. 53, 4*...). Их-то Господь наш Иисус Христос умертвил крестом. Они-то суть ветхие мехи, в которые не вливают вина нового. Они-то суть пелены, коими связан был Лазарь. Они-то суть демоны, коих послал Христос в стадо свиней. Это есть ветхий человек, коего совлещися заповедал Апостол. Это то, что он сказал: «плоть и кровь царствия Божия наследити не могут» (*1Кор. 15, 50*). Это то, что он говорит: аще бо по плоти живете, имате умрети (*Рим. 8, 13*). Это плевелы, кои извела земля Адамова, когда он извергнут был из рая.

4. Христово же бремя легко: безгневная чистота, благость, кротость, радость духа, воздержание страстей, любовь ко всем, рассуждение святое, вера непоколебимая, терпение скорбей, смотрение на себя, как на чуждого миру, желание изыти из тела и сретить Христа. Вот те бремена легкие, которые понести повелел нам Христос. Вот путь, на котором многие труды подъяли святые, пока совершили его. Вот то, чего никто не может достигнуть, если не совлечется ветхого человека, не освободится (от него) и не стяжет любви, и любовь не сделает его беспечальным в отношении ко всему. Но любви сей невозможно возобитать в нас, пока любим мы что-либо от мира сего, как написано: «не можете трапезе Господней причащатися и трапезе бесовстей» (*1Кор. 10, 21*). И Исайя говорит: «кто возвестит вам, яко огнь горит; кто возвестит вам место вечное; (если не) ходяй в правде, глаголяй правый путь, ненавидяй беззакония и неправды, и руце отрясаяй от даров: отягчаваяй уши, да не услышит суда крове: смежаяй очи, да не узрит неправды, сей вселится в высоце пещере камене крепкаго: хлеб ему дастся, и вода его верна» (*Ис. 33, 14–16*).

5. Видишь ли, какую честь доставляет Бог подвизающимся в малое время сие, и совлекшим с себя тяготу мира чрез претерпение скорбей своих? Видишь, как помощь Божия соисходит с отсекшими хотения свои, и изглаждает в них все страсти, ради того, что они последовали воле Божией? Те же, которые удерживают свои хотения, и желают исполнять их, хотя «начинают духом», но, не могли устоять против врагов своих, по причине желания исполнять свои хотения, «скончавают плотию» (*Гал. 3, 3*), и делают суетным и бесплодным труд свой. За это укоряет их Пророк Иеремия, говоря: «проклят (всяк) творяй дело Господне с небрежением» (*Иер. 48, 10*).

6. Видишь, что если которые, пожелав служить Богу, работают страстям, то не соисходит с ними Бог, но, оставляя их с волею их, предает их в руки ненавидящих их? И вместо чести, которой ищут они у людей, бывает им поношение, за то, что не противостояли врагам своим, пока бы Бог пришел к ним на помощь, и смирил их (врагов). Так, без труда, пота и болезнования, человек не бывает услышиваем от Бога, по всем Писаниям.

7. Будем же молить благость Божию со тщанием сердечным, со слезами и злостраданием, повинуясь всякому человеку Господа ради, смиряя себя и пред братиями нашими, как сведущими более нас, никому злом за зло не воздавая, и не помышляя злого в сердце своем ни о ком, но все в единосердечии пребывая, не говоря относительно потреб мира телесных, ни о чем: это мое, но ум свой каждодневно меряя, докуда он достиг, и сохраняя его, чтоб не помышлял о том, что нечисто, – лишая тело свое насыщения, чтоб оно не потребовало от нас удовлетворения страстей своих, – чтоб тело смирилось пред душою, а душа покорилась уму и сделалась невестою, чистою от всякой скверны, и звала жениха своего, говоря: «да снидет брат мой в вертоград свой, и да яст плод овощий своих» (Пес. 5, 1).

8. Станем же подвизаться, братие, чтоб, снискав такое к Нему дерзновение, услышать и нам слово, которое сказал Он: «хощу, да идеже есмь Аз, и тии будут со Мною»; ибо Я возлюбил их, как Ты возлюбил Меня, Отче. «Ты во Мне и Аз в них» (*Иоан. 17, 23. 24*). Может же Троица Святая, единосущная и безначальная, сотворить милость с нами, да обрящем упокоение, со всеми Святыми Его, в день суда. Ему слава и держава во веки веков. Аминь.

СЛОВО ДВАДЦАТЬ ДЕВЯТОЕ Рыдания

1. Горе нам, любосластные и маловременные, что за привременное беззаконное похотствование плотское, не узрим мы славы Господа!

2. Горе нам, что, когда тление нетления не наследствует (*I Кор. 15, 50*), мы, презрев нетление, неудержимо емлемся за тление!

3. Горе нам, что, имеющую разложиться в червей и гной, плоть свою питаем в грехах, не боясь ни огня, имеющего нас вечно мучить, ни червя неусыпающего!

4. Горе нам, что, оскверненное нечистотами, тело наше Христолюбивые человеки чтут поклоном и лобызают, а мы гробы повапленные есмы, хранящие в себе смертоносный грех!

5. Горе нам, что чрез невоздержание в пище и сластях сокровиществуем в себе семянные зародыши, и чрез то возбуждены бываем к беззаконному плотскому смешению!

6. Горе нам, что не сличаем тления с нетлением и не страшимся Божественной и страшной правоты!

7. Горе нам, что мы малодушны на добро, но ретивы и скоры на зло!

8. Горе нам, что способное быть приятелищем света вечного тело наше сделали мы приятелищем вечной тьмы!

9. Горе нам, что соделавшийся Сыном Человеческим, и Богу Отцу единосущный не имеет где главу Свою подклонить в нас, ради нас вочеловечившись, а лисы злые и лукавые духи норы себе в нас поделали!

10. Горе нам, что правые сердцем представят Судие души свои непорочными и тела свои святыми и незапятнанными, мы же, имея души оскверненные и тела нечистые, должны ожидать одного осуждения на вечные муки!

11. Горе нам, что будучи похотетелями неправд и всякой нечистоты требуем себе чести святых!

12. Горе нам, что будучи осужденниками, повинными многим грехам, вращаемся среди святых и незлобивых, как чистые и свободные!

13. Горе нам, что будучи исполнены прегрешений, вразумляем и научаем тех, которые гораздо лучше нас!

14. Горе нам, что, имея бревно в глазе, будто непорочные поднимаем суд и гневаемся на тончайшие (подобно сучцу) погрешности братий наших!

15. Горе нам, что для других связываем тяжкие и неудобоносимые бремена, сами же, будто немощнейшие телом, и (перстом) прикоснуться к ним отказываемся!

16. Горе нам, что, скудны будучи в божественном монашеском делании, спешим без стыда учить других деятельной добродетели!

17. Горе нам, что, забыв о давних грехах своих, и о новых не мучимся и не плачем!

18. Горе нам, что, с Божьей помощью и благодатью добре начав, ныне стали плотскими!

19. Горе нам, что так погрязли в нечистых помыслах, что будто не видя своих грехов, спрашиваем, делали ли мы их!

20. Горе нам, что, когда едим и пьем, не припоминаем о бывающей в нас от многоядения брани!

21. Горе нам, что лишь только возбудят в нас демоны блудные воспоминания, как уже находят нас готовыми на то в сосложении с помыслами!

22. Горе нам, что, оставив божественные молитвы и чтения с размышлением, иждиваем дни наши в пустых мечтаниях и празднословиях!

23. Горе нам, что так окаменены сердца наши, что часто, напряженно ища сокрушения и слез, не успеваем в этом по причине крайнего нерадения и разленения!

24. Горе нам, что, когда Бог сказал: «душа, яже согрешит, та умрет» (*Иез. 18, 4*), мы нисколько не печемся о ней, хотя она непрестанно согрешает.

25. Горе нам, что, тогда как тело наше падко на грех, по причине насыщения и утех, мы до похотения раздражаем нечистые и скверные помыслы, чрез очи принимаем стрелы лукавого в сердца свои, и чрез прикосновение к телам делаемся женонеистовыми конями, ни о разумном достоинстве своем не помышляя, ни вечного мучения не страшась!

26. Горе нам, что о страданиях и болезни плоти много стенаем и беспокоимся, а о ранах и неизлечимых болезнях души болим нечувствием!

27. Горе нам, что владычественная сила души подчиняется у нас рабе ее – плоти, и господствует худшее над лучшим, а не обе в едином желании работают создавшему их Богу!

28. Горе нам, что грехи наши поновляются злыми и нечистыми помыслами, и мы не различаем удаления от нас Бога и нашествия в нас нечистых духов!

29. Горе нам, что, будучи несмысленны и неразумны, любим и восхищаем похвалы святых, а не подвиги их и дела.

30. Горе нам, что в делании заповедей Божиих не проявляем ни страха рабов, ни усердия и благоразумия наемников, ни любви сынов!

31. Горе нам, что в угождение людям не отказываемся все говорить и делать, нерадя о том, что праведно!

32. Горе нам, что стыдимся лица человеков, когда грешим, а на стыд вечный никакого внимания не обращаем.

33. Горе нам, что, будучи (рождены) от бедных и неславных родителей, не знали мы себя (думать о себе не думали) а давши пред Богом обет нищеты и неславности, любопримся, чтоб нас ставили наравне с богатыми и славными!

34. Горе нам, что в мире были мы воздержны по причине бедности, а ныне, призваны быв к воздержанию, очень много печемся о насыщении чрева и покое плоти!

35. Горе нам, что тогда, как Ангелы ополчаются вокруг боящихся Бога, а демоны – вокруг небоящихся Его и преступающих заповеди Его, мы вчиняем себя в полки демонские!

36. Горе нам, что, встретившись и беседуя с богатыми и сильными, понравиться (угодить) им стараемся, а когда бедные подходят к нам с видом просителей, мы отвращаемся от них, как от докучливых!

37. Горе нам, что не относимся, как следует по долгу, к каждому человеку, а делаем это, как нам кажется и нравится.

38. Горе нам, что права (свои притязания) точно определяем, судим о них и учим, а от делания добра далеко отступили!

39. И Горе нам, что тщательно очищаем землю от терний и волчцов и от других вредных для плодов произрастений, а душ наших страхом Божиим не очищаем со тщанием от повреждающих святые добродетели злых и нечистых помыслов!

40. Горе нам, что несмотря на то, что имеем переселиться с земли, на коей живем пришельцами, многолетние употребляем заботы о земных и тленных вещах, а во время неотложного отселе отшествия нашего, ни над чем из того никакой власти поиметь не удостоимся!

41. Горе нам, что о всяком деянии земной жизни, о всяком праздном слове, о злых и нечистых помыслах и воспоминаниях души имеем мы дать отчет страшному Судие, а будто не подлежащие ответу за все время жизни нашей, беззаботствуем о душах своих!

42. Горе нам крайнее, не только по причине нечестий наших и беззаконий, какими нагрешили, но и по причине презрения обетований Божиих и неверия в них!

43. Горе нам, что, как несмысленные, прилепились к тлению, и имея возможность чрез жизнь по Евангелию срастворитьcя с нетлением, по причине любви к земному, остались непричастными вечного нетления!

44. Горе нам, что нетлению предпочли отвратительное тление!

45. Горе нам, что, имея возможность побеждать всякое любосластие, по самоугодию произволили паче быть побеждаемыми страстями нашими!

46. Горе нам, что пред лицом людей грешить стыдимся и боимся, а пред очами Того, Кто видит сокровенное, нечествовать и грешить не трепещем и не боимся!

47. Горе нам, что не приправляем слова своего божественною солию, но всегда говорим ближнему бесполезные и далекие от благочестия речи!

48. Горе нам, что с лестью, лукавством и притворством ведем с людьми речи, не страшась за это осуждения!

49. Горе нам, что сон и уныние наше делают то, что демоны похищают умиление сердец наших!

50. Горе нам, что, отрекшись от мира, мирян превосходим страстями!

51. Горе нам, что сами имея нужду во многом обучении и наставлении, исправляем других, когда они погрешают в малостях!

52. Горе нам, если Господь сделает нам испытание на земле, и возьмет нас на суд неисправленными!

53. Горе нам, что не посматриваем на то, что находится внутри чрева нашего, и потому побеждаемы бываем сластолюбием и гордостью!

54. Горе нам, что, оскверняя всегда души свои нечистыми помыслами, желаем однако же, чтоб о нас думали, как о святых, и чтили нас их наименованиями!

55. Горе нам, что, предавшись суетностям, забыли мы о борьбе с диаволом!

56. Горе нам, бесстрашно здесь согрешающим! Потому что там примут нас огнь геенский неугасимый, тьма кромешная, червь неусыпающий, плач и скрежет зубов, и вечный срам пред высшею и низшею нас тварью.

57. Горе нерассудительной и нераскаянной душе нашей! Потому что по воскресении мертвых, с воплем и скрежетом зубов будет она плакать и стенать в грешном теле своем, будучи поражена отчаянием от горьких и болезненных мучений в огне вечном.

58. Горе нам, что в стране изгнания и пришельствия любим проклятое веселие, а о сладости рая не воспоминаем и царствие небесное презираем!

59. Горе нам, что уподобляемся юродивым девам в немилосердии, и елея для освещения (там) лампад здесь чрез благотворение ближним не закупаем!

60. Горе нам, что день и ночь воссылаем к Богу молитвы, говоря: «Господи! Господи!» а не творим, что Он заповедал!

61. Горе написавшему сии рыдания, что, будучи повинен во всем написанном, не восприял я и малого вздоха покаяния!

62. Горе болезнующему о других, когда он себя лишает собственных болезнований (о себе не болезнует)!

63. Горе нам, что имея в совести обличения, непрестанно нас осуждающие и против нас свидетельствующие, не устыждаемся, и как подлежащие осуждению и мучению за все содеянное нами, не трепещем страшного Судища Божия!

64. Горе нам, что, смердя делами, радуемся похвалам человеческим!

65. Горе нам, что блуждание умом туда и сюда, рассеянность и забвение отъемлют страх Божий от сердец наших!

66. Горе нам, что попечение наше о суетном делает сердце наше запущенною землею и притупляет его (чувство к духовному)!

67. Горе нам, что, будучи носимы долготерпением Божиим, не бываем мы поражаемы смертию по делам нашим, и однако ж, сподобляясь такой (милости), сами милостивыми сделаться не стараемся!

68. Горе нам, что не памятуем ныне грехов своих, а когда душа наша обнажится от тела, тогда все их, и словами, и делами, и помышлениями (содеянные), в преболезненном и прегорьком раскаянии, за раз увидим напечатленными и написанными в памяти сердец наших!

69. Горе нам, что несмотря на объявление Апостола всем, что «ядый (хлеб) и пияй (чашу Господню) недостойне, суд себе яст и пиет, не разсуждая тела Господня» (*1Кор. 11, 29*), – мы, будучи проникнуты нечистотами своими, приступаем к страшным тайнам Божиим, извиняя себе, что сделали в ночных мечтаниях и в скверных помыслах! Приступающий к Богу с помыслами не чистыми, с очами не непорочными, с телом не нерастленным, со стремлениями души и тела не неоскверненными, скольким болезням тела и немощам души делает себя повинным? А потом – и вечному мучению и посрамлению беспредельному.

70. Горе мне, что пишу это горькие проливая слезы, а дела покаяния еще не начинал!

71. Горе мне, что говорю истину, а дел добрых не делаю!

72. Горе мне, добре учащему, но худо делающему!

73. Горе грешащим в сластях! Потому что горький их примет конец, с посрамлением вечным.

74. Горе печалящимся о вещах бесполезных! Потому что они лишили себя душеполезной печали в покаяние.

75. Горе поносителям и обидчикам! Потому что они отчуждили себя от блаженной любви.

76. Горе недоброжелателям и завистникам! Потому что они сделали себя чуждыми благости и милосердия Божия.

77. Горе человекоугодникам! Потому что они Богу угодить не могут.

78. Горе лицеприятникам! Потому что они отпали от истины Божией.

79. Горе гордым! Потому что они суть на стороне отступника диавола.

80. Горе не боящимся Господа! Потому что они вплетутся в множайшие грехи и бичуемы будут и здесь и там.

81. Горе нам, что ужаления и укушения блох, гнид, вшей, мух, комаров и пчел не терпим (защищаем себя от них), а против пасти великого дракона, жалящего нас и поглощающего как на пойле, и всякими смертоносными жалами пронзающего, не устрояем себе никакой помощи, или убежища!

82. Горе нам, что диавол измождает нас и сластями и болезнями, и нуждами и всякими мирскими прелестями, мы же не хотим престать от зол наших!

83. Горе нам, что, тогда как отступление держится так много лет и очень многие оставили православную веру, мы ни слезы не проливаем, ни сердцем не болезнуем, ни от страстей своих не воздерживаемся, но прилагаем грехи ко грехам, чтоб и за злые дела свои, и за неверие, зараз получить горькое вечное мучение в геенне!

84. Горе нам, написавшим сии рыдания, что, когда подошел уже конец нам, мы, не покаявшись в злых делах юности нашей и не оплакавши их, на старости приложили большие и неподъемные зла и тягчайшие грехи.

85. Горе нам, что даже тягчайших страданий и разных болезней тела не устыждаемся, но ботеем в грехах, и с презорством (к должному), с полной невоздержностью и распущенностью откармливаем свои скверные и грешные тела!

86. Горе нам, что сквозь огнь, клокочущий паче волн морских, подобает нам пройти «да приимет кийждо, яже с телом содела, или блага, или зла» (*2Кор. 5, 10*).

87. Горе нам, что не помышляем об оном мрачном и невещественном огнежжении, и о вечном там горьком плаче и скрежете зубов! Ибо Бог отымет светлость у пламени, а жгучесть и при мрачности оставит в огне для нечестивых и грешников.

88. Горе мне, бедная душа! «Яко скорбь ми есть, и непрестающая болезнь сердцу моему» (*Рим. 9, 2*)! Ибо, оплакивая себя, должен сказать: зло омрачило разум и закрыло истину, смерть победила жизнь, земное, тленное и привременное заменило небесное, нетленное и вечное, мерзкое и достойное ненависти показалось более сладким и любезным, чем истинная любовь Христа и досточестность, заблуждение, осудив на изгнание истину, выбросило ее из души моей, печаль вместо радости избрал я, стыд и поношение вместо дерзновения и похвал, горечь предпочел сладости, землю и пепел ее возлюбил паче неба и царствия его, тьма доброненавистного врага вошла в сердце мое, и омрачила свет ведения в уме моем.

89. Горе мне! Горе мне! Какие сети диавола объяли меня и, запнув, с какой высоты повергли долу! Теча истощился я, и поты мои напрасно обливали меня. Кто не оплачет меня? Кто горько не возрыдает о мне, истомленном суетными трудами и у пристани потерпевшем крушение? «Помилуйте мя, помилуйте мя, помилуйте мя, о друзи» (*Иов. 19, 21*), и болезненно умолите благого и незлобивого Господа моего Христа, да умилосердится Он надо мною и сгонит эту страшную мглу доброненавистника диавола с ума моего, и я да узрю, в каком лежу блате и, могучи восстать, не хочу. Или уж время мое сокращенное пресекло всякую мне надежду?! Нет болезни, паче болезни моей; нет раны, как рана моя; нет раздирания, как раздирание сердца моего; «яко беззакония моя превзыдоша главу мою» (*Пс. 37, 5*). Раны мои – не раны от меча, и мертвые мои – не мертвые от брани, но разженные стрелы врага вонзились в меня и ослепили внутреннего человека моего, и «углебох в тимении глубины, и несть постояния» (*Пс. 68, 3*), – «страх, егоже ужасахся, прииде ми» (*Иов. 3, 25*), – «и прикры ны сень смертная» (*Пс. 43, 20*).

90. Горе мне! Душа, воззри, и увидь настоящее привременное и, спустя немного, с горечью и прискорбностью прейти имеющее, и грядущее – ужаснейшее. Помысли, душа, от скольких благ и надежд отпадаешь ты, и каких мучений вскоре сделаешься ты наследницею, беспреемственною и безутешною! Почему, прежде чем померкнет над главою твоею свет, предупредив приди, и падши моли и проси Подателя вечного света, да избавит тебя от всепожирающего пламени и от бессветной тьмы. Ибо Его есть – простить грехи и даровать блага нам, недостойным милости Его. Ему слава и держава во веки веков. Аминь.

2. Правила и советы новоначальным инокам[35]

Брат возлюбленный! Если уже оставил ты суетный мир сей и посвятил себя Богу, приноси покаяние о грехах своих и храни принятое тобою намерение. Не слушай помыслов своих, когда они начнут томить тебя, говоря: никак не простятся тебе прежние грехи твои. Но соблюдай следующие правила:

1. Не ешь с женщиной, с отроком не входи в содружество, с юным не спи на одной постели. Когда скинешь одежду свою, не смотри на тело твое.

2. Если понудят тебя выпить вина, более трех небольших чаш не пей. Этого правила не нарушай даже ради дружбы.

3. Не исполняй небрежно молитв, положенных в известные часы, чтоб не впасть в руки врагов своих. Трудись, сколько можешь, над размышлением о псалмах, ибо это сохранит тебя от нечистой жизни.

4. Люби труд и самостеснение, чтоб утишились страсти твои. Не считай себя чем-нибудь ни в каком отношении, и не перестанешь плакать о грехах своих.

5. Блюди себя от лжи, ибо она отгонит от тебя страх Божий. Не открывай всем добрых дел своих, чтоб не похитил их враг твой.

6. Открывай болезни свои отцам твоим, чтоб испытать помощь от советов их.

7. Принуждай себя к рукоделью, и возобитает в тебе страх Божий.

8. Не суди брата своего, согрешающего, и не презирай его, иначе впадешь в руки врагов своих.

9. Не будь сперлив, настаивая на слове своем, чтоб не утвердилось в тебе зло.

10. Люби смирение и не полагайся на свой совет. Приучи язык свой говорить: прости мне, – и низойдет на тебя смирение.

11. Когда сидишь в келье своей, о трех вещах имей заботу: о непрерывности в молитве, об углублении в псалмы и о рукоделии.

12. Думай сам в себе: не пребуду я в этом мире далее настоящего дня, и исхищен будешь от греха.

13. Не будь объястлив, чтоб не возобновились в тебе прежние грехи твои. Не ленись работать, потрудись углубляться в псалмы – и придет к тебе мир Божий.

14. Принуждай себя к плачу в молитвах, и Бог смилуется над тобою и совлечет с тебя ветхого человека.

15. Знай, что труд, нищета, самостеснение и молчание приводят к смирению, смирение же доставляет прощение всех грехов. Смирение же состоит в том, чтоб человек считал себя грешником и неправедным, не настаивал на своем слове, отсекал свои хотения, очи опускал долу, переносил обиду, ненавидел честь и покой, и всем говорил: прости мне. Силою же смирения враги обращаются в бегство.

16. Будь всегда печален, но когда придут к тебе братия, развеселись с ними, – да возобитает в тебе страх Божий.

17. Если идешь куда с братиями, отступай немного от них, чтоб хранить молчание. Не оборачивайся туда и сюда, но углубляйся в псалмы и молись Богу в уме своем. В какое бы место ни пришел ты, не слишком доверчиво обращайся с жителями его. Храни скромность и стыдливость во всем и к тому, что предлагают тебе, не протягивай руки, пока не попросят тебя.

18. Не спи с другим под одним покрывалом. Долго молись перед сном, хотя бы ты утомлен был дорогой.

19. Не допускай, чтоб кто-либо умащивал елеем тело твое, разве в тяжкой болезни.

20. Когда сидишь за столом с братиями, не ешь с услаждением и руку твою протягивай только к тому, что находится перед тобою. Колена твои пусть будут сложены. Глаз твоих не подымай на другого. Не пей воды с жадностью и с гурчанием в горле.

21. Если нужда придет тебе отхаркаться, когда сидишь среди братий, встань и сделай это подальше от них. Не потягивайся и не зевай, когда находишься в кругу других, и если нападет на тебя зевота, не открывай рта, и пройдет.

22. Не разевай рта для смеха, ибо это будет показывать, что нет в тебе страха Божия.

23. Не пожелай чужой вещи. Если приобретешь книгу, не украшай ее, ибо это обнаружит в тебе пристрастие к ней.

24. Если погрешишь в чем, не стыдись сознаться в том и не извиняй себя ложью, но преклонив колена, исповедуй грех свой и проси прощения, и оно дано будет тебе.

25. Если кто солжет пред тобою, не гневайся, но скажи: прости мне.

26. Не стыдись обращаться с вопросами к твоему наставнику.

27. Если кто постучит в двери кельи твоей, когда ты, сидя, занят делом своим, оставь дело и успокой его.

28. Не говори ни с кем и словам другого не внимай без пользы.

29. Если наставник твой пошлет тебя куда в дорогу, спроси у него, как тебе должно держать себя, и потом действуй по заповеди его. Не переноси слов. Если будешь хранить очи свои и уши, то не согрешишь и языком своим.

30. Если будешь жить с каким братом, будь с ним как странник, не приказывай ему ничего и не показывай себя набольшим над ним, если он прикажет что тебе, чего бы ты не хотел, отсеки волю свою и не оскорби его (отказом), чтоб не расстроился мир между вами. Знай, что кто повинуется, тот набольший.

31. Если будешь жить с братом каким, и он скажет тебе: свари, – спроси: что хочешь? И если он предоставит тебе выбор, свари, что попадет тебе под руки, со страхом Божьим.

32. Когда встанешь от сна, твори молитву, прежде чем возьмешься за какое дело, затем углубляйся в Слово Божие и тогда уже берись неленостно за дело.

33. Радостно встречай странника и приветствуй его, чтоб иначе свидание ваше не было вам обоим во вред. Когда войдет, не делай ему каких-либо пустых вопросов, но проси сначала помолиться, потом, когда сядет он, скажи ему: как здоров брат мой? – и затем дай ему какую-либо книгу для чтения. Если он утомлен от пути, дай ему отдохнуть и омой ноги его. Если он начнет говорить пустые речи, скажи ему: прости мне, брат мой, я немощен и не могу слышать этого. Если расшились одежды его, зашей. Если он немощен и одежды его запачканы, вымой их. Но если он шатайка, а у тебя будут в ту пору святые, то не позволяй ему войти, но окажи ему должное приветствие и отпусти его. Если, впрочем, он беден, не отпускай его без утешения, и то дай ему, что Бог послал.

34. Если брат положит у тебя что-нибудь, не рассматривай положенного, разве только в присутствии его самого.

35. Если кто оставит тебя в келье своей и выйдет, не поднимай очей, чтоб посмотреть, что есть в ней, но когда он будет выходить, скажи ему: дай мне какое-нибудь дело, и я поработаю, пока воротишься, и что он тебе даст, делай то с усердием.

36. Не молись с леностью и небрежно, ибо этим, вместо того, чтоб угодить Богу, ты привлечешь гнев Его. Стой на молитве со страхом и трепетом, не опираясь на стену и не распуская ног, так, чтоб на одной стоять, а другую отставлять. Противостой помыслам своим и не попускай им озабочиваться плотскими вещами, чтоб была благоприятна молитва твоя.

37. Когда бываешь на литургии, храни помыслы свои и чувства и стой со страхом пред Богом Высочайшим, чтоб достойно принять тело и кровь Христовы и уврачевать тем страсти свои.

38. Когда ты юн, не надевай хорошей одежды, пока достигнешь старости.

39. Когда совершаешь путь с тем, кто старше тебя, не заходи вперед его. Если старший тебя встанет, чтоб поговорить с кем, не оставайся сидящим и ты, но встань вместе с ним и стой, пока он не велит тебе сесть.

40. Когда войдешь в город или селение, взор твой опусти долу, чтоб иначе увиденное тобою не послужило тебе поводом к брани в келье твоей.

41. Не спи в том месте, где боишься согрешить сердцем. Не ешь с женщиною и не смотри на нее, даже на одежды ее, если можешь.

42. Если путь совершаешь со старцем, не допускай, чтоб он нес что-нибудь сам. Если будете юны, каждый неси свою часть. Если ноша мала, несите попеременно по часам. Несущий пусть идет впереди, равно как и немощный, и когда, уморившись, сядет он отдохнуть, садитесь и вы с ним.

43. Когда будешь спрашивать какого старца о помыслах своих, открывай их свободно, как они есть, тому, в ком уверен ты, что он сохранит тайны твои. В выборе старца не предпочитай того, кто преклонных лет, но кто убелен ведением и опытностью духовной, чтоб иначе не получил ты вреда и не размножились страсти твои.

44. Понуждай себя долго молиться ночью, да просветится ум твой. Помышляй о грехах своих и молись о них Богу, и Он простит тебе их.

45. Если кто начнет судить брата своего в твоем присутствии, то хотя судилый будет из числа тех, которые тебя самого судят, скажи ему со смирением: прости мне, брат мой, грешен я и немощен, и повинен сам тому, о чем ты говоришь, почему не могу этого слышать.

46. Предпочитай себе во всем других братий и, если какой друг при них окажет тебе честь, скажи: это ради вас оказал он мне такую честь.

47. Кто просит у тебя что-либо взаймы, не отказывай.

48. Не часто вращай в сердце своем память о тех, коих оставил ты любви ради Божией, но помни о смерти и суде, и что никто из них в то время не может помочь тебе.

49. Если, сидя в келье своей, вспомнишь о ком, сделавшем тебе зло, встань тотчас и помолись за него в сердце своем, да помилует его Бог, таким образом скоро исчезнет страсть, какую питаешь в отношении к нему.

50. Если хочешь причаститься Тела и Крови Христовых, смотри, чтоб никак не оставались в сердце твоем гнев или ненависть на кого, и если знаешь, что кто-либо гневен на тебя, испроси у него прежде прощения, как заповедал Господь наш.

51. Если ночью (в сновидении) потерпишь нападения от похоти, смотри, днем не повторяй в мысли видов тех срамных, чтоб услаждением не осквернилось сердце твое, но пади пред Господом, и Он помилует тебя: ибо ведает немощь человеческую.

52. Если возложишь на себя крайний пост и станешь совершать продолжительные молитвы, не подумай, что они спасут тебя, но верь, что Бог умилостивится озлоблением тела твоего и поможет немощи твоей.

53. Если схватит тебя болезнь, не унывай и не падай духом, но возблагодари Бога, что Он промышляет доставить тебе болезнью сей благо.

54. Живя в келье своей, установи для пищи своей определенную меру и положенный час и не отступай от того. Давай телу своему, сколько нужно, чтоб оно сильно было совершать молитвы и службы Божии. Если где вне кельи твоей будет тебе предложена деликатная пища, не досыта принимай ее.

55. Если дьяволы внушат тебе начать труд, которого не силен ты подъять, не слушай их, ибо обычно они наводят сердце человека на такие дела, которых одолеть он не в силах, чтоб потом ввергнуть его в уныние и посмеяться над ним. И все их начинания без меры и без порядка.

56. Ешь однажды в день, но не досыта. Давай телу своему сколько нужно по требованию природы (по сложению твоему).

57. Одну половину ночи определи на молитвенное бдение, а другую на упокоение тела твоего. Прежде чем идти в постель, часа два побо́дрствуй в молитве и Богохвалении (псалмопении), потом дай покой телу своему. Если разленится тело твое, когда придет время встать на молитву, скажи ему: ужели ты хочешь принять малый покой в это время, чтоб потом отойти в нескончаемую муку? Не лучше ли здесь немного потрудиться, чтоб там вкушать вечный покой со святыми? Тогда отступит от тебя леность, и придет к тебе Божественная помощь.

58. Принимая чин монашеский, отпусти раба своего; если он захочет последовать тебе и вступить в монашество, не допусти, чтоб он жил с тобою.

59. Если пойдешь продавать рукоделие, не спорь о цене, как делают миряне. Так же поступай, когда что покупаешь, знай, что скудость вещей приближает тебя к Богу.

60. Если брат положит у тебя какую вещь и она понадобится тебе, не трогай ее, разве с его позволения.

61. Если какой брат попросит тебя что-нибудь купить, когда идешь в город, сделай то, но если будут с тобой и другие братия, сделай это в присутствии их.

62. Если дана тебе будет какая вещь, возврати ее, попользовавшись ею, сколько нужно, но не удерживай ее дотоле, пока потребуют ее от тебя обратно, если что попортится в ней, исправь. Если ты сам дашь кому какую вещь попользоваться, не требуй ее обратно, если видишь, что тот почему-либо возвратить тебе ее не может, особенно когда она тебе совсем не нужна.

63. Если, бросив келью свою, после опять воротишься и найдешь, что в ней живет уже какой-либо брат, поищи себе другую, а его ни за что не выгоняй, да не прогневается на тебя Бог. Но если тот сам добровольно захочет оставить ее, то ты прав. Если при этом тот возьмет что из принадлежностей ее, не требуй того от него.

64. Если захочешь совсем выйти из кельи своей, не бери с собою ничего из принадлежностей ее, но отдай ее какому-либо бедному брату, и Бог ущедрит тебя, куда ни пойдешь.

65. Ничему так не радуются дьяволы, как тому, если кто скрывает помыслы свои от духовного своего наставника. Не думай уподобиться отцам, если не будешь подражать трудам их.

66. Блюди себя от богатства и любви к нему, ибо оно повреждает плоды монашества.

67. Если борешься с каким искушением, которое теснит тебя, не ослабевай, но простершись перед лицом Бога, скажи: Помоги мне, Господи, потому что я немощный не силен выдержать эту брань, – и Он поможет тебе, если молитва твоя будет исходить от чистого сердца. Если, поборовшись, преодолеешь, не хвались тем и не полагайся на себя, но больше еще блюдись, потому что враг не замедлит устроить тебе новую брань, сильнейшую прежней.

68. Когда молишься Богу, не говори: Господи, возьми от меня это и дай мне то, – но скажи: Господи, Боже мой, Ты знаешь, что для меня спасительно, помоги мне и не попусти мне грешить пред Тобою и погибнуть во грехах моих, ибо я грешный немощен, не предай меня врагам моим, яко к Тебе прибегох, избави меня, Господи, ибо Ты моя крепость и упование мое. – Тебе слава и благодарение во веки. Аминь.

3. Изречения аввы Исайи[36]

1. Авва Исаия говорил[37]: Поелику одинаковые случайности постигают грешных и праведных, то не должно думать, что все подвергающиеся несчастиям, подвергаются им за какие-либо предшествовавшие грехи.

2. Которые всё делают только для себя самих, те работают самолюбию, величайшему из всех зол, от которого рождается обособленность, необщительность, недружелюбность, неправда и нечестие. Не так создан человек, чтоб быть обособлену, но чтоб жить в общении с подобными себе, паче же с Богом Творцом всяческих. Итак, разумному человеку надо быть любообщительным и Боголюбивым, да будет он и Богу любезн.

3. Авва Исаия сказал[38]: от любви к славе человеческой рождается ложь. Кто отвращает ложь смирением, в сердце того возрастает страх Божий. Не люби же славы мира сего, да не удалится от тебя слава Божия.

4. Когда, совершая службу свою, совершаешь ее со смиренномудрием, как недостойный, то она прията Богом. Если же при этом взойдет на сердце твое гордостная мысль и ты примешь ее и, вспомнив об ином спящем и нерадящем, осудишь его в мысли своей, то знай, что тщетен труд твой.

5. Когда и как кто смиренномудр бывает? Когда языка не имеет – сказать кому-либо, что он нерадив, или отвечать обидевшему; очей не имеет – видеть прегрешения другого; слуха не имеет – слышать не полезное для души его; рук не имеет – одолеть кого, и ни на кого не возлагает вину чего-либо, а все на грехи свои.

6. Человек должен прежде всего стяжать веру в Бога и любовь к Нему неизменную, также незлобие, невоздаяние злом за зло, притрудную жизнь, смиренномудрие, чистоту, человеколюбие – ко всем любовь и повиновение.

7. Возненавидь все мирское и покой телесный, ибо они сделали тебя врагом Богу. Но как человек, имея врага, ведет с ним брань, так и нам надобно брань вести с телом, чтоб не покоить его.

8. Брат спросил, что значат слова: «да святится имя Твое»? Старец ответил: это свойственно совершенным, ибо невозможно святиться в нас имени Божию, пока обладают нами страсти.

9. Опять сказал: люби лучше молчать, чем говорить: ибо молчание собирает, а многоглаголание расточает.

10. Великое дело победить тщеславие. Впадший в эту лукавую страсть, бывает чужд умиления, и ко всем жесток сердцем, а наконец впадает в высокоумие и гордыню – это крайнее зло, матерь погибели. Держи же втайне дело свое и с болезнью сердечной попекись, чтоб человекоугодия ради не погубить тебе мзды воздержания твоего. Ибо кто творит что на показ пред людьми, тот лишает себя тем мзды своей, как сказал Господь.

11. Кто хочет быть славен у людей, тот не может быть свободен от зависти, а имеющий зависть не может обресть смиренномудрия. Таковой предал душу врагам своим, и они вовлекают ее во многие грехи и губят. Бегай же тщетной славы и сподобишься славы Божьей в будущем веке.

12. Если придет тебе помысел осудить ближнего в каком-либо прегрешении, подумай в себе, что ты нагрешил более его, о добре же, какое, кажется, творишь, не верь, что оно приятно Богу, и не осудишь искреннего твоего. Самоуничижение есть место покоя внутреннего.

13. Авва Исаия, увидев однажды брата, грешащего срамным грехом, не обличил его, но сказал: если Бог, создавший его, видя это, не пожигает его, кто я, чтоб обличить его?

14. Опять говорил он же: будем помнить Того, Кто не имел где главу подклонить. Разумей сие, человек, и не велемудрствуй. Это Он, и каким стал тебя ради? Владыка всяческих странен и дома не имеет. О сколь неизреченно человеколюбие Твое, Господи! Как столько смирил Ты Себя меня ради? Но, если все сотворивший словом, не имать где главу подклонити, что ты окаянный человек, много думаешь о суетном? Что слепотствуешь несытостию?

15. Стяжавший смиренномудрие, на себя берет вину брата своего, говоря: я согрешил. Считающий себя мудрым, презирает и укоряет брата своего, а уничижающий себя никогда не укорит брата.

16. Не в том мудрость, чтоб говорить, но в том, чтоб знать время, когда подобает говорить. С разумом молчи, с разумом и говори. Прежде начала речи, подумай о том, что сказать, чтоб дать подобающий ответ. Не хвались своим разумом. Больше всех знает тот, кто говорит: ничего не знаю. Венец мудрости – себя укорять и ставить себя ниже всех.

17. От пяти причин усиливается блудная брань: от празднословия, от тщеславия, от многоспания, от щегольства, от объедания. Хочешь ли избежать блудной брани, не поддавайся этим страстям, но вместо празднословия, вооружись псалмопением, вместо тщеславия возлюби смирение Христово, вместо многоспания огради себя бдением, вместо щегольских одежд носи портища и рубища, вместо объедания свяжи себя воздержанием и постом. Ибо страсти, подобно звеньям цепи, держатся одна за другую.

18. Богач, понимающий дело, скрывает сокровища свои внутри дома, ибо сокровище, выставляемое на вид, возбуждает зависть и навется от князя. Так и монах добродетельный, но смиренномудрый, таит свои добродетели, как тот богач свои сокровища. Такой монах не творит своих хотений, но на всякий час укоряет себя, и обучает себя тайному поучению, по слову Писания: «согреяся сердце мое во мне, и в поучении моем возгорится огнь» (*Пс. 38, 4*). Какой это огонь? Слышите слово Писания, которое говорит: «Бог наш огнь поядаяй есть» (*Евр. 12, 29*). Как от огня тает воск и иссушается тина скверных нечистот, так и от тайного поучения иссушаются скверные помыслы, увядают душевные страсти, просвещается ум, ясною творится мысль, и сердце исполняется радости. Тайное поучение уязвляет бесов и отгоняет злые помыслы, ибо просвещает внутреннего человека. Кто вооружает себя тайным поучением, тот и от Бога укрепляем бывает, и от Ангелов силу приемлет, и у людей славится. Тайное поучение и чтение есть дом души, в который нет прохода, есть столп неподвижный, есть пристанище тихое и безмятежное, в котором несомненно спасется душа. Много мятутся и молвят бесы, когда инок вооружает себя тайным поучением, т.е. молитвою: Господи, Иисусе Христе, Сыне Божий, помилуй мя, — и чтением в уединении Божественного Писания, Это сокровенное поучение есть зерцало ума и светильник совести. Сокровенное поучение иссушает блуд, укрощает ярость, отгоняет гнев, отнимает гордость, отревает напрасноство (скорбное чувство напраслины), тлит уныние. Сокровенное поучение просвещает владычественный ум, отгоняет леность, рождает умиление, вселяет страх Божий, приносит слезы. Сокровенное поучение доставляет монаху нелестное смиренномудрие, благоумиленное бдение, несмущенную молитву. Оно есть сокровище молитвенное, отгоняющее неподобные помыслы, поражающее бесов, очищающее тело. Сокровенное поучение учит долготерпению, воздержанию причастником делает, возвещает геенну. Сокровенное поучение соблюдает ум немечтательным, настраивая его помышлять только о смерти. Сокровенное поучение исполнено всякого дела благого и украшено всякою добродетелью, от всякого же скверного деяния удалено: оно негде далече есть от этого.

4. О хранении ума: 27 глав[39]

1. Уму по естеству свойственен гнев на страсти. Без гнева и чистоты не бывает в человеке, – т.е. если не будет он гневаться на все, всеваемое в него врагом. Хотящий прийти в этот естественный уму гнев, отсекает все свои хотения, пока не поставит себя в состояние, характеризуемое умом (умное, духовное состояние, в котором душа и тело подчинены во всем духу).

2. Если, противостоя врагу, увидишь, что полчище его, ослабев, обращается в бегство от тебя, да не обрадуется тем сердце твое, потому что эти враги устроили для тебя злохитрый ков позади себя. И там-то они готовят тебе брань злейшую первой. Выступая против тебя, они оставили за городом в засаде значительную часть полчища своего, приказав им не двигаться. И вот, когда ты воспротивился им и выступил против них, они побежали от лица твоего, будто бессильные, но если сердце твое вознесется тем, что ты прогнал их, и ты таким образом оставишь город, тогда поднимутся и те, кои остались позади в засаде, остановятся и эти бегущие впереди тебя – и охватят бедную душу со всех сторон, так что ей не останется уже никакого убежища. Город есть молитва, противостояние врагам есть противоречие помыслам во Христе Иисусе, а выступление против них есть гнев.

3. Станем же, возлюбленные, в страхе Божием, храня и соблюдая практику добродетелей, не давая претыкания совести нашей, но внимая себе в страхе Божии, пока и она освободит себя вместе с нами, так чтобы между нами и ею было единение, и она сделалась наконец нашею блюстительницею, показывая нам все, в чем может преткнуться. Но если мы не станем слушаться ее, то она отступит от нас и оставит нас. Тогда впадем в руки врагов наших, которые уже не выпустят нас из них, как научил нас Владыка наш, говоря: «буди увещаваяся с соперником твоим скоро, дóндеже еси на пути с ним», и проч. (*Матф. 5, 25*). Говорят, что соперник этот есть совесть, потому что она противится человеку, хотящему творить волю плоти своей. Если он не послушает ее, она предает его врагам его.

4. Когда Бог увидит, что ум покорился Ему всею силою и не ожидает помощи ниоткуда, как только от Него Единого, тогда укрепляет его, говоря: «Не бойся, яко избавих тя, и прозвах тя именем Моим: Мой еси ты. И аще проходиши сквозе воду, с тобою есмь, и реки не покроют тебе: и аще сквозь огнь пройдеши, не сожжешися и пламень не опалит тебе. Яко Аз Господь Бог твой, Святый Израилев, спасаяй тя» (Исаии 43, 1 – 3).

5. Когда ум услышит такое воодушевление, тогда смело обращается к врагам и говорит: Кто хочет бороться со мною? Пусть станет против меня! И кто хочет судиться со мною? Да приблизится ко мне! Се Господь помощник мой, кто озлобит меня? Се все вы обветшаете, как одежда от моли.

6. Если сердце твое, вполне возненавидев грех, напрягается побеждать его и, отстранившись от всего, что рождает грех, положило пред очами твоими муку (вечную), то ведай, что Помощник твой сопребывает с тобою – и ты, ни в чем не оскорбляя Его, но плача пред лицом Его, говори, внимая сердцу своему: Милость Твоя, Господи, да избавит меня, сам же я не силен избежать из рук вражеских без Твоей помощи! И Он сохранит тебя от всякого зла.

7. Монах должен затворить все двери души своей, т.е. чувства, чтоб не пасть чрез них. Когда, таким образом, ум увидит, что ничто не вторгается, чтоб овладеть им, то готовится к бессмертию, собирая все чувства свои воедино и делая их единым телом. (Мысль: ум, не развлекаемый внешним чрез чувства, сосредоточивается в себя и переселяется в оный век. Мысль и Василия Великого).

8. Когда ум станет свободен от всякой надежды на что бы то ни было видимое мирское, то это есть признак, что грех умер в тебе.

9. Когда ум станет свободен от страстей, тогда средостение, которое было между ним и Богом, падает.

10. Когда ум освободится от всех врагов своих и воссубботствует, тогда он есть в ином веке новом, новое созерцая и нетленное. «Идеже убо труп, тамо соберутся орли» (*Матф. 24, 28*).

11. Притаиваются иногда на время демоны с коварством, не даст ли свободы человек сердцу своему, подумав, что почил уже (от брани). (Если случится точно так), внезапно наскакивают они на бедную душу и схватывают ее, как малую птичку. И если они окажутся сильнее ее и преодолеют ее, то без милости смиряют ее (унижают) всяким грехом, злее прежних, прощение которых она вымолила было. Будем же непрестанно стоять в страхе Божием и строго блюсти сердце, непопустительно совершая делания свои (подвижническую практику) и храня добродетели (умно-сердечный строй), кои полагают препону злобе врагов.

12. Учитель наш Иисус Христос, зная крайнюю немилостивость врагов наших и жалея род человеческий, заповедал, как строго должно держать сердце, говоря: будьте готовы на всякий час, ибо не знаете, в какой час тать придет, чтоб когда придет, не застал он вас спящими (*Матф. 24, 43* и т. д.). И еще: «внемлите себе, да не когда не отягчают сердца ваша объядением и пьянством и петльми житейскими, и найдет на вы внезапу день той» (*Лук. 21, 34*). Стой же над сердцем твоим, внимая чувствам. И если память Божия соединится с тобою, то легко будешь схватывать врагов, подкрадывающихся украсть ее. Ибо строго смотрящий за помыслами тотчас узнает тех, которые хотят войти, чтоб осквернить его. Они смущают ум, чтоб он развлекся и стал бездействен (отстал от своего делания). Но знающие лукавство их хранят себя невозмутимыми, молясь Господу.

13. Если не возненавидит человек все, что деется в мире сем, то не может служить и поклоняться Богу, как должно. Ибо служение Богу что есть, если не то, чтоб ничего не иметь в уме чуждого, когда он молится, ни сласти (чувственной), когда благословляет Бога, ни гнева, когда поет Ему, ни ненависти, когда величает Его, ни злого рвения и зависти, когда приседит Ему и памятует о Нем. Ибо все это мрачное есть стена, окружающая бедную душу, и она, имея это в себе, не может чисто служить Богу. Ибо оно удерживает ее в воздухе и не допускает ей сретить Бога (предстать Ему умно), втайне благословить Его и помолиться Ему в сладости сердца, да просветится от Него. Ум всегда омрачается и не может преуспевать в жизни по Богу того ради, что не печется отсекать все сие разумно.

14. Когда ум ревнует избавить чувства душевные от плотских пожеланий и провести их (перевезти, как на лодке) в бесстрастие и самую душу отделить от плотских пожеланий, тогда, если бесстыдные страсти устремятся на душу, чтоб овладеть чувствами ее и увлечь их в грех, и ум начнет втайне непрестанно вопиять к Богу, то Бог, видя это, пошлет помощь Свою и прогонит их в одно мгновение.

15. Умоляю тебя, пока ты в теле, не послабляй сердцу своему. Ибо как земледелец не может положиться ни на какой хлеб, восходящий на поле его, ибо не знает, что будет из него, прежде чем уберет его в житницы свои, так человек не может послабить сердцу своему, пока есть дыхание в недрах его (*Иов. 27, 3*). Не знает он, какая страсть сретит его до последнего издыхания, потому не должен послаблять сердцу, пока имеет дыхание. Но надлежит ему всегда вопиять к Богу о Его помощи и милости.

16. Не обретающий помощи во время брани не может верить и миру.

17. Когда кто отделится от шуей стороны, тогда верно познает и все согрешения, которые сделал пред Богом: ибо обычно он не видит грехов своих, если не отдалится от них отдалением горьким (т.е. с сокрушением и болью сердца). Достигшие в эту меру плачут, умножают молитвы, стыдом покрываются пред Богом, поминая о своем непотребном содружестве со страстями. Будем же подвизаться, братья, по силам нашим, и Бог посодействует нам по множеству милости Своей. Если не сохранили мы сердца нашего, как отцы наши, употребим труд сохранить по крайней мере тела наши безгрешными, как требует того Бог. И веруем, что во время глада, постигшего нас, сотворит Он и с нами милость, как со святыми Своими.

18. Предавший сердце свое тому, чтоб искать Бога в благочестии истинно, не может тотчас возыметь мысль, что благоугоден Богу труд его. Ибо пока обличает его совесть в чем-либо противоестественном, дотоле чужд он свободы. Ибо когда есть обличающий, есть и осуждающий, а где есть осуждение, там нет свободы. Итак, когда, молясь, увидишь, что совершенно ничто не обличает тебя во зле, тогда можно сказать, что ты свободен и вошел в святой покой Его по благоволению Его. Когда увидишь, что добрый плод укрепился и не подавляется более плевелами вражьими, что ратники, полагавшиеся на свое вселукавство, хоть не сами по себе, отступили, чтоб не вести более брани с чувствами твоими, что облако осенил над скиниею твоею, и солнце не жжет уже тебя во дни, ни луна ночью, что в тебе все уже готово для скинии, чтоб поставить ее и хранить по воле Бога, то знай, что ты одержал победу силою Божиею. Тогда наконец и Сам Он осенит над скиниею, ибо она Его. Пока же есть брань, человек находится в страхе и трепете, победит ли ныне, или побежден будет, и завтра побежден ли будет, или победит. Подвиг тяготит сердце, бесстрастие же свободно от брани: ибо получило уже должное и перестало пещись о трех бывших в разъединении частях человека, потому что они достигли взаимного умиротворения в Боге. Эти три части суть: душа, тело и дух. Когда они станут едино действием Св. Духа, то уже не могут разлучиться. Не думай, что ты умер греху, пока насилуем бываешь от врагов во время ли то бдения, или во время сна. Ибо пока бедный человек еще течет на поприще, до тех пор не имеет дерзновения.

19. Если ум воодушевится и решится с готовностью последовать любви, погашающей страсти телесные, и силою ее не станет попускать ничему неестественному (страстям, греху) овладевать сердцем, то он, противостоя таким образом тому, что неестественно, достигает наконец того, что совсем отревает его от того, что естественно.

20. Каждодневно испытывай себя, брат, и усматривая в сердце своем, пред лицом Бога, что в нем есть страстного, отревай то от сердца своего, чтоб страшное решение (участи твоей) не постигло тебя (прежде чем очистишься).

21. Внимай сердцу своему, брат, и бодренно наблюдай за врагами своими: ибо они коварны в злобе своей. Убедись сердечно в той истине, что нельзя делать доброе человеку творящему (любящему) зло. Потому Спаситель научает нас бодрствовать, говоря, что «узкая врата и прискорбен путь, вводящий в живот, и мало их есть, иже обретают его» (*Матф. 7, 14*).

22. Внимай себе, чтоб что-нибудь погибельное не отдалило тебя от любви Божией, удерживай сердце твое и не унывай, говоря: где мне сохранить его, человеку грешнику? Ибо когда оставит человек грехи свои и обратится к Богу, тогда покаяние его возрождает его и делает его всего новым.

23. Божественное Писание, ветхое и новое, повсюду говорит о хранении сердца. Инок должен разуметь цель Писания, кому оно что говорит и для чего. Должно ему также постоянно держать труд подвижничества и, внимая прилогам противоборца, подобно искусному кормчему, уметь переходить мысленные волны, управляясь благодатью, чтоб таким образом, не совращаясь с пути, но себе единому внимая, в безмолвии беседовать с Богом не рассеянным помыслом и не пытливым умом.

24. Время требует от нас молитвы, как кормчего ветры, треволнения и бури воздушные. Мы способны принимать прилоги помыслов и добрых, и худых. Владыкой страстей именуется и есть благочестивый и боголюбивый помысл. Нам, безмолвникам, должно внимательно и трезвенно различать и распределять добродетели и пороки, какую добродетель держать в присутствии братии и отцов и какую исполнять, когда бываем наедине, и какая добродетель первая, какая вторая и третья, также какая страсть есть душевная, и какая телесная, и какая добродетель душевная, и какая телесная, еще – из-за какой добродетели гордость поражает ум, из-за какой тщеславие приражается, из-за какой подходит гнев, из-за какой чревоугодие нападает. Ибо мы должны «низлагать помышления, и всякое возношение, взимающееся на разум Божий» (*2Кор. 10,5*).

25. Первая добродетель есть беспопечительность, т.е. умертвие от всякого человека и всех дел, от ней потом рождается желательное стремление к Богу, а это рождает естественно гнев, который восстает против всего, всеваемого врагом. Тогда находит себе обитель в человеке страх Божий, действием же страха раскрывается потом любовь.

26. Надобно во время молитвы прилог помысла отвращать от сердца благочестивым противоречием, чтоб не оказаться нам устами Богу молящимися, а в сердце помышляющими неуместное. Не принимает Бог от безмолвника молитвы, расхищаемой помыслами, и небрежной. И Писание всюду заповедует хранить душевные чувства. Если воля инока покорится закону Божию, и ум начнет по сему закону управлять подчиненных своих – разумею, все чувства душевные, особенно же гнев и похоть, ибо они суть подчиненные ума – тогда добродетель нами совершена и правда исполнена, пожелание устремлено к Богу и воле Его, а гнев против дьявола и греха. Что же еще потребуется? – Тайное поучение.

27. Если срамота всеяна будет в сердце твое, когда сидишь в келье своей, смотри, противостань злу, чтоб иначе оно не овладело тобою: потщись помянуть Бога, что Он внимает тебе, и что пред Ним открыто все, о чем помышляет сердце твое. Скажи душе твоей: если ты боишься подобных тебе грешников, чтоб они не видали грехов твоих, но тем ли иначе должен ты бояться Бога, Который всему внемлет? От этого увещания откроется в душе страх Божий, и если ты пребудешь с ним, то будешь неподвижен в страсти (не увлекут тебя страсти), как написано: «надеющиеся на Господа, яко гора Сион, не подвижится во век живый во Иерусалиме» (*Пс. 124, 1*). И во всяком деле, которое делаешь, содержи в уме, что Бог видит всякий помысл твой, и никогда не согрешишь. Ему слава во веки. Аминь.

5. Главы о подвижничестве и безмолвии[40]

1. Три добродетели суть всегдашние блюстительницы ума: естественное ему стремление, мужество и безленостность.

2. Три есть добродетели, которые когда увидит в себе ум, уверяется, что достиг в бессмертие: «рассуждение», тонко различающее страсти одну от другой, «предувидение» всего прежде времени, и «несосложение» ни с каким чуждым помыслом.

3. Три есть добродетели, которые всегда доставляют свет уму: не знать злобы никакого человека, сносить без смущения все случающееся и благотворить зло творящим. Эти три добродетели рождают три другие, которые выше их: не знать злобы человека рождает любовь, сносить без смущения все случающееся приносит кротость, благотворить зло творящим приносит мир.

4. Есть четыре добродетели, которые очищают душу: молчание, соблюдение заповедей (послушание), самоутеснение и смиренномудрие.

5. Авва Исаия сказал: я смотрю на себя, как на лошадь блуждающую, у которой нет хозяина: всякий, кто ни найдет ее, садится на нее и ездит; и когда этот пустит ее, берет ее другой и тоже садится и ездит.

6. Храни себя, чтоб не услаждаться тем, чем прежде грешил, чтоб не возобновились в тебе прежние грехи. Люби смирение, и оно покроет тебя от грехов твоих. Дай сердце свое в послушание отцам твоим, и благодать Божия вселится в тебя. Не будь мудр сам о себе, чтоб не впасть в руки врагов своих. Приучи язык свой просить прощения, и снидет на тебя смирение. Сидя в келье, трем вещам прилежи: рукоделию, Богомыслию и молитве. Каждодневно думай, что ныне имеем мы потрудиться в мире сем, а завтра не знаю; и не согрешишь пред Богом.

7. Не будь чревоугодлив в принятии пищи, чтоб не возобновились в тебе прежние грехи твои. Не унывай ни в каком труде, чтоб не подвергнуться нападкам со стороны врага. Понудь себя на поучение (тайное), и скоро придет к тебе упокоение в Боге (покой Божий). Заставляй себя долго молиться с плачем, и, может быть, помилует тебя Бог и совлечет с тебя ветхого человека, грехолюбивого.

8. Труд, нищета, странничество, злострадание и молчание рождают смирение, а за смирение прощаются все грехи.

9. Если борет тебя блуд, преутруждай себя непрестанно бдением, алчбою и жаждою и смиряйся пред всеми, если чья красота телесная начнет влечь сердце твое, или похотение жены, вспомни о зловонии (какое будет во гробе) – и успокойся.

10. Брат! Пока находишься ты в жизни сей, не давай покоя телу своему и не верь ему, когда видишь, что оно покойно от страстей. Ибо демоны часто притаиваются на время и, если человек вознерадит о своем спасении, внезапно нападают на бедную душу и захватывают ее, как малую птицу и, если преодолеют ее, то без милости смиряют ее всяким грехом. Будем же стоять в страхе Божием и хранить себя, продолжая делать делания свои и соблюдать все добродетели, которые полагают препону злобе врагов. Труды и подвиги настоящего краткого времени не только сохраняют нас от злых дел, но и венцы приготовляют душе прежде исхода ее из тела. Постараемся же мы, имеющие печать святого крещения, отстать от грехов своих, чтоб обрести милость в день суда. Подвизаемся, возлюбленные: ибо время близ. Блажен, имеющий заботу сию день и ночь.

11. Если сердце твое расхищается, и ты не знаешь, как управить его, знай, что в такое расхищение влечет его какое-нибудь деяние твое, хотел ли ты того, или не хотел. Если б Гедеон не велел сокрушить водоносов, то не видать бы было света свечей (*Суд. 7, 19* и д.): так, если человек не презрит тела своего, то не увидит света Божества.

12. Если в городе, огражденном стенами, малая какая часть стены разгородилась, то враги, если хотят войти в город, все внимание свое обращают на этот пролом, чтоб чрез него войти. Стражи хоть и стоят у ворот, но противостоять врагам не могут, если не восстановлена будет разоренная часть. Так невозможно монаху противостоять врагам своим, когда им обладает какая-либо страсть, и не может он достигнуть в меру совершенства.

СВЯТОЙ МАРК ПОДВИЖНИК

Сведения о жизни и писаниях святого Марка

Святой Марк подвижник принадлежит к числу знаменитейших отцов Египетских. Но об обстоятельствах жизни его мало что известно. Палладий (Лавс. гл. 20), видевший его лично, говорит, что он был нрава крайне тихого и кроткого, так что в этом никто сравниться с ним не мог, и что с юных лет любил он изучать святое Писание и так хорошо освоился с ним, что знал наизусть Ветхий и Новый Завет (это же повторяет Созомен. Ист. Ц. кн. 6, гл. 29. 30). Строгость жизни и чистота сердца поставили его на высокую степень духовного совершенства. Святой *Макарий Александрийский* свидетельствует об особенной милости Божьей к нему во время причащения Святых Тайн, которая указывает и на великую силу веры св. Марка, и на пламень любви его к Господу, и на смирение его крайнее. Святой Марк жил более ста лет, и почил, надо полагать, в начале пятого века. Но он жил и обращался с первыми преемниками жизни и учения святого Антония, а может быть, и с самим Антонием. Благодать Божья, опыты жизни и изучение Слова Божия сделали его глубоковедущим тайны духовной жизни. Не скрывая этого таланта, он учил и писал много, но до нас дошли только некоторые его писания. В русском переводе издано десять его слов. Патриарх Фотий читал их только восемь, а Никифор Каллист, кроме этих восьми, приписывает ему еще тридцать два слова (Церк. Ист. кн. 13, гл. 53. 544). В настоящий Сборник берем то, что находится в Добротолюбии, прибавляя к тому наставления, извлеченные из всех других слов, и располагаем все в таком порядке:

1. Послание к монаху Николаю. Оно ставится на первом месте ради того, что в нем содержится очерк подвижнической жизни с начала ее и до конца. За ним будут следовать:

2. Наставления, извлеченные из прочих слов св. Марка, как продолжение уроков, данных в послании, и приготовление к пониманию кратких изречений, содержащихся в главах, которые и последуют тотчас.

3. Двести глав о духовном законе.

4. 226 глав к тем, которые думают оправдаться делами. При переводе служили: Греческое Добротолюбие, Творения св. Марка в издании св. Отцов Migne, Patrologiae graecae. t. 65 и рукопись монастыря св. Саввы, что в Палестине, которая полнее и точнее других.

Наставления марка подвижника о духовной жизни

1. ПОСЛАНИЕ К ИНОКУ НИКОЛАЮ
Возлюбленному сыну Николаю.

1. И прежде много заботился ты о спасении своем и в великом попечении о жизни по Богу рассказывал нам все о себе, с каким горячим стремлением вознамерился ты прилепиться к Господу строгим житием, воздержанием и всяким другим самоумерщвлением, подвизаясь в бдениях и прилежной молитве, какие также брани и какое множество плотских страстей возжигаются у тебя в теле и восстают на душу от закона греховного, противостоящего закону ума нашего, особенно же плакался ты на то, что тебе крайне стужают страсти гнева и похоти, и искал какого-либо способа и словесного наставления, какие надо употребить труды и подвиги, чтоб взять верх (стать выше) над сказанными пагубными страстями.

2. В то время, сколько было можно, в лице любви твоей предлагал я душеспасительные мысли и советы благоразумия, показывая, какими трудами и какими подвижническими усилиями душа с рассуждением и просвещенным ведением, разумно по Евангелию живущая, может, будучи веры ради вспомоществуема благодатью, преодолеть ключом бьющие внутрь сердца злые (помыслы и чувства), особенно же указанные страсти. Ибо по духу каких страстей, ради предрасположения к ним и свычности с ними, окачествовалась душа, будучи ими особенно возбуждаема, против тех должна она воспринять и подвиг непрерывно-тщательнейший, пока не покорит плотские и бессловесные воздействия (влечения) греха, которыми прежде была покоряема, увлекаема и отводима в плен через внутреннее с ними в мыслях сосложение, (вынуждаемое) частым воспоминанием (худых) помыслов и страстное с ними собеседование.

3. Ныне же, так как я отдалился от тебя телесно, лицом, а не сердцем, ушедши в пустыню к истинным делателям и борцам Христовым, чтоб и себе, хоть мало сколько-нибудь сподвизаясь и борясь вместе с братьями, борющимися против вражеских воздействий, и доблестно сопротивляющимися страстям, отложить леность, отсечь расслабление, отбросить от себя нерадение и воспринять ревность и всякое попечение, направляясь к Богоугождению, то поусердствовал письменно начертать твоей искренности краткое наставление и душеспасительные советы, для того, чтоб то самое, о чем я говорил тебе лично, прочитывая со вниманием вкратце в этом небольшом моем увещательном писании, получил ты духовную от того пользу, как если бы мы лично были с тобою вместе.

4. Вот с чего, сын мой, должен начать ты спасительное по Богу устроение жизни твоей. Незабвенно и приснопамятно надлежит тебе содержать в уме своем с непрестанным размышлением все бывшие и бывающие с тобою промыслительные действия Человеколюбивого Бога и все благодеяния Его во спасение души твоей и никак не позволять себе, по причине ли омрачения злым забвением (наводимым врагом), или по причине разленения, не памятовать о многих и великих Его благодеяниях и поэтому бесполезно и неблагодарно проводить остальное время жизни. Ибо такие воспоминания, как остен какой, уязвляя сердце, подвигают его всегда к исповеданию (щедрот Божьих), к смирению, к благодарению с сокрушенной душой, к радению о всем добром, к стяжанию в воздаяние (за благодеяния) благих нравов и обычаев и всякой по Богу добродетели, вследствие углубления добросовестной мыслью в следующее пророческое слово: «что воздам Господеви о всех, яже воздаде ми» (*Пс 115, 3*). Когда душа приведет на ум все от рождения благодеяния к ней человеколюбивого Бога, равно как и то, от скольких бед она многократно была избавляема, или в сколькие впадши беззакония и на какие произвольно поскользнувшись прегрешения, не была праведным судом предана прельстившим ее духам на погибель и смерть, но человеколюбивый Владыка, долготерпеливо презирая ее прегрешения, хранил ее, ожидая ее обращения, и тогда как она самоохотно работала через страсти врагам и злым духам, Он питал ее, покрывал и всячески о ней промышлял, и наконец благим мановением наставил ее на путь спасения, вложил в сердце любовь к подвижнической жизни, воодушевил с радостью оставить мир и всю прелесть плотских его утех, украсил ангельским образом подвижнического чина и устроил удобное принятие святыми отцами в состав братства, (когда приведет все это на ум душа), то кто, имея доброй совестью руководимую мысль и размышляя обо всем этом, не пребудет навсегда в сердечном сокрушении? Имея такой задаток в полученных прежде благодеяниях, когда сам не делал ничего доброго, не воспримет ли он твердой навсегда надежды, так говоря сам с собою: если тогда, как я не делал ничего доброго, а напротив много грешил пред лицом Его, валяясь в плотских нечистотах и во многих других грехах, Он не по грехам моим сотворил мне и не по беззакониям моим воздал мне, но ущедрил такими дарами и благодатями, то, когда наконец всецело предам себя на служение Ему вполне непорочной жизнью и исправлением всяких добродетелей, каких благ и каких дарований духовных сподобит Он меня, на всякое дело благое укрепляя, направляя и благопоспешествуя? Таким образом, кто, не забывая никогда Божьих благодеяний, имеет такой помысел, тот склоняет себя, направляет и понуждает на всякий благой подвиг добродетели и на всякое делание правды, будучи всегда ревностен и всегда готов на то, чтобы творить волю Божью.

5. Итак, сын возлюбленный, имея по благодати Христовой естественный разум, сохраняй всегда в себе такое делание и такое благое размышление, не позволяй себе быть, как мрачным облаком покрываемому пагубным забвением, ни преграждаемому в шествии разленением, осуечающим ум и отклоняющим его от должной жизни, ни омрачаемому в помысле неведением – этой причиной всех зол – ни увлекаемому нерадением всезлым, ни прельщаемому плотской сластью, ни преодолеваемому чревонеистовством, ни пленяемому в уме пожеланиями и оскверняемому в себе самом сосложением с блудными помыслами, ни побеждаемому гневом, рождающим братоненавидение, если по какому-либо жалкому и окаянному предлогу опечаливая и опечаливаясь начнешь собирать в памяти злые помыслы против ближнего, ни отклоняемому от чистой к Богу молитвы, ни отводимому в плен умом, чтоб зверским помыслом подсматривать за единодушным братом. (Ибо если попустить все это, то) за такой бессловесный нрав, полный плотского мудрования, связан будучи в совести, предан будешь до времени в научительное наказание злым духам, которым покорялся, пока ум, оскудев всеконечно и поглощен будучи печалью и унынием, по причине потери преспеяния по Богу за предшествовавшие вины, снова начнет со всяким смирением воспринимать начало пути спасения, после многих трудов в молитвах и всенощных бдениях получив разрешение грехов своих смиренным исповеданием их пред Богом и ближними. Так начинает он опять истрезвляться и, просвещаемый светом Евангельского ведения, по благодати Божьей познает, что кто не предаст себя всецело на крест в смиренном мудровании и самоуничижении и не повергнет себя пред всеми на попрание, унижение, презрение, онеправдывание, осмеяние и поругание, чтоб переносить все это с радостью Господа ради, не ища ничего человеческого, ни славы, ни чести, ни похвалы, ни сладкого ястия и пития, ни (красных) одеяний, тот истинным христианином быть не может.

6. Итак, если такие предлежат нам подвиги, борения и венцы, то доколе будем мы позволять себе быть поругаемыми притворным видом благочестия и с коварством работать Господу, заодно будучи почитаемы людьми, и другими являясь пред Ведущим тайное? Ибо будучи многими почитаемы за святых, мы доселе еще звери по нраву, истинно вид благочестия только имеющие, силы же его пред Богом не стяжавшие (*2Тим. 3, 5*), будучи многими почитаемы за девственников и непорочно чистых, пред Ведущим тайное оскверняемся внутри нечистотами сосложений с блудными помыслами, и окаляемся воздействиями страстей, а между тем по причине крайне притворного своего подвижничества, еще же и по причине человеческих похвал, нерадим о том, слепотствуя умом. Доколе же будем мы ходить в суете ума, не усвояя себе Евангельского мудрования и не воспринимая добросовестного жития, с решимостью тщательно тещи путем его, чтобы и дерзновение обрести в совести, но все еще утверждаемся на одной мнимой праведности внешнего человека, и сами себя обольщаем внешними исправностями по недостатку истинного разумения дела, человекам угождать желая, и от них себе ища славы, чести и похвал?

7. Приидет воистину открывающий тайны тьмы и объявляющий советы сердечные (*1Кор. 4, 5*), необольстимый Судья, Который ни богатого не стыдится, ни бедного не милует. Он отымет внешний покров и объявит скрытую внутри истину, и добросовестно живущих, истинных подвижников и борцов, в присутствии Ангелов увенчает пред Отцом Своим, а притворных, которые облекаются только в образ благочестия и пред людьми только видимо показывают (исправную) жизнь, на ней суетно утверждаясь и ею самих себя умопрельщая, пред всей высшей Церковью и пред всем воинством небесным, торжественно изобличит и в крайне поразительном стыде отошлет во тьму кромешную.

8. (Таковые подобны) юродивым девам, которые сохранили внешнее девство (ибо нимало за это не укорены) и сверх того имели несколько елея в сосудах своих, т.е. были причастны некоторых добродетелей и исправностей внешних, и некоторых даров, почему светильники их горели до некоторого времени, но, по нерадению, неведению и разленению, о внутренней стороне попечения не имели и не познали, как должно, кроющейся внутри толпы страстей, возбужденных злыми духами, от чего мысли их были растлеваемы вражескими воздействиями, и они (девы) общались с ними сосложением с помыслами, будучи втайне увлекаемы и побеждаемы завистью злейшей, ревностью доброненавистной, задорностью, любопрением, ненавистью, гневом, огорчением, злопамятством, лицемерием, раздражительностью, гордостью, тщеславием, человекоугодием, самоугодием, сребролюбием, небрежением, плотской похотью, в помыслах сладострастующей, неверием, бесстрашием (пред Богом), боязнью (внешнего чего), печалью, прекословием, всяким себе послаблением, сном, самомнением, самооправданием, возношением, кичливостью, ненасытностью, роскошью, любоиманием, безнадежием, всех бедственнейшим, и другими тончайшими воздействиями греха. Они (девы) и делание добрых дел, и честную жизнь, какую вели видимо пред людьми, получая от них за то похвалы, и самые дары духовные, если каких были причастны, продавали духам тщеславия и человекоугодия, увлекаясь же другими страстями, в добрые начинания примешивали лукавые и плотские мудрования и делали их чрез то нечистыми и Богу неугодными, как Каинову жертву. За все это они лишены радования с Женихом, и остались вне чертога небесного, заключенного пред ними.

9. Рассуждая о сем со строгой разборчивостью и самоиспытанием, поймем и сознаем, в каком состоянии находимся мы, и, пока еще есть время покаяния и обращения, исправим себя самих, позаботимся, чтобы добрые дела наши, будучи чисто совершаемы, были истинно добры, не имея примеси плотского мудрования, да не будут они отвергнуты, как жертва порочная, по причине бесстрашия, нерадения и недостатка истинного ведения: иначе мы и понесем труд девства, воздержания, бдения, поста и всякого самоумерщвления и дни свои иждивем, — и все же то, что кажется нам такой праведностью, не будет принято Небесным Священником Христом, быв найдено жертвой порочной по причине означенных страстей.

10. Итак, сын мой, паче всего надлежит пещись о ведении и разуме тому, кто хочет взять крест и последовать Христу, с непрестанным испытанием своих помыслов, многим попечением о спасении и великою приверженностью к Богу, при вопрошении единодушных и единомысленных рабов Божьих, тем же подвигом подвизающихся, чтоб не зная, куда и как направлять шествие, не идти во тьме без светлого светильника. Ибо самочинник, без Евангельского ведения и руководства шествующий, часто претыкается, и впадает во многие рвы и сети лукавого, часто заблуждается и подвергается великим бедам, и не знает, куда наконец придет. Многие проходили большие подвиги самоумерщвления и большие понесли Бога ради труды и поты, но самочиние, нерассудительность и то, что не считали нужным обращаться за спасительным советом к ближнему, сделали такие труды их небогоприятными и тщетными.

11. Ты же, сын возлюбленный, как я и в начале сего увещательного слова моего сказал, не забывай бывших тебе от поклоняемого Человеколюбивого Бога благодеяний, будучи отклоняем от сего окрадением злобы вражьей и разленением, но, положив пред очами все, душевные ли то или телесные, благодеяния, бывшие тебе от начала рождений доселе, размышляй о них и поучайся в них, по сказанному: «не забывай всех воздаяний Его» (*Псал. 102, 2*). Таким образом сердце удобно будет подвигаемо на страх Божий и любовь, и ты возможешь воздать (Богу в благодарение) строгой жизнью, добродетельным поведением, благочестной совестью, словом благоприличным, верой правой, мудрованием смиренным и, просто сказать, предашь всего себя Богу. Вот к чему привлечет тебя память благ, полученных тобой от Благого и Человеколюбивого Владыки! Такой памятью благодеяний, особенно при содействии мановения свыше, сердце твое невольно уязвляемо будет любовью и вожделением (Бога), ибо другим, достойнейшим тебя, не сотворил Он того дивного, что сотворил тебе по одному Своему неизреченному человеколюбию.

12. Итак, постарайся содержать в непрестанной памяти все бывшие тебе от Бога блага, особенно же вспоминай о той великой благодати и дивном благодеянии, какие Он подал тебе, как ты мне сказывал, в то время, когда вместе с матерью плыл от Святых мест в Константинополь, когда ночью поднялась страшная и нестерпимая буря с великим волнением моря, и все бывшие на корабле вместе с корабельниками и самой матерью твоей погибли в глубине, один ты с двумя другими преславной Божественной силой спасся, выброшенный на берег, (вспоминай) также, как устроил (Господь) путь твой в Анкиру, где был ты с отеческим благоутробием принят неким щедролюбцем и соединился любовью с благоговейнейшим сыном Епифанием, с которым оба вы, по руководству одного преподобного мужа, вступили на путь спасения (в отречении от мира), и святыми рабами Божьими были приняты как искренние чада.

13. За все эти бывшие тебе от Бога блага что имеешь ты воздать Призвавшему тебя в жизнь вечную? Себе самому, как требует справедливость, не должен ты более жить, но умершему за тебя и воскресшему Христу; должен стремиться ко всякой правой добродетели и к исполнению всякой заповеди, ища всегда, «что есть воля Божия благая, и совершенная и угодная» (*Рим. 12, 2*), и ее всеусильно стараясь исполнять. Наипаче же, сын, юность свою так покори слову Божью, как требует того сие слово: «представь тело свое жертву живу, святу, благоугодну Богови, словесное служение» (*Рим. 12,1*). Всякую влагу плотской похоти охлади и иссуши малоядением, малопитием и всенощными бдениями, чтоб и ты мог от сердца сказать: «бых яко мех на слане»[41], «оправданий Твоих не забых» (*Псал. 118, 83*). Сознав, что ты Христов, «распни плоть свою», по Апостольскому гласу, «со страстьми и похотьми» (*Гал. 5, 24*), и «умертви уды, яже на земли» (*Кол. 3, 5*), то есть не только деяние блудное, но возбуждаемую злыми духами во плоти нечистоту. И не до сего только простирает подвиг свой тот, кто желает сподобиться венца девства истинного, несквернаго и всесовершенного, но последуя Апостольскому учению, подвизается умертвить самое движение сей страсти. Даже и этим не удовольствуется тот, кто по крепкой любви (к чистоте) возревновал вселить в тело свое ангельское и пречистое девство, но молится, чтоб исчезло самое простое, в одном помысле, воспоминание о похоти, навеваемое в ум в виде мимолетного приражения, без движения и воздействия плотской страсти. Но это может быть достигнуто не иначе, как помощью свыше, единою силою и подаянием Св. Духа, если только есть какие, сподобляемые такой благодати.

14. Таким образом, возжелавший стяжать венец чистого, невещественного и несквернаго девства, распинает плоть свою подвижническими трудами, «умерщвляет уды, яже на земли», притрудным и терпеливым воздержанием, истневая внешнего человека, истончевая его и соделывая старческим и скелетным, чтоб беспрепятственнее обновлялся внутренний человек действием благодати ради веры и подвигов духовных, день ото дня преуспевая на лучшее, возрастая в любви, украшаясь кротостью, обвеселяясь радованием духовным, приемля от Христа залог мира, водясь милостивостью, облекаясь в благостыню, объемлясь страхом Божьим, просвещаясь ведением и разумом (духовным), облиставаясь мудростью, руководясь смиренномудрием. Сими и подобными сим добродетелями обновляемый от Святого Духа ум приемлет в себя начертание боговидного образа, облекается в умную неизреченную красоту Владычнего подобия и сподобляется богатства духовной премудрости.

15. Истончи же, сын мой, юношескую плоть свою, душу же свою утучни и ум обнови вышереченными добродетелями, содействием Святого Духа. Юношеская плоть, утученная разными яствами и винопитием, делается подобно вепрю, готовому на заклание. Жжением плотских сластей закаляется при этом душа, и распалением злой похоти пленяется ум, не могши противостоять влечению плоти. Так прилив крови – отлив духа. Что касается до вина, то юность да не обоняет даже запаха его, чтоб двойным пожаром – внутри от воздействия страсти и совне от винопития – разгоревшись сласть плотская не изгнала духовной сладости болезненного умиления и не произвела смятения и ожесточения в сердце. Даже воды в сытость да не приемлет юность для сохранения духовного желания (благонастроения), ибо скудость воды много способствует к уцеломудрению тела. Когда испытаешь это на деле, тогда удостоверишься в том собственным опытом. Ибо я законополагаю тебе это и установляю, не в том смысле, чтоб хотел наложить на тебя какой невольный ярем, но любовно советую и предлагаю это, как доброе средство к сохранению истинного девства и строгого целомудрия, оставляя твоему свободному произволению делать что хочешь.

16. Теперь поговорим немного и о неразумной страсти гнева, которая во время своего движения и воздействия опустошает всю душу, приводит ее в смятение и омрачает, и человека делает подобным зверю, такого особенно, который легко поползновенен и быстро преклонен на нее. Страсть эта крепится, поддерживается и делается непреодолимою от гордости, и пока сие дьявольское древо горести (*Евр. 12, 15*), то есть, гнева и раздражительности, напояется злою водою гордости, дотоле оно разрастается и цветет, и приносит обильный плод беззакония. Таким образом, это здание лукавого в душе бывает неразоримо, пока имеет подкрепу и поддержку в основах гордости. Посему, если хочешь, чтоб это древо беззакония (разумею страсть огорчения, гнева и раздражительности) иссохло в теле и сделалось бесплодным, чтоб секира Духа пришла и посекла его, и оно было брошено в огнь, по слову Евангельскому, и исчезло со всякою злобою, – если хочешь, чтоб этот дом беззакония, который лукавый на зло строит в душе, собирая в помыслах отовсюду, как камни, основательные и неосновательные предлоги от дел или слов и уготовляя здание злобы в душе, подложив в твердое ему основание помыслы гордости, если хочешь, чтоб этот дом был разорен и раскопан, то возымей смирение Господа незабвенным в сердце своем. Кто Он и чем стал ради нас? С какой высоты света Божества, открытого в меру и горним существам, и славимого на небесах всяким разумным естеством – Ангелов, Архангелов, Престолов, Господств, Начал, Властей, Херувимов, Серафимов и всех прочих неименуемых умных сил, которых имена не дошли до нас – и в какую глубину смирения человеческого низошел Он по неизреченной благости Своей, во всем уподобившись нам, сидящим во тьме и сени смертной, состоящим в плену у врага, по причине преступления Адамова, и обладаемым от него чрез действующие в нас страсти.

17. Итак, Владыка всякой твари видимой и невидимой не постыдился нас, бедствующих в таком пленении и обладаемых горькой смертью, но смирил Себя и восприяв (на себя) Человека, коему Владычным определением присуждено нести скорби, как епитимию, уподобился нам во всем, кроме греха, т.е., кроме страстей бесчестия. Что Владычным определением наложено на человека за грех преступления (прародительского), как епитимия, как то: смерть, труд, алчба, жажда и подобное – все то Он восприял, став тем, кто мы есть, чтоб нам сделаться тем, кто Он есть: «Слово плоть бысть» (*Иоан. 1, 14*), чтобы плоть стала словом, «Богатсый обнища, да мы нищетою Его обогатимся» (*2Кор. 8, 9*), по великому человеколюбию Он уподобился нам, чтоб и мы уподобились Ему всякою добродетелью. Ибо с тех пор, как пришел Христос, человек, бывший (и в начале) по образу и подобию, воистину обновляется благодатью и силой Духа Святого, достигая в меру совершенной любви, вон изгоняющей страх и не могущей более подвергаться падению, ибо «любы николиже отпадает» (*1Кор. 13, 8*), потому что Бог, говорит Иоанн, «любы есть и пребываяй в любви, в Бозе пребывает» (*1Иоан. 4, 16*). Такой меры сподобились Апостолы и все, которые подобно им подвизались в добродетели и представили себя Господу совершенными, с совершенной приверженностью во всю жизнь свою последовав Христу.

18. Итак, если будешь ты всегда без забвения содержать в уме таковое смирение, какое по неизреченному человеколюбию из любви к нам показал Господь, то есть, вселение Бога-Слова в ложесна, восприятие человека, рождение от жены, постепенность телесного возрастания, бесчестие, досады, поношения, поругания, укорения, биения, оплевания, насмешки, наругания, червленную хламиду, терновый венец, приговор на Него правителей, вопли против Него беззаконных Иудеев, единоплеменных Ему: «возми, возми, распни Его» (*Иоан. 19, 15*), крест, гвозди, копье, напоение оцтом и желчью, торжествование язычников, насмешки проходивших мимо и говоривших: «аще Сын еси Божий, сниди со креста и веруем в Тя» (*Матф. 27, 42*) и прочие страдания, которые Он претерпел ради нас: распятие, смерть, тридневное погребение, сошествие в ад – потом и плоды страданий: воскресение из мертвых, опустошение ада и смерти чрез изведение собравшихся к Господу душ, вознесение на небеса, седение одесную Отца, превыше всякого начала и власти и всякого именуемого имени (*Ефес. 1, 21*), честь, слава и поклонение от всех Ангелов Первенцу из мертвых, по причине Его страданий, по Апостольскому слову, которое гласит: «сие да мудрствуется в вас, еже и во Христе Иисусе, Иже во образе Божии сый, не восхищением непщева быти равен Богу, но Себе умалил, зрак раба приим, в подобии человечестем быв и образом обретеся якоже человек, смирил Себе, послушлив быв даже до смерти, смерти же крестныя. Темже и Бог Его превознесе, и дарова Ему Имя, еже паче всякого имене, да о имени Иисусове всяко колено поклонится небесных и земных и преисподних, и прочее» (*Фил. 2, 5 – 10*)... Вот на какую славу и высоту, по правде Божьей, вознесли человека Господня вышесказанные страдания!

19. Итак, если будешь с теплым расположением без забвения хранить в сердце своем такие помышления, то не возобладает тобою страсть огорчения, гнева и раздражительности. Ибо когда взято будет из под них основание, т.е. когда истребится страсть гордости углублением в смирение Христово, тогда все здание беззаконного гнева, ярости и печали легко разорится само собою. Какое жестокое и каменное сердце не сокрушится, не умилится и не смирится, если будет всегда иметь в уме такое ради нас смирение Божества Единородного и помнить исчисленные пред сим страдания Его? Не сделается ли оно, напротив, охотно землею, пеплом и попранием для всех людей, по Писанию? Когда же душа, смотря на смирение Христово, так смирится и сокрушится, тогда какая раздражительность может овладеть ею? Какой гнев и какое огорчение приразятся?

20. Но, как кажется, забвение этих спасительных и животворных для нас помышлений и сестра его, разленение, и их содейственница и единонравница неведение – эти тягчайшие и внутреннейшие болезни души, которые трудно сознать и еще труднее уврачевать, увлекая и омрачая душу неудержимым любопытством (разведыванием о всем внешнем кроме себя), бывают причиною того, что в ней действуют и укрываются и все прочие злые страсти: они производят бесстрашие (пред Богом) и нерадение о всем добром и дают всякой страсти свободу входить в душу и без стыда в ней действовать. Когда душа покрыта (как покровом каким мрачным) всезлым забвением, пагубным разленением и, матерью и питательницей всего злого, неведением, тогда жалкий слепотствующий ум удобно привязывается к каждой вещи видимой, или мыслимой, или слышанной: видит, например, красоту женскую и тотчас уязвляется плотской похотью. Память, прияв таким образом страстно и с услаждением виденное, слышанное и осязанное, живописует потом образы того внутри, чрез воображение помышлений и злую с ними беседу, и тем оскверняет страстный еще жалкий ум чрез воздействие блудных духов.

21. Наконец и плоть, если она тучна, или очень юна, или слишком мокротна, от таких воспоминаний проворно возбуждается страстью и делает свойственное ей, движась к похоти, и иногда во сне, иногда наяву издавая нечистоту, и без общения с женою в действительности. Таковый многими может быть считаем за целомудренного, девственника и чистого, или даже может иметь притязание на святость, но пред Видящим сокровенное он есть скверный блудник и прелюбодей и в день оный справедливо будет осужден, если не будет плакать и рыдать и Богу, пред лицом Которого помышлял и делал злое, не принесет достойного покаяния, измождив плоть постами, бдениями и непрестанными молитвами и ум уврачевав и исправив святыми памятованиями и поучением в Слове Божьем. Ибо не ложен живой глас, который сказал: «всяк иже воззрит на жену, ко еже вожделети ея, уже любодействова с нею в сердце своем» (*Матф. 5, 28*). Посему очень полезно особенно для юных отнюдь не видаться с женами, хотя бы они почитались святыми, а, если можно, жить особо и от всех людей: чрез это он сделает брань гораздо легчайшею для себя и осязательнее будет чувствовать свое преспеяние, особенно если будет строго внимать себе и пребывать в молитве, подвизаясь в малоядении, в малопитии даже воды и продолжительных бдениях, также сообращаться с опытными духовными отцами, стараясь быть с ними и пользоваться их руководством. Ибо крайне опасно жить особняком, по своей воле, без свидетелей, или жить с неопытными в духовной брани. Много козней у злобы (сатаны), много сокровенных засад, и разнообразны сети, простертые врагом повсюду. Посему, сколько можно, всячески надо стараться и домогаться жить вместе и часто беседовать с мужами знатоками дела духовного, дабы, если кто и не имеет собственного света истинного ведения по причине младенчества и несовершенства еще духовного возраста, то идя вместе с тем, кто имеет его, не шел он во тьме, не подвергался опасности от тенет и сетей, не попадался мысленным зверям, которые, кроясь во тьме, восхищают и растлевают ходящих в ней без умного светильника Божественного слова.

22. Если же хочешь, сын мой, стяжать и иметь внутрь себя собственный светильник умного света и духовного ведения, чтобы непреткновенно мог ты ходить в глубочайшей ночи века сего «и стопы твои исправлялись от Господа» *(Псал. 118, 133)*, да по пророческому слову, «восхощеши зело» пути Евангельского, то есть, того, чтобы с горячайшей верой проходить совершеннейшие Евангельские заповеди и сделаться причастником страданий Господних чрез вожделение их и молитву, то покажу тебе к тому дивный способ, состоящий в нравственном внутреннем настроении духа, которое требует не телесного труда или подвига, но приболезненного труда душевного, властвования ума (над всем внутри) и внимательной мысли, при содействии страха и любви Божьей, Этим настроением легко можешь ты обращать в бегство полки врагов, подобно блаженному Давиду, который с верою и упованием на Бога, убив одного иноплеменнического исполина, тем самым обратил в бегство тьмы врагов и с народом их.

23. Метит это слово мое на трех сильных и крепких исполинов иноплеменнических, на которых утверждается вся сопротивная сила мысленного Олоферна, которые, если будут низвержены и убиты, то вконец изнеможет вся сила лукавых духов. Эти мнящиеся быть сильными три исполина лукавого суть помянутые уже нами – неведение, матерь всех зол, забвение, сестра его, содейственница и помощница, и, из мрачного ткущее душе темную одежду и покров – разленение (равнодушие), которое утверждает и укрепляет оба первых, дает им состоятельность и делает то, что в душе нерадивейшей зло становится как бы врощенным и всущественным. Ибо от равнодушия (разленения), забвения и неведения крепнут и увеличиваются подпоры всех прочих страстей. Будучи взаимными одно другому помощницами и одно без другого не могучи иметь состоятельность, они (в связи все вместе) являются крепкими силами супостата и главными начальниками лукавого. При посредстве их скопище духов лукавствия строит в душе свои ковы и успевает приводить в исполнение свои замыслы.

24. Если хочешь одерживать победу над страстями и легко обращать в бегство толпы мысленных иноплеменников, то, молитвою и содействием Божьим собравшись внутрь себя и сошедши в глубины сердечные, разыщи в себе сих трех сильных исполинов дьявольских – разумею забвение, равнодушие, или разленение, и неведение, питаясь которыми, и все другие страсти действуют, живут и усиливаются в самоугодливых сердцах и ненаказанных душах. При строгом к себе внимании и бодренности ума с помощью свыше найдешь, конечно (уловишь в себе, схватишь), эти другим недоведомые и даже не предполагаемые, губительнейшие прочих злые страсти, противоположными им оружиями правды – благой памятью, причиной всего доброго, просвещенным ведением, которым в бодренности держимая душа прогоняет от себя тьму неведения, и живою ревностью, возбуждающею и ведущею душу к спасению. Затем, облекшись в сии же оружия добродетели, со всякою молитвою и молением, силою Духа Святого, доблестно и мужественно победишь (совсем прогонишь) помянутых трех гигантов мысленных иноплеменников, именно: прекрасною по Богу памятью, всегда помышляя о том, «елика суть истинна, елика честна, елика праведна, елика пречиста, елика доброхвальна, аще кая добродетель и аще кая похвала» (*Фил. 4, 8*), отгонишь от себя всезлейшее забвение, просвещенным небесным ведением уничтожишь пагубную тьму неведения, а готовой на всякое добро живейшей ревностью изгонишь безбожное равнодушие (разленение), делающее зло врощенным в душу. Стяжать же сии добродетели можешь ты не одним своим произволением, но силою Божьей и содействием Святого Духа, при многом внимании и молитве, и стяжав их таким образом, можешь чрез них избавиться от сказанных трех крепких исполинов лукавого. Когда силой действенной благодати образуется в душе и тщательно будет храним в ней (тройственный) союз истинного ведения, памятования словес Божьих и доброй ревности, тогда самый след забвения, неведения и равнодушия исчезнет из души. Они обратятся в ничто, в душе же начнет царствовать наконец благодать в Христе Иисусе, Господе нашем, Коему слава и держава, во веки веков. Аминь.

2. Ответ монаха Николая на писание Марка Подвижника

Благодарение Богу, благодарение! Благодарение превосходящему и неисповедимому Его дару, что Он, человеколюбствовав о душе, содержимой лютыми страстями и лишившейся всей крепости, посетил ее милосердым и всецело на Бога возложенным произволением, говорю, добродетельною и соединенною с Богом преподобною твоею душою, коею послана мне блистающая искра, исполненная Божественного света, и уда, имеющая духовную приманку, – и светильником слов труда и любви, рожденных от соединенного с Богом помысла, исторгнул мою душу от мрачнейшей тьмы и бури и соделал Владыка то, что мысль моя бодро возникла от возвещенных мне трех исполинов. Поистине исполины сии велики и свирепы и никогда не перестают нападать на человеческий род. Кого же так свирепо и люто содержат они на земле, как меня, и по своей воле еще обладаемого ими? Но Тот, Который никогда не веселится о погибели живых, помиловал [меня] и показал на мне Свое долготерпение и человеколюбивое милосердие и, подвигнув оный благочестивый помысл, возбудил спавшее глубочайшим сном произволение, указал и явил мне вышесказанных исполинов, говорю же, во-первых, забвение, изгнавшее из рая Адама, ибо если бы он не забыл заповедь Владыки, не отпал бы от таковой славы; и уныние, предавшись которому послушал супруги; и неведение, чрез которое не узнал, чем был и чем сделался. Сии три духа соделал мне явными Господь Иисус Духом Святым, живущим в тебе. Ибо поистине послал Он меч обоюдоострый, который есть глагол Божий, и рассек пополам ум со многою тишиною. Не остановился и на сем, но поистине и сладость некую духовную чрез твои слова вложил в мое произволение. Итак, сколькими устами и сколькими языками возмогу достойно возблагодарить истинного Владыку Бога за Его благодеяния, о которых ты мне напомнил, или, опять, за послание мне благоискусных и любвеобильных слов, возбуждающих душу ко взысканию истины и соблюдению Божиих заповедей, и, наконец, за многую пользу [чрез сие принесенную] желающему ходить путем Господним, ведущим в жизнь вечную? Не только же мне таковую пользу принесли слова твои, но и всем, которые их слышали, – много просветилась мысль их, и великую пользу получили они от ясно высказанных слов. Посему речи эти оказались достоверными, как вещи, и слова сии слышались не как слова только, но как дело очевидное, находящееся пред очами нашими, ибо тотчас слово сие вложило в произволения [наши] великое бодрствование. И поелику слово сие было действенное, то и не осталось праздным, но тотчас израстило колосья и принесло зрелый плод; но и сим не ограничилось, ибо каждый из нас не насыщается им, как то ведает Бог: сколько раз ни читаю его, не получает сытости бедная душа моя. Итак, молитвою твоея святыни да дастся мне дар сей, чтобы небесная искра пребыла во мне и погубила всесовершенно, до конца, вышесказанных исполинов; да не забудусь когда-либо и предательством самовластного произволения врину себя в вышеупомянутое зло и сделаюсь снедью врагов. Но верую Господу Иисусу Христу, живущему в тебе, что ради твоего преподобия и подобно тебе подвизающихся Он не презрит меня и не предаст устам вышеупомянутых исполинов, но, делая мне всегда напоминания чрез преподобных рабов Своих, скажет путь Свой мне, окаянному, святыми твоими молитвами. Итак, прошу и умоляю благоутробную и преподобную твою душу, не зазри меня в том, что я с упованием дерзнул начертать ответное писание твоей святости; но, видя отверстую милость отеческую, хотя и худыми письменами, прошу и умоляю поминать меня всякий час; поелику Господь всегда посещает [Своего] неотступного и непрестанного служителя, разумею, достойно очищенный ум твоей благословенной души, да святынею твоею и я, быв избавлен от зол моих, обрящу благий исход, благодатию человеколюбивого Христа Бога, с Ним же Отцу честь и держава со Святым Духом вовеки. Аминь.

3. Наставления Святого Марка, извлеченные из других его слов

1. Вера состоит не в том только, чтобы креститься во Христа, но чтобы и заповеди Его исполнять. Святое крещение совершенно и подает нам совершенство, но не делает совершенным неисполняющего заповедей.

2. Если и по крещении бываем мы подвержены греху, то это не потому, что не совершенно было крещение, но потому что мы нерадим о заповеди и пребываем в самоугодии по собственному нашему произволению. Волю нашу и по крещении ни Бог, ни сатана не приневоливает. В крещении таинственно освободились мы от рабства греху по написанному: «яко закон духа жизни освободил мя есть от закона греховного и смерти» (*Рим. 8, 2*), по причине же нерадения о делании заповедей Очистившего нас мы подпали действию греха, поскольку не исполняли заповедей, то снова сделались пленниками врага.

3. Человек по своей воле где любит, там и пребывает, хотя и крестился, потому что самовластие не приневоливается. Когда Писание говорит, «что нуждницы восхищают царствие небесное» (*Матф. 11, 12*), то говорит сие о своей воле дабы каждый из нас понуждал себя после крещения не уклоняться к злу, но пребывать в благом. Получившим силу к исполнению заповедей, как верным, Господь заповедует подвизаться в них, дабы не возвращаться назад.

4. Подвиги не суть что-либо особое от заповедей. Они суть заповеди. Покажи мне подвиги, кроме заповедей. Если укажешь на молитву – это есть заповедь, если скажешь о низложении помыслов – и это заповедь (трезвитеся и бодрствуйте), если о посте и бдении, и сие тоже есть заповедь, если укажешь на самоумерщвление, и это заповедь (да отвержется себе), и какое бы ни сказал ты дело подвижнической добродетели – все они суть заповеди. (Цель подвижничества – точнейшее исполнение заповедей).

5. Святое крещение дает совершенное разрешение (от рабства греху, как и покаяние), связать же себя снова пристрастием или пребыть разрешенным чрез делание заповедей, есть дело самовластного произволения. Если помысел укосневает в какой-либо сласти греховной, то это от самовластного пристрастия, а не по какой-либо неволе. Мы, по Писанию, имеем власть «помышления низлагать» (*2Кор. 10, 4*). Лукавый помысел, для низлагающих его в себе, есть знак любви к Богу, а не греха, ибо не приражение помысла есть грех, но дружеская с ним беседа ума. Если не любим его, то зачем медлим в нем? Невозможно, дабы что-либо, от сердца нами ненавидимое, продолжительно собеседовало нашему сердцу без нашего злого участия в этом.

6. Когда по святом крещении, будучи в состоянии исполнять заповеди, не исполняем их, тогда и не желая того, бываем содержимы грехом (опять падаем в рабство греху), пока покаянием не умолим Бога, направляясь ко всем заповедям Его, и Он истребит грех нашего самовластия.

7. Ты облекся во Христа крещением (*Гал. 3, 27*) и имеешь силу и оружие низлагать помышления (*2Кор. 10, 4*). Если же, имея на них силу, не низлагаешь их от первого приражения, то очевидно, что сластолюбствуешь по неверию, соглашаешься и сдружаешься с ними. В таком действии сам ты виноват.

8. Иногда без согласия нашего какой-нибудь помысел скверный и ненавидимый нами, как разбойник, неожиданно напав на нас, насильно содержит у себя ум наш. Однако же знай наверное, что и сей помысел произошел от нас самих, ибо или по крещении мы предавали себя такому худому помыслу, хотя не исполняли его делом, или по собственной воле держим в себе некоторые семена зла, почему и утверждается в нас лукавый, и он, лукавыми семенами удержав нас, не отойдет, пока не отбросим их, скверный же помысел, пребывающий в нас чрез делание зла, тогда изгонится, когда принесем Богу труды, достойные покаяния. Итак, в невольном, беспокоящем помысле виновен ты сам, потому что, имея власть отогнать его и очистить от него ум в начале первого приражения, ты не сделал этого, но беседовал с ним самоохотно, хотя не исполнил делом. (Он приходит на согретое место, к старому знакомому, приятелю).

9. Когда увидишь в сердце своем бывающую тебе помощь, знай достоверно, что, не из вне явившись, пришла благодать сия, но данная тебе таинственно при крещении воздействовала ныне в такой мере, в какой ты, возненавидев помысел, отвратился от него.

10. Христос Господь, избавив нас от всякого насилия (благодатью в крещении), не возбранил приражение помыслов к сердцу нашему, дабы одни, будучи ненавидимы от сердца, тотчас были истреблены, другие же, сколько мы их любим, столько и пребывали, чтобы обнаруживались и благодать Христова, и воля человеческая, что она любит, труды ли ради благодати, или помыслы ради самоугодия.

11. Как некое злое родство, похоти наши и приражения помыслов действуют совокупно одни с другими. Каждый помысел, укоснев в своем любителе, передает его своему ближнему, так что человек, привычкою сильно влекомый к первому, вторым уже и против воли бывает увлекаем. Ибо кто может избегнуть гордости, будучи исполнен тщеславия? Или кто, насытившись сна и предавшись наслаждению, не будет побежден помыслом блуда? Или кто, предав себя лихоимству, не будет связан немилосердием? А наслаждающиеся всем этим, как избегнут раздражительности и гнева?

12. И по принятии благодати в нашем произволении состоит, ходить по плоти или по духу. Но невозможно ходить по духу возлюбившим похвалу человеческую и послабление телу и невозможно жить по плоти внутренне предизбирающим будущее более настоящего. Потому надлежит нам возненавидеть похвалу человеческую и упокоение тела, чрез которые и без нашего хотения прозябают в нас лукавые помыслы, и искренно сказать Господу: «совершенною ненавистию возненавидех я: во враги быша ми» (*Псал. 138, 22*).

13. Крестившимся в Соборной Церкви крещением дается таинственно благодать и живет в них сокровенно, потом же по мере делания заповедей и мысленной надежды, открывается в верующем, по слову Господню: «веруяй в Мя, реки от чрева его истекут воды живы. Сие же рече о Дусе, егоже хотяху приимати верующии во имя Его» (*Иоан. 7, 38. 39*).

14. По своему маловерию каждый подпадает действию греха, «будучи от своея похоти влеком и прельщаем, таже похоть заченши рождает грех, грех же содеян рождает смерть» (*Иак. 1, 14. 15*). От своей похоти рождается грех мысленный, а от этого происходит совершение сообразного тому действия. Лишь только кто отступит (от обязательства крещения), тотчас бывает содержим грехом.

15. Твердо верующим Дух Святой дается тотчас в крещении, но мы сами оскорбляем и угашаем Его в себе. Почему заповедует Апостол: «Духа не угашайте» (*1Сол. 5, 19*), «не оскорбляйте Духа Святого, Имже знаменастеся в день избавления» (*Еф. 4, 30*). Сие не значит, чтоб всякий крещенный и получивший благодать по тому самому был неизменен и не требовал более покаяния, но что от крещения, по дару Христову, нам дарована совершенная благодать Божья к исполнению всех заповедей, но потом каждый, получив оную таинственно и не совершая заповедей, по мере опущения их, находится под действием греха за то, что по нерадению, получив силу действовать, не совершает дел. Желаем ли быть совершенными, скоро или медленно, мы должны совершенно веровать Христу и исполнять все Его заповеди, получив от Него силу на такое дело. Сколько мы, веруя, исполняем заповеди Божьи, столько и Дух Святой производит в нас Свои плоды. Плоды же Духа, по святому Павлу, суть: «любы, радость, мир, долготерпение, благость, милосердие, вера, кротость, воздержание» (*Гал. 5, 22*).

16. Итак, если кто из верных, живя по заповедям, соразмерно тому обрел некое духовное действие, да верует, что он уже прежде получил силу на то, ибо получил в крещении благодать Духа – причину всего благого, не только тайных и духовных, но и явных добродетелей. И никто из добродетельных да не полагает одною своею силою сделать что-либо благое, ибо благой человек, не от себя, но «от благого сокровища сердца приносит благое» (*Матф. 12, 35*), говорит слово, разумея под сокровищем Духа Святого в сердцах верных сокровенного.

17. Познавший достоверно, что он, по слову Апостола, имеет в себе сокровенного от крещения Христа, оставив все вещи мира сего, пребывает в своем сердце, «соблюдая его всяцем хранением» (*Притч. 4, 23*). Ибо «Той есть действуяй в нас еже хотети и еже деяти о благоволении»

(*Фил. 2, 13*). Словом – о благоволении – показывает Апостол, что благоволить о добродетелях зависит от нашего самовластия, а сделать их или искоренить грехи без Бога невозможно. Сказанное: «без Мене не можете творити ничесоже» (*Иоан. 15, 5*), имеет тот же смысл. Но во всем есть и наше участие.

18. Царственный ум каждого сперва из тайного сердечного храма приемлет добрые и благие советы от внутри живущего Христа и производит их в дело добродетельным житием, которое приносит снова даровавшему ему советы посредством благой мысли Христу.

19. Блага, которые получат праведные по воскресении, находятся горе, обручения же их и начатки отныне действуют духовно в сердцах верующих, дабы, будучи удостоверены о будущем, мы презрели все настоящее, и возлюбили Бога до смерти. Посему Апостол не сказал: имеете приступить, «но приступисте к Сионстей горе, и ко граду Бога Живого, Иерусалиму Небесному» (*Евр. 12, 22*): ибо способными к тому мы все сделались от крещения, получить же то сподобляются одни твердо верующие, которые всякий день умирают ради любви Христовой, то есть, стоящие превыше всякой мысли о здешней жизни и не помышляющие ничего другого, кроме того, как бы достигнуть в совершенную любовь Христову. Сего ища паче всего, Святой Павел говорил: «гоню же, аще и по стигну, о немже и постижет бых», то есть, да возлюблю так, как и возлюблен был от Христа (*Фил. 3, 12*). И когда достиг сей любви, более уже не хотел помышлять ни о чем, ни о скорбном для тела, ни о дивном в творении, но все оставил явно, и говорит: «кто ны разлучит от любви Христовы» (*Рим. 8, 35 – 39*)? Ни о чем уже не хотел помышлять, но только пребывать там (в сердце, в любви Христовой).

20. Апостол сказал, что мы имеем в себе начаток Духа (*Рим. 8, 23*), показывая меру нашего вместилища, ибо мы не можем вместить всего действия Духа иначе, как совершенной заповедью. Как солнце, будучи совершенно, изливает от себя всем совершенную, простую и равную благодать, но каждый насколько имеет очищенное око, настолько и принимает солнечный свет – так и Дух Святой верующих Ему сделал от крещения способными к принятию всех Своих действий и даров: однако дары Его действуют не во всех в одной мере, но каждому даются по мере делания заповедей, поскольку он засвидетельствует благими делами и покажет меру веры во Христа.

21. Приражение сатанинское есть в одном только помысле представляющееся явление лукавой вещи (дела), которое и самому тому, чтобы приблизиться к уму нашему, находит (удобство) лишь по нашему маловерию. Ибо когда по получении нами заповеди ни о чем не иметь попечения, но «всяцем хранением блюсти свое сердце» (*Притч. 4, 23*) и искать внутрь нас сущего царствия небесного, отступит ум от сердца и от вышесказанного взыскания, тотчас дает место дьявольскому приражению и бывает доступен лукавому совету. Но даже и тогда дьявол не имеет власти приводить в движение наши помыслы, иначе бы он не пощадил нас, наводя понудительно всякую злую мысль и не попуская помышлять ничего благого, но он имеет только власть внушать превратное в помысле только первой мысли, чтобы искушать наше внутреннее расположение, куда оно клонится, к его ли совету или к заповеди Божьей, поскольку они друг другу противятся.

22. Когда приражение помысла ненавидимого пребывает внутри и закосневает, то это зависит не от нового нашего расположения, но от прежнего восприятия. Такое приражение стоит на месте неподвижно одномысленным, негодование сердечное возбраняет ему перейти во многомыслие и страсть. Одномысленный (голый) помысел, ненавидимый внимающим себе, не имеет силы увлекать ум в многомыслие. Это бывает только при сердечном с ним сострастии. А потому если мы совершенно отступим от всякого сострастия, то явление (в уме) прежде принятых образов всегда будет одномысленно, и вредить нам более не может, или осуждать совесть нашу.

23. Когда ум познает безуспешность своего противления прежде принятым образам (впечатлениям) и исповедует Богу прежнюю свою вину, тотчас упраздняется и самое сие искушение, и ум снова имеет власть внимать сердцу и «всяцем хранением» блюсти оное молитвою, покушаясь войти во внутреннейшие и безопасные клети сердца, где уже нет ветров лукавых помыслов, бурно реющих и низвергающих душу и тело в стремнины сладострастия и в поток нечистоты, нет широкого и пространного пути, устланного словами и образами мирского мудрования, который обольщает последующих ему, хотя бы они и были весьма мудры, ибо чистые внутреннейшие клети души и дом Христов приемлют внутрь себя ум наш, обнаженный и не приносящий ничего от века сего, будет ли то оправдываемо разумом или нет, разве только "три сия", поименованные Апостолом, «веру, надежду и любовь» (*1Кор. 13*). Итак, кто любит истину и желает трудиться сердечно, тот, по сказанному выше, может не увлекаться и прежде принятыми впечатлениями, но внимать своему сердцу, преуспевать (в достижении) к внутреннейшему и приближаться к Богу, только да не небрежет о трудах молитвы и жительстве (по Богу), ибо не может не трудиться сердцем тот, кто внимательно воздерживает себя всякий день не только внешне, но и внутренне от мысленных парений и плотских сластей.

24. Не испытывать приражений зла есть принадлежность одного Естества Непреложного, а не человеческого. И Адам доступен был сатанинскому приражению, но имел власть послушать его или не послушать. Приражение помысла не есть ни грех, ни правда, но обличение самовластной нашей воли. Потому-то и попущено ему приражаться к нам, дабы преклоняющихся к заповеди удостоить за верность венцев (победных), а преклоняющихся к самоугодию, за неверность показать достойными осуждения. Но и сие надлежит знать нам, что не тотчас после каждого нашего изменения дается по оному суд, оказались ли мы искусными, или достойными отвержения, но когда во все наше пребывание в сей жизни будем испытаны приражениями, побеждая и будучи побеждаемы, падая и востая, блуждая и будучи наставляемы на добрый путь, тогда только в день исхода, по сочтении всего, соразмерно сему будем судимы или похваляемы. Итак, не приражение есть грех. Вовсе нет! Ибо хотя оно и невольно (без нашего согласия) нам показывает вещи в одном (лишь) помысле, но мы получили от Господа власть духовного делания, и в нашем самовластии состоит, при первой мысли, испытав вредное и полезное, отвергать или принимать помыслы, которые умножаются не по нужде, но от душевного расположения.

25. Поскольку душа наша, помрачившись сластолюбием и тщеславием, ниспала во глубину неразумия, то не слушает ни заповедей Писания, ни естественного разума, ни рассмотрения опытных, а следует лишь одним своим умышлениям. Почему, удерживая в себе эти причины зла, она не может быть свободна и от свойственных им действий. Каждый поскольку верует Господу о будущих благах, презрев человеческую славу и удовольствия, постольку и помыслы удерживает, и на столько бывает спокойнее того, кто любит удовольствия, потому мы и различаемся друг от друга и по помыслам и по жизни.

26. Достоверно знай, что Господь зрит на сердца всех людей: и за тех, которые ненавидят первое появление лукавых помыслов, тотчас заступается, как обещал, и не допускает, чтобы множество многомыслия (их), восставши, осквернило ум и совесть их, а тех, которые не низлагают первые прозябения помыслов верою и надеждою на Бога, но услаждаются ими, оставляет как неверных без помощи, быть биемыми последующими помыслами, которых не удаляет, ибо видит, что мы любим первое их приражение, а не ненавидим их при первом появлении.

27. Никакая власть не принуждает нас насильственно ни к добру, ни к злу, но кому мы, по нашей свободной воле работаем – Богу или дьяволу – тот потом поощряет нас ко всему, что составляет его область.

28. Начала действий суть два приражения помыслов, не примечаемые умом: похвала человеческая и угождение телу, которые, когда невольно приражаются к нам, прежде согласия с ними воли нашей, не составляют ни порока, ни добродетели, но служат лишь обличением склонности нашей воли, куда мы преклоняемся. Господь желает, чтобы мы терпели поношения и удручали себя, дьявол же хочет противного, и потому, когда мы радуемся о вышесказанных приражениях, то очевидно, что мы, преслушав Господа, склоняемся к сластолюбивому духу, когда же скорбим о помянутых приражениях, то очевидно, что мы преклоняемся к Богу, возлюбив тесный путь. Посему-то этим приражениям и попущено приражаться к людям, чтобы те, которые любят заповедь Божью и услаждаются ею, преклонили свою волю пред Христом, и Он, найдя в них вход, направил ум их к истине. Также разумей и о противном: те, которые напротив любят человеческую славу и угождение телу, дают вход дьяволу, и он, найдя себе свой вход, предлагает нам свои злые внушения, и по мере того, как мы услаждаемся мыслями о них, не перестает делать к ним прибавления, пока не возненавидим от сердца двух вышесказанных приражений. Но мы так их любим, что не только ради них предаем добродетель, но и самые эти приражения при случае переменяем одно на другое: иногда удручаем тело ради тщеславия, иногда переносим бесчестия ради сластолюбия. Когда же беззаботно согласимся с ними, то начинаем искать и вещества их возращающего. Вещество же тщеславия и телесного наслаждения есть сребролюбие, которое по Божественному Писанию, есть и корень всем злым (Тим. 6, 10).

29. Господь не сказал Адаму: «в оньже день снесте, Я умерщвлю вас», но, предостерегая их, предвозвещает им закон правды, сказав: «в оньже аще день снесте, смертию умрете» (*Быт. 2, 17*). И вообще Господь положил, чтобы за каждым делом, добрым или злым, приличное ему воздаяние следовало естественно, а не по особенному назначению, как думают некоторые, незнающие духовного закона.

30. Мы должны помнить, что если возненавидим кого-либо из единоверных, как злого, то и Бог возненавидит нас, как злых, и если кого-либо отвергаем от покаяния, как грешника, то и мы будем отвержены (Богом), как грешники, и если мы не прощаем ближнему согрешений, то равным образом и сами не получим прощения в согрешениях наших. Объявляя сей закон, Законодатель наш Христос сказал нам: «не судите, и не судят вам, не осуждайте, да не осуждени будете, отпущайте и отпустится вам» (*Лук. 6, 37*). Зная сей закон, Святой Апостол Павел явно говорил: «имже судом судиши друга, себе осуждаеши» (*Рим. 2, 1*). И Пророк, не зная сего, так взывал к Богу: «яко Ты воздаси комуждо по делом его» (*Псал. 61, 13*) и другой Пророк от Лица Божья говорит: «Мне отмщение, Аз воздам, глаголет Господь» (*Втор. 32, 35*).

31. Говорится у Пророка Даниила: «грехи твоя милостынями искупи, и неправды твоя щедротами» (убогих) (*Дан. 4, 24*). Но может быть, ты скажешь: я не имею денег, как ущедрю убогого? Не имеешь денег, но имеешь хотения, отрекись от них и посредством их совершай благое. Не можешь благотворить рукою телесною? Благотвори правым произволением: «аще согрешит к тебе брат твой, остави ему» (*Лук. 17, 3*), по слову Господню, и это составит для тебя великую милостыню. Если мы ищем оставления грехов от Бога, то должны поступать так при всяком согрешении, относительно каждого, дабы сбылось сказанное (во Евангелии): «отпущайте и отпустится вам» (*Лук. 6, 37*). Великое дело, если кто, имея деньги, подает (милостыню) убогим, миловать же ближних в согрешениях их (противу нас) на столько больше, для получения прощения грехов, во сколько душа, по естеству своему, честнее тела. Если же мы, прося от Бога прощения (грехов), и многократно получив просимое, так что ради сего не претерпели здесь никакого зла, а ближних наших не хотим сделать участниками сего дара, то чрез сие самое мы уподобляемся оному лукавому рабу, который, получив от своего Владыки прощение долга – тмы талант, ближнему своему, который был ему должен только сто пенязей, не простил, с коим и Господь, как бы судясь по закону, сказал: «рабе лукавый, весь долг он отпустих тебе, понеже умолил Мя еси, не подобаше ли и тебе помиловати клеврета твоего, и простить ему долг, якош и Аз тя помиловах»? «И прогневався», сказано, «предаде его мучителем, До́ндеже воздаст весь долг свой». И выводит из сего заключение, говоря: «тако и Отец Мой Небесный сотворит вам, аще не отпустите кийждо брату своему от сердец ваших прегрешения их» (*Матф. 18, 32 – 35*).

32. Господь сказал: «горе вам богатым» (*Лук. 6, 24*). Но сказав так, Он не всех обвиняет обогатившихся, ибо есть в числе их, и действительно умеющие располагать богатством, по воле давшего оное – Бога, и по Писанию, сторицею в жизни сей приемлющие, каковы: блаженный Авраам и праведные Иов, которые, будучи милостивы, обогатились еще более и здесь и в будущем веке, но порицает (как мы выше сказали) тех, кои, имея лихоимственный нрав, присвояют себе дарования Божии, или в отношении имений (вещественных), или в различных Его щедротах, и не хотят быть милосердыми к ближнему. Ибо не данное от Господа имение причиняет вред обладающему оным, но от неправды прибывающее лихоимство и матерь его, – немилосердие, которых, совершенно избегая, твердо верующие всецело отреклись настоящих благ, не потому, чтобы безрассудно возненавидели Божье творение, но по вере во Христа, заповедавшего им поступать так, получая от Него удовлетворение своих дневных нужд. Иной может богатеть и без имений, содержа в лихоимстве слово или ведение, или какое либо другое средство к оказанию милосердия, обще всем дарованное, ибо получает оное для того, чтобы преподать неимущему.

33. Согрешившим не следует отчаиваться. Да не будет сего. Ибо мы осуждаемся не за множество зол, но за то, что не хотим покаяться и познать чудеса Христовы, как свидетельствует сама Истина: "мните ли, – говорит (Господь), – яко Галилеане сии, ихже кровь смеси Пилат с жертвами их, грешнейши бяху паче всех человек, иже на земли? Ни, глаголю вам: но аще не покаетеся, такожде погибнете. Или они осмнадесяте, на нихже паде столп Силоамский, и поби их, мните ли, яко грешнейши бяху паче всех человек, живущих во Иерусалиме? Ни, глаголю вам: но аще не покаетеся, такожде погибнете» (*Лук. 13, 2–5*). Видишь ли, что мы осуждаемся за то, что не имеем покаяния?

34. Покаяние же, как полагаю, не ограничивается ни временем, ни какими-либо делами, но совершается посредством заповедей Христовых, соразмерно с оными. Заповеди же одни суть более общие, которые заключают в себе многие из частных, и многие части порока отсекают за один раз, как например, в Писании сказано: «всякому просящему у тебя дай: и от взимающего твоя не истязуй» (*Лук. 6, 30*), и: «хотящего заяти от тебе, не отврати» (*Матф. 5, 42*), это суть заповеди частные. Общая же, заключающая их в себе: «продаждь имение твое, и даждь нищим», и: «взем крест твой, гряди вслед Мене» (*Матф. 19, 21*), разумея под крестом терпение постигающих нас скорбей. Ибо все раздавший нищим и взявший крест свой, исполнил разом все вышеозначенные заповеди. Равным образом: "хощу", говорит (Апостол), «да молитвы творят мужие на всяком месте, воздеюще преподобныя руки» (*1Тим. 2, 8*), а общее сего (Господь): «вниди в клеть твою, и помолися Отцу твоему, Иже втайне» (*Матф. 6, 6*), и еще: «непрестанно молитеся» (Сол. 5, 17): вшедший в клеть свою и непрестанно молящийся, в этом самом заключил вполне молитву, приносимую на всяком месте. Также сказано: «не соблуди, не прелюбы сотвори, не убий» и тому подобное, и общее сего: «помышления низлагающе, и всяко возношние взимающееся на разум Божий» (*2Кор. 10, 5*). Низлагающий же помышления поставил преграду всем вышеупомянутым порокам. Посему-то боголюбивые и твердо верующие понуждают себя на общие заповеди, не оставляя и частных, встречающихся по случаю. А потому и полагаю, что дело покаяния совершается тремя следующими добродетелями: очищением помыслов, непрестанною молитвою и терпением постигающих нас скорбей, и все сие должно быть совершаемо не только наружным образом, но и в умном делании, так, чтобы долго потрудившиеся сделались чрез сие бесстрастными. А поскольку дело покаяния, как указало слово наше, не может быть совершено без трех вышепоименованных добродетелей, то и полагаю, что покаяние прилично всегда и всем хотящим спастись, грешным и праведным, ибо нет такого предела совершенства, который бы не требовал делания вышеупомянутых добродетелей, посредством их приобретается начинающими введение в благочестие, средними – преуспеяние в нем, а совершенными – утверждение в оном.

35. Господь всем заповедует: «покайтеся» (*Матф. 4, 17*), чтоб даже и духовные и преуспевающие не пренебрегали этим повелением, не оставляя без внимания и самых тонких и малых погрешностей, ибо сказано: «уничижаяй малая по мале упадет» (Иис. *Сирах. 19, 1*). И не говори: как может пасть духовный? Пребывая таким, не падает, когда же допустит в себя что-либо малое из противного и пребудет в нем, не покаявшись, то сие малое, укоснев и возрастя, уже не терпит оставаться отдельно от него, но влечет его к соединению с собою как бы некою цепью, долговременной привязанностью, привлекая насильно. И ежели вступив с ним (с сим злом) в борьбу посредством молитвы, отвергнет его, то останется в своей мере духовного возраста. Если же конечно сведен будет (с обычной степени) возрастающим усилием того, что обладает им, сокращая борьбу и труд молитвы, то неизбежно будет прельщаться и другими страстями. И так, постепенно будучи отводим каждою по мере своего отведения, лишается Божественной помощи, и наконец бывает сведен и в большие преступления иногда и нехотя, от понуждения предварительно возобладавшего им. Но ты скажешь мне: не мог ли он, будучи в начале зла, умолить Бога не впасть в конечное зло? И я тебе говорю, что мог, но, презрев малое и собственною волею восприняв его в себя, как ничтожное, он уже не молится о сем, не зная, что сие малое бывает предначинанием и причиною большего: так бывает в добром и злом! Когда же страсть усилится и при помощи его произволения найдет себе в нем место, то она уже против его воли насильно возносится на него. Тогда, уразумев беду свою, он молит Бога, ведя брань с врагом, которого по незнанию защищал прежде, препираясь за него с людьми. Иногда же, и будучи услышан от Господа, не получает помощи, потому что она приходит не как думает человек, но как устрояет Бог к пользе нашей. Ибо Он, зная нашу удобопреклонность и презрительность, много вспомоществует нам скорбями, дабы, избавившись бесскорбно, мы не стали усердно делать те же согрешения. А потому и утверждаем, что необходимо терпеть постигающее нас и весьма прилично пребывать в покаянии.

36. Ты возразишь мне на это: какого еще требуют покаяния по истине благоугодившие Богу и достигшие совершенства? Что были и есть такие люди, признаю вместе с тобою и я, но послушай разумно и поймешь, что и таковые имеют нужду в нем. Воззрение на жену с вожделением вменил Господь в прелюбодеяние, гнев на ближнего уподобил убийству и показал, что и о праздном слове воздадим ответ (*Матф. 5, 28. 29, 12, 36*). Кто же не знает вожделения от зрения и никогда не прогневался на ближнего понапрасну, и даже оказался невиновным в праздном слове, чтобы не иметь ему нужды в покаянии? Ибо, если в настоящем и не таков, то был таким некогда, а посему в отношении покаяния он должник до самой смерти. Но положим, что есть некоторые и без сих немощей, как говорят, и от рождения чужды всякого порока, хотя это невозможно, по слову святого Павла: «вси согрешиша, и лишени суть славы Божия, оправдаеми туне благодатию Его» (*Рим. 3, 23. 24*). Впрочем, если бы и были таковые, все же они происходят от Адама, все родились под грехом преступления и посему, по приговору Божью, осуждены на смерть и не могут спастись без Христа.

37. Рассмотри прошедших сию жизнь от начала мира, и найдешь, что в благоугодивших (Богу) таинство благочестия совершилось чрез покаяние. Никто не был осужден, если не презрел его, и никто не был оправдан, если не заботился о нем. Самсон, Саул и Илий с сыновьями своими, уже приобретя отчасти святыню и вознерадев о покаянии, сперва утратили ее, а потом, когда время отсрочки прошло, умерли лютой смертью. Если дьявол не перестает бороться с нами, то и покаяние не должно быть никогда упраздняемо. Святые понуждают себя приносить его и о ближних, не могши быть совершенными без действенной любви,

38. Если покаяние есть прошение милости, то имеющему надобно заботиться, чтобы не услышать: «се сыти есте» (*1Кор. 4, 8*), тем паче неимущему надобно просить по своей потребности, ибо «всяк просяй приемлет» (*Матф. 7, 8*). Если милующий (других), сам помилован будет, то, как полагаю, весь мир держится покаянием, когда один от другого промыслительно бывает вспомоществуем. Посредством покаяния, Бог спас Ниневитян, нерадевших же о нем Содомлян – попалил.

39. Если мы и до смерти будем подвизаться в покаянии, то и таким образом еще не исполним должного, ибо ничего достойного царства небесного не сделали. Ибо как мы едим, пьем, говорим и слышим, так естественно должны и каяться. Однажды достойный смерти по закону умерщвляем бывает, а кто живет, тот живет верою ради покаяния, если и не от своего, то от греха преступления, мы очистились посредством крещения, очистившись, получили заповеди, не исполняющий же второго, осквернил первое, «забвение приемь очищения древних своих грехов» (2Петр. 1, 9), от которых никто во всякий день не бывает свободен, хотя бы никогда не оставлял ничего из повеленного. Посему всем нужно покаяние: ибо оно показывает некогда произвольно бывшие грехи, а теперь невольно случающиеся, когда возненавидим страсти и будем удаляться от них. Ограничивающий оное обращается на прежнее и обновляет древние прегрешения.

40. В отношении деятельной жизни, мы без покаяния не можем сделать ничего достойного, но (Господь) много милует нас за намерение наше. Понуждающий себя и держащийся покаяния до самой кончины, если в чем и погрешит, спасется за понуждение себя, ибо сие Господь обещал в Евангелии. Кто говорит, что он не имеет нужды в покаянии, тот считает себя праведным и называется в Писании порождением злым, ибо чрез мнение о своей праведности, являясь как бы совершившим покаяние, сам того не зная, вместо распятия, совокупляется со страстями: ибо самомнение и кичливость суть страсти. Имеющий самомнение не может спастись, ибо в Писании сказано: «презорливый же и обидливый муж и величавый ничесоже скончает» (Аввак. 2, 5). Если смиренномудрие нисколько не вредит совершенному, то пусть он не оставляет и причину его – покаяние. Верный Авраам и праведный Иов, смиренномудрствуя, назвали себя землею и пеплом, а эти слова – знак смиренномудрия. Три отрока, по истине великодушные и великие мученики, исповедывались посреди горящего пламени, и говоря о себе: мы согрешили и беззаконновали, каялись в давнем зле, будучи уже совершенны, и сущность почти всей их песни состоит в покаянии. Итак, если и весьма благоугодившие (Богу) и оказавшиеся совершенными по делам своим, пользовались помощью покаяния до самой смерти, то кто может надеяться на себя и презирать покаяние под предлогом правды?

41. Должно прощать тому, кто нас обидел, зная, что воздаяние за прощение обид превосходит воздаяние всякой иной добродетели. А если мы не можем сего делать, по причине возобладавшего нами греха, то должны при бдении и злострадании молить Бога, чтобы Он умилосердился над нами и подал нам таковую силу. При этом, во всякое время, на всяком месте и при всяком деле мы должны иметь одно намерение, дабы при различных обидах от людей радоваться, а не скорбеть: радоваться же не просто и не без рассуждения, но потому, что имеем случай простить согрешившему (против нас) и получить прощение собственных наших грехов. Ибо в этом заключается истинное Боговедение, которое многообъятнее всякого ведения и с помощью которого мы можем умолять Бога и быть услышаны, это есть плодоносие веры, этим доказывается вера наша во Христа, чрез сие можем взять крест свой и последовать Христу, это есть мать первых и великих заповедей, ибо посредством сего можем возлюбить Бога от всего сердца и ближнего как самого себя, для сего должны мы поститься, пребывать во бдении и удручать свое тело, дабы сердце наше и внутреннее расположение отверзлись, приняли это в себя и уже не извергали. Тогда за то, что мы прощаем ближнему согрешения, найдем, что благодать сокровенно данная нам при святом крещении, будет действовать в нас уже не безызвестно, но ощутительно для нашего сознания и чувства.

42. Мудрые в слове только обижающих считают виновными, а умудренные Духом и тогда, как их обижают другие, порицают самих себя, если не с радостью произвольно терпят обиды, и не только за сие порицают себя, но и за то, что скорби происходят от их же собственной прежней вины, хотя одно согрешение и легче другого. Кто сам за себя мстит, тот как бы осуждает Бога в недостатке правосудия, а кто нашедшую на него скорбь переносит, как свою собственную, тот исповедует прежде сделанное им зло, за которое и терпит, перенося тяжкое.

43. Добродетели прощать обиды препятствуют две страсти: тщеславие и сластолюбие – а потому прежде всего должно отречься от них в уме и потом уже стараться о приобретении и этой добродетели. Потому вступи в борьбу с твоею волею для преодоления сих страстей. Борьба эта междоусобная и она не внешняя (ибо не с ближними нашими должны мы будем вести борьбу), но внутренняя, и никто из людей не будет вспомоществовать нам. Мы будем иметь только одного Помощника, таинственно в нас сокровенного со времени крещения – Христа, Который непобедим и от Которого ничто не сокрыто. Он будет способствовать нам в сей борьбе, если мы по силе своей будем исполнять Его заповеди. Противники же наши, как выше сказано: сластолюбие, соединенное с телом и тщеславие, которое мною и тобою обладает. Они прельстили Еву и обольстили Адама: сластолюбие указало древо, «яко добро в снедь», «и угодно очима видети», а тщеславие присоединило к тому: «будете, яко бози, ведяще доброе и лукавое» (*Быт. 3, 5. 6*).

44. (Иноки откуда заимствовали свой образ жизни?) Иноки не держатся мудрования противного Церкви, но стараются следовать мудрованию Христову, по словам Апостола: «сие да мудрствуется в вас, еже и во Христе Иисусе, Иже во образе Божии сый, не восхищением непщева быти равен Богу, но Себе умалил, зрак раба приим» (*Фил. 2, 6. 7*). Знай же, что такой образ мыслей и жизни дарован Богом и порождает великую добродетель – смиренномудрие. Совершать же сие дело заповедал Господь в Церкви, сказав: «делайте не брашно гиблющее, но пребывающее в живот вечный» (*Иоан. 6, 27*). Какое это дело? То, чтобы молитвою искать Царствия Божья и правды Его, которое внутрь нас, как сказал Господь (*Лук. 17, 21*), обещавший ищущим Его приложит и все потребное для тела (*Матф. 6, 33*). Услышавших сие от Господа, уверовавших (слову Его) и по мере сил своих исполняющих его, называть действующими не по естеству, – значит порицать Бога, Который заповедал это.

45. Как иноки, держась такого порядка, падают? Падают не те, которые держатся его, но которые его оставляют и, будучи окрадены тщеславием и попечением о житейском, не радят о главнейшем в нем – о молитве говорю и смиренномудрии. Потому-то и дьявол не препятствует нам помышлять и делать все житейское, только бы удалить нас от молитвы и смиренномудрия, ибо он знает, что совершаемое без этих двух (добродетелей), хотя оно и доброе, он в последствии когда-нибудь отнимет. Молитву же разумею не только телом совершаемую, но и неразвлеченною мыслию приносимую Богу. Ибо ежели одно из сих двух (тело, или мысль) безвременно отделяется, то и другое, оставшись одно, не Богу предстоит, а своей воле.

46. Блаженный Павел, желая, чтобы мы отнюдь не были нерадивы о молитве, говорит: «непрестанно молитеся» (*1Сол. 5, 17*) и вместе с тем указывая на неразвлекаемость ума, сказал: «не сообразуйтеся веку сему, но преобразуйтеся обновлением ума вашего, во еже искушати вам, что есть воля Божия благая и угодная и совершенная» (*Рим. 12, 2*). Так как Бог, по маловерию нашему и немощи, дал различные заповеди, чтобы каждый, по мере своего старания, избегнул муки и получил спасение, то Апостол наставляет нас к совершенной воле Божьей, желая, чтобы мы вовсе не были и судимы, зная же, что молитва содействует к исполнению всех заповедей, не перестает многократно и многообразно о ней заповедывать и говорить: «молящеся на всяко время духом, и в сие истое бдяще во всяком терпении и молитве» (*Еф. 6, 18*).

47. Молитва бывает различна: ибо иное – неразвлеченной мыслию молиться Богу, и иное – предстоять на молитве телом и развлекаться мыслию, также иное – выбирать время и, окончив мирские беседы и занятия, помолиться, и иное – сколько возможно предпочитать и предпоставлять молитву всем мирским попечениям, по слову того же Апостола: «Господь близ, ни о чемже пецытеся, но во всем молитвою и молением прошения ваша да сказуются Богу» (*Фил. 4, 6*). Как и блаженный Петр говорит: «уцеломудритеся и трезвитеся в молитвах, все попечение ваше возвергше нань, яко Той печется о вас» (*1Петр. 4, 7* и гл. 5, 7). Во первых же и Сам Господь, зная, что все утверждается молитвою, сказал: «не пецытеся, Что ясте, или что пиете, или чим одеждемся: ищите же царствия Божия и правды Его, и сия вся приложатся вам» (*Матф. 6, 31. 33*). Но может быть Господь призывает нас чрез это и к большей вере: ибо кто, оставив попечение о временном и не терпя в нем скудости, не поверует Богу и касательно вечных благ? Сие-то обнаруживая, Господь сказал: «верный вмале и во мнозе верен есть» (*Лук. 16, 10*).

48. Господь, зная, что для нас неизбежна ежедневная заботливость о теле, не отсек дневного попечения, но попустив нам заботиться о настоящем дне весьма прилично. Боголепно и человеколюбиво повелевает не заботиться о завтрашнем, ибо людям, облеченным в тело, невозможно вовсе не заботиться о том, что относится к жизни тела: чрез молитву и воздержание можно многое сокращать в малое, но совершенно презреть все (относящееся к телу) невозможно. Итак, желающий по Писанию «возраста в мужа совершенна, в меру возраста исполнения Христова достигнути» (*Ефес. 4, 13*), не должен предпочитать молитве различные служения и без нужды, как случится, брать оные на себя, но и встречающихся по некоторой надобности, и по смотрению Божью не должно уклоняться и отвергать оные от себя, под предлогом молитвы, но ему (надобно) познавать различие (между молитвою и другими занятиями) и служить смотрению Божью без испытания. Кто мудрствует иначе, тот не верует, что одна заповедь бывает по Писанию и выше и главнее другой, и не хочет, по слову Пророка, «направлятися ко всем заповедям» (*Псал. 118, 128*), встречающимся ему по смотрению Божью.

49. Необходимые и смотрительно встречающиеся нам дела неизбежны, но безвременные занятия должно отвергать, предпочитая им молитву, в особенности же отвергать те, которые вовлекают нас в большие траты и собрания излишних имений. Ибо на сколько кто ограничит их о Господе и отсечет излишнее вещество их, настолько и мысль удерживает от развлечения, а сколько удержит мысль, столько и чистой молитве дает место и показывает искреннюю веру во Христа. Если же кто-либо по маловерию, или по какой-либо другой немощи, не может этого делать, то по крайней мере да познает истину и по силе своей да простирается вперед, обвиняя себя в младенчестве.

50. Постараемся надеждою и молитвою отдалять от себя всякое мирское попечение, если же не можем исполнить этого в совершенстве, то будем приносить Богу исповедание в недостатках наших, прилежание же о молитве никак не оставим, ибо лучше подвергнуться укорению за частое упущение, нежели за совершенное оставление. Во всем же сказанном нами о молитве и неизбежном служении, много нам потребно вразумления от Бога к рассуждению, чтобы знать, когда и какое занятие мы должны предпочитать молитве. Ибо каждый, упражняясь в любимом ему занятии, думает, что он совершает должное служение, не зная того, что все дела (наши) надобно направлять к благоугождению Божью, а не для угождения себе. Еще же труднее рассудить, что и эти необходимые и неизбежные заповеди не всегда одинаковы, но одна из них в свое время должна быть предпочтена другой: ибо каждое из служений не всегда, но в свое время совершается, а служба молитвы узаконена непрестанною, посему мы и должны предпочитать ее занятиям, в которых не настоит необходимой надобности. И все Апостолы, уча о сем различии народ, желавший их привлечь к служению, говорили: «не угодно есть нам, оставившим слово Божие, служити трапезам. Усмотрите убо, братие, мужи от вас свидетельствованы седмь, ихже поставим над службою сею. Мы же в молитве и служении слова пребудем. И угодно бысть слово сие пред всем народом» (*Деян. 6, 2–5*). Чему же из сего научаемся? Тому, что людям, которые не могут пребывать в молитве, хорошо находиться в служении, чтобы нам не лишиться того и другого, и тем, которые могут лучше – не нерадеть о лучшем.

51. Начнем дело молитвы и, преуспевая постепенно, найдем, что не только надежда на Бога, но и твердая вера, и нелицемерная любовь, и незлопамятность, и любовь к братии, и воздержание, и терпение, и ведение внутреннейшее и избавление от искушений, благодатные дарования, сердечное исповедание и усердные слезы чрез молитву подаются верным, и не только сие (вышеисчисленное), но и терпение приключающихся скорбей, и чистая любовь к ближнему, и познание духовного закона и обретение правды Божьей, и наитие Духа Святого, и подание духовных сокровищ, и все, что Бог обетовал дать верным здесь и в будущем веке, – (все сие получают они чрез молитву). И одним словом – невозможно иначе восстановить в себе образ Божий, как только благодатью Божьей и верой, если человек с великим смиренномудрием пребывает умом в неразвлеченной молитве.

52. Есть три вида благочестия: первый, чтобы не согрешить, второй – согрешивши, переносить приключающиеся скорби, третий же вид состоит в том, чтобы, если не переносим скорбей, плакать о недостатке терпения. Ибо неисправленное здесь приличными средствами примирения (с Богом) по необходимости навлекает на нас тамошний суд, разве только Бог, увидев нас плачущих и смирившихся, как Сам Он ведает, всесильною Своею благодатью изгладит грехи наши.

53. О как вкрадчива и как незаметна страсть человекоугодия, она обладает и мудрыми! Ибо действия прочих страстей легко бывают видны исполняющим оные и потому приводят одержимых ими к плачу и смиренномудрию, а человекоугодие прикрывается словами и видами благочестия, так что людям, которых оно обольщает, трудно рассмотреть его видоизменения.

54. Слушай, как Писание порицает человекоугодие. Во первых, Пророк Давид говорит: «Бог рассыпа кости человекоугодников: постыдешася яко Бог уничижи их» (*Псал. 52, 6*) и Апостол говорит: «не пред очима точию работающе, яко человекоугодницы» (*Еф. 6, 6*) и еще: «или ищу человеком угождати? Аще бых человеком угождал, Христов раб не быхь убо был» (*Гал. 1, 10*). И много такого найдешь ты в Божественном Писании, если прочтешь его.

55. Какие видоизменения человекоугодия? Мать сих видоизменений и первое из них есть неверие, а за ним, как порождения его, следуют: зависть, ненависть, лесть, ревность, ссоры, лицемерие, лицеприятие, служение лишь пред глазами, оклеветание, ложь, вид ложного благоговения, а не истинного, и подобные сим и неудобозамечаемые и темные страсти. Но хуже всего то, что некоторые восхваляют все сие искусными словами как доброе, и вред, заключающийся в них, – прикрывают. Если хочешь, то я обнаружу отчасти и коварство их: коварный человекоугодник, советуя одному, строит козни другому, хваля одного, порицает другого, уча ближнего, хвалит себя, принимает участие в суде не для того, чтобы судить по справедливости, но чтобы отмстить врагу, обличает с ласканием, пока, укоряя врага своего, не будет принят им, клевещет не называя имени, чтобы прикрыть свое оклеветание, убеждает нестяжательных, чтобы они сказали, в чем имеют нужду, как бы желая подать им это, и когда они скажут, разглашает о них, как о просящих, пред неопытными хвалится, а пред опытными смиреннословит, уловляя похвалу от тех и от других, когда хвалят добродетельных, негодует и, начиная другой рассказ, устраняет похвалу, осуждает правителей, когда они отсутствуют, а когда присутствуют, хвалит их в глаза, издевается над смиренномудрыми и подсматривает за учителями, чтобы укорить их, унижает простоту, чтобы выказать себя премудрым, добродетели всех ближних оставляет без внимания, а проступки их сохраняет в памяти. И кратко сказать: всячески уловляет время и раболепствует лицам, (невольно) обнаруживая многообразную страсть человекоугодия: покушается скрыть свои злые дела вопрошением о чужих. Истинные же иноки не так поступают, но напротив: по чувству милосердия оставляют без внимания чужие злые дела, а свои явно показывают пред Богом, потому и охуждают их люди, не знающие их намерения, ибо они не столько стараются угождать людям, сколько Богу. Итак, иногда благоугождая Ему, иногда уничижая себя, и за то и за другое ожидают награды от Господа, Который сказал: «возносяйся смирится, смиряяй же себе вознесется» (*Лук. 18, 14*).

56. Из случающегося с нами печального, ничто не постигает нас несправедливо, но все бывает по праведному суду Божью. Иные терпят за свои злые дела, а иные за ближнего. Вот и три отрока, будучи вверженны в пещь, учат нас этому образу мыслей, говоря, что они ввержены по своей вине (*Дан. 3, 28. 31*). и по повелению Божью, хотя и приняли на себя (в это время) лицо других. И Святой Давид, будучи оскорбляем Семеем, исповедал, что он по своей вине и по повелению Божью подвергся оскорблению (2 Дар. 16, 11). Исаия же и Иеремия, Иезекииль, Даниил и другие Пророки предвещали народу (Израильскому) и племенам (языческим), что их постигнут в будущие времена скорби, соразмерно грехам каждого, объявляя им вместе и вины их и бедствия, ибо выражаются так: за то, что они говорили сие и делали то и то, постигло их то-то и то-то. И блаженный Давид, объясняя это, говорит в Псалме: «разумех, Господи, яко правда судьбы Твоя, и воистину смирил мя еси» (*Псал. 118, 75*) и еще: «поношение безумному даль мя еси. Онемех и не отверзох уст моих, яко Ты сотворил еси» (*Псал. 38, 9. 10*).

57. Укоряющего нас будем принимать, как Богом посланного обличителя сокровенных в нас злых мыслей, чтобы мы, с точностью рассмотрев наши мысли, исправили себя, хотя мы и не знаем многого, кроющегося в нас злого, ибо только совершенному мужу свойственно помнить все свои недостатки. Если и явные недостатки (наши) не так удобно бывают нами замечаемы, то тем более помышления, а мы, не зная большей части кроющегося в нас зла, смущаемся постигающими нас скорбями. Познаем же как разумные, что Господь для пользы нашей попускает на нас скорби и делает нам чрез то много добра: во-первых чрез это обнаруживаются тайно владеющие нами (злые) мысли, по обнаружении же их, Господь подает нам и смиренномудрие истинное и непритворное, потом дарует нам и избавление от суетного вознощения и совершенное открытие всякого таящегося в нас зла. Достоверно знайте, что если мы не переносим постигающих нас скорбей с верою и благодарением, то не можем познать скрытого в нас зла, если же явно не познаем его, то ни настоящих злых помыслов не можем отвергнуть, ни очищения от прежних зол взыскать, ни относительно будущего не можем получить твердой уверенности.

58. Постигающие нас скорби и обличения, по-видимому, не бывают подобны нашим винам, но в духовном отношении сохраняют всю правду. Это мы можем познать и из Св. Писания, разве те, которые погибли под разрушившеюся башнею Силоамскою, обрушивали на других башню? Или пленники, отведенные на покаяние в Вавилон на семьдесят лет, брали в плен других на покаяние? Не таковы наказательные случаи, но как воины, если они будут обличены в каком-либо преступлении, подвергаются наказанию биения, но не то самое зло терпят, какое сделали, так и все мы бываем наказываемы постигающими нас скорбями своевременно и прилично к покаянию, но не подобообразно, ни в то же время, и ни теми же вещами. Это, то есть, отсрочка времени и несходство постигающих нас скорбей с нашими винами и приводит многих в неверие правде Божьей.

59. Вина всякого скорбного случая (встречающегося с нами) суть помыслы каждого из нас: мог бы я сказать, что и слова и дела, но так как они не происходят прежде мысли, потому я приписываю все помыслам. Помысел предшествует, а потом чрез слова и дела образуется между нами (и ближними нашими) общение. Общение же бывает двух родов: одно происходит от злобы, а другое от любви. Чрез общение мы воспринимаем друг друга, даже и тех, кого не знаем, а за принятием на себя (ближнего) необходимо следуют скорби, как говорит Божественное Писание: «поручайся за своего друга, врагу предает свою руку» (*Притч. 6, 1*). Так каждый терпит постигающее его не за себя только, но и за ближнего – в том, в чем он принял его на себя.

60. Принятие на себя ближнего, происходящее от злобы, бывает невольное. И случается так: лишающий чего-либо (ближнего своего), хотя и не желает, принимает на себя искушения лишаемого, также клевещущий – искушения оклеветанного им, лихоимствующий – лихоимствуемого, утомляющий – утомляемого им, оговаривающий – оговариваемого, презирающий – презираемого, лгущий принимает на себя искушения того, кого он оболгал, и чтобы не перечислять всего порознь, скажу кратко: всякий обижающий ближнего соразмерно (с обидою) принимает на себя искушение обижаемого им. О сем свидетельствует и Божественное Писание, говоря: «изрывай яму искреннему своему, впадется в ню, и валяяй камень на себе валит» (*Притч. 26, 27*), также: «в недра входят вся неправедным: от Господа же вся праведная» (*Притч. 16, 33*). «Еда ли неправеден Бог, наносяй гнев» (*Рим. 3, 5*) не только на вразумляемых скорбями, но и на тех, кои безрассудно восстают против сих скорбей.

61. Принятие на себя ближнего по любви есть то, которое всячески предал нам Господь Иисус, прежде исцеляя немощи наши душевные, потом «целя всяк недуг и всяку болезнь вземля грех мира», обновляя твердо верующих Ему и соделывая чистым оных естество, даруя им избавление от смерти, завещав Богопочитание, благочестию уча, показывая, что мы должны ради любви злострадать до смерти, к тому же даровал нам и терпение причастием Духа и будущие блага, «ихже око не виде и ухо не слыша и на сердце человеку не взыдоша» (*1Кор. 2, 9*). Потому принимает и искушения за нас, терпит поношения, поругание, связание, бывает предан, биен по ланитам, напояем оцтом и желчию, пригвождаем гвоздями, распинаем, прободен копьем. Так, соединившись с нами и плотью, и духом, и восприяв за нас страдания, Он предал потом сей закон и святым Апостолам и ученикам, Пророкам, Отцам, Патриархам, одних прежде научив Святым Духом, а другим показав то Пречистым Телом Своим. Являя это принятие на Себя, Он говорил: «больши сея любве никтоже имать, да кто душу свою положит за други своя» (*Иоан. 15, 13*). Потому и Святой Павел, подражая Господу, говорил: «ныне радуюся во страданиях моих о вас, яко исполняю лишение скорбей Христовых во плоти моей за тело Его, еже есть Церковь» (*Кол. 1, 24*), гадательно указывая на принятие по любви.

62. Хочешь ли яснее узнать, как все Апостолы и мыслью, и словом, и делом вступили в общение с нами и чрез это общение понесли за нас искушения? (Они делали это) мыслью: предлагая нам Писания, приводя пророчества, увещевая нас веровать Христу, как Избавителю, удостоверяя нас, что мы должны служить Ему, как Сыну Божью по естеству, молясь за нас, проливая слезы и делая все, что можно сделать верным мыслию. Словами: прося нас, угрожая нам, уча, обличая, укоряя нас в маловерии, порицая наше невежество, объясняя Писания, обнаруживая время, исповедуя Христа и проповедуя, что Он распят за нас, утверждая, что вочеловечившееся Слово есть едино, а не два, хотя и разумеем Его состоящим из двух естеств, соединенных нераздельно и неслиянно, во всяком времени, месте и деле отсекая зловерие, не соглашаясь с ложью, не беседуя с хвалящимися по плоти, с тщеславным не пребывая, не боясь гордого, уничтожая лукавого, принимая смиренных, усвоя себе благочестивых и научая нас делать то же самое. Делами же: будучи гонимы, поругаемы, лишаемы, оскорбляемы, ввергаемы в темницы, убиваемы и подобное сему пострадав за нас. Так вступив с нами в общение, приняли они и наши искушения, ибо говорят: «аще скорбим, о вашем спасении, аще ли утешаемся, о вашем утешении», приняв закон от Господа, Который сказал: «больши сея любви никтоже имать, да кто душу свою положит за други своя» (*Иоан. 15, 13*). И они передали нам (то же), говоря: «аще убо Господь душу Свою по нас положи: и мы должны есмь души наша по братии полагати» (*1Иоан. 3, 16*), и еще: «друг друга тяготы носите, и тако исполните закон Христов» (*Гал. 6, 2*).

63. И так, если мы узнали два вида общения друг с другом, то есть, принятие, бывающее по нужде, и проистекающее от любви, то сообразно с ними не будем любопытствовать о случающихся искушениях, как, или когда, или чрез кого они нас постигают, ибо соответственность каждого из них с воинами, время неизбежного их последования, и содействие к этому всей твари, знает один Бог. А мы должны только веровать правде Божьей и знать, что все невольно постигающее нас, случается с нами, или ради любви, или за злобу: и потому мы должны терпеть оное, а не отвергать, чтобы не приложить еще греха к грехам нашим.

64. Воля плоти есть естественное движение тела с последующим за ним разжением без помыслов, – которые укрепляются сном и покоем тела, о них и блаженный Петр говорит: «не дивитеся еже в вас раждежению ко искушению вам бываемому, яко чужду вам случающуся» (*1Петр. 4, 12*). И блаженный Павел сказал о них: «плоть похотствует на духа, и дух на плоть», потому он и заповедует, говоря: «духом ходите, и похоти плотския не совершайте» (*Гал. 5, 16. 17*). Сказали же это Апостолы, желая, чтобы мы с такими движениями не соглашались.

65. Подвизающимся надобно, начав (подвиг добродетели), доводить его до конца. Молодым же и старым, имеющим здоровое тело и не боящимся ни труда, ни озлобления, полезнее со всем усердием любить всегдашний пост: мерою вкушать хлеб и от времени до времени (мерою же) пить воду, так, чтобы оканчивать еду, чувствуя еще некоторый голод и жажду, дабы наслаждение (пищею и питием) не было препятствием необходимому служению Богу. Если, вкушая означенную пищу, будем насыщаться вдоволь, то скоро пожелаем других яств. Если же не будем насыщаться, то всегда будучи голодны, если и будем желать насыщения, будем желать насытиться хоть бы и хлебом.

66. Нелегко овладеть бесстыдным чревом: ибо оно есть бог для побеждаемых им, и невозможно быть не виновным, кто повинуется ему. И не только от насыщения, но и от невкушения пищи вижу (бывающее) бедствие, ибо когда мы в течение многих дней не вкушаем пищи, то уныние, найдя себе в нас место, восстанет и будет бороть нас и ночное бдение наше низвергает в сон, а дневную молитву в плотские помыслы, так что мы никакой не получаем пользы по причине сна и подвергаемся большему вреду от плотских помыслов, ибо как более других постящиеся, мы начинаем высокомудрствовать и уничижать меньших, а такое (мнение о себе и о ближних) тяжелее всякого греха.

67. Как неразумный земледелец, если он со многими издержками обработал свое поле и оставил его не засеянным, потрудился в убыток себе, так и мы, если поработив тело свое большим вниманием к себе, не будем сеять семена молитвы, то выйдет, что мы потрудились против самих себя. Но может быть кто-нибудь скажет: если в молитве заключается главное дело правды, то какая надобность в посте? Всячески большая: ибо как бедный земледелец, если посеет на поле, заросшем дурною травою, не обработав вновь земли, то вместо пшеницы пожнет терние: так и мы, если будем сеять семя молитвы, не удручив прежде тело свое постом, то вместо правды принесем плоды греха. Ибо тело сие из той же земли, и если не будет возделано с таким же прилежанием, как и земля, то никогда не произрастит плода правды.

68. Пост, как приносит пользу тем, которые разумно к нему приступают, так и вредит неразумно его начинающим. Посему заботящиеся о пользе поста, должны беречься вреда его, то есть тщеславия, и хлеб, который вкушаем, по окончании назначенного себе поста, должны мы разделять на дни невкушения пищи, чтобы, вкушая ежедневно по малой части, мы могли покорить мудрование своей плоти и иметь сердце твердым к полезнейшей молитве, дабы таким образом, силою Божьей быв сохранены от возношения, мы имели попечение все дни жизни нашей пребывать в смиренномудрии, без которого никто никогда не может благоугодить Богу.

69. Если бы мы старались о смиренномудрии, то не было бы нужды в наказании нас, ибо все злое и скорбное, случающееся с нами, приключается нам за возношение наше. Если на Апостола, чтобы он не превозносился, попущен был ангел сатанин, «да пакости ему деет», тем более на нас, когда превознесемся, сам сатана попущен будет попирать нас, пока мы не смиримся. Праотцы наши владели домами, имели богатство, имели жен, заботились о детях и вместе с тем, по причине своего ненасытимого смиренномудрия, беседовали с Богом, а мы удалились от мира, презрели богатство, оставили дома и, думая, что пребываем с Богом, бываем поруганы бесами за возношение наше. Превозносящийся не знает себя самого, ибо если бы он видел свое безумие и немощь, то не превозносился бы, а не знающий себя как может познать Бога? Если он не мог познать своего безумия, в котором пребывает, то как возможет познать премудрость Божью, от которой он далек и которой чужд? Знающий Бога, созерцает величие Его и, укоряя себя, говорит подобно блаженному Иову: «даже до слуха слышах Тя первее, ныне же око мое виде Тя. Темже укорих себе сам и истаях: и мню себе землю и пепел» (*Иов. 42, 5. 6*). Итак, подражающие Иову знают Его. Посему, если и мы возжелаем видеть Бога, будем укорять себя и смиренномудрствовать, чтобы нам не только видеть Его пред собою, но имея Его живущим и почивающим в нас, наслаждаться Им, ибо таким образом безумие наше Его премудростью упремудрится и немощь наша Его силою укрепится о Господе нашем Иисусе Христе.

70. Хорошее (дело) пост, бдение, странническая жизнь, однако это только труды наружной благой жизни, но чин христиан есть более внутренний, нежели сии (телесные добродетели), и никто не должен (только) на них надеяться. Ибо случается с некоторыми, что они бывают причастны благодати, и злоба (вражья), укрывающаяся еще внутри их, строит ковы: добровольно уступает им и не действует, но заставляет человека думать, что ум его очистился, и вводит потом человека в самомнение, что он совершенный христианин, и потом, когда человек не думает (внимать себе, предполагая), что он свободен и делается беспечным, тогда злоба нападает на него разбойническим образом, втайне делая засаду, и искушает его, и низводит в преисподнее земли. Ибо, если разбойники, или воины, будучи люди двадцати лет, умеют неприятелям строить ковы, делают засады, подстерегают (врагов) и нападают на них с тылу, и окружают их со всех сторон и избивают, тем более (все сие умеет делать) злоба, которая живет столько тысяч лет, и дело которой состоит в том, как бы погублять души. Умеет она делать тайную засаду в сердце и в некоторые времена не действовать, чтобы ввести душу в самомнение о своем совершенстве. Основание христианства есть сие, чтобы человек, сколько бы (дел) правды ни совершал, не успокаивался на них, и не почитал бы себя за нечто великое, но был бы нищ духом. И если сделается причастником благодати, чтобы он не подумал, что достигнул чего-либо, и чтобы не возомнил о себе, что он великий человек, и чтобы не начинал учить и, проводя добрую жизнь в великом пощении, странничестве и молитве и быв причастником благодати, не высоко думал о душе своей. Но по истине такое начало благодати было ему тогда в особенности ради того, чтобы он нес труд, алчбу и жажду, чтобы он не был насыщен в (своем стремлении) и не почитал себя праведным и богатым в благодати, но чтобы рыдал и плакал, как плачет мать, которая имела единородного сына, который, когда она воспитала его, неожиданно умер.

71. Кто исполняет закон во внешней жизни и поведении, тот свободен только от одних последствий злонравия, закалая в жертву Богу неразумное действие страстей, и такой для спасения довольствуется сим образом (действий) по причине духовного младенчества.

72. Истинно возлюбивший Евангельскую жизнь, истребил и начало и конец своего злонравия, и делом и словом проходит всякую добродетель, принося жертву хваления и исповедания, избавившись от всякого беспокойства, (происходящего) от действия страстей, и будучи в уме свободен от борения с оным, имеет только в надежде будущих благ ненасытное наслаждение, питающее душу.

73. Страх геенны поощряет начинающих (подвиг добродетельный) избегать злонравия, желание же воздаяния благ подает преуспевающим усердие к совершению благого, а таинство любви возвышает ум превыше всего сотворенного, соделывая его слепым ко всему, что после Бога. Из одних тех, которые ко всему, что после Бога, сделались слепыми, Господь умудряет (Пс. 145,8), показывая им Божественнейшее.

74. «Царствие Небесное подобно квасу, егоже приемши жена скры в сатех» (мерах) «триех муки, До́ндеже вскисе все?» (*Матф. 13, 33*). Сим означается то, что ум, восприняв в себя слово Господне, скрыл его в трехсоставном существе, то есть, по Апостолу – тела, духа и души, и всю тонкость их в помыслах, как многообразно рассыпанную муку, собрал в одну закваску веры, ожидая по всему уподобиться действующему в нем слову. Таким же образом Господь уподобил слово истины зерну горчичному, которое, будучи малым, когда всевается в сердце слышащих, но возрастая потом сообразным деланием, подобно превеликому древу, стоящему на возвышенном месте, бывает (по Писанию) «в дом прибежища для приближащихся мыслей».

75. Духовный закон суть заповеди Христовы, из которых первая и величайшая есть любовь, она не мыслит зла, но вся любит, всему веру емлет, вся уповает, вся терпит (*1Кор. 13, 5. 7*), по слову Писания. Сей любовью различаемся мы один от другого, но (полноты) ее достоинства никто из нас не достигает, а ожидает, что благодать Христова восполнит наши недостатки, если только мы не вознерадим о делании по силе нашей, ибо Бог знает, сколько мы не можем сделать по немощи, и сколько не исполняем дела любви по нерадению. Но так как любовь укрепляется не только произвольными трудами, но и случающимися скорбями, посему-то много нужно нам терпения и кротости, при содействии помощи Божьей. Божественный Апостол говорит: «хотяй быти мудр в веце сем буй да бывает, яко да премудр будет» (*1Кор. 3, 18*).

76. Земля Халдейская (*Деян. 7, 4*) есть житие в страстях, в котором созидаются и получают поклонение идолы грехов. Месопотамия же (Там же, ст. 2) есть житие, которое приобщается обоим противным нравам. А земля обетования (*Евр. 11, 9*) есть состояние, исполненное всякого блага. Итак, всякий, кто, подобно ветхому Израилю, возвращается к ветхому своему навыку, опять низвлекается к рабству страстей, лишаясь данной свободы.

77. Кто доблественно победил страсти телесные и довольно подвизался против лукавых духов, и изгнал их умышления из страны души своей, тот должен молиться, чтобы ему дано было чистое сердце, и дух правый обновлялся во утробе его (*Псал. 50, 12*), то есть чтобы он совершенно избавился от злых помыслов и по дару благодати исполнился Божественных мыслей, и таким образом сделался мысленным миром Божьим, светлым и великим, состоящим из нравственных, естественных и богословских созерцаний.

78. Сердце чистое (*Псал. 50, 12*) есть то, которое представило Богу память, совершенно безвидную (чистую от впечатлений) и не имеющую образов, и готово принять одни напечатления Божьи, от которых оно обыкновенно делается светлым.

79. Кто Божественным желанием победил душевное расположение к телу, тот сделался неограниченным, хотя он и находится в теле. Ибо Бог, привлекающий вожделение желающего, без сравнения превыше есть всего и не попускает желающему привязать вожделение свое к чему-либо из того, что после Бога. Итак, да возжелаем Бога всею крепостью вожделения нашего и сделаем, чтобы наше свободное избрание не было одержимо ничем телесным, и поставим себя расположением (душевным) по истине превыше всех чувственных и мысленных вещей, и (тогда) мы волею не примем никакого вреда от естественной жизни, относительно того, чтобы быть с Богом неописанным по естеству.

80. Великий Моисей, поставив скинию свою вне полка, то есть утвердив мысль и ум вне видимого, начинает поклоняться Богу (*Исх. 34, 8*), и вшедши во мрак (*Исх. 20, 21*), в невидимое и невещественное место ведения, там пребывает, посвященный в священнейшие тайны.

81. Пока умом совершенно не выйдем из обычного прилепления к существу нас самих и ко всему, что после Бога, мы не приобретаем неизменности в добродетели. Когда же любовью достигнем сего достоинства, тогда познаем силу Божья обетования: ибо достойные должны веровать, что там непоколебимое утверждение, где сперва ум любовью утвердит свою силу. Ибо не исшедши из себя и из всего, что возможно помыслить, и не установив себя в молчании, которое превыше мышления, ум не может быть свободен от изменяемости (свойственной) всему.

82. Сидящие «страха ради Иудейска» в Галилеи в горнице, «дверем затворенным» (*Иоан. 20, 19*), то есть, по страху от духов злобы, безопасно живущие в стране откровений, на высоте Божественных созерцаний, затворив чувства, как двери, принимают приходящее недоведомым образом Божье слово, которое является им без чувственного действия и возвещением мира дарует им бесстрастие, а дуновением – разделения Духа Святого, и подает власть на лукавых духов, показывает им знамения (*Иоан. 20, 20*) своих тайн.

83. Проводящий Евангельски шестой день, умертвив предварительно первые движения греха, добродетелями достигает в состояние бесстрастия, чистое от всякого зла, субботствуя (*Исх. 16, 29. 30*) умом даже от самого тонкого представления страстей в воображении. А перешедший Иордан (*Быт. 32, 22. 30*) переносится в страну ведения, в котором ум, таинственно созидаемый миром, бывает в духе Божьем жилищем.

84. Суббота суббот (*Лев. 16, 31*) есть душевный покой разумной души, которая, отвлекая ум даже от всех Божественных словес, сокровенно заключенных в существах (сотворенных), в восторге любви всецело облекла его в единого Бога и таинственным богословием сделала ум совершенно неотделимым от Бога.

4. Двести глав о духовном законе

1. Поелику многократно изъявляли вы желание знать, как, по Апостолу, «закон духовен» (*Рим. 7, 14*) и каков строй ума и какова деятельность у тех, кои стараются соблюдать его, то скажем об этом по силе нашей.

2. Во-первых, Бог, как ведомо нам, есть начало, середина и конец всякого блага. Благо же[42] ни в действие прийти, ни уверовано быть иначе не может, как во Христе Иисусе и в Духе Святом.

3. Всякое благо даровано нам от Господа смотрительно (с особым намерением). Кто так верует, тот не погубит его.

4. Твердая вера есть крепкая башня[43]. Для верующего Христос есть все.

5. Да начальствует над всяким начинанием твоим Начальствующий над всяким благом, чтобы по Богу было начинание твое.

6. Смиренномудрый и духовно действующий, читая Божественное Писание, все к себе будет относить, а не к другому.

7. Призывай Бога, чтобы Он отверз очи сердца твоего и ты увидел пользу молитвы, и чтения, опытно уразумеваемого.

8. Имеющий какое-либо дарование духовное и сострадущий неимущим – сим состраданием хранит свой дар, а кичливый потеряет его, бием будучи помыслами кичения.

9. Уста смиренномудрого говорят истину, и противоречащий ей подобен слуге, ударившему Господа в ланиту.

10. Не будь учеником самохвала, чтоб вместо смиренномудрия не научиться гордости.

11. Не возносись познаниями из Писания (заимствованными), чтоб не впасть умом в дух хулы.

12. Не покушайся разрешить дело темное и запутанное посредством любопрения, но тем, чем повелевает духовный закон – терпением, молитвою и непоколебимой[44] надеждой.

13. Молящийся телесно и не имеющий еще духовного разума подобен слепцу, который взывал, говоря: «Сыне Давидов, помилуй мя» (*Марк. 10, 48*)!

14. Этот же (такой же) прежде слепой, когда прозрел и увидел Господа, уже не называл Его сыном Давидовым, но исповедал Его Сыном Божьим и поклонился Ему (*Иоан. 9, 35 – 38*).

15. Не возносись, проливая слезы в молитве твоей, ибо это Христос коснулся очес твоих и ты прозрел умственно.

16. Только сбросивший по примеру слепого одежду свою⁴⁵ и приблизившийся к Господу, становится (истинным) последователем Его и проповедником совершеннейших догматов (*Марк. 10, 50. 51*).

17. Зло (грех), в помыслах обращаемое (с усаждением), огрубляет сердца (окаменяет), а воздержание с надеждою, истребляя зло, умягчают сердце (стирают в порошок).

18. Есть стертие (сокрушение) сердца правильное и полезное – к умилению его, и есть другое, беспорядочное и вредное – только к поражению⁴⁶.

19. Бдение, молитва и терпение находящих (неприятностей, бед, скорбей) суть стертие (сокрушение) не одни раны наносящее, но полезное для сердца, только если не пресечем срастворения их любоиманием⁴⁷. Пребывающий в них, и в прочем вспомоществуем будет, а нерадящий об них и рассекающий их (отделяющий одно от другого), во время исхода нестерпимо страдать будет⁴⁸.

20. Сластолюбивое (одних приятностей ищущее) сердце во время исхода бывает темницей и узами для души, а трудолюбивое (любящее себя озлоблять и утруждать наперекор себе, Господа ради) есть отверзтая дверь (в другую жизнь).

21. *Железныя врата, вводящия во град* (*Деян. 12, 10*), есть сердце жестокое; злостраждущему и сокрушенному они «сами о себе отверзутся», как и Петру⁴⁹.

22. Много есть образов молитвы, один от другого отличных. Впрочем ни один образ молитвы не бывает вреден, кроме того, что не есть молитва, но делание сатанинское.

23. Один человек, намереваясь сделать зло, прежде помолился умом по обыкновению и, будучи промыслительно не допущен (до зла), после много благодарил (за то)⁵⁰.

24. Давид, намереваясь убить Навала Кармильского, когда воспоминанием о Божественном воздаянии отвращен был от сего намерения, много потом благодарил за то. Мы знаем также, что наделал он, когда забыл Бога, и не переставал (быть в богозабвении и нераскаянности), пока Пророк Нафан не привел его в памятование о Боге.

25. Во время памятования о Боге, умножай моление, чтоб Господь помянул тебя, когда забудешь о Нем.

26. Читая Божественное Писание, уразумевай, что скрыто в нем (для тебя собственно): «елика бо преднаписана быша, в наше наказание преднаписашася» (*Рим. 15, 4*).

27. Веру Писание именует «уповаемых извещением» (*Евр. 11, 1*) и тех, которые не знают, что Христос в них есть, назвало неискусными (*2Кор. 13, 5*).

28. Как делами и словами обнаруживается мысль, так и сердечными действиями (к чему влечет, в чем вкус находит, предуказывается) будущее воздаяние.

29. Щедрое сердце явно что ущедрено будет и милостивое подобным образом сретит милость, противное же противное вызывает и последствие.

30. Закон свободы научает всякой истине, многие читают его разумом, но не многие понимают соответственным деланием заповедей.

31. Не ищи совершенства его в добродетелях человеческих, ибо совершенного в них нет: совершенство его сокрыто в кресте Христовом.

32. Закон свободы читается разумом истинным, понимается деланием заповедей, а исполняется щедротами Христовыми.

33. Когда будем понуждены совестью направляться ко всем заповедям Божьим, тогда поймем, что закон Господень непорочен, и что он хотя воспособляется нашим добром (естественными нравственно-религиозными чувствами и расположениями), но без щедрот Божьих в совершенстве осуществлен быть в людях не может.

34. Те, которые не сочли себя должниками всякой Христовой заповеди, читают закон Божий телесно, «не разумеюще ни яже глаголют, ни о нихже утверждают» (*1Тим. 1, 7*), потому и думают исполнить его делами.

35. Иное дело явно совершается как хорошее, цель же совершающего его (метит) не на добро, иное само по себе есть будто злое, но цель совершающего его (метит) на добро. И не только дела делают, но и слова говорят некоторые показанным же образом: иные представляют дело в ином виде по неопытности или незнанию, другие делают это зло намеренно, а иные – в видах благочестия.

36. Скрывающий в выражении похвал оклеветание и опорочение, непонятен для простецов, подобен ему и тот, кто в смиренном виде тщеславен. Они долго ухитряются скрывать истину во лжи, но наконец увлекшись (своим настоящим нравом) обличаются делами.

37. Бывает, что иной, делая видимо что-либо доброе для ближнего, получает вред в душе, и бывает, что иной от того самого, что не делает для него (такой внешней послуги), получает пользу в душе.

38. Есть обличение по злобе и мщению и есть другое, по страху Божью и истине.

39. Переставшего грешить и уже кающегося не обличай более. Если же по Богу, как говоришь, хочешь обличать его, то прежде открой пред ним свои грехи.

40. Бог начальствует над всякою добродетелью, как над дневным светом солнце.

41. Совершив добродетель, помяни Сказавшего: «без Мене не можете творити ничесоже» (*Иоан. 15, 5*).

42. Так устроено, что в скорби для людей – добро, а в тщеславии и наслаждении – зло.

43. Терпящий напраслину от людей избегает греха и равное скорби находит заступление.

44. Верующий Христу относительно воздаяния по мере веры охотно переносит всякую неправду.

45. Молящийся о людях обижающих поражает бесов, а сопротивляющийся первым уязвляется вторыми.

46. Лучше от людей обида неправедная, чем от бесов, но угождающий Господу стал победителем той и другой.

47. Всякое благо промыслительно приходит от Господа, но оно отходит тайно от неблагодарных, бесчувственных и недеятельных.

48. Всякий грех оканчивается запрещенным наслаждением, а всякая добродетель – духовным утешением. И как первый возбуждает (приводит в движение, раздражает) свойственников своих, так последняя – сродниц своих.

49. Поношение человеческое причиняет скорбь сердцу, но бывает причиною чистоты для того, кто его переносит.

50. Неведение дает повод и свободу противоречить тому, что полезно, и сделавшись более смелым, умножает возражения (или предложения) зла.

51. Не имея ни в чем недостатка, принимай (посылаемые) скорби и, как долженствующий дать отчет, отложи любоимание.

52. Согрешив тайно, не покушайся (и пред Богом) укрыть то – (не думай, что и скрыто то), ибо «вся нага и объявлет пред очима Господа, к Немуже нам слово» (*Евр. 4, 13*).

53. Мысленно показывай себя Владыке: «человек бо на лице зрит, Бог же на сердце» (*1Цар. 16, 7*).

54. Ничего не думай и не делай без цели по Богу, ибо бесцельно путешествующий напрасно тратит труд.

55. Грешащему не по нужде трудно бывает каяться, ибо невозможно от правды Божьей утаиться.

56. Прискорбный случай разумному подает воспоминание о Боге, того же, кто забывает о Боге, соразмерно с тем огорчает.

57. Да будет тебе учителем такого памятования всякая невольная прискорбность, и никогда не оскудеет у тебя побуждение к покаянию.

58. Забвение само по себе не имеет никакой силы, но держится нашими нерадениями и соразмерно с тем.

59. Не говори: «что же мне делать? Я и не хочу, а оно (забвение) приходит». Это за то, что ты пренебрегал должным, когда помнил о нем.

60. Сделай добро, которое помнишь, тогда откроется тебе и то, о котором не помнишь, и не предавай безрассудно мысли своей забвению.

61. Писание говорит: «ад и пагуба явна пред Господом» (*Прит., 15, 11*). Сие говорит оно о сердечном неведении и забвении.

62. Ад есть неведение, ибо тот и другое мрачны. Пагуба же есть забвение, ибо в обоих них пропадает нечто из бывшего.

63. О своих любопытствуй злых делах, а не ближнего, и мысленная рабочая храмина твоя не будет окрадена.

64. Нерадение не вмещает никакого уже посильного добра (не принимается ни за что). Милостыня и молитва возвращают к долгу вознерадевших.

65. Скорбь по Богу есть неотъемлемая принадлежность благочестия, ибо истинная любовь испытывается противностями.

66. Не думай, чтобы ты стяжал добродетель без скорби: такая добродетель ненадежна (не опытна) по причине покоя (твоего, при стяжании ее).

67. Смотри на исход всякой невольной скорби, и найдешь в ней отъятие (очищение) грехов.

68. Многие советы ближнего на пользу (бывают), но для каждого ничего нет пригожее своего решения.

69. Ища врачевания, попекись о совести и, что она говорит тебе, сделай то и получишь пользу.

70. Тайные (дела) каждого ведает Бог и совесть, и чрез них-то да приемлют они исправление.

71. Сколько может делает человек по своей воле, но исход его дел Бог устрояет по правде[51].

72. Если хочешь неосужденно принимать похвалу от людей, прежде возлюби обличение за грехи свои.

73. Какое бы ни принял кто посрамление за истину Христову, во сто крат более может он быть прославлен народом. Но гораздо лучше делать всякое добро ради будущего (воздаяния).

74. Когда человек человеку принесет пользу словами или делами, оба да признают в этом благодать Божью. Неразумеющий сего будет возобладан от разумеющаго[52].

75. Хвалящий ближнего по какому-либо лицемерству в другой раз разбранит его, и он пристыжен будет.

76. Незнающий засады врагов, удобно закалается, и, не ведущий причин страстей (корней, поводов), легко падает.

77. От сластолюбия (делания в свое удовольствие) происходит нерадение, а от нерадения забвение. Ибо о том, что кому полезно, Бог даровал знание всякому.

78. Человек предлагает (слово) ближнему, насколько знает, Бог же действует в слышащем, насколько он верует.

79. Видел я простецов, делом смирившихся, и стали они премудрее мудрецов[53].

80. Другой простец, услышав, как их превозносят, смирению их подражать не подражал, а только простотою тщеславился, и от этого схватил гордость.

81. Уничижающий знание и хвалящийся неученостью не словом только есть невежда, но и разумом.

82. Как иное есть мудрость в слове, а иное сама мудрость, так иное есть невежество в слове, и иное – само невежество.

83. Нимало не вредит благоговейнейшему неученость в слововыражении, равно как и словесная мудрость – смиренномудрому.

84. Не говори: я не знаю должного и потому невиновен, если не делаю оного. Ибо если бы ты делал то добро, которое знаешь, тогда последовательно открылось бы тебе и все прочее, будучи постигаемо одно посредством другого, подобно тому, как узнаются односемейные (Слич. гл. 48). Не полезно тебе прежде исполнения первого (ведомого) знать второе (чего не знаешь). Ибо «разум кичит» по причине бездействия (недостатка дел), «а любы созидает, поелику вся терпит» (*1Кор. 8, 1, 13, 7*).

85. Слова Божественного Писания читай делами и не распростирай широко слов, надымаясь одними голыми умопредставлениями.

86. Оставивший дела и удовольствовавшийся одним знанием, вместо обоюдоострого меча держит тростниковую трость, которая во время брани, по Писанию (*Ис. 36, 6*), поранит руку его и, вонзившись в нее, вольет прежде врагов яд надмения.

87. Свою меру и вес пред Богом имеет всякое помышление. Так одно и то же есть пред Ним помышлять пристрастно, или одним только способом (то есть, только умом без дел, или только своим умом без совещания с опытными).

88. Исполнивший заповедь пусть ожидает за нее искушения. Ибо любовь ко Христу испытывается противностями (Сличи гл. 65).

89. Не презирай (не небреги) никакого помысла по нерадению. Ибо никакое помышление не утаено пред Богом.

90. Когда заметишь, что помысел обещает тебе человеческую славу, знай наверно, что он готовит тебе пристыжение.

91. Враг знает требование духовного закона и ищет только мысленного сосложения (с внушаемым помыслом, а не дела, у тех, кто проводит духовную жизнь). Не успеет ли таким образом или сделать подручника своего (когда кто согласится на внушение) повинным трудам покаяния (если сознает он свою вину), или, если не покается (не сознавши вины), обременить его невольными болезненными скорбями (и тяготами, которые обычно Бог посылает на таких для вразумления). Бывает, что иногда он подучает восставать против таких наведений (скорбей, ропотом, непокорностью Божию определению, незнанием, что заслужил их), дабы таким образом и здесь умножить болезненные прискорбности (ибо Бог еще и еще посылает, чтоб образумился) и во время исхода показать его неверным (обличить неверие Промыслу и тому, что сам был виновен).

92. Против случающихся (в жизни) бед многие многое противопоставляли с успехом, но без молитвы и покаяния никто не избежит лютых (крайностей по смерти).

93. Зло одно от другого получает силу, равным образом и добро возрастает (мужает, крепнет) одно от другого. То и другое причастника своего возбуждает и направляет больше простираться в предняя.

94. Малые грехи дьявол представляет в глазах наших ничтожными, потому что иначе не может он ввести в грехи большие.

95. Корень срамной похоти есть человеческая похвала, как и целомудрия – обличение (нас) в грешности, не тогда впрочем, когда слышим только, но и когда принимаем его на себя.

96. Никакой нет пользы тому, кто, отрекшись от мира, живет сластолюбиво (в свое удовольствие, делая всегда только то, что нравится и приятно сердцу). Ибо что делал он прежде посредством имения, то же делает и теперь, ничего не имея.

97. Опять воздержник, если приобретает деньги, есть брат первому по внутреннему настроению, так как и этот от той же матери – искания того, что сладко сердцу, только от другого отца, по причине перемены страсти.

98. Бывает, что иной пресекает страсть ради большого удовольствия (потому что покойнее жить без рабства ей), и другие, не зная цели его, славят его: а, может быть, и сам он познает, что без толку трудится.

99. Причина всякой грешности – тщеславие и желание удовольствия. Не возненавидевший их не пресечет страсти.

100. *Корень всем злым сребролюбие есть* (*1Тим. 6, 10*), но очевидно, что и оно ради них составляется (ими требуется, на них утверждается и стоит).

101. Ум ослепляется сими тремя страстями, сребролюбием, говорю, тщеславием и желанием удовольствий.

102. *Три дщери пиявицы*, о коих говорится в Писании, они суть матерью-безумием «любовию возлюбленныя» (*Притч. 30, 15*).

103. Разум и вера – совоспитанники естества нашего – притупились ни от чего иного, как от них.

104. Ярость, гнев, брани, убийства и весь остальной каталог зол крайне усилились между людьми от них.

105. Так надо возненавидеть сребролюбие, тщеславие и страсть к удовольствиям, как матерей пороков и как мачех добродетелей.

106. По причине их получили мы заповедь не любить мира, ни яже в мире, не (в том смысле получили такую заповедь) чтоб безрассудно ненавидели мы творения Божьи, но чтобы отсекли поводы к тем страстям.

107. *Никтоже*, говорит Писание, «воин бывая, обязуется куплями житейскими» (*2Тим. 2, 4*). Ибо кто, обязавшись ими, хочет победить страсти, тот подобен человеку, который хочет соломой потушить пожар.

108. Кто из-за денег, славы и удовольствий гневается на ближнего, тот не познал еще, что всем правит праведно Бог.

109. Когда слышишь слова Господа: «аще кто не отречется всего имения своего, несть Мене достоин» (*Лук. 14, 33, Матф. 10, 38*), то разумей сказанное не об имении только, но и о всех внутренних делателях зла.

110. Незнающий истины – и веровать не может истинно. Ибо ведение по естеству предваряет веру.

111. Как каждой из видимых (тварей) Бог отделил сродное (ей), так и помыслам человеческим (воздаст Он по свойству их), хотим ли мы то, или не хотим.

112. Если кто, явно согрешая и не каясь, не подвергался никаким скорбям до самого исхода, то знай, что суд над ним будет без милости.

113. Разумно в сердце молящийся переносит находящие скорби, а злопамятный еще не молился чисто.

114. Терпя от кого вред, поругание или гонение, не о настоящем думай, но о том, что ожидается в будущем, и найдешь, что он стал для тебя виновником многих благ, не только в настоящем времени, но и в будущем веке.

115. Как тем, у кого испорчено пищеварение, полезна горькая полынь, так злонравным полезно терпеть горькие беды: ибо тем к здоровью, а этим к покаянию служат сии врачевства.

116. Если не хочешь злострадать, не хоти и делать зло: ибо за этим (последним) неотступно следует то (первое). «Еже бо аще сеет человек, тожде и пожнет» (*Гал. 6, 7*).

117. Произвольно сея злое и против воли пожиная оное, мы должны дивиться правде Божьей.

118. Между сеянием и жатвой определено быть некоторому промежутку времени. Но по сей причине, мы не должны не верить воздаянию.

119. Согрешивши вини не тело, а мысль, ибо если бы не текла впереди мысль, не последовало бы за нею и тело.

120. Скрытный злодей злобнее явно обижающих, потому он злее и наказывается.

121. Сплетающий козни и скрытно делающий зло есть змей, по Писанию, «седяй на пути и угрызаяй пяту конску» (*Быт. 49,17*).

122. Кто в одно и то же время за одно похваляет, а за другое укоряет ближнего, тот одержим тщеславием и завистью: похвалами покушается он прикрыть зависть, а укорами выставляет себя лучшим его.

123. Как нельзя пасти вместе овец и волков, так не возможно получить милость тому, кто коварно действует в отношении к ближнему своему.

124. Кто к заповеди тайно примешивает свою волю, тот прелюбодей есть, как показано в Премудрости, и «за скудость ума болезни и бесчестие понесет» (*Притч. 6, 32. 33*).

125. Как вода и огонь не сходятся по противоположности, так противны друг другу самооправдание и смирение.

126. Ищущий оставления грехов, любит смиренномудрие, а осуждающий другого запечатывает (закрепляет за собою) свои злые дела.

127. Не оставляй не изглажденным греха, хотя бы он был самый маленький, чтоб впоследствии он не повел тебя к грехам большим.

128. Если хочешь спастись, возлюби истинное слово (слово правды о себе) и никогда безрассудно не отвергай обличения.

129. Слово истины переменило порождения ехидны и указало им, как избежать будущего гнева (*Матф. 3, 7*).

130. Приемлющий слова истины, приемлет Бога-Слова, ибо говорит, «приемляй вас Мене приемлет» (*Матф. 10, 40*).

131. Расслабленный, свешенный сквозь кровлю, есть грешник, по Богу обличаемый верными и ради веры их получающий оставление (грехов) (*Лук. 5, 19*).

132. Лучше с благоговением (благожелательно) молиться о ближнем, нежели обличать его во всяком согрешении.

133. Истинно кающийся подвергается поруганию от неразумных. Но это есть для него признак благоугодности (Богу его покаяния).

134. *Подвизайся от всех воздержится* (*1Кор. 9, 25*) и не перестает (от подвига), пока Господь не истребит семени Вавилонского.

135. Представь, что есть двенадцать страстей бесчестия. Если ты волею возлюбишь хоть одну из них, то она восполнит место и остальных одиннадцати.

136. Грех есть огонь горящий. Насколько отымешь вещества, настолько он угаснет, и насколько прибавишь, настолько он больше разгорится.

137. Превознесшись похвалами, ожидай бесчестия, ибо, говорит (Писание), «возносяйся смирится» (*Матф. 23, 12*).

138. Когда отвергнем всякий и мысленный произвольный грех, тогда только начнем настоящую брань и с прилогами занимающих нас страстей.

139. Прилог есть невольное воспоминание прежних грехов. Кто еще борется (со страстями), тот старается не допустить (такого помышления) до страсти, а кто уже победил их, тот отревает самое первое его приражение.

140. Приражение есть невольное движение сердца, не сопровождаемое образами[54]. Оно подобно ключу (отворяет дверь в сердце греху), потому опытные и стараются захватить его в самом начале.

141. Где образы помыслов (закосневают), там (надо полагать) было сосложение: ибо то движение, которое есть безвинное (невольное) приражение, не сопровождается образами. Бывает, что иной выбегает из них, как головня из огня (или обжегшись, или боясь обжечься), а иной не отвращает их, пока не возгорится пламень[55].

142. Не говори: я и не хочу, а он (помысел) приходит. Ибо, конечно, если не это самое, то причины сего верно любишь.

143. Ищущий похвалы находится в страсти, и сетующий о нашедшей скорби, конечно, любит утешность.

144. Как чаши на весах, не стоит на одном помысел любящего удовольствия. То плачет он и сетует о грехах, то борется и спорит с ближним, гонясь за приятностями.

145. Все испытующий и доброго держащийся, по тому самому конечно удержится и от всякого зла (*1Сол. 5, 21. 22*).

146. *Муж долготерпелив мног в разуме* (*Притч. 14, 29*), равно как и преклоняющий слух свой к словесам премудрости.

147. Без памятования о Боге, знание истинным быть не может. Без первого второе подложно.

148. Для жестокосердого не полезно слово тончайшего ведения, ибо без страха (такой человек) не принимает на себя трудов покаяния.

149. Для человека кроткого прилично слово веры (об утешениях веры), так как он не искушает долготерпения Божья и не бывает поражаем (бием) частым преступлением (воли Божьей, или заповеди).

150. Мужа сильного не обличай в тщеславии, но лучше укажи ему на тяготу будущего бесчестия, ибо этим способом разумный удобнее восприемлет обличение (сам в себе).

151. Кто не любит обличения, тот, верно, намеренно погрязает в страстях, а кто любит его, тот очевидно чуждается и прилогов их.

152. Не желай слышать о чужих лукавствах, потому что при этом черты тех лукавств написываются и в нас.

153. Наслушавшись худых речей, на себя гневайся, а не на того, кто говорил их, лукавого бо слуха лукав и отвещатель[56].

154. Если случайно кто попадет в круг людей пусторечивых, пусть себя виновным считает в таких речах, если не по поводу настоящего, то по поводу прошедшего (потому что сам прежде с ними болтал).

155. Если увидишь, что кто-либо лицемерно хвалит тебя, то в другое время ожидай от него порицания.

156. Настоящие прискорбности приравнивай к будущим благам, и нерадение никогда не расслабит твоего подвига.

157. Если за телесное (вещественное) подаяние похвалишь человека, как доброго, помимо Бога (забыв, что это по Божью Промыслу делается), то после тот же человек окажется для тебя злым.

158. Всякое благо происходит от Господа по Его смотрению, и приносящие нам оное суть служители благ.

159. Переплетения добра и зла принимай равным помыслом, за это Бог наконец отвратит аномалии событий в твоей жизни.

160. Неравенство помыслов (невольных) производит невольно перемены и в собственных. И во вне невольное Бог соразмеряет с произвольным.

161. Чувственное (внешнее состояние) есть порождение умного (внутреннего строя), принося по определению Божью, должное (чего кто стоит).

162. Когда сердце полно желания удовольствий, тогда возникают пагубные помыслы и слова. Так по дыму узнаем мы о горении вещества (внутри).

163. Пребывай в сердце умом, и не будешь утружден искушениями, уходя же оттуда, терпи, что найдет на тебя.

164. Молись, чтоб не нашло на тебя искушение, а когда найдет, прими его как свое, а не как чужое.

165. Отврати мысль от всякого любоимания, и тогда возможешь увидеть козни дьявола.

166. Кто говорит, что видит все козни дьявольские, не зная как, тот выставляет себя совершенным.

167. Когда ум освободится от попечения о телесном, тогда соразмерно с тем видит он ухищрения врагов.

168. Увлекаемый помыслами ослепляется ими и действия греха видит, а причин их видеть не может.

169. Бывает, что иной, исполняя видимо заповедь, (внутренне) работствует страсти и злыми помыслами губит благое дело.

170. Допустив в себе начало греха (приняв помысел), не говори: «он не победит меня», – ибо насколько ты допустил его, настолько уже и побежден им.

171. Все рождаемое зачинается малым и будучи мало-по-малу питаемо, возрастает.

172. Ухищрение греха есть многоплетенная сеть. Кто, запутавшись в ней отчасти, вознерадит о том, тот скоро затягивается ею всесторонне.

173. Не желай слышать о несчастии врагов твоих, ибо охотно слушающий такие речи, собирает (тут же) плоды своего произволения.

174. Не думай, что всякая скорбь находит на людей по грехам. Ибо бывает, что иные благоугождают Богу, однако ж терпят искушение. И написано не только, что «нечестивии и беззаконницы изженутся» (*Псал. 36, 28*), но равным образом и то, что «хотящии благочестно жити о Христе гоними будут» (*2Тим. 3,12*).

175. Во время скорби смотри за приражениями сластолюбия. Ибо как оно обещает утешение в скорби, то легко можно склониться на приятие его.

176. Иные называют благоразумными тех, которые умеют разумно распоряжаться в чувственном, но настоящие благоразумники те, которые владеют своими пожеланиями.

177. Прежде истребления злых (страстей), не слушай сердца своего, ибо каково вложенное в него, таких и приложений оно требует.

178. Как змеи, одни встречаются в лесах, а другие скрытно понырают в домах, так и страсти – одни мысленно воображаются (в помыслах совершаются), а другие деятельно воздействуют (входят в дела и кроются в них), хотя бывает, что они преображаются из одного вида в другой.

179. Когда видишь, что лежащее внутри тебя пришло в сильное движение и влечет безмолвствующий ум к страсти, то знай, что некогда прежде ум сам был тем занят, привел то в действие и вложил то в сердце.

180. Не образуется облако без дыхания ветра, не рождается и страсть без (движения) помышлений.

181. Если мы не творим уже волей плоти, по Писанию, то легко помощью Господа перестанет тревожить нас и то, что прежде внутрь вложено (душевные страсти и навыки дурные).

182. Внедрившиеся в существо ума образы бывают злее и властнее чисто мысленных, но сии последние предваряют их и бывают их причиною.

183. Есть зло, которое из сердца исходя охватывает, по причине давнего приражения и сосложения с ним сердца, и есть зло, мысленно борющее по причине ежедневных случаев.

184. Бог ценит дела по намерениям их. "Даст ти", говорит, «Господь по сердцу твоему» (*Псал. 19, 5*),

185. Кто не пребывает добросовестно в созерцании, тот не восприемлет и телесных трудов ради благочестия.

186. Совесть есть естественная книга (велений Божьих): деятельно читающий оную получает опыты Божественного заступления.

187. Кто не подъемлет произвольно трудов за истину (в защиту ее), тот невольными гораздо тяжелее наказан будет.

188. Кто, познав волю Божью, посильно исполняет ее, тот чрез малые труды избежит великих.

189. Кто без молитвы и терпения хочет победить искушения, тот не отразит их, но более в них запутается.

190. Господь сокровен в заповедях Своих и ищущими Его обретается по мере (исполнения их).

191. Не говори: я исполнил заповеди и, однако ж, не обрел Господа. Все, право ищущие Его, обрящут мир.

192. Мир есть избавление от страстей, которого нельзя обрести без воздействия Святого Духа.

193. Иное есть исполнение заповеди, а иное добродетель, хотя одно от другого взаимно заимствуют они поводы к добру.

194. Исполнением заповеди называется совершение делом повеленного, а добродетелью то (сердечное настроение), когда (ради коего) сделанное воистину благоугодно Богу.

195. Как чувственное богатство, хотя одно, но многоразлично судя по предметам стяжания, так и добродетель одна, но имеет многообразные делания.

196. Кто, не имея дел, мудрствует и говорит слова (беседы о том, как жить), тот является богатым от неправды и "труды его", по Писанию, «в домы чуждые входят» (*Притч. 5, 10*).

197. *Все покорится злату*, говорит Писание (Еккл. 10, 19). Благодатью же Божьей мысленное (духовная жизнь) управлено будет.

198. Добрая совесть приобретается молитвой, а чистая молитва – совестью. Они по естеству своему одна в другой имеют нужду.

199. Иаков сделал Иосифу пеструю одежду. И Господь кроткому дарует познание истины, как написано: «научит Господь кроткия путем Своим» (*Псал. 24, 9*).

200. Всегда делай доброе по силе своей и, когда предстоит случай сделать большее, не обращайся к меньшему, ибо «обратившийся вспять», говорит Господь, «несть управлен в Царствие Божие» (*Лук. 9, 62*).

5. К тем, которые думают оправдаться делами, 226 глав[57]

1. В нижеписанных (главах) худость веры тех, которые внешне только живут право, обличается теми, которые точно веруют и верно знают истину.

2. Господь, желая показать, что при всем том, что всякая заповедь обязательна, всыновление, однако ж, даровано людям Его кровью, говорит: «Егда сотворите вся повеленные вам, глаголите, яко раби неключимы есмы, ибо еже должни бехом сотворити, сотворихом» (*Лук. 17, 10*). Посему царствие небесное не есть возмездие за дела, но благодать Владыки, уготованная верным рабам.

3. Раб не требует свободы, как возмездия, но благоугождает, как должник, и ожидает ее, как благодати.

4. «Христос умре грех наших ради по Писанием» (*1Кор. 15, 3*), и тем, которые добро Ему служат, дарует свободу. Ибо говорит: «добре, рабе благий и верный, о мале был еси верен, над многими тя поставлю: вниди в радость Господа твоего» (*Матф. 25, 23*).

5. Тот еще не есть верный раб, кто утверждается на одном голом знании, но кто верует послушанием Христу, даровавшему заповеди.

6. Чтущий Владыку творит повелеваемое, и если погрешит в чем, или преслушает Его, терпит как должное, что за это найдет на него.

7. Будучи любознателен, будь и трудолюбив, ибо голое знание надымает человека.

8. Искушения, неожиданно с нами случающиеся, по смотрению Божью, научают нас быть трудолюбивыми и невольно влекут к покаянию.

9. Находящие на людей прискорбности суть порождения их собственных худых дел. Но если мы перетерпим их с молитвою, то опять получим приращение благ.

10. Некоторые, быв похвалены за добродетель, усладились тем и подумали, что эта сласть тщеславия их есть утешение (свыше). Другие, быв обличены в грехе, возболезновали, и это полезное болезнование сочли действием злобы (врага).

11. Те, которые ради подвигов своих, возносятся над не совсем радивыми, верно думают оправдаться внешними делами, а мы, которые, утверждаясь на одном голом знании, уничижаем малосведущих, бываем гораздо неразумнее их.

12. Знание без дел по нему еще не твердо, хотя бы было и истинно. Всему утверждением служит дело.

13. Часто от нерадения о деле, омрачается и знание (относительно его). Ибо какие делания совсем оставлены в небрежении, о тех и памятования мало-помалу исчезнут.

14. Писание для того внушает нам познавать Бога разумом, чтоб право служить Ему делами.

15. Когда исполняем заповеди явно, то хотя соответственно тому получаем от Господа особенное что-нибудь, но пользу приемлем по цели нашего произволения.

16. Желающий сделать что-либо и не могущий, есть пред Сердцеведцем Богом как бы сделавший. Это должно разуметь как в отношении к добру, так и в отношении ко злу.

17. Ум и без тела делает много доброго и худого, а тело без ума ничего такого делать не может. Ибо решения свободы предшествуют деятельности.

18. Одни, не исполняя заповедей, думают, что веруют право, другие, исполняя их, ожидают царствия, как должного возмездия. Те и другие погрешают против истины.

19. Награда рабам не обязательна для господина, но опять и те, которые не право служат, не получают свободы.

20. Если Христос за нас умер, и мы «не ктому себе живем, но Умершему за нас и Воскресшему» (*2Кор. 5, 15*), то явно, что мы обязались служить Ему до смерти. Как же можем усыновление считать должным воздаянием?

21. Христос есть Владыка по естеству и Владыка по домостроительству (спасения), поелику и создал Он нас – несущих, и Своей кровью искупил умерших грехом, и даровал благодать тем, которые так веруют.

22. Когда слышишь слова Писания, что Господь воздаст каждому по делам его (*Псал. 61, 13*), то не думай, что дела (сами по себе) достойны геенны или царствия, но что Христос воздаст каждому по делам неверия в Него или веры, как Бог Создатель и Искупитель наш, а не как Соразмеритель вещей (т.е. дел и наград).

23. Мы, сподобившиеся бани пакибытия, совершаем добрые дела не ради воздаяния, но для сохранения данной нам чистоты.

24. Всякое доброе дело, которое делаем мы естественными нашими силами, хотя удаляет нас от противного (ему худого дела), но без благодати не может приложить нам освящения.

25. Воздержный удаляется от чревоугодия, нестяжательный – от любоимания, безмолвный – от многословия, чистый – от пристрастия к удовольствиям чувственным, целомудренный – от блуда, довольствующийся тем что есть – от сребролюбия, кроткий – от встревожения (серчания), смиренномудрый – от тщеславия, послушливый – от поперечения, самообличительный – от лицемерия, равным образом и молящийся удаляется от безнадежия, нищий произвольно – от многостяжания, исповедник – от отречения, мученик – от идолослужения. Видишь ли, как всякая добродетель, совершаемая даже до смерти, есть ничто иное, как удаление от греха, удаление же от греха есть дело естества, а не то, за что воздано может быть царствием.

26. Человек едва сохраняет то, что ему естественно, Христос же крестом дарует усыновление.

27. Есть заповедь частная и есть заповедь общая (всеобъемлющая). Ибо инде повелевается подавать неимущим по частям, а инде заповедуется отречься (зараз) от всего своего имения.

28. Есть действие благодати, не узнаваемое младенцем (по духовному возрасту), и есть действие злобы (врага), похожее на истину. Хорошо не слишком засматриваться[58] на такие действия, ради возможности обмана, и не проклинать их, ради того, что может быть тут истина, но все с надеждою приносить Богу, ибо Он знает пользу того и другого.

29. Желающий переплыть мысленное море долготерпит, смиренномудрствует, бденничает, воздерживается. Если же понудится войти (в этот подвиг) без сих четырех, то измучит только сердце, а переплыть не может.

30. Безмолвие есть отсечение всего злого. Если же оно и четыре те добродетели присоединит к молитве, то нет лучшего пособия и кратчайшего пути к бесстрастию, как оно (в таком устройстве).

31. Нельзя убезмолвиться умом без тела, ни разорить средостение их без безмолвия и молитвы.

32. Плоть похотствует на духа, а дух на плоть (*Гал. 6, 17*), ходящие же духом – похоти плоти не совершают.

33. Молитва не совершенна без мысленного взывания. Нерассеянно вопиющий ум слышит Господь.

34. Нерассеянно молящийся ум сокрушает сердце. «Сердце же сокрушенно и смиренно Бог не уничижит» (*Пс.50, 19*)

35. И молитва называется добродетелью, хотя она есть мать добродетелей, ибо порождает их чрез сочетание с Христом.

36. Что ни сделаем без молитвы и благой надежды, то после окажется вредным и (по крайней мере) несовершенным.

37. Когда услышишь, что будут последние первые, и первые – последние (*Матф. 19, 30*), то разумей сие об имеющих добродетели и имеющих любовь. Ибо любовь хотя по порядку последняя есть из добродетелей, но по достоинству она первая из них всех, и позади себя оставляет все прежде ее родившиеся.

38. Когда возьмет уныние, во время ли молитв или от многообразных служений врага, приводи на память исход и лютые мучения. Лучше, впрочем, прилепляться к Богу молитвой и упованием, чем воспоминать о внешнем, хотя бы оно было и полезное.

39. Никакая добродетель одна сама по себе не отверзает естественной нашей двери (Слич. 224 и 225 гл.), если все они не будут последовательно зависеть одна от другой.

40. Тот невоздержник, кто питается помыслами, ибо хотя бы они были и полезны, но полезнее надежды быть не могут.

41. Всякий грех есть к смерти, коль скоро не очищен он покаянием. О нем, если и Святой помолится за другого, услышан не будет.

42. Правильно кающийся не защищает труда своего за прежние грехи, но умилостивляет им Бога.

43. Всякое добро, к какому способно естество наше, мы должны были делать ежедневно. Что же воздадим мы Богу за прежде наделанное зло?

44. Сколько бы мы сегодня ни приумножали добродетели, это есть лишь обличение нашего прежнего нерадения, а не воздаяние (Богу за то).

45. Сокрушающийся душевно (кто скорбит о грехах), а телесно упокоевающийся (кто тело во всем удовлетворяет), подобен телесно себя озлобляющему (кто отказывает во всем телу), а умом рассеивающемуся.

46. Произвольная с обеих сторон прискорбность (то есть, телесная и душевная), взаимно содействует одна другой: душевная телесной и телесная душевной, разъединение же их бывает хуже и тяжелее (их тяготы).

47. Велика добродетель – терпеть постигающее нас и, по слову Господа, любить ненавидящего нас ближнего.

48. Знак нелицемерной любви есть прощение обид. Так Господь возлюбил мир.

49. Невозможно от сердца простить чьи-либо проступки без истинного ведения, ибо оно каждому показывает, что постигающее его есть его собственное.

50. Ничего не потеряешь ты из того, что оставил для Господа, ибо в свое время оно придет к тебе многократно (умножено).

51. Когда ум забудет о цели благочестия, тогда явное дело добродетели становится бесполезным.

52. Если всякому человеку вредно злосоветие (не чужое, а отсутствие благоразумия своего), тем паче тем, кои восприняли строгую жизнь.

53. Делами показывай себя мудрецом, ибо нет слова, которое было бы мудрее дела.

54. За трудами о благочестии (подвижническими) последует заступление. Это можно узнать из закона Божья и совести.

55. Один принял помышление и без рассмотрения удержал его, другой же приняв, проверил его истиною. Спрашивается, кто из них поступил благочестнее?

56. Терпеть скорби и не обвинять (сторонних) людей в своих бедствиях есть истинное ведение.

57. Делающий добро и ищущий воздаяния не Богу работает, а своему хотению.

58. Согрешившему нельзя избежать воздаяния иначе, как соответствующим греху покаянием.

59. Иные говорят, что мы не можем делать добра, пока действенно не воспримем благодати Святого Духа (И это неверно).

60. Те, которые произволением всегда расположены к самоугодию, отказываются делать и то, что под силу им, под тем предлогом, что нет помощи свыше.

61. Крестившимся во Христа таинственно дарована уже благодать, но воздействует она (ощутительно) по мере делания заповедей. Хотя благодать сия не перестает помогать нам тайно, но в нашей состоит власти делать или не делать добро по своей воле.

62. Во-первых, она боголепно возбуждает совесть, от чего и злодеи, покаявшись, благоугодили Богу.

63. Опять она же сокрыта бывает в поучении ближнего, бывает, что иногда она последует за мыслью во время чтения и научает ум свой истине посредством естественного следствия (из той мысли). Итак, если мы не будем скрывать сего таланта в таких и подобных частных случаях даемого (то есть, будем следовать тому, что внушает благодать), то действительно внидем в радость Господа (сподобимся действенной благодати).

64. Ищущий (чающий получить) действенности Святого Духа прежде делания заповедей, подобен купленному за деньги рабу, который в то время, как его только что купили, ищет, чтоб вместе с уплатою за него денег подписали ему и свободу.

65. Кто уразумел, что внешние бедствия бывают по правде Божьей, тот ища Господа, нашел ведение с правдою.

66. Если будешь, согласно Писанию, «содержать в уме, что по всей земли судьбы Господни» (*Псал. 104, 7*), то всякий случай будет для тебя учителем Богопознания.

67. Всякий встречает должное (что заслужил) по внутреннему своему настроению, но подробности соответствий внешних случайностей (внутреннему состоянию каждого) ведает один Бог.

68. Когда потерпишь какое-либо бесчестие от людей, приведи поскорее на ум воздаяние «славы, яже от Бога» (*Иоан. 5, 44*), и будешь таким образом и в бесчестии без печали и смущения, и в славе, когда придет, верен и безукоризнен.

69. Будучи хвалим народом, по благоволению Божью, не примешивай (от себя намеренно) к смотрению Господню ничего показного, чтоб не изменилось все и ты не испытал противоположного (посрамления).

70. Семя не прорастет без земли и воды, и человек не получит пользы без произвольных трудов и Божественного заступления.

71. Нельзя без облака пролиться дождю, и без доброй совести угодить Богу.

72. Не отрекайся учиться, хотя бы ты был очень мудр. Ибо Божье устроение полезнее нашей мудрости.

73. Когда, по позыву какого-либо самоугодия, сердце сдвинется с места самоутруждения, тогда, подобно очень тяжелому камню, двинувшемуся с места по скользкому склону, бывает неудержимо.

74. Как неопытный теленок, бежа от травы к траве, попадает на место обоюду (справа и слева) стремнистое, так бывает и с душою, мало-помалу отманываемою помыслами (от своего устроения и внимания).

75. Когда ум, укрепившись в Господе, отвлекает душу от долговременного худого навыка, тогда сердце, как палачами, бывает казнимо умом и страстью, влекущими его туда и сюда.

76. Как плывущие по морю в надежде прибытка охотно переносят солнечный зной, так ненавидящие зло любят обличение. И те борятся с ветрами, и эти со страстями.

77. Как «бегство в зиму или субботу» (*Матф. 24. 20*) причиняет болезнь телу и осквернение (собств. унижение) душе, так восстание страстей в устарелом теле и душе освященной (в лице священного сана).

78. Никто столько не благ и не милостив, как Господь, но не кающемуся и Он не оставляет грехов.

79. Немало нас таких, что печалимся о грехах, а причины их охотно лелеем в себе.

80. Крот, роющийся под землею, будучи слеп, не может видеть звезд, и неверующий (Богу) относительно временного, не может веровать и относительно вечного.

81. Как благодать прежде благодати даровано от Бога людям ведение истины, которое причастников своих прежде всего научает веровать в Даровавшего оное.

82. Когда грешная душа не принимает находящих прискорбностей (не вразумляется ими), тогда Ангелы говорят об ней: «врачевахомь Вавилона и не исцеле» (*Иер.51:9*).

83. Ум, забывающий истинное ведение, ведет с людьми войну за вредное себе, как за полезное.

84. Как огонь не может укоснеть в воде, так и скверный помысел в боголюбивом сердце. Ибо всякий боголюбивый и трудолюбив, самоохотный же труд естественно есть враг похоти.

85. Страсть, самоохотно возращенная в душе делом, после насильно восстает в любителе своем, хотя бы он того и не хотел.

86. Непроизвольных помыслов любим мы причины: от чего они и приходят, а произвольных, очевидно, любим и самые предметы.

87. Самомнение и кичение суть причины хулы, сребролюбие же и тщеславие – немилосердия и лицемерия.

88. Когда дьявол увидит, что ум начал молиться из сердца, тогда наводит великие и злохитрые искушения. А маленьким добродетелям не станет он мешать большими нападками.

89. Закоснение помысла обличает пристрастие человека, скорое же истребление его означает брань и сопротивление.

90. Есть три мысленных места, в которые входит ум, изменяясь сам в себе: естественное, сверхъестественное и противоестественное. Когда вступит он и в свое естественное место, тогда находит себя виновником злых помыслов и причиною страстей и исповедует Богу грехи свои, когда же бывает в противоестественном месте, тогда забывает он о правде Божьей и воюет с людьми, как с обижающими его неправо. А когда возведется в сверхъестественное место, тогда находит в себе плоды Духа Святого, которые указал Апостол – «любы, радость, мир» и проч. (*Гал. 5, 22*), и знает, что, если предпочтет телесные заботы, то пребывать там не может, и вышедши оттуда, впадает в грех и в последующие за ним скорбные случайности, хотя не вскоре, но в свое время, как ведает про то правда Божья.

91. Ведение каждого настолько бывает истинным, насколько подтверждает его кротость, смиренномудрие и любовь.

92. Всяк православнокрещеный получит таинственно всю благодать, ощутительное же удостоверение в том получает наконец по мере исполнения заповедей.

93. Заповедь Христова, добросовестно исполняемая, по множеству болезнований сердечных дарует и утешение, впрочем, то и другое бывает в свое время.

94. Во всяком деле имей присущею молитву, так как ничего не можешь сделать без помощи Божьей.

95. Нет ничего сильнее молитвы к стяжанию содействия Божья, и ничего нет полезнее ее для благоугождения Богу.

96. Все делание заповедей в ней заключается: ибо ничего нет выше любви к Богу.

97. Непарительная молитва есть знак Боголюбия в пребывающем в оной, нерадение же о ней и парение (во время ее) есть знак любосластия (пленения сердца чем-либо, кроме Бога).

98. Кто бесскорбно совершает бдения, долготерпит и молится, тот причастен действенности Святого Духа, но и тот, кто хотя чувствует прискорбность во время сих деланий, но охотно силою воли вытерпливает их, скоро получит заступление свыше.

99. Одна заповедь, как сказано, выше другой, так и вера бывает одна тверже другой.

100. *Есть вера от слуха* (*Рим. 10, 17*), по Апостолу, и «есть вера уповаемых извещение» (*Евр. 11, 1*).

101. Хорошо словами пользовать вопрошающих, но лучше содействовать им молитвой и добродетелью: ибо посредством сих последних приносящий себя Богу помогает и ближним, сам сподобляясь помощи.

102. Если хочешь кратким словом воспользовать любознательного, укажи ему молитву, правую веру и терпение всех прискорбных случайностей, ибо всякое прочее добро приобретается посредством их.

103. Относительно чего возложил кто все упование на Бога, из-за того не будет уже он бороться с ближними.

104. Если все невольное имеет причину в произвольном, по Писанию, то никто столько не враг человеку, как сам он.

105. Всех зол предводитель есть неведение, второе же по нем есть неверие.

106. Беги от искушения терпением и молитвой. Если же помимо этих будешь сопротивляться ему, то оно сильнее станет нападать.

107. Кроткий по Богу из мудрецов мудрец, и смиренный сердцем из силачей силач, поскольку они несут иго Христово разумно.

108. Что без молитвы говорим мы или делаем, то в последствии оказывается или погрешительным, или вредным, и без ведома нашего обличает нас делами.

109. По делам, словам и помышлениям праведен только Один, а чрез веру, благодать и покаяние – много праведников.

110. Как кающемуся не свойственно высокомудрствовать, так произвольно грешащему невозможно смиренномудрствовать.

111. Смиренномудрие не есть осуждение совести, но благодати Божьей и Его благоснисхождения исповедание.

112. Что вещественный дом для общего воздуха, то мысленный ум для Божественной благодати: насколько выбросишь вещества, настолько войдет, и насколько внесешь, настолько удалится.

113. Вещество домашнее – сосуды и снеди: а вещество ума – тщеславие и самоугодие.

114. Широта сердца есть упование на Бога, а теснота его – забота житейская.

115. Благодать Духа едина и неизменна, но действует в каждом, как хочет.

116. Как дождь, излившись на землю, питает и поддерживает в растениях свойственное им качество, в сладких – сладость, в терпких – терпкость, так и благодать наитствуя сердца верующих, сподобляет их воздействий своих, сообразно с их добродетелями, сама в себе не изменяясь.

117. Алчущему Христа ради бывает она пищею, жаждущему – сладким питием, зябнущему одеждою, труждающемуся успокоением, молящемуся – извещением (что молитва услышана), плачущему – утешением.

118. Итак, когда услышишь слова Писания о Святом Духе, что Он «седе на едином коемждо из Апостолов» (*Деян. 2, 3*), или что Он «взыде на Пророка» (*1Цар. 10, 10*), или что Он действует (*1Кор. 12, 11*), бывает оскорбляем (*Ефес. 4, 30*), угашаем (*1Сол. 5, 19*), раздражается (*Деян. 17, 16*), также, что одни имеют начаток Духа (*Римл. 8, 23*), другие же исполнены Духа Святого (*Деян. 2, 4*), то не думай так о Духе, будто в Нем бывает какое раздробление, или преложение, или изменение, но веруй, как прежде сказали мы, что Он непреложен, неизменен и всемогущ. Посему и в воздействиях Своих Он и пребывает одним и тем же, и всякому боголепно уделяет подобающее. Он подобно солнцу, всецело излился на крещенных, но каждый из нас просвещается по той мере, как, возненавидев омрачающие его страсти, истребляет их в себе, а насколько оказывается любящим их, настолько помрачается.

119. Кто ненавидит страсти, тот отсекает и причины их, а расположенный к сим причинам и нехотя борим бывает страстями.

120. Когда действуют в вас злые помыслы, будем обвинять в том самих себя, а не прародительский грех.

121. Корни помыслов суть явные грехи, которые каждый из нас совершает руками, ногами, устами.

122. Невозможно, чтобы тот собеседовал со страстью в уме, кто ненавидит причины ее.

123. Кто станет беседовать с тщеславием, если он презирает посрамление? Кто будет смущаться бесчестием, если он любит уничижение? Кто согласится на угодие плоти, если он имеет сердце сокрушенное и смиренное? Кто станет заботиться о привременном или вести из-за него войну, если он верует во Христа?

124. Отметаемый кем-либо, и ни словом, ни мыслью не вступающий в прю с отметающим, приобрел истинное ведение и являет твердую веру Владыке.

125. «Лживи сынове человечестии в мерилех, еже не правдовати» (*Псал. 61, 10*), тогда как Бог для каждого бережет то, чего он по правде достоин.

126. Если ни для обижающего (обижать) не избыток, ни для обижаемого (терпеть) не лишение, «убо образом ходит человек, обаче всуе мятется» (*Псал. 38, 7*).

127. Если увидишь, что кто-либо по поводу бесчестий крайне болезнует сердцем, то знай, что он наполнен помыслами тщеславия и теперь пожинает с неудовольствием рукояти семян, которые сам посеял в сердце.

128. Кто паче должного насладился телесными удовольствиями, тот отплатит за этот излишек сторичными болезнованиями.

129. Настоятель обязан говорить послушнику должное, когда же его не послушают, возвещать об имеющих постигнуть за это бедах.

130. Обиженные кем-либо и не домогающийся обижающему должного (возмездия), этой частью верует Христу и сторицею приимет в веке сем, и живот вечный наследует.

131. Память о Боге сопровождается болезнованием сердца о благочестии, всякий же забывающий о Боге бывает самоугодлив и бесчувствен.

132. Не говори, что бесстрастный не может скорбеть, ибо если не о себе, то о ближнем должен он сие делать.

133. Когда враг соберет много записей о грехах совершенных в забвении, тогда понуждает должника и не в забвении делать те же грехи, благословно злоупотребляя законом греха.

134. Если хочешь непрестанно памятовать о Боге, то не отвергай злоключений, будто неправедных, но переноси их, как праведно тебя постигающие. Ибо терпение (в таком духе) каждым случаем пробуждает память (о Боге), а отречение (отказ так терпеть) умаляет мысленное мудрование сердца (к Богу устремление пресекает, обращая к земле) и чрез отраду (что сбросил тяжесть) производит забвение.

135. Если хочешь, чтоб Господом были покрыты грехи твои, то не высказывай пред людьми, если имеешь какую добродетель. Ибо как мы поступаем с нашими добродетелями, так Бог делает с нашими грехами.

136. Скрыв добродетель, не возносись умом, как хорошо поступивший. Правда требует не только скрывать доброе, но и не думать ни о чем из запрещенного.

137. Не радуйся, когда сделаешь кому добро, но когда без злопамятства перенесешь последующее за тем сопротивление (от облагодетельствованного). Ибо как ночи следуют за днями, так и зло за добром.

138. Тщеславие, сребролюбие и сластолюбие (самоугодие) не оставят неоскверненным благодеяния, если прежде сами не ниспадут от страха Божья.

139. В невольных болезненных прискорбностях сокрыта милость Божья, которая влечет переносящих оные к покаянию и избавляет от вечного мучения.

140. Некоторые, исполняя заповеди, ожидают, что это на весах (правосудия Божья) послужит противовесом их грехам, другие же этим думают умилостивить Умершего за наши грехи. Спрашивается, чье из них мудрование правильно?

141. Страх геенны и царствия возлюбление подают терпение в скорбях. И это не от себя, но от Ведущего помышления наши.

142. Верующий будущему удаляется от здешних наслаждений без размышления (или без спора), а неверующий бывает самоугодлив и бесчувствен.

143. Не говори, как может бедный предаваться сластям, не имея способов, ибо можно в помыслах сладострастовать еще горше (чем делом).

144. Иное есть знание дел (деятельное благоразумие), и иное – познание истины. Сколько солнце превосходнее луны, столько последнее полезнее первого.

145. Знание дел (деятельное благоразумие) прибывает по мере исполнения заповедей, а познание истины – по мере надежды на Христа.

146. Если хочешь спастись и в познание истины прийти, напрягайся всегда возвышаться над чувственным и надеждою прилепляться к Единому Богу. Обращаясь таким образом с понуждением себя внутрь, встретишь начала и власти, ведущие с тобою брань приражениями помыслов, но побеждая их молитвою и пребывая благонадежным, возымеешь благодать Божью, избавляющую тебя от грядущего гнева.

147. Кто разумеет таинственно сказанное святым Павлом, изрекшим, что «наша брань к духовом злобы» (*Ефес. 6, 12*), тот уразумеет и притчу Господню, которую Он сказал о том, что должно всегда молиться и не унывать (*Лук. 18, 1*).

148. Закон образно повелевает шесть дней делать, а в седьмой упраздняться от дел. Дело души состоит в благотворении имением, то есть, делами, упразднение же ее, или покой в том, чтобы, по слову Господа, продать все свое и дать нищим и, успокоившись чрез такую нестяжательность, празднствовать в мысленном уповании. В сей-то покой и св. Павел поощряет нас войти со тщанием, говоря: «потщимся внити в оный покой» (*Евр. 4, 11*).

149. Это сказали мы, не затворяя будущего и не определяя, что все воздаяние будет здесь, но (даем только разуметь), что прежде должно возыметь в сердце действительную благодать Святого Духа и потом соответственно сему войти в Царствие Небесное. Открывая сие, и Господь сказал: «царствие небесное внутрь вас есть» (*Лук. 17, 21*). То же сказал и Апостол: «вера есть уповаемых извещение» (*Евр. 11, 1*), и еще: «искушайте себе, аще есте в вере. Или не знаете, яко Иисус Христос живет в вас, разве точию чим неискусни есте» (*2Кор. 13, 5*).

150. Познавший истину не противится скорбным приключениям. Ибо знает, что они руководствуют человека к страху Божью.

151. Прежние грехи, будучи воспомянуты по виду (подробно), повреждают благонадежного. Ибо если они возникают вновь в душе, сопровождаясь печалью, то удаляют от надежды, а если воображаются без печали, то опять влагают внутрь древнее осквернение.

152. Когда ум чрез самоотвержение восприимет несомненную надежду, тогда враг под предлогом исповедания как на картине изображает пред ним прежде бывшие грехи, дабы опять возгреть страсти, по благодати Божьей уже забытые, и тайно повредить человеку. Ибо в таком случае и просветлевший уже и ненавидящий страсти (ум), по необходимости омрачается, смутившись тем, что наделано, а если он еще покрыт как туманом и сострастен похотям, то всячески укоснит (в таких помыслах) и начнет страстно беседовать с прилогами их, так что такое воспоминание будет не исповедание, а страстное приражение.

153. Если хочешь приносить Богу неукоризненное исповедание, то не воспоминая по виду (в подробностях) прежних своих поползновений, терпи мужественно последствия их.

154. Тяжелые скорби находят за прежде наделанные грехи, принося с собою сродное каждому прегрешению.

155. Знаток дела, познавший истину, исповедается Богу не воспоминанием о том, что наделано, а терпением того, что постигает его.

156. Отвергнув сердечное болезнование о грехах и бесчестие, не обещайся совершить покаяние посредством других добродетелей, ибо тщеславию и нечувствию обычно служить греху и десными.

157. Как добродетели обыкновенно рождаются от болезненных прискорбностей и бесчестия, так грехи от тщеславия и утех.

158. Всякая телесная сласть происходит от предшествовавшего упокоения (тела), а к сему упокоению располагает неверие.

159. Находящийся под грехом не может один преодолеть плотское мудрование, потому что имеет в членах внедренное непрестанное разжжение.

160. Страстным надлежит пребывать в молитве и повиновении, ибо и с помощью (их, или ради их) едва можно бороться с приражениями.

161. Кто с послушанием и молитвой борется с своими хотениями, тот искусный борец, удалением от чувственного явно показывающий мысленную борьбу.

162. Кто не соглашает воли своей с волею Божьею, тот спотыкается в собственных своих начинаниях и попадается в руки врагов.

163. Когда увидишь двух грешников, имеющих любовь друг к другу, то знай, что они друг другу помогают в самоугодии.

164. Высокомудрый (гордый) и тщеславный удобно примиряются друг с другом: ибо тот хвалит тщеславного, который рабски пред ним преклоняется, а этот величает высокомудрого, который часто его похваляет.

165. Боголюбивый слушатель в обоих случаях получает пользу: когда говорят с похвалою о его добродетелях, он еще более делается к ним ревностен, а когда обличают его худые дела, он понуждается к покаянию. Надлежит нам сообразно преуспеянию и житие иметь, а по житию должно нам возносить к Богу и молитву.

166. Хорошо, конечно, содержать главнейшую добродетель и ни о чем по частям не заботиться, ни о чем по частям не молиться, но только искать Царствия Божия по слову Господню (*Матф. 6, 33*). Но если мы заботимся еще о каждой потребности, то должны о каждой и молиться, ибо кто без молитвы что-либо делает, или о чем печется, тот не доводит благоуспешно до конца дела своего. И это-то значит сказанное Господом: «без Меня не можете творити ничесоже» (*Иоан. 15, 5*).

167. Кто пренебрегает заповедь о молитве, тот впадает в самые неуместные преслушания, из коих одно пересылает его к другому, как узника.

168. Кто благодушно принимает настоящие прискорбности, воодушевляясь надеждой будущих благ, тот обрел ведение истины и удобно избавится от гнева и печали.

169. Кто за истину принимает поругание и бесчестие, тот шествует Апостольским путем, взяв крест и узами обложен будучи. Кто же без сего покушается внимать сердцу, тот прельщается умом и впадает в искушения и сети дьявольские.

170. Борющемуся ни помыслов без причин их, ни причин этих без помыслов победить никак нельзя. Ибо когда отвергнем одно что из этих отдельно, то немного спустя другим ввержены будем опять в обои.

171. Кто из боязни потерпеть какое зло или поношение воюет с людьми, тот или здесь с излишком злостраждет, или в будущем веке без милости мучен будет.

172. Желающий свергнуть с себя всякое бремя должен в молитве все вверить Богу, и держа умно крепкое на Него упование, сколько можно презирать заботы о чувственном.

173. Когда дьявол видит, что человек без нужды слишком занимается телесным, тогда прежде похищает добычу ведения (расхищает ум), а потом (успев в этом), отсекает и упование на Бога, как главу.

174. Если когда достигнешь огражденного места чистой молитвы, не принимай в это время помышления о вещах, какое влагает враг, чтобы не потерять лучшего. Ибо лучше стрелами молитвы поражать его, внизу негде заключенного, чем беседовать с ним, когда он, предлагая нашему вниманию ничтожные вещи, ухищряется отвлечь нас от моления на него.

175. Познания вещей полезно бывает человеку во время искушения и уныния, а во время молитвы оно обыкновенно вредит.

176. Если ты получил жребий учить о Господе, а тебя не слушают, то мысленно о сем скорби, а явно не возмущайся тем. Такой ради скорби не будешь осужден наряду с тем, кто не внимает тебе, за возмущение же явное все тем же искушаем будешь.

177. Во время беседы не скрывай того, что нужно и полезно для присутствующих, только приятное излагай прямою речью, а жестокое (строгое) загадочною.

178. Того, кто не состоит в подчинении тебе, не обличай в проступке в лицо, ибо это дело более власти, чем совета.

179. Что говорится вообще многим, то бывает всем полезно, каждому же свое указывает при этом совесть.

180. Говорящий право должен и сам благодарить Бога, как от Бога приемлющий то, что следует говорить. Ибо истина есть дело не говорящего, но действующего (в нем или на него) Бога.

181. Которые не дали обета подчинения тебе, с теми не вступай в прю, когда они противятся истине, чтобы (вместо назидания) не вышла одна вражда, по Писанию (см. *2Тим. 2, 23*).

182. Кто спускает послушнику, когда он противоречит, где не следует, тот обольщает его в этом деле, и располагает (вообще) небречь об обетах послушания.

183. Кто со страхом Божьим вразумляет и наставляет согрешающего, тот приобретает себе противоположную проступку добродетель. А злопамятный и недоброжелатель порицающий впадает, по закону духовному, в одинаковую с ним страсть.

184. Хорошо обучающий закону боится Законодателя и, боясь Его, уклоняется от всякого зла.

185. Не будь двуязычен, то есть, иначе на словах, а иначе в совести расположен. Ибо такового Писание ставит под клятву (Иис. *Сир. 28, 15*).

186. Иной говорит истину и бывает за то ненавидим безумными, иной лицемерит, и бывает за то любим: однако ж ни одно из этих воздаяний не бывает продолжительно. В свое время Господь воздаст каждому должное.

187. Желающий избавиться от будущих горестей, должен охотно переносить настоящее. Ибо таким образом мысленно изменяя одно на другое, он чрез малые скорби, избежит великих мучений.

188. Удержи слово от самохвальства и помысел от самомнения, чтоб не было тебе за то попущено сделать противное, ибо доброе не одним человеком совершается, но помощью всевидящего Бога.

189. Всевидящий Бог как за дела распределяет нам достойные участи, так и за помыслы и произвольные намерения.

190. Невольные помыслы рождаются от предшествовавшего греха, а произвольные от самовластной воли. Почему вторые бывают причиною первых.

191. Злые мысли, которые не по сердцу, сопровождает печаль, почему они скоро и исчезают, а которые по сердцу, сопровождает радость, почему и трудно от них отбиться.

192. Самоугодник печалится от укоров и лишений, а Боголюбец – от похвал и многодовольства.

193. Незнающий судов Божьих идет умом (внутренне) по пути, у которого с обоих сторон стремнины, и от всякого ветра удобно бывает низвергаем: когда хвалят его, он чванится, когда порицают, раздражается, когда пиршествует в довольстве, похотничает, когда испытывает скудость, плачет, когда знает что, показничает, когда не знает, держит вид знающего, когда богат – кичится, когда беден, лицемерствует, когда насыщается, бывает дерзок, когда постится, тщеславничает, с обличающими его вступает в прю, а на извиняющих, смотрит, как на неразумных.

194. Пока кто благодатью Христовой не стяжет ведения истины и страха Божья, дотоле он не только от страстей, но и от внешних случайностей жестокие получает раны.

195. Когда хочешь разрешить какое недоуменное (запутанное) дело, то ищи относительно него то, что Богу приятно, и конечно найдешь ему полезное разрешение.

196. К каким делам благоволит Бог, тем и вся тварь содействует, а от которых Он отвращается, тем и вся тварь противится.

197. Кто противится сумрачным случайностям, тот, сам того не зная, противоборствует Божью повелению, а кто принимает их истинным ведением, тот, по Писанию, терпит Господа.

198. Когда найдет искушение, не ищи от чего и для чего оно нашло, но (о том позаботься), чтоб благодарно, бесскорбно и незлопамятно перенесть его.

199. Чужое зло не прибавляет (нам) греха, если мы не воспримем (не привьем, не присвоим) его худыми помышлениями.

200. Если нет человека, который бы без искушений благоугождал Богу, то должно благодарить Бога за всякий скорбный случай.

201. Если бы Петр не оставил ночной ловитвы, то не сподобился бы и дневной, и если бы Павел не ослеп чувственно, то не прозрел бы и умственно, если бы и Стефан не был оклеветан, как хулитель, то не отверзлись бы ему небеса и он не узрел бы Бога.

202. Как делание по Богу называется добродетелью, так и нечаянная скорбь именуется искушением.

203. Бог искушал Авраама, то есть, к его же пользе посылал ему скорби, не для того, чтоб узнать, каков он: ибо Знающий все прежде бытия знал его, но чтоб дать ему повод к совершенной вере (к познанию ее и утверждению в ней).

204. Всякая скорбь обличает настроение нашей воли, направо склоняется она или налево. Случайная скорбь потому и называется искушением, что подвергшегося оной подвергает испытанию сокровенных его расположений.

205. Страх Божий понуждает нас бороться с грехом, и когда боремся, благодать Божья истребляет его.

206. Мудрость состоит не в том только, чтобы знать истину в естественной последовательности, но и в том, чтобы от обижающих нас переносить зло, как свое собственное (как заслуженное). (Опыт показал, что) которые оставались с одним первым знанием, те возносились гордостью, а которые достигали второго, те стяжавали смиренномудрие.

207. Если хочешь, чтоб тебе не стужали злые помыслы, имей душевное уничижение и телесную скорбь, и это не отчасти, но во всякое время, во всяком месте, и во всяком деле.

208. Кто произвольно проучивает себя прискорбностями, того не будут одолевать непроизвольные помыслы, кто же не берет на себя первых, тот и не хотя пленяем бывает вторыми.

209. Когда вследствие обиды раздражится утроба твоя и сердце твое, не печалься, что смотрительно пришло в движение лежавшее внутри прежде, но радуясь низлагай возникшие внутри помыслы, зная, что вместе с тем, как они истребляемы бывают при первом приражении, истребляется обычно и зло, лежащее под ними и их приводящее в движение, а если помыслам позволяют коснеть и часто появляться, то и зло обычно получает приращение.

210. Без сокрушения сердца невозможно совершенно избавиться от зла, сердце же сокрушается от тройственного воздержания, именно: от сна, пищи и телесного покоя. Ибо довольство в них питает самоугодие (удовлетворенное), размножая злые помыслы, влагает нехотение молиться и исправлять надлежащее послушание.

211. Получив жребий управлять братиею, храни чин свой и не умалчивай о должном (сказать или приказать) по причине противоречия (некоторых). В чем послушают тебя, за то получишь награду по причине добродетели их, в чем же не послушают, прости им, и за то получишь равное (же воздаяние) от Того, Кто сказал: «отпустите и отпустится вам» (*Лук. 6, 37*).

212. Текущие события жизни походят на ярмарку. Кто умеет торговать, получает прибыль, а кто не умеет, несет убыток.

213. Кто с первого слова не послушает тебя, не принуждай того прением, но лучше на свою привлеки сторону ту прибыль, которую тот отверг. Ибо незлобие выгоднее для тебя, нежели исправность того.

214. Когда поврежденность одного (который повредил себе непослушанием, или другим чем) распространяется на многих, тогда не следует долготерпеливничать, «не своей искать пользы, но многих, да спасутся» (*1Кор. 10, 33*). Ибо общая добродетель полезней частной.

215. Если кто впадет в какой-либо грех и не восскорбит о том в меру преступления, то легко опять впадет в ту же сеть (вражью).

216. Как львица не подступает дружески к теленку, так бесстыдство не принимает «печали, яже по Бозе» (*2Кор. 7, 10*).

217. Как с волком не сходится овца для деторождения, так с сытостью болезнование сердечное для зачатия добродетелей.

218. Никто не может возыметь болезнования и печали по Богу, если не возлюбит прежде причины их.

219. Страх Божий и обличение принимают к себе (в содружество) печаль, воздержание же и бдение сговариваются с болезнованием.

220. Кто не вразумляется заповедями и внушениями Писания, того надо подгонять «конским бичом и остном ослиным» (*Притч. 26, 3*)[59], если же он и это отвергнет, «то браздами и уздою челюсти его востягнеши» (*Псал. 31, 9*).

221. Кто малыми искушениями легко побеждается, тот большими поневоле порабощен бывает, а кто малые презирает, тот о Господе воспротивится и большим.

222. Не берись обличениями врачевать того, кто хвалится добродетелями, ибо один и тот же не может быть и любителем показности, и любителем истины.

223. Всякое слово Христово являет милость, правду и мудрость Божью, и силу их чрез слух влагает в души тех, которые охотно слушают его. Посему немилостивые и неправедные, неохотно его слушавшие, не только не могли познать премудрость Божью, но Учащего оной распяли. Так-то и нам надобно смотреть, охотно ли Его слушаем. Ибо Он сказал: «любяй Мя заповеди Моя соблюдет, и возлюблен будет Отцем Моим, и Аз возлюблю его и явлюся ему Сам» (*Иоан. 14, 15, 21*). Видишь ли, как Он в заповедях сокрыл явление Свое? Всех же заповедей объемнейшая есть любовь к Богу и ближнему, которая рождается по отрешении от всего вещественного в безмолвии помыслов.

224. Зная сие, Господь заповедует нам, говоря: «не пецытеся о утрии» (*Матф. 6, 34*). Так и следует. Ибо не отрешившийся от вещественного и от заботы о нем, как избавится от порочных помыслов? Помыслами же объятый, как увидит сокрытый под ними существенный (коренный) грех, который есть тьма и мгла души, и от которого получают начало все порочные помышления и желания, когда дьявол, искушая посредством приражения не насилующего, указывает на грех, а человек, тщеславием и самоугодием побуждаемый, сочетавается с ним? Пусть, по рассуждению он не решился на него, но движением его усладился и сосложился с ним. Если же не познает он сего главного греха, когда и как, возмолившись о нем, очистится от него? А не очистившись, как найдет место чистого естества (*Иез. 37, 27*)? Этого же не нашедши, как увидит внутренний дом Христов? – если мы дом Божий, по слову Пророческому, Евангельскому и Апостольскому (*Захар. 2, 10, Иоан. 14, 23, 1Кор. 3,16*).

225. Итак, надлежит вышепоказанным порядком озаботиться найти сей дом и, пребывая в молитве, толкать в двери (*Матф. 7, 7*), дабы или здесь, или во время исхода отверз их нам Владыка и не сказал, если вознерадим: «не вем вас, откуда есте вы» (*Лук. 13, 25*). Надлежит же нам не только просить и получить, но и сохранить данное нам, ибо некоторые и после получения потеряли. Простое знание вышесказанных предметов, или даже и опытность какую случайную (относительно их), может быть, имеют и поздно начавшие учиться, и юные, но постоянное с терпением делание сего едва имеют старцы, благоговейные и многоопытные, часто по невниманию его терявшие и потом опять произвольными трудами взыскивавшие и обретавшие. Не престанем же делать то же и мы, пока не приобретем оного делания, так чтобы оно пребыло в нас неотъемлемо.

226. Такие из многих немногие узнали мы оправдания духовного закона, коим непрестанно поучаться и кои творить и великий Псалмопевец внушает тем, которые часто поют в Господе Иисусе, Коему подобает слава и держава и поклонение, ныне и во веки. Аминь.

АВВА ЕВАГРИЙ

Сведения о жизни Аввы Евагрия

Об Евагрие Понтянине, скитском монахе и авве, известно, что он родился около половины 4-го века, в городе Иворе близ Понта Евксинского (Монастырь св. Василия был недалеко от этого города). Род или способности его обратили на него внимание процветавших в то время великих святителей: Василия Великого, *Григория Нисского* и *Григория Богослова*. Под их руководством он возрастал и развивался в духе и познаниях о вере и жизни во Христе Иисусе Господе нашем. Василий Великий поставил его чтецом, Григорий Нисский дьяконом и оставил его в Константинополе, бывши там на Соборе втором вселенском. Одно обстоятельство, подвергавшее опасности его чистоту, заставило его удалиться из Константинополя. И он, побыв немного в Иерусалиме, направился в Египет, где и подвизался сначала в Нитрии, потом в кельях и, наконец, Ските, под руководством и в содружестве с тогдашними великими аввами. Палладий, ученик его, по Сократу, пишет о нем в Лавсаике, гл. 73: «Находя несправедливым умолчать о делах Евагрия, знаменитого дьякона Христова, мужа жизни Апостольской, напротив признав за справедливое предать оные писанию, для назидания читателей и прославления благодати Спасителя нашего, я предложу сначала, как поступил он в монашество и как, потрудившись достойно своего обета, скончался в пустыне 54 лет, по словам Писания: «скончався вмале, исполни лета долга, угодна бо бе Господеви душа его». Родом он был Понтиец, из города Иворы, сын пресвитера; св. Василием, епископом Кесарийским, поставлен в чтецы к церкви в Аргос. По преставлении св. епископа Василия, св. Григорий епископ Нисский, брат епископа Василия, стяжавшего славу Апостольскую, мудрейший, бесстрастнейший и весьма знаменитый ученостью, обратив внимание на способность Евагрия, рукоположил его в дьякона. Пришедши потом с ним на великий собор Константинопольский, св. Григорий епископ оставил его там у блаженного епископа Нектария, как искуснейшего в опровержении всех ересей. И стал он славиться в великом городе, мужественно побеждая словами всякую ересь. Случилось, что этот муж, которого во всем городе уважали за отличную честность нравов, был уязвлен страстной любовью к женщине, как он сам рассказывал нам после, когда уже освободился от сего искушения. Женщина взаимно полюбила его, а была она из знатного дома. Евагрий, так как и Бога боялся, и своей совести стыдился, и представлял себе скверну порока и злорадование еретиков, усердно молил Бога воспрепятствовать намерению женщины, которая, быв распалена страстью, усиливалась вовлечь его в грех. Он хотел отдалиться от нее, но не мог, удерживаемый узами одолжений. Немного спустя после молитвы, которою предотвратил он совершение греха, предстал ему в видении Ангел в одежде воина епархова и, взяв его, повел будто в судилище и бросил в темницу, обложив шею железными узами и связав руки железными цепями. Приходившие к нему не говорили ему о причине заключения, но сам он, мучимый совестью, думал, что подвергся сему за то дело, и полагал, что муж той женщины донес судье об этом деле. К тому же ему представлялось, что тут же производили суд над другими за подобное же преступление. От этого находился он в крайнем смущении и страхе. Тогда Ангел принял образ одного искреннего друга его и пришел будто навестить его. Он вошел, будто чрезвычайно пораженный и опечаленный тем, что друг его терпит поносные узы и сидит в заключении между сорока преступниками, и сказал ему: отче диаконе! За что так бесчестно держат тебя с преступниками? Он отвечал ему: по истине не знаю, но подозреваю, что на меня донес такой-то епарх по безумной ревности, и я опасаюсь, не подкуплен ли им градоначальник и не подвергли бы меня тяжкому наказанию. Представший в виде друга сказал ему: если хочешь послушать друга своего, то я советовал бы тебе удалиться из этого города, потому что, как вижу, не полезно тебе жить в нем. Евагрий сказал ему: если Бог освободит меня из этой беды, и ты потом увидишь меня в Константинополе, пусть подвергнусь еще большему наказанию. Друг сказал ему: если так, я принесу Евангелие, поклянись мне на нем, что удалишься из сего города и сделаешься иноком, и я избавлю тебя от этой беды. Евагрий сказал: клянусь, как ты хочешь, только избавь меня от этой мрачной тучи. После этого тот принес Евангелие и потребовал клятвы. Евагрий поклялся ему на Евангелии, что не останется в городе, кроме одного дня, и это для того только, чтоб перенести на корабль свои вещи. Этим кончилось видение. Вставши, в тревоге, он рассуждал: пусть клятва дана в исступлении, но все же я поклялся. Потому нимало не медля, перенес все, что имел, на корабль, и отплыл в Иерусалим. Здесь он облекся в иноческое одеяние и был принят блаженною Меланией Римляныней. Но дьявол опять омрачил его сердце и поколебал его до того, что он переменил уже опять одежду, и ум его обуяло ораторское тщеславие. Бог же, Который удерживает всех нас от погибели, поверг его и здесь в другую беду, послав на него горячку, и тяжкой болезнью в продолжение шести месяцев измождив плоть его, которая препятствовала ему идти начатым уже путем. Когда врачи оставили его, не находя способа вылечить его, блаженная Мелания сказала ему: думается мне, что болезнь твоя не простая, сын мой, скажи мне, нет ли у тебя чего на душе? Он признался ей во всем, что случилось с ним в Константинополе. Блаженная сказала ему: дай мне пред Богом слово, что решишься вести монашескую жизнь, и я хоть грешница, помолюсь Господу, да дарует Он тебе продолжение жизни на покаяние и исправление сердца. Когда он дал слово, она помолилась, и Евагрий выздоровел в несколько дней. По выздоровлении она сама доставила ему иноческое одеяние, и он, облекшись в него, отправился в Египет, где два года прожив на горе Нитрийской, на третий удалился в пустыню. Четырнадцать лет прожил он в так называемых Келлиях, питаясь только хлебом и водою с малым иногда количеством елея и не позволяя себе в этом отношении никакого утешения. Не ел он ни зелени, ни плодов, ни винограда, не пил вина и не омывал тела. Так томил себя человек, живший прежде в довольстве, но искушения и здесь не оставляли его. Иногда восставал на него сильно демон блуда, как сам он говорил о том: и тогда он целую ночь сиживал нагой в колодце во время зимы, так что тело его цепенело. В другое время досаждал ему дух хулы, и тогда он сорок дней не входил под кровлю, томя себя. И вообще он столько претерпел искушений от различных бесов, что трудно их и перечислить, даже бит он был демонами. Но так умерщвляя тело свое и так терпя, блаженный внутренне оживотворялся Духом Святым и, очистив ум, сподобился дара ведения и различения духов. Этот доблестный подвижник Христов говорил нам пред смертью: вот уже три года не тревожила меня плотская похоть. Если после такой строгой жизни, после таких подвижнических неутомимых трудов и непрестанного бодрствования в молитве, ненавистник добра и погибельный демон так нападал на этого праведника, то сколько терпят от этого нечистого демона, или от собственного нерадения люди беспечные! Он сочинил сто молитв, составил три книги, так называемые: "iera" – вернее "stihira" (краткие изречения в виде стихов или притч), "monahon" – монах или деятельные уроки, и "antirritikon" – противоборство – о борьбе с демонами и страстями. У Сократа (Кн. 4, гл. 23) кроме того находим, что Евагрий был ученик обоих Макариев – Египетского и Александрийского, под руководством которых, быв прежде философом только на словах, стяжал он философию деятельную. Пришедши в Египет из Константинополя, он встретился с упомянутыми мужами и стал подражать их жизни. Ниже Сократ приводит два обстоятельства из жизни Евагрия, со слов его самого, из которых видно, какия сношения были у него с Макарием Великим. Первое то, что авва Макарий спрашивал Евагрия о различии в действиях на душу памяти оскорбления людей и памяти оскорбления демонов, второе то, как, пришедши к авве Макарию, Евагрий, утомленный от пути на жару, просил немного воды и получил отказ. То и другое приводятся в его деятельных главах к Анатолию (Гл. 93, 94). Ниже еще поминает Сократ, что Евагрий в книге своей – "гностик" – пишет о себе: «мы выучились у праведного Григория, что добродетелей и умозрений о них четыре: благоразумие, мужество, воздержание и справедливость». Кто сей Григорий? По Палладию – Григорий Нисский, а по Сократу – Назианзин, который будто и рукоположил его в дьякона в Константиноле. Не смешал ли Сократ Назианзина с Нисским? Палладию лучше было знать истину. Наконец у Сократа встречаем следующее сказание. Дивный Аммоний, бывший вместе с Афанасием Великим в Риме и ничего там не хотевший видеть, кроме церкви Петра и Павла, был призываем потом в Египте Феофилом Александрийским к епископству и, убегая от него, отсек у себя правое ухо, чтоб безобразием тела отклонить от себя рукоположение. Спустя несколько времени, епископ Александрийский Феофил взял для епископства Евагрия, который также убежал, но не изуродовал никакой части своего тела. Встретившись с Аммонием, Евагрий ласково сказал ему: худо сделал ты, что отсек себе ухо, за такой поступок будешь отвечать пред Богом. А ты не будешь отвечать, Евагрий, что отсек у себя язык и ради самолюбия не воспользовался дарованною тебе благодатью? – отвечал Аммоний. О творениях Евагрия Сократ пишет: он написал очень хорошие книги. Одна из них надписывается "Монах", или о деятельности, другая – "Гностик," или к человеку удостоившемуся знания, разделенная на пятьдесят глав, третья – «Противоречник» (*antirritikos*), или выбор из Божественных Писаний против демонов искусителей, разделенный на восемь частей, по числу восьми помыслов. Кроме того, он составил 600 вопросов о будущем и еще две книги, написанные стихами: одну к монахам, живущим в киновиях, или общежительных монастырях, другую – к деве. Как удивительны эти книги, узнает, кто будет читать их. Созомен (Кн. 6, гл. 30), сказавши о помянутом Аммонии, что он был один из братьев длинных, достиг высоты любомудрия и был весьма учен, так что перечитал сочинения *Оригена*, Дидима и других духовных писателей, прибавляет: «в дружбе с Аммонием находился мудрый Евагрий, муж ученейший, сильный умом и словом, и особенно способный различать мысли (помыслы), ведущие к добродетелям и пороку, и располагаться так, чтобы первые развивать, а последних остерегаться. Впрочем, каков он был в ученом отношении, покажут оставленные им сочинения. Нрав его отличался, говорят, умеренностью и обнаруживал столь мало тщеславия и гордости, что как заслуженные похвалы не надмевали его, так и незаслуженные укоризны не возбуждали в нем огорчения. Любомудрствовал он и учился Священному Писанию у Назианзского епископа Григория, при котором в бытность его предстоятелем Константинопольской Церкви служил архидиаконом. Лицом он был приятен и любил изящно одеваться. Некто из вельмож, заметив его знакомство со своею женою, воспламенился ревностью и задумал убить его. Когда умысел готовились уже привести в исполнение, Бог послал ему во время сна страшное, но вместе спасительное сновидение». Далее Созомен не дает ничего особенного. Нельзя не заметить, что Сократ и Созомен разногласят с Палладием в показании, какой Григорий покровительствовал Евагрию и способствовал его образованию. Палладий называет Григория Нисского, а те – *Григория Назианзина*. Можно согласить их так: в диакона рукоположен Евагрий Григорием Нисским, но был ведом и Григорию Назианзину и пользовался его уроками. Когда

Григорий Богослов призван был в Константинополь на патриаршество, тогда на Собор, бывший при нем, прибыл я Григорий Нисский с Евагрием. Здесь Евагрий мог протодиаконствовать у Назианзина и после Собора остаться по совету обоих Григориев в Константинополе. Сократ и Созомен говорят о нем, как он был в Константинополе, а Палладий – что было до того. К Палладию, как ученику Евагрия, больше надо иметь веры, ибо он верно слышал то, что говорит, от самого Евагрия. Смерть Евагрия Patrologia (t. 40, стр. 1215) относит к 399 году. Там же приводятся отзывы о писаниях Евагрия. Между прочим, блаженный Иероним писал (Epist. 135 ad Ctesiph), что «книги Евагрия читаются не только Греками по всему Востоку, но и на Западе Латинянами в переводе Руффина, ученика его». В Patrologia помещено все сохранившееся из писаний Евагрия. На первом месте стоят: *главы о деятельной жизни* к Анатолию. Это, как догадываться можно, то, что осталось из книги, которую приведенные нами историки озаглавливают *Монах*. Главам предшествует краткое письмо к Анатолию, как введение к ним. Потом следует 71 глава уроков logos praktikos – деятельности подвижнической. За ними стоит – в 100 главах. Но как из сих глав большая часть таких, кои находятся в числе 71 главы, то тут приводится текст только тех глав, которых нет там. В сложности все же выходит 100 глав. Мы также озаглавим: сто глав о деятельной жизни к Анатолию. Далее в Patrologia следует статья, которая у нас в Добротолюбии яснее озаглавливается: образ иночества, поучающий, как должно подвизаться и безмолвствовать. Так и в Греческом Добротолюбии. Заглавие Patrologia даже перифразом трудно передать. Удержим наше заглавие. Потом стоят 33 главы *kat anoloythian* (не *kat analogian*-ли); содержание их: отражение духовного в видимом; 25 глав по алфавиту; это афористические изречения о духовных вещах. К сим последним присоединены других 26 изречений не по алфавиту. После сего – об 8-ми порочных помыслах, часть древней книги *antirritikon*. Наконец – краткие правила к монахам киновитам и к деве. Все сие предлагается здесь в переводе.

Евагрия монаха наставления о подвижничестве

1. Главы о деятельной жизни к Анатолию

Пред этим писал ты, возлюбленнейший брат Анатолий, с святой горы (вероятно Нитрийской) ко мне в Скит и просил разъяснить тебе символическое значение монашеской схимы Египетской, полагая, что не без разумного основания она имеет такое отличие от всех других форм человеческих одеяний. Охотно перескажу тебе, что сам узнал об этом от святых Отцов. Кукуллий есть символ благодати Спасителя нашего Бога, осеняющей ум иноков и покровом своим защищающей их во Христе младенчество от тех, которые непрестанно покушаются наносить им удары и причинять раны. Носящие его на голове своей, с крепкою и действенною верою поют: если не Господь созиждет дом и сохранит град, всуе трудится зиждущий и бдит стрегущий (*Псал. 126,1*). Такие вопияния внедряют смирение и искореняют гордость, это древнее зло, низвергшее на землю Люцифера, воссиявающего заутра. То, что обнажены у них руки[60], показывает безлицемерность их жизни. Ибо тщеславие умеет прикрываться и давать тень добродетели, ловя всегда славу у людей и отгоняя веру, как говорит Спаситель: «како вы можете веровати, славу друг от друга приемлюще, и славы яже от Единого Бога не ищете» (*Иоан. 5, 44*)? Добро не должно быть для чего-либо другого, напротив, все другое должно быть для него. Если это не будет допущено, явно будет, что подвизающее нас к деланию добра ценнее для нас самого добра, а это было бы крайней нелепостью – воображать нечто высшее Бога и говорить так. Аналав (наш параман), крестообразно переплетающий их плечи, есть *символ веры* во Христа, приемлющей (αναλαμβάνεσης) кротких, всегда устраняющей препоны и доставляющей деятельности беспрепятственность. Пояс, вяжущий их чресла, отлагает всякую нечистоту и возвещает: добро человеку жене не прикасатися (*1Кор. 7, 1*). Милоть имеют они, как всегда «мертвость Господа Иисуса на теле своем носящие» (*2Кор. 4, 10*), как подавляющие все неразумные телесные страсти, душевное же зло пресекающие приобщением добра, и как любящие нищету и бегающие многоимания, яко идолослужения. Жезл есть древо жизни, всех, кои берут его в руки и на него опираются, обязывающий утверждаться на Христе. Вот сокращенно каких вещей символом служит схима! (Облекая в нее), св. Отцы всегда говорят им такие слова: Дети! веру делает твердою страх Божий, а его – воздержаник, это делают неуклонным терпение и надежда, от которых рождается бесстрастие, порождение же бесстрастия есть любовь, а любовь есть дверь к познанию физическому, которое преемлет богословие и верховное блаженство. И этого о священной схиме и поучении старцев на настоящую пору достаточно. Теперь будем говорить о жизни деятельной и знательной, не все то, что видели (у старцев) и слышали (от них), но что и другим пересказывать получили от них заповедь, разделив касающееся деятельной жизни на сто глав, а касающееся знательной – на 650, и иное скрыв, иное прикрыв, да не дадим святая псам, ниже пометаем бисера пред свиньями (*Матф. 7, 6*), что однако ж ясно для тех, кои идут вслед их тою же дорогою.

1. Христианство есть закон – (*dogma*) Спасителя нашего Иисуса Христа, совмещающий, что касается жизни, познания вещей и Боговедения.

2. Царствие небесное есть бесстрастие души с истинным ведением Сущего.

3. Царствие Божие есть ведение Пресвятой Троицы, сопростирающееся соответственно состоянию ума и исполняющее его нескончаемо блаженной жизни.

4. Кто что любит, тот того и желает конечно, а чего желает, то и улучить подвизается. Всякому наслаждению предшествует желание, желание же порождается чувством. Что непричастно чувства, то свободно и от страсти.

5. С отшельниками демоны сами лично вступают в борьбу, а против тех, кои проходят добродетельную жизнь в киновиях или сотовариществах, они вооружают нерадивейших братий. Но последняя брань гораздо легче первой, потому что нельзя найти на земле людей, которые были бы горше демонов или воспринимали в себя всю их злокозненность.

6. Ум блуждающий устанавливают – чтение, бдение и молитва. Похоть пламенеющую угашают – алчба, труд и отшельничество. Гнев волнующийся утишают – псалмопение, великодушие и милостивость. Все это оказывает свое действие, когда бывает употребляемо в свое время и в соответственной мере. Все безвременное и безмерное не долговременно (непрочно), а недолговременное больше вредно, чем полезно.

7. Когда душа желает разных яств, тогда утесним ее хлебом и водою, чтоб была благодарна и за тонкий ломоть. Ибо сытость желает разнообразных яств, а голод – и насыщение хлебом почитает блаженством[61].

8. Много способствуют к уцеломудрению тела скудость воды. В этом да убедят тебя те триста Израильтян, что с Гедеоном, победившие Мадиам.

9. Как смерти и жизни случиться у кого в одно и то же мгновение есть несбыточное явление, так любви и деньгам быть у кого-либо вместе есть вещь невозможная. Любовь не только деньги иждивает, но и самую привременную жизнь нашу приносит в жертву.

10. Бегающий мирских удовольствий есть башня, неприступная для демона печали. Ибо печаль есть лишение удовольствия, или настоящего, или ожидаемого. – Невозможно нам избыть от этого врага, пока имеем пристрастие к чему-либо земному. Там он ставит свою сеть для возбуждения печали, к чему видит нас наиболее пристрастными.

11. Гнев и ненависть умножают сердечное раздражение, а милостыня и кротость погашают его.

12. Солнце да не заходит во гневе нашем, чтоб демоны, нападши ночью, не напугали души и не сделали ума более робким для борьбы на следующий день. Страшные сны обыкновенно бывают после гневной тревоги, и ничто другое столько не вынуждает ума нашего выступать из строя (дезертировать), как тревожный гнев.

13. Когда по какому-нибудь поводу раздражительная часть души нашей приходит в тревогу, тогда демоны предлагают нам отшельничество, как вещь добрую, чтоб, устранив причины огорчения, не освободились мы от смущения[62]. Когда же разгорячается похотливость, тогда они стараются сделать нас человеколюбивыми (удержать среди людей), называя жестокими и дикими за то, что удаляемся, чтоб похотствуя тел, мы встречали тела (оставаясь в обществе). Им не должно верить, но паче делать им противное.

14. Не отдавай себя помыслу гнева, мысленно ведя войну с тем, кто тебя огорчил, ни – опять помыслу блудному, долго удерживая сладострастные мечтания. То омрачает душу, а это ведет к ободрению страсти, оба же оскверняют ум, и ты во время молитвословия, как идолами наполняя воображение страстными образами и не принося потому Богу чистой молитвы, тотчас подвергаешься нападению демона уныния, который обыкновенно нападает в таких состояниях и подобно псу похищает душу, как мертвечину какую.

15. Гнев по природе назначен на то, чтоб воевать с демонами и бороться со всякою греховною сластию. Потому Ангелы, возбуждая в нас духовную сласть и давая вкусить блаженства ее, склоняют нас обращать гнев на демонов, а эти, увлекая нас к мирским похотям, заставляют воевать гневом с людьми, наперекор естеству, чтоб ум, омрачившись и обессмыслев, сделался предателем добродетелей.

16. Внимай себе, чтоб, разгневавшись, не прогнать какого брата. За это во всю жизнь свою не убежишь от демона печали, который во время молитвы всегда будет тебе выставлять то претыканием.

17. Памятозлобие погашают дары. Да убедит тебя в этом Иаков, укротивший дарами Исава, который шел к нему навстречу с четырьмя стами мужей (*Быт. 32, 6, 33, 1*). Но мы, бедные, можем исполнить эту необходимость (заменить дары) трапезою.

18. Когда подвергнешься нападению беса уныния, тогда, разделив душу надвое и сделав одну ее часть утешающею, а другую утешаемою, станем всевать в себя благие надежды, напевая следующие стихи Давида: «Вскую прискорбна еси душе моя»? «И Вскую смущаеши мя»? «Уповай на Бога, яко исповемся Ему, спасение лица моего и Бог мой» (*Псал. 41, 6*).

19. Не должно во время искушений оставлять кельи, изобретая какие-нибудь благословные предлоги, но надо сидеть внутри и терпеть, мужественно встречая всех нападающих, особенно же демона уныния, который тягостнее правда всех, но зато более всех делает душу и опытною. Если бегать или обходить борьбу, то ум останется неопытным, робким и легко обращающимся в бегство.

20. Трудно избегать помысла тщеславия, ибо что ни сделаешь к прогнанию его, то становится началом нового движения тщеславия. Не всякому, впрочем, правому помыслу нашему противятся демоны, но некоторым эти злые твари благоприятствуют, в надежде обмануть нас.

21. Коснувшийся ведения и вкусивший сладости от него, не доверится более демону тщеславия, хотя бы он предлагал ему все утехи мира. Ибо что бы мог он обещать больше духовного созерцания? Но пока мы не вкусили еще ведения, будем усердно проходить деятельную жизнь, Богу изъявляя цель нашу, что все творим ради ведения Его.

22. Помни о прежней жизни и древних прегрешениях твоих, и о том, как будучи страстным, перешел ты к жизни, не поблажающей страстям, и как опять вышел ты из мира, во многом часто тебя очень смирявшего. Помышляй также и о том, кто хранит тебя в пустыне и отгоняет от тебя демонов, скрежещущих на тебя зубами своими. Такие помышления внедряют смиренномудрие и не позволяют подступить демону гордости.

23. О чем имеем страстную память, то прежде на деле было воспринято со страстью, и опять, что на деле воспринимаем мы со страстью, о том после будем иметь страстную память. Для победившего возбуждающих страсти демонов, ничего уже не стоят вещи, коими они возбуждают их. Ибо невещественный боритель горше вещественного.

24. Душевные страсти берут повод (к движению своему) от людей, а телесные от тела. Движение телесных страстей пресекает воздержание, душевных – духовная любовь.

25. Демоны предстоятели душевных страстей до самой смерти упорно стоят и тревожат душу, а предстоятели страстей телесных скорее отходят. Притом иные демоны, подобясь солнцу восходящему или заходящему, касаются одной какой-либо части души, а полуденный обычно всю душу охватывает и ум потопляет. Почему отшельничество сладко после упразднения страстей: ибо тогда от них остаются одни голые воспоминания, и, что касается до брани, тогда бывает не столько сам подвиг брани, сколько созерцание его.

26. Достойно внимания, помысел ли приводит в движение страсти, или страсти помысел. Иные принимают первое, а иные – второе. Обычно страстям приходить в движение от чувств, но когда у кого есть любовь и воздержание, то они не движутся, а когда нет, движутся. Гнев имеет нужду в больших врачевствах, нежели похоть, и любовь потому и называется великою, что она есть узда гнева. Ее и св. Моисей символически назвал офиомахом (бьющеюся со змеями), когда перечислял, что можно и чего не должно есть (*Лев. 11, 22*).

27. По причине известной и никогда непрестающей злобы демонов, душа воспламеняется против (всеваемых ими) помыслов, как только заметит их приближение, и устрояет себе защиту тем, что принимает страстное качество нападающих (гнев).

28. Не всегда возможно исполнять обычные правила, но надо обращать внимание на обстоятельства и возможное в них стараться исполнять по силам. Не не ведают этого закона благовременности и самые демоны. Почему всегда вражески относясь к нам, они возможное препятствуют нам делать, а к невозможному принуждают. Так больных отклоняют они от того, чтоб благодарить Бога за прилучившияся скорбности и великодушно терпеть услуживающих им, а слабосильных располагают к строжайшему воздержанию и обремененных (летами, трудом) совершать псалмопение стоя.

29. Когда нужда заставит нас быть на короткое время в городе или селе, тогда, обращаясь с мирянами, будем держаться наиболее строгого воздержания, чтоб иначе ум наш, утучнев и оставив на настоящее время обычное тщание, не сделал чего бессоветного и не обратился в бегство, гонимый демонами.

30. Во время искушений, не прежде приступай к молитве, как сказавши несколько гневных слов против искусителя. Ибо когда душа окачествована скверными помыслами, тогда молитве ее нельзя быть чистою. Но если ты скажешь что-либо с гневом против них, то этим приведешь в смятение противников своих и истребишь их внушения. Гнев подобное же действие обычно оказывает и на добрые помышления.

31. Кто хочет испытывать злобных демонов и приобресть навык к распознанию их козней, пусть наблюдает за помыслами и замечает, на чем настаивают они и в чем послабляют, при каком стечении обстоятельств и в какое время какой из них особенно действует, какой за каким следует и какой с каким не сходится, и ищет у Христа Господа разрешения всему этому. Демоны очень злятся на тех, которые деятельно проходят добродетели со знанием дела (и приводят в ясность все), желая «во мраце состреляти правыя сердцем» (*Псал. 10, 3*).

32. Двух демонов найдешь ты при этом наблюдении крайне быстродвижными и почти перегоняющими движение ума нашего – демона блуда и демона, восхищающего нас к богохульству. Но этот последний не долговременен, а первый, если не приводит в движение страстных помыслов, не мешает нам преуспевать в познании Бога.

33. Тело отделить от души может только сочетавший их, душу же от тела – и тот, кто стремится к добродетели (в отшельничестве). Ибо отшельничеством отцы наши называют память о смерти и бегство от тела (т.е. чтоб плоти угодия не творить в похоти).

34. Не к добру пространно питающие плоть свою и попечение о ней простирающие до похоти (*Рим. 13, 14*), на себя самих после сего пусть жалуются, а не на нее. Напротив, те, которые стяжали душевное бесстрастие чрез это самое тело и прилежат посильному (при его же посредстве) созерцанию Сущего, исповедуют благодать Творца (давшего нам тело).

35. Когда ум начнет творить молитвы нерассеянно, тогда вся брань деннонощная сводится на брань с раздражительною частью души.

36. Признак бесстрастия, когда ум начнет видеть собственный свой свет, станет покойным относительно сонных мечтаний и легко (и правильно) понимать вещи.

37. Когда ум во время молитвы не воображает ничего мирского, значит, он окреп.

38. Ум, с помощью Божьей совершивший поприще деятельной жизни и достигший ведения (созерцания), мало уже чувствует и совсем не чувствует движений неразумной части души: ведение (созерцание) восхищает его горе и отделяет от чувственного.

39. Бесстрастие имеет душа не та, которая не пленяется вещами, но та, которая и при воспоминании об них пребывает невозмущаемою.

40. О совершенном муже не собственно говорится: воздерживается, и о бесстрастном: терпит, потому что терпение бывает у того, кто страждет, и воздержание у того, кого влечет пожелание.

41. Великое дело – молиться неразвлеченно, но петь неразвлеченно – еще больше.

42. Водрузивший в себе добродетели и совершенно ими возобладанный, уже не помнит о законе, или заповедях, или наказании, но то говорит (естественно как бы) и делает, что внушает ему установившийся прекрасный нрав.

43. Демонские песни приводят в движение нашу похоть и ввергают душу в срамные мечтания, псалмы же и пения, и песни духовные всегда привлекают ум к памяти о добродетелях, охлаждая при том жар гнева и погашая похоть.

44. Если бьющиеся в борьбе наносят удары – и взаимно принимают их, демоны же состоят с нами в борьбе, то, нанося нам удары, конечно и сами принимают их от нас. «Оскорблю их и не воззмогут стати» (*Псал. 17, 39*). И опять: «оскорбляющии мя и врази мои, тии изнемогоша и падоша» (*Псал. 26, 2*).

45. Мудрость в содружестве с покоем, а благоразумие – с трудом. Нельзя стяжать мудрости без борьбы и нельзя успешно совершить борьбу без благоразумия. Ему вверено противостоять гневу, возбуждаемому демонами, равно как заставлять силы души действовать, как им свойственно по естеству, и пролагать, таким образом, путь к мудрости.

46. Искушение монаха есть помысел, который, вошедши чрез страстную часть души, омрачает ум.

47. Грех монаха есть согласие помысла на запрещенную страсть греховную.

48. Ангелы радуются, когда умаляется греховное зло, а демоны – когда умаляется добродетель. Ибо те суть служители милости и любви, а эти – рабы гнева и ненависти. Первые, приближаясь к нам, исполняют нас духовного созерцания, а вторые, приближаясь, ввергают душу в срамные воображения.

49. Добродетели не пресекают устремления на нас демонов, но сохраняют нас невредимыми от них.

50. Деятельная жизнь (практика добродетели) есть духовный метод, как очищать страстную часть души.

51. Для совершенного уврачевания сил души, недостаточно одного благотворного действия на то заповедей, если ум не будет держать при этом соответственных созерцаний.

52. Как можно не противиться влагаемым в нас Ангелами благим помыслам, так можно отражать всеваемые демонами злые помыслы. За первыми помыслами следует мирное состояние души, а за вторыми – смятение.

53. Порождение бесстрастия – любовь, бесстрастие же есть цвет деятельной жизни, а деятельная жизнь состоит в исполнении заповедей. Блюститель сего исполнения заповедей есть страх Божий, который есть плод правой веры, вера же есть внутреннее благо души, которое бывает обычно и у тех, кои не уверовали еще в Бога.

54. Как душа, действуя чрез тело, чувствует, какие члены слабы, так ум, действуя своею деятельностью, познает свои силы и, замечая, какая препятствует ему (своей поврежденностью), приискивает врачевательную для нее заповедь.

55. Ум, ведущий страстную войну, не видит замыслов противника: ибо он походит в эту пору на сражающегося ночью (во тьме). Но, стяжав бесстрастие, он удобно познаёт козни врагов.

56. Последний предел деятельной жизни – любовь, а ведения конец – богословие. Начало же обоих их – вера и созерцание вещей. Которые демоны приражаются страстной части души, те называются противниками деятельной жизни, которые же нападают на самую мыслительную силу, те называются врагами всякой истины и противниками созерцания.

57. Ничто из того, что очищает тело, не остается после того с очищенным, но добродетели, очистив душу, сопребывают потом в ней и очищенной.

58. Разумная душа действует сообразно со своим естеством, когда пожелательная ее часть стремится к добродетели, раздражительная подвизается за нее, а мыслительная прилежит созерцанию сущего.

59. Преуспевающий в деятельной жизни умаляет страсти, а преуспевающий в созерцании умаляет неведение. И относительно страстей говорят, что будет некогда совершенное их истребление, а относительно неведения говорят, что отчасти будет ему конец, а отчасти нет.

60. Доброе и худое, что встречаем в жизни, может способствовать и добродетелям, и порокам. Дело благоразумия есть пользоваться тем на успех в первых и наперекор вторым.

61. Душа тречастна, по словам нашего мудрого учителя (разумеет Григория Нисского). Когда добродетель бывает в мыслительной части, тогда называется осмотрительностью (fronesis), сметливостью (synesis) и мудростью (sofia), когда бывает она в пожелательной части, тогда называется целомудрием, любовью и воздержанием, когда бывает в раздражительной части, тогда называется мужеством и терпением, когда во всей душе – то праведностью. Дело осмотрительности есть воевать с противными нам силами, добродетелям покровительствовать, пороки гнать, вещами средними (безразличными) распоряжаться соответственно времени. Дело сметливости есть – все, способствующее нашей цели, устроять достодолжно, а дело мудрости – созерцать телесные и безтелесные твари по всем отношениям. Дело целомудрия есть бесстрастно смотреть на вещи, обыкновенно возбуждающие в нас неразумные мечты и желания, дело любви – такою почти являть себя в отношении ко всякому лицу, носящему образ Божий, какою бывает она к первообразу, хоть демоны покушаются иного унизить пред нами, дело воздержания – с радостью отвергать все, услаждающее гортань. Дело терпения и мужества – не бояться врагов и охотно переносить всякие неприятности. Дело праведности – держать все части души в согласии и гармонии между собою.

62. Плод сеятвы – рукояти (жатва), а добродетелей – ведение. Как метанию семян сопутствуют слезы, так рукоятям (пожину хорошему) – радость (*Псал. 125, 6*).

63. Не отложит человек страстных воспоминаний, если не позаботится уврачевать пожелательной и раздражительной части своей, первую истончая постом, бдением и спанием на голой земле, а вторую укрощая долготерпением, непамятозлобием и милостынею. Из этих двух страстей составляются все почти демонские помыслы, ввергающие ум во всякую беду и пагубу. Но избавиться от страстей невозможно никому, если он не презрит совсем ястие и питие, имущество и славу, еще же и самое тело свое, ради тех, кои часто покушаются поражать его чрез них (т.е. бесов). Потому всякая настоит нам необходимость подражать бедствующим на море, которые выбрасывают вещи по причине натиска ветров и высоко поднимающихся волн. При этом надобно однако ж тщательно внимать, чтобы, выбрасывая подобным образом вещи, не делать этого, да видимы будем людьми. Ибо чрез это мы потеряем мзду свою и подвергнемся еще горше прежнего крушению, когда подует на нас ветром своим демон тщеславия. Почему и Господь наш, поучая в Евангелиях правителя нашего – ум, говорит: «внемлите милостыни вашея не творити пред человеки, да видими будете ими: аще ли же ни, мзды не имате от Отца вашего, Иже есть на небесах» (*Матф. 6, 1*). И опять: «егда молишися», говорит, «не буди якоже лицемери, яко любят в сонмищах и стогнах путий стояще молитися, яко да явятся человеком: аминь глаголю вам, яко восприемлют мзду свою» (ст. 5). И опять говорит: «егда же поститеся, не будите яко же лицемери сетующее, помрачают бо лица своя, яко да явятся человеком постящеся: аминь глаголю вам, яко восприемлют мзду свою» (ст. 16). Но внемлите здесь Врачу душ, как Он милостынею врачует раздражительность, молитвою очищает ум, а постом умерщвляет похотение, из коих составляется новый человек, обновляемый по образу Создавшего его (*Кол. 3, 10.11*), в коем по причине бесстрастия, «несть мужеский пол, ни женск, а по причине единства веры и любви, несть Еллин и Иудей, обрезание и необрезание, варвар и Скиф, раб и свобод, но всяческая и во всех Христос» (*Гал. 3, 28*).

64. Нечистые помыслы, закосневая в нас по причине страстей, низводят ум во всегубительство и пагубу. Ибо как помысел о хлебе закосневает в алчущем по причине алчбы, и помысел о воде в жаждущем по причине жажды, так и помысел о деньгах и других стяжаниях закосневает по причине любоимания, и срамные помыслы по причине страсти похотной. Таким же образом объясняется и закосневание наше на помыслах тщеславия и других каких. Невозможно, чтоб ум, погружаемый и утопающий в таких помыслах, предстал пред Богом и украсился венцом правды. Этими помыслами расхищен был треокаянный оный ум, который, по притче Евангельской, отказался от вечери Боговедения. Равным образом и тот, связанный по рукам и ногам и вверженный во тьму кромешную, из этих помыслов имел сотканную одежду, которую Звавший признал недостойною такой брачной вечери. Брачное одеяние есть бесстрастие разумной души, отвергшейся мирских похотей. Какая же причина того, что помышления о чувственных вещах, закосневая, растлевают ведение, об этом сказано будет в главах о молитве.

65. Демонскому помыслу противостоят три помысла, отсекая его, когда он закоснеет в уме: ангельский, наш, исходящий от нашего произволения, когда оно устремляется к лучшему, и другой наш, подаемый человеческим естеством, коим движимые и язычники любят, напр., детей своих и почитают родителей своих. Доброму же помыслу противостоят только два помысла: демонский, и наш, исходящий из нашего произволения, уклонившегося к худшему. Ибо от естества не исходит никакой худой помысел: так как из начала мы не были злы, потому что Господь сеял доброе семя на селе Своем. Было время, когда не было зла, и будет время, когда его не будет. Семена добродетелей неизгладимы. Удостоверяет меня в этом тот Евангельский богач, который и осужден будучи в ад, милосердовал о братьях своих, а милосердие есть наилучшее семя добродетели.

66. Некоторые из нечистых демонов всегда приседят подле читающих и всячески ухитряются отвлекать ум их инуды. Часто, взяв повод от самых Божественных Писаний, они наводят их на худые помыслы, бывает, что они против обыкновения заставляют зевать, или наводят тяжкий сон, много отличный от обыкновеннаго. Это испытал я сам на себе, но не понимал хорошо причины, хотя часто подвергался тому. От святого же Макария слышал, что и зевота безвременная и сон от демонов, в доказательство чего он приводит обычай при зевоте полагать крестное знамение на уста, по древнему незапамятному преданию. Все это мы терпим от них потому, что при чтении не храним трезвенного внимания и не помним, что читаем святые словеса Бога Живого.

67. Бывают у демонов передачи и преемства, когда кто из них изнеможет в брани, но успевши привести в движение любимой своей страсти. Сделавши над этим наблюдение, я нашел следующее: когда какой-нибудь страсти помыслы долгое время редко приходят к нам, а потом она вдруг нечаянно придет в движение и начнет жечь, тогда как мы никакого не подавали к тому повода каким-либо нерадением, тогда ведайте, что за нас взялся злейший прежнего демон и, заняв место отбывшего, исполнил своим злом. Видя это, ум, да прибегает к Господу, и восприяв шлем спасения, облекшись в броню правды, извлекши меч духовный, подняв щит веры (*Еф. 6, 14 – 17*) и воззревши на небо со слезами, да глаголет: Господи Иисусе Христе, «сила спасения моего» (*Псал. 139, 8*). «Приклопни ко мне ухо Твое, ускори изъяти мя: буди ми в Бога Защитителя и в дом прибежища, еже спасти мя» (*Псал. 30, 3*). Особенно же пощениями и бдениями пусть сделает блестящим меч свой. После этого хоть и пострaждет он еще несколько времени, боримый и осыпаемый разжженными стрелами лукавого, всеже наконец и этот демон мало-помалу сделается таким же, каков был предшественник его, и стихнет, пока не прибудет еще иной злейший для замещения его.

68. Нечистые помыслы часто располагаются и простираются на многие вещи, переплывают великия моря и долгие пути совершать не отказываются, движимые пламенеющею страстью. Но когда они несколько очищены, тогда они бывают гораздо стесненнее этих (необуздываемых) и не могут широко распростираться на многие вещи по причине слабости страсти. Почему движутся наиболее в кругу того, что естественно, и по премудрому Соломону, время некое вне глумятся (*Притч. 7, 12*), собирая тростие для беззаконного плинфоделания (*Исх. 5, 12. 7*), не касаясь плевел. Итак, должно всяким хранением блюсти сердце, да спасется «аки серна от тенет, и яко птица от сети» (*Притч. 6, 5*). Ибо легче нечистую очистить душу, нежели очистившуюся и опять покрывшуюся ранами, снова воззвать к здравию, по причине усиленных преград от демона печали, всегда вскакивающего в зеницы очей и во время молитвы выставляющего на вид идола греховной страсти.

69. Разумное естество, умерщвленное грехом, Христос пробуждает (к покаянию) созерцанием всех веков (т.е. бывшего, бывающего и паче имеющего быть), а Отец Его сию душу, умирающую потом смертью Христовой, смертью греху, воскрешает Боговедением. Это и значат слова Апостола: «аще с Ним умрохом, то с Ним и оживем» (*2Тим. 2, 11*).

70. Когда ум совлечется ветхого человека и облечется в того, который от благодати, тогда и свое состояние узрит он во время молитвы, похожим на сапфир, или цвет неба: что в Свящ. Писании называется местом Божиим, как его видели старцы на Синае (*Исх. 24, 10*).

71. Ум не узрит места Божия в себе, если не станет выше всех помышлений о вещественном и тварном, выше же их он не станет, если не совлечется страстей, связывающих его с предметами чувственными и плодящими помыслы о них. Страстей этих он совлечется посредством добродетелей, а простых помыслов посредством духовного созерцания, но и это отложит, когда явится ему тот свет, который во время молитвы отпечатлевает место Божие.

2. Евагрия монаха о деятельной жизни, сто глав Изречения святых старцев

1. Говорил святой и опытнейший учитель наш: монах так должен быть настроен в себе, как бы завтра имел он умереть, и так опять поступать с телом своим, как бы имел жить многие лета. Ибо то, говорит, пресекает помыслы уныния и делает монаха ревностнейшим, а это здравым хранит тело и заставляет наблюдать всегда равное воздержание.

2. Узнал я, что демон тщеславия, почти всеми демонами гонимый, бесстыдно становится на трупах гонящих его и выставляет напоказ монаху величие добродетели его[63].

3. Надобно распознавать различие демонов и замечать времена их. Из помыслов познаем (а помыслы из дел), какие демоны редки, но тяжелы, какие постоянны, но легче, какие внезапно наскакивают и похищают ум на богохульство. Необходимо наблюдать и то, чтоб, когда помыслы начнут передвигать свои предметы, прежде чем выйдем из обычного своего состояния, успевать сказать что-нибудь против них и подметить того, кто присущ в них. Ибо таким образом и сами мы преуспеем с Божьей помощью, и их заставим со скорбью отлетать, дивясь нам.

4. Когда, борясь с монахами, демоны изнемогут, тогда, немного отдалясь, наблюдают, какая добродетель в этот промежуток будет пренебрежена, и внезапно нападши на эту сторону, расхищают бедную душу.

5. Злые демоны иногда призывают к себе на помощь еще злейших себя демонов и, составив план, начинают воевать одни против других, в одном согласными пребывая между собою – в погублении души.

6. Да не смущает нас и да не пресекает нашего доброго ревнования демон, похищающий ум на богохульство и на те непотребнейшие воображения, которые и письму предать стыжусь. Сердцеведец Бог знает, что, даже и в мире находясь, не безумствовали мы таким безумием. Цель у этого демона заставить нас прекратить молитву, чтоб стояли мы пред Господом Богом нашим, не смея воздевать руки к Тому, против Которого допустили такие помыслы.

7. Признаком страстей, действующих в душе, бывают: или какое-либо произнесенное слово, или телом совершенное движение, из которых враги узнают, имеем ли мы внутри себя их помыслы и болим родами их, или отвергши их печемся о своем спасении. Один сотворивший нас Бог знает все так и не имеет нужды в каких-нибудь видимых признаках, чтоб познать, что скрыто в сердце.

8. С мирянами демоны ведут брань более посредством самых вещей, а с монахами большею частью посредством помыслов, потому что у них в пустыни нет вещей. Но чем легче и скорее можно согрешить мыслью, нежели делом, тем брань мысленная тяжелее той, которая ведется чрез посредство вещей. Ум есть нечто крайне быстродвижное и неудержимое, падкое на греховные воображения.

9. Непрестанно работать, бодрствовать (не спать) и поститься (не есть), не заповедано нам, а молиться непрестанно законоположено. Ибо те подвиги, обращенные на врачевание похотной части души, имеют нужду в теле, чтоб самим быть в действии, тело же без поддержки непрестанно в труде и лишениях быть не может. А молитва очищает и делает мощным к борьбе ум, который создан молиться и без этого тела и воевать с демонами в защиту всех сил души.

10. Когда демоны, воюющие против похотной части, в сонных мечтаниях показывают нам встречи с знаемыми, пирования с родными, хоры жен и другое что подобное, чем обычно питается похоть, и мы увлекаемся тем, то значит, мы болим этою частью своею, и страсть эта в нас сильна. Но когда они обладают нашею раздражительною частью, то заставляют нас (в мечтаниях сонных) ходить по страшно обрывистым местам, наводят на нас людей вооруженных, или ядовитых змей и зверей плотоядных. Если теперь мы (во сне) мест тех ужасаемся, а зверьми и людьми гонимые предаемся бегству, то нам надобно попещись о своей раздражительной части и, призывая Христа Господа во время бдений, пользоваться показанными прежде врачевствами.

11. Естественные телесные во сне движения, без мечтаний срамных, показывают, что душа некоторым образом здорова, сплетение же таких мечтаний есть признак, что она больна. При этом знай, что воображение неопределенных лиц указывает на остатки давней страсти, а воображение лиц определенных указывает на новые уязвления сердца.

12. Признаки бесстрастия будем определять днем посредством помыслов, а ночью посредством сновидений. Бесстрастие назовем здравием души, а ведение ее пищей, потому что оно одно обычно сочетает нас со святыми силами, так как сочетание с бестелесными возможно только при подобонастроении с ними.

13. Есть два мирных состояния души: одно есть следствие оскудения и иссушения естественных соков, а другое бывает по случаю отступления демонов. Первому сопутствуют смиренномудрие с сокрушением сердца – слезы и безмерное делание Божественного, а за вторым следует тщеславие с гордостью, которое овладевает монахом по удалении прочих бесов. Кто блюдет пределы первого состояния, тот скорее распознает нападения и козни демонские.

14. Демон тщеславия противоположен демону блуда, и чтоб они оба вместе и напали на душу, есть дело несбыточное, ибо один из них обещает почести, а другой повергает в бесчестие. Почему когда какой-нибудь из них, приближась, начнет беспокоить тебя, ты производи сам в себе помыслы демона ему противоположного, и если возможешь, как говорится, клин клином выбить, то знай, что ты близок к пределам бесстрастия, ибо ум твой оказался сильным человеческими помышлениями прогнать внушения бесовские. Но конечно смиренномудрием отогнать помысел тщеславия, или целомудрием помысел блуда было бы признаком глубочайшего бесстрастия. Пробуй так поступать в отношении ко всем противоположным друг другу демонам. Вместе с тем узнаешь, какою более исполнен ты страстью. Впрочем, всеми силами проси у Бога, чтоб научил тебя и помог тебе вторым способом прогонять врагов.

15. Чем более преуспевает душа, тем сильнейшие выступают на нее противоборцы. Не думаю, чтоб при ней всегда пребывали одни и те же бесы. Наилучшим образом знают это те, которые острозорче наблюдают за нападающими искушениями, видя, что обычное им бесстрастие бывает колеблемо сильнее прежнего новыми бесами, преемниками прежних.

16. Совершенное бесстрастие является в душе по преодолении всех противящихся деятельной жизни демонов, несовершенным же бесстрастие называется, когда душа по силе своей, без уступок однако ж, борется еще с нападающим на нее бесом.

17. Не пройдет ум, не минует благополучно страстного оного пути (мытарств) и не вступит в область бесплотных, если не исправит своего внутреннего. Эта домашняя неурядица непременно поворотит его к тем, от которых она произошла.

18. И добродетели, и пороки делают ум слепым: при первых не видит он пороков, а при вторых – добродетелей.

ИЗРЕЧЕНИЯ СВЯТЫХ СТАРЦЕВ

1. Необходимо расспрашивать и о путях, которыми правоходили прежние старцы, и себе по ним направляться. Можно найти много хорошо ими сказанного и сделанного. Так некто из них говорит, что постоянное сухоядение с любовию скоро вводят монаха в пристань бесстрастия. Он же одного брата, которого ночью смущали мечты, избавил от них, дав ему заповедь ходить за больными с постом. Ибо, сказал он на вопрос об этом, ничем так не угашаются страсти, как милосердием.

2. К праведному Антонию приступил один из тогдашних мудрецов и сказал: как сносишь ты, Отче, такую жизнь, лишаемый утешения, какое доставляют книги? Тот отвечал: книга моя, господин философ, есть эта сотворенная природа. Она всегда со мною, и когда хочу, могу читать в ней словеса Божьи.

3. Спросил меня однажды избранный сосуд, египетский старец Макарий, что за причина, что злопамятствуя на людей, мы расстраиваем памятовательную силу души[64], на бесов же злопамятствуя, не терпим вреда? Когда я, затрудняясь ответом, просил его самого объяснить мне это, он сказал: та, что первое противно естеству (раздражительной силы), а второе сообразно с ним.

4. Пришел я однажды в самый сильный полуденный жар к святому отцу Макарию и, крайне жегомый жаждою, попросил у него воды выпить. Но он сказал: удовольствуйся тенью, ибо многие путешествующие и плавающие в это время лишены и ея. Потом, когда я завел по этому случаю речь о воздержании, он сказал: поверь, сын мой, что целых двадцать лет я не давал себе досыта ни хлеба, ни воды, ни сна. Хлеб свой съедал я весом и воду пил мерою, и, прислонившись к стене, урывал малую часть сна.

5. Пришла одному[65] монаху весть о смерти отца его, но он сказал тому, кто извещал его об этом: перестань богохульствовать, ибо мой Отец бессмертен.

6. Один брат спросил некогда старца, велит ли он ему, когда придет домой, есть вместе с Матерью и сестрами. Тот сказал: с женщиною не ешь.

7. Один брат имел только Евангелие, но потом и его продавши, деньги отдал на пищу алчущим и изрек при этом достопамятное слово: я продал то самое слово, которое говорит мне: продай имение и раздай нищим (*Матф. 19, 21*).

8. Близ Александрии, на самой северной части залива, называемого Марииным, есть остров, на котором жил один монах, опытнейший в ведении духовных вещей. Он говорил, что все, что ни делают монахи, делают по пяти причинам: ради Бога, по требованию природы, по обычаю, по нужде и ради рукоделия. Он же говорил, что добродетель по существу одна, но видоизменяется в силах душевных подобно тому, как свет солнечный не имеет фигуры, но обыкновенно принимает фигуру отверстий, чрез которые проходит.

9. Другой опять монах сказал: я для того лишаю себя удовольствий, чтоб пресечь поводы к гневу. Ибо знаю, что он всегда подымает войну из-за удовольствий, возмущая ум и отгоняя ведение. Некто же из старцев говорил, что любовь не умеет беречь запасы хлеба или денег. Он же сказал еще: не знаю, чтоб бесы обманули меня дважды в одном и том же деле.

10. Всех братий равно любить невозможно, но можно со всеми обращаться бесстрастно, будучи свободным от злопомнения и ненависти. После Бога больше всех надо любить иереев, очищающих нас св. Таинствами и молящихся о нас, старцев же своих должны мы чтить, как Ангелов. Но ныне буди тебе это только сказано мною, возлюбленный брат Анатолий, сколько нашли мы и собрали на ветвях зреющего благодатью Св. Духа винограда нашего. Если же постоянно будет осиявать нас солнце правды и ягода вполне станет зрелою, тогда выпьем от него и вина, «веселящего сердце человека» (*Псал. 103, 15*), молитвами и молениями праведного Григория, насадившего меня, и преподобных здешних Отцов, напояющих меня, и силою возращающего меня Христа Иисуса Господа нашего, Коему слава и держава во веки веков. Аминь.

3. Евагрия монаха изображение монашеской жизни, в коем преподается, как должно подвизаться и безмолвствовать

1. У Иеремии сказано: «и ты да не поймеши себе жены на месте сем. Яко сия глаголет Господь о сынах и дщерех, рождающихся на месте сем: смертию болезненною погибнут» (16, 1 и др.). Слово сие на то же наводит, что и Апостол говорит: «оженивыйся человек печется о мирских, како угодити жене... И посягшая жена печется о мирских, како угодити мужу» (*1Кор. 7, 33. 34*), если поймем, что у Пророка не о тех только сынах и дщерях, кои происходят от брачной жизни, сказано: «смертию болезненною погибнут», но о сынах и дщерях, рождающихся в сердце, т.е. о плотских помыслах и пожеланиях, так как и они умирают в болезненном, немощном и расслабленном мудровании мира сего, а небесной и вечной жизни не достигают. «Не оженивыйся же», говорит, «печется о Господних, како угодити Господеви» (*1Кор. 7, 32*), и творит всегда зеленеющие и бессмертные плоды небесной жизни.

2. Таков инок и таким подобает быть иноку, то есть, чтоб он, удаляясь от жены, не творил сынов и дщерей в сказанном месте, и не это только, но чтоб был и воином Христовым, не веществолюбивым, свободным от забот, чуждым помышлений и дел многомятежного мира, как и Апостол говорит: «никтоже воин бывая обязуется куплями житейскими, да воеводе угоден будет» (*2Тим. 2, 4*). В сих наипаче да пребывает инок, оставив все вещи мира сего и стремясь к прекрасным и добрым трофеям (победознамениям) безмолвия. Как прекрасен и добр подвиг в безмолвии, как воистину прекрасен и добр! «Иго Его благо и бремя легко» (*Матф. 11, 30*): сладка жизнь, любезно деяние.

3. Хочешь ли, возлюбленный, как следует восприять уединенническую жизнь и устремиться к трофеям безмолвия? Оставь там попечения мирские, с их началами и властьми, то есть будь, как не вещественный, бесстрастен и чужд всякого похотения, чтоб, быв свободен от сопряженных с тем беспокойных случайностей, мог ты добре безмолвствовать. Ибо если кто не исторгает себя из всего этого, то справить этого рода жизни, как следует, не сможет. Пищу назначь простую, удобоприобретаемую и не требующую много о себе забот, а не разнообразную и ввергающую в развлечения. Если придет тебе помысл о ценных яствах, будто страннолюбия ради, оставь его, нимало ему не внимая. Ибо чрез это наветует тебе враг, наветует, чтоб отвратить тебя от безмолвия. Имеешь Господа Иисуса в лице Марфы укоряющего душу, пекущуюся об этом, и говорящего, что «о многом печешься и молвишь. Едино есть на потребу» (*Лук. 10, 41*), то, чтоб слушать слово Божие, прочее же после сего без труда найдется. Почему Он тотчас и прибавляет: «Мария же благую часть избра, яже не отымется от нея» (42). Имеешь и пример вдовицы Сарептской, чем она угостеприимствовала Пророка (*3Цар. 17, 10*). Хотя бы ты имел только один хлеб и воду, можешь и с ними как следует совершить дело гостеприимства и удостоиться за то воздаяния. Но если бы ты и этого не имел, прими странника только с добрым произволением и слово благое ему скажи, и этим можешь равно стяжать мзду страннолюбия. Ибо сказано: благо слово паче даяния (*Сирах. 18, 16. 17*).

4. Также должен рассуждать ты о милостыне. Не пожелай иметь богатство для раздаяния бедным. Ибо и это есть лесть лукавого, часто приходящего в видах тщеславия и ввергающая ум в дела многомятежные (многоделочные). Имеешь в Евангелии от Господа Иисуса получившую доброе свидетельство вдовицу, которая двумя лептами превзошла произволение и силу (достоинство пожертвований) богачей. "Вси бо", сказал Господь, «от избытка ввергоша в сокровищное хранилище, сия же все имение свое» (*Лук. 21. 4*). Что же касается до одеяния, то не желай иметь лишних одежд, промысли себе только такие, какие достаточны к удовлетворению этой потребности тела. «Возверзи на Господа печаль твою» (*Псал. 54, 23*), и Он промыслит о тебе. «Яко Той печется о нас», говорит Слово Божие (1 Нетр. 5, 7). Если имеешь нужду в пище или одежде, не стыдись принять, если будут подавать тебе их другие. Ибо это есть вид гордости. Если и сам будешь в них излишествовать, давай тому, у кого их нет. Бог хочет, чтоб чада Его (или рабы) так вели свое домостроение (или экономию). Почему и Апостол, пиша к Коринфянам, говорит о терпящих оскудение в потребном: «ваше избыточествие во онех лишение, да и оных избыток будет в ваше лишение, яко да будет равенство, якоже писано: иже многое, не преумножил есть, и иже малое, не умалил» (*2Кор. 8, 14. 15*). Итак, имея потребное на настоящее время, не заботься о том на будущее время, на день, например, или на неделю, или на месяц, или на год. Когда настанет завтрашний день, время то само доставит тебе потребное, если ты ищешь паче царствия небесного и правды Божией. Ибо Господь говорит: «ищите Царствия Божия и правды Его, и сия вся приложатся вам» (*Матф. 6, 33*).

5. Не принимай отрока, чтоб враг не воздвиг из-за него какого-либо соблазна и твоей головы не встревожил заботиться о ценных яствах, ибо тогда не можешь уже ты пещись об одном себе. Пусть придет этот помысел (отрока иметь) для успокоения телесного (будто необходимого), но ты взыщи лучшего, т.е. покоя духовного: ибо духовный покой всеконечно лучше телесного. Пусть помысел приложит внушение, что так сделать надо ради пользы отрока, не верь ему: ибо это не наше дело, а других святых отцов, живущих в киновии. Об одной своей пекись пользе, соблюдая как следует чин безмолвнической жизни. Не люби жить с людьми вещелюбивыми и хлопотливыми. Или один живи, или с братьями невещелюбивыми и единомысленными тебе. Живущий с

людьми вещелюбивыми и хлопотливыми, конечно, и сам приобщится к их хлопотливости и начнет работать человеческим обычаям, пустым речам и всем другим злым делам, гневу, печали, неистовому вещелюбию, страху, смутам. Не позволяй себе развлекаться родительскими заботами и родственными дружбами. Откажись от частых с ними свиданий, чтоб они не похитили твоего келейного безмолвия и не ввергли тебя в обычные им хлопоты. "Остави", говорит Господь, «мертвых погребсти своя мертвецы: ты же гряди по Мне» (*Матф. 8, 22*). Если даже келья, в которой живешь, будет многомолвна, беги, не пощади и ее, чтоб не расстроиться по любви к ней. Так все делай, все твори, чтоб убезмолвиться, упраздняясь от всего, и об одном стараться, как бы пребыть в воле Божьей, и успешно бороться с невидимыми силами.

6. Если невозможно тебе как следует безмолвствовать в своей стране, решись убезмолвиться на чужой и на это обрати весь свой помысел. Будь как искусный купец, все испытывая для устроения себе настоящего безмолвия и соглашаясь на все, для того необходимое и полезное. Впрочем, говорю тебе, возлюби странничество, ибо оно избавляет от неудобств, какие неизбежны в своей стране, и одно дает вкусить все благо безмолвной жизни. Избегай бывания в городе и терпеливо сиди в пустыни. "Се бо", говорит святой Давид, «удалихся бегая, и водворихся в пустыни» (*Псал. 54, 8*). Если можно, и совсем не ходи в город: ибо не увидишь ты там ничего благопотребного, ничего полезного, ничего успособляющего тебе избранный тобою образ подвижнической жизни. "Видех", говорит опять тот же святой, «беззаконие и пререкание во граде» (*Псал. 54, 10*). Ищи же уединенных и неразвлекающих мест и не бойся поселиться в них. Если увидишь там и бесовские привидения, не пугайся и не убегай с этого спасительного для нас поприща. Потерпи не страшась и узришь величия Божия (*Исх. 14, 13*), заступление, покров и всякое другое удостоверение о спасении. "Чаях", говорит блаженный оный муж, «Бога спасающего мя от малодушия и от бури» (*Псал. 54, 9*). Да не победит твоего произволения (жить безмолвно) желание походить для развлечения. Ибо такое блуждание с похотью пременяет ум незлобив (Прем. Сол. 4, 12). Много от этого бывает искушений. Бойся падений и тверже сиди в келье своей.

7. Если имеешь друзей, избегай частых с ними свиданий. Видаться с ними чрез долгие промежутки будет полезнее и для тебя, и для них. Если же почувствуешь, что тебе от них бывает какой-либо вред, совсем не приближайся к ним. Друзей надлежит тебе иметь таких, которые были бы полезны тебе и пособствовали твоему житию. Избегай встреч с людьми лукавыми и немирными и ни с кем из таких не живи вместе, и от недобрых предложений их отрицайся: ибо они не Богу служат и не ради Его живут. Да будут друзьями твоими мужи миролюбивые, братие духовные, отцы святые. Ибо таковых назвал так Господь, говоря: «Мать Моя, и братья Мои, и сестры суть те, которые творят волю Отца Моего, Иже на небесех» (*Матф. 12. 50, Мр. 3, 35*). Не водись с хлопотливыми и суетливыми и не ходи к ним на трапезу, чтобы они не увлекли тебя в свои прелести и не отвели от науки и искусства безмолвнической жизни: ибо есть у них такая страсть (увлекать). Не преклоняй уха твоего к речам их и не принимай замыслов сердца их. Ибо они поистине вредны. К верным земли пусть лежит душа твоя и соревнованием плачу их да болит сердце твое, по примеру Давида, который говорит: «очи мои на верныя земли, посаждати я со мною» (*Псал. 100, 6*). Если кто из шествующих путем любви Божией, пришедши к тебе, позовет тебя вкусить хлеба-соли, и ты захочешь пойти, пойди, но скорее возвращайся в келью свою. Если можно, никогда не ночуй вне кельи своей, чтоб всегда с тобою пребывала благодать безмолвия и ты беспрепятственно совершал установленное тобою келейное служение.

8. Не поблажай похоти добрых яств и не увлекайся приманкою удовольствий роскоши: ибо – «питающаяся пространно жива умерла», как говорит Апостол (*1Тим. 5, 6*). Не насыщай чрева своего чужими яствами, чтоб не пристраститься к ним и не сделать привычки почасту трапезовать на стороне. Ибо сказано: «не прельщайся насыщением чрева» (*Притч. 24, 15*). Если увидишь, что тебя часто зовут из кельи, отказывайся, ибо часто бывать вне кельи вредно. Это отъемлет благодать, помрачает мысли, истнивает теплое желание (безмолвного с Богом пребывания). Посмотри на вино, как оно, если долго очень стоит неподвижно на одном месте, хорошо отстаивается, делается светлым и благоуханным, а если его переносят с места на место, то оно бывает мутно, мрачно и на вкус неприятно по причине поднявшихся осадков и дрожжей. Приравнивая себя к нему, пытайся уподобиться ему, каково оно бывает в первом случае: пресеки сношения с многими, чтоб ум твой не был рассеян помыслами, и не возмущался чин безмолвия твоего. Учреди у себя рукоделие и будь за ним, если можно, день и ночь, чтоб не только самому никого не тяготить собою, но иметь возможность подавать другим, как и заповедует св. Апостол Павел (*2Сол. 3, 12, Еф. 4, 28*). Этим будешь побеждать ты и беса уныния и отревать все другие вражеские похотствования. Ибо дух уныния обычно нападает на праздного, о котором говорит Премудрый, что он «в похотех есть» (*Притч. 13, 4*). От даяния и приятия не избежишь греха. Потому, продаешь ли что, или покупаешь, понеси небольшой убыток, сравнительно с настоящею ценою, чтоб, добиваясь настоящей цены, не увлечься приемами корыстолюбцев и не впасть в пагубные для души дела – любопрение, клятвопреступление, измену словам, и тем не обесчестить и не посрамить досточестного достоинства нашего звания. Помышляя об этом, держи себя осторожно в даянии и приятии твоем[66]. Если же хотел бы ты избрать лучшее – и это для тебя возможно: передай другому кому, человеку верному, заботу о себе, чтоб сделавшись таким образом благодушным (свободным от томящих забот, мирным в себе), пожил ты затем благими и радостными преисполняясь надеждами.

9. К таким благопотребным делам обязывает тебя чин безмолвия. Предложу тебе теперь и о прочем, что еще в нем необходимо бывает содержать. Ты же слушай меня и делом совершай, что тебе заповедую. Сидя в келье своей, вспомни день смерти, вообрази тогдашнюю мертвость тела, представь крайность (в какой будет находиться душа) и возболезнуй о том. Этим подкрепишь ты в себе презрение к суете, мятущей мир, возгреешь любовь к смиренной избранной тобою доле своей и возревнуешь неуклонно и неослабно пребыть в безмолвии своем. Вспомни и о теперешнем состоянии душ в аде. Подумай, каково им там, в каком они горьком молчании, в каком мучительном стенании, в каком страхе и замирании от ожидания (страшного суда), каково их непрестанное раздирание душевное, каковы их безмерные слезы. Вспомни также и о дне воскресения и предстания пред Богом. Вообрази страшный и ужасом потрясающий оный суд, выведи на среду, что ожидает там грешников – стыд перед лицом Бога и Христа Его, пред Ангелами, Архангелами, властями и пред всеми людьми, представь и все мучилища – огонь вечный, червя неусыпающего, тартар, тьму, над всем же этим скрежет зубов, страхи и мучительные страдания. Приведи также на мысль и блага отложенные праведные, дерзновенное освоение с Богом Отцом и Христом Его, с Ангелами, Архангелами, властями и со всем ликом Святых, царство с сокровищами его, радость и наслаждение. То и другое приводи себе на память. И об участи грешников стеня́й, плачь, облекись в одежду сетования, страшась как бы и самому не быть в числе их, а о благах уготованных праведным радуйся, ликуй и веселись. И этих (благ) старайся сподобиться, а тех (мучений) избежать. Смотри же никогда не забывай об этом, в келье ли своей находишься, или вне где, памяти об этом не позволяй выходить из ума твоего, чтоб хоть чрез это избежать тебе нечистых и пагубных помыслов.

10. Пощение у тебя да будет сколько силы есть пред лицом Господа. Оно очистит грехи твои и беззакония, сделает душу степенной и важной, освятит ум, отгонит бесов, Бога приблизит. Однажды вкусивши в день, в другой раз не возжелай, чтоб не иметь много иждивения, и не возмутить ума своего. От этого у тебя всегда будет, что употребить на дела благотворения, и умертвятся страсти телесные. Но если случатся братия, и тебе нужно будет вкусить во второй и в третий раз, не мрачи лица своего и не посупляйся, но паче радуйся, что мог послужить потребе братий. Почему во второй и в третий раз вкушая, благодари Бога, что исполнил закон любви, и что потому уже Самого Бога иметь будешь Попечителем о твоей жизни. Бывает, что иногда болезнь случится, и немощь телесная потребует вкусить дважды, трижды, даже и много раз, не смущайся помыслом. Ибо нет необходимости телесные подвиги нашей жизни выдерживать строго и во время болезней, но в некоторых из них делать послабление, чтоб поскорее поправиться в здоровьи и опять начать те же подвижнические труды. Относительно того, от каких яств воздерживаться, Слово Божие ничего не возбранило есть, но изрекло:

«се дах вам все, яко зелие травное. Ядите, ничтоже сумняшеся» (*Быт. 9, 3, 1Кор. 10, 25. 27*). И еще: «не входящая во уста сквернят человека» (*Матф. 15, 11*). Итак, воздерживаться от некоторых яств да будет всегда делом нашего произволения и самоохотным подвигом души.

11. Спанье на голой земле, бдение и все другие преутруждения выдерживай с охотою, взирая на имеющую тебе открыться славу со всеми святыми. «Недостойны бо страсти нынешняго времени к хотящей славе явитися в нас», говорит Апостол (*Рим. 8, 18*). Когда станешь упадать духом, молись как написано (*Иак. 5, 13*), но молись со страхом и трепетом, с болезнованием сердца, трезвенно и бодренно. Так молиться должно, особенно ради злобных и злокозненных невидимых врагов наших, которые всегда покушаются причинить нам помеху в этом деле. Когда они увидят нас стоящими на молитве, тогда и они проворно приступают к нам и влагают нам в ум то, о чем во время молитвы вспоминать или думать не должно, чтобы увести пленником наш ум и сделать бесплодными, тщетными и бесполезными наши моление и молитву во время молитвословия. Ибо тщетны и бесполезны молитва, моление и прошение, когда они, как сказано, совершаются не со страхом и трепетом, не с трезвением и бодренностью. Если, приступая к царю, человеку, всякий излагает свое прошение со страхом и трепетом и со всем вниманием, не тем ли паче Богу, Владыке всех, и Христу, Царю царствующих и Господу господствующих, подобным образом должно предстоять и таким же образом творить пред Ним свои молитвы и моления? Богу нашему слава во веки веков. Аминь.

4. Евагрия монаха 33 главы аналогий, или уподоблений

1. Желтуха есть злое состояние души, в котором она неверно смотрит на Бога и на все сотворенное.

2. Скорченность назад есть порок разумной природы, по которому она становится непреклонною на добродетель и Боговедение.

3. Загангрение есть воспламенение и движение гнева, поражающее разумную часть души.

4. Слепота есть невежество ума, не прилагающего старания ни о деятельных добродетелях, ни о познании сущего.

5. Паралич есть неподвижность, или труднодвижность разумной души на деятельные добродетели.

6. Флюс есть расслабление разумной души нерадением, в котором она обыкновенно отвергает словеса духовного научения.

7. Онемение есть разнеможение разумной души, по коему она отвергает добродетели, посредством которых воображается в нас Христос.

8. Проказа есть неверие разумной души, в коем она не удостоверяется, даже осязая как бы истину слов.

9. Обморок есть склонение разумной души опять на зло, после успехов в добродетели и Боговедении.

10. Контузия есть злое состояние разумной души, в котором она держится добродетелей не ради самого добра.

11. Насморк есть потеря добродетели, коею ощущалось благоухание Христово.

12. Глухота есть ожесточение разумной души, по которому она отревает духовное научение.

13. Бельмо есть ниспадение из состояния духовного созерцания, или усвоение себе неправильного воззрения на сущее.

14. Заикание есть болезнь разумной души, в которой она, соблазняясь случайностями, не может во всем благодарить Бога.

15. Хромота есть бессилие разумной души к совершению истинной добродетели.

16. Водяная есть неразумное совращение души с пути, когда по заглушении добродетелей господствуют в ней зло и невежество.

17. Муравей есть деятельный человек, в веке сем приготовляющий себе пищу для будущего.

18. Хирогриллы (род свиней) суть нечистые язычники, принявшие заповеди Христа Спасителя нашего.

19. Саранча суть разумные души, которых не трогает смерть и которые питаются семенами (может быть: не боясь смерти, наслаждаются земными благами).

20. Аскалавотис (род ящерицы, свободно бегающей по стенам и потолку) есть практический ум, который, опираясь на добродетели, витает в ведениях небесных сил.

21. Скимен львов (львенок) есть человек бесстрастный, восцарствовавший над бывшими в нем зверями (страстями).

22. Кочет есть человек духовный, исполненный ведения, и другим душам благовествующий день бывающий от умного солнца.

23. Олень есть деятельный муж, который право правит беспорядочные помыслы свои.

24. Пиявка есть нечистая сила, высасывающая из разумных душ кровь праведности.

25. Ад есть тьма неведения, покрывающая разумную тварь после потери ею созерцания Бога.

26. Жена есть безумие, ввергающее разумные души в нечистоту.

27. Земля есть злое состояние, сложенное из нечестия и беззакония.

28. Огонь есть зло, истребляющее в разумной твари добродетели Божии.

29. Вода есть ложное знание, погашающее знание истинное.

30. Глаз насмешливый есть нечистая сила, осмеивающая ведение Бога и бесчестящая мудрость Божию в сущем.

31. Вороны суть святые силы, истребляющие зло.

32. Пропасти суть разумные души, изрытые неведением и злом.

33. Орлята суть святые силы, которым вверено поражать нечистых демонов.

5. Его же изречения о духовной жизни, по алфавиту

1. Неуместно ищущему почестей бегать трудов, за которые честят.

2. Хочешь ли познать Бога? Познай прежде себя самого.

3. Истинный друг тот, кто спешит сообщить о радостных случаях.

4. Ни с чем несообразно высоко о себе думать, делая низкие дела.

5. Во всяком самомнение мешает самопознанию.

6. Неразумной жизни демон – Игемон (правитель).

7. Благородство души обнаруживается в ее благонастроении.

8. Богочестив тот, кто себе не противоречит (живет сообразно требованиям разумной природы).

9. Храм Божий – человек безукоризненный.

10. Злейшее стяжание – жизнь непотребная.

11. Говори, что должно и когда должно. И не услышишь, что не должно.

12. Лучшее стяжание – друг верный.

13. Болезнь души – нрав тщеславный.

14. Странник и бедный – Божий коллурий (*Апок. 3, 18*). «Коллурием помажи очи твои, да видиши». Коллурий – милосердование к нуждающимся.

15. Принимающий их, скоро прозрит.

16. И всем благотворить хорошо, особенно же тем, кои не могут воздать.

17. Ритор правдивый – стакан холодной воды.

18. Целомудрие и кротость души – Херувим.

19. Честь в старости есть доказательство трудолюбия прежде старости.

20. Рачительность в юности есть залог чести в старости.

21. Светлица (мезонин) души – истинное созерцание.

22. Любя, что не должно, не будешь любить, что должно.

23. Лучше принять золото поддельное, чем друга (поддельного).

24. Душа чистая по Богу – Бог.

25. Горе от самолюбия, все ненавидящего!

6. Его же – другие изречения

1. Начало любви – «ypolefis doxes» – взаимное оказание чести (или доброе друг о друге мнение, или предположение славных в другом достоинств).

2. Хорошо богатеть кротостью и любовью.

3. Гордый помысел – веяло добродетели.

4. Путь ровным делается от милостыни.

5. Несправедливый судья – оскверненная совесть.

6. Срамно рабствовать плотским страстям.

7. Если хочешь быть без печали, старайся угодить Богу.

8. Кто хорошо о себе печется, о том печется и Бог.

9. Целомудренное сердце есть пристанище созерцаний.

10. Если хочешь узнать себя, кто ты, не смотри, каким ты был, но каким создан в начале.

11. Душа тщеславная – яма безводная.

12. Гордая душа есть вертеп разбойников, она не терпит гласа ведения.

13. Злое заблуждение мужа истинного – не знать Писания.

14. Боишься ли ты Бога, познай из слез.

15. Смирение души есть оружие несокрушимое.

16. Муж добродетельный есть райское древо.

17. Иисус Христос есть древо жизни. Пользуйся им, как должно, и не умрешь во веки.

18. Благотвори истинно бедным, и вкусишь Христа.

19. Вкушать Тело Христово есть истинная сила.

20. Если любишь Христа, не забывай исполнять Его заповеди.

21. Ибо отсюда познается, кто после Бога есть добра делатель.

22. Друг по Богу мед и млеко источает в словесах истины.

23. Душа нерадивая не будет иметь такого друга.

24. Помысел сластолюбивый жестокий деспот.

25. Умалчивать истину значит золото зарывать в землю

26. Бога боящийся все делает по Богу.

7. О восьми помыслах к Анатолию

1. Есть восемь всех главных помыслов, от которых происходят все другие помыслы. Первый помысел чревоугодия, и после него – блуда, третий – сребролюбия, четвертый – печали, пятый – гнева, шестой – уныния, седьмой – тщеславия, восьмой – гордости. Чтоб эти помыслы тревожили душу, или не тревожили, это не зависит от нас, но чтоб они оставались в нас надолго или не оставались, чтоб приводили в движение страсти, или не приводили, – это зависит от нас.

2. Помысел чревоугодия предлагает монаху поскорее отступить от подвижничества, изображая ему болезни желудка, печени, селезенки, водяную или другую какую долгую болезнь, скудость врачебных пособий и отсутствие врачей. При этом приводит на память некоторых братий, точно подвергавшихся таким болезням. Бывает, что иногда враг внушает самим братиям это пострадавшим прийти к постникам и рассказать, что с ними было, прибавляя, что это случилось от слишком строгого воздержания.

3. Демон блуда возбуждает плотскую похоть, и насильнейше нападает на воздержников, чтоб они прекратили воздержание, подумав, что от него нет им никакой пользы. Оскверняя душу, он нудит ее и на таковые дела, и делает, что она будто говорит и слышит некоторые слова, как бы дело само было пред глазами.

4. Сребролюбие предполагает долголетнюю старость, бессилие к рукоделью, голод, болезни, прискорбность скудости и то, как тяжело принимать от других нужное для телесных потребностей.

5. Печаль иногда случается по причине лишения того, что желательно, иногда же сопровождает гнев. По причине лишения того, что желательно, она так случается: помыслы некоторые наперед приходят и приводят душе на память дом, родных и прежний образ жизни. Когда увидят, что она не противоречит, а последует за ними и мысленно разливается в удовольствиях тех, тогда уже, схватив ее, погружает в печаль, и ради того, что нет предметов, и ради того, что и быть им невозможно, по уставу ведомой жизни. И бедная душа, чем увлеченнее разливалась в первых помыслах, тем более поражается и сокрушается вторыми.

6. Гнев есть страсть самая быстрая. Он приходит в движение и воспламеняется против того, кто онеправдовал, или кажется онеправдовавшим. Он все более и более ожесточает душу, особенно во время молитвы похищает ум, представляя живо лицо опечалившее. Бывает, что он иногда, закоснев в душе и изменившись во вражду, причиняет тревоги ночью, терзание тела, ужасы смерти, нападение ядовитых гадов и зверей. Эти четыре явления, бывающие по образовании вражды, сопровождаются многими помыслами, как всякий наблюдатель найдет.

7. Бес уныния, который называется также полуденным (*Псал. 90, 6*), тяжелее всех бесов. Он приступает к монаху около четвертого часа (по нашему десятого утра) и кружит душу его часа до восьмого (второго по полудни), и сначала заставляет с неудовольствием видеть, что солнце медленно движется, или совсем не движется, и что день сделался будто пятидесятичасовым. Потом понуждает его почасту посматривать в окно, или даже выходить из кельи – взглянуть на солнце, чтоб узнать, сколько еще до девяти часов, причем не преминет внушить ему поглядеть туда и сюда, нет ли кого из братий. Тут же он вызывает у него досаду на место и на самый род жизни, и на рукоделье, прибавляя, что иссякла любовь у братий и нет утешающего. Если в те дни кто-нибудь оскорбил монаха, то и это припоминает демон к умножению досады. Затем наводит его на желание других мест, в которых удобнее находить необходимое для удовлетворения потребностей, взявшись за мастерство, которое менее трудно, но более прибыльно. К этому прибавляет, что не от места зависит угодить Господу. Богу везде можно поклоняться. Связывает с этим воспоминание о домашних и о прежнем довольстве, а тут пророчит долгую жизнь, представляет труды подвижничества и всякие употребляет хитрости, чтоб монах наконец, оставя келью, бежал с поприща. За этим бесом другой не тотчас следует. Но кто борется и победит, у того после подвига следует мирное некое состояние, и душа преисполняется неизреченною радостью.

8. Помысел тщеславия есть самый тонкий. Он предстает пред теми, кои исправно живут, и начинает провозглашать их подвиги и собирать им дань похвалы у людей, представляя как кричат изгоняемые бесы, как исцеляются жены, как толпы народа теснятся коснуться одежд его, предсказывает наконец ему и священство, приводит к дверям его и ищущих его, которые по причине отказа уводят его связанного против воли, – и таким образом возбудив в нем пустые надежды, отходит, оставляя далее искушать его или бесу гордости, или бесу печали, который тотчас наводит ему помыслы противоположные тем надеждам. Бывает, что он и демону блуда передает сего, незадолго пред сим досточтимого и святого иерея.

9. Бес гордости бывает причиною бедственнейшего падения души. Он внушает ей не исповедать Бога Помощником себе, но самой себе приписывать свою исправность, и надыматься над братиями, как невеждами, потому что не все так о ней думают. За гордостью следует гнев и печаль, и последнее зло – исступление ума и бешенство, и видение многих в воздухе демонов.

8. Мысли его же, соединяемые со статьею о восьми помыслах

1. Есть пять дел, помощью которых снискивается Божие благоволение. Первое – чистая молитва, второе – пение псалмов, третье – чтение Божественных Писаний, четвертое – воспоминание с сокрушением о грехах своих, о смерти и страшном суде, пятое – рукоделие.

2. Если хочешь в теле служить Богу, подобно бестелесным, старайся непрестанно иметь сокровенную в сердце твоем молитву. Ибо сим образом душа твоя прежде еще смерти приблизится к подобию Ангелов.

3. Как тело наше, по удалении души, бывает мертво и смрадно, так и душа, в которой не действует молитва, мертва и смрадна. Но что лишение молитвы должно считать горшим всякой смерти, этому явно учит нас Пророк Даниил, который готов был лучше умереть, нежели лишить себя молитвы в какой-либо час. Бога надобно вспоминать чаще нежели дышать.

4. Ко всякому дохновению прилагай трезвенное призывание имени Иисусова и помышление о смерти со смирением. Оба сии действия великую приносят пользу душе.

5. Хочешь ли быть познанным от Бога? Сделай, чтоб ты сколько можно менее был известен людям. Если будешь всегда помнить, что Бог есть Зритель всего того, что ты ни делаешь, душою и телом, то ни в каком деле не погрешишь и Бога будешь иметь Сожителем себе.

6. Ничем столько человек не уподобляется Богу, как благотворением другим. Но делая благодеяния, всячески опасаться должно, как бы не обратить их в промысл.

7. Бога достойным наконец сделает тебя то, если ты не делаешь ничего Его недостойного.

8. Бога тогда преславно почтишь, когда посредством добродетелей отпечатлеешь в душе твоей Его подобие.

9. Люди делаются лучшими, когда приближаются к Богу.

10. Мудрый человек, Богу воздающий честь и поклонение, познан бывает от Него. Потому нимало не беспокоится, если остается в безвестности для всех людей. Дело благоразумия состоит в том, чтоб ту часть души, в которой находится гнев, возбуждать к ведению внутренней брани. Дело мудрости – в том, чтоб возбуждать ум к непрестанному внимательному бодрствованию. Дело правды – в том, чтоб ту часть, в которой положена похоть, направлять только к добродетели, да к Богу. Дело мужества наконец – в том, чтоб править пятью чувствами и не допускать, чтоб чрез них осквернялся внутренний наш человек, т.е. дух, или внешний, т.е. тело.

11. Душа есть субстанция живая, простая, бестелесная, невидимая для телесного зрения, также бессмертная и одаренная умом и разумом. Что око в теле, то ум в душе.

12. Из сущих под небесами разумных творений – одни борятся, другие защищают, третьи нападают. Борятся люди, защищают Ангелы Божии, нападают нечистые силы. Но не по причине оскудения защищающих, и не по преизбытку сил в нападающих, а по беспечности борящихся бывает, что познание вещей Божественных и Самого Бога в нас не водворяется.

13. Зло собственно не есть субстанция, но лишение добра: подобно тому, как мрак не другое что есть, как отсутствие света.

14. Мало осторожна и предусмотрительна бывает простота, и зла не подозревает тот, кто свободен и обезопасен от зла.

15. По истине непотребство бестолково, и ничего не придумаешь, чем бы людей развратных можно было побудить взяться за ум.

16. Чистые и облагодатствованные души дивно зорки и тотчас замечают дьявола и прогоняют, хотя он в ином очень хитр и в нападениях крайне злокознен.

17. Ничем так Бог не умилостивляется, как телесными самоозлоблениями.

18. Некто из св. Отцов сказал, что кто не может восприять строгой и многотрудной жизни монашеской, тот другим способом может достигнуть спасения. Если они будут иметь веру к монахам, их утешать и доставлять потребное им, то и это, между прочим, будет у них не из последних дел, ведущих к спасению.

19. Проводи ночь в молитвенном труде, и душа твоя вскоре обретет утешение.

20. Чтением занимайся со спокойным духом, чтоб ум твой непрестанно восхищаем был к созерцанию дивных дел Божьих, взимаемый как бы рукою чьею, к нему простираемою.

21. Спание днем указывает на болезнь тела, или на уныние души, или на ее беспечность, или на неопытность.

22. Всякая душа, благодатью Духа Святого и собственным трудом и тщанием, может совокупить и сочетать в себе следующие качества: слово с умом (может быть, красноречие с образованием ума), деяние с созерцанием, добродетель с наукой, веру с познанием свободным от всякого забвения, и притом так, что никое из них не будет ни больше, ни меньше другого. Ибо тогда она бывает сочетана с Богом истинным и благим, и только с Ним Единым.

23. Есть восемь помыслов, от которых рождается всякий грех: у тех, кои ведут уединенную жизнь – помысел уныния, тщеславия, гордости, скупости, печали, а у тех, кои живут под начальством других (в киновиях) – чревоугодия, гнева и блуда.

9. Наставления братиям, живущим в киновиях и странноприимницах

1. Наследники Божии, послушайте слово Бога! Сонаследники Христовы, внемлите заповедям Христа!

2. Вера – начало любви, конец же любви – ведение Бога.

3. Страх Божий хранит душу, трезвение же утверждает ее.

4. Терпение мужа рождает надежду, благая же надежда прославит его.

5. Кто в строгом подчинении держит плоть свою, тот достигнет бесстрастия, кто же питает ее, тот страдать будет из-за нее.

6. Дух блуда в телах невоздержанных, дух же чистой стыдливости в душах воздержников.

7. Уединение с любовью очищает сердце, отдаление же от других с гневом возмущает его.

8. Лучше быть среди тысячей с любовью, чем одному скрываться в пещерах с ненавистью.

9. Кто питает злопамятство в душе своей, тот похож на скрывающего огонь в плевелах.

10. Не давай много пищи телу своему, и не увидишь во сне худых мечтаний, ибо как вода угашает огонь, так голод скверные мечты.

11. Муж гневливый страшлив, а кроткий не боится страха.

12. Ветер сильный гонит облака, а злопамятство – добрые чувства из души.

13. Кто молится за врагов, тот не будет помнить зла, и кто бережет язык, тот не оскорбит ближнего.

14. Если оскорбит тебя брат твой, введи его в дом твой, и к нему не поленись войти, и вкуси с ним хлеб твой, и сие творя, избавишь душу свою (от мятежа), и не будет тебе претыкания во время молитвы.

15. Не приобретает богатый ведения, и верблюд не пройдет в игольное ушко, но для Бога ничего тут нет невозможного.

16. Кто любит деньги, не узрит ведения, и кто собирает их, омрачится (невежеством).

17. В скиниях смиренных почивает Господь, в домах же гордых умножится проклятие.

18. Бесчестит Бога, кто преступает закон Его, кто же хранит его, тот прославляет Творца своего.

19. Души праведных отводятся Ангелами, а души злых берутся демонами.

20. Куда входит грех, туда и невежество, сердца же праведных исполнятся ведения.

21. Лучше бедность с ведением, чем богатство с невежеством.

22. Высшее украшение главы – корона, высшее украшение сердца – ведение Бога.

23. Кто милосерд к бедным, тот искореняет гнев, и питающий их исполнится благ.

24. В сердце кротком почивает премудрость, седалище же бесстрастия – душа добродеющая.

25. Кто часто молится, тот избежит искушения, сердце же нерадивого возмятут помыслы.

26. Не услаждайся вином, и не приманит тебя плоть.

27. Не питай пространно плоть твою, и скверные помыслы оскудеют в тебе.

28. Не говори: ныне праздник (пасха), выпью вина, или завтра пятидесятница, поем мяса. Для монахов нет праздника, чтоб наполнять чрево.

29. Пасха Христова переход от греха (к добродетели и покаянию), пятидесятница же воскресение души.

30. Праздник Господень забвение зол, помнящего же зло обымет плачь.

31. Праздник Божий – истинное ведение, кто же внимает лжи и заблуждению, тот умрет дурною смертью.

32. Лучше пост с чистым сердцем, чем насыщение в нечистоте души.

33. Кто истребит худые помыслы в сердце своем, тот подобен тому, кто избивает младенцы о камень.

34. Монах снолюбивый впадет во всякое зло, а любящий бдение воспарит, как птица.

35. Во время бдений не предавайся повестям пустым и не отвергай словес духовных, потому что Бог назирает сердце твое, и не обезвинит тебя в грехе твоем.

36. Долгий сон наводит искушение, бдение же разгоняет их.

37. Многоспание огрубляет сердце, бдения же изощряют ум.

38. Как огонь растопляет воск, так добрые бдения злые помыслы

39. Но лучше спать, чем проводить время в пусторечии.

40. Сновидение Ангельское веселит сердце, а демонское возмущает его.

41. Покаяние и смирение восстановляют душу, милостыня же и кротость укрепляют ее.

42. Помни всегда об Отце твоем Небесном, и не забывай никогда о суде последнем, и не впадет в грех душа твоя.

43. Если дух уныния нападет на тебя, не оставляй кельи своей и не уклоняйся (инуды – не уходи) во время печали: ибо как кто отчищает серебро (трением), так блестящим станет сердце твое, если устоишь непоколебимо.

44. Дух уныния отводит слезы, а дух печали подавляет молитву.

45. Как не удерживаешь скорпиона за пазухою, так не держи худого помысла в сердце своем.

46. Как золото и серебро испытывает огонь, так сердце монаха – искушение.

47. Кто не достигает искомой славы, печален бывает, а кто получает ее, гордится.

48. Не вдавай в гордость сердца твоего, и не скажи пред Богом: я и сам в силах, – чтоб Господь не оставил души твоей и злые бесы не смирили ее. Тогда смятут тебя воздушные враги твои, и ночные ужасы обымут тебя.

49. Сосуд избран душа чистая, нечистая же исполнится горестей.

50. Без млека не отдоится дитя, и без бесстрастия не возликует душа.

51. Любви предшествует бесстрастие, ведению же предшествует любовь.

52. Страх Божий рождает премудрость, вера же Христова дает страх Божий.

53. Стрела огненная зажигает душу, но муж добродетель погашает ее.

54. Слушай, монах, слово отца твоего, и не делай тщетным наставления его. Сим образом избежишь помышлений злых, и злые демоны не одолеют тебя.

55. Плохой расходчик (в монастыре) возмущает души братий, а кто растрачивает монастырское добро, святотатствует.

56. Кто худо говорит о брате своем, истребится, и презирающий нуждающегося, не увидит света.

57. Не говори: ныне пребуду, а завтра уйду (из монастыря), потому что не в мудрости вздумал ты это.

58. Монах-шатайка придумывает ложные речи, и (воротясь) обманывает он старца своего.

59. Кто красно одевается и наполняет чрево свое, тот пасет срамные помыслы и не внидет в сонм святых.

60. Когда пойдешь в село, не приближайся к женщинам и не заводи с ними речей: иначе как рыба, проглотившая уду, повлечется вслед им душа твоя.

61. Великодушный монах достигнет бесстрастия, кто же огорчает братий, ненавистен будет.

62. Кроткого монаха любит Господь, а сварливого отгоняет от Себя.

63. Если опечален брат, утешь его, и если скорбит, соскорби ему: делая это, обрадуешь сердце его и великое сокровище соберешь себе на небе.

64. Не приклоняй слуха твоего к речам против старца твоего, и не возбуждай против него души того, кто не чтит его, чтоб не прогневался Господь делами твоими, и не изгладил тебя из книги живых.

65. Ленивый монах много потерпит вреда, а если будет упорствовать в нраве своем, то сбросит и одежду монашескую.

66. Монах двоязычный возмущает братий, а верный вводит мир.

67. Кто полагается на свою твердость, падет, кто же смиряет себя, вознесен будет.

68. Не предавайся насыщению чрева и не будешь преодолеваем ночным сном: сим образом скоро сделаешься чистым, и Дух Господень снидет на тебя.

69. Пением псалмов укрощается гнев: и великодушием отгоняется страх.

70. Кто учащает пиры, померкнет свет того и душу его накроет тьма.

71. Весом вкушай хлеб и мерою пей воду, и дух блуда убежит от тебя.

72. Не подставляй ноги брату своему и о падении его не радуйся, ибо Господь видит сердце твое и предаст тебя за то в день смерти.

73. Кто соблазняет мирян, не останется без наказания, и кто оскорбляет их, бесчестит имя свое.

74. Кто любит мир, вкусит соты его, и кто умножает его, исполнится меда.

75. Чти Бога и познаешь бестелесных, служи Ему, и Он покажет тебе разум веков.

76. Плоть Христова – деятельные добродетели: кто вкушает их, тот сделается бесстрастным.

77. Кровь Христова – различение деяний, кто пьет его, тот просветится им.

78. Грудь Господня – ведение Бога: кто возляжет на ней, будет богословом.

79. Исполненный ведения и делатель добра встретились между собою, в середине же их Господь.

80. Не оставляй веры крещения твоего и не погубляй печати духовной, чтоб Господь пребывал с душою твоею и покрывал тебя в дни зла.

81. Речи еретиков вестники смерти, кто принимает их, сгубит душу свою.

82. И ныне послушай меня, сын мой: не подходи к дверям мужей неверных и не ходи поверх сетей их, чтоб не запутаться.

83. Удали душу твою от знания ложного: я часто говорил с ними (заблуждающими) и мрачные речи их исследовал, и нашел в них яд аспидов. Кто принимает их – погибнет, и кто любит их – исполнится зла.

84. Видел я отцов мудрования их: и не увидел света истины в речах их.

85. Пути Провидения покрыты мраком, и непостижимы разуму судьбы Его, но муж доброделающий познает их.

10. Его же – наставления девственницам

1. Люби Господа, и Он возлюбит тебя, служи Ему, и Он просветит сердце твое.

2. Чти Матерь твою (игуменью), как Матерь Господа, и не оскорбляй седин родившей тебя (по духу).

3. Люби сестер, как дочерей Матери своей, и не оставляй пути мира.

4. Восходящее солнце пусть застанет молитвенник в руках твоих, а после второго часа – рукоделье.

5. Молись непрестанно и помни Христа, возродившего тебя.

6. Избегай собрания мужей, чтоб не остался идол в душе твоей и не был тебе претыканием во время молитвы твоей.

7. Имеешь возлюбленного Христа, отвергни же всех мужей, и не будет укоризненна жизнь твоя.

8. Раздражение и гнев отдали от себя, и злопамятство да не коснит в сердце твоем.

9. Не говори: нынче поем, а завтра попощусь, ибо не знаешь, что родит находящий день.

10. Есть мясо – нехорошо, и пить вино непристойно. То и другое позволительно только больным.

11. Дева беспокойная не спасется, и живущая утешно не узрит Жениха своего.

12. Не говори: опечалила меня раба (послушница), воздам ей, ибо нет рабства между дочерями Божьими.

13. Не давай слуха твоего речам суетным и бегай от вестей праздношатающихся старух.

14. На пиры пьянствующих не смотри, и на браки мирские не ходи: нечиста пред Господом всякая дева, творящая сие.

15. Открывай уста свои для слова Божия и обуздывай от многословия.

16. Смиряйся пред Богом, и возвысит тебя десница Его.

17. Не отворачивайся от бедного во время нужды его, и не оскудеет елей в светильнике твоем (в час нужный).

18. Все твори ради Господа и не ищи славы человеческой, слава человеческая как цвет травный, слава же Господня пребывает во век.

19. Деву кроткую любит Господь, дева же гневная ненавистна Ему.

20. Послушливая дева обрящет милость, противоречивая же крайне неразумна.

21. Ропотливую деву погубит Господь, благодарную же за все избавит от смерти.

22. Срамен смех и укоризненно бесстыдство (очей), всякая же неразумная впадет в них.

23. Красящаяся одеждами теряет и стыдливость взора.

24. Не закосневай с мирянами (-нками), чтоб не отвратили они сердца твоего и не сделали тщетными советы правых.

25. Со слезами молись ночью, так, чтоб никто не ощутил, что ты молишься, и обрящешь благодать.

26. Приятные прогулки и посещение чужих домов расстраивают состояние души и колеблят решимость воли ее.

27. Верная дева не страшлива, а неверная и тени своей боится.

28. Которая презирает сестру слабую, та удалена будет от Христа.

29. Не говори: это мое, а то твое, ибо во Христе Иисусе все общее.

30. Не разыскивай, как живет другая, и падению сестры твоей не радуйся.

31. Послужи неимущим девам и знатностью своею не возносись.

32. В церкви Божией слова не выпускай из уст твоих и ни на кого не поднимай очей твоих, ибо Господь знает сердце твое и все помышления твои назирает.

33. Всякое злое пожелание отгоняй от себя, и не одолеют тебя враги твои.

34. Пой в сердце твоем, а не одним языком произноси слова псалмов.

35. Как напор огня трудно утушить, так душа девы параненная едва исцелима.

36. Не предавай души твоей помышлениям злым, да не осквернят они сердца твоего и чистой молитвы да не отдалят от тебя.

37. Тяжела печаль и неудобоносно уныние, но слезы к Господу сильнее их.

38. Голод и жажда заморяют похоти злые, бдение же доброе очищает смысл.

39. Гнев и раздражение отвращает любовь, памятозлобие же пристыжают дары.

40. Которая скрытно наговаривает на сестру свою, та останется вне брачного чертога Женихова, воззовет в дверь, и не будет послушающего.

41. У девы немилосердой погаснет светильник, и не увидит она прихода Жениха своего.

42. Стекло, падши на камень, разбивается вдребезги: и дева, прилепившаяся к мужу, не будет невинна.

43. Лучше замужняя кроткая, чем дева вспыльчивая и гневная.

44. Которая со смехом увлекается речами мужа, та похожа на человека, давшего врагам надеть петлю на шею свою.

45. Что маргарит в золотой оправе, то девство, окруженное почтением.

46. Песни бесовские с гуслями расслабляют душу и подрывают твердость решимости ее, которую храни паче всего, чтоб не оказаться укоризненною.

47. Не услаждайся насмешками и не соучаствуй с пересудчицами, потому что их оставит Господь.

48. Не осуждай сестру ядущую и воздержанием твоим не возносись, ибо не знаешь, что помыслил о вас Господь, и какая из вас станет пред лицом Его.

49. Которая жалеет, что очи посинели и плоть увяла, та не будет обрадована бесстрастием.

50. Тяжко воздержание и едва управима чистота, но нет ничего слаще Небесного Жениха.

51. Видел я мужей, повреждающих дев учениями своими и тщетным делающих девство их.

52. Ты же, дева, слушай учение Церкви Божией, и никто другой не переубедит тебя.

53. Бог сотворил небо и землю и промышляет о них, нет Ангела, который бы не мог согрешить, и нет беса, злого по природе: и того и другого Бог создал со свободною волею.

54. Как человек состоит из тела тленного и души разумной, так и Господь наш действительно родился как человек без греха, действительно вкушал, действительно распялся: не был Он призраком в очах людей.

55. Будет воскрешение мертвых, мир сей прейдет, и мы восприимем духовные тела. Праведные унаследуют свет, а грешные вселятся во тьме.

56. Очи девы узрят Бога, и уши ее будут слышать слово Его.

57. Чистота девственная приятна Господу, и дева чистая приимет венец из рук Жениха своего.

58. Одеяние брачное дано будет ей, и с Ангелами восторжествует она на небесах.

59. Неугасимо будет гореть лампада ее, и елей не оскудеет в светильнике ее, вечные богатства приемлет она, и царствие Божие унаследует.

60. Помни Христа, хранящего тебя, и не забывай покланяемые Троицы Единосущные.

11. О различных порочных помыслах главы[67]

1. Из бесов, противящихся деятельной жизни, первыми на брани стоят те, которым вверены похоти, или вожделения чревоугодия, и те, которые влагают в нас сребролюбие, и те, которые вызывают нас на искательство славы человеческой. Прочие же все, позади их ходя, берут преемственно уже уязвленных ими. Ибо нельзя впасть в руки любодеяния тому, кто не пал от чревоугодия, нельзя возмутиться гневом тому, кто не стоит и не борется за яства, или деньги, или славу, нельзя избежать беса печали тому, кто не потерпел какого урона во всем этом, не избежит гордости, этого первого порождения дьявольского, кто не исторг «корня всем злым – сребролюбия» (*1Тим. 6, 10*), так как, по слову премудрого Соломона, «нищета мужа смиряет» (*Прит. 10, 4*), и кратко сказать, нельзя человеку подпасть какому-либо демону, если не будет он прежде уязвлен теми первостоящими. Почему эти три помысла приводил тогда дьявол и Спасителю: первый, когда просил, чтоб камни стали хлебами, потом второй, когда обещал весь даже мир, если Он, падши, поклонится ему, и третий, когда уверял, что если послушает его, то прославится тем, что ничего не потерпит, бросившись с такой высоты (с крыла церковного). Но Господь, явясь выше всего этого, повелел отойти дьяволу прочь, научая тем нас, что нельзя отогнать дьявола, если не презрим сих трех помыслов.

2. Все демонские помыслы вносят в душу представления чувственных вещей, и ум, приняв отпечаток их, вращает их в себе. Следовательно, по предмету помысла можно узнавать, какой приблизился к нам демон: например, если в мысли моей предстанет лицо причинившего мне вред, или обесчестившего меня, то этим обличается, что приблизился бес злопамятства, если опять вспомнятся деньги или слава, по предмету этому нельзя не узнать, кто беспокоит нас, равным образом и при других помыслах, по предмету их можешь определить, кто предстоит и влагает их. Не говорю впрочем, чтобы все воспоминания об этих вещах бывали от бесов, потому что и самому уму, когда человек приводит его в движение, обычно воспроизводить воображения того, что было, но только те из воспоминаний бывают от бесов, которые вместе возбуждают раздражение или вожделение, что неестественно. По причине растревожения этих сил, ум мысленно любодействует и бранится и не в состоянии уже бывает держать в себе помышление о Боге, Законоположнике своем, так как светозарность сия (т.е. невозмутимое богомыслие) появляется во владычественном уме под условием пресечения помышлений, вращающихся в вещах во время молитвы.

3. 63 гл. о деят. жизни к Анатолию.

4. О «сновидениях». Достойно изыскания, как бесы в сонных мечтаниях напечатлевают и воспроизводят образы во владычественном нашем (уме). Подобное сему обыкновенно бывает с умом (и на яву), когда он или видит глазами, или слышит ушами, или другим каким чувством восприемлет что со вне, и удерживает то в памяти, память же, приводя в движение то, что получила чрез тело, вносит образы во владычественный ум. Итак, мне думается, что демоны (в сновидениях), вносят образы в ум, приводя в движение память, потому что органы чувств в то время держатся сном в бездействии. Но спрашивается опять, как память приводят они в движение? Посредством ли страстей? Да, (если иметь во внимании страстные сны), и это явствует из того, что чистые и бесстрастные не терпят ничего подобного. Но бывает и простое (бесстрастное) движение памяти, происходящее от нас самих, или от святых сил, по которому (представляется, что) мы беседуем и вечеряем со святыми. Впрочем, надо иметь во внимании, что как какие образы душа воспринимает с телом, так память воспроизводит их и без тела (т.е. страстно, или бесстрастно). То же самое бывает и во время сна, когда тело покоится. Ибо как о воде можно вспоминать и при жажде и без жажды, так и о золоте можно вспоминать и с любостяжательностью, и без любостяжательности. То же бывает и в отношении к другим предметам. (Как на яву, так и во сне). А что ум находит (или сознает в себе во время сна) такие, или такие мечтания, то в этом различии усматривай злокозненность демонов (во всем имеющих в виду нашу погибель). При этом надобно еще знать, что демоны пользуются и внешними вещами для произведения мечтаний, напр. шумом волн, когда кто плывет.

5. Очень много способствует видам демонов и для всякого их злоухищрения бывает весьма полезна наша раздражительность, приходя в движение не как требуется от нее естеством. Почему ни один из них не отказывается возбуждать ее днем и ночью. Но когда видят, что она связана кротостью, тогда наперед стараются под какими-нибудь правыми будто предлогами разрешить ее, чтоб пришедши в напряжение, она стала пригодною для возбуждения их зверских помыслов. Почему ни по праведным, ни по неправедным делам, не должно попускать возбуждаться ей, чтоб не дать таким образом опасного меча в руки внушающих нам недоброе, – что, как я знаю, делают многие по самым ничтожным поводам, воспламеняясь более, нежели сколько подобает. Из-за чего, скажи мне, так скоро приходишь ты в бранное положение, если презрел снеди, деньги и славу? Зачем питаешь пса, дав обет ничего не иметь? Если он лает и бросается на людей, то явно, что ты имеешь нечто внутри и желаешь то сберечь. Я уверен, что таковый далек от чистой молитвы, зная, что гнев есть губитель такой молитвы. Сверх того дивлюсь, как забыл он святых: Давида, который вопиет: «престани от гнева и остави ярость» (*Пс. 36, 8*), Екклесиаста, который заповедует: «отстави ярость от сердца твоего, и отрини лукавство от плоти твоея» (*Еккл. 11, 10*), Апостола, который повелевает воздевать во всякое время и «на всяком месте преподобные руки без гнева и размышления» (*1Тим. 2, 8*). Не другому чему научает нас гадательно и древний обычай – изгонять из дома собак во время молитвы, ибо этим дается разуметь, что в молящихся не должно быть гнева. Некто и из языческих мудрецов утверждал, что желчь и бедро не вкушаются богами, сам не разумея, как думаю, что говорил: ибо полагаю, что желчь символ гнева, а бедро – скотского вожделения. А о том, что не должно заботиться об одеждах или яствах, излишне, думаю, и писать, когда Сам Спаситель в Евангелиях запрещает это, говоря: «не пецытеся душею вашею что ясте и что пиете, или во что облачетеся» (*Матф. 6, 25*). Ибо язычникам это пристало как неверующим, отвергающим Владычный Промысел и отрицающим Творца, а христианам должно быть это совершенно чуждо, после того, как они однажды навсегда уверовали, что и два воробья, продаваемые за один ассарий, состоят под смотрением св. Ангелов. Между тем у демонов есть обычай после нечистых помыслов влагать и помыслы многозаботливости, чтоб уклонился Иисус, "народу" помышлений "сущу на" мысленном месте, и чтобы слово, подавляемое заботливыми помыслами, осталось "без плода" (*Матф. 13, 22*). Отложив убо их, возвергнем «на Господа печаль нашу» (*Псал. 54, 23*) «довольны сущими» (*Евр. 13, 5*), чтоб, ведя скудную жизнь и употребляя убогую одежду, день ото дня совлекаться нам сих породителей тщеславия. Кому же покажется, что ему срамно быть в убогой одежде, тот пусть посмотрит на св. Павла, как он пребывал в «зиме и наготе» (*2Кор. 11, 27*), воодушевляясь несомненным чаянием получить «венец правды» (*2Тим. 4, 8*). Но поелику св. Павел назвал мир сей позорищем и поприщем (*1Кор. 9, 24*), то посмотрим, можно ли облекшемуся в помыслы многозаботливости «тещи к почести вышняго звания» (*Фил. 3,14*) Божия и бороться с властями, и началами, и миродержателями тьмы века сего (*Ефес. 6, 12*)? Я, по крайней мере, не утверждаю этого, научаемый самой этой чувственной историей (тем, что бывает на позорищах), потому что этому (борцу) конечно помешает одежда, спутывая его, как уму помыслы заботливости, если верно слово, говорящее, что ум неотлучно пребывает при своем сокровище. Ибо говорит: «идеже есть сокровище твое, ту будет и сердце твое» (*Матф. 6, 21*).

6. Из помыслов одни секут, другие посекаемы бывают, и то злыми посекаются добрые, то опять добрыми посекаются злые. Дух Святой внимает перворожденному помыслу (который берет первенство и преобладание) и по нему нас осуждает или принимает. Что же говорю я, вот что есть! Имею я какой-нибудь помысел, напр. странноприимство, и имею его ради Господа, но он, когда находит искуситель, секом бывает тем, что тот внушает странноприимствовать славы ради. И опять имею я помысел странноприимства, чтоб показаться пред людьми, но и он, когда находит лучший помысел, секом бывает тем, что тот направляет добродетель нашу паче к Господу и понуждает нас творить то не для людей. Итак, если и в самых делах останемся наконец при первых помыслах, вторыми будучи только при том искушаемы, то по одним тем перворожденным помыслам получим и воздаяние, потому что как человеки и как состоящие в борьбе с демонами, не имеем мы силы всегда удерживать правый помысел нерастленным, – как, наоборот, и худой помысел не может оставаться в нас без того, чтоб не было покушения восстать против него помыслом добрым, потому что в нас есть семена добродетелей (незаглушимые). Впрочем, если какой из посекающих помыслов закоснит, то занимает место искушаемого (т.е. совсем вытесняет первый помысел), и человек начинает действовать, движимый уже этим наконец помыслом.

7. Между помыслами Ангельскими, человеческими и теми, кои от бесов, различие, как мы узнали помощью долгих наблюдений, таково: ангельские ищут узнать естество вещей и исследуют духовное их значение, как то: для чего сотворено золото, и для чего оно рассеяно в виде песка где-то в дальних местах земли, и отыскивается с большим усилием и трудом? как найденное промывается водой и предается огню, и таким образом вдается в руки художников, делающих из него для скинии светильник, кадильницу, «чашицы и фиалы» (*2Пар. 4, 21*), из которых, по благодати Спасителя, не пьет уже ныне царь Вавилонский (*Дан. 5, 3*). Клеопа же приносит горящее от сих таинств сердце. Демонский помысел этого не ведает и не разузнает, а только бесстыдно внушает одно стяжание чувственного золота и предсказывает имеющие быть от того наслаждение и славу. А человеческий помысел ни стяжания не ищет, ни о том не любопытствует, чего символом служит золото, но вносит в мысль один простой образ золота, без страсти и любостяжания. Подобное же рассуждение придется изречь и о других предметах, если станет кто сокровенно упражнять ум свой по сему образцу.

8. Есть помысел, который прилично назвать скитальцем. Он предстает братиям большей частью под утро и водит ум из города в город, из веси в весь, из дома в дом, причем он сначала ведет простые беседы, а потом, заговорившись с некоторыми знаемыми наидолжайше, растлевает свое состояние, соответственно качествам тех, с которыми встретился, удаляется мало-помалу от сознания Бога и добродетели и забывает о своем звании и обете. Итак, отшельнику надо смотреть за этим бесом, наблюдая, откуда он приходит и где пристает, потому что недаром и не как случилось делает он такой большой круг, но делает это с намерением расстроить состояние отшельника, чтоб ум, распалившись всем этим и опьянев от многих бесед, тотчас подпал демону блуда, или гнева, или печали, которые наиболее повреждают светлость устроения его. Но мы, если имеем намерение узнать яснее козни этого беса, не будем вдруг противоречить ему и не станем открывать тотчас (отцам), как он мысленно строит в нас беседы и каким способом мало-помалу загоняет он ум в область смерти, потому что от этого он тотчас убежит, не терпя, чтоб видели, как он делает все это, и мы таким образом ничего не узнаем из того, что узнать возжелали.

Но лучше попустим ему на другой, или на третий день до конца доводить свою драму, чтоб узнав до точности его хитрые извороты, потом обращать его в бегство одним обличительным словом. Но поелику во время искушения случается уму быть возмущену и не видеть точно происходящего в нас, то по удалении беса вот что надобно сделать: сядь и сам с собою припомни, что с тобою происходило, откуда ты начал и где ходил, в каком месте схвачен ты духом блуда, или печали, или гнева, и как потом было все прочее, что было: изучи все это и предай памяти, чтоб когда еще придет, уметь обличить его, заметь и самое место, скрываемое им, и не пойдешь уже более в след его. После сего, если захочешь привести его в бешенство, обличи его тотчас, как только предстанет, и словом назови первое место, в которое вошел ты (мысленно в первом искусительном блуждании), потом второе и третье, потому что он сильно раздражается, не терпя посрамления. Доказательством же того, что благовременно (полезно) держать к нему такую речь, да будет для тебя бегство помысла от тебя, ибо ему невозможно стоять при таком явном обличении. За побеждением же сего демона последуют тягчайший сон, омертвение веждей с великим охлаждением, непомерная зевота и отягощение плеч, что все по усердной молитве рассеивает Дух Святой.

9. Ненависть к демонам много содействует нам ко спасению и много пригодна в делании добродетелей, и однако же воспитывать ее у себя, как некое доброе порождение, мы не в силах, потому что ее рассеивают в нас духи сластолюбия и душу опять воззывают к содружеству и свыкновению с ними. Но Врач душ сие содружество, лучше же неудобоисцелимую гангрену, врачует оставлением, попуская нам ночью и днем терпеть от них что-либо страшное. Вследствие этого душа опять восходит к первообразной (нормальной) ненависти к ним, научаемая говорить к Господу словами Давида: «совершенною ненавистию возненавидех я: со враги быша ми» *(Псал. 138, 22)*. Ибо тот совершенною ненавистью ненавидит врагов, кто ни делом, ни мыслью не согрешает, – что есть знак наивеличайшего и первого (какое было в Адаме) бесстрастия.

10. О демоне же, делающем душу бесчувственной, должно ли и говорить что? Я по крайней мере боюсь писать о нем. Как это душа выступает из собственного устроения своего, в то время как он находит, и страх Божий и всякое благоговенство отлагает, грех не ставит в грех и беззаконие не считает беззаконием, о страшном суде и вечной муке вспоминает, как о простом (голом) слове, и посмеевается тем огненному всепотрясающему воистину перевороту, – и Бога хотя исповедует, но повелений Его знать не хочет. Бьешь себя в грудь, когда она движется ко греху, и она не чувствует, говоришь ей от Писаний, и она, как ослепшая, не видит и, как глухая, не слышит, представляешь ей поношение от людей, она ни во что ставит то, стыд пред ними, и не чует того, подобно свинье, которая, закрыв глаза, разломала загородку свою. Этого демона наводят помыслы тщеславия, если попускаем им долго закоснеть в себе, и от него, «аще не быша прекратилися дние оны, не бы спасался всяка плоть» (*Матф. 24, 20*). Он из числа редко нападающих на братий (т.е. киновитов, общежительных). Чему причина очевидна, ибо при виде бедствий других, когда или болезнь кого схватывает, или поражает внезапная смерть, он тотчас обращается в бегство, так как душа, исполняясь при этом сострадания, приходит в сокрушение, и ослепление, навлеченное на нее демоном, падает с очей ее. Этого мы (отшельники) лишены, по причине пустыни и редкости у нас немощных. Подавая средство этого особенно демона обращать в бегство, Господь в Евангелиях повелел навещать больных и посещать находящихся в темнице, когда говорит: «болен бех, и посетисте Мене, в темнице бех, и приидосте ко Мне» (*Матф. 25, 36*). При этом надобно знать, что если кто из отшельников, подвергшись нападению этого демона, не принял помыслов блудных, или жилища своего не оставил от уныния, то это значит, что он воспринял с небес нисшедшие ему терпение и целомудрие. Блажен он, сподобившись такого бесстрастия! Те же, которые, дав обет подвижнически пребывать в благоговейном Богоугождении, предпочитают водворяться среди мирян, да остерегаются этого демона. Но больше что говорить, или писать о нем, я стыжусь даже людей.

11. О духе печали. Все демоны учат душу сластолюбию, один демон печали этого не делает, но расстраивает помыслы вступающих в пустынь, пресекая всякое удовольствие душевное и иссушая ее печалью, так как «мужу печальну изсышут кости» (*Притч. 17, 22*). Умеренно впрочем нападая, он делает отшельника благоискусным: ибо располагает его презирать все блага мира сего и отвращаться от всякой утехи. Но когда он долго и сильно томит, тогда порождает помыслы, которые советуют отшельнику извести душу свою, или понуждают ее бежать далеко от места того; что помыслив, и пострадал некогда Иов, будучи томим от него, ибо сказал: «аще бы возможно было, сам бых себе убил, или молим бых иного, дабы ми то сотворил» (*Иов. 30, 24*). Символом этого духа служит ехидна, которой яд в малом количестве даемый уничтожает другие яды, а принятый неумеренно убивает принявшее его живое существо. Сему демону предал Павел Коринфского беззаконника, потому скоро и опять писал к ним, говоря: «утвердите к нему любовь, да не како многою скорбию пожрен будет таковый» (*2Кор. 2, 7. 8*). Таким образом этот томящий людей дух бывает причиною и доброго покаяния. Почему и св. Иоанн Креститель уязвленных им и к Богу прибегших назвал порождениями ехидн, говоря: «кто сказа вам бежати от будущего гнева? Сотворите убо плод достоит покаяния: и не начинайте глаголати в себе: отца имамы Авраама. Глаголю бо вам, яко может Бог от камения сего воздвигнути чада Аврааму» (*Матф. 3, 7 – 9*). Впрочем всякий, кто, подражая Аврааму, исшел из земли своей и от рода своего (*Быт. 12, 1*), стал через то сильнее этого демона.

12. Кто победил гнев, тот победил бесов, кто же поработился ему, тот чужд монашеской жизни и далек от путей Спасителя нашего, ибо

Господь, как говорится, путям Своим научает кротких (*Псал. 24, 9*). Потому и неуловим бывает ум отшельников, что убегает в юдоль кротости. Ибо ни одной почти добродетели так не боятся бесы, как кротости. Ее стяжал великий оный Моисей, названный кротким, паче всех человек (*Числ. 12, 3*). И св. Давид отнесся о ней, что она достойна памяти Божией, когда сказал: «помяни Господи Давида и всю кротость его» (*Псал. 131, 1*). Но и Сам Спаситель повелел нам быть подражателями Своей кротости, говоря: «научитеся от Мене, яко кроток есмь и смирен сердцем: и обрящете покой душам вашим» (*Матф. 11, 29*). Но если кто от яств и питий воздерживается, а гнев злыми помыслами раздражает в себе, то он подобен переплывающему море кораблю, у которого кормчим сидит бес. Потому, сколько сил есть, надобно смотреть за этим нашим псом и обучать его, чтоб он волков только терзал, а не кусал овец, показывая всякую кротость ко всем людям (*Тит. 3, 2*).

13. О тщеславии. Из всех помыслов, только помысел тщеславия многопредметен, обнимая почти всю вселенную и всем бесам отворяя двери, как какой злой предатель какого-нибудь города. Он окрадывает ум отшельника и, наполняя его множеством словес и вещей, губит молитвы его, которыми напрягается он врачевать раны души своей. Этот помысел располагают все побежденные уже демоны, чрез него получая опять вход в душу и делая таким образом «последняя горша первых» (*Лук. 11, 26*). От этого помысла рождается и помысел гордости, низринувший с небес на землю «печать уподобления и венец доброты» (*Иез. 28, 12*). Но отскочи от него, не закосневая в нем, чтоб не предать иным живота нашего, и жития нашего немилостивым (*Прит. 5, 9*). Обращает в бегство этого демона усердная молитва и то, чтоб ничего произвольно не делать и не говорить такого, что ведет к проклятому тщеславию.

14. Когда ум отшельников приобретет немного бесстрастия, тогда, взяв коня тщеславия, начинает он носиться по городам, неудержимо упиваясь похвалами и славой своей. Но, по смотрению Божию, сретив его дух блуда и заключив в какой-нибудь хлев, научает его тем, — не оставлять одра прежде выздоровления и не подражать тем нетерпеливым больным, которые, имея еще в себе остатки недуга, пускаются в дорогу, или начинают ходить в бани, и от того впадают в прежние болезни. Посему сидя в келье будем лучше внимать себе самим, чтоб, преуспевая в добродетели, сделаться нам неподвижными на зло, обновляясь в ведении, сподобиться множества различных созерцаний, а, возвышаясь в молитве, яснее узреть свет Спасителя нашего.

15. Всех злодейств демонских описать я не в состоянии и исчислять все злокозненности их стыжусь, боясь вместе и за простейших из читателей. Впрочем, послушай о злоухищрениях духа блуда. Когда кто приобретет некое бесстрастие в похотной части, и смрадные помыслы сделаются у него холодноватыми, тогда он вводит (в мысли его) мужчин и жен и представляет их играющими между собою, а отшельника делает зрителем их срамных дел и телодвижений. Но это искушение не из числа закосневающих (в уме), потому что внимательная молитва и крайне стеснительная диета с бдением и упражнением в духовных созерцаниях, прогоняют его, как безводное облако. Но бывает, что этот лукавый касается даже и плоти, возбуждая в ней неразумное распадение, и строит тысячи других козней, которые нет нужды обнародовать и предавать письму. Многопомощно против таких помыслов воскипение гнева, устремленное на демона их, который крайне боится этого гнева, когда он воскипает по поводу помыслов, потому что он этим расстраивает все его замыслы. И сие-то значат слова: «гневаитеся и не согрешайте» (*Псал. 4, 5*). Полезное врачевство, прилагаемое к душе во время искушений. Подражает этому демону и демон гнева, представляя (в мечтах ума) отшельнику, будто кто-нибудь из родителей, или друзей, или родственников его терпит обиды от людей ничтожных, и приводя тем в движение гнев его, с внушением сказать что-нибудь злое, или сделать тем, которые мечтаются ему в уме (обижающими). Это надобно замечать и скорее исторгать мысль из таких воображений, чтоб, закосневая в них, она во время молитвы не была дымящеюся головнею. Искушениям же таким подвергаются наиболее люди гневливые, легко разжигаемые к устремлениям (против других), которые далеки от чистой молитвы и от познания Спасителя нашего Иисуса Христа.

16. Помышления века сего Господь предал человеку, как овец доброму пастырю, придав ему в помощники вожделение и ярость, чтоб яростью обращал он в бегство помышления волков (бесовские), а вожделением душевно любил овец (добрые помыслы), и пас их, подвергаясь многократно с ног сбивающим ветрам и дождям. Дал Он ему притом и закон, как пасти овец, и «место злачно и воду покойную» (*Псал. 22, 2*), и псалтирь и гусли, и жезл, и палицу (и постановил), чтоб от сей паствы (и пастбищ) и питался он и одевался, и собирал «сено нагорное» (*Прит. 27, 25*). "Кто бо", говорит, «пасет стада, и от млека стада не яст» (*1Кор.9:7*)? Итак, отшельнику должно день и ночь стеречь сие стадо, чтоб какое-либо порождение (овечье – ягненок) не было похищено зверями или не попалось в руки разбойников, а если случается что подобное в дебри где-нибудь, тотчас надобно исхищать (похищенное) из уст льва или медведицы (*1Цар. 17, 34. 35*). Бывают же зверохищными – помышление о брате, если оно пасется в нас с ненавистью, помышление о женщине, если оно вращается в нас с срамным вожделением, помышление о сребре и золоте, если оно водворяется с любостяжательностью, даже помышления о святых дарованиях, если они пасутся в уме с тщеславием. То же надобно сказать и о других помышлениях, если они похищаемы бывают страстями. Не днем только должно блюсти (стадо свое), но хранить и ночью бодрствуя. Ибо случается, что иной, замечтавшись срамно и лукаво, теряет свое. Сие-то означает сказанное св. Иаковом: «овцы звероядной не принесох тебе аз воздаях от Мене самого, татьбины денныя и татьбины нощныя. Бых во дни жегом зноем, и студеностию в нощи, и отхождаше сон от очию моею» (*Быт. 31, 39. 40*). Если от преутруждения приразится к нам уныние, то, востекши на камень ведения, начнем беседу с псалтирию, ударяя в струны ведения добродетелями. Будем же пасти овец опять и под Синайскою горою, чтоб Бог отцов наших и нас воззвал из купины (*Исх. 3,1. 4*) и даровал нам силу знамений и чудес.

17. Разумное естество, умерщвленное грехом, Христос пробуждает (к покаянию) созерцанием всех веков (т.е. бывшего, бывающего и паче имеющего быть), а Отец Его сию душу, умирающую потом смертью Христовою (в крещении или покаянии отвращающуюся от греха), воскрешает познанием Его Самого. И сие-то значит сказанное Апостолом Павлом: «аще умрохом со Христом, веруем, яко и живи будем с Ним» (*Римл. 6, 8*).

18. Когда ум, совлекшись ветхого человека, облечется в того, который от благодати, тогда и свое устроение узрит он во время молитвы, подобным сапфиру или небесному цвету, что Писание именует и местом Божьим, какое видели старцы на горе Синайской (*Исх. 24, 10*).

19. Из нечистых демонов одни искушают человека, как человека, а другие встревоживают человека, как бессловесное животное. Первые пришедши влагают в нас помыслы тщеславия, или гордости, или зависти, или осуждения, которые не касаются ни одного из бессловесных, а вторые, приближаясь, возбуждают гнев или похоть не по естеству их, ибо эти страсти общи нам и бессловесным, и сокрыты от нас под природой разумной (т.е. стоят ниже ее, или под нею). Почему Дух Святой, имея в виду помыслы, бывающие с людьми, как с людьми, говорит: «Аз рех: бози есте и сынове Вышняго вси: вы же, яко человецы умираете, и яко един от князей падаете» (*Псал. 81, 6. 7*). Имея же в виду помыслы, движущиеся в человеке, как в бессловесном, что говорить? «Не будите яко конь и меск, имже несть разума: броздами и уздою челюсти их востягнеши, не приближающихся к тебе» (*Псал. 31, 9*).

20. Когда какой враг, пришедши, уязвит тебя, и ты желаешь, по написанному, обратить его меч в сердце его (*Псал. 36, 15*), то поступи, как тебе сказываем. Разлагай (делай анализ) сам в себе вложенный им помысел, кто он, из чего состоит, и что собственно в нем поражает ум. Что это говорю я, вот что есть. Пусть послан им на тебя помысел сребролюбия. Разложи его на ум, принявший его, на помышление о золоте, на самое это золото и на сребролюбную страсть. Наконец спроси: что из всего этого есть грех? Ум ли? Но как же он есть образ Божий? Или помышление о злате? Но и это кто может сказать, имеющий ум? Так не самое ли золото грех? Но зачем же оно сотворено? Итак, остается положить грех в четвертом (т.е. в сребролюбной страсти), что не есть ни самостоятельная по сущности вещь, ни понятие о вещи, но сласть какая-то человеконенавистная, рождающаяся из свободного произволения и понуждающая ум зло пользоваться тварями Божиими, каковую сласть пресекать и повелевает закон Божий. Когда будешь ты это расследывать, помысел исчезнет, будучи разложен на то, что он есть, и демон убежит, как скоро мысль твоя восхитится горе, окрыляемая таким ведением.

Если же ты не хочешь обращать против него его же меч, а желаешь прежде поразить его с помощью своей пращи, то возьми и ты камень из своей пастушеской сумки, и вот в какое войди умозрение: как Ангелы и демоны приражаются к нашему миру, а мы к ихним мирам не приражаемся? Ибо ни Ангелов не можем мы более приблизить к Богу, ни бесов сделать более нечистыми не приходит нам в голову. Также (и о том войди в умозрение), как «денница, восходящая заутра спаде на землю» (*Исайи 14, 12*), «и мнит море, яко мvроварницу, и тартар бездны, яко пленника, возжигает же бездну, яко пещь медную» (*Иов. 41, 22. 23*), всех возмущая своею злобой и над всем начальствовать желая? Умозрение о сих предметах очень уязвляет демона и обращает в бегство все его полчище. Но так действовать возможно только для тех, которые несколько очистились и прозирают сколько-нибудь в причины того, что совершилось. Но нечистые не умеют держать такого умозрения и даже, быв научены другими обаявать, не будут услышаны, когда во время брани внутри у них стоит пыль столбом и все в смятении по причине страстей. Ибо всеконечно необходимо всему полчищу иноплеменников стать смирно, чтоб один Голиаф выступил против нашего Давида. Так и при других нечистых помыслах будем употреблять и (указанное прежде) разложение (анализ помысла) и этот (второй) вид брани.

21. Когда какие-нибудь нечистые помыслы слишком скоро обратятся в бегство, поищем причины, почему так случилось. По редкости ли вещи, потому т.е., что трудно достигнуть предмета помысла, или по присущему нам бесстрастию, не смог нам сделать ничего враг. Например, если кто из отшельников помыслит, будто ему вверено духовное правление первенствующего града и он не закоснит в мечтаниях по сему помыслу, то очевидно, что это случится по первой причине (по недостижимости предмета), но если кто замечтает, что становится правителем кое-какого города (и следовательно дело очень может быть сбыточным), и он также отнесется к помыслу (с презрением), то этот блаженный причастен бесстрастия. Равно и при других помыслах откроется (почему бежали помыслы так скоро), если употребим тот же способ исследования. Это необходимо нам знать для оживления нашего усердия и усилий, ибо через это мы узнаем, перешли ли мы Иордан и находимся близ «града фиников» (*Втор. 34:3*), или еще в пустыни пребываем и нас бьют иноплеменники. Весьма искусен, как мне кажется, и изобретателен на обольщения демон сребролюбия. Он часто, утеснен будучи крайним отречением от всего, берет на себя вид эконома и нищелюбца, радушно принимает странников, которых вовсе и нет, посылает, что потребно другим нуждающимся, посещает городские темницы, выкупает продаваемых, прилепляется к богатым женщинам и указывает кому они должны благосострадать, а другим, у которых влагалище полно, внушает отречься от мира, и таким образом мало-помалу, обольстивши душу, облагает ее помыслами сребролюбия и передает помыслу тщеславия. Этот вводит множество прославляющих Господа за такие его (отшельника) распоряжения, а некоторых заставляет потихоньку говорить между собою о священстве, предсказывает смерть настоящего священника и прибавляет, что ему именно не избежать (избрания), что бы он ни делал для того. Так бедный ум, опутавшись такими помыслами, с теми, которые не принимают его – препирается, тем, которые принимают – усердно раздает подарки и с благодарностью радушно принимает их, некоторых же упорных (противников) предает судьям и требует изгнать их из города. Между тем как такие помыслы вращаются внутри, предстает демон гордости, частыми молниями бороздит воздух кельи, напускает крылатых змий и, последнее зло, лишает ума. Но мы, молясь, да сгинут такие помыслы, постараемся в благодарном расположении, сжиться со скудостью. «Ничтоже бо внесохом в мир сей, яве, яко ниже изнести что можем: имуще же пищу и одеяние, сими довольны будем» (*1Тим. 6,7. 8*), помня, что сказал далее св. Павел: «корень всем злым сребролюбие есть» (– 6, 10).

22. Все нечистые помыслы закосневают в нас по причине страстей, низвергающих ум во всегубительство и пагубу. Ибо как мысль о хлебе у голодного закосневает по причине алчбы, и мысль о воде у жаждущего по причине жажды, так помыслы о деньгах и срамные помыслы, рождающиеся от обильных яств, тоже закосневают в нас по причине (соответственных) страстей. Подобное сему откроется и в отношении помыслов тщеславия, равно как и других помыслов. Но невозможно, чтоб ум, подавляемый такими помыслами, предстал Богу и украсился венцом правды. Сими помыслами поглощен был треокаянный оный ум, который по притче Евангельской, отказался от вечери Боговедения (*Лук. 14, 18 – 20*). Равным образом и тот, связанный по рукам и ногам и вверженный во тьму кромешную, имел из сих же помыслов сотканное одеяние, которое Звавший признал недостойным брачного пира (*Матф.22, 11 – 13*). Брачное одеяние есть бесстрастие разумной души, отвергшейся мирских похотей. Какая же тому причина, что долго остающиеся в нас помышления о вещах чувственных растлевают ведение, об этом сказано в главах о молитве.

23. У демонов, противящихся деятельной жизни, есть три первостоятельные, за которыми следует все полчище этих иноплеменников, и которые первыми стоят на брани, и посредством нечистых помыслов вызывают душу на грех: во-первых, которым вверено стремление чревоугодия, во-вторых, те, которые подучают сребролюбию, в-третьих, те, которые позывают нас искать человеческой славы. Итак, если желаешь чистой молитвы, – блюдись от гнева, если любишь целомудрие, воздерживай чрево, не давая ему в сытость хлеба, и скудостью воды удручая его. Бодрствуй в молитве и памятозлобие далеко отжени от себя, словеса Духа Святого да не оскудевают у тебя и в двери Писаний толцы руками добродетелей. Тогда воссияет в тебе бесстрастие сердца и ты узришь ум свой в молитве блестящим подобно звезде. У св. *Нила Синайского* идет выбор до 27-й главы. Приложим и их. В предыдущих 23-х главах содержатся его 24 главы.

24. Когда демон чревоугодия, после частых и сильных борений, не сможет растлить установившегося воздержания, тогда влагает в ум желание строжайшего подвижничества, ради чего выводит на среду известное о Данииле – ту скудную жизнь и семена (служившие ему единственной пищей) (*Дан. 1, 16*), припоминает ему и других некоторых отшельников, которые всегда так жили или в новоначалии, и понуждает стать их подражателем, чтоб, погнавшись за неумеренным воздержанием, не успел он и в умеренном, когда тело по своей немощи окажется бессильным для того. Думаю, что им справедливо не верить таким внушениям и не лишать себя хлеба, елея и воды. Ибо братие опытом дознали, что такая диета есть самая лучшая, только всего этого принимать не досыта и однажды в день. И было бы дивно, если бы кто, досыта вкушая хлеба и воды, мог получить венец бесстрастия. Бесстрастием же я называю не удаление от дел греховных, ибо это называется воздержанием, но отсечение страстных в сердце помыслов, которое св. Павел назвал и духовным обрезанием сокровенного Иудея (*Рим. 2, 29*). Если кто падает духом, слыша такие слова, тот да приведет себе на память «сосуд избран» (*Деян. 9, 15*), Апостола, который в голоде и жажде совершал свое течение. Этому демону подражал и дух уныния, сей противник истине внушает терпеливому мысль об удалении в глубочайшую пустыню, призывая его возревновать Иоанну Крестителю и начатку отшельников – Антонию, чтоб, не вынесши долговременного и вышечеловеческого уединенничества, бежал он со стыдом, оставя свое место, а этот, хвалясь после того, сказал: «укрепихся на него» (*Псал. 12, 5*).

25. То же, что гл. 68 – Евагр. перв.

26. Демоны не знают наших сердец, как думают некоторые из людей. Ибо Сердцеведец один «сведый ум человеч» (*Иов. 7, 20*) «и создавый наедине сердца их» (*Псал. 32, 15*). Но то из слов, какие произносятся, то по каким-либо движениям тела, они узнают многие из движений, происходящих в сердце. Положим, что мы в разговоре обличали тех, которые нас злословили. Из этих слов демоны заключают, что мы относимся к ним нелюбовно, и берут от этого повод влагать нам злые против них помыслы, приняв которые, мы попадаем под иго демона памятозлобия, и этот непрестанно потом распалагает в нас против них помыслы мстительные. Посему справедливо Дух Святой обличает нас, говоря: «седя на брата твоего клеветал еси, и на сына матери твоея полагал еси соблазн» (*Псал. 49, 20*), отворял, то есть, дверь помыслам памятозлобия и возмущал ум во время молитвы, представляя непрестанно лицо врага своего, и его имея таким образом за бога. Ибо на что ум взирает непрестанно во время молитвы, то справедливо признать его богом. Потому будем избегать болезни злословия, никого не будем поминать злом или извращать лица свои, при воспоминании о каком-либо ближнем. Ибо злые демоны с любопытством наблюдают всякое наше движение и ничего не оставляют неисследованным из того, чем можно воспользоваться против нас – ни вставания, ни сидения, ни стояния, ни поступи, ни слова, ни взора, – все любопытствуют, «весь день поучаясь на нас льстивным» (*Псал. 37, 13*), чтоб во время молитвы осрамить смиренный ум и блаженный его погасить свет.

12. Евагрия монаха – Изречения[68]

1. Авва Евагрий сказал: избегай беседы о мирском, чтоб ум твой не возмущался и правило безмолвия твоего не было нарушено.

2. Говорил также: много значит молиться без развлечения, а еще более петь (псалмы) без развлечения.

3. Еще говорил: помни всегда об исходе твоем, не забывай вечного суда, и сохранишь душу твою от всякого греха.

4. Еще говорил: не будь искушений, никто бы не спасся.

5. Сказал авва Евагрий: начало спасения – самоукорение.

6. Он же сказал: если впадешь в малодушие, молись, но молись со страхом и трепетом, молись усердно, бодренно и трезвенно.

7. В начале своего монашеского жительства авва Евагрий пришел к некоторому старцу и сказал ему: Авва! Преподай мне душеспасительное слово. Старец сказал ему: если хочешь спастись, то к кому бы ты ни пришел, не говори прежде, нежели он спросит тебя[69].

8. Однажды по какому-то делу было собрание в кельях, и авва Евагрий говорил тут. Пресвитер говорит ему: мы знаем, авва, что если бы ты был на своей стороне, уже давно бы мог быть епископом и начальствовать над многими, а теперь ты сидишь здесь как странник. Авва Евагрий, хотя был тронут сим, но не смутился и, кивнув головою, сказал: точно так, отец, но «единою глаголах, второе не приложу» (Иов. 39, 35).

9. Евагрий в своем Гностике говорит: мы научились у праведного Григория, что главных добродетелей четыре: разумность (*fronesis*), мужество, целомудрие и справедливость. Дело разумности, говорил он, состоит в том, чтоб созерцать умные святые силы, дело мужества – стоять в истине и, хотя бы встретилось противоборство, не уклоняться к несущему; приняв семена от первого земледельца, отвращаться от всевателя (врага) свойственно, по его мнению, целомудрию[70]. А дело справедливости – воздавать каждому по достоинству.

10. Там же говорит он: столп истины, Василий Каппадокийский, говорит: знание, происходящее от людей, усовершается постоянным занятием и упражнением, а происходящее от благодати – правдой, кротостью и милосердием: первое могут приобретать и люди страстные, а последнее в состоянии принимать только бесстрастные, которые во время молитвы зрят свет, озаряющий их ум.

11. Еще говорил он там: Ангел Тмуитской церкви Серапион сказал, что ум очищается, упоеваясь духовным ведением, любовь врачует гнев, воздержание обуздывает похоть и пожелание.

12. Еще: Дидим говорил: непрестанно беседуй сам с собою о Промысле и о суде, и предметы их старайся содержать в памяти. Промысел особенно виден в возведении нас от греха и неведения к добродетели и ведению.

ПРИМЕЧАНИЯ

1 – Дотоле работа под навесом, или в сенях, кои назывались иногда внешней кельей.

2 – В монастыре св. Саввы за час до утрени дают колокол, и все по кельям кладут положенные поклоны 1500 поясных и 150 земных с молитвой Иисусовой.

3 – Т.е. когда кто-нибудь собирал всех отшельников и угощал их при церкви.

4 – Это не в келье, а на общих трапезах. Вино, обычно, виноградное, домашнего изделия, небольшой крепости.

5 – Этим внушается жить так, как обязывает одежда.

6 – Уединенники жили рассеянно по пустыни, посреди пространства, кельями их занимаемого, была церковь, куда собирались на общую молитву. Церковь поверялась избранному, одному или нескольким. Макарий Великий, однажды воротившись в скит после посещения св. Антония, сказал братиям, на вопрос их о том, что им заповедует великий авва: не хорошо, говорит, что у нас нет приношения, т.е. Литургии. Тогда поспешили устроить церковь. Это образчик того, как устраивал жизнь уединенников св. Антоний.

7 – Уединенники жили каждый особо от других, но все селение их раздробленное было нечто единое, и имело одного главу, как были например: оба Макария, Аммон, в скиту, кельях и в Нитрии.

8 – У другого: как плачет тот, у кого в доме есть мертвец.

9 – Верно, изречений или правил вообще... Книга указываемая не дошла до нас.

10 – У нас в Прологе за февраль – под 27 числом.

11 – Patr. Lat. t. CIII

12 – Eis ten parafysin – в мимо-естественность.

13 – Ten ten hatafysin

14 – У Паисия: об устроении.

15 – Balien eis stoma – обычай доселе на востоке: взять кусок за столом и вложить в уста другого, в знак особого расположения.

16 – У Паисия: им.

17 – Или так: когда сделаешь рукоделие свое, не небреги, но попекись о нем, чтоб не пропало даром, – и проч.

18 – Греч. «peri syneideseos» – должно, думается, читать: «peri synodeyseos» – как требует содержание. Лат. верно так читал, озаглавив: Quid in itinere observandum est. Но как к концу есть и о совести, то и прибавляется сие.

19 – Ekkoptomen. У Паисия: в нем же претыкаемся.

20 – Ktatai ehthran. – У св. Исаии «ehthra» означает вражью силу, – толпы бесов. Приобретать их есть – наживать, – привлекать.

21 – Не толкают, – может быть, в двери милости Божией, чтоб плод был от молитвы.

22 – Melotarion – Милот – монашеская одежда (пояс), по правилу св. Пахомия – из козлиной кожи.

23 – По содержанию речи надо, кажется: хотящей, намеревающейся, приступающей. Но и у Паисия: не хотящей.

24 – Изображенное в слове сем приемлет Иоанн, яко крестивший Господа Иисуса, ибо крещаемый должен исповедать (крестившему), что делает.

25 – Темновата речь. Лат. опустил сей пункт. Паисий так переводит: милость творящих с ним, милость есть; не весть вкуса их от печали, зане всячески согреши.

26 – В Лат. это слово стоит 17-м.

27 – В Лат. это 16...

28 – У Паисия: в уме вашем.

29 – Fages – по Греч.; но течение речи требует «fyges». Лат. опустил; у Паисия: аще не снеси.

30 – У Паисия – на полях против закона написано: «страх», – как и требуется содержанием следующих слов.

31 – У Паисия здесь стоит: «еже не считати себе, творит тя упразднитися плакати», В греческой рукописи сего нет. В Лат. стоит: «кому ненавистны собственные страсти, тот пребывает в плаче и слезах».

32 – У Паисия: «воздушных».

33 – У Паисия здесь стоит такое положение: «Два бо вещества суть содержащая душу» – Два предмета занимают душу, или две заботы.

34 – Исправлено место сие по Паисию.

35 – Patr. Lat. t. CIII, p. 427, 434.

36 – Приводится в дополнение к тем, кои помещены в Достоп. Сказаниях.

37 – Приводит св. Дамаскин. Patr. graec., t. 40, стр. 1212.

38 – Отсюда из Алф. Патерика.

39 – Из Добротол. Греч., стр. 33.

40 – Patr. graec., t. 40, после слов.

41 – На слане – на морозе. Мех на морозе сжимается и делается жестким и твердым.

42 – Разумеются не человеческие добрые дела, а блага от Бога.

43 – Столп на Востоке – не груда камней, а высокое жилое здание, для безопасности от злых людей.

44 – Monologistos – однословный, одним словом – решительный. Старцы многие, когда встречалось недоумение, молились и получали разрешение.

45 – Разумеется самоотверженная решительность.

46 – Сам ли кто себя томит без толку, или духовным отцом разим бывает, сердце только раны принимает: бьют его – и больно, а пользы нет. Подобно тому, когда больному дают не то лекарство.

47 – Раствор – смешение разных стихий, напр., воды, вина. Три сказанные добродетели должны быть всегда во взаимопроникновении. Любоимание расстраивает их союз.

48 – Тогда хватится, что дурно делал нерадя.

49 – Не немилосердное сердце, а вообще окамененное, нечувствием страждущее. Здесь духовно толкуется отверзтие заключенных врат пред св. Петром. Злострадание есть самоозлобление внешними лишениями, а сокрушение – стертие – умное биение сердца представлениями истин сокрушительных. Два эти отваливают камень от сердца.

50 – Здесь разумеется какое-либо действительное событие, вроде того, что зовется «нечаянная радость».

51 – 71-я гл. в Савв. рукописи в изд. Migne такая: Бессоветно (без цели и порядка) трудящийся во всем беден, а текущий с надеждою вдвойне богат.

52 – Может быть та только мысль, что из двоих тот выше, кто разумеет сие.

53 – Павел Препростый.

54 – Перифраз, по причине сжатости фразы греческой.

55 – Это похоже на слово старца при вопросе: впускать ли помыслы? Впусти, говорил, а потом борись и гони.

56 – Верно, это пословица, но видна мысль. Латинский перифраз: pravarum enim rerum avditor, pravus evadit nuntius. Слушатель худого бывает худым и вестником.

57 – Противополагается сему не вера, а расположение сердца, служащее источником дел.

58 – Греч. слово дает мысль: как засматриваются в зеркале на свою нарядность.

59 – Ослов не погоняют кнутом, а колят в бедра шилом, воткнутым в палку.

60 – Кассиан пишет, что рукава у них простирались лишь до локтей.

61 – Эту главу приводит св. Иоанн Лествичник, Сл.14, гл.12.

62 – Чтобы, преодолевая огорчения, не притупили мы раздражения и гневливости, живя среди других.

63 – Может быть, после того, как все демоны прогнаны и поражены, становится на трупах их пораженных и проч.

64 – В Дост. Сказ.: теряем память о Боге.

65 – По Палладию – самому Евагрию. Но Евгарий здесь приводит изречения прежних старцев, а не свои.

66 – Давать и брать – фраза, выражающая все сделки житейские и все отношения с другими. В даянии и приятии то же, что в твоих сношениях и сделках с другими.

67 – Статья эта помещается в творениях Нила Преподобного. Но как между сими главами есть главы, слово в слово схожие с главами в других статьях Евагрия, – то можно верить, что и эта статья внесена в сочинение Нила по ошибке подобно другим. Составители Добротолюбия взяли ее, очевидно, из полного собрания писаний Евагрия.

68 – Из Достопамятных сказаний, Сборника Преосвященного Игнатия и Алфавитного Патерика.

69 – Для ученого Евагрия это был подвиг немалый.

70 – Из притчи: всеяный есть диавол.

Православная библиотека – Orthodox Logos

- *Добротолюбие (Том I • Том II • Том III • Том IV • Том V)*
- *Откровенные рассказы странника духовному своему отцу*
- *Семь слов о жизни во Христе* – праведный Николай (Кавасила)
- *О молитве* – святитель Игнатий (Брянчанинов)
- *Об умной или внутренней молитве* – преподобный Паисий (Величковский)
- *В помощь кающимся* – святитель Игнатий (Брянчанинов)
- *О прелести* – святитель Игнатий (Брянчанинов)
- *Приношение современному монашеству* – святитель Игнатий (Брянчанинов)
- *Слово о человеке* – святитель Игнатий (Брянчанинов)
- *Слово о чувственном и о духовном видении духов* – святитель Игнатий (Брянчанинов)
- *Слово о смерти* – святитель Игнатий (Брянчанинов)
- *Прибавление к "Слову о смерти"*
- *Христианство по учению преподобного Макария Египетского* – преподобный Иустин (Попович), Челийский
- *Философские пропасти* – преподобный Иустин Челийский (Попович)
- *Священное Предание: Источник Православной веры* – митрополит Каллист (Уэр)
- *Толкование на Евангелие от Матфея* – святой Феофилакт Болгарский, архиепископ Охридский
- *Толкование на Евангелие от Марка* – святой Феофилакт Болгарский, архиепископ Охридский
- *Толкование на Евангелие от Луки* – святой Феофилакт Болгарский, архиепископ Охридский
- *Толкование на Евангелие от Иоанна* – святой Феофилакт Болгарский, архиепископ Охридский
- *Таинство любви* – Павел Евдокимов
- *Мысли о добре и зле* – святитель Николай Сербский (Велимирович)
- *Миссионерские письма* – святитель Николай Сербский (Велимирович)
- *Живой колос* – праведный Иоанн Кронштадтский (Сергиев)
- *Дидахе. Учение Господа, переданное народам через 12 апостолов*
- *Домострой* – протопоп Сильвестр
- *Лествица или Скрижали духовные* – преподобный Иоанн Лествичник
- *Слова подвижнические* – преподобный Исаак Сирин Ниневийский
- *Пастырь* – Апостол Ерм
- *Послания* – священномученик Игнатий Богоносец
- *Миссионерские письма* – святитель Николай Сербский (Велимирович)
- *Точное изложение православной веры* – преподобный Иоанн Дамаскин
- *Беседы на псалмы* – святитель Василий Великий
- *О цели христианской жизни* – преподобный Серафим Саровский (Мошнин)

- *Аскетические опыты (Том I • Том II)* – святитель Игнатий (Брянчанинов)
- *Воплощенное домостроительство. Опыт христианской психологии* – святитель Феофан Затворник
- *Путь ко спасению. Краткий очерк аскетики* – святитель Феофан Затворник
- *Мысли на каждый день года по церковным чтениям из Слова Божия* – святитель Феофан Затворник
- *Письма к мирским особам* – преподобный Макарий Оптинский (Иванов)
- *Смысл жизни* – Семён Людвигович Франк
- *Философия свободы* – Николай Александрович Бердяев
- *Философия свободного духа* – Николай Александрович Бердяев
- *Песня церкви - Праведники наших дней* – Артём Перлик
- *Сказки* – Артём перлик
- *Патристика* – Артём Перлик
- *Ты нужен мне* – Артём Перлик
- *Следом за овцами - Отблески внутреннего царства* – Монахиня Патрикия

www.orthodoxlogos.com